KB143976

이중호의

반복 & 단계별 심화 방식의
나선형 개념 학습서

TCP/IP
실무특강

BM 성안당
www.cyber.co.kr

머리말
PREFACE

수많은 통신 프로토콜들과의 경쟁에서 TCP(Transmission Control Protocol)와 IP(Internet Protocol)가 살아남았습니다. 미래 세계는 모든 것들이, 차마 그러지 않으리라 생각되었던 것들까지 상상도 못했던 방법으로 연결될 것입니다. 그때도 TCP와 IP는 세상을 지지하는 버팀목일 것입니다.

이 책은 다음과 같은 세 개의 Part로 구성됩니다.

① Part 1은 클라이언트와 서버 간에 교환되는 패킷들이 목적지에 도착할 때까지 겪게되는 과정을 통해 TCP/IP에 대한 개념의 골격을 갖추게 됩니다.

② Part 2는 Part 1과 형식적 구성은 같지만, 좀 더 폭넓고 깊이 있는 개념을 다룹니다. Part 1이 조각상의 뼈대에 해당한다면, Part 2는 뼈대에 붙일 살집에 해당합니다.

③ Part 3은 Part 1, Part 2와 같이 TCP/IP에 대한 핵심 지식은 아니지만, TCP/IP를 보완하고 완성하는 지식을 다룹니다. 조각상을 마지막으로 꾸미고 칠을 하여 마무리하는 과정입니다.

이 책의 구성은 끊임없이 반복하면서 조금씩 새로운 내용을 추가하는 나선형 방식입니다. 또한 지루한 이론이 아닌 실무 사례를 중심으로 강의실의 생생함을 그대로 전달할 것입니다.

기대했던 것보다 효과는 클 것입니다. 마지막으로 책의 방향성에 대해 다양하고 값진 조언을 주신 이구학, 안선희, 황정춘, 김효겸, 황계진, 이윤소, 이장무, 백건률, 전설우 님에게 감사의 말씀을 보냅니다. 고맙습니다.

미세 먼지보다 미세한 봄, 죽전에서
저자 이중호

이 책의 구성과 활용 방법

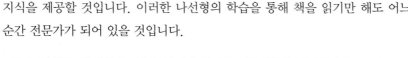

이 책에는 다음과 같은 특징이 있습니다.

이렇게 Part의 내용을 중복해서 설명하는 이유는, 여러분에게 리뷰의 기회를 제공하기 위한 것입니다. 그러나 단순한 반복 학습이 아니라 점점 더 깊고 넓은 지식을 제공할 것입니다. 이러한 나선형의 학습을 통해 책을 읽기만 해도 어느 순간 전문가가 되어 있을 것입니다.

첫째, 이 책은 세 개의 Part로 구성되며, 이들 Part의 내용은 중복됩니다.

둘째, 이 책은 TCP/IP의 이론과 개념만 다루지 않습니다. 수많은 실무 사례를 활용하기 때문에 이해도도 높이겠지만, 현장에서 당장 써먹을 수 있겠다는 자신감까지 갖게 합니다.

셋째, 이 책은 저자의 강의실을 그대로 옮겼습니다. 그래서 내용이 강의처럼 물 흐르듯이 구성되어 있어 지루하지 않습니다.

이 책의 형식은

이 책의 구성은 다음과 같은 형식적 특징을 가지고 있습니다.

● **그림:** 다양하면서도 자상한 그림 중심의 책입니다.

● **세 개의 Part:** 이 책은 세 개의 Part로 구성되었으며, [표 0-1]과 같은 Part별 목표가 있습니다. 구성에서 개념의 뼈대는 패킷의 흐름과 관련된 설명을 말하고, 개념의 살집은 패킷의 흐름에서 보완적인 역할을 하는 프로토콜이나 서비스에 대한 지식을 말합니다. 즉 이들 세 개의 Part는 수준을 높여가면서 반복 학습하는 형태로 책의 최종 목표를 완수하도록 구성되었습니다.

구분	목표	구성
Part 1	패킷의 흐름과 네트워크 구조에 대한 기본적인 이해	1차 개념의 뼈대
Part 2	패킷의 흐름에 대한 완벽한 이해	2차 개념의 뼈대 1차 개념의 살집
Part 3	TCP/IP에 대한 보완 및 완성	2차 개념의 살집

[표 0-1] Part별 목표와 구성

● **시원한 쪽지:** 본문의 내용에 대한 다양한 지식을 제공합니다.

이 책의 내용과 구성

　이 책은 세 개의 Part로 구성되며, 이 중 중심은 Part 2입니다. Part 1에서는 패킷의 흐름과 네트워크 구조를 중심으로 개념의 뼈대를 세울 뿐, 구체적인 내용을 다루지 않습니다. 하지만 Part 2는 Part 1과 같이 패킷의 흐름을 다루지만 훨씬 더 구체적인 내용으로 이루어져 있습니다. Part 3은 패킷의 흐름을 보완하거나 나머지 보완 지식을 다룹니다. [표 0-2]는 Part 1과 Part 2의 학습 내용을 비교한 표입니다.

Part 1 첫 번째 단추 TCP/IP 기초 (패킷의 흐름과 네트워크 구조)	Part 2 두 번째 단추 TCP/IP의 핵심	Part 3 마지막 단추 TCP/IP에 대한 보완 및 완성
1장. 등장 인물과 통신 모델	8장. 통신의 출발선, DNS와 HTTP	14장. IP 라우팅 프로토콜들
2장. 주소의 모든 것	9장. 팔방미인, TCP	15장. 그 외, IP를 돕는 프로토콜들
3장. IP 주소 디자이너가 된다	10장. (TCP와) 비교 대상, UDP	16장. 대역폭을 아끼자, 멀티캐스팅
4장. 이더넷 스위칭, 네트워크 내부를 연결하다	11장. 유아독존, IP	17장. 차세대 스타, IPv6
5장. IP 라우팅, 네트워크들을 연결하다	12장. 우물 안, 이더넷	18장. 장거리 담당, WAN
6장. 패킷 따라가 보기	13장. 물리적인 것들: 케이블, 시그널링, 커넥터	19장. 자유로워라, 무선 LAN
7장. 벌써, 네트워크 구성도를 그릴 수 있다고?		20장. 마지막 리뷰는 통신 트랜잭션 정리로
기본 단추	핵심 단추	보완 및 완성 단추

[표 0-2] Part별 목표와 구성

Part 1은 Part 2를 이해하기 위한 기반 지식을 제공합니다. [표 0-3]은 Part 1의 어떤 장들이 Part 2의 장들에 대한 기초 지식을 제공하는지를 나타냅니다.

Part 2	Part 2를 보완하는 Part 1의 장(Chapter)
8장. 통신의 출발선, DNS와 HTTP	1장, 2장, 6장, 7장
9장. 팔방미인, TCP	1장, 6장, 7장
10장. (TCP와) 비교되는 UDP	1장, 6장, 7장
11장. 유아독존, IP	1장, 2장, 3장, 5장, 6장, 7장
12장. 우물 안, 이더넷	1장, 2장, 4장, 6장, 7장
13장. 물리적인 것들: 케이블, 시그널링, 커넥터	1장, 6장, 7장

[표 0-3] Part 1과 Part 2의 연관성

Part 3은 Part 1과 Part 2의 지식을 보완 및 완성합니다. [표 0-4]는 Part 3의 어떤 장들이 Part 1과 Part 2의 어떤 장들을 보완하는지를 나타냅니다.

Part	Chapter	Part 3의 관련 장(Chapter)
Part 1	1장. 등장 인물과 통신 모델	14장, 15장, 16장, 17장, 18장, 19장, 20장
	2장. 주소의 모든 것	14장, 15장, 17장, 20장
	3장. IP 주소 디자이너가 된다	14장, 15장, 16장, 17장, 20장
	4장. 이더넷 스위칭, 네트워크 내부를 연결하다	18장, 20장
	5장. IP 라우팅, 네트워크들을 연결하다	14장, 15장, 16장, 17장, 20장
	6장. 패킷 따라가 보기	14장, 15장, 16장, 17장, 18장, 19장, 20장
	7장. 벌써, 네트워크 구성도를 그릴 수 있다고?	18장, 19장, 20장
Part 2	8장. 통신의 출발선, DNS와 HTTP	15장, 20장
	9장. 팔방미인, TCP	15장, 20장
	10장. (TCP와) 비교 대상, UDP	15장, 20장
	11장. 유아독존, IP	14장, 15장, 16장, 17장, 20장
	12장. 우물 안, 이더넷	18장, 19장, 20장
	13장. 물리적인 것들: 케이블, 시그널링, 커넥터	20장

[표 0-4] Part 1/Part 2와 Part 3의 연관성

어떻게 공부할까?

이 책은 [표 0-3]과 [표 0-4]와 같은 장(Chapter)별로 연관성을 가지고, 반복 및 점진적인 나선형 학습 방법을 선택하고 있습니다. 이 책을 학습할 때 다음 내용을 참조하세요.

● **TCP/IP에 대한 초심자라면**

Part 1부터 학습하세요. 일차적으로 Part 1 또는 Part 1과 Part 2에 대한 완벽한 이해를 목표로 해도 좋습니다. Part 1과 Part 2에 대한 반복 학습을 통해 어느 정도 체계를 잡은 후 Part 3으로 넘어가기 바랍니다.

● **TCP/IP에 대한 기본 지식 보유자라면**

Part 2부터 학습해도 좋습니다. Part 2에 대한 반복 학습을 통해 체계가 잡힌다면 Part 3으로 넘어가기 바랍니다.

● **TCP/IP에 대한 중급 이상의 기술 보유자라면**

Part 2와 Part 3 중심으로 필요한 부분만 공부해도 됩니다.

차례

CONTENTS

차례

CONTENTS

차례
CONTENTS

Part **2**

두 번째 단추

TCP/IP의 핵심

차례

CONTENTS

차례

CONTENTS

Part **3**

마지막 단추

TCP/IP에 대한
보완 및 완성

차례

CONTENTS

차례

CONTENTS

차례
CONTENTS

Part

1

Let's Start!

첫 번째 단추

TCP/IP 기초
(패킷의 흐름과 네트워크 구조)

Part 1. 첫 번째 단추는 Part 2와 Part 3을 위한 기반 지식을 제공합니다. Part 1은 TCP/IP 네트워킹을 이해하기 위해 필요한 주소, 인캡슐레이션, 스위칭, 라우팅, 네트워크 구조, 기본적인 몇몇 프로토콜들을 다룹니다. Part 1은 이러한 개념들을 효과적으로 학습하기 위해 클라이언트 PC에서 서버로 이동하는 패킷을 따라가면서 단말기와 스위치, 라우터, 서버가 어떤 기능을 수행하는지 정리합니다. 이를 통해 데이터 통신 과정을 종합적으로 이해하면서 좀 더 폭넓은 시야를 갖도록 합니다. 이것은 Part 2와 Part 3에서 다룰 보다 깊이 있는 학습을 위한 밑거름이 될 것입니다.

Chapter 1

등장 인물과 통신 모델

통신을 위해 필요한 장치들은 무엇일까요? 그리고 통신 모델은 왜 필요할까요?
통신 모델은 통신에 필요한 기능을 분할하여 정의한 것입니다. 즉 통신 모델을 이해한다면,
통신 과정을 잘 이해할 수 있습니다. 1장에서는 통신 장치와 통신 모델을 활용하여 통신의 원
리와 과정을 간단히 익혀 보겠습니다.

LESSON 1 : 등장 인물과 심벌

　단말(또는 호스트), 스위치와 라우터는 데이터 통신 과정에서 가장 중요한 역할을 수
행하는 주요 장치들입니다. 즉 이 책의 핵심 등장 인물이죠. Lesson 1에서는 단말, 스
위치, 라우터, 단말을 표시하기 위해 이 책에서 사용할 심벌과 네트워킹 장치가 대략
어떻게 배치되는지 소개합니다.

● 단말

　[그림 1-1]은 PC, IP폰, 서버와 같은 단말들을 표시하기 위해 이 책에서 사용할 심
벌입니다. 단말은 사용자가 만든 정보를 전달하기 위한 패킷들을 만드는 장치로, 패킷
들의 출발지이자 한편으로는 패킷들의 목적지입니다. 단말은 패킷들이 실어나른 정보
를 사용자에게 제공하는데, 가장 흔히 볼 수 있는 단말들은 PC와 서버입니다. PC는 다
른 PC뿐만 아니라 다양한 서버들과 패킷들을 교환합니다. 서버는 클라이언트에게 서
비스를 제공하는 장치로, 웹 서버, FTP 서버, 메일 서버 등이 있습니다.

나! PC　　　나! 서버

[그림 1-1] 단말과 심벌

◉ 네트워크 구성 장치: 라우터와 스위치 ·················

모든 단말들을 직접 연결하는 것은 불가능하기 때문에 단말들을 연결하기 위해 스위치나 라우터와 같은 네트워킹 장치가 필요합니다. 스위치와 라우터를 표시하는 심벌들은 [그림 1-2]와 같습니다.

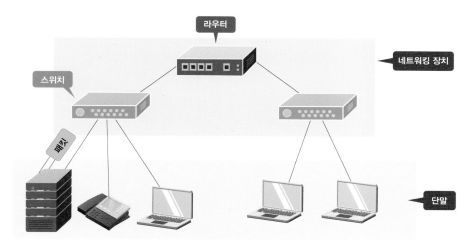

[그림 1-2] 네트워크 장치(라우터와 스위치)와 심벌

라우터와 스위치는 네트워크를 구성하는 핵심 장치입니다. 라우터는 네트워크를 나누고, 스위치는 네트워크를 나누지 못합니다. 그렇다면 [그림 1-3]에서 네트워크의 수는 몇 개일까요? 라우터에 의해 나뉘므로 3개입니다. '라우터가 네트워크를 나눈다'는 것에는 '라우터가 네트워크를 연결한다'는 의미를 포함합니다. 즉 라우터는 네트워크를 나누고(연결하고), 네트워크 간을 이동하는 패킷을 라우팅합니다. 라우팅 기능이란, 패킷의 목적지 주소를 보고 어떤 포트로 보낼지를 결정하는 것입니다.

> **Tip**
> 패킷은 데이터와 헤더를 포함하는 데이터 단위입니다. 헤더에는 패킷을 목적지에 전달하기 위한 출발지/목적지 주소와 컨트롤 정보가 포함됩니다.

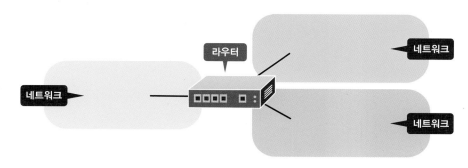

[그림 1-3] 라우터는 네트워크를 나누고 라우팅한다.

[그림 1-4]에서 네트워크의 수는 [그림 1-3]과 같이 3개입니다. 스위치는 네트워크를 나누지 못하기 때문에 아무리 많은 스위치들을 추가해도 네트워크의 수에는 변화가 없

습니다. 일반적인 네트워크 구성에서 단말들은 스위치에 연결되고, 스위치들은 라우터를 통해 연결되는 일종의 계층성을 가집니다.

스위치는 네트워크를 나누지 못하기 때문에 스위치에 연결된 모든 장치들은 같은 네트워크에 속합니다. 즉 스위치는 네트워크 내부의 장치들을 연결하므로 ① 네트워크 내부가 목적지인 패킷은 스위치 ⓐ만 통과하면 됩니다. 하지만 ② 네트워크 외부가 목적지인 패킷은 일단 스위치 ⓐ를 거쳐 라우터 ⓑ에게 보내져야 합니다. 라우터 ⓑ를 통과한 패킷은 다른 네트워크의 스위치 ⓒ를 거쳐 최종 목적지 단말에 도착합니다.

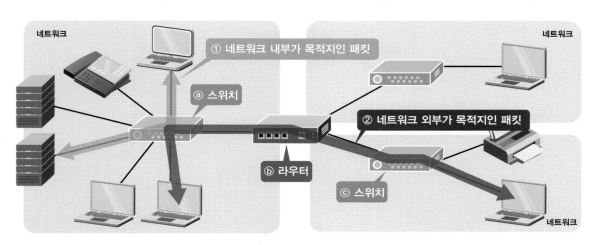

[그림 1-4] 라우터는 네트워크를 연결하고, 스위치는 네트워크 내부 장치들을 연결한다.

● 택배 배송 네트워크

배송 네트워크와 데이터 통신 네트워크의 구조를 비교해 보면 크게 다르지 않습니다. [그림 1-5]에서 택배 상자(패킷에 해당)의 출발지 또는 목적지인 집 ⓐ와 가게 ⓑ는 단말에 해당하고, 배송센터는 스위치나 라우터에 해당합니다. 여기서 배송센터는 '지역 내 배송센터'와 '지역 간 배송센터'로 나뉩니다. 이때 지역은 네트워크에 해당하므로 지역 내 배송센터는 스위치에, 지역 간 배송센터는 라우터에 해당됩니다. 지역 내 배송센터는 지역 내의 배송을 담당하고, 지역 간 배송센터는 지역(네트워크)을 나누고 (연결하고) 지역 간 배송(라우팅)을 책임집니다.

택배 배송 네트워크의 구조를 보면, 집과 가게는 지역 내 배송센터에 연결되고, 지역 내 배송센터는 지역 간 배송센터에 연결되는 일종의 계층성을 갖습니다. 따라서 ① 지역 내부가 목적지인 택배상자들은 지역 내 배송센터 ⓒ만 통과하면 되지만, ② 지역 외부가 목적지인 택배상자들은 지역 내 배송센터 ⓒ, 지역 간 배송센터 ⓓ, 지역 내 배송센터 ⓔ를 순서대로 통과해야 합니다.

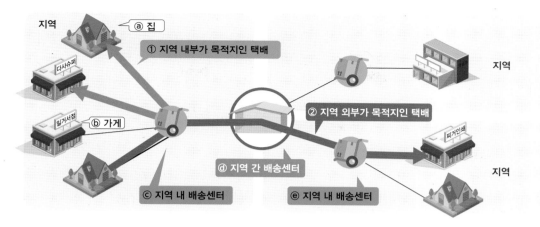

[그림 1-5] 지역 내 배송센터는 지역 내부를, 지역 간 배송센터는 지역을 연결한다.

LESSON 2 : 통신 모델

거대 조직의 복잡한 업무를 혼자 처리하는 것은 불가능하기 때문에 기획, 영업, 생산 등의 다양한 업무 영역으로 나눈 후 영역별 전문가들이 책임집니다. 복잡한 통신 과정을 위한 기능들도 모듈화되어 있는데, 이렇게 업무와 기능을 분할하면 전문화와 같은 장점이 생깁니다. 이번에는 통신 모델의 장점과 역사를 구체적으로 알아보고, 통신 모델을 활용하여 패킷의 전달 과정을 살펴보겠습니다.

● 택배 배송 업무의 분업화

택배 배송 업무도 분업화되어 있습니다. 택배 배송에는 접수 및 정산, 포장 및 주소 표기, 지역 내 배송, 지역 간 배송, 배송 확인, 배송 오류 시 재배송 등의 업무가 포함됩니다.

[그림 1-6] 분업화된 배송 업무

[그림 1-7]의 배송 모델은 택배 배송을 위한 ① 복잡한 기능을 ② 5개의 모듈로 나눈 것입니다. 즉 접수/상품 준비/배송 서비스 의뢰(5계층), 배송 확인 및 재배송(4계층), 지역 간 배송 경로 결정(3계층), 지역 내 배송 경로 결정(2계층), 운송(1계층) 기능으로 분할하고 있습니다. 이 배송 모델은 나중에 설명할 TCP/IP 통신 모델과 일치합니다.

● 배송 모델의 의미

배송 모델의 1~5계층은 다음과 같은 의미를 갖습니다. 즉 상위 계층의 기능은 하위 계층의 기능 없이 동작할 수 없습니다. 즉 1계층이 가장 기본이 되는 계층이므로 1계층에 문제가 있으면, 2~5계층 기능은 동작할 수 없다는 것을 의미합니다. 따라서 5계층 기능이 제대로 동작하려면 5계층을 비롯하여 1~4계층의 기능이 모두 정상적으로 동작해야 하고, 4계층 기능이 제대로 동작하려면 4계층을 비롯하여 1~3계층 기능이 정상 동작해야 합니다. 3계층과 2계층의 기능도 마찬가지입니다.

즉 택배 배송은 접수/상품 준비/배송 서비스 의뢰, 배송 확인 및 재배송, 지역 간 배송, 지역 내 배송, 운송 중에서 하나의 모듈이라도 정상적이지 않으면 실패할 것입니다. 이와 같이 상위 계층의 기능은 하위 계층의 기능을 기반으로 동작합니다. 상점에서 상품은 ④ 톱다운(Top-down) 프로세스(5계층에서 1계층으로 내려오는 프로세스)를 거치면서 배송 준비를 완벽하게 갖춥니다.

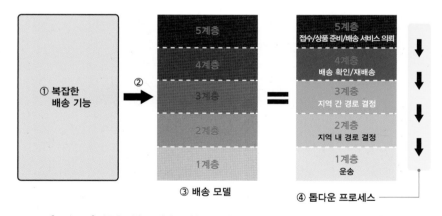

[그림 1-7] 상품은 배송 모델의 톱다운 프로세스를 거치면서 완벽한 배송 준비를 갖춘다.

● 통신 기능의 모듈화

복잡한 배송 업무가 아니라 복잡한 통신 기능을 모듈화한 것이 ① TCP/IP 모델입니다. TCP/IP 모델은 통신에 필요한 기능들을 포함하는 5개의 계층들, 즉 애플리케이션 계층(5~7계층, Application Layer), 트랜스포트 계층(4계층, Transport Layer), 네트워크 계층(3계층, Network Layer), 데이터 링크 계층(2계층, Data Link Layer), 피지컬 계층(1계층, Physical Layer)으로 구성됩니다. 제조업체와 표준 기관에서 다양한 통신 모델을 정의했지만, 현재는 미국 국방부에서 만든 TCP/IP 모델이 대세가 되었습니다. 패킷의 출발지 단말에서 데이터는 톱다운 프로세스를 거치면서 전송 준비를 갖춥니다. 톱다운 프로세스 과정에서 좀 더 높은 계층은 좀 더 낮은 계층에게 필요한 ② 서비스를 요청하고, 하위 계층은 상위 계층에게 적정한 ③ 서비스를 제공합니다. 완벽하게 통신하려면 모든 계층에 문제가 없어야 합니다.

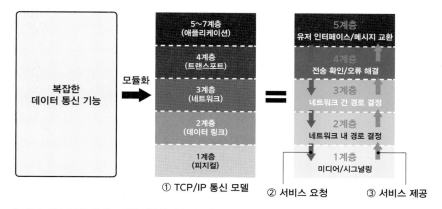

[그림 1-8] TCP/IP 통신 모델은 계층화되어 있으며, 톱다운 프로세스를 거치면서 완벽한 전송 준비를 갖춘다.

◉ 배송 모델과 통신 모델이 필요한 이유

배송 모델과 통신 모델이 필요한 이유는, 배송이나 통신에 필요한 복잡하고 다양한 기능을 한 사람이나 하나의 프로토콜이 처리할 수 없기 때문입니다. 즉 분업화를 하면 전문가가 생기고, 이 전문가들을 통해 효율적으로 업무를 처리할 수 있을 것입니다. 또한 문제가 발견되거나 개선이 필요하면 해당 전문가만 바꾸면 됩니다. 모듈화의 장점은 데이터 통신 네트워크에도 적용됩니다.

❶ **첫째, 전문성:** 복잡한 통신 기능을 독립된 모듈로 구분해서 각 연구소나 제조업체들은 특정 분야(즉 계층)에 자원을 집중할 수 있고, 이를 통해 전문성을 확보할 수 있습니다.

❷ **둘째, 호환성:** 모듈화는 다양한 하드웨어 또는 소프트웨어 간의 호환성을 기초로 하고, 이러한 호환성은 인터페이스의 표준화 때문에 가능합니다. 인터페이스란, 모듈(계층) 간의 통신 방식, 즉 계층 간에 발생하는 서비스 요청 및 제공 방식을 정의한 것입니다. 호환성 때문에 네트워크를 훨씬 자유롭게 구성할 수 있습니다. 즉 A 회사의 스위치와 B 회사의 라우터와 C 회사의 단말로 네트워크를 구성할 수 있습니다.

❸ **셋째, 데이터 통신 과정을 이해하기에 유리함:** 조금 부수적인 장점입니다. 복잡한 데이터 통신 과정을 독립된 모듈들로 분할했기 때문에 각 계층의 기능을 하나하나

이해하면 결국 복잡한 데이터 통신 과정과 절차를 모두 이해한 셈이 됩니다. 따라서 이 책에서도 TCP/IP 모델을 활용하여 데이터 통신 과정을 설명할 것입니다.

[그림 1-9]를 보세요. 택배 배송 모델 때문에 ① 주문 접수 프로세스만 새로 개발하거나, ② 지역 간 경로 결정 기능만 아웃소싱하거나, ③ 운송 수단만 변경할 수 있습니다. 마찬가지로 통신 모델 때문에 ④ 유저 인터페이스만 개선하거나 요청과 응답 메시지를 새로 정의하기 위해 다른 계층들의 기능들을 수정하지 않아도 됩니다. 또한 ⑤ 전송 확인 기능만 개선하거나 ⑥ 시그널링을 변경하여 오류를 줄이거나, 대역폭(Bandwidth)을 개선할 수도 있습니다.

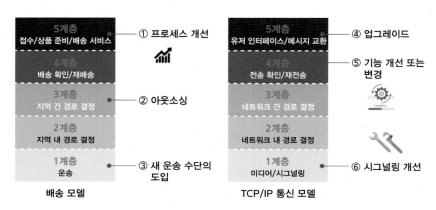

[그림 1-9] 독립화된 모듈 구조 때문에 특정 계층만 업그레이드하거나 개선 또는 개발할 수 있다.

프로토콜(Protocol)이란, 데이터 통신을 위해 장치에 적용하는 약속과 규칙입니다. [표 1-1]은 TCP/IP 모델에서 계층별 장치 및 프로토콜의 예를 보여줍니다. 단말은 7계층 장치로, 1~7계층의 기능을 수행합니다. 라우터는 3계층 장치로, 1~3 계층의 기능을 제공합니다. 스위치는 2계층 장치여서 1계층과 2계층 기능을 수행합니다. 장치가 수행하는 가장 높은 계층의 이름으로 부르기 때문에 '7계층 장치', '3계층 장치', '2계층 장치'라고 부르는 것입니다.

계층	프로토콜 예	관련 장치
애플리케이션 계층(5~7계층)	HTTP, FTP, Telnet, SMTP, SNMP, DNS	단말
트랜스포트 계층(4계층)	TCP, UDP	단말
네트워크 계층(3계층)	IPv4, IPv6	라우터
데이터 링크 계층(2계층)	이더넷, PPP	스위치
피지컬 계층(1계층)	10BaseT, V. 35	케이블/허브

[표 1-1] TCP/IP 모델과 프로토콜 및 장치

Tip

대역폭은 bps(bits per second), 즉 초당 전송 비트 수로 측정되는 데이터 전송률(전송 능력)을 뜻합니다.

통신 모델의 역사

통신 모델의 각 계층은 프로토콜을 정의합니다. [그림 1-10]과 같이 1974년에 IBM은 SNA(Systems Network Architecture)라는 통신 모델을, 1975년에 DEC는 DECnet이라는 통신 모델을 발표했습니다. 그러나 제조업체들에 의해 우후죽순 생긴 모델은 폐쇄적이었으며, 그 결과 다양한 모델 유형이 난립되면서 네트워크는 더욱 복잡해졌을 뿐만 아니라 호환성 문제가 발생했습니다. 그래서 표준 프로토콜을 바탕으로 한 개방형, 단일화된 통신 모델을 만들어 네트워크의 호환성과 복잡성 문제를 극복하려고 했습니다. 그러다가 드디어 1990년대에는 ISO(International Organization for Standardization)가 만든 OSI(Open Systems Interconnection) 모델과 미국 국방부가 만든 TCP/IP 모델로 좁혀지기 시작했습니다. 결국 1990년대 말 이후 TCP/IP 모델이 가장 일반적인 모델이 되면서 OSI 모델은 사라지게 되었습니다. 왜냐하면 1970년대 후반에 개발을 시작한 OSI 7계층 모델은 표준 모델임에도 불구하고 표준화 속도가 느려 시장에서 성공하지 못한 반면, TCP/IP 모델은 여러 대학과 연구소들의 자발적인 연구에 의해 빠르게 정착되었기 때문입니다. OSI 모델과 일부 폐쇄형 모델이 부분적으로 사용되고 있지만, 이미 TCP/IP 모델은 네트워크 세상의 완전한 지배자가 되었습니다.

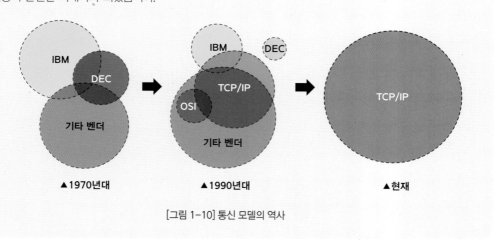

▲1970년대　　　▲1990년대　　　▲현재

[그림 1-10] 통신 모델의 역사

OSI 7계층 모델은 [그림 1-11]과 같이 7계층부터 1계층까지 각각 애플리케이션 계층(Application Layer), 프레젠테이션 계층(Presentation Layer), 세션 계층(Session Layer), 트랜스포트 계층(Transport Layer), 네트워크 계층(Network Layer), 데이터 링크 계층(Data Link Layer), 피지컬 계층(Physical Layer)으로 구성됩니다. OSI 모델이 표준 모델로 정의되고, 대세가 될 것이라 생각했기 때문에 수많은 제조업체와 연구소들은 OSI 모델에서 정의한 용어를 사용했는데, 오늘날에도 그 흔적이 남아있습니다. 예를 들어 스위치는 '2계층 장치', 라우터는 '3계층 장치'라고 하는데, 여기서 2계층과 3계층은 OSI 모델에서 정의한 2계층과 3계층을 의미합니다. 그리고 애플리케이션이 설치되는 PC는 '7계층 장치'라고 하는데, 5개의 계층으로 구성된 TCP/IP 모델 기준으로는 나올 수 없는 숫자입니다.

7계층	애플리케이션(Application)
6계층	프레젠테이션(Presentation)
5계층	세션(Session)
4계층	트랜스포트(Transport)
3계층	네트워크(Network)
2계층	데이터 링크(Data Link)
1계층	피지컬(Physical)

[그림 1-11] OSI 7계층 모델의 각 계층을 정의하는 용어

TCP/IP 모델에서 애플리케이션 계층은 OSI 모델의 상위 3개 계층이 제공하는 기능을 수행하는데, ① 사용자 지원 계층에 속합니다. 애플리케이션 계층은 사용자가 입력한 정보로 클라이언트 또는 서버에게 보낼 리퀘스트(Request, 요청) 또는 리스폰스(Response, 응답) 메시지를 만든 후 이진 부호로 변환합니다. 반대로 이진 부호로 구성된 메시지를 수신하여 사용자가 이해 가능한 형태로 변환하는 등 사용자와 통신 프로세스와의 접점 기능을 정의합니다. 패킷 전달 기능을 정의하는 ② 네트워크 지원 계층에는 네트워크 계층, 데이터 링크 계층, 피지컬 계층이 속합니다. 사용자 지원 계층과 네트워크 지원 계층을 연결하는 ③ 트랜스포트 계층은 사용자 지원 계층에서 출발한 트래픽을 개별 세션으로 구분하고, 전송 도중에 생긴 문제를 해결합니다.

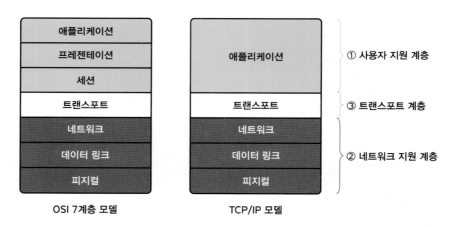

[그림 1-12] 통신 모델은 크게 '사용자 지원 계층', '트랜스포트 계층', '네트워크 지원 계층'으로 구분한다.

LESSON 3 : 장치와 프로토콜

프로토콜과 프로토콜이 정의된 계층 간의 관계는 매우 중요합니다. 즉 계층별로 프로토콜의 적용 범위와 적용 가능한 장치가 달라지기 때문입니다. 3계층 이상의 프로토콜의 동작 범위는 모든 네트워크입니다. 하지만 2계층 프로토콜의 동작 범위는 한 네

트워크의 내부이고, 1계층 프로토콜의 동작 범위는 한 세그먼트의 내부입니다. 이번에는 이 개념에 대해 정확하게 이해해 보겠습니다.

● 프로토콜의 적용 범위

[그림 1-13]을 봅시다. 애플리케이션 계층, 트랜스포트 계층, 네트워크 계층 프로토콜의 동작 범위는 모든 네트워크, 즉 전체 지구 네트워크입니다. 그러나 데이터 링크 계층 프로토콜의 동작 범위는 네트워크의 내부입니다. 즉 ㉮ 네트워크는 이더넷 프로토콜을, ㉯ 네트워크는 FDDI(Fiber Distributed Data Interface) 프로토콜을 적용할 수도 있습니다. 물론 두 네트워크에 동일한 데이터 링크 계층 프로토콜을 적용할 수도 있습니다. 데이터 링크 계층 프로토콜은 동작 범위가 네트워크의 내부이므로 각 네트워크별로 독립적으로 동작합니다. 마지막으로 피지컬 계층 프로토콜의 동작 범위는 세그먼트(Segment)이기 때문에 세그먼트마다 다른 피지컬 계층 프로토콜을 적용할 수 있습니다. 이때 세그먼트는 스위치에 의해 분할됩니다. ㉰ 세그먼트는 광케이블을, ㉱ 세그먼트는 UTP(Unshielded Twisted Pair) 케이블을 사용하고 있습니다.

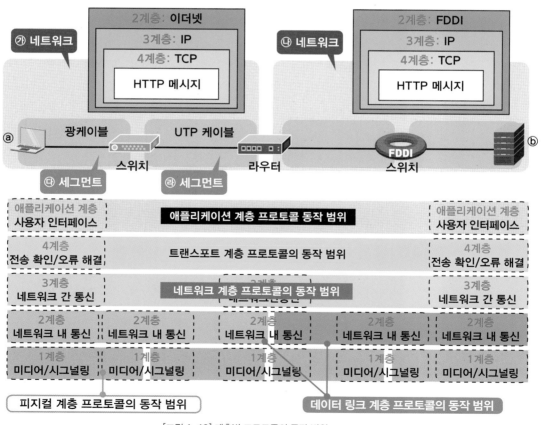

[그림 1-13] 계층별 프로토콜의 동작 범위

● 프로토콜 적용 장치

❶ **애플리케이션 계층**(7계층) **프로토콜**: HTTP, FTP, TFTP와 같은 애플리케이션 계층 프로토콜들은 라우터, 스위치와 관계가 없습니다. 라우터는 3계층 장치이므로 4~7계층 프로토콜과는 무관합니다. 라우터는 4계층 헤더와 데이터 자리를 볼 수 없으며, 그런 세계가 있다는 것을 짐작조차 하지 못합니다. 스위치는 2계층 장치이므로 3~7계층과는 무관합니다. 스위치는 3계층과 4계층 헤더와 데이터를 읽을 수 없습니다. 즉 애플리케이션 계층 프로토콜은 7계층 장치인 단말들만 지원합니다.

❷ **트랜스포트 계층**(4계층) **프로토콜**: TCP나 UDP와 같은 트랜스포트 계층 프로토콜들도 라우터, 스위치와 무관합니다. 라우터는 3계층 장치이고, 스위치는 2계층 장치이기 때문입니다. 즉 트랜스포트 계층 프로토콜도 단말들만 지원합니다.

❸ **네트워크 계층**(3계층) **프로토콜**: IPv4나 IPv6와 같은 네트워크 계층 프로토콜은 스위치와 무관합니다. 스위치는 2계층 장치이기 때문입니다. 즉 네트워크 계층 프로토콜은 3계층 이상의 장치인 단말과 라우터와 관련이 있습니다. 단말은 3계층에서 패킷 헤더를 만들고, 라우터는 단말이 만든 3계층 헤더를 보고 라우팅을 합니다.

❹ **데이터 링크 계층**(2계층) **프로토콜**: 이더넷이나 FDDI와 같은 데이터 링크 계층 프로토콜은 2계층 이상의 장치인 단말, 라우터와 스위치가 처리합니다. 반면 허브는 증폭 기능만 제공하는 1계층 장치로, 2계층 헤더와 관계 없습니다. 단말은 2계층 프레임 헤더를 만들고, 스위치는 2계층 헤더를 보고 스위칭을 합니다. 2계층 프로토콜의 동작 범위는 네트워크 내부입니다. 따라서 2계층 프로토콜이 정의하는 2계층 주소는 네트워크의 내부에서 장치를 구분하기 위해 사용하는 주소이고, 2계층 헤더는 네트워크를 통과하기 위한 헤더입니다. 라우터는 네트워크와 네트워크의 경계에 위치하기 때문에 패킷이 도착하면 2계층 헤더를 폐기하고 다음 네트워크를 통과하기 위한 새로운 2계층 헤더로 바꿉니다. 이것이 라우터의 2계층 기능인 '프레임 리라이트(Frame Rewrite)'입니다. 프레임 리라이트 기능을 '2계층 옷(헤더)갈아 입히기'라고 부를 수도 있습니다.

❺ **피지컬 계층**(1계층) **프로토콜**: 피지컬 계층은 케이블, 시그널링, 커넥터 등 물리적인 것들을 정의합니다. 피지컬 계층은 모든 장치들이 지원합니다.

● 동일한 계층에서 같은 프로토콜을 지원해야 한다

통신을 원하는 2개의 단말들은 통신을 위해 같은 계층에서 같은 프로토콜을 지원해야 합니다. 그런데 2계층 프로토콜의 동작 범위는 네트워크의 내부이기 때문에 네트워크마다 달라도 되고, 같아도 됩니다. 어쨌든 2계층 프로토콜의 동작 범위는 네트워크의 내부입니다. [그림 1-13]에서 ㉮ 네트워크 내부의 모든 장치들은 2계층에서 이더넷을 지원해야 하고 ④ 네트워크 내부의 모든 장치들은 FDDI를 지원해야 합니다. 1계층 프로토콜의 동작 범위는 세그먼트인데, 동일한 세그먼트에 속한 장치들은 1계층에서 같은 프로토콜을 지원해야 합니다. 예를 들어 ④ 세그먼트는 10GBASE-LRM을, ④ 세그먼트는 10BASE-TX를 적용할 수 있습니다.

LESSON 4 : 단말의 기능

서버와 PC는 단말입니다. 단말은 프레임의 출발지로서 프레임을 만들고, 목적지 장치로서 프레임을 처리합니다. 클라이언트 역할의 단말은 사용자가 입력한 데이터를 포함하는(서버에게 보낼) 리퀘스트(Request) 메시지를 만들고, 이러한 메시지를 교환하기 위해 필요한 정보를 메시지의 앞부분, 즉 헤더 자리에 추가합니다. 또한 (서버로부터 받은) 리스폰스(Response) 메시지에 포함된 데이터를 사용자에게 제공합니다.

● 통신의 시작과 끝

메시지를 전달하기 위해 필요한 헤더를 만드는 과정을 '인캡슐레이션(Encapsulation)'이라고 합니다. 단말은 7계층 장치여서 애플리케이션 계층 장치는 애플리케이션 계층 이하의 기능을 수행합니다. [그림 1-14]와 같이 ⓐ 송신 단말에서는 애플리케이션 계층 → 트랜스포트 계층 → 네트워크 계층 → 데이터 링크 계층 → 피지컬 계층을 거치는 ① 톱다운 프로세스가 발생합니다. ⓑ 수신 단말에서는 피지컬 계층 → 데이터 링크 계층 → 네트워크 계층 → 트랜스포트 계층 → 애플리케이션 계층을 통과하는 ② 보텀업(Bottom-up) 프로세스가 발생합니다. 결국 통신은 단말의 애플리케이션과 다른 단말의 애플리케이션 사이에서 일어나는 것입니다.

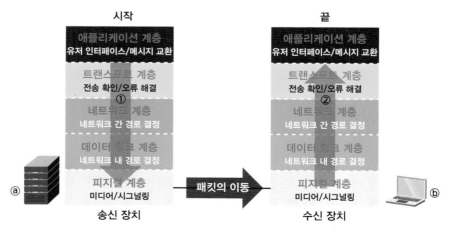

[그림 1-14] 송신 단말의 톱다운 프로세스와 수신 단말의 보텀업 프로세스

● 송신 단말의 톱다운 프로세스

송신 단말에서는 톱다운 프로세스가 일어납니다. 통신 모델의 상위 계층은 하위 계층에게 서비스를 요구합니다. 상위 계층의 요구는 하위 계층의 인캡슐레이션(Encapsulation)을 통해 실현됩니다. 인캡슐레이션은 다른 말로 '옷 입히기' 또는 '헤더(Header) 씌우기'라고 할 수 있습니다. 데이터는 적당한 크기의 덩어리로 보내집니다. 데이터 덩어리는 원칙적으로 4계층, 3계층, 2계층에서 각각 하나의 옷을 입기 때문에 보통 3개의 옷을 입습니다

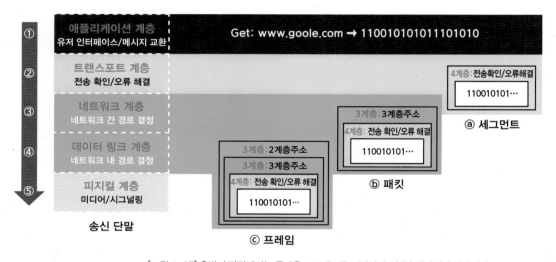

[그림 1-15] 출발지 단말에서는 톱다운 프로세스를 거치면서 인캡슐레이션이 일어난다.

❶ **애플리케이션 계층:** 사용자와의 접점입니다.

- **코딩**(Coding)**과 디코딩**(Decoding): 사용자가 입력한 데이터를 이진 부호로 바꾸는데, 이러한 과정을 '코딩'이라고 합니다. 반면 통신 파트너가 보낸 이진 부호를 수신하여 사용자가 해독 가능한 형태의 문자, 그림, 그리고 영상으로 표현하는데, 이러한 과정을 '디코딩'이라고 합니다.

- **메시지 교환:** 클라이언트는 서버에게 보낼 리퀘스트 메시지를, 서버는 클라이언트에게 보낼 리스펀스 메시지를 만듭니다. 이때 리퀘스트 메시지와 리스펀스 메시지의 교환 규칙을 정의하는 프로토콜이 필요합니다. 예를 들어 HTTP(Hyper Text Transfer Protocol)는 웹 데이터를 전달하기 위한 프로토콜입니다.

❷ **트랜스포트 계층**(4계층)**:** 애플리케이션 계층에서 내려온 데이터 덩어리의 앞부분에 4계층 옷을 입히는데, 이렇게 하면 ⓐ '세그먼트(Segment)'가 됩니다. TCP(Transmission Control Protocol)와 UDP(User Datagram Protocol)는 대표적인 4계층 프로토콜입니다. [그림 1-15]에서는 4계층 옷을 노란색으로 표시했습니다.

- **TCP**: 수신 단말은 송신 단말에게 세그먼트가 도착했음을 알리는 ACK 세그먼트를 보냅니다. 송신 장치는 ACK 세그먼트를 받을 때까지 재전송을 하기 때문에 믿을 만하지만(Reliable), 추가 지연이 발생합니다. (사실 재전송 횟수는 설정할 수 있습니다.)

- **UDP**: 재전송 기능이 없기 때문에 지연이 없는 대신 믿을 만하지는 않습니다(Unreliable).

접속하려는 웹이나 FTP 서버는 미국과 같이 멀리 떨어진 네트워크에 있을 수 있어서 세그먼트가 유실될 가능성이 높습니다. 이와 같이 송 · 수신 단말들이 멀리 떨어진 위치에 위치할 수 있는 애플리케이션 들은 '믿음직함'을 제공하는 TCP를 적용합니다. 반면 SNMP(Simple Network Management Protocol)나 Syslog는 네트워크 관리 애플리케이션으로, 대부분의 관리 대상 장치들이 회사 내부에 있습니다. 즉 송 · 수신 장치들이 가까이 위치하여 세그먼트의 유실 가능성이 적은 애플리케이션 들은 보통 UDP를 적용합니다.

❸ **네트워크 계층**(3계층): 트랜스포트 계층에서 내려온 세그먼트에 3계층 옷을 추가합니다. [그림 1-15]에서는 3계층 옷을 파란색으로 표시했는데, 이렇게 하면 ⓑ '패킷(Packet)'이 됩니다. 라우터는 3계층 헤더에 포함된 목적지 주소를 보고 라우팅합니다. IPv4와 IPv6는 대표적인 3계층 프로토콜입니다.

❹ **데이터 링크 계층**(2계층): 네트워크 계층에서 내려온 패킷에 2계층 옷을 추가합니다. [그림 1-15]에서는 초록색으로 표시했는데, 이렇게 하면 ⓒ '프레임(Frame)'이 됩니다. 2계층 헤더는 MAC 주소와 같은 2계층 목적지 주소를 포함합니다. 스위치는 2계층 헤더에 포함된 목적지 주소를 보고 스위칭합니다. 대표적인 2계층 프로토콜은 이더넷과 PPP입니다.

❺ **피지컬 계층**(1계층): 데이터 링크 계층에서 내려온 이진 코드를 전기 또는 광시그널로 변환한 후 전송합니다.

● 수신 단말의 보텀업 프로세스

수신 단말에서는 [그림 1-16]과 같은 보텀업 프로세스를 거칩니다. 이때 각 계층에서는 헤더에 포함된 필요한 정보를 처리한 후 옷을 제거하는 디인캡슐레이션(Deencapsul ation) 과정이 일어납니다.

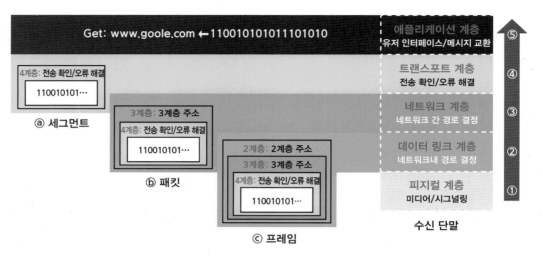

[그림 1-16] 수신 단말에서는 보텀업 프로세스를 거치면서 디인캡슐레이션 과정이 발생한다.

❶ **피지컬 계층**(1계층): 전기 또는 광시그널을 수신한 후 이진 코드로 변환합니다.

❷ **데이터 링크 계층**(2계층): 이진 코드를 조합하여 2계층 데이터 단위인 프레임을 만듭니다. ⓒ 프레임 헤더의 '타입(Type, 이더넷 헤더일 경우)'이나 '프로토콜(Protocol, PPP 헤더일 경우)' 필드를 보고 어떤 3계층 프로세스로 보낼지 결정합니다. 예를 들어 이더넷 타입 필드가 0x0800일 때는 IPv4 프로세스로, 0x86DD일 때는 IPv6 프로세스로 전달합니다. PPP 프로토콜 필드가 0x0021일 때는 IPv4 프로세스로, 0x0057일 때는 IPv6 프로세스로 보냅니다. 0x는 뒤에 숫자가 16진수임을 표시합니다.

❸ **네트워크 계층**(3계층): ⓑ 패킷 헤더의 '프로토콜(Protocol, IPv4의 경우)'이나 '넥스트 헤더(Next Header, IPv6의 경우)' 필드를 보고 어떤 4계층 프로세스로 보낼지 결정합니다. 프로토콜이나 넥스트 헤더 필드가 6일 때는 TCP 프로세스로, 17일 때는 UDP 프로세스로 보냅니다.

❹ **트랜스포트 계층**(4계층): ⓐ 세그먼트 헤더의 '목적지 포트(Destination Port)' 필드를 보고 어떤 애플리케이션으로 스위칭할지 결정합니다. 예를 들어 80은 HTTP, 23은 텔넷(Telnet), 20과 21은 FTP, 25는 SMTP, 53은 DNS, 67과 68은 DHCP, 69는 TFTP, 161은 SNMP, 443은 SSL을 가리킵니다. 특히 TCP의 경우 수신 장치는 자신이 수신한 세그먼트 번호에 대한 ACK 세그먼트를 송신 장치에게 보내 '세그먼트의 전송이 성공적이었음'을 알려줍니다. 송신 장치는 ACK를 받지 못한 번호의 세그먼트를 재전송하여 전송 실패 문제를 해결합니다. 반대로 UDP는 이러한 오류 해결 기능을 갖지 않습니다.

❺ **애플리케이션 계층**(5계층): 디코딩을 통해 클라이언트가 보낸 리퀘스트(Request) 메시지를 해독하고, 클라이언트가 원하는 데이터를 포함하는 리스폰스(Response) 메

시지를 보냅니다. 예를 들어 'Get: www.google.com'이라는 HTTP 메시지는 '구글 닷컴'의 홈페이지 문서를 요청하는 것이기 때문에 웹 서버는 해당 문서를 포함하는 **200 OK** 메시지를 보냅니다. 200 OK 메시지를 보낼 때는 다시 송신 단말이 되기 때문에 [그림 1-15]에서 설명한 톱다운 프로세스가 일어납니다.

수신 단말에서 계층 간을 이동하는 보텀업 프로세스도 일종의 통신입니다. 상위 계층의 프로세스를 구분하는 것은 2계층의 타입이나 프로토콜, 3계층의 프로토콜이나 넥스트 헤더, 4계층의 목적지 포트입니다. 이러한 구분자가 없다면 다양한 상위 계층을 구분할 수 없기 때문에 계층별로 단 하나의 프로토콜만 지원할 수 있어서 이더넷-IPv4-TCP-HTTP용 서버, 이더넷-IPv6-UDP-TFTP용 서버 등 각각의 조합만큼 서버를 따로 마련해야 합니다. 비용이 어마어마해지겠군요.

LESSON 5 : 스위치와 라우터가 하는 일

모든 단말들을 직접 연결할 수 없기 때문에 스위치와 라우터와 같은 네트워킹 장치들이 필요합니다. 스위치와 라우터의 기본 기능은 스위칭입니다. 스위칭이란, 목적지 주소를 보고 어떤 포트로 보낼지를 결정하는 것입니다. 스위치는 2계층 주소를 보고, 라우터는 3계층 주소를 보고 스위칭을 합니다. 3계층 주소 기준의 스위칭을 '라우팅(Routing)'이라고 합니다. 지금부터 [그림 1-17]을 통해 라우터와 스위치가 하는 일을 구체적으로 살펴보겠습니다.

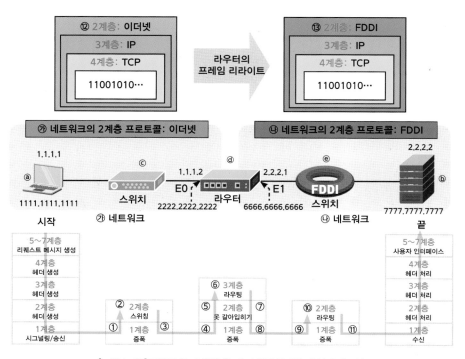

[그림 1-17] 라우터 ⓓ, 스위치 ⓔ, 서버 ⓑ를 통과할 때 일어나는 일

● 스위치 ⓒ의 동작

스위치는 2계층 장치입니다. 2계층 장치는 다음과 같이 2계층 이하의 기능을 수행합니다.

❶ **1계층:** 스위치는 0과 1을 표시하는 시그널을 수신하여 이진 부호로 변환합니다.

❷ **2계층:** 목적지 MAC 주소를 보고 스위칭을 합니다. 스위칭이란, MAC 주소와 같은 2계층 주소를 기준으로 프레임을 몇 번째 포트로 보낼 것인지를 결정하는 것입니다.

❸ **1계층:** 다시 플러스(Plus) 또는 마이너스 볼티지(Minus Voltage)의 시그널로 재생한 후 전송합니다. 이러한 신호 재생(증폭) 기능 때문에 단말과 단말 사이의 거리를 확장할 수 있습니다.

● 라우터 ⓓ의 동작

[그림 1-18]에서 ㉮ 네트워크에는 이더넷 스위치가 ㉯ 네트워크에는 FDDI(Fiber Distributed Data Interface) 스위치가 배치되었습니다. 2계층 프로토콜의 동작 범위는 네트워크의 내부이기 때문에 아무런 문제가 없습니다. 3계층 헤더와 달리 2계층 헤더(⑫, ⑬)는 네트워크를 통과하기 위한 것입니다. 라우터 ⓓ를 통과할 때의 구체적인 동작은 다음과 같습니다.

❹ **1계층:** 0과 1을 표시하는 시그널을 수신하여 이진 부호로 변환합니다.

❺ **2계층:** 1계층에서 변환된 이진 부호로 프레임을 구성합니다. 2계층 헤더에서 타입(이더넷) 필드를 보고 해당하는 3계층 프로세스로 보내고, 2계층 헤더는 폐기됩니다. 예를 들어 이더넷 타입 필드가 0x0800일 때는 IPv4 프로세스로, 0x86DD일 때는 IPv6 프로세스로 보냅니다.

❻ **3계층:** 라우팅을 수행합니다. 즉 목적지 IP 주소와 라우팅 테이블을 비교하여 아웃바운드 인터페이스([그림 1-17]에서는 E1)를 결정합니다.

❼ **2계층:** 프레임 리라이트를 수행합니다. 즉 2계층 헤더는 네트워크를 통과하기 위한 것이므로 이더넷 헤더를 FDDI 헤더로 변환하는데, 이러한 헤더 변환 과정을 '프레임 리라이트(Frame Rewrite)'라고 합니다. 2계층 주소도 변환됩니다. ㉮ 네트워크에는 MAC 주소를, ㉯ 네트워크에는 FDDI MAC 주소를 사용합니다. 주소 변환 과정은 이후에 매우 자세히 다룰 예정입니다.

❽ **1계층:** 2계층에서 내려온 이진 부호를 보고 시그널을 재생합니다.

Tip

지금은 FDDI(100Mbps 제공)나 토큰링(16Mbps 제공) 프로토콜은 사라졌습니다. 왜냐하면 좀 더 높은 대역폭을 제공하고, 더욱 단순한 이더넷과의 경쟁에서 밀렸기 때문입니다. 단순하면 하드웨어 가격이 내려가고, 관리도 쉽습니다. 즉 이더넷은 빠르고 싸며 편한 프로토콜이기 때문에 대표적인 2계층 프로토콜로 우뚝서게 되었습니다.

● 스위치 ⓔ의 동작

스위치는 2계층에서 스위칭을, 1계층에서 증폭을 합니다. 스위치 ⓔ를 통과할 때의 구체적인 동작은 다음과 같습니다.

❾ **1계층:** 시그널을 수신하여 이진 부호로 변환합니다.

❿ **2계층:** 스위치는 프레임 헤더의 목적지 주소를 스위칭 테이블에서 찾아 프레임을 보낼 포트를 결정합니다.

⓫ **1계층:** 2계층에서 내려온 이진 부호를 플러스(+)와 마이너스(−) 볼티지(Voltage)의 시그널로 재생한 후 전송합니다.

● 택배 배송

가게(서버)에서 고객(클라이언트)이 주문한 상품(패킷)을 보낼 때는 톱다운 프로세스가, 상품을 받은 고객측에서는 보텀업 프로세스가 일어납니다. 가게에서 발생하는 톱다운 프로세스를 설명하는 [그림 1-18]을 보세요. 가게는 톱다운 프로세스를 거치면서 배송에 필요한 정보를 추가하기 위해 세 번의 포장 작업(인캡슐레이션)을 합니다. 포장 작업은 4계층과 3계층, 2계층에서 일어나며, 이를 통해 택배 상자는 배송될 준비를 마칩니다.

❶ **5계층:** 택배 배송 시스템이 이용자와 교류하는 계층입니다. 가게는 고객이 주문(리퀘스트)한 물건(메시지와 데이터)을 준비하여 배송 서비스를 시작합니다.

❷ **4계층:** 배송 확인을 제공하는 서비스(TCP에 해당)와 그렇지 않은 서비스(UDP에 해당)가 있습니다. 말하자면 등기우편의 경우 배송 추적을 위한 정보가 포함되지만, 일반우편의 경우 생략합니다. 내용물(목적지 포트에 해당)과 일련번호(순서 번호에 해당)를 포함하는 4계층 포장(4계층 헤더)을 합니다.

❸ **3계층:** 최초 출발지와 최종 목적지의 우편 주소(IP 주소)와 등기우편인지, 일반 우편인지 구분하는 정보(프로토콜 필드에 해당)를 포함하는 3계층 포장(3계층 헤더)을 합니다. 우편 주소는 집과 가게들을 구분할 수 있습니다.

❹ **2계층:** 지역(네트워크에 해당) 안에서 통용되는 주소, 즉 지역의 배송센터(스위치에 해당)가 사용하는 주소(2계층 주소에 해당)를 포함하는 2계층 포장(2계층 인캡슐레이션에 해당)을 합니다. 2계층 주소의 개념은 실제 우편 시스템에서는 없습니다. 이 주

소는 단지 지역(네트워크)을 통과하기 위한 주소이므로 지역의 경계인 지역 간 배송 센터(라우터에 해당)에서 다음 지역을 통과하기 위한 주소로 변경됩니다. 2계층 포장 지(2계층 헤더에 해당), 지역 내 주소(2계층 주소)와 지역 내 배송 센터(2계층 스위치)의 경로 결정(스위칭에 해당) 방식 등을 정의하는 지역 내 배송 규칙(2계층 프로토콜에 해당)은 지역(네트워크에 해당)마다 다릅니다.

❺ **1계층:** 도로와 운송 수단을 통해 상품을 물리적으로 이동시킵니다.

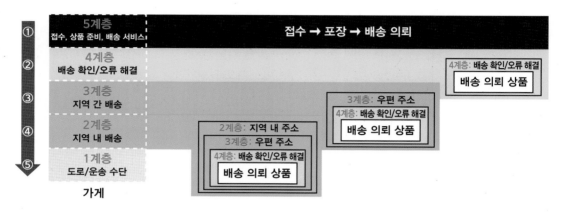

[그림 1-18] 톱다운 프로세스를 거치면서 3번의 포장 작업이 발생한다.

[그림 1-19]를 통해 택배의 배송 과정을 살펴보겠습니다. 지역 내 주소(2계층 주소)는 지역(네트워크) 내에서 사용하는 것이므로 ㉮ 지역을 통과하기 위한 주소입니다. 이때 지역 내 목적지 주소는 지역 간 배송센터(라우터)의 주소가 되어야 합니다. 왜냐하면 이 택배 상자는 다른 지역(네트워크)으로 이동해야 하는 것이기 때문입니다. 가게(서버)에 서 보낸 상품은 지역 내 배송센터(스위치) ⓒ에 도착합니다. 지역 내 배송센터 ⓒ는 2계 층 포장지(2계층 헤더)만 볼 수 있습니다. 지역 내 배송센터 ⓒ는 지역 내 주소를 보고 지역 간 배송센터 ⓓ에게 보내는데, 이 동작은 스위칭에 해당합니다. 택배 상자를 받은 지역 간 배송센터 ⓓ는 제일 먼저 2계층 포장지를 쓰레기통에 버립니다. 2계층 배송 규칙(2계층 프로토콜)은 지역 내에서만 사용하기 때문입니다. 다른 지역에서 같은 2계층 배송 규칙을 사용할 수 있지만, 이때도 2계층 포장지는 폐기됩니다. 왜냐하면 2계층 주소는 지역 내부에서만 사용하기 때문입니다.

한편 지역 간 배송센터는 3계층 포장지의 목적지 우편 주소(목적지 IP 주소)를 보고 출 구(인터페이스)를 선택하는데, 이 동작은 라우팅에 해당합니다. 또한 지역 간 배송 센터 ⓓ는 택배 상자를 보내기 전에 새로운 2계층 포장을 해야 합니다(프레임 리라이트). 이 때 지역 내 목적지 주소는 최종 목적지인 고객 ⓑ(클라이언트 PC)의 주소가 됩니다. 지역 내 배송센터 ⓔ는 2계층 포장지의 지역 내 목적지 주소를 보고 고객 ⓑ에게 보내는데, 이 기능은 스위칭에 해당합니다. 고객은 상품을 받아 바깥쪽부터 2계층, 3계층, 4계층 포장지들을 순서대로 제거합니다. 특히 등기우편 서비스(TCP에 해당하는 서비스)에 가입한 고객의 경우 4계층 포장지의 일련번호(TCP의 SEQ#에 해당)를 보고 가게에 연락하여 성공적으로 배송되었다는 것(ACK)을 알려주어야 합니다. 가게는 고객으로부터 배송 확인(ACK 세그먼트)을 받을 때까지 상품을 재발송(재전송)해야합니다. 일반 서비스(UDP에 해당하는 서비스)에 가입한 고객의 경우 가게는 재발송 책임이 없습니다.

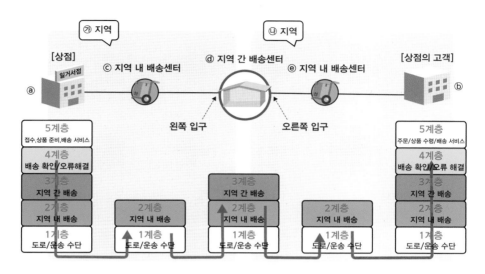

[그림 1-19] 지역 내 배송센터와 지역 간 배송센터를 통과할 때 발생하는 일

 요·약·하·기

- **등장 인물:** 라우터, 스위치, 단말
- **통신 모델:** 복잡한 통신 기능을 모듈화한 것으로, 전문성과 호환성을 확보할 수 있다.
- **프로토콜별 동작 범위:** 3계층 이상의 프로토콜은 전 지구, 2계층 프로토콜은 하나의 네트워크 내부, 1계층 프로토콜은 세그먼트이다.
- **장치와 프로토콜 :** 4계층 이상의 프로토콜은 단말에만 적용하고, 3계층 이상의 프로토콜은 단말과 라우터에 적용한다. 2계층 이상의 프로토콜은 단말과 라우터와 스위치에 적용할 수 있다.
- **통신 과정에서 단말이 하는 일:** 사용자가 만든 데이터에 인캡슐레이션을 통해 전달 가능한 프레임을 만들고, 수신한 프레임의 디인캡슐레이션을 통해 데이터를 추출해서 사용자에게 전달한다.
- **통신 과정에서 라우터가 하는 일:** 3계층에서는 라우팅을, 2계층에서는 프레임 리라이트를, 1계층에서는 증폭시킨다.
- **통신 과정에서 스위치가 하는 일:** 2계층에서는 스위칭을, 1계층에서는 증폭시킨다.

Chapter 2 : 주소의 모든 것

주소의 목적은 무엇일까요? 그리고 왜 다양한 주소가 필요한 걸까요?

주소는 여러 장치들을 구분하기 위해 필요합니다. 장치를 구분하는 주소는 데이터 링크 계층, 네트워크 계층, 애플리케이션 계층에서 정의됩니다. MAC(Media Access Control) 주소는 대표적인 데이터 링크 계층 주소이고, IP(Internet Protocol) 주소는 대표적인 네트워크 계층 주소입니다. 데이터 링크 계층 주소는 스위칭을 위해, 네트워크 계층 주소는 라우팅을 위해 필요합니다.

LESSON 6 : 주소의 외형

스위칭과 라우팅을 하기 위해 주소가 필요합니다. 2계층 MAC 주소는 이더넷 스위칭을 위해, 3계층 IP 주소는 라우팅을 위해 사용됩니다. 보통 IP 주소는 우편 주소에, MAC 주소는 주민등록번호에 비유합니다. 왜냐하면 이사 가면 집 주소가 바뀌는 것처럼 IP 주소도 소속 네트워크에 따라 달라지기 때문입니다. 또한 태어날 때 정해진 후 이사를 가도 바뀌지 않는 주민등록번호처럼 MAC 주소도 제조할 때 정해져서 어디에 배치하든지 바뀌지 않기 때문입니다. 자, 그러면 주소의 외형부터 알아볼까요?

● MAC 주소 − 2계층 주소

이더넷 프로토콜은 대표적인 2계층 프로토콜입니다. 이더넷과 경쟁했던 토큰링, FDDI와 같은 프로토콜은 복잡한 기술과 느린 속도 때문에 사라졌습니다. MAC 주소는 이더넷 프로토콜에 의해 정의되는 2계층 주소이고, 다음과 같은 외형을 갖습니다.

- (2진수로) **48비트**
- (16진수로) **열두 자리**

단말을 네트워크에 연결하려면 이더넷 포트를 가진 랜카드가 필요합니다. 랜카드는 'NIC(Network Interface Controller)', '네트워크 인터페이스 카드', '네트워크 어댑터', '랜 어댑터', '피지컬 네트워크 인터페이스'라고도 부릅니다. MAC 주소는 제조 당시에 정해져서 랜카드의 ROM에 저장되며, '피지컬 주소(Physical Address)', '하드웨어 주소(Hardware Address)' 또는 'BIA(Burned-In Address, 불로 새긴 주소)' 등의 다양한 이름으로 부릅니다.

[그림 2-1]은 MAC 주소의 구성을 보여줍니다. MAC 주소 중 앞부분 절반은 IEEE(Institute of Electrical and Electronics Engineers, 전기전자 기술협회)에서 할당하고, 'OUI(Organizationally Unique Identifier)'나 '제조업체 코드(벤더 코드, Vendor Code)'라고 부릅니다. 즉 MAC 주소의 OUI를 통해 장치의 제조업체를 알 수 있습니다. [그림 2-1]의 MAC 주소 중 뒷부분 절반은 제조업체에서 할당합니다.

[그림 2-1] MAC 주소

제조업체별 벤더 코드의 예

[표 2-1]은 유명한 제조업체들의 벤더 코드(OUI)를 정리한 목록입니다. 제조업체는 좀 더 많은 MAC 주소를 확보하기 위해 다수의 벤더 코드들을 가질 수 있습니다. 전체 벤더 코드들을 확인하려면 다음 사이트를 참조하세요.

http://standards.ieee.org/develop/regauth/oui/oui.txt

벤더 코드(OUI)	제조업체(Vendor)
00-12-FB 등	삼성전자(Samsung Electronics)
00-1E-75 등	LG전자(LG Electronics)
F0-4D-A2 등	델(Dell)
E8-06-88 등	애플(Apple)
E8-E0-B7 등	도시바(Toshiba)
00-02-A5 등	휴렛패커드(Hewlett-Packard)
00-05-DC 등	시스코시스템즈(Cisco Systems)
2C-21-72 등	주니퍼네트웍스(Juniper Networks)
40-B2-C8 등	노텔네트웍스(Nortel Networks)
00-AA-02 등	인텔(Intel)

[표 2-1] 제조업체별 벤더 코드의 예

◉ IP 주소 - 3계층 주소

IP는 3계층 프로토콜이고, IP 주소는 IP 프로토콜로 정의하는 3계층 주소입니다. 랜카드에 고정된 MAC 주소를 '물리적 주소(Physical Address)'라고 부르지만, IP 주소는 네트워크 관리자가 네트워크와 호스트 자리가 모두 중복되지 않도록 신경써서 할당해야 하므로 '논리적 주소(Logical Address)'라고 부릅니다. [그림 2-2]와 같이 ① 8비트가 1옥텟(Octet)입니다. IP 주소는 4개의 옥텟으로 구성되기 때문에 IP 주소는 ② 8비트×4옥텟=32비트로 구성됩니다.

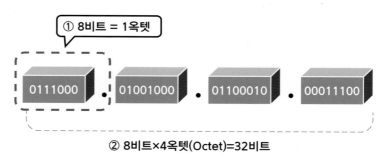

[그림 2-2] 32비트 길이의 IP 주소

IP 주소의 범위는 [표 2-2]와 같이 2진수로 00000000.00000000.00000000.00000000~11111111.11111111.11111111.11111111이므로 10진수로는 0.0.0.0~255.255.255.255가 됩니다. IP 주소로 사용하는 가장 작은 숫자는 0이고, 가장 큰 숫자는 255라는 것을 꼭 기억해야 합니다. 즉 1.255.255.1이나 221.255.0.78과 같은 IP 주소는 사용할 수 있지만, 256.1.1.1이나 1.78.1.333은 범위를 벗어나므로 사용할 수 없습니다.

IP 주소의 범위	10진수	2진수
첫 번째 IP 주소	0.0.0.0	00000000.00000000.00000000.00000000
마지막 IP 주소	255.255.255.255	11111111.11111111.11111111.11111111

[표 2-2] IP 주소의 범위

◉ 도메인 네임 - 애플리케이션 계층 주소

애플리케이션 계층에서는 www.google.com과 같은 도메인 네임이 있습니다. IP 주소나 MAC 주소와 같이 숫자로 구성된 주소는 스위칭이나 라우팅을 위해 필요하지만, 사용자가 기억하기 어렵습니다. 반면 도메인 네임은 사용자의 편의성을 위해 만들어진 주소입니다. 우편 주소 외에 '윤소서점', '장무네', '환희치킨'과 같은 별칭을 사용하는 이치와 같습니다. 즉 하나의 장치는 [그림 2-3]과 같이 MAC 주소, IP 주소와 함께 도메인 네임을 가질 수 있습니다.

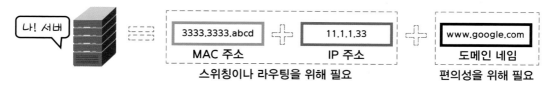

[그림 2-3] 장치들은 MAC 주소, IP 주소, 도메인 네임을 가질 수 있다.

LESSON 7 : 장치와 주소

스위치와 랜카드는 2계층 장치이므로 2계층 주소를 가집니다([그림 2-4] 참고). 라우터는 3계층 장치인데, 3계층 장치는 3계층 이하의 기능을 수행하기 위해서 2계층과 3계층 주소를 가집니다. 단말은 7계층 장치이므로 7계층 이하의 기능을 수행합니다. 단말은 7계층 기능을 적정하게 수행하기 위해 2계층 주소와 3계층 주소를 가져야 하고, 편의를 위해 7계층 주소(도메인 네임)를 가질 수도 있습니다.

7계층(애플리케이션 계층) 장치란, 애플리케이션을 적용할 수 있는 장치입니다. 그런데 스위치와 라우터에도 SNMP, TFTP, HTTP와 같은 애플리케이션을 적용할 수 있습니다. 이때 스위치와 라우터는 본연의 기능과 별도로 단말의 역할도 수행해야 합니다. 즉 스위치는 스위치+단말이 되고, 라우터는 라우터+단말이 되는 셈입니다. 쉽게 생각해서 스위치와 라우터 속에 단말 1대가 추가로 들어갔다고 생각하면 좋겠습니다.

스위치에 적용된 애플리케이션이 제대로 동작하려면 스위치에도 IP 주소를 설정해야 합니다. 왜냐하면 애플리케이션(7계층)이 제대로 동작하려면, 7계층을 포함하여 7계층 이하의 모든 계층들이 제대로 동작해야 하기 때문입니다. 예를 들어 1계층의 케이블이 불량이라면 통신이 될 수 없겠죠. 또한 3계층의 IP 주소를 갖지 않았다면 패킷이 목적지를 찾아올 수 없을 것입니다. 또한 4계층에서 TCP 프로세스가 제대로 동작해야 모든 세그먼트들을 빠짐없이 전송할 수 있으며, 도착한 세그먼트들을 조립할 수도 있습니다. 따라서 스위치에 애플리케이션을 적용하려면 스위치에도 IP 주소를 설정해야 합니다. 다시 강조하자면, IP주소는 스위치가 아니라 스위치 안에 숨어있는 단말을 위해 필요합니다.

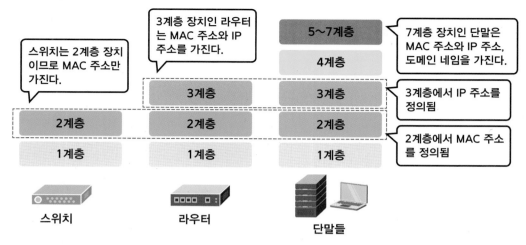

스위치는 2계층 장치이므로 MAC 주소만 가진다.

3계층 장치인 라우터는 MAC 주소와 IP 주소를 가진다.

7계층 장치인 단말은 MAC 주소와 IP 주소, 도메인 네임을 가진다.

3계층에서 IP 주소를 정의됨

2계층에서 MAC 주소를 정의됨

| 5~7계층 |
| 4계층 |

스위치

라우터

단말들

[그림 2-4] 장치들이 기본적으로 갖는 주소

> **Tip**
> 3계층 프로토콜이 제대로 동작하려면 3계층 이하의 모든 계층에 문제가 없어야 하고, 상위 계층인 4~7계층에서는 문제의 발생 여부와는 상관 없습니다.

스위치에 애플리케이션을 적용하면 스위치는 스위치+단말로 동작합니다. 스위치와 단말의 1계층과 2계층의 기능은 다릅니다. 단말은 2계층에서 인캡슐레이션 또는 디인캡슐레이션을 수행하고, 1계층에서 2진 코드를 시그널로 또는 시그널을 2진 코드로 바꿉니다. 이에 비해 스위치는 2계층에서는 스위칭을, 1계층에서는 약해진 시그널을 재생합니다. 마찬가지로 라우터에 애플리케이션을 설정하면, 라우터는 라우터+단말로 동작합니다. 2계층과 3계층에서 송신 단말은 인캡슐레이션을, 수신 단말은 디인캡슐레이션을 수행합니다. 라우터의 경우 3계층에서는 라우팅을, 2계층에서는 프레임 리라이트를, 1계층에서는 증폭을 수행합니다.

LESSON 8 : IP 주소

IP 주소는 '유니캐스트 주소'와 '멀티캐스트 주소', 그리고 '브로드캐스트 주소'로 나뉩니다. 유니캐스트 주소는 하나의 장치에게 보낼 때 사용하는 주소이고, 멀티캐스트 주소는 특정 그룹에 속한 장치들에게, 브로드캐스트 주소는 모든 장치들에게 패킷을 보낼 때 사용합니다.

● 유니캐스트 주소

[그림 2-5]를 보세요. IP 주소는 ① 5개의 클래스들, 즉 클래스 A, 클래스 B, 클래스 C, 클래스 D, 클래스 E로 구분됩니다. 10진수 기준으로 ② 첫 번째 옥텟이 1~126 범위이면 클래스 A, 128~191 범위이면 클래스 B, 192~223 범위이면 클래스 C, 224~239 범위이면 클래스 D, 240~255 범위이면 클래스 E에 속합니다. 한편 2진수를 기준으로 A, B, C, D와 E 클래스 주소는 각각 ③ 0, 10, 110, 1110, 1111로 시작합니다.

이 주소 중 A, B, C 클래스를 유니캐스트 주소로 사용하고, D 클래스를 멀티캐스트 주소로 사용합니다. E 클래스는 처음에는 연구용으로 예비되었지만, IP 주소가 부족한 지금은 유니캐스트 주소로 할당하고 있습니다.

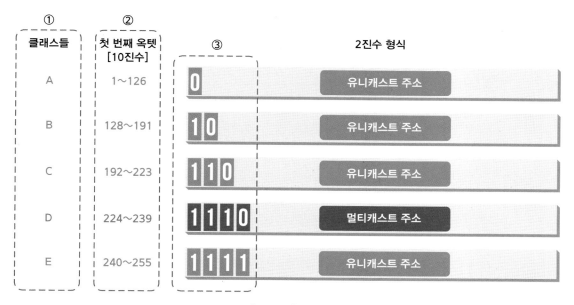

[그림 2-5] 다섯 클래스로 구분하는 IP 주소

● 특별한 유니캐스트 주소

유니캐스트 주소 범위에는 루프백 주소(Loopback Address), 링크-로컬 주소 (Link-Local Address), 사설 주소(Private Address)와 같은 특별한 유니캐스트 주소가 포함되는데, 이들 주소에 대해 자세히 알아보겠습니다.

❶ 루프백 주소(Loopback Address)

[그림 2-5]에서 A 클래스와 B 클래스 사이에서 127로 시작하는 IP 주소, 즉 127.0.0.0~ 127.255.255.255 범위의 주소는 루프백 주소입니다. 루프백 주소가 목적지인 패킷은 컴퓨터를 벗어나 네트워크로 보내지지 않습니다. 예를 들어 루프백 주소는 [그림 2-6]과 같이 컴퓨터에 웹 클라이언트와 웹 서버를 같이 설치한 후 웹 페이지가 제대로 보이고 접속 가능한지 테스트할 때 목적지 주소로 사용할 수 있습니다. 이때 만들어진 패킷은 3계층까지 내려갔다 되돌아오기 때문에 루프백 주소를 활용하여 테스트할 수 있는 범위는 애플리케이션과 TCP/IP를 지원하는 소프트웨어입니다.

Tip

웹 서비스를 개발
하고 테스트하려고 할
때 웹 서버에서 웹 클
라이언트(브라우저)를
켜고 주소 창에 루프백
주소(127.0.0.1)를 입
력하면 웹 서비스를 테
스트할 수 있습니다.

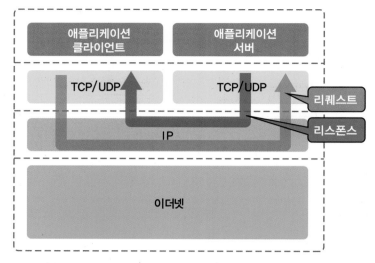

[그림 2-6] 루프백 주소는 자신이 출발지이자, 목적지일 때 사용한다.

❷ 링크-로컬 주소(Link-Local Address)

기본적으로 링크-로컬 주소가 목적지인 패킷은 네트워크의 경계 장치인 라우터
에 의해 차단되기 때문에 이 주소는 네트워크의 내부에서만 사용합니다. 링크-로
컬 주소의 대표적인 사용 예를 살펴보겠습니다. DHCP(Dynamic Host Confogu-
ration Protocol)는 IP 주소, 서브넷 마스크, 디폴트 게이트웨이, DNS 서버 주소
와 같은 IP 파라미터(Parameter, 매개변수)를 자동으로 설정하는 애플리케이션 계
층 프로토콜로, *15장*에서 자세히 다룰 예정입니다. DHCP 서버나 네트워크가 다
운되어 DHCP 서버로부터 IP 관련 파라미터들을 받지 못했을 때 윈도우나 맥과 같
은 OS는 자신에게 직접 IP 주소를 할당하는데, 이 주소가 바로 링크-로컬 주소입
니다. 링크-로컬 주소의 범위는 169.254.0.0~169.254.255.255이지만, 실제로는
169.254.1.0~169.254.254.255 범위가 랜덤하게 할당되고, 나머지는 미래의 용도
를 위해 예비되었습니다. 랜덤하게 할당되기 때문에 주소가 중복될 수 있는데, 이
것을 해결하기 위해 ARP(Address Resolution Protocol)를 활용합니다. 즉 자신이 할
당한 링크-로컬 주소에 대한 MAC 주소를 확인하기 위한 ARP 리퀘스트를 브로
드캐스팅합니다. 같은 링크-로컬 주소를 사용하는 장치가 있으면 ARP 리플라이
를 받을 것입니다. 이를 통해 주소가 중복된 것을 확인했다면 다른 주소를 다시 할
당합니다. ARP에 대해서는 *6장*과 *12장*에서 자세하게 다룹니다. 다른 네트워크도
DHCP 오류 때문에 링크 로컬 주소를 사용할 수 있는데, 이 경우 2개의 네트워크
에서 동일한 링크-로컬 주소를 사용할 수 있으므로 링크-로컬 주소는 한 네트워크
내부에서만 사용할 수 있습니다.

TTL(Time To Live)이란, 패킷이 통과할 수 있는 라우터의 수로서 IP 헤더에 포함된
필드입니다. 패킷이 라우터를 통과할 때마다 TTL 값은 1씩 줄어듭니다. 링크-로컬

주소를 출발지 주소로 하는 패킷의 TTL 값은 1로 세팅되는데, 이 경우 패킷은 라우터를 통과할 수 없습니다. 왜냐하면 TTL이 1인 패킷이 라우터에 도착하면 TTL은 0이 되고, 패킷은 라우터에 의해 폐기되기 때문입니다.

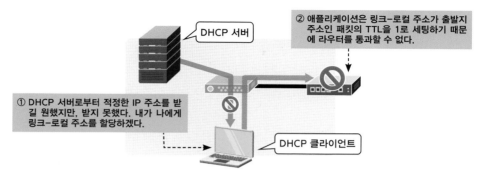

[그림 2-7] 링크-로컬 주소는 DHCP 서비스가 제대로 동작하지 않을 때
DHCP 클라이언트가 스스로 할당하는 주소이다.

❸ **사설 주소**(Private Address)

네트워크에 연결된 장치들의 수는 매우 빠른 속도로 증가하고 있어서 IPv4 공인 주소는 거의 고갈될 지경입니다. 이러한 문제는 다음 세 가지 방법으로 해결할 수 있습니다. 사설 IPv4 주소는 이번 장과 11장에서, VLSM은 11장에서, IPv6 주소는 *17장*에서 다룹니다.

- **사설 IPv4 주소 & NAT**(Network Address Translation)
- **VLSM**(Variable-Length Subnet Mask)
- **IPv6 주소**

여기에서는 NAT에 대해 간단히 살펴보겠습니다. 사설 IPv4 주소 범위는 10.0.0.0~10.255.255.255, 172.16.0.0~172.31.255.255, 192.168.0.0~192.168.255.255입니다. 공인 IPv4 주소는 공용 인터넷(Public Internet)에서, 사설 IPv4 주소는 회사, 학교와 같은 사설 네트워크(Private Network)에서 사용합니다. 사설 네트워크에 속하는 장치들끼리 통신하려면 사설 주소를 사용하면 됩니다. 그러나 사설 네트워크에 속한 장치가 인터넷 상의 장치와 통신할 때는 NAT(Network Address Translation) 솔루션이 필요합니다. [그림 2-8]을 보면 A 회사 내의 PC ⓐ가 웹 서버에게 보낸 ① 리퀘스트 패킷의 출발지 주소는 10.1.1.2입니다. 이때 웹 서버가 PC ⓐ에게 보낸 ② 리스폰스 패킷의 목적지 주소는 10.1.1.2입니다. 그러나 공용 인터넷에 속한 ⓔ ISP 라우터의 라우팅 테이블에는 사설 네트워크에 대한 정보가 없습니다.

ISP(Internet Service Provider)는 KT나 SK브로드밴드와 같은 인터넷 서비스 제공업자를 말합니다. 인터넷 상의 라우터의 라우팅 테이블에 사설 네트워크에 대한 정보가 없는 이유는 무엇일까요? 그것은 회사, 학교 등의 모든 사이트가 동일한 범위의 사설 주소를 사용하고 있어서 사설 주소를 목적지로 하는 패킷을 특정 사이트에 보낼 수 없기 때문입니다. [그림 2-8]에서도 A 회사와 B 회사는 10으로 시작하는 동일한 사설 주소를 사용 중입니다. 결론적으로 사설 주소를 출발지 주소로 하는 리퀘스트 패킷은 나갈 수는 있지만, 이에 대한 ② 리스폰스 패킷은 사설 주소를 목적지 주소로 하기 때문에 패킷은 ISP 라우터에 의해 폐기되어 돌아올 수 없습니다.

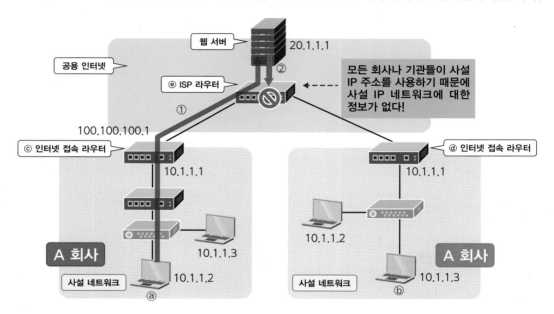

[그림 2-8] 공용 인터넷의 라우터에는 사설 네트워크에 대한 정보가 없으므로 사설 주소가 목적지 주소인 패킷은 폐기된다.

사설 네트워크에 속한 장치와 인터넷에 속한 장치가 통신하려면 주소 변환 솔루션인 NAT(Network Address Translation)가 필요합니다. NAT를 적용하는 장치는 사설 주소와 공인 주소 영역의 경계에 위치한 장치로, 보통은 인터넷 접속 라우터나 방화벽입니다. [그림 2-9]에서는 사설 주소와 공인 주소의 경계 장치인 인터넷 접속 라우터(ⓒ와 ⓓ)에 NAT를 설정했습니다. NAT 솔루션은 공인 주소가 부족한 우리 회사를 위한 솔루션입니다. 즉 패킷이 사설 주소를 사용하는 사이트의 내부 네트워크에서 공인 주소를 사용하는 인터넷으로 나갈 때 필요합니다.

NAT를 설정한 인터넷 접속 라우터는 PC ⓐ가 인터넷에 접속하기 위해 보낸 리퀘스트 패킷의 출발지 주소(사설 주소, 10.1.1.2)를 인터넷 접속 라우터가 보유한 공인 주소(100.100.100.1)로 변환하고, 변환 내용을 기억하기 위해 ⓕ NAT 테이블을 만듭니다. 리퀘스트 패킷을 받은 웹 서버는 공인 주소(100.100.100.1)가 목적지인 리스폰스 패킷을 보냅니다. 이 주소는 공인 주소이기 때문에 ⓕ 인터넷에 있는 라우터들의 라우팅 테이블에 올라오므로 리스폰스 패킷은 목적지인 인터넷 접속 라우터 ⓒ에 도착합니다. 인터넷 접속 라우터는 도착한 패킷의 목적지 주소(100.100.100.1)를 ⓕ NAT 테이블을 참조하여 원래의 목적지 주소(사설 주소, 10.1.1.2)로 변환합니다. 사설 네트 워크에 속한 라우터들의 라우팅 테이블에는 사설 네트워크에 대한 정보가 올라오기 때문에 리스폰스 패킷은 최종 목적지 장치에게 도착합니다. NAT에 대해서는 *11장 유 아독존, IP*'에서 다시 살펴보겠습니다.

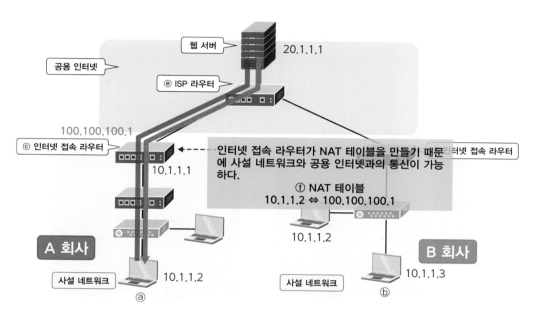

[그림 2-9] 사설 네트워크에서 공용 인터넷에 접속할 때 NAT(Network Address Translation)가 필요하다.

● 브로드캐스트 주소

유니캐스트 주소는 한 장치에게 보낼 때, 멀티캐스트 주소는 특정 그룹에 속한 장치 에게 보낼 때, 브로드캐스트 주소는 모든 장치에게 보낼 때 패킷의 목적지 주소가 됩니 다. 이것은 다음과 같이 말할 수 있습니다. 즉

> 유니캐스트 주소로 보낸 패킷은 한 장치의 CPU를 돌아가게 하고,
> 멀티캐스트 주소로 보낸 패킷은 특정 그룹에 속한 장치들의 CPU를 돌아가게 하며,
> 브로드캐스트 주소로 보낸 패킷은 모든 장치들의 CPU를 돌아가게 한다.

브로드캐스트 주소로 사용되는 IP 주소는 마지막 주소인 255.255.255.255입니다.

> **마지막 IP 주소를 브로드캐스트 주소로 사용한다.**

> **255.255.255.255**

[그림 2-10] 브로드캐스트 IP 주소: 255.255.255.255

그런데 라우터는 브로드캐스트 패킷을 차단하고, 스위치는 차단하지 못합니다. 이를 다음과 같이 말할 수 있습니다. 즉

> 라우터는 브로드캐스트 도메인을 나누고, 스위치는 브로드캐스트 도메인을 나누지 못한다.

라우터는 브로드캐스트 도메인뿐만 아니라 네트워크도 나눕니다. 라우터가 네트워크를 분할한다는 것은 1장에서 언급한 바 있습니다. 브로드캐스트 도메인과 네트워크를 분할하는 장치가 동일하기 때문에 브로드캐스트 도메인과 네트워크의 수와 넓이는 일치합니다. [그림 2-11]에서 네트워크 수와 브로드캐스트 도메인의 수는 2개입니다. 스위치는 브로드캐스트를 차단하지 못하기 때문에 컴퓨터 ⓐ가 보낸 브로드캐스트 프레임은 스위치 ⓑ를 포함하여 라우터 ⓒ, 라우터 ⓓ, 서버 ⓔ에 전달됩니다. 그러나 이 프레임은 라우터 ⓓ에 의해 차단되어 ⓐ 브로드캐스트 도메인으로 넘어가지 못합니다. 마찬가지로 컴퓨터 ⓕ에서 시작된 브로드캐스트 프레임은 스위치 ⓖ를 비롯하여 스위치 ⓖ에 연결된 모든 장치들에 전달되지만, 라우터 ⓓ에 의해 차단되기 때문에 ⑦ 브로드캐스트 도메인으로 넘어가지 못합니다.

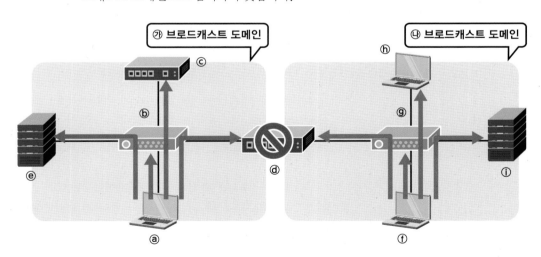

[그림 2-11] 스위치는 브로드캐스트 도메인을 나누지 못하고, 라우터는 나눈다.

● 멀티캐스트 주소

멀티캐스트 IP 주소의 범위는 224.0.0.0~239.255.255.255입니다. [표 2-3]은

잘 알려져 있는 멀티캐스트 주소로, 특정 용도나 프로토콜을 위해 IANA(Internet Assigned Numbers Authority)가 지정하는데, 더 많은 멀티캐스트 주소는 다음 사이트를 참조하세요.

http://www.iana.org/assignments/multicast-addresses와 RFC 1700

멀티캐스트 주소	용도
224.0.0.1	네트워크의 모든 호스트들
224.0.0.2	네트워크의 모든 라우터들
224.0.0.4	DVMRP 멀티캐스트 라우팅 프로토콜을 설정한 라우터들
224.0.0.5	OSPF 라우팅 프로토콜을 설정한 라우터들(DR 외 라우터들에게 보낼 때)
224.0.0.6	OSPF 라우팅 프로토콜을 설정한 라우터들(DR 라우터에게 보낼 때)
224.0.0.7	인터넷 스트림(ST) 프로토콜을 설정한 라우터들
224.0.0.8	인터넷 스트림(ST) 프로토콜을 적용한 호스트들
224.0.0.9	RIPv2 라우팅 프로토콜을 설정한 라우터들
224.0.0.10	EIGRP 라우팅 프로토콜을 설정한 라우터들
224.0.0.11	모바일 에이전트(Mobile-Agents)
224.0.0.12	DHCP 서버와 릴레이 에이전트(Server/Relay Agent)

[표 2-3] 멀티캐스트 주소의 예

특히 224.0.0.0~224.0.0.255 범위의 멀티캐스트 주소는 네트워크의 내부에서만 사용하므로 이 범위의 멀티캐스트 패킷은 라우터에 의해 차단됩니다. 그러나 스위치는 브로드캐스트와 같이 멀티캐스트 패킷도 차단할 수 없기 때문에 모든 포트들로 보냅니다. [그림 2-12]에서 224.0.0.1과 224.0.0.2를 목적지 주소로 하는 멀티캐스트 패킷의 예를 봅시다.

㉮ 네트워크의 라우터 ⓒ가 224.0.0.2를 목적지 주소로 하는 멀티캐스트 프레임을 보냈습니다. 스위치는 멀티캐스트 패킷을 차단하지 못하므로 수신 포트를 제외한 모든 포트들로 보냅니다. 224.0.0.2는 네트워크의 모든 라우터들에게 보낼 때 사용하는 멀티캐스트 주소이기 때문에 라우터 ⓓ는 받아서 처리하지만, 라우터가 아닌 PC ⓐ와 서버 ⓔ는 버립니다. 즉 라우터 ⓓ의 CPU는 돌아가지만, PC ⓐ와 서버 ⓔ의 CPU는 건드리지 못합니다. 이것은 PC ⓐ와 서버 ⓔ의 랜카드가 이 멀티캐스트 패킷을 폐기하기 때문입니다. 한편 ㉯ 네트워크에서는 라우터 ⓓ가 224.0.0.1을 목적지로 하는 패킷들을 보냈습니다. 그런데 이 패킷들은 네트워크의 모든 장치들에 보낼 때 사용하는 주소이므로 모든 장치들, 즉 PC ⓕ, 라우터 ⓗ와 PC ⓘ가 받아서 처리해야 합니다.

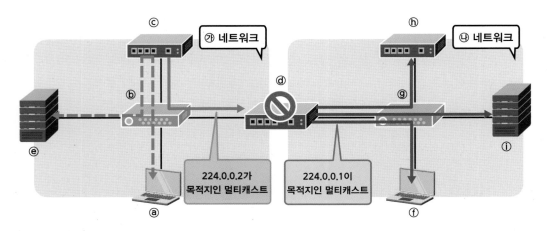

[그림 2-12] 스위치는 멀티캐스트를 차단하지 못하고 엉뚱한 곳에 도착한 멀티캐스트 패킷은 버려진다.

224.0.1.0~238.255.255.255의 멀티캐스트 주소 범위가 목적지인 패킷들은 라우터를 통과할 수 있습니다. 즉 다른 네트워크에 멀티캐스트 패킷을 보낼 때 사용하는 주소입니다. 멀티캐스트 패킷을 다른 네트워크에 보내려면 라우터들에 멀티캐스트 라우팅 프로토콜을 설정해야 합니다. 멀티캐스트 라우팅 프로토콜을 설정하면, 멀티캐스트 그룹에 속한 단말들이 연결된 라우터들끼리 디스트리뷰션 트리(Distribution Tree, 배송 경로)를 만듭니다.

디스트리뷰션 트리는 멀티캐스트 트래픽이 통과하는 경로입니다. 예를 들어 [그림 2-13]에서 224.0.10.21은 IPTV의 스포츠 콘텐츠 가입자가 사용하고, 224.0.1.22는 IPTV의 뉴스 콘텐츠 가입자가 사용한다고 가정해 봅시다. PC ⓒ와 ⓔ는 224.0.10.21 그룹에, PC ⓓ와 ⓔ는 224.0.10.22 그룹에 속합니다. 각 그룹의 멀티캐스트 트래픽은 라우터들이 생성한 배송 경로를 통해 전달됩니다. 즉 IPTV의 스포츠 콘텐츠를 가진 서버 ⓐ가 보낸 멀티캐스트 패킷 (224.0.10.21이 목적지인 멀티캐스트 패킷)은 주황색 경로를 통해 전달되고, IPTV의 뉴스 콘텐츠를 가진 서버 ⓑ가 보낸 멀티캐스트 패킷(224.0.10.22가 목적지인 멀티캐스트 패킷)은 초록색 경로를 통해 전달됩니다. 참고로 PPV(PayPerView, 편당으로 판매하는 유료 영화) 트래픽은 특정 유저에게만 보내질 것이므로 유니캐스트로 보내집니다.

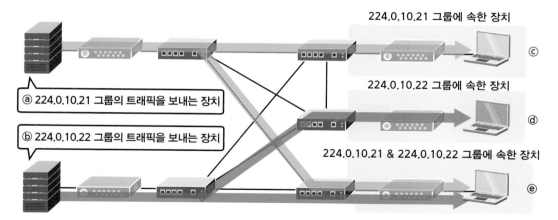

@ 224.0.10.21 그룹의 트래픽을 보내는 장치

ⓑ 224.0.10.22 그룹의 트래픽을 보내는 장치

224.0.10.21 그룹에 속한 장치

224.0.10.22 그룹에 속한 장치

224.0.10.21 & 224.0.10.22 그룹에 속한 장치

[그림 2-13] 멀티캐스트 라우팅 프로토콜은 멀티캐스트 트래픽의 배송 경로를 만든다.

239.0.0.0~239.255.255.255의 멀티캐스트 주소 범위는 사설 멀티캐스트 주소로 사용합니다. 즉 이 주소는 사이트(우리 회사 또는 학교) 내부에서 사용해야 하기 때문에 이 주소를 목적지 주소로 하는 멀티캐스트 패킷이 우리 회사를 벗어나지 못하게 필터링 기능을 라우터나 방화벽에 설정합니다. 멀티캐스트에 대해서는 *16장*에서 좀 더 자세히 살펴보겠습니다.

LESSON 9 : MAC 주소

MAC 주소도 유니캐스트 주소, 멀티캐스트 주소, 브로드캐스트 주소로 나뉩니다. 그리고 IP 유니캐스트 주소와 멀티캐스트 주소, 브로드캐스트 주소에 대응하는 MAC 유니캐스트 주소, 멀티캐스트 주소, 브로드캐스트 주소가 있습니다. IP 헤더에 입력되었던 IP 주소에 해당하는 MAC 주소가 이더넷 헤더에 입력되기 때문입니다.

● 유니캐스트 주소

MAC 주소의 형식은 [그림 2-14]와 같이 열두 자리의 16진수, 즉 48비트의 2진수로 구성됩니다.

- **옥텟 0의 일곱 번째 비트:** 이 자리가 0일 경우 OUI(Organizationally Unique Iden-tifier) 코드를 포함한다는 의미입니다. OUI는 IEEE에서 할당한 제조업체 코드이고 뒷부분 절반은 제조업체가 할당합니다. 이러한 규칙을 따른 경우에는 동일한 MAC 주소는 존재할 수 없습니다. IEEE가 할당한 제조업체 코드에 해당하지 않는 MAC 주소일 경우 이 자리를 1로 표시합니다.

- **옥텟 0의 여덟 번째 비트**: 0이면 유니캐스트 주소를, 1이면 멀티캐스트 주소 또는 브로드캐스트 주소를 의미합니다.

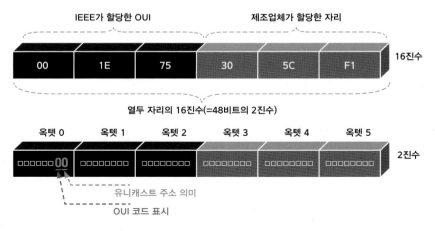

[그림 2-14] 유니캐스트 MAC 주소

● 브로드캐스트 주소

브로드캐스트 MAC 주소도 브로드캐스트 IP 주소처럼 마지막 주소를 사용합니다. 브로드캐스트 MAC 주소는 [그림 2-15]와 같이 FFFF.FFFF.FFFF입니다. 출발지 장치에서 톱다운(Top-down) 프로세스를 거치면서 4계층, 3계층과 2계층에서 인캡슐레이션 과정이 일어납니다. 이 과정에서 3계층 주소에 대응하는 2계층 주소를 찾아야 합니다. 브로드캐스트 IP 주소, 255.255.255.255에 대응하는 주소가 브로드캐스트 MAC 주소, FFFF.FFFF.FFFF입니다.

[그림 2-15] 브로드캐스트 MAC 주소(FFFF.FFFF.FFFF)

● 멀티캐스트 주소

멀티캐스트 MAC 주소는 특정 그룹에 속한 장치들을 표시하기 위해 사용합니다. 예를 들어 'STP(Spanning Tree Protocol)를 적용한 스위치 그룹', 'LACP(Link Aggregation Control Protocol)를 적용한 스위치들의 그룹', 'RIP(Routing Information Protocol, *14장* 참고)를 적용한 라우터들의 그룹'이 예입니다. 출발지 장치에서 톱다운 프로세스를 거치면서 4계층과 3계층, 2계층에서 인캡슐레이션 과정이 일어나는데, 이때 3계층 IP 주소에 해당하는 2계층 MAC 주소를 찾아내야 합니다. 멀티캐스트 IP 주소의 범위는 224.0.0.0~239.255.255.255입니다. 이에 맵핑되는 멀티캐스트 MAC 주소는 어떻게 결정할까요? 멀티캐스트 MAC 주소는 항상 ① 01-00-5E로 시작하고, 옥텟 0의 마지막 비트는 항상 ② 1입니다.

[그림 2-16] 멀티캐스트 MAC 주소 포맷

[그림 2-5]에서 언급했고 [그림 2-17]에서 다시 확인할 수 있듯이 멀티캐스트 IP 주소는 2진수, ① 1110으로 시작합니다. 한편 멀티캐스트 MAC 주소는 무조건 ② 01-00-5E로 시작하며 ③ 25번째 비트는 사용하지 않습니다. 따라서 멀티캐스트 MAC 주소를 구분하는 자리는 나머지 23비트뿐인데, 멀티캐스트 IP 주소의 마지막 23비트를 멀티캐스트 MAC 주소로 그대로 ④ 베낍니다.

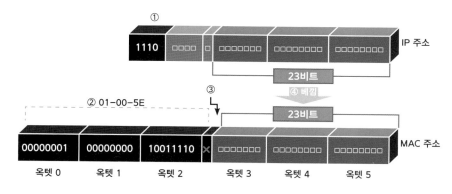

[그림 2-17] 멀티캐스트 IP 주소의 뒷부분 23비트를 멀티캐스트 MAC 주소로 그대로 베낀다.

LACP, STP, LLDP와 같은 2계층 프로토콜은 3계층 이상과 관계 없기 때문에 3계층 주소도 없습니다. 따라서 2계층 프로토콜이 사용하는 멀티캐스트 MAC 주소는 베낄 대상인 IP 주소 자체가 없어서 [그림 2-18]과 같이 별도로 지정됩니다.

[그림 2-18] LACP, STP, CGMP(2계층 프로토콜)가 사용하는 멀티캐스트 MAC 주소

 STP와 LACP

● **STP(Spanning Tree Protocol)**

① **스위치 루프**(Loop): 백업 루트를 만들기 위해 네트워크 장비(SW1과 SW2)를 이중화 하면, 스위칭 루프(SW1-SW2-SW30이 만드는 동그란 토폴로지)가 발생합니다. PC ⓐ에서 R1에 대한 경로는 PC ⓐ-SW3-SW1-R1과 PC ⓐ-SW3-SW2-SW1-R1의 두 경로가 존재하여 가용성(통신이 지속될 가능성)이 개선됩니다.

② **브로드캐스트 스톰**(Broadcast Storm): 스위치는 브로드캐스트를 차단하지 못하기 때문에 브로드캐스트는 순환하게 됩니다. 이때 브로드캐스트의 순환 속도는 밴드위스, CPU, 메모리와 같은 네트워크 자원을 모두 고갈시킬 정도로 빠를 것이기 때문에 네트워크가 다운된 것처럼 통신은 불가능해집니다.

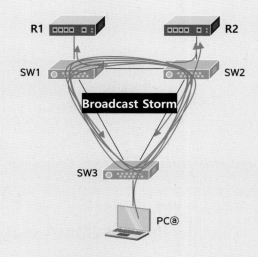

[그림 2-19] 스위칭 루프 환경에서의 브로드캐스트 스톰

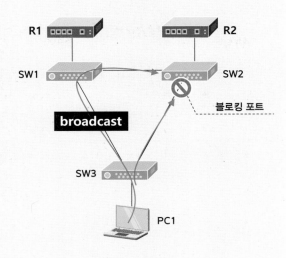

[그림 2-20] 솔루션은 STP

③ **솔루션: STP**(Spanning Tree Protocol). STP는 BPDU(Bridge Protocol Data Unit) 프레임을 교환하여 포트를 차단(Blocking)합니다. 이를 통해 브로드캐스트의 순환을 막으며, 차단된 포트는 사용중인 링크나 스위치가 다운되면 자동으로 살아납니다.

● **LAG(Link Aggregation Group)와 LACP**

① **LAG의 필요성**: [그림 2-21]에서 밴드위스를 업그레이드하기 위해 SW1과 SW2 사이를 100Mbps 링크를 이중으로 연결하면 밴드위스는 200Mbps가 될까요? 정답은 'NO'입니다. 왜냐하면 SW1과 SW2 사이에 스위칭 루프가 발생하므로 STP가 포트를 차단하게 되고 결과적으로 한 링크만 사용할 수 있습니다. 그렇다고 STP 프로토콜을 비활성화하면 브로드캐스트 스톰이 발생하여 통신이 불가능해집니다.

[그림 2-21] STP에 의한 포트 블로킹

② **솔루션**: 이 문제에 대한 솔루션이 LAG입니다. LAG 설정 명령은 [그림 2-22]와 같이 channel-group 1 mode on입니다. channel-group 1 mode on에서 숫자 '1'은 채널 그룹 번호입니다. LAG을 구성하면 다수의 링크들을 하나의 링크로 간주하므로 스위칭 루프는 더 이상 발생하지 않습니다. 구체적으로는 SW1이 보낸 브로드캐스트 프레임이 SW2의 E0 포트에 도착했습니다. SW2는 다른 포트들(E2와 E3 포트)로는 브로캐스트 프레임을 보내도 같은 LAG 그룹에 속한 E1 포트로는 브로드캐스트 프레임을 보내지 않습니다. 즉 SW1의 E0, E1 포트와 SW2의 E0, E1 포트 사이에는 브로드캐스트 프레임이 순환

하지 않습니다. 따라서 STP에 의한 포트 차단도 일어나지 않기 때문에 결국 N개의 링크들을 동시에 사용할 수 있어서 N배의 속도를 얻을 수 있습니다.

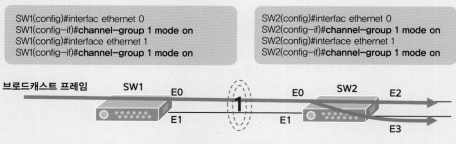

[그림 2-22] LAG 설정 명령 및 동작 원리

③ LACP(Link Aggregation Control Protocol)

LACP는 IEEE 802.3ad에서 정의된 표준으로 LAG를 지원하는 프로토콜입니다. 다음의 두 가지 기능, 즉 옵션 협의와 점검 기능을 제공합니다.

- **옵션 협의 기능**: LACP 설정 명령을 살펴볼까요? channel-protocol lacp 명령으로 LAG 프로토콜을 LACP로 지정하고, channel-group 그룹_번호 mode {passive 또는 active} 명령으로 LAG 옵션을 설정합니다. 이때 active와 passive는 LACP 옵션들입니다. active 모드 일 때 상대 스위치에게 먼저 물어보고, passive일 때는 상대 스위치가 먼저 물어올 때까지 대기하므로 두 스위치를 passive 모드로 설정하면 LAG가 생성되지 않습니다.

구분	명령어
SW1	Switch(config)#interface fastethernet 0/1 Switch(config-if)#channel-protocol lacp Switch(config-if)#channel-group 1 mode {passive / active}
SW2	Switch(config)#interface fastethernet 0/1 Switch(config-if)#channel-protocol lacp Switch(config-if)#channel-group 1 mode {passive / active}

[표 2-4] LACP의 설정 예

- **점검 기능**: LACP를 설정하면 LAG로 묶일 포트들에 대해 밴드위스, 듀플렉스(하프 듀플렉스와 풀 듀플렉스 등이 일치하는지 확인하고, 일치하지 않으면 LAG로 묶지 않습니다. 밴드위스와 듀플렉스 다르면 밴드위스가 남는 링크과 모자라는 링크가 발생하기 때문입니다.

● LLDP(Link Layer Discovery Protocol)

2계층 이상의 장치들, 예를 들어 스위치나 라우터와 같은 장치들과 다음과 같은 정보를 교환합니다. show lldp neighbors 명령을 통해 LLDP가 수집한 정보를 확인할 수 있습니다.

- 어떤 포트끼리 연결되었는지
- 어떤 시스템인지(라우터인지, 스위치인지)
- IP 주소, 시스템의 이름 등

이동 중인 패킷의 2계층과 3계층 목적지 주소는 같은 장치의 주소일 수도 있고, 아닐 수도 있습니다. 패킷의 2계층과 3계층 목적지 주소가 다른 이유는 3계층 주소는 언제나 최종 목적지 장치를 가리키지만, 2계층 주소는 네트워크의 내부에서만 사용하는 주소이므로 네트워크를 통과할 때마다 바뀌기 때문입니다.

● 3계층 목적지 주소와 출발지 주소

패킷의 3계층 목적지 주소는 언제나 최종 목적지의 주소이고, 3계층 출발지 주소는 언제나 최초 출발지의 주소입니다. 왜냐하면 3계층 주소는 전 지구 네트워크에서 장치들을 구분하기 때문입니다.

● 2계층 목적지 주소와 출발지 주소

2계층 프로토콜은 동작 범위가 네트워크 내부입니다. 2계층 헤더는 네트워크를 통과하기 위해 사용되므로 라우터, 즉 네트워크의 경계에 도착하면 버려집니다. 2계층 주소는 네트워크 내부용입니다. 다음 네트워크를 통과하려면 새로운 2계층 주소를 포함하는 새로운 2계층 헤더가 필요합니다. [그림 2-23]을 보고 서버 ⓐ가 PC ⓑ에게 패킷을 보낼 때, ㉮와 ㉯ 네트워크를 통과하는 프레임의 출발지 2계층 주소와 목적지 2계층 주소는 어떻게 변하는지 [표 2-4]를 채워보세요.

프레임이 다음 네트워크를 통과할 때	출발지 2계층 주소	목적지 2계층 주소
㉮ 네트워크		
㉯ 네트워크		

[표 2-4] 프레임이 ㉮와 ㉯네트워크를 통과할 때의 2계층 출발지/목적지 주소

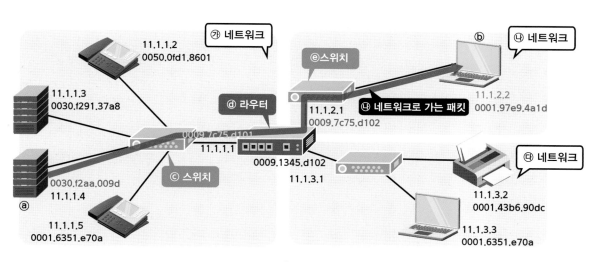

[그림 2-23] 2계층 주소 vs 3계층 주소

[그림 2-23]에서 서버 ⓐ가 PC ⓑ에게 패킷을 보낼 때 3계층 출발지 주소는 11.1.1.4 이고, 목적지 주소는 11.1.2.2입니다. 3계층 주소는 최초 출발지와 최종 목적지 장치를 표시하므로 패킷 이동 중에 변경되지 않습니다. 그러나 2계층 주소는 네트워크의 내부에서 사용되고, 2계층 헤더는 하나의 네트워크를 통과하기 위한 것이므로 2계층 출발지 주소와 목적지 주소는 네트워크를 통과할 때마다 [표 2-5]와 같이 바뀝니다.

프레임이 ㉠ 네트워크를 통과할 때 출발지 2계층 주소는 서버 ⓐ의 0030.f2aa.009d입니다. 2계층 목적지 주소는 다른 곳이 아닌 ㉠ 네트워크 내부의 주소 즉 스위치 ⓒ에 연결된 장치의 주소(스위치의 스위칭 테이블에서 보이는 주소) 중에서 라우터 ⓓ의 왼쪽 인터페이스의 주소인 0009.7c75.d101입니다. 프레임이 라우터에 도착하면, 2계층 헤더는 네트워크를 통과하기 위한 것일 뿐이어서 라우터는 임무를 완수한 2계층 헤더를 버립니다. 이 경우 다음 네트워크인 ㉡ 네트워크를 통과하려면 새로운 2계층 헤더가 필요합니다. 새로운 2계층 헤더의 출발지 2계층 주소는 새로운 헤더를 만든 장치(여기서는 라우터 ⓓ)의 아웃바운드(Outbound) 인터페이스의 주소인 0009.7c75.d102입니다. 목적지 2계층 주소는 다른 곳이 아닌 ㉡ 네트워크 내부의 주소여야 합니다. 즉 스위치 ⓔ에 연결된 PC ⓑ의 주소인 0001.97e9.4a1d입니다. 프레임의 2계층 옷을 갈아입히는 일은 라우터의 2계층 기능으로, '프레임 리라이트(Frame Rewrite)'라고 합니다.

프레임이 다음 네트워크를 통과할 때	출발지 2계층 주소	목적지 2계층 주소
㉠ 네트워크	0030.f2aa.009d	0009.7c75.d101
㉡ 네트워크	0009.7c75.d102	0001.97e9.4a1d

[표 2-5] 프레임이 ㉠와 ㉡ 네트워크를 통과할 때의 2계층 출발지/목적지 주소

 요·약·하·기

◆ **주소의 외형:** MAC 주소는 48비트, IP 주소는 32비트로 구성된다.

◆ **주소의 효용성:** MAC 주소는 스위칭을 위해, IP 주소는 라우팅을 위해 필요하지만, 도메인 네임은 사용자의 편의성을 위해 필요하다.

◆ **장치와 주소:** 2계층 장치는 MAC 주소만, 3계층 장치는 MAC 주소와 IP 주소를, 7계층 장치는 MAC 주소와 IP 주소, 도메인 네임을 가질 수 있다.

◆ **IP와 MAC 주소:** 유니캐스트 주소, 멀티캐스트 주소, 브로드캐스트 주소로 나뉜다. 인캡슐레이션 과정에서 IP 주소에 대응되는 MAC 주소가 2계층 헤더에 입력된다.

◆ **3계층 주소와 2계층 주소:** 3계층 출발지와 목적지 주소는 각각 최초 출발지 주소와 최종 목적지 주소이다. 2계층 주소는 네트워크 내부 용도이므로 2계층 출발지와 목적지 주소는 네트워크를 통과할 때마다 변환된다.

Chapter 3 : IP 주소 디자이너가 된다

이 장이 끝나면 스스로 네트워크를 구분하고, IP 주소를 설계한 후 할당할 수 있어야 합니다. MAC 주소든, IP 주소든 주소의 중복은 허용되지 않습니다. MAC 주소는 생산 당시에 중복되지 않도록 정해집니다. 하지만 네트워크 관리자는 IP 주소를 중복되지 않도록 설계해야 합니다. IP 주소 설계에 대한 강의는 *11장*에서 보완 및 완성됩니다.

LESSON 11 : IP 주소와 하이어라키

2계층 주소와 3계층 주소의 가장 큰 차이점은 다음과 같습니다. 즉 2계층 주소는 하이어라키(Hierarchy, 계급)가 없고, 3계층 주소는 하이어라키가 있습니다. 우편 주소와 전화 번호도 하이어라키가 있습니다. 즉 우편 주소는 대한민국, 서울시, 동작구, 흑석동, 1번지 이런 식으로 높은 계급의 주소와 낮은 계급의 주소로 구분됩니다. 전화번호도 82(국가 번호), 02(지역 번호), 3736(국 번호), 2345(라인 번호)와 같이 높은 계급과 낮은 계급의 주소로 구분됩니다.

● IP 주소의 하이어라키

IP 주소는 [그림 3-1]과 같이 높은 하이어라키의 ① '네트워크 영역'과 낮은 하이어라키의 ② '호스트 영역'으로 나뉩니다.

① 네트워크 영역(높은 하이어라키 영역)   ② 호스트 영역(낮은 하이어라키 영역)

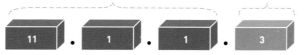

[그림 3-1] IP 주소는 '네트워크 영역'과 '호스트 영역'으로 나뉜다.

[그림 3-2]에는 라우터에 의해 나뉜 2개의 네트워크가 존재합니다. 11.1.1과 11.1.2는 높은 하이어라키 영역으로, 네트워크를 구분하는 자리입니다. 즉 ㉮ 네트워크는 11.1.1

네트워크이고, ㉯ 네트워크는 11.1.2 네트워크인데, 네트워크 자리가 중복되지 않으므로 적절합니다. 네 번째 자리는 낮은 하이어라키 영역, 즉 호스트 영역으로 네트워크 내부 장치들을 구분하는데, 네트워크 내부의 장치들끼리는 호스트 주소 영역이 중복되면 안 됩니다(①, ②, ③). 반면 다른 네트워크에 속한 장치들과는 호스트 주소 영역이 중복되어도 상관없습니다(①, ④). 결과적으로 중복된 주소가 없기 때문입니다.

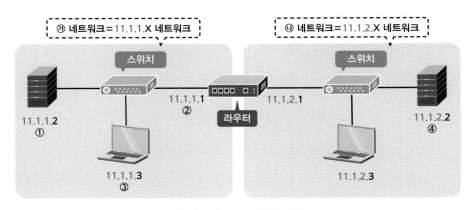

[그림 3-2] IP 주소의 할당 사례

[그림 3-3]은 2계층 주소(MAC 주소)와 3계층 주소(IP 주소)의 할당 적절성을 묻기 위한 것입니다. [표 3-1]의 O/×퀴즈의 해답을 찾아봅시다. 단 [그림 3-3]에서 첫 번째부터 세 번째 옥텟 자리까지는 네트워크 자리이고, 네 번째 옥텟 자리는 호스트 자리입니다.

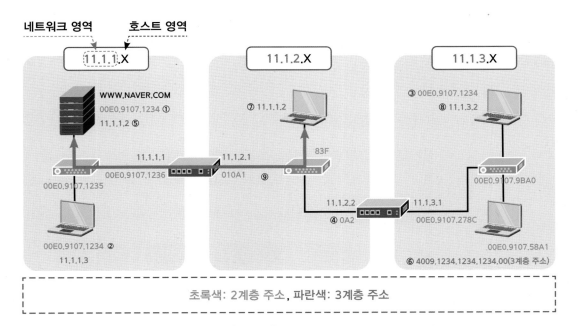

[그림 3-3] 주소 할당의 예

순서	[그림 3-3]	문제	○/×
1	① & ②	같은 네트워크에 속한 두 장치가 동일한 2계층 주소를 사용해도 될까요?	
2	① & ③	다른 네트워크에 속한 두 장치가 동일한 2계층 주소를 사용해도 될까요?	
3	① & ④	다른 네트워크에서 서로 다른 프로토콜이 정의한 2계층 주소를 사용해도 될까요?	
4	⑤ & ⑥	다른 네트워크에서 서로 다른 프로토콜이 정의한 3계층 주소를 사용해도 될까요?	
5	⑤ & ⑦	다른 네트워크에 속한 두 장치는 네트워크 자리가 동일한 3계층 주소를 사용해도 될까요?	
6	⑤ & ⑧	다른 네트워크에 속한 두 장치는 네트워크 자리는 다르고, 호스트 자리는 동일한 3계층 주소를 사용해도 될까요?	
7	⑨	다른 네트워크에 속한 두 장치 간의 통신을 위해 3계층 주소만으로 충분할까요?	

[표 3-1] 2계층 주소와 3계층 주소의 할당 적정성을 묻는 ○/× 퀴즈

[표 3-1] 퀴즈에 대한 해답과 설명은 [표 3-2]와 같습니다.

순서	[그림 3-3]	문제	○/×
1	① & ②	2계층 주소는 네트워크 내부에서 장치들을 구분하기 때문에 같은 네트워크에 속하는 두 장치는 동일한 2계층 주소를 사용할 수 없습니다.	×
2	① & ③	2계층 주소는 네트워크 내부에서 장치들을 구분하기 때문에 다른 네트워크에 속하는 두 장치가 동일한 2계층 주소를 사용해도 상관없습니다.	○
3	① & ④	2계층 프로토콜, 2계층 주소, 2계층 헤더, 2계층 장치의 적용 및 동작 범위는 네트워크의 내부입니다. 따라서 다른 네트워크에서 동일한 2계층 프로토콜을 사용하든, 서로 다른 2계층 프로토콜을 사용하든 상관없습니다.	○
4	⑤ & ⑥	2계층 프로토콜과 달리 3계층 이상의 프로토콜, 주소, 헤더, 장치의 적용 및 동작 범위는 전 지구 네트워크입니다. 따라서 통신을 원하는 두 장치는 (같은 네트워크는 물론) 다른 네트워크에 있어도 동일한 3계층 프로토콜을 사용해야 합니다. 예를 들어 IPv4 주소를 가진 장치와 IPv6 주소를 가진 장치가 다른 솔루션의 도움 없이 통신할 수 없습니다.	×
5	⑤ & ⑦	3계층 주소의 네트워크 자리는 네트워크를 구분하는 자리입니다. 즉 다른 두 네트워크에 동일한 네트워크 자리를 할당할 수 없습니다. 7번 PC는 11.1.2 네트워크에 속한 IP주소를 할당해야 합니다.	×
6	⑤ & ⑧	다른 네트워크에 속한 장치들의(3계층 주소의) 네트워크 자리는 달라야 합니다. 3계층 주소의 호스트 자리는 (네트워크 내부 장치들을 구분하기 위한 것이므로) 네트워크의 내부에서 중복되어서는 안 됩니다. 그러나 다른 네트워크에 속한 두 장치가 동일한 호스트 자리를 사용해도 됩니다. 예를 들어 11.1.1.1, 22.2.2.1과 같이 호스트 자리가 중복되지만, 전체 주소는 어떤 주소와도 중복되지 않기 때문에 상관없습니다. (이 예에서는 마지막 옥텟만 호스트 자리입니다.)	○
7	⑨	패킷의 목적지는 같은 네트워크 또는 다른 네트워크에 있을 수 있습니다. 스위치와 라우터는 네트워크를 구성하는 장치들입니다. 스위치는 스위칭을 위해 2계층 주소를 보고, 라우터는 라우팅을 위해 3계층 주소를 봅니다. 따라서 통신을 위해서는 3계층 주소와 함께 2계층 주소도 필요합니다.	×

[표 3-2] 해답과 설명

● 주소가 하이어라키를 가질 때의 장점

IP 주소는 '네트워크 영역'과 '호스트 영역'으로 나뉩니다. 주소가 하이어라키를 가지면 다음과 같은 장점이 있습니다. 우선 [그림 3-4]에서 라우터 ⓐ의 라우팅 테이블을 봅시다. ① 11.1.3.X라는 한 줄의 정보는 11.1.3 네트워크 내부의 모든 IP 주소를 포함합니다. 11.1.3 네트워크에 속하는 IP 주소의 범위는 11.1.3.0~11.1.3.255 범위의 256개입니다. 마찬가지로 ② 11.1.4.X라는 한 줄의 정보는 11.1.4로 시작하는 모든 IP 주소, 즉 11.1.4.0~11.1.4.255 범위에 있는 256개의 IP 주소를 포함합니다. 즉 라우팅 테이블에는 네트워크 내부의 모든 IP 주소 대신, 네트워크를 대표하는 한 줄의 정보만 올라오면 되므로 라우팅 테이블이 짧아집니다. '짧은 라우팅 테이블'은 다음과 같은 장점을 가지고 있습니다.

● 라우팅 테이블을 만들기 쉽다.

라우터 ⓐ의 라우팅 테이블에 모든 IP 주소 대신 각 네트워크를 대표하는 한 줄의 정보, 즉 11.1.3.X와 11.1.4.X만 수집하면 되므로 라우팅 테이블을 만들기 쉽습니다. 또한 누락된 정보도 쉽게 찾을 수 있기 때문에 문제 해결도 쉽습니다.

● 라우팅 속도가 빨라진다.

라우팅 테이블이 짧아지므로 라우팅 테이블에서 목적지를 찾는 시간이 빨라집니다. 즉 라우팅 속도가 빨라집니다.

Tip
전화번호와 우편 주소도 하이어라키를 갖기 때문에 하이어라키를 가진 주소의 장점을 누릴 수 있습니다.

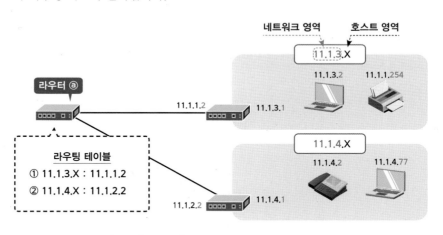

[그림 3-4] 주소가 계급을 가질 때의 장점

● 택배 세상 주소

우편 주소도 하이어라키를 갖습니다. 우편 주소에서 ① 역삼1동은 상위 계급 주소로, ② 역삼1동 내의 모든 번지들을 대신하고 대표합니다. 이것은 우편 주소가 하이어라키를 갖기 때문에 가능합니다.

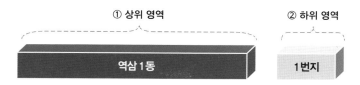

[그림 3-5] 우편 주소의 상위 계급 영역과 하위 계급 영역

이번에는 우편 주소의 할당 과정을 살펴봅시다. 우선 각 지역(네트워크에 해당)에 ㉮ 역삼1동, ㉯ 역삼2동과 같은 주소의 앞부분을 할당한 후 구역의 가게와 집에 ⓐ 1번지, ⓑ 2번지, ⓒ 3번지와 같이 주소의 뒷부분을 할당합니다.

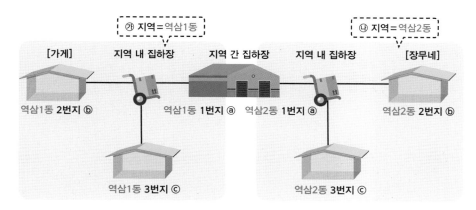

[그림 3-6] 할당된 우편 주소

우편 주소(IP 주소에 해당)가 하이어라키를 갖기 때문에 ① 지역 간 집하장(라우터에 해당)의 경로 정보 테이블(라우팅 테이블에 해당)에는 각 지역을 대표하는 ② 한 줄의 정보만 올라오면 되므로 만들기 쉽습니다. 그리고 경로 정보 테이블이 짧기 때문에 택배상자(패킷에 해당)의 목적지도 쉽게 찾을 수 있습니다.

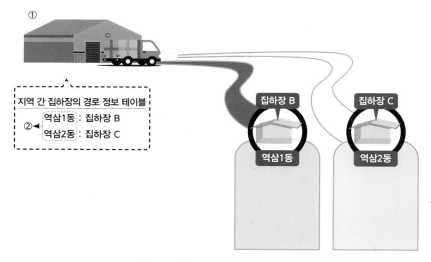

[그림 3-7] 집하장의 경로 정보 테이블

IP 주소로 사용할 수 있는 10진수는 0에서 225까지입니다. 예를 들어 [그림 3-8]에서 ① 1.1.1 네트워크에는 1.1.1.0에서 1.1.1.255까지의 주소(256개)가 포함됩니다. 반면 ② 1.1 네트워크에는 1.1.0.0에서 1.1.255.255까지의 주소(65,536개)가 포함됩니다. 즉 1.1 네트워크가 1.1.1 네트워크보다 훨씬 많은 IP 주소가 포함되는 네트워크입니다. 이렇게 네트워크 영역과 호스트 영역의 경계를 보면, 네트워크에 포함된 장치들의 수를 알 수 있습니다.

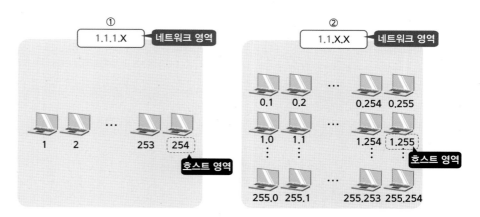

[그림 3-8] 네트워크 자리에서 1.1.1과 1.1은 어떻게 다를까?

● 서브넷 마스크

네트워크와 호스트 자리의 경계를 보면 네트워크에 포함된 호스트 수를 알 수 있다는 것은, 반대로 네트워크에 포함된 호스트들의 수에 따라 네트워크와 호스트의 경계가 결정된다고 말할 수도 있습니다. 즉 IP 주소의 네트워크와 호스트 영역의 경계는 호스트 수에 따라 다양하기 때문에 경계를 표시하는 수단이 필요한데, 그것이 바로 ① 서브넷 마스크(Subnet Mask)입니다. 마스크는 얼굴에 쓰는 것이지만, 서브넷 마스크는 IP 주소에 씌우는 것입니다. [그림 3-9]에서 255(2진수로는 1)가 겹치는 부분인 ② 1.1.1은 네트워크 영역이고, 0(2진수로도 0)이 겹치는 부분인 ③ 3은 호스트 영역입니다.

[그림 3-9] 네트워크와 호스트 영역의 경계를 표시하는 서브넷 마스크

서브넷 마스크를 표시할 때 [표 3-3]과 같이 ㉮ 10진수 방식, ㉯ 2진수 방식, ㉰ 프리픽스 길이의 세 가지 방법이 있습니다. [표 3-3]의 ㉮에서 255.0.0.0은 이미 소개한 10진수 방식입니다. 즉 255가 겹치는 곳은 네트워크 영역이고, 0이 겹치는 곳은 호스트 영역입니다. 10진수인 255를 2진수로 바꾸면 11111111이 되고, 10진수인 0을 2진수로 바꾸면 00000000이 됩니다. 10진수인 255.0.0.0은 2진수로 11111111.00000000.00000000.00000000이 됩니다. 즉 2진수로 1이 겹치는 자리는 네트워크 영역이고, 0이 겹치는 자리는 호스트 영역이 됩니다. 마지막으로 프리픽스 길이(Prefix-length) 방식이 있습니다. 프리픽스는 네트워크와 같은 뜻으로, 프리픽스 길이 방식은 앞에서부터 몇 번째 비트까지가 네트워크 자리인지 표시하는 방식입니다. 즉 255.0.0.0은 11111111.00000000.00000000.00000000이 되고, 앞에서부터 여덟 번째 비트까지가 네트워크 자리이므로 프리픽스 길이 방식으로 표기하면 '/8'이 됩니다. 255.255.0.0은 11111111.11111111.00000000.00000000이 되고, 앞에서부터 16번째 비트까지가 네트워크 자리이므로 '/16'이 됩니다. 255.255.255.0은 11111111.11111111.11111111.00000000이고, 앞에서부터 24칸까지가 네트워크 자리이므로 '/24'가 됩니다.

㉮ 10진수	㉯ 2진수	㉰ 프리픽스 길이
255.0.0.0	11111111.00000000.00000000.00000000	/8
255.255.0.0	11111111.11111111.00000000.00000000	/16
255.255.255.0	11111111.11111111.11111111.00000000	/24

[표 3-3] 서브넷 마스크의 표시 방식

LESSON 13 : 네트워크 대표 주소와 서브넷 브로드캐스트 주소

네트워크 대표 주소와 서브넷 브로드캐스트 주소의 역할에 대해 알아봅시다. 그리고 네트워크 내의 어떤 IP 주소와 서브넷 마스크가 주어졌을 때 네트워크 대표 주소와 서브넷 브로드캐스트 주소, 주소의 범위를 계산하는 방법을 살펴보겠습니다.

● 네트워크의 대표 주소

라우팅 테이블에는 모든 IP 주소 대신 네트워크 대표 정보만 올라옵니다. 네트워크를 대표하기 위한 정보는 네트워크의 첫 번째 주소와 서브넷 마스크입니다. [그림 3-10]의 IP 주소인 ① 1.2.3.4가 속한 네트워크의 대표 주소를 찾아봅시다. ② 서브넷 마스크가 255.255.255.0이기 때문에 첫 번째에서 세 번째 옥텟까지가 ③ 네트워크 영역입니다. 1.2.3.4가 속하는 네트워크의 대표 주소는 첫 번째 주소입니다. 즉 1.2.3 네트워크의 첫 번째 주소는 ⑤ 1.2.3.0이고 ⑥ 마지막 주소는 1.2.3.255입니다. 즉 라우팅 테이블에는 대표 주소인 1.2.3.0과 서브넷 마스크인 255.255.255.0이 올라옵니다.

이 한 줄의 정보는 1.2.3으로 시작하는 256개의 IP 주소(1.2.3.0~1.2.3.255)를 대신하는 정보입니다.

● 서브넷 브로드캐스트 주소

네트워크의 ⑥ 마지막 IP 주소는 서브넷 브로트캐스트(Subnet Broadcast) 주소로, [그림 3-10]에서 1.2.3.255입니다. 서브넷 브로드캐스트 주소는 '다이렉티드 브로드캐스트(Direct Broadcast) 주소'라고도 합니다. 255.255.255.255는 '로컬 브로드캐스트(Local Broadcast) 주소'라고 하고, 이 주소가 목적지인 패킷은 라우터에 의해 차단됩니다. 반면 서브넷 브로드캐스트 주소로 보낸 패킷은 라우터에 의해 유니캐스트 패킷처럼 라우팅됩니다. 이 패킷은 해당 네트워크에 도착할 때까지는 유니캐스트 패킷처럼 1회만 보내지만, 해당 네트워크에 도착하면 브로드캐스트 패킷과 같이 동작합니다. 즉 목적지 네트워크의 모든 장치에게 보내집니다. 서브넷 브로드캐스트 주소는 특정 네트워크의 모든 장치에게 동일한 패킷을 보낼 때 사용합니다. ⑦ 각 네트워크의 첫번째 주소는 대표 주소로 사용되고, 마지막 주소는 서브넷 브로드캐스트 주소로 사용되기 때문에 호스트에 할당할 수 없습니다.

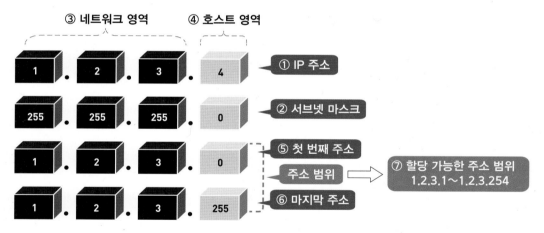

[그림 3-10] 대표 주소, 서브넷 브로드캐스트 주소와 할당 가능한 주소 범위 1

[그림 3-11]을 통해 서브넷 브로드캐스트의 동작을 좀 더 자세히 알아봅시다. ㉯ 네트워크는 1.2.3.0 /24 네트워크이고, 서브넷 브로드캐스트 주소는 1.2.3.255입니다. ㉮ 네트워크의 ⓐ 21.1.1.2 서버가 1.2.3.255를 목적지 주소로 하는 패킷을 보내면, 라우터 ⓐ까지는 유니캐스트 패킷처럼 한 패킷만 도착합니다. 라우터 ⓐ는 도착한 패킷의 2계층 헤더를 폐기합니다. 다음 네트워크를 통과하려면 새로운 2계층 헤더가 필요합니다. 라우터 ⓐ는 패킷의 목적지 주소가 ㉯ 네트워크의 마지막 주소(서브넷 브로드캐스트 주소)라는 것을 [그림 3-10]의 계산을 통해 알아냅니다. 라우터는 새로운 2계층 옷을 입히기 위해 새로운 2계층 목적지 주소를 결정해야 합니다. 3계층 주소가 서브넷

브로드캐스트인 경우 2계층 목적지 주소는 브로드캐스트 주소(FFFF.FFFF.FFFF)로 결정됩니다. 스위치 ⓑ는 브로드캐스트 프레임을 차단하지 못하기 때문에 모든 포트로 프레임을 카피해서 보냅니다. 결과적으로 21.1.1.2 서버가 ⨁ 네트워크의 서브넷 브로드캐스트 주소(1.2.3.255)로 보낸 패킷은 ⨁ 네트워크의 모든 장치에게 보내집니다.

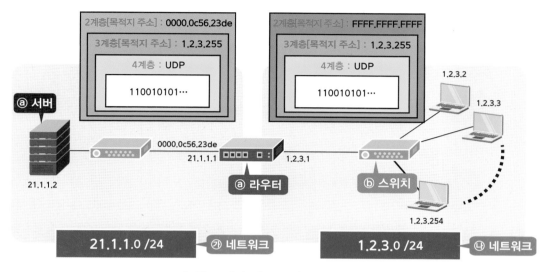

[그림 3-11] 서브넷 브로드캐스트의 동작

다음 추가 연습을 통해 IP 주소와 서브넷 마스크가 주어졌을 때 해당 네트워크의 주소 범위와 대표 주소 및 서브넷 브로드캐스트 주소를 찾는 데 익숙해져야 합니다. [그림 3-12]의 1.2.3.4 255.255.0.0을 보세요. ① IP 주소가 1.2.3.4이고 ② 서브넷 마스크가 255.255.0.0이기 때문에 서브넷 마스크 255.255가 겹치는 ③ 1.2는 네트워크 자리이고, 서브넷 마스크 0.0이 겹치는 ④ 3.4는 호스트 자리입니다. 즉 1.2 네트워크에 속하는 IP 주소 중에서 ⑤ 첫 번째 주소는 1.2.0.0이고 ⑥ 마지막 주소는 1.2.255.255입니다. 이 범위에 속하는 2^{16}개(즉 65,536개, 1.2.0.0~1.2.255.255)의 IP 주소 중에서 첫 번째 주소인 ⑤ 1.2.0.0을 대표 주소로 사용합니다. 이 대표 주소와 서브넷 마스크(255.255.0.0)가 2^{16}개의 IP 주소를 대신하여 라우팅 테이블에 올라옵니다. 또한 마지막 주소인 1.2.255.255는 서브넷 브로드캐스트 주소로 사용합니다. 이 네트워크의 주소 범위는 1.2.0.0~1.2.255.255이지만 주소와 서브넷 브로드캐스트 주소는 장치에 할당할 수 없으므로 ⑦ 할당 가능한 주소 범위는 1.2.0.1~1.2.255.254입니다.

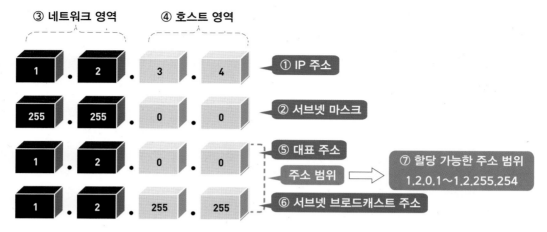

③ 네트워크 영역　　④ 호스트 영역

① IP 주소　　1 . 2 . 3 . 4

② 서브넷 마스크　　255 . 255 . 0 . 0

⑤ 대표 주소　　1 . 2 . 0 . 0

주소 범위　　⑦ 할당 가능한 주소 범위　1.2.0.1~1.2.255.254

⑥ 서브넷 브로드캐스트 주소　　1 . 2 . 255 . 255

[그림 3-12] 대표 주소, 서브넷 브로캐스트 주소와 할당 가능한 주소 범위 2

마지막으로 [그림 3-13]의 1.2.3.4 255.0.0.0을 보세요. 서브넷 마스크가 ② 255.0.0.0이기 때문에 255가 겹치는 ③ 1은 네트워크 영역이고, 0.0.0이 겹치는 ④ 2.3.4는 호스트 영역입니다. 즉 1 네트워크에 속하는 IP 주소의 범위는 1.0.0.0~1.255.255.255입니다. 이러한 2^{24}개(즉 16,777,216개)의 IP 주소 중 첫 번째 주소인 ⑤ 1.0.0.0을 대표 주소로 사용하며, 이 대표 주소와 서브넷 마스크 (255.0.0.0)가 2^{24}개의 IP 주소를 대신하여 라우팅 테이블에 올라옵니다. 마지막 주소인 ⑥ 1.255.255.255는 서브넷 브로드캐스트 주소로 사용합니다. 대표 주소와 서브넷 브로드캐스트 주소는 장치에 할당할 수 없으므로 ⑦ 할당 가능한 주소 범위는 1.0.0.1~1.255.255.254입니다. [그림 3-10]과 [그림 3-12], 그리고 [그림 3-13]의 서브넷 마스크를 보면, 네트워크와 호스트의 경계가 점점 왼쪽으로 이동되는데, 결과는 어떤가요?

> 서브넷 마스크가 표시하는 네트워크와 호스트의 경계가 왼쪽에 있을수록
> 네트워크 대표 주소는 더 많은 IP 주소를 포함한다.

[그림 3-10]처럼 서브넷 마스크인 255.255.255.0일 경우에는 2^8개의 IP 주소가 포함되지만, [그림 3-12]처럼 서브넷 마스크인 255.255.0.0일 경우에는 더 많은 2^{16}개의 IP 주소가 포함됩니다. 그리고 [그림 3-13]처럼 서브넷 마스크가 255.0.0.0일 경우에는 더욱 더 많은 2^{24}개의 IP 주소가 포함됩니다.

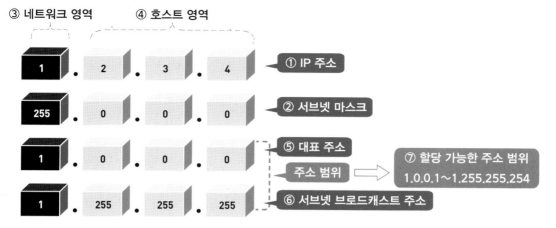

[그림 3-13] 대표 주소, 서브넷 브로캐스트 주소와 할당 가능한 주소 범위 3

LESSON 14 : IP 주소 설계와 할당

이번에는 다양한 IP 주소 설계 방법을 살펴보겠습니다. 우선 서브네팅(Subnetting)을 활용하지 않는 IP 주소 설계 방식을 살펴보고, 다음으로 서브네팅을 활용한 IP 주소 설계 방식을 알아보면서 이들 방식의 차이점을 비교해 보겠습니다.

● IPv4 주소는 5개의 클래스로 나뉜다

IP 주소는 [그림 3-14]와 같이 5개의 ① 클래스로 나뉩니다. 즉 ② 10진수로 첫 번째 옥텟이 1~126 범위이면 클래스 A에, 128~191 범위이면 클래스 B에, 192~223 범위이면 클래스 C에, 224~239 범위이면 클래스 D에, 240~255 범위이면 클래스 E에 속합니다. ③ 2진수로는 각 클래스의 첫 비트들이 각각 0, 10, 110, 1110, 1111로 시작합니다. ④ 디폴트 서브넷 마스크는 서브넷 마스크를 별도로 표기하지 않았을 경우에 적용하는 기본적인 네트워크와 호스트의 경계입니다. 클래스 A, B, C의 디폴트 서브넷 마스크는 각각 255.0.0.0, 255.255.0.0과 255.255.255.0입니다. 멀티캐스트 주소로 사용되는 클래스 D와 연구용으로 예비되었던 클래스 E는 디폴트 서브넷 마스크가 없습니다.

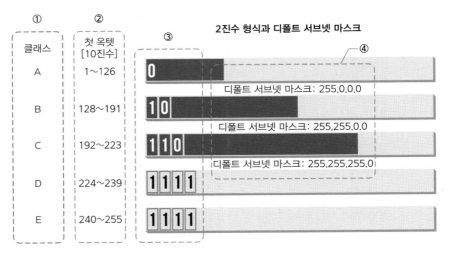

[그림 3-14] IP 주소의 다섯 클래스

● 디폴트 서브넷 마스크를 활용한 IP 설계

[그림 3-15]에서 네트워크의 수는 몇 개일까요? 라우터에 의해 분할되는 ㉮, ㉯, ㉰ 의 3개의 네트워크를 볼 수 있습니다. 스위치는 네트워크를 분할하지 못하므로 스위치에 연결된 장치들은 모두 같은 네트워크에 속합니다. 각 네트워크에 ① 11.X.X.X, ② 12.X.X.X, ③ 13.X.X.X를 할당했습니다. 할당된 IP 주소는 A 클래스에 속하므로 디폴트 서브넷 마스크는 ④ /8입니다. 즉 첫 번째 옥텟만 네트워크 자리이고 네트워크 간에 중복되지 않기 때문에 IP 설계에 문제가 없습니다. 각 네트워크 내부의 장치들을 구분하기 위한 호스트 자리인 두 번째 옥텟부터 네 번째 옥텟까지도 네트워크 내부에서 중복되지 않습니다. 그러므로 [그림 3-15]의 IP 설계 및 할당은 적정합니다.

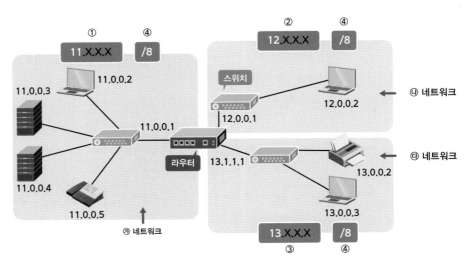

[그림 3-15] 서브네팅을 활용하지 않은 IP 설계의 예

이러한 IP 설계 방식에는 다음과 같은 문제점이 있습니다. 11.0.0.0 /8 네트워크에는 11로 시작하는 모든 IP 주소가 포함됩니다. 즉 11.0.0.0~11.255.255.255까지의 IP 주소가 포함되어 2^{24}개(약 1,700만 개)나 됩니다. 사실 [그림 3-15]의 11.X.X.X 네트워크는 현재 5개의 IP 주소만 필요하기 때문에 11로 시작하는 $2^{24}-5$개의 IP 주소는 낭비됩니다. 왜냐하면 11.0.0.0 /8 영역에 속하는 IP 주소를 다른 네트워크에 할당할 수 없기 때문입니다. 이러한 주소 낭비 문제를 해결하려면 이제부터 살펴볼 서브네팅을 활용한 IP 설계 방식을 이용해야 합니다.

● 서브네팅을 활용한 IP 설계

[그림 3-16]은 디폴트 서브넷 마스크를 사용하는 대신, ④ '/24'라는 서브넷 마스크를 적용하고 있습니다. 즉 네트워크와 호스트의 경계를 오른쪽으로 이동시켰습니다. 이렇게 하면 호스트 자리가 줄어들면서 네트워크 자릿수는 늘어납니다. 원래는 동일한 네트워크에 속했지만, 서브넷 마스크를 오른쪽으로 이동해서 새롭게 생성된 작은 네트워크를 '서브넷(Subnet)'이라고 합니다. 여기서 '작은 네트워크'란, 보다 적은 IP 주소를 포함하는 네트워크를 말합니다. ④ '/24' 서브넷 마스크를 적용하기 때문에 첫 번째 옥텟부터 세 번째 옥텟까지가 네트워크 자리입니다. ① 11.1.1.X, ② 11.1.2.X, ③ 11.1.3.X와 같이 네트워크 자리가 중복되지 않기 때문에 적정한 설계입니다. 즉 11로 시작하는 11.0.0에서 11.255.255까지 2^{16}개의 서브넷들을 추가로 만들 수 있지만, 각 서브넷은 2^8개의 호스트들만 수용할 수 있습니다. 디폴트 서브넷 마스크를 적용했을 때 2^{24}개의 IP 주소를 할당한 것에 비하면 2^8개로 줄어들기 때문에 IP 주소의 낭비를 크게 줄일 수 있습니다. 즉 필요한 네트워크와 네트워크 내부의 호스트 수를 고려한 적정한 서브넷 마스크를 선택할 수 있어야 합니다.

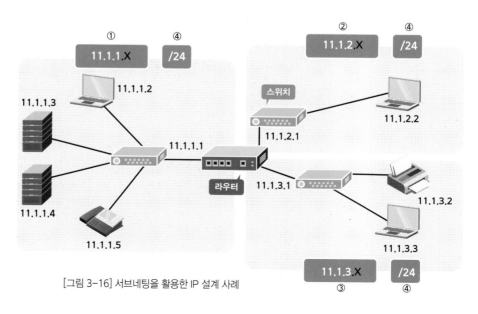

[그림 3-16] 서브네팅을 활용한 IP 설계 사례

3계층 주소를 이용하면 장치들을 구분할 수 있습니다. 그러면 2계층 주소가 필요한 이유는 무엇일까요? 또한 2계층 주소로 장치들을 구분할 수 있는데, 3계층 주소가 필요한 이유는 무엇일까요? 이번에는 이러한 질문에 대한 답을 찾아보겠습니다.

● 2계층(MAC) 주소가 필요한 이유

3계층 주소를 이용하면 모든 장치를 구분할 수 있는데, 2계층 주소가 필요한 이유는 무엇일까요? 이 질문은 다음과 같이 바꿀 수 있습니다.

> 라우터는 3계층 주소를 보고 스위칭하고, 스위치는 2계층 주소를 보고 스위칭한다.
> 둘 다 스위칭 기능을 제공한다면, 라우터나 스위치 중 하나만 있으면 될 것이다.
> 라우터만으로 네트워크를 구성할 수 있나?

대답은 '가능하다'입니다. 라우터만으로 전 지구 규모의 네트워크를 구성할 수 있습니다. 그러나 [표 3-4]와 같이 동일한 하드웨어 규격 조건에서, 즉 동일한 CPU와 메모리 등의 조건에서 스위치는 라우터보다 저렴하고 빠른 장치입니다. 따라서 스위치가 라우터보다 효율적인 장치입니다.

동일한 하드웨어의 스펙 조건	스위치	라우터
가격	비교적 저렴	비교적 고가
속도	비교적 빠름	비교적 느림

[표 3-4] 동일한 성능의 하드웨어를 가진 스위치와 라우터 비교하기

스위치가 라우터보다 싸고 빠른 이유는 다음과 같습니다. [표 3-5]에서 스위치는 2계층 장치입니다. 2계층 장치는 2계층 이하의 기능을 수행합니다. 즉 2계층에서 스위칭, 1계층에서 약해진 신호를 증폭합니다. 3계층 장치인 라우터는 3계층 이하의 기능을 수행합니다. 즉 3계층에서는 라우팅을, 2계층에서는 프레임 리라이트를, 1계층에서는 증폭을 수행합니다. 라우터는 3계층에서 라우팅 외에도 암호화, 압축, 인증, 터널링, 필터링 등과 같은 복잡한 기능을 추가로 제공할 수 있습니다. 즉 라우터는 스위치보다 복잡한 소프트웨어를 갖는 장치이므로 동일한 CPU/메모리 조건에서 비싸고 느릴 수 밖에 없습니다.

동일한 하드웨어의 스펙 조건	스위치	라우터
3계층	(기능 없음)	라우팅
2계층	스위칭	프레임 리라이트(Frame Rewrite)
1계층	증폭	증폭

[표 3-5] 스위치와 라우터의 기능 비교

라우터만으로 전 세계 네트워크를 구축할 수 있지만, 그렇게 하지 않는 이유는 비싸고 느린 네트워크가 되기 때문입니다. 따라서 적정하게 스위치를 섞어서 네트워크를 구성해야합니다. 따라서. 2계층 주소도 필요합니다.

● 3계층(IP) 주소가 필요한 이유

스위치는 2계층 장치로 2계층 주소를 기준으로 스위칭합니다. [그림 3-17]의 스위칭 테이블은 2계층 주소인 ① MAC 주소와 맵핑된 ② 포트 정보를 보여줍니다.

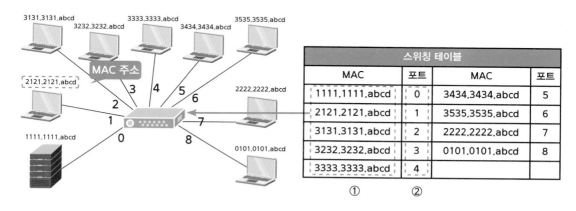

스위칭 테이블			
MAC	포트	MAC	포트
1111.1111.abcd	0	3434.3434.abcd	5
2121.2121.abcd	1	3535.3535.abcd	6
3131.3131.abcd	2	2222.2222.abcd	7
3232.3232.abcd	3	0101.0101.abcd	8
3333.3333.abcd	4		

①   ②

[그림 3-17] 2계층 장치인 스위치는 2계층 주소(MAC 주소) 기준의 스위칭 테이블을 가진다.

MAC과 같은 2계층 주소는 하이어라키를 갖지 않습니다. 즉 다수의 주소를 대신할 수 있는 형식의 스위칭 테이블을 만들 수 없기 때문에 스위치만으로 전 세계 네트워크를 연결한다면, 각 스위칭 테이블에는 이 세상의 모든 MAC 주소가 올라와야 하는데, 이것은 사실 불가능합니다. 왜냐하면 스위칭 테이블을 만들기 위해 엄청난 시간과 자원이 소모되고, 만든다고 해도 스위칭 테이블에서 목적지에 해당하는 경로 정보를 찾는데 엄청난 지연이 발생하기 때문입니다. 이것이 바로 IP와 같은 하이어라키를 갖는 주소가 필요한 이유입니다.

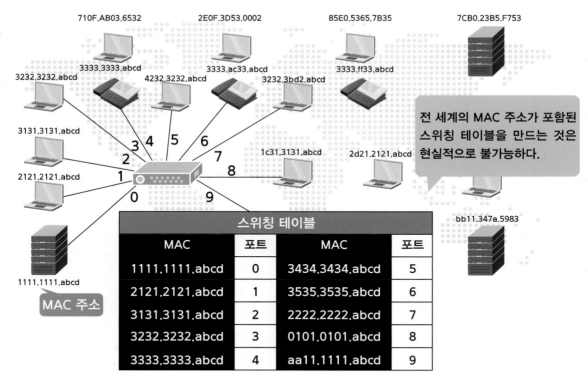

[그림 3-18] 하이어라키가 없는 MAC 주소로는 전 세계의 주소를 포함하는 스위칭 테이블을 만들 수 없다.

3계층 주소가 필요한 또 다른 이유는 스위치가 브로드캐스트를 차단하지 못하기 때문입니다. 전 세계 네트워크를 스위치만으로 구성한다면, 우리 집 컴퓨터에서 출발한 브로드캐스트 프레임이 네트워크에 연결된 전 세계 모든 장치에게 전달됩니다. 즉 전세계 장치에서 출발한 브로드캐스트 트래픽 때문에 네트워크의 성능을 유지할 수 없습니다. 즉 브로드캐스트가 전달되는 범위는 적정해야 합니다.

다시 정리해 봅시다. 효율적인(싸고 빠른) 네트워크의 구성을 위해 스위치가 반드시 필요합니다. 또한 라우팅 테이블의 사이즈를 줄여서 라우팅 속도가 빨라지고, 브로드캐스트 트래픽을 적정 수준으로 유지하기 위해 라우터도 반드시 필요합니다. 이것은 2계층 주소와 함께 3계층 주소가 필요한 이유이기도 합니다.

[그림 3-19]는 시스코에서 제공한 통계로, 연결된 장치의 수는 2008년부터 인구 수보다 많아졌습니다. 앞으로는 사물 인터넷(Internet of Things), 웨어러블(Wearables), 스마트 홈(Smart Home), 스마트 TV, 인터넷 미디어, 스마트폰, PC, 태블릿 장치 때문에 연결된 장치의 수가 인구 수의 10배, 100배 이상 늘어날 것으로 예측됩니다.

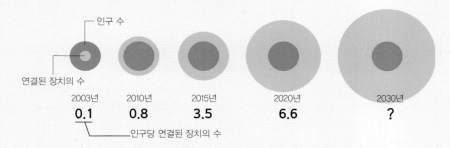

[그림 3-19] 인구와 IT 장치의 수(출처:시스코시스템즈)

 요·약·하·기

◆ **하이어라키를 갖는 주소:** 높은 계급의 주소와 낮은 계급의 주소로 나뉘는 주소. 예를 들어 IP 주소, 우편 주소, 전화번호가 여기에 속한다.

◆ **하이어라키를 갖는 주소의 장점:** 네트워크 대표 정보만 수집하면 되므로 라우팅 테이블을 만들기 쉽다. 라우팅 테이블이 짧아지므로 라우팅 속도가 빨라지고, 누락된 정보를 찾기 쉬워서 라우팅 테이블의 관리도 쉽다.

◆ **서브넷 마스크의 역할:** IP 주소에서 네트워크와 호스트 영역의 경계는 다양할 수 있으므로 이를 표시하기 위해 서브넷 마스크가 필요하다. 서브넷 마스크는 10진수 방식, 2진수 방식, 프리픽스 길이 방식으로 표시할 수 있다.

◆ **네트워크의 대표 주소와 서브넷 브로드캐스트 주소:** 네트워크 대표 주소는 네트워크의 첫 번째 주소로 네트워크를 대표하여 라우팅 테이블에 올라간다. 서브넷 브로드캐스트 주소는 네트워크의 마지막 주소로, 해당 네트워크에 소속된 모든 장치에게 패킷을 보낼 때 사용하는 주소이다.

◆ **IP 주소 설계와 할당:** 디폴트 서브넷 마스크를 사용하는 경우와 서브네팅을 활용하는 경우, 두 가지 방식이 있다.

◆ **2계층 주소가 반드시 필요한 이유:** 2계층 장치인 스위치가 꼭 필요하기 때문이다. 스위치는 같은 CPU/메모리 조건에서 라우터보다 싸고 빠른 장치이므로 효율적으로 네트워크를 구축하려면 스위치가 반드시 필요하다.

◆ **3계층 주소가 반드시 필요한 이유:** 3계층 장치인 라우터가 꼭 필요하기 때문이다. 라우터는 스위치와 달리 브로드캐스트를 차단하는 장치로, 라우터 없이 스위치로만 네트워크를 구성하면 브로드캐스트의 이동 범위가 너무 넓어져서 네트워크의 성능을 떨어뜨린다. 또한 3계층 주소는 2계층 주소와 달리 하이어라키를 갖기 때문에 전 세계 네트워크 정보를 라우팅 테이블에 가질 수 있고, 라우팅 속도도 빨라진다.

Chapter 4 : 이더넷 스위칭, 네트워크 내부를 연결하다

이더넷 스위치는 스위칭 테이블을 만들고 스위칭을 합니다. 이더넷 스위치가 스위칭 테이블을 다 못 만들었을 경우에는 프레임을 어떻게 처리할까요?

이더넷 스위치는 스위칭 테이블을 참조하여 스위칭합니다. 프레임의 목적지 주소가 스위칭 테이블에 있으면 스위칭하겠지만, 스위칭 테이블에 없으면 모든 포트로 프레임을 보내는데, 이것을 '플러딩(Flooding)'이라고 합니다.

LESSON 16 : 2계층 프로토콜, 주소, 장치, 헤더

이번에는 앞에서 설명한 2계층 프로토콜, 주소, 장치, 헤더에 대한 개념을 잘 이해하고 있는지 확인해 보겠습니다. 아래의 질문에 답해보세요.

- 2계층 프로토콜의 범위는 (내부, 전체) 네트워크이고,
- 2계층 주소는 (내부, 전체) 네트워크에서 장치들을 구분하며,
- 2계층 장치의 스위칭 책임은 네트워크 (내부, 전체)에 있고,
- 2계층 헤더는 네트워크 (내부, 전체)를 통과하기 위한 것이다.

정답은 순서대로 '내부', '내부', '내부', '내부'입니다.

● 2계층 프로토콜의 작동 범위는 네트워크의 내부이다

3계층 이상의 프로토콜의 작동 범위는 전체(전 지구) 네트워크입니다. 반면 2계층 프로토콜의 작동 범위는 한 네트워크의 내부입니다. [그림 4-1]을 살펴보면, 네트워크를 분할하는 라우터 ⓒ와 라우터 ⓓ 때문에 ㉮ 네트워크, ㉯ 네트워크, ㉰ 네트워크로 나뉩니다. ㉮, ㉯, ㉰ 네트워크는 각각 이더넷, PPP, FDDI라는 2계층 프로토콜을 적용하고 있지만, 2계층 프로토콜의 동작 범위는 네트워크의 내부이기 때문에 아무 문제가 없습니다.

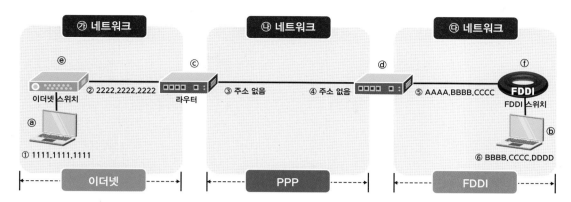

[그림 4-1] 2계층 프로토콜의 동작 범위는 네트워크의 내부이다.

◉ 2계층 주소는 네트워크의 내부에서 사용한다

[그림 4-1]에서 ㉮ 네트워크의 스위치 ⓔ는 이더넷 스위치이며, MAC 주소를 보고 스위칭합니다. 즉 스위치 ⓔ에 연결된 모든 장치는 MAC 주소를 갖습니다. 좀 더 정확하게 말하면, 스위치 ⓔ에 연결된 장치들의 2계층 모듈들, 즉 랜카드나 라우터의 인터페이스는 MAC 주소를 갖습니다. ㉯ 네트워크에는 스위치가 없습니다. PPP 프로토콜은 스위치가 없는 1 대 1 커넥션에 사용하기 때문에 주소가 필요 없습니다. PPP 프로토콜을 사용하는 네트워크는 스위치가 없기 때문에 1 대 1 연결만 가능하고, 이러한 구성에서는 2계층 주소가 필요 없습니다. 왜냐하면 라우터 ⓒ가 보내면 받는 쪽은 라우터 ⓓ뿐이기 때문입니다. ㉰ 네트워크의 스위치 ⓕ는 FDDI 스위치이며, FDDI MAC 주소를 보고 스위칭하기 때문에 스위치 ⓕ에 연결된 장치들은 FDDI MAC 주소를 갖습니다. 좀 더 정확하게 설명하면 스위치 ⓕ에 연결된 장치들의 2계층 모듈들, 즉 랜카드나 라우터의 인터페이스는 FDDI MAC 주소를 갖습니다. 2계층 주소는 해당 네트워크의 내부에서 장치들을 구분하고, 스위칭을 위해 사용됩니다.

◉ (2계층) 스위치의 스위칭 책임은 네트워크의 내부에 한정된다

스위칭 테이블에는 네트워크 내부 장치들의 2계층 주소가 올라옵니다. 예를 들어 [그림 4-2]에서 이더넷 스위치 ⓔ의 스위칭 테이블에는 MAC 주소인 ①과 ②만 올라오고, FDDI 스위치 ⓕ의 스위칭 테이블에는 FDDI MAC 주소인 ⑤와 ⑥만 올라옵니다. 즉 스위칭 테이블에는 다른 네트워크에 속한 장치의 2계층 주소가 올라올 수 없기 때문에 스위치의 스위칭 책임은 네트워크의 내부에 한정됩니다.

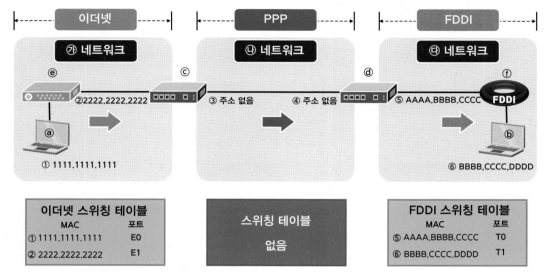

[그림 4-2] 스위치는 네트워크의 내부 장치들 간을 이동하는 프레임에 대해 스위칭을 수행한다.

● 2계층 헤더는 네트워크를 통과하기 위한 것이다

2계층 주소는 한 네트워크에서 사용하는 주소이기 때문에 프레임의 ⑨ 2계층 목적지 주소와 출발지 주소는 네트워크를 통과할 때마다 변경됩니다. 이 원칙은 네트워크들이 다른 2계층 프로토콜을 사용할 때뿐만 아니라 같은 2계층 프로토콜을 사용할 때도 적용됩니다. [그림 4-3]의 PC ⓐ에서 PC ⓑ로 프레임을 보낸다고 가정해 봅시다. 프레임이 ㉮ 네트워크를 통과할 때 2계층 출발지 주소는 ① 1111.1111.1111이고, 2계층 목적지 주소는 ② 2222.2222.2222입니다. 프레임이 ㉯ 네트워크를 통과할 때는 2계층 프로토콜로 PPP를 적용하고 있기 때문에 2계층 주소가 없습니다. 패킷이 ㉰ 네트워크를 통과할 때 2계층 출발지 주소는 ⑤ AAAA.BBBB.CCCC이고, 2계층 목적지 주소는 ⑥ BBBB.CCCC.DDDD입니다. 반면 ⑩ 3계층 ⑦ 출발지 주소(90.8.1.2)와 ⑧ 목적지 주소(100.8.1.2)는 패킷의 최초 출발지와 최종 목적지를 표시하므로 네트워크를 통과할 때 변경되지 않습니다.

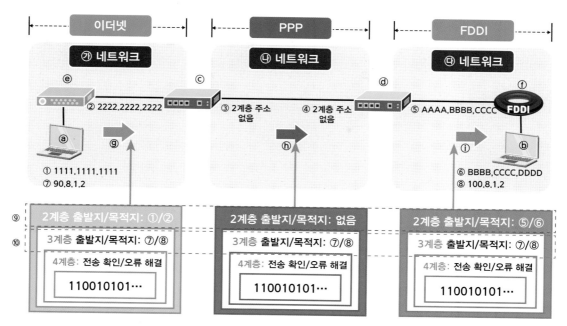

[그림 4-3] 2계층 헤더는 네트워크를 통과하기 위한 것이다.

이더넷 스위칭 테이블에는 네트워크 내부 장치들의 MAC 주소만 올라옵니다. 이더넷 스위칭 테이블은 다음과 같이 매우 간단하게 만들어집니다.

● 이더넷 스위치는 도착한 프레임의 출발지 주소를 보고 스위칭 테이블을 만든다

[그림 4-4]를 보면 PC ⓐ가 방금 프레임 ⓑ를 보냈습니다. PC ⓐ의 MAC 주소, ① '1111.1111.abcd'는 2계층 헤더 필드들 중에서 ② 2계층 출발지 주소 자리에 입력될 것입니다. 현재 PC ⓐ가 보낸 프레임은 스위치 ⓒ의 ③ E0(Ethernet 0) 포트에 도착했는데, 스위치는 2계층 장치이므로 2계층 헤더만 볼 수 있습니다. 스위치 ⓒ는 도착한 프레임의 2계층 헤더 중 출발지 주소를 확인하고 ④ 'E0 포트에 '1111.1111.abcd'라는 MAC 주소를 가진 장치가 살고 있다'고 판단하고 스위칭 테이블을 만듭니다. 이와 같은 원리로 나머지 포트(E1~E3)에도 스위칭 테이블이 만들어집니다.

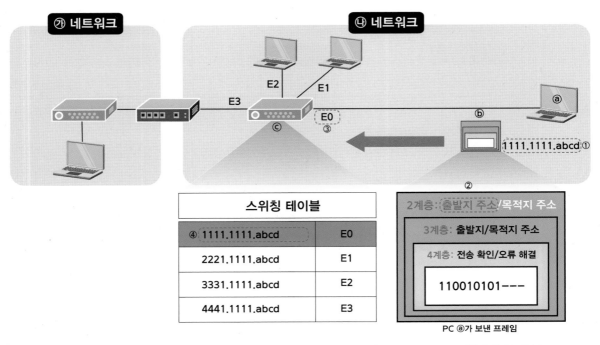

스위칭 테이블

④ 1111.1111.abcd	E0
2221.1111.abcd	E1
3331.1111.abcd	E2
4441.1111.abcd	E3

2계층: 출발지 주소/목적지 주소		
3계층: 출발지/목적지 주소		
4계층: 전송 확인/오류 해결		
110010101---		

PC ⓐ가 보낸 프레임

[그림 4-4] 이더넷 스위치는 도착한 프레임의 출발지 주소를 보고 스위칭 테이블을 만든다.

● 스위칭 테이블 만들기 연습

좀 더 복잡한 [그림 4-5]의 구성을 통해 이더넷 스위치의 스위칭 테이블 만들기를 복습해 봅시다. 스위치는 네트워크 내부의 2계층 주소들을 포함하는 스위칭 테이블을 만듭니다. 이 구성도에는 3대의 스위치가 포함되어 있지만, 스위치는 네트워크를 분할할 수 없기 때문에 네트워크의 수는 여전히 하나입니다.

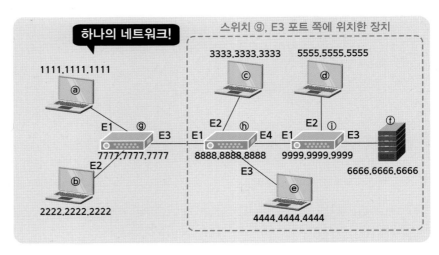

[그림 4-5] 스위치는 네트워크의 내부의 2계층 주소를 포함하는 스위칭 테이블을 만든다.

스위치는 도착한 프레임의 2계층 출발지 주소와 포트를 맵핑하여 스위칭 테이블을 만듭니다. [그림 4-5]에 포함된 각 스위치가 만든 스위칭 테이블은 [표 4-1]과 같은데, 그 중에서 스위치 ⓖ의 스위칭 테이블을 살펴보면 7777.7777.7777은 스위치 ⓖ, 자신의 MAC 주소입니다. SNMP나 시스로그(Syslog)와 같은 애플리케이션을 스위치에 적용하면, 스위치도 프레임의 출발지나 목적지가 될 수 있기 때문에 스위치도 2계층 주소를 가지고 있습니다. 스위치 자신이 목적지인 프레임을 수신하면 [표 4-1]의 스위칭 테이블에서 확인할 수 있는 것처럼 스위치 ⓖ는 자신의 CPU에게 보내 처리하도록 합니다. 자신의 MAC 주소는 ① 다이내믹하게 학습된 MAC 주소와 달리 ② 스태틱으로 표시합니다. E1 포트에 연결된 PC ⓐ가 보낸 프레임의 출발지 주소(1111.1111.1111)를 보고, E2 포트에 연결된 PC ⓑ가 보낸 프레임의 출발지 주소 (2222.2222.2222)를 보고 스위칭 테이블을 한 줄씩 만듭니다. 한편 스위치 ⓖ의 오른쪽에 연결된 장치(ⓒ, ⓓ, ⓔ, ⓕ, ⓗ, ⓘ)가 보낸 프레임은 모두 E3 포트로 수신되기 때문에 해당 장치의 MAC 주소는 모두 E3 포트에 학습됩니다. 스위치 ⓗ와 ⓘ도 같은 원리로 스위칭 테이블을 만듭니다. [표 4-1]의 결과를 참조하세요. 참고로 스위칭 테이블을 보는 명령은 시스코의 경우 show mac-address-table입니다.

스위치	인터페이스	타입	MAC 주소	
ⓖ	CPU	② 스태틱	7777.7777.7777	스위치 자신이 가진 MAC 주소
	E1	① 다이내믹	1111.1111.1111	
	E2	다이내믹	2222.2222.2222	
	E3	다이내믹	3333.3333.3333	스위치 ⓖ의 E3 포트 쪽에 위치한 장치들
		다이내믹	4444.4444.4444	
		다이내믹	5555.5555.5555	
		다이내믹	6666.6666.6666	
		다이내믹	8888.8888.8888	
		다이내믹	9999.9999.9999	
ⓗ	CPU	스태틱	8888.8888.8888	
	E1	다이내믹	1111.1111.1111	
		다이내믹	2222.2222.2222	
		다이내믹	7777.7777.7777	
	E2	다이내믹	3333.3333.3333	
	E3	다이내믹	4444.4444.4444	
	E4	다이내믹	5555.5555.5555	
		다이내믹	6666.6666.6666	
		다이내믹	9999.9999.9999	

스위치	인터페이스	타입	MAC 주소
	CPU	스태틱	9999.9999.9999
	E1	다이내믹	1111.1111.1111
		다이내믹	2222.2222.2222
		다이내믹	3333.3333.3333
		다이내믹	4444.4444.4444
		다이내믹	7777.7777.7777
		다이내믹	8888.8888.8888
	E2	다이내믹	5555.5555.5555
	E3	다이내믹	6666.6666.6666

[표 4-1] [그림 4-5]에 표시된 모든 스위치가 만든 스위칭 테이블

시원한 쪽지 CPU & ASIC은 합동 작전을 펼친다

스위치의 다양한 기능을 수행하는 것은 CPU
(Central Processing Unit, 중앙 처리 장치)와
ASIC(Application Specific Integrated Circuit)입니다.
CPU는 모든 기능을 수행할 수 있지만, ASIC은 특
정 기능만 수행할 수 있습니다. CPU는 스위칭 테이
블 만들기나 스위칭과 같은 기본 기능뿐만 아니라
STP, LACP나 CGMP 프로토콜과 같은 특별한 기능
과 함께 SNMP나 시스로그(Syslog) 앱으로 네트워크
관리 기능도 수행합니다.

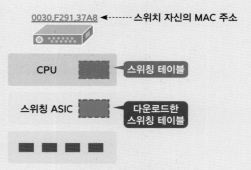

[그림 4-6] 스위치의 CPU와 ASIC

이러한 프로토콜이나 서비스들의 목적지 주소는 스위치의 유니캐스트 주소이거나 멀티캐스트 혹은 브로드캐
스트 주소를 사용합니다. 스위칭 ASIC은 CPU가 만든 스위칭 테이블을 다운로드한 후 스위칭 정도만 수행합니
다. CPU와 ASIC이 스위치가 수행해야 할 기능을 분담하면 스위치의 가장 중요한 기능, 즉 스위칭 기능을 ASIC
이 전담해서 스위칭 속도를 대폭 개선할 수 있습니다. 스위칭 ASIC은 스위치 자신이 목적지인 프레임(ASIC이
처리할 수 없는 프레임)의 처리를 위해 CPU에게 보냅니다. 반면, 스위치가 목적지가 아닌 프레임(스위치 기능
만 필요한, 즉 스위치를 통과하는 프레임)은 스위칭합니다. 또한 브로드캐스트 프레임일 경우 자신의 CPU를
포함하여 모든 포트로 내보냅니다. 스위치는 브로드캐스트를 차단하지 못하기 때문입니다.

스위치는 스위칭 테이블을 만들고, 스위칭을 합니다. 스위칭 테이블을 미처 만들지 못했을 때는 플러딩을 합니다. 스위칭 테이블 만들기와 스위칭/플러딩은 스위치의 기본 동작에 속하므로 스위칭 테이블 만들기와 스위칭/플러딩을 위해 특별한 설정이 필요하지 않습니다.

● 스위칭

스위치가 스위칭 테이블을 만들면, 스위치는 스위칭을 할 수 있습니다. 스위칭이란, 스위치에 도착한 프레임의 2계층 목적지 주소와 스위칭 테이블을 대조하여 프레임을 보낼 포트를 결정하는 것입니다. 스위치는 별다른 조치나 설정 없이 스위칭 테이블을 만들고, 스위칭 테이블을 보고 스위칭을 합니다. [그림 4-7]에서 PC ⓐ가 서버 ⓕ에게 보낸 프레임은 스위치 ⓖ에 의해 E3 포트로 스위칭되고, 스위치 ⓗ에 의해 E4 포트로 스위칭되며, 스위치 ⓘ에 의해 E3 포트로 스위칭 됩니다.

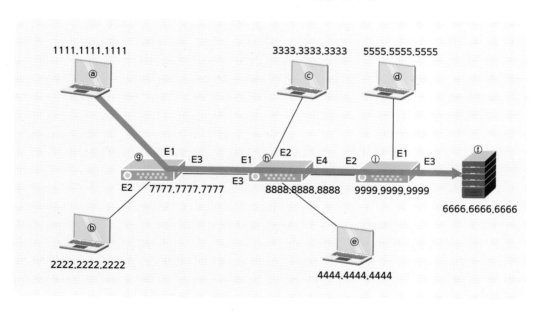

[그림 4-7] 스위칭

● 이더넷 스위칭 테이블과 에이징 타이머

에이징 타이머(Aging Timer)는 스위칭 테이블에서 더 이상 활용하지 않는 정보(MAC 주소와 포트의 맵핑 정보)를 삭제하기 전에 기다리는 시간입니다. 시스코 스위치의 경우 디폴트 시간은 300초이며, 다른 값으로 변경할 수 있습니다. 그러면 이러한 메커니즘이 왜 필요할까요?

공공 도서관의 스위치를 생각해 봅시다. 방문자들의 노트북이 도서관 스위치에 연결되면, 노트북의 MAC 주소는 스위칭 테이블에 학습될 것입니다. 그런데 이 노트북의 MAC 주소가 스위칭 테이블에 영원히 남는다면, 스위칭 테이블의 길이는 방문객의 수만큼 계속 길어질 것입니다. 이렇게 계속 길어지는 스위칭 테이블은 스위치의 작업 공간인 메모리를 고갈시켜서 성능을 떨어뜨리고, 프레임의 목적지 주소를 스위칭 테이블에서 찾을 때 지연을 일으킵니다. 따라서 에이징 타이머가 지나도록 다시 학습되지 않는 MAC 주소는 스위칭 테이블에서 삭제하여 스위칭 테이블 길이가 쓸 데 없이 길어지지 않도록 합니다.

● 플러딩

스위치가 스위칭 테이블을 미처 만들지 못하는 순간도 있을 것입니다. 예를 들어 스위치에 최초로 연결된 단말이 어떠한 프레임도 보내지 않았을 경우입니다. 즉 수신한 프레임의 목적지 주소가 스위칭 테이블에 없을 때 스위치는 플러딩(Flooding)을 합니다.

플러딩이란, 프레임의 수신 포트를 제외한 모든 포트로 프레임을 내보내는 것입니다. [그림 4-8]을 보면 스위치의 E4 포트에 도착한 ① 프레임의 목적지 주소(3333.3333.abcd)가 스위치 ⓐ의 스위칭 테이블에 존재하지 않습니다. 이 경우 스위치는 수신 포트를 제외한 모든 포트들로 프레임을 ② 플러딩합니다. 그 결과, 프레임은 목적지 장치에 도착하지만, 엉뚱한 장치에도 도착할 것입니다. 이때 PC들의 NIC(Network Interface Controller)는 프레임의 목적지 주소를 보고 자신의 MAC 주소일 때는 CPU에게 보내고, 자신의 MAC 주소가 아닐 때는 폐기해버립니다. 따라서 2계층 주소를 보고 CPU로 스위칭할 것인지, 쓰레기통으로 스위칭할 것인지를 결정하는 NIC를 일종의 스위치라고 할 수 있습니다.

> **Tip**
> 스위치의 플러딩 기능 때문에 스위칭 테이블은 완벽하지 않아도 됩니다.

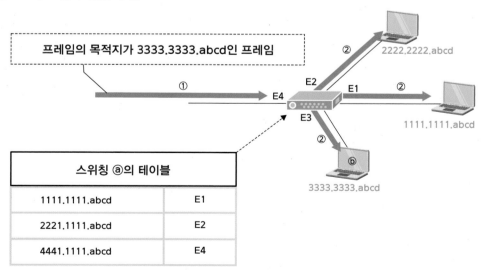

[그림 4-8] 플러딩(Flooding): 프레임의 목적지 주소가 스위칭 테이블에 없을 때 모든 포트로 보낸다.

◎ 이더넷 스위치의 스위칭 테이블 만들기, 스위칭과 플러딩 리뷰

[그림 4-9]에는 스위치의 동작이 정리되어 있습니다. 프레임이 이더넷 스위치의 E1 포트에 도착했으면 ① 스위치는 출발지 MAC 주소를 스위칭 테이블에서 찾습니다. 출발지 MAC 주소가 스위칭 테이블에 없으면, 출발지 MAC 주소를 E1 포트와 맵핑하여 스위칭 테이블을 만듭니다. 출발지 MAC 주소가 스위칭 테이블에 이미 있으면 이 정보에 대한 에이징 타이머를 처음부터 다시 시작합니다.

다음으로 ② 스위치는 프레임의 목적지 MAC 주소를 스위칭 테이블에서 찾습니다. 목적지 MAC 주소가 스위칭 테이블에 있으면, 프레임을 해당 포트로 스위칭합니다. 목적지 MAC 주소가 스위칭 테이블에 없으면, 수신 포트를 제외한 모든 포트로 프레임을 보냅니다. 즉 플러딩합니다.

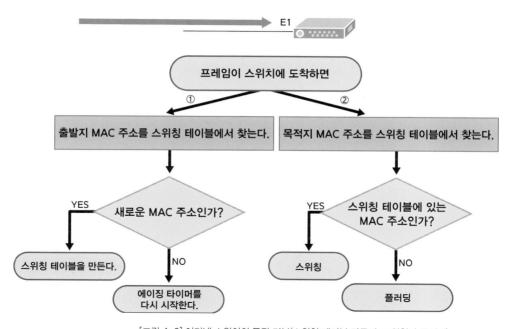

[그림 4-9] 이더넷 스위치의 동작 리뷰(스위칭 테이블 만들기, 스위칭과 플러딩)

컴퓨터에서 CPU가 데이터 처리를 담당한다면, 2계층 모듈인 랜카드는 네트워크 연결 및 데이터 전송의 책임자입니다. MAC 주소는 2계층 이더넷 장치나 모듈에 할당됩니다. [그림 4-10]에서 랜카드에 할당된 MAC 주소는 0000.DF00.2D9F입니다. 유니캐스트 프레임이 랜카드에 도착하면 랜카드는 프레임의 목적지 MAC 주소를 보고 자신의 주소인지 확인합니다. 자신의 주소일 때는 자신이 처리해야 하는 프레임이므로 CPU에게 보내고 자신의 주소가 아닐 때는 폐기합니다. 랜카드도 스위치처럼 2계층 장치로서 멀티캐스트나 브로드캐스트를 차단하지 못하므로 멀티캐스트나 브로드캐스트 프레임은 무조건 CPU에게 보냅니다. 기본적인 기능만 보았을 때는 랜카드도 일종의 스위치입니다. 즉 목적지 주소를 보고 자신의 주소이면 CPU에게 스위칭하고, 자신의 주소가 아니면 쓰레기통으로 스위칭하는 장치입니다. 다만 스위치가 지원하는 다양한 프로토콜(예를 들어 STP 등)을 지원하지는 않습니다.

[그림 4-10] 랜카드가 유니캐스트 패킷을 받았을 때

 요·약·하·기

◆ **2계층 프로토콜, 2계층 장치, 2계층 주소, 2계층 헤더:** 2계층 프로토콜과 스위치의 동작 범위는 네트워크의 내부이고, 2계층 주소는 네트워크의 내부에서 장치를 구분하기 위한 주소이며, 2계층 헤더는 네트워크를 통과하기 위한 것이다.

◆ **스위칭 테이블 만들기:** 이더넷 스위치는 수신한 프레임의 출발지 MAC 주소와 포트를 맵핑하여 스위칭 테이블을 만든다.

◆ **스위칭, 플러딩, 에이징:** 프레임의 목적지 주소가 스위칭 테이블에 있으면 스위칭을 하고, 스위칭 테이블에 없으면 플러딩을 한다. 스위칭 테이블의 올라온 정보는 에이징 타이머 동안 사용되지 않으면 삭제된다.

Chapter 5 : IP 라우팅, 네크워크들을 연결하다

이더넷 스위치는 프레임을 수신하여 프레임의 출발지 MAC 주소를 보고 스위칭 테이블을 만듭니다. 그렇다면 라우터는 라우팅 테이블을 어떻게 만들까요?

라우팅 테이블에 올라오는 네트워크 정보는 각 라우터에 직접 연결된 네트워크에 대한 정보와 직접 연결되지 않은 네트워크에 대한 정보로 나뉩니다. 직접 연결된 네트워크에 대한 정보는 IP 주소를 입력하면 올라오고, 직접 연결되지 않은 네트워크에 대한 정보는 라우팅 프로토콜을 설정하면 올라옵니다.

LESSON 19 : 라우팅 테이블 만들기 1

이더넷 스위치는 스위칭 테이블에 프레임의 목적지 정보가 없을 때 플러딩합니다. 따라서 이더넷 스위치의 스위칭 테이블은 완벽하지 않아도 됩니다. 반면 라우터는 라우팅 테이블에 패킷의 목적지 정보가 없을 때 패킷을 버리기 때문에 라우팅 테이블은 완벽해야 합니다. 그러면 라우터는 라우팅 테이블을 어떻게 만들까요?

● 직접 연결된 네트워크와 직접 연결되지 않은 네트워크

라우팅 테이블에는 패킷의 목적지 네트워크에 대한 경로가 올라옵니다. 그런데 이 정보는 각 라우터에 직접 연결된 네트워크(Connected Network)와 직접 연결되지 않은 네트워크(Not-connected Network)에 대한 경로 정보로 구분됩니다. [그림 5-1]에서 11.1.1.0 /24, 11.1.2.0 /24와 11.1.3.0 /24의 3개의 네트워크를 볼 수 있습니다.

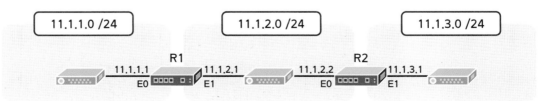

[그림 5-1] 라우팅 테이블 만들기를 설명할 네트워크 구성도

[그림 5-1]에서 R1과 R2 라우터 입장에서 직접 연결된 네트워크와 직접 연결되지 않은 네트워크를 [표 5-1]에 직접 입력해 봅시다.

라우터	직접 연결된 네트워크	직접 연결되지 않은 네트워크
R1	11.1.1.0 /24	직접 입력
	직접 입력	
R2	11.1.2.0 /24	직접 입력
	직접 입력	

[표 5-1] [그림 5-1]의 R1과 R2 라우터에 직접 연결된 네트워크와 직접 연결되지 않은 네트워크 입력하기

정답은 [표 5-2]와 같습니다. 예를 들어 R1 라우터의 경우, 11.1.1.0 /24와 11.1.2.0 /24는 직접 연결되어 있고, 11.1.3.0 /24는 직접 연결되어 있지 않았습니다. 반면 R2 라우터의 경우, 11.1.2.0 /24와 11.1.3.0 /24는 직접 연결되어 있고, 11.1.1.0 /24는 직접 연결되어 있지 않습니다.

라우터	직접 연결된 네트워크	직접 연결되지 않은 네트워크
R1	11.1.1.0 /24	11.1.3.0 /24
	11.1.2.0 /24	
R2	11.1.2.0 /24	11.1.1.0 /24
	11.1.3.0 /24	

[표 5-2] [그림 5-1]에서 각 라우터에 직접 연결된 네트워크와 직접 연결되지 않은 네트워크(해답)

그런데 라우터가 직접 연결된 네트워크와 직접 연결되지 않은 네트워크에 대한 경로 정보를 학습하는 방식에는 다음과 같은 차이가 있습니다.

● 직접 연결된 네트워크 정보는 라우팅 테이블에 어떻게 올라오나?

라우터는 3계층 이하의 기능을 수행하므로 2계층 주소와 더불어 3계층 주소를 가질 수 있습니다. 주소는 라우터마다 할당되는 것이 아니라 라우터의 각 인터페이스마다 할당되어야 합니다. 각 인터페이스는 다른 네트워크에 속하므로 다른 IP 주소를 가져야 합니다. 라우터는 인터페이스에 할당된 IP 주소를 보고 직접 연결된 네트워크에 대한 경로 정보를 만듭니다. [표 5-3]은 [그림 5-1]의 R1 라우터와 R2 라우터의 인터페이스에 IP 주소를 설정하는 명령입니다. ip address 11.1.1.1 255.255.255.0 명령에서 11.1.1.1은 E0 인터페이스에 할당된 IP 주소이고, 255.255.255.0은 서브넷 마스크입니다. 이 책의 명령어는 시장 점유율이 가장 높은 시스코시스템즈 사의 명령어를 따랐습니다.

라우터	IP 주소 설정 명령
R1	R1(config)#interface ethernet 0 R1(config-if)#ip address 11.1.1.1 255.255.255.0 R1(config-if)#interface ethernet 1 R1(config-if)#ip address 11.1.2.1 255.255.255.0
R2	R2(config)#interface ethernet 0 R2(config-if)#ip address 11.1.2.2 255.255.255.0 R2(config-if)#interface ethernet 1 R2(config-if)#ip address 11.1.3.1 255.255.255.0

[표 5-3] [그림 5-1]의 R1과 R2 라우터에 대한 IP 주소 설정

라우터는 인터페이스에 설정된 IP 주소를 보고 직접 연결된 네트워크에 대한 네트워크 정보를 라우팅 테이블에 올립니다. 라우팅 테이블에는 해당 네트워크의 모든 IP 주소를 대신하여 [표 5-4]와 같은 네트워크의 대표 주소와 서브넷 마스크가 올라옵니다.

인터페이스의 IP 주소와 서브넷 마스크 설정	라우팅 테이블에 올라온 정보
R1(config)#interface ethernet 0 R1(config-if)#ip address 11.1.1.1 255.255.255.0	➡ 11.1.1.0 /24 is directly connected, E0
R1(config)#interface ethernet 1 R1(config-if)#ip address 11.1.2.1 255.255.255.0	➡ 11.1.2.0 /24 is directly connected, E1
R2(config)#interface ethernet 0 R2(config-if)#ip address 11.1.2.2 255.255.255.0	➡ 11.1.2.0 /24 is directly connected, E0
R2(config)#interface ethernet 1 R2(config-if)#ip address 11.1.3.1 255.255.255.0	➡ 11.1.3.0 /24 is directly connected, E1

[표 5-4] 라우터는 설정된 IP 주소/서브넷 마스크를 보고 직접 연결된 네트워크에 대한 네트워크 정보를 라우팅 테이블에 올린다.

그 과정을 인터페이스별로 살펴봅시다.

● R1의 E0

R1의 E0(Ethernet 0) 포트에 설정한 IP 주소는 11.1.1.1이고, 서브넷 마스크는 255.255.255.0입니다. 서브넷 마스크를 기준으로 첫 번째 옥텟부터 세 번째 옥텟까지가 네트워크 자리이므로 11.1.1 네트워크에 속한 IP 주소입니다. 대표 주소는 이 네트워크의 첫 번째 주소이므로 11.1.1.0이고, 서브넷 마스크(255.255.255.0)의 프리픽스 길이 형식은 '/24'입니다. 즉 [표 5-4]와 같이 '11.1.1.0 /24 is directly connected, E0'라고 표시되는데, 이것은 11.1.1.0 /24 네트워크가 E0 인터페이스에 직접 연결되어 있다는 의미입니다. 11.1.1.0 /24 정보는 11.1.1로 시작하는 모든 IP 주소, 즉 11.1.1.0~11.1.1.255 범위의 주소를 포함하는 정보입니다. 따라서 R1에 이 범위를 목적지 주소로 하는 IP 패킷이 들어오면 E0 인터페이스로 라우팅할 것입니다.

● R1의 E1

R1의 E1 포트도 마찬가집니다. R1의 E1 포트에 설정한 IP 주소는 11.1.2.1이고, 서브넷 마스크는 255.255.255.0입니다. 서브넷 마스크를 기준으로 첫 번째부터 세 번째 옥텟까지가 네트워크 자리이므로 11.1.2 네트워크에 속한 IP 주소입니다. 대표 주소는 이 네트워크의 첫 번째 주소이므로 11.1.2.0이고, 서브넷 마스크(255.255.255.0)의 프리픽스 길이 형식은 '/24'입니다. 즉 [표 5-4]와 같이 '11.1.2.0 /24 is directly connected, E1'이라고 표시되는데, 이것은 11.1.2.0 /24 네트워크가 E1 인터페이스에 직접 연결되어 있다는 의미입니다. 11.1.2.0 /24 정보는 11.1.2로 시작하는 모든 IP 주소, 즉 11.1.2.0~11.1.2.255 범위의 주소를 포함합니다.

● R2의 E0

R2도 볼까요? R2의 E0 포트에 설정한 IP 주소는 11.1.2.2이고, 서브넷 마스크는 255.255.255.0입니다. 서브넷 마스크를 기준으로 첫 번째 옥텟부터 세 번째 옥텟까지가 네트워크 자리이므로 11.1.2 네트워크에 속한 IP 주소입니다. 대표 주소는 이 네트워크의 첫 번째 주소이므로 11.1.2.0이고, 서브넷 마스크(255.255.255.0)의 프리픽스 길이 형식은 '/24'입니다. 즉 [표 5-4]와 같이 '11.1.2.0 /24 is directly connected, E0'라고 표시되는데, 이것은 11.1.2.0 /24 네트워크가 E0 인터페이스에 직접 연결되어 있다는 의미입니다. 11.1.2.0 /24 정보는 11.1.2로 시작하는 모든 IP 주소, 즉 11.1.2.0~11.1.2.255 범위의 주소를 포함합니다.

● R2의 E1

R2의 E1 포트도 마찬가지입니다. R2의 Ethernet 1 포트에 설정한 IP 주소는 11.1.3.1이고, 서브넷 마스크는 255.255.255.0입니다. 서브넷 마스크를 기준으로 첫 번째 옥텟부터 세 번째 옥텟까지가 네트워크 자리이므로 11.1.3 네트워크에 속한 IP 주소입니다. 대표 주소는 이 네트워크의 첫 번째 주소이므로 11.1.3.0이고, 서브넷 마스크(255.255.255.0)의 프리픽스 길이 형식은 '/24'입니다. 즉 [표 5-4]와 같이 '11.1.3.0 /24 is directly connected, E1'이라고 표시되는데, 이것은 11.1.3.0 /24 네트워크가 E1 인터페이스에 직접 연결되어 있다는 의미입니다. 11.1.3.0 /24 정보는 11.1.3으로 시작하는 모든 IP 주소, 즉 11.1.3.0~11.1.3.255 범위의 주소를 포함합니다.

방금 설명한 과정에 의해 [그림 5-2]의 R1과 R2의 라우팅 테이블에 각 라우터에 직접 연결된(Connected) 네트워크 정보가 올라온 것을 확인할 수 있습니다.

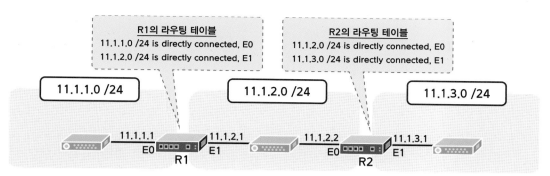

[그림 5-2] R1과 R2의 라우팅 테이블에서 확인한 직접 연결된(Connected) 네트워크에 대한 정보

Tip

참고로 라우터는 패킷의 목적지 주소가 라우팅 테이블에 없을 때 패킷을 무조건 버립니다. 따라서 패킷이 경유하는 모든 라우터의 라우팅 테이블이 완벽해야 합니다. 그러나 스위치는 플러딩 때문에 스위칭 테이블은 완벽하지 않아도 통신이 가능합니다.

시원한 쪽지

라우터의 CPU & ASIC도 합동 작전을 펼친다

라우터도 [그림 5-3]과 같이 CPU와 ASIC을 갖습니다. CPU와 ASIC은 라우터의 다양한 기능을 수행합니다. CPU는 모든 기능을 수행할 수 있지만, ASIC은 특정 기능만 수행할 수 있습니다. 즉 CPU는 라우팅 테이블과 ARP 테이블을 만들고 라우팅과 프레임 리라이트와 같은 라우터의 기본 기능뿐만 아니라 압축, 암호화, 필터링, 터널링, 인증이나 DHCP 서비스, 네트워크 관리 등의 다양한 기능도 수행합니다. 반면 라우팅 ASIC은 CPU가 만든 라우팅 테이블과 ARP 테이블을 다운로드한 후 라우팅과 프레임 리라이트 기능 정도만 전담합니다.

이러한 CPU와 ASIC의 분업화를 통해 라우터의 핵심 기능인 라우팅과 프레임 리라이트의 속도를 크게 개선합니다. 라우팅 ASIC은 자신이 수행할 수 없는 라우팅 테이블 업데이트, 암호화, 압축 등의 추가 처리가 필요한 패킷들만 CPU에게 보냅니다. 라우팅 ASIC은 패킷의 목적지가 라우팅 테이블에 없는 경우에는 폐기합니다. 로컬 브로드캐스트 패킷(목적지 주소가 255.255.255.255인 패킷)은 CPU에게 보내지만 다른 포트로 내보내지 않습니다. 라우터는 로컬 브로드캐스트 패킷을 차단하기 때문입니다. 서브넷 브로드캐스트 패킷은 유니캐스트 패킷과 같이 처리합니다.

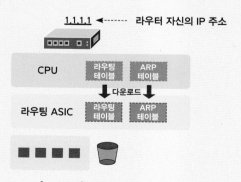

[그림 5-3] 라우터의 CPU와 ASIC

LESSON 20 : 라우팅 테이블 만들기 2

직접 연결된 네트워크에 대한 정보는 인터페이스에 IP 주소와 서브넷 마스크를 설정함으로써 라우팅 테이블에 올라옵니다. 그렇다면 라우터에 직접 연결되지 않은 네트워크에 대한 정보는 어떻게 라우팅 테이블에 올라올까요?

● 직접 연결되지 않은 네트워크 정보가 라우팅 테이블에 올라오는 방법

스위치는 스위칭 테이블에 목적지 주소가 없을 때 플러딩하지만, 라우터는 목적지 주소가 없을 때 패킷을 폐기하기 때문에 라우팅 테이블은 완벽해야 합니다. 라우팅 테이블의 네트워크에 대한 경로 정보는 [그림 5-4]와 같이 직접 연결된 네트워크와 직접 연결되지 않은 네트워크에 대한 경로 정보로 구분됩니다. 직접 연결된 네트워크에 대한 정보는 IP 주소와 서브넷 마스크를 설정해서 라우팅 테이블에 올라옵니다. 반면 직접 연결되지 않은 네트워크에 대한 정보는 라우팅 프로토콜을 설정함으로써 라우팅 테이블에 올라옵니다. 각 라우터에 라우팅 프로토콜을 설정함으로써 라우터들은 직접 연결된 네트워크와 다른 라우터로부터 받은 네트워크에 대한 정보를 서로 교환합니다.

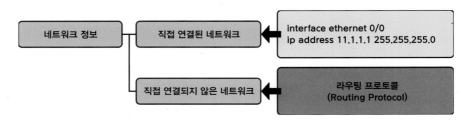

[그림 5-4] 직접 연결되지 않은 네트워크에 대한 정보가 라우팅 테이블에 올라오려면 라우팅 프로토콜을 설정해야 한다.

[표 5-5]는 [그림 5-5]의 R1과 R2 라우터에 라우팅 프로토콜을 설정한 예입니다. `router eigrp 100` 명령은 EIGRP를 라우팅 프로토콜로 선택하는 명령입니다. 여기서 100은 AS(Autonomous System) 번호로, 회사나 학교, 기관 등 사이트를 구분하는 숫자이기 때문에 사이트 내의 모든 라우터에 동일한 숫자를 사용해야 합니다. 참고로 입력할 수 있는 숫자의 범위는 1~65,535입니다.

EIGRP 외에 RIP, OSPF, IS-IS, BGP 등의 프로토콜들이 있는데, 이들 라우팅 프로토콜들에 대해서는 '14장'에서 자세히 살펴보겠습니다. `network 11.0.0.0`은 EIGRP의 작동 범위를 정하는 명령으로, 다음 두 가지 의미를 가지고 있습니다.

첫째, 11로 시작하는 네트워크 정보를 교환하겠다는 의미입니다.
둘째, 11로 시작하는 네트워크로 네트워크 정보(EIGRP 패킷)를 교환하겠다는 의미입니다.

라우터	설정 예
R1	R1(config)#**router eigrp 100** R1(config-router)#**network 11.0.0.0**
R2	R2(config)#**router eigrp 100** R2(config-router)#**network 11.0.0.0**

[표 5-5] R1과 R2에 대한 EIGRP 라우팅 프로토콜의 설정 예

라우팅 프로토콜을 설정하면, 라우터들은 이미 알고 있는 네트워크 정보, 즉 직접 연결된 네트워크와 다른 라우터들로부터 받은 네트워크에 대한 정보를 교환합니다. [그림 5-5]에서 R1은 직접 연결된 네트워크, 즉 ① 11.1.1.0 /24 정보를 포함하는 EIGRP 업데이트 패킷을 R2에게 보냅니다. EIGRP 업데이트 패킷은 다음과 같은 정보를 포함합니다.

② 11.1.1.0 /24 from 11.1.2.1

② 'from 11.1.2.1'에서 11.1.2.1은 이 네트워크 정보(11.1.1.0 /24)를 보낸 라우터의 ③ 송신 인터페이스의 IP 주소(11.1.2.1)입니다. 이 정보를 받은 R2는 'from'을 'via'로 바꾸고, 이 정보를 수신한 ④ 인터페이스(E0)를 포함하는 네트워크 정보를 라우팅 테이블에 올립니다. 즉 R2의 라우팅 테이블에서 R1으로부터 수신한 네트워크 정보는 다음과 같이 표시됩니다.

⑤ 11.1.1.0 /24 via 11.1.2.1 (E0)

즉 11.1.2.1은 R2 입장에서 네트워크 정보를 보낸 라우터(Information Source)의 주소이자, 해당 목적지로 갈 때 다음으로 통과할 라우터(Next-hop)의 주소입니다. 또한 R2의 E0은 ② 네트워크 정보를 수신한 인터페이스이자, 해당 네트워크로 향하는 패킷을 보낼 아웃바운드 인터페이스(Outbound Interface)입니다.

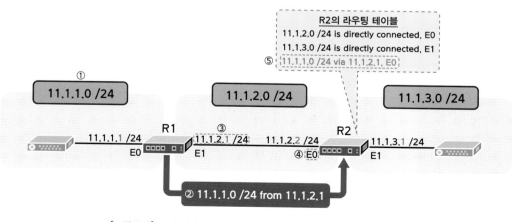

[그림 5-5] R2가 직접 연결되지 않은 네트워크에 대한 정보를 라우팅 테이블에 올리는 과정

[그림 5-6]을 보면 R2도 마찬가지입니다. 직접 연결된 네트워크, 즉 ① 11.1.3.0 /24
정보를 포함하는 EIGRP 업데이트 패킷을 R1에게 보냅니다. EIGRP 업데이트 패킷은
실제로 다음과 같은 정보를 포함합니다.

② 11.1.3.0 /24 from 11.1.2.2

② 'from 11.1.2.2'에서 11.1.2.2는 이 네트워크 정보(11.1.3.0 /24)를 보낸 라우터의 ③
IP 주소(11.1.2.2)입니다. 이 정보를 받은 R1은 'from'을 'via'로 바꾸고, 이 정보를 수신
한 ④ 인터페이스(E1)를 포함하는 네트워크 정보를 라우팅 테이블에 올립니다. R1의
라우팅 테이블에서 R2로부터 수신한 네트워크 정보는 다음과 같이 표시됩니다.

⑤ 11.1.3.0 /24 via 11.1.2.2 (E1)

11.1.2.2는 이 네트워크 정보를 보낸 라우터(Information Source)이자, 패킷이 목적지 네트
워크로 갈 때 다음으로 통과할 라우터(Next-hop)의 주소입니다. 또한 E1은 이 정보를 수
신한 인터페이스이자, 해당 네트워크에 패킷을 보낼 때 통과할 인터페이스입니다.

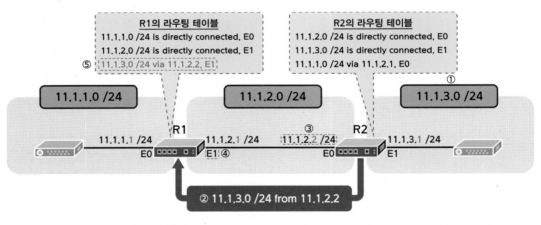

[그림 5-6] R1이 직접 연결되지 않은 네트워크에 대한 정보를 라우팅 테이블에 올리는 과정

라우팅 프로토콜의 정보 교환 규칙

[그림 5-7]에서 network 11.0.0.0 명령은 11로 시작하는 네트워크 정보를 11로 시작하는 네트워크 방향으로 보내겠다는 의미입니다. R1 입장에서 11로 시작하는 네트워크는 11.1.1.0 /24와 11.1.2.0 /24, 이렇게 2개가 있습니다. 따라서 R1은 이들 2개의 네트워크에 대한 정보를 2개의 네트워크 방향으로 보낼 수 있지만, 예외가 있습니다. 11.1.1.0 /24 네트워크에 대한 정보는 11.1.1.0 /24 방향으로 보내지 않습니다. 그리고 11.1.2.0 /24 네트워크에 대한 정보는 11.1.2.0 /24 방향으로 보내지 않고, 11.1.3.0 /24 네트워크에 대한 정보는 11.1.3.0 /24 방향으로 보내지 않습니다. 예를 들어 11.1.2.0 /24 네트워크는 R1과 R2를 연결하는 네트워크로, R1과 R2 입장에서 직접 연결된 네트워크이므로 R1과 R2가 이미 알고 있는 네트워크 정보입니다. 따라서 상호 교환할 필요가 없습니다. R1은 11.1.1.0 /24 네트워크 정보를 11.1.1.0 /24 네트워크 방향으로 보내지 않으며, R2 라우터는 11.1.3.0 /24 네트워크 정보를 11.1.3.0 /24 네트워크 방향으로 보내지 않는 것도 같은 이유입니다.

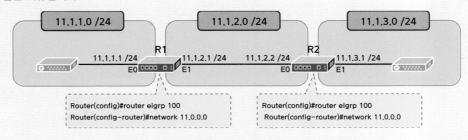

[그림 5-7] 11.1.2.0 /24 네트워크 정보를 11.1.2.0 /24 네트워크 방향으로 보내지 않는다.

 요·약·하·기

◆ 라우터에 직접 연결된 네트워크에 대한 정보: 인터페이스에 IP 주소를 입력하면 라우팅 테이블에 올라온다.
◆ 라우터에 직접 연결되지 않은 네트워크에 대한 정보: 라우팅 프로토콜 설정을 통해 라우팅 테이블에 올라온다.

6 ┊ 패킷 따라가 보기

지금까지 배운 지식을 끌어 모아 PC에서 출발한 패킷이 웹 서버까지 이동하는 과정을 설명할 수 있을까요?
지금까지 배운 2계층과 3계층의 주소, 스위칭과 라우팅에 대한 지식을 끌어 모아야 합니다.
한 번 가보겠습니다.

LESSON 21 ┊ 목적지 IP 주소를 알기까지

이번 장은 패킷이 다수의 네트워크를 통과하여 목적지 장치에 도착할 때까지 출발지 장치와 목적지 장치를 비롯하여 스위치와 라우터에서 일어나는 일을 다룹니다. 이번 레슨에서는 입력된 도메인 네임을 바탕으로 IP 주소를 찾는 과정을 살펴보겠습니다.

● 패킷의 출발지 IP 주소와 목적지 IP 주소

[그림 6-1]을 통해 ① 출발지 장치(웹 클라이언트)에서 ② 목적지 장치(웹 서버)까지 패킷이 이동하는 과정을 살펴보겠습니다. 이 패킷의 3계층 (IP) 출발지와 목적지 주소는 다음과 같습니다.

> 출발지 IP 주소[웹 클라이언트]: 11.1.1.11
> 목적지 IP 주소[웹 서버]: 11.1.3.71

PC의 웹 브라우저에서 www.google.com과 같은 도메인 네임을 입력할 때 패킷의 목적지가 정해집니다. 그런데 3계층 옷을 입히려면 IP 주소를 알아내야 합니다. PC는 어떤 과정을 거쳐 사용자가 입력한 도메인 네임에 해당하는 IP 주소를 알아낼까요? 이 문제를 해결하는 것이 바로 DNS(Domain Name Service)입니다.

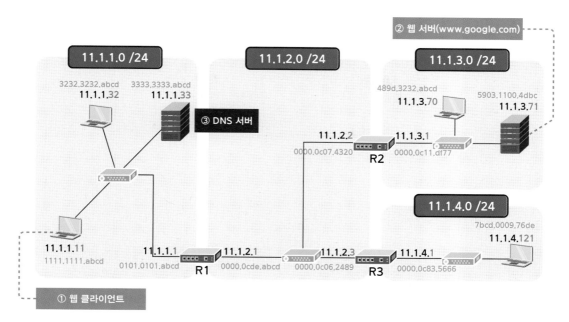

[그림 6-1] 패킷의 이동을 설명할 네트워크 구성도

● DNS 쿼리와 앤서 메시지

단말은 도메인 네임에 해당하는 IP 주소를 어떻게 알 수 있을까요? 이 문제를 해결하는 것이 DNS(Domain Name Service)입니다. 이를 위해 DNS 클라이언트인 단말에는 DNS 서버의 IP 주소를 설정해야 하고, DNS 서버에는 도메인 네임과 IP 주소에 대한 맵핑 테이블이 있어야 합니다. DNS 클라이언트인 단말은 DNS 서버와 다음과 같은 두 가지 DNS 메시지를 교환하여 목적지의 IP 주소를 알아냅니다.

DNS 쿼리 메시지(DNS Query Message)

DNS 앤서 메시지(DNS Answer Message)

단말은 도메인 네임을 포함하는 DNS 쿼리 메시지를 DNS 서버에게 보내고, DNS 서버는 도메인 네임에 해당하는 IP 주소를 포함하는 DNS 앤서 메시지로 응답합니다. 이를 통해 단말은 목적지 IP 주소를 알게 되고, 목적지 IP 주소를 포함하는 IP 옷을 입힐 수 있습니다.

● DNS 쿼리 메시지는 어떻게 만들어지나?

[그림 6-2]를 살펴보면, DNS 쿼리 메시지에는 'www.google.com'이라는 도메인 네임이 포함됩니다. DNS 쿼리 메시지도 3개의 옷을 입어야 외출할 수 있습니다. 즉

네트워크를 통과할 수 있는 것이죠. DNS 클라이언트는 웹 브라우저의 주소 창에서 입력한 ① 도메인 네임을 포함하는 DNS 쿼리 메시지를 만듭니다.

일반적인 경우 DNS는 ② 4계층에서 UDP 옷을 활용합니다. ③ 3계층 헤더에 입력되는 출발지 IP 주소는 DNS 쿼리 메시지를 보내는 PC의 IP 주소인 11.1.1.11이고, 목적지 IP 주소는 DNS 서버의 주소인 11.1.1.33입니다. 이를 위해 PC에 ⑥ DNS 서버의 주소(11.1.1.33)를 설정해 두어야 합니다. ④ 2계층 헤더에 입력되는 출발지 MAC 주소는 PC의 MAC 주소인 1111.1111.abcd가, 목적지 MAC 주소는 DNS 서버의 MAC 주소가 입력되어야 합니다. 그런데 PC에는 DNS 서버의 IP 주소만 설정될 뿐 MAC 주소는 설정되어 있지 않습니다. 이 문제를 해결하는 프로토콜이 ⑤ ARP(Address Resolution Protocol)입니다.

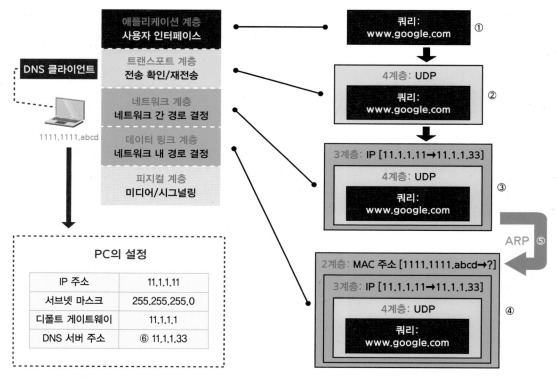

[그림 6-2] DNS 쿼리 메시지가 만들어지는 과정

2계층 헤더는 네트워크를 통과하기 위한 것이기 때문에 2계층 헤더에 입력되는 출발지와 목적지 2계층 주소는 네트워크 내부 주소여야 합니다. [그림 6-3]을 보면 2계층 목적지 주소는 최종 목적지 네트워크가 출발지 네트워크와 ① 같은 네트워크에 속하는지, ② 다른 네트워크에 속하는지에 따라 달라지는데, 이것을 판단하기 위해 서브넷 마스크를 살펴보아야 합니다. ③ 서브넷 마스크가 255.255.255.0이므로 첫 번째부터 세 번째 자리까지가 네트워크 자리이고, 네 번째 자리는 호스트 자리입니다. 즉 ④ 출발지 장치는 11.1.1 네트워크에 속하고, ⑤ 목적지 장치인 DNS 서버도 11.1.1 네트워크에 속하므로 ① 두 장치는 같은 네트워크에 속합니다. 이 경우에는 최종 목적지 장치, 즉 DNS 서버의 2계층 주소를 알아내야 합니다. 반면 출발지 장치와 목적지 장치가 다른 네트워크에 속하면, 네트워크에 속하는 장치 중에서 다른 네트워크에 대한 정보를 가진 장치, 즉 라우팅 테이블을 가진 장치에게 보내야 합니다. 라우팅 테이블을 가진 장치는 바로 라우터, 즉 ⑥ 디폴트 게이트웨이입니다. 디폴트 게이트웨이는 라우터의 옛날식 표현입니다. 따라서 ② 출발지 장치와 목적지 장치가 다른 네트워크에 속한 경우에는 라우터의 2계층 주소를 알아내야 합니다.

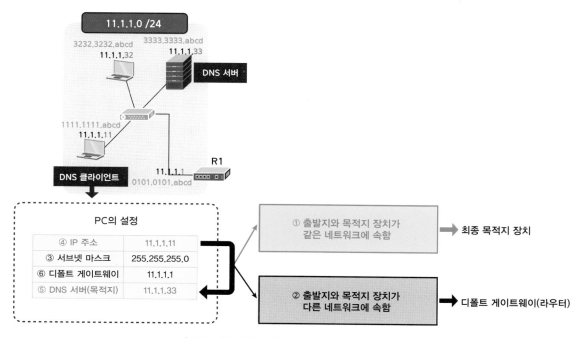

[그림 6-3] 2계층 헤더의 목적지 주소 자리에는 누구의 2계층 주소가 입력되어야 할까?

위의 예에서 DNS 클라이언트와 서버가 같은 네트워크에 속하므로 라우터가 아닌 DNS 서버의 2계층 주소를 알아내야 합니다. 즉 3계층 주소에 대한 2계층 주소를 알아내야 하는데, 이 과제를 해결하는 프로토콜은 ARP(Address Resolution Protocol)입니다. ARP는 이 문제를 해결하기 위해 다음과 같은 2개의 패킷을 활용합니다.

ARP 리퀘스트(ARP Request)

ARP 리플라이(ARP Reply)

[그림 6-4]의 ARP 리퀘스트를 보면 ① IP 주소(이 경우 DNS 서버의 IP 주소: 11.1.1.33)를, [그림 6-5]에서 설명할 ARP 리플라이는 MAC 주소(이 경우 DNS 서버의 MAC 주소: 3333.3333.abcd)를 포함합니다. ARP 리퀘스트의 ② 목적지 MAC 주소는 브로드캐스

트 주소(ffff.ffff.ffff)이고, ③ 출발지 주소는 출발지 PC의 주소, 1111.1111.abcd입니다. 스위치는 브로드캐스트 주소로 보낸 ARP 리퀘스트 패킷을 모든 포트들로 보냅니다. 한편 스위치는 ARP 리퀘스트를 수신하고, ④와 같이 E4 포트에 MAC 주소, 1111.1111. abcd를 가진 장치가 있다고 한 줄의 스위칭 테이블을 만듭니다. 스위치에 연결된 모든 장치가 ARP 리퀘스트를 수신하지만, DNS 서버가 ARP 리플라이를 보낼 것입니다. 그런데 DNS 서버는 ARP 리퀘스트를 받아 ⑤와 같은 ARP 테이블을 만듭니다. ARP 리퀘스트의 목적은 DNS 서버의 MAC 주소를 묻는 것이지만, 한편으로는 ARP 리퀘스트를 보낸 출발지 PC의 ⑥ IP 주소(11.1.1.11)와 MAC 주소(1111.1111.abcd)도 포함되기 때문입니다.

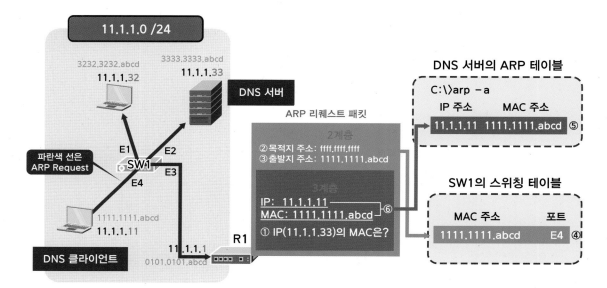

[그림 6-4] ARP 리퀘스트는 스위칭 테이블과 ARP 테이블을 만든다.

[그림 6-5]를 보세요. ARP 리플라이는 유니캐스트 패킷으로, DNS 서버의 MAC 주소를 포함하고, ARP 리플라이 패킷을 받은 PC는 ARP 테이블을 만듭니다. 컴퓨터에서 ARP 테이블을 보는 명령은 arp −a이고, ARP 테이블에는 IP 주소와 MAC 주소의 맵핑 정보가 올라옵니다. 단말들은 ARP 리퀘스트를 보내기 전에 ARP 테이블을 먼저 뒤져보고, 원하는 정보가 없는 경우에만 ARP 리퀘스트를 보냅니다.

ARP 리플라이 패킷의 ① 출발지 MAC 주소는 3333.3333.abcd이고, ② 목적지 주소는 1111.1111.abcd입니다. 스위치는 ARP 리플라이를 수신하고, [그림 6-5]에서 ③과 같이 E2 포트에 MAC 주소, 3333.3333.abcd를 가진 장치가 살고 있다고 한 줄의 스위칭 테이블을 추가합니다. PC가 수신한 ARP 리플라이에는 DNS 서버의 ④ MAC 주소인 3333.3333.abcd가 들어있는데, PC는 ARP 리플라이를 받아 ⑤와 같은 ARP 테이블을 만듭니다.

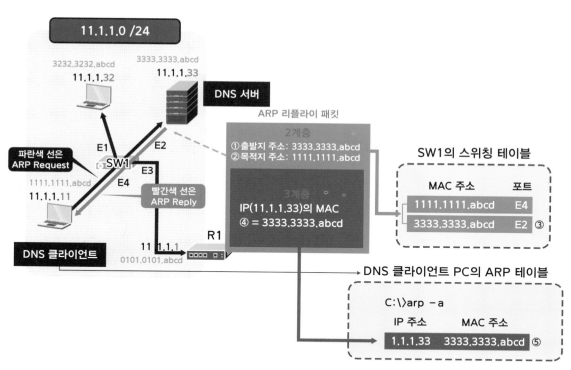

[그림 6-5] ARP 리플라이 메시지도 스위칭 테이블과 ARP 테이블을 만든다.

[그림 6-6]을 보면, ARP에 의해 DNS 서버의 MAC 주소를 알게 되었으므로 2계층 주소를 포함하는 마지막 옷인 2계층 옷을 입힐 수 있습니다. 그 결과, DNS 클라이언트인 PC는 DNS 서버에게 DNS 쿼리 메시지를 보낼 수 있습니다. DNS 쿼리 프레임의 2계층 목적지 주소는 DNS 서버의 ① 3333.3333.abcd입니다. DNS 쿼리 프레임이 스위치에 도착하면, 스위치는 스위칭 테이블을 참조하여 스위칭합니다. DNS 쿼리의 목적지 MAC 주소인 ②3333.3333.abcd는 E2 포트에 학습되어 있으므로 DNS 쿼리 프레임은 E2 포트로 스위칭됩니다.

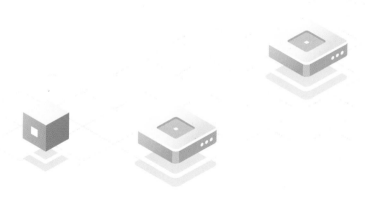

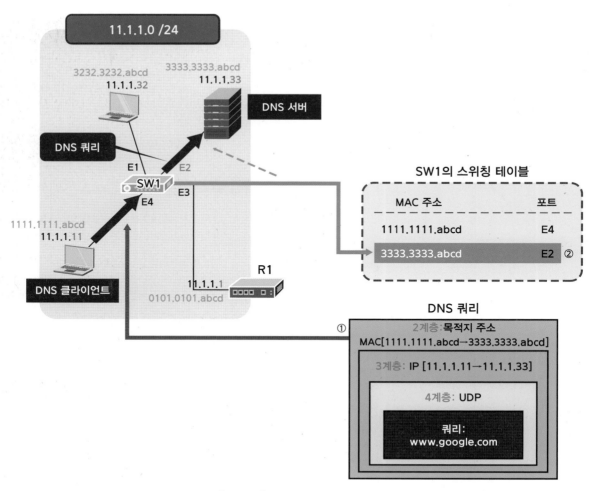

[그림 6-6] DNS 클라이언트 PC는 이제서야 DNS 쿼리를 보낼 수 있다.

DNS 서버는 www.google.com에 해당하는 IP 주소를 ① DNS 등록정보 테이블에서 찾아 DNS 클라이언트에게 목적지 장치의 IP 주소(11.1.3.71)을 포함하는 ② DNS 앤서 메시지를 보냅니다. DNS 앤서 메시지의 출발지 IP 주소는 DNS 서버의 주소인 11.1.1.33이고, 목적지 IP 주소는 DNS 클라이언트의 주소인 11.1.1.11입니다. DNS 앤서 메시지도 2계층 옷을 입어야 합니다. 이를 위해 목적지 IP 주소에 해당하는 2계층 주소를 알아야 하는데, 이 과제를 해결하는 것이 ARP입니다. 그런데 ARP 리퀘스트를 보내기 전에 ARP 테이블을 먼저 뒤져봅니다. ③ ARP 테이블에는 이미 IP 주소, 11.1.1.11에 해당하는 MAC 주소, 1111.1111.abcd가 올라와 있습니다.

DNS 서버는 추가적인 ARP 트랜잭션 없이 마지막 옷인 2계층 옷을 착용한 DNS 앤서 메시지를 보냅니다. 스위치에 도착한 DNS 앤서 프레임의 목적지 MAC 주소, 1111.1111.abcd는 ④ 스위칭 테이블의 E4 포트에 맵핑되어 있습니다. 스위치의 스위칭에 의해 DNS 앤서 메시지가 DNS 클라이언트에게 도착하면 이제 PC는 목적지 장치의

IP 주소가 11.1.3.71이라는 것을 알게 됩니다. DNS 앤서 메시지를 받은 PC는 ⑤ DNS 캐시 테이블을 만드는데, ARP 테이블과 DNS 캐시 테이블 때문에 ARP와 DNS 트랜 잭션의 수를 줄일 수 있습니다. 단말에서 DNS 캐시 테이블을 보는 명령은 ipconfig /displaydns입니다.

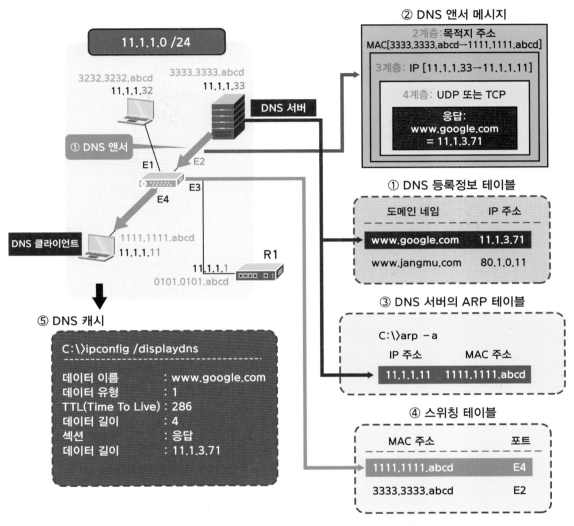

[그림 6-7] DNS 서버는 목적지 장치의 IP 주소(11.1.3.71)를 포함하는 DNS 앤서 메시지를 보낸다.

LESSON 22 : 첫 번째 네트워크 통과하기

이제 목적지인 웹 서버 주소가 11.1.3.71이라는 것을 알게 되었습니다. 그러면 패킷의 출발지인 PC는 목적지 서버에게 보내기 위한 패킷을 어떻게 만들어내고, 이 패킷은 첫 번째(11.1.1.0 /24) 네트워크를 어떻게 통과할까요? 또한 그 과정에서 PC와 스위치는 어떤 테이블을 참조하고, 어떤 일을 할까요?

● 출발지 주소와 목적지 주소

웹 클라이언트 PC가 보낸 패킷의 출발지 IP 주소는 최초의 출발지 주소이므로 11.1.1.11이고, 목적지 IP 주소는 최종 목적지 주소이므로 11.1.3.71입니다.

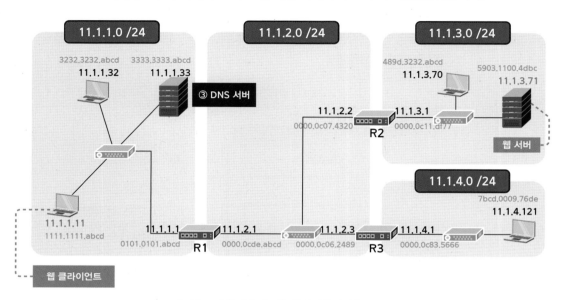

[그림 6-8] 첫 번째 네트워크를 통과할 때의 출발지/목적지 IP와 MAC 주소

MAC 주소와 같은 2계층 주소는 네트워크 내부의 주소여야 하기 때문에 네트워크를 통과할 때마다 [표 6-1]과 같이 바뀝니다. 11.1.1.0 /24 네트워크를 통과할 때 프레임의 출발지 MAC 주소는 PC의 MAC 주소인 1111.1111.abcd이고, 목적지 MAC 주소는 R1의 왼쪽 인터페이스의 MAC 주소인 01010.0101.abcd입니다. 2계층 주소는 네트워크의 내부에서 사용하는 주소이므로 R1에 도착한 프레임의 2계층 헤더는 폐기됩니다. 프레임이 다음 네트워크를 통과하려면 새로운 2계층 옷이 필요한데, 2계층 옷을 갈아입히는 것은 라우터의 핵심 기능입니다. 11.1.2.0 /24 네트워크를 통과할 때 프레임의 출발지 MAC 주소는 R1의 오른쪽 인터페이스의 MAC 주소인 0000.0cde.abcd이고, 목적지 MAC 주소는 R2의 왼쪽 인터페이스의 MAC 주소인 0000.0c07.4320입니다. 이 주소를 사용한 프레임은 11.1.2.0 /24 네트워크를 통과하기 위한 것으로, R2에 도착한 후 2계층 헤더는 다시 폐기됩니다. 11.1.3.0 /24 네트워크를 통과하려면 R2는 2계층 옷을 갈아 입혀주어야 합니다. 11.1.3.0 /24 네트워크를 통과하는 프레임의 출발지 MAC 주소는 R2의 오른쪽 인터페이스의 MAC 주소인 0000.0c11.df77이고, 목적지 MAC 주소는 웹 서버의 MAC 주소인 5903.1100.4dbc입니다.

다음 네트워크를 통과할 때의	출발지 MAC 주소	목적지 MAC 주소
11.1.1.0 /24	1111.1111.abcd	0101.0101.abcd
11.1.2.0 /24	0000.0cde.abcd	0000.0c07.4320
11.1.3.0 /24	0000.0c11.df77	5903.1100.4dbc

[표 6-1] 출발지/목적지 MAC 주소는 네트워크를 통과할 때마다 바뀐다.

● 웹 클라이언트

[그림 6-9]를 보면 컴퓨터의 웹 브라우저는 웹 서버에게 ① HTTP GET 메시지를 보냅니다. HTTP GET 메시지에는 'GET: www.google.com'과 같이 읽기 원하는 파일의 이름을 포함합니다. 이 경우 웹 브라우저는 www.google.com이라는 홈페이지 파일을 다운로드하려고 합니다. 애플리케이션이 생성한 메시지는 ② 4계층에서 UDP나 TCP 옷을 입을 수 있습니다. HTTP는 4계층에서 TCP 프로토콜을 사용하기 때문에 TCP 옷을 입히는데, TCP 옷에 대해서는 '9장'에서 자세히 다룹니다. ③ 3계층의 IP 옷에는 출발지와 목적지 IP 주소가 들어갑니다. 출발지 IP 주소 자리에는 11.1.1.11이, 목적지 IP 주소 자리에는 DNS 서버가 알려준 웹 서버의 IP 주소인 11.1.3.71이 입력됩니다. 마지막으로 ④ 2계층 옷을 입혀야 합니다. 3계층 주소를 아는데 2계층 주소를 모를 때 이 문제를 해결하는 프로토콜은 ⑤ ARP입니다.

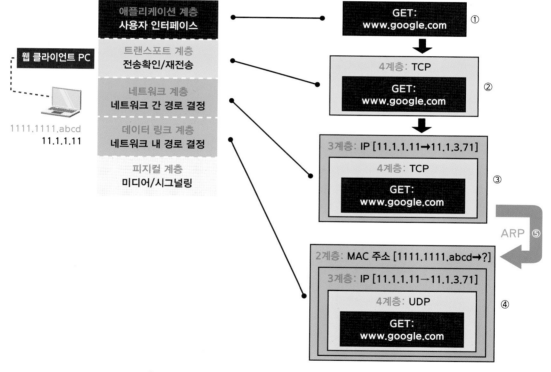

[그림 6-9] 웹 클라이언트 PC는 톱다운 프로세스를 거치면서 3개의 옷을 입혀야 한다.

2계층 헤더에 입력되는 2계층 주소는 네트워크의 내부 주소여야 합니다. 왜냐하면 2계층 헤더는 한 네트워크를 통과하기 위한 것이기 때문입니다. [그림 6-10]을 보세요. 이 때, 2계층 목적지 주소는 최종 목적지 장치가 출발지 장치와 ①같은 네트워크에 속하는지 ② 다른 네트워크에 속하는 지에 따라 달라집니다. 이를 구분하기 위해, 서브넷 마스크를 보아야 합니다. ④ 서브넷 마스크가 255.255.255.0이므로, 첫 번째 ~ 세 번째 자리가 네트워크 자리이고, 네 번째 자리는 호스트 자리입니다. 즉 ③ 출발지 장치는 11.1.1 네트워크에 속하고, ⑦ 목적지 장치는 11.1.3 네트워크에 속하므로 둘은 ② 다른 네트워크에 속합니다. 출발지 장치와 목적지 장치가 다른 네트워크에 속하면, 우리 네트워크에 속한 장치들 중에서 다른 네트워크에 대한 정보를 가진 장치, 즉 라우터에게 보내야 합니다. 즉 ⑤ 디폴트 게이트웨이에게 보내야 합니다. 결론적으로 목적지 MAC 주소는 라우터의 0101.0101.abcd가 되어야 합니다.

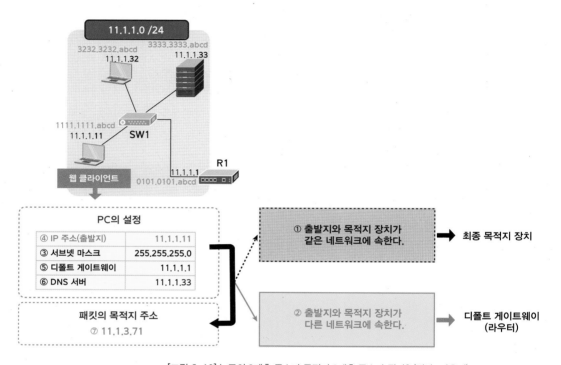

[그림 6-10] 누구의 2계층 주소가 목적지 2계층 주소가 될까? (정답: 라우터)

디폴트 게이트웨이의 주소를 잘못 설정하면 어떻게 될까요? 디폴트 게이트웨이는 다른 네트워크와 통신하기 위해 통과해야 할 장치입니다. 따라서 디폴트 게이트웨이의 주소를 잘못 설정하면 다른 네트워크에 속한 장치와 통신이 불가능합니다. 그렇다면 동일한 네트워크에 속한 장치와는 통신을 할 수 있을까요? 이때는 아무 문제가 없습니다. 디폴트 게이트웨이는 단말이 속한 네트워크의 라우터 주소이기 때문에 [그림 6-8]에 보이는 단말들의 IP 주소, 서브넷 마스크, 디폴트 게이트웨이는 [표 6-2]와 같아야 합니다.

단말의 IP 주소	서브넷 마스크	디폴트 게이트웨이
11.1.1.11	255.255.255.0	11.1.1.1
11.1.1.32	255.255.255.0	11.1.1.1
11.1.1.33	255.255.255.0	11.1.1.1
11.1.3.70	255.255.255.0	11.1.3.1
11.1.3.71	255.255.255.0	11.1.3.1
11.1.4.121	255.255.255.0	11.1.4.1

[표 6-2] [그림 6-8]에 보이는 단말들의 IP 주소, 서브넷 마스크, 디폴트 게이트웨이 주소

[그림 6-11]은 PC에서 서브넷 마스크를 부정확하게 설정한 경우입니다. 즉, 255.255.255.0으로 설정해야 할 것을 255.255.0.0으로 틀리게 설정했는데, 이 경우 PC는 다른 네트워크에 속한 장치와 통신할 수 없습니다. 이를 이해하기 위해, PC(11.1.1.11)에서 웹서버(11.1.3.71)에게 패킷을 보내 보겠습니다. 2계층 목적지 주소는 최종 목적지 장치가 출발지 장치와 ① 같은 네트워크에 속하는지 ② 다른 네트워크에 속하는 지에 따라 달라집니다. ④ 서브넷 마스크가 255.255.0.0이므로 첫 번째와 두 번째 자리가 네트워크 자리이고, 세 번째와 네 번째 자리는 호스트 자리입니다. 즉, ③ 출발지 장치는 11.1 (11.1.1.11) 네트워크에 속하고, ⑤ 목적지 장치도 11.1 (11.1.3.71) 네트워크에 속하므로 둘은 ① 같은 네트워크(11.1네트워크)에 속합니다. 출발지 장치와 목적지 장치가 같은 네트워크에 속하면 목적지 장치에게 직접 보낼 수 있다고 생각합니다. 즉 라우터를 통과할 필요가 없습니다. 이 경우, 목적지 주소인11.1.3.71에 대한 MAC 주소를 묻는 ARP 리퀘스트를 보냅니다. ARP 리퀘스트는 브로드캐스트로 라우터에 의해 차단되기 때문에 11.1.3.71 주소를 갖는 장치로부터 ARP 리플라이를 받지 못합니다. 결론적으로 목적지 MAC 주소를 알지 못하므로 2계층 옷을 입히지 못하고, 옷을 제대로 입지 못하면 패킷은 PC 밖으로 나가지 못합니다.

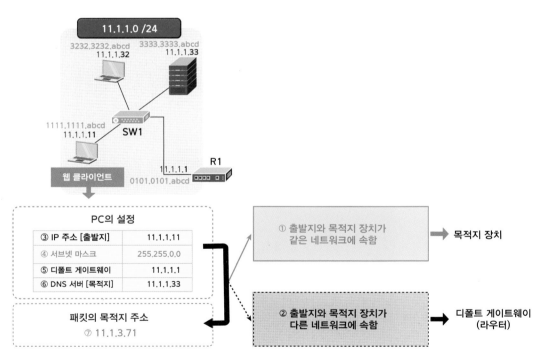

[그림 6-11] 서브넷 마스크를 잘못 설정하면 통신이 불가능하다.

출발지 장치와 목적지 장치가 같은 네트워크에 속하면 목적지 장치에게 직접 보낼 수 있어서 라우터를 통과할 필요가 없습니다. 이 경우 목적지 주소인 11.1.3.71에 대한 MAC 주소를 묻는 ARP 리퀘스트를 보냅니다. ARP 리퀘스트는 브로드캐스트로 라우터에 의해 차단되기 때문에 11.1.3.71 주소를 갖는 장치(여기서는 웹 서버)로부터 ARP 리플라이를 받지 못합니다. 결론적으로 목적지 MAC 주소를 알지 못하므로 2계층 옷을 입히지 못하고, 옷을 제대로 입지 못하면 패킷은 밖에 나가지 못합니다.

● SW1의 스위칭 테이블과 R1의 라우팅 테이블

디폴트 게이트웨이와 서브넷 마스크를 정확하게 설정했으면 웹 클라이언트 PC는 웹 서버에게 보낼 패킷을 라우터에게 보낼 것입니다. PC는 라우터의 2계층 주소를 알기 위해 ARP 리퀘스트를 보냅니다. ARP 리퀘스트는 브로드캐스트로 보내지기 때문에 스위치에 연결된 모든 장치에게 전달됩니다. [그림 6-12]에서 스위치는 ARP 리퀘스트 프레임의 출발지 MAC 주소를 보고 스위칭 테이블을 만듭니다. 이때 에이징 타임이 경과하기 전이라면 ① 이전에 학습된 정보가 남아있기 때문에 스위칭 테이블의 에이징 타이머만 다시 시작됩니다. 에이징 타임이 경과되어 정보가 삭제되었다면, 스위칭 테이블은 새로 만들어집니다. 라우터에 도착한 ARP 리퀘스트에는 웹 클라이언트 PC의 ② IP 주소(11.1.1.11)와 ③ MAC 주소(1111.1111.abcd)가 들어있습니다. 라우터는 이 정보를 참조하여 ④ ARP 테이블을 만듭니다. 라우터에서 ARP 테이블을 보는 명령은 show ip arp입니다.

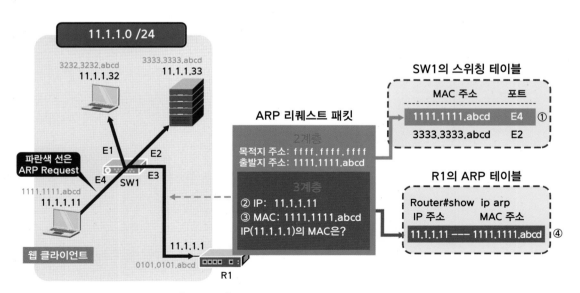

[그림 6-12] ARP 리퀘스트 패킷은 스위칭 테이블과 R1의 ARP 테이블을 만든다.

라우터는 자신의 MAC 주소(0101.0101.ABCD)를 포함하는 ARP 리플라이를 보냅니다.
ARP 리플라이가 스위치에 도착하면, 출발지 MAC 주소를 보고 스위칭 테이블을 추가합
니다. 즉 라우터의 MAC 주소, ① 0101.0101.abcd 주소는 E3 포트에 학습됩니다. 스위치
는 목적지 MAC 주소인 1111.1111.abcd를 스위칭 테이블에서 찾아 E4 포트로 스위칭합니
다. 만약 목적지 주소가 스위칭 테이블에 존재하지 않는다면 모든 포트들로 플러딩합니다.
ARP 리플라이가 도착하면 웹 클라이언트 PC는 ③ ARP 테이블을 만듭니다. ARP 테이
블에는 IP 주소(11.1.1.1)와 MAC 주소(0101.0101.abcd)의 맵핑 정보가 올라옵니다.

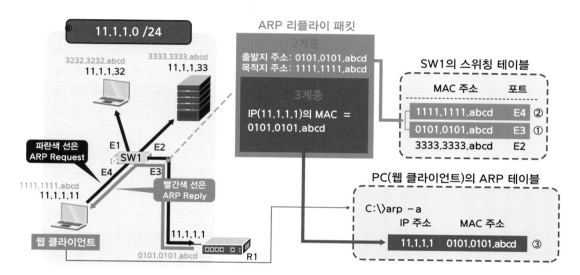

[그림 6-13] ARP 리플라이 패킷도 스위칭 테이블과 ARP 테이블을 만든다.

● SW1

[그림 6-14]를 보면 웹 클라이언트인 PC는 ARP에 의해 R1의 MAC 주소를 알게 되
었으므로 ① 2계층 목적지 주소로 0101.0101.abcd를 포함하는 2계층 옷을 입힙니다.
1계층에서는 시그널을 만들어 전송합니다. 웹 클라이언트 PC가 보낸 HTTP Get 프레
임이 SW1에 도착하면 프레임의 ② 목적지 MAC 주소인 0101.0101.abcd를 스위칭 테
이블에서 찾아 E3 포트로 스위칭합니다. 그 결과, 패킷은 R1 라우터에 도착합니다. 라
우터는 도착한 패킷의 2계층 헤더를 폐기합니다.

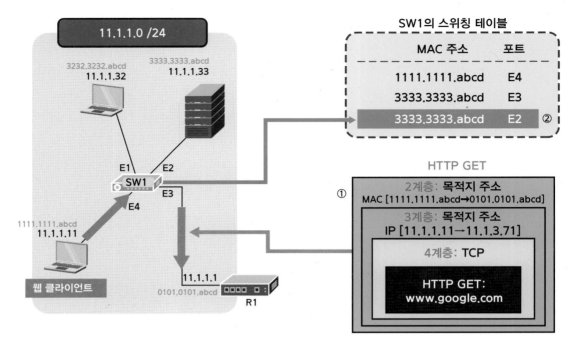

[그림 6-14] 스위칭에 의해 R1에 도착한다.

두 번째 네트워크(11.1.2.0 /24)를 통과할 때도 비슷한 기능과 유사한 테이블들이 만들어집니다. 2계층 옷은 네트워크를 통과하기 위한 것이므로 패킷이 R1에 도착하면 ① 2계층 옷은 폐기됩니다. 그리고 다음 네트워크를 통과하려면 ② 새로운 2계층 옷이 필요합니다. 이러한 2계층 옷 갈아입히기 기능이 라우터의 2계층 기능인 프레임 리라이트(Frame Rewrite)입니다.

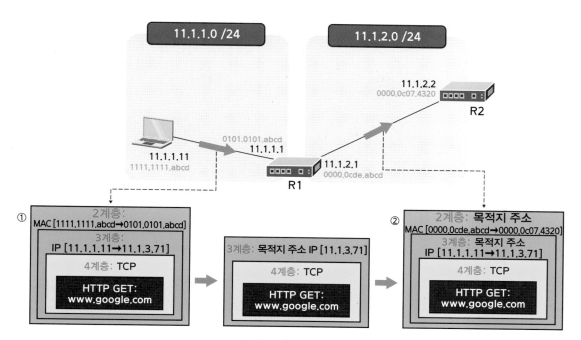

[그림 6-15] 프레임 리라이트:라우터의 2계층 기능

● 라우팅 테이블 만들기와 라우팅

패킷의 목적지 주소를 포함하는 네트워크 정보가 라우팅 테이블에 없으면 패킷은 폐기됩니다. 라우터의 라우팅 테이블에 올라온 네트워크 정보는 라우터에 직접 연결된 네트워크에 대한 정보와 직접 연결되지 않은 네트워크에 대한 정보로 나뉩니다. 직접 연결된 네트워크에 대한 정보는 라우터에 설정한 IP 주소와 서브넷 마스크에 의해 생성되는데, 구체적인 설명은 *5장*을 참조하세요. [그림 6-16]은 각 라우터에 직접 연결된 네트워크에 대한 정보를 표시합니다. 즉 ① R1의 라우팅 테이블에서는 R1에 직접 연결된 네트워크인 11.1.1.0 /24와 11.1.2.0 /24 정보를 볼 수 있고, ② R2의 라우팅 테이블에서 R2에 직접 연결된 네트워크인 11.1.2.0 /24와 11.1.3.0 /24 정보를 볼 수 있습니다. 그리고 ③ R3의 라우팅 테이블에서 R3에 직접 연결된 네트워크인 11.1.2.0 /24와 11.1.4.0 /24 정보를 볼 수 있습니다.

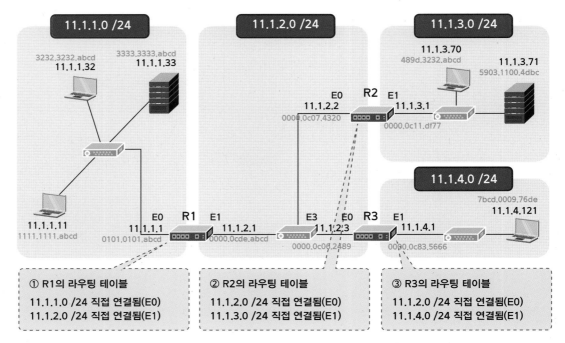

11.1.1.0 /24

3232.3232.abcd
11.1.1.32

3333.3333.abcd
11.1.1.33

11.1.2.0 /24

E0 **R2** E1
11.1.2.2   11.1.3.1
0000.0c07.4320 0000.0c11.df77

11.1.3.0 /24

11.1.3.70
489d.3232.abcd   **11.1.3.71**
5903.1100.4dbc

11.1.1.11
1111.1111.abcd

E0 **R1** E1
11.1.1.1   11.1.2.1
0101.0101.abcd 0000.0cde.abcd

E3   E0 **R3** E1
11.1.2.3   11.1.4.1
0000.0c08.2489 0000.0c83.5666

11.1.4.0 /24

7bcd.0009.76de
11.1.4.121

① R1의 라우팅 테이블

11.1.1.0 /24 직접 연결됨(E0)
11.1.2.0 /24 직접 연결됨(E1)

② R2의 라우팅 테이블

11.1.2.0 /24 직접 연결됨(E0)
11.1.3.0 /24 직접 연결됨(E1)

③ R3의 라우팅 테이블

11.1.2.0 /24 직접 연결됨(E0)
11.1.4.0 /24 직접 연결됨(E1)

[그림 6-16] 라우터들이 갖는 직접 연결된 네트워크에 대한 정보

라우팅 프로토콜을 설정하면 라우터들은 직접 연결된 네트워크와 다른 라우터들로부터 수신한 네트워크 정보를 교환합니다. 결국 라우팅 테이블에는 [그림 6-17]과 같이 직접 연결되지 않은 네트워크에 대한 정보도 올라옵니다. 목적지 IP 주소가 11.1.3.71인 패킷은 R1의 라우팅 테이블에서 어떤 정보를 참조해야 할까요? 바로 ①번 정보입니다. 11.1.3.0 /24에는 11.1.3.0~11.1.3.255 범위의 주소가 포함되므로 패킷은 R1의 E1 포트로 라우팅됩니다.

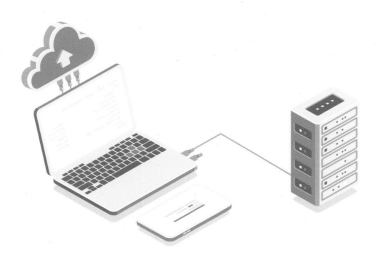

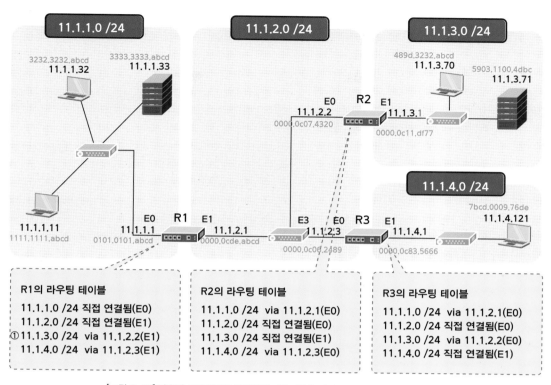

[그림 6-17] 라우팅 프로토콜을 설정하면 라우터들은 직접 연결되지 않은 네트워크에 대한 정보도 갖게 된다.

● R1의 동작

프레임이 다음 네트워크인 11.1.2.0 /24 네트워크를 통과하려면 2계층 옷을 갈아입어야 합니다. 이때 2계층 출발지 주소는 R1의 ① E1 인터페이스의 MAC 주소인 0000.0cde.abcd이고, 2계층 목적지 주소는 다음 라우터인 R2의 MAC 주소인 0000.0C07.4320이어야 합니다. 그런데 R1의 라우팅 테이블에는 다음 라우터, R2의 ② 3계층 주소만 보이는데, 이 문제를 해결하는 것이 ARP입니다. R1은 11.1.2.2자리에 해당하는 MAC 주소를 묻는 ARP 리퀘스트를 보냅니다. SW2는 ARP 리퀘스트 프레임을 수신하여 R1의 MAC 주소와 수신 포트인 E2를 맵핑하여 ③ 스위칭 테이블을 만듭니다. R2는 ARP 리퀘스트 프레임에 포함된 R1의 3계층 주소와 2계층 주소를 보고 ④ ARP 테이블을 만듭니다.

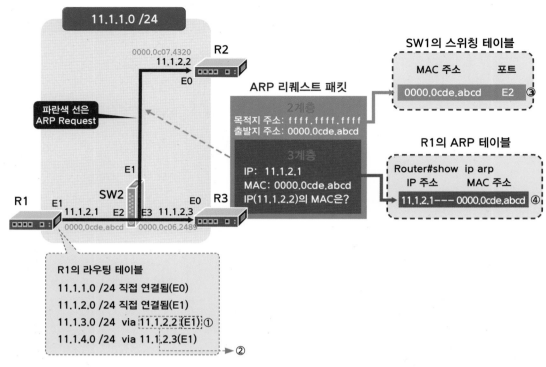

[그림 6-18] R1이 보낸 ARP 리퀘스트에 의해 SW2의 스위칭 테이블과 R2의 ARP 테이블이 만들어진다.

R2는 11.1.2.2에 해당하는 MAC 주소인 0000.0c07.4320을 포함하는 ARP 리플라이 패킷을 보냅니다. 이 ARP 리플라이 프레임을 수신한 SW2는 프레임의 출발지 주소인 0000.0c07.4320과 수신 포트인 E1을 맵핑한 ① 스위칭 테이블을 만듭니다. ARP 리플라이를 수신한 R1은 11.1.2.2와 0000.0c07.4320을 맵핑한 ② ARP 테이블을 만듭니다.

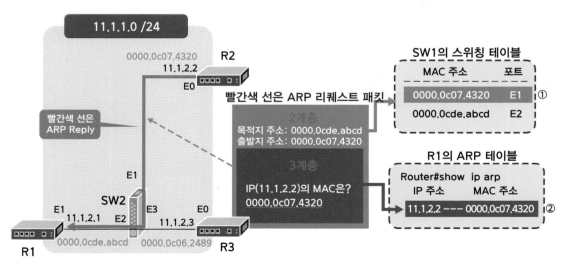

[그림 6-19] R2가 보낸 ARP 리플라이에 의해 SW2의 스위칭 테이블과 R1의 ARP 테이블이 만들어진다.

ARP에 의해 R1은 2계층 옷을 갈아입히는데, 이때 출발지 MAC 주소와 목적지 MAC 주소는 다음과 같이 바뀝니다. 즉 프레임이 11.1.1.0 /24 네트워크를 통과할 때는 ① 1111.1111.abcd와 0101.0101.abcd였지만, 11.1.2.0 /24 네트워크를 통과할 때는 ② 0000.0cde.abcd와 0000.0c07.4320으로 바뀝니다.

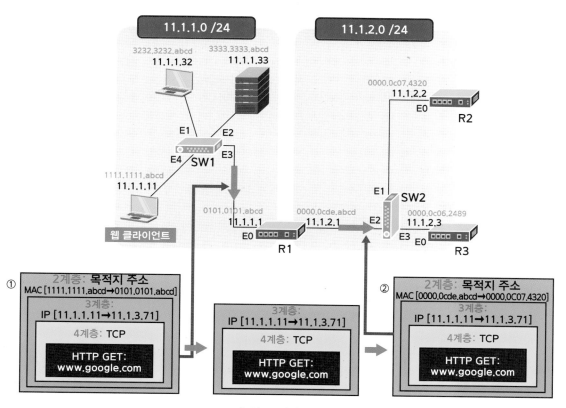

[그림 6-20] 라우터는 2계층 옷을 갈아입힌다.

R1의 라우팅, 프레임 리라이트, 증폭을 거쳐 SW2에게 프레임을 보냅니다.

● SW2의 동작

스위치는 수신한 프레임의 ① 목적지 MAC 주소를 스위칭 테이블에서 찾아 해당 포트인 ② E1로 스위칭합니다. SW2의 스위칭과 증폭에 의해 패킷은 R2에 도착합니다.

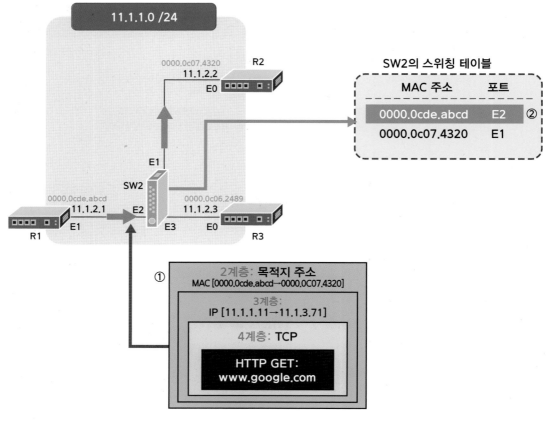

[그림 6-21] 스위치는 스위칭과 증폭을 한다.

마지막 네트워크의 동작도 두 번째 네트워크와 유사합니다.

● R2의 동작

프레임을 수신한 R2는 제일 먼저 2계층 헤더를 버리고, 라우팅을 위해 목적지 IP 주소가 라우팅 테이블에 있는지 봅니다. 목적지 IP 주소가 11.1.3.71이므로 ①번 정보에 포함됩니다. R2는 이 패킷을 E1 포트로 라우팅할 것입니다. 다음으로 R2는 프레임 리라이트를 위해 최종 목적지 IP 주소에 해당하는 MAC 주소를 알아야 하고, 이를 해결하기 위해 ARP 리퀘스트를 보냅니다. SW3은 이 ARP 리퀘스트 프레임을 수신하여 R2의 MAC 주소인 0000.0c11.df77과 수신 포트인 E2를 맵핑하는 방법으로 ② 스위칭 테이블을 만듭니다. 웹 서버는 ARP 리퀘스트 프레임을 수신하여 R2의 IP 주소인 11.1.3.1과 MAC 주소인 0000.0c11.df77을 맵핑한 ③ ARP 테이블을 만듭니다.

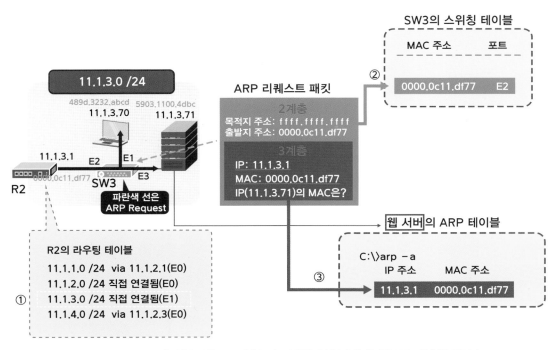

[그림 6-22] ARP 리퀘스트는 스위칭 테이블과 웹 서버의 ARP 테이블을 만든다.

웹 서버는 자신의 MAC 주소를 포함하는 ARP 리플라이를 보냅니다. SW3은 이 ARP 리플라이 프레임을 수신하여 웹 서버의 MAC 주소인 5903.1100.4dbc를 수신 포트인 E3과 맵핑하여 ① 스위칭 테이블을 만듭니다. R2는 ARP 리플라이 프레임을 수신하여 웹 서버의 IP 주소인 11.1.3.71과 MAC 주소인 5903.1100.4dbc를 맵핑한 ② ARP 테이블을 만듭니다.

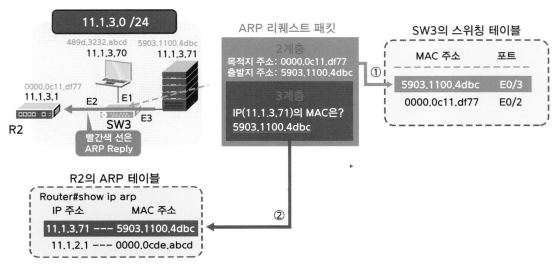

[그림 6-23] ARP 리플라이는 스위칭 테이블과 R2의 ARP 테이블을 만든다.

ARP에 의해 R2는 2계층 옷을 갈아입히고 출발지 MAC 주소와 목적지 MAC 주소는 다음과 같이 바뀝니다. 즉 프레임이 11.1.2.0 /24 네트워크를 통과할 때는 ① 0000.0cde.abcd와 0000.0c07.4320이었지만, 11.1.3.0 /24 네트워크를 통과할 때는 ② 0000.0c11.df77과 5903.1100.4dbc로 바뀝니다.

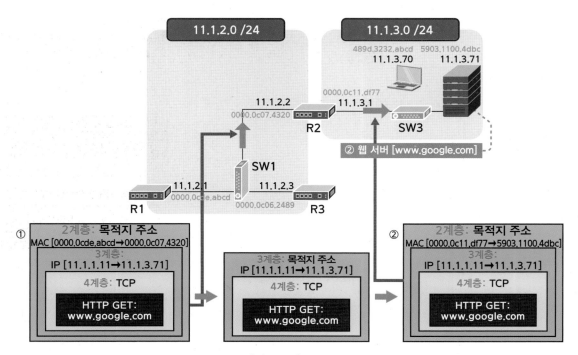

[그림 6-24] 라우터는 2계층 옷을 갈아입힌다.

● SW3의 동작

R2가 보낸 프레임은 SW3에 도착하여 스위칭을 위해 목적지 MAC 주소가 스위칭 테이블에 있는지를 봅니다. 이 프레임은 ① 스위칭 테이블에서 지시하는 대로 E3 포트로 스위칭됩니다. SW3의 스위칭과 증폭에 의해 프레임은 최종 목적지인 웹 서버에 도착합니다.

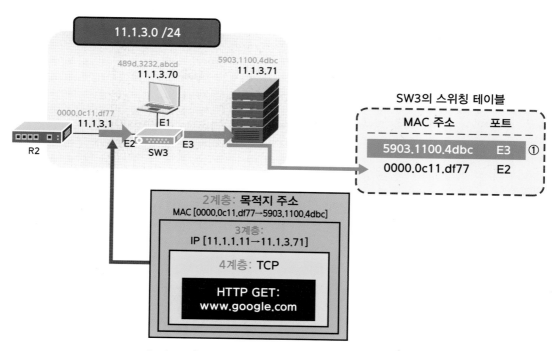

[그림 6-25] 프레임은 SW3의 스위칭과 증폭에 의해 최종 목적지인 웹 서버에 도착한다.

○ 웹 서버의 동작

최종 목적지인 웹 서버의 1계층(피지컬 계층)에 도착한 시그널은 이진 부호로 바뀐 후 2계층에서 목적지 MAC 주소를 보고 제대로 도착한 프레임인지 확인합니다. 엉뚱한 MAC 주소를 가진 프레임인 경우 폐기됩니다. 2계층 헤더의 타입(이더넷) 혹은 프로토콜 (PPP) 필드를 보고 3계층 프로토콜을 확인하고 2계층 헤더를 제거(디인캡슐레이션)한 후 ① 3계층의 (IP) 프로세스로 전달합니다. IP 프로세스는 프로토콜(IPv4) 혹은 넥스트 헤더(IPv6) 필드를 보고 4계층 프로토콜을 확인하고 3계층 헤더를 제거한 후 ② 4계층의 (TCP) 프로세스로 전달합니다. TCP 프로세스는 도착한 세그먼트에 대해 ACK를 출발지 장치에게 보내 성공적으로 전송되었다고 알려줍니다. 또한 세그먼트를 순서대로 조립합니다. TCP 프로세스는 목적지 포트를 보고 애플리케이션 프로토콜을 확인하고 4계층 헤더를 제거한 후 ③ 애플리케이션 계층(HTTP) 프로세스로 전달합니다. HTTP는 클라이언트가 요청한 파일을 HTTP 200 메시지에 담아 보냅니다. HTTP 200 메시지는 지금까지 설명한 것과 같은 프로세스를 거쳐 클라이언트 PC에게 전달됩니다. 이를 통해 클라이언트 PC는 www.google.com의 홈페이지를 볼 수 있습니다.

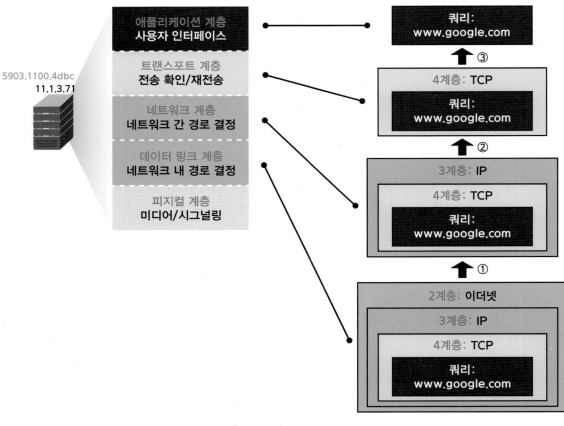

[그림 6-26] 웹 서버에서는 보텀업 프로세스가 일어난다.

 요·약·하·기

- 출발지 장치에서는 4계층-3계층-2계층 헤더를 씌우는 인캡슐레이션 과정이 발생하고, 목적지 장치에서
  는 2계층-3계층-4계층 헤더를 제거하는 디인캡슐레이션 과정이 일어난다. 인캡슐레이션 과정에서 DNS와
  ARP 트랜잭션이 필요하다.

- **ARP:** 3계층 주소를 알고 2계층 주소를 모를 때 이 문제를 해결하기 위해 ARP 리퀘스트(브로드캐스트)와 리
  플라이(유니캐스트)를 교환한다.

- **DNS:** 도메인 네임을 알고 3계층 주소를 모를 때 이 문제를 해결하기 위해 DNS 쿼리와 앤서 메시지를 교환한다.
  DNS 메시지도 2계층 헤더가 필요하므로 DNS 메시지를 교환하기 전에 ARP 리퀘스트/리플라이를 교환해야 한다.

- **3계층 & 2계층 주소:** 3계층 출발지/목적지 주소는 최초 출발지와 최종 목적지 장치의 주소이지만, 2계층 주
  소는 네트워크를 통과할 때마다 변경된다. 네트워크 내의 2계층 목적지 주소를 알기 위해 패킷이 네트워크를
  통과할 때마다 ARP 리퀘스트와 리플라이 패킷이 교환된다.

- **라우팅 테이블과 스위칭 테이블:** 스위치는 수신한 프레임의 출발지 주소를 보고 스위칭 테이블을 만든다. 라
  우터는 라우팅 프로토콜을 설정하면 직접 연결된 네트워크 정보를 교환하여 라우팅 테이블을 만든다.

- 스위치를 통과할 때는 스위칭과 증폭이, 라우터를 통과할 때는 라우팅, 프레임 리라이트, 증폭이 일어난다.

Chapter 7 : 벌써, 네트워크 구성도를 그릴 수 있다고?

네트워크 구조를 결정하는 가장 쉬운 방법은 무엇일까요?
시행착오를 거쳐 만들어진 네트워크 토폴로지 모델을 활용하면 네트워크의 구조를 파악하기
용이하고 네트워크 구조를 설계하기가 쉽습니다.

LESSON 25 : LAN의 구조

네트워크 토폴로지(구성, 구조)를 결정할 때 창의성을 발휘하기보다 오랫동안 시행
착오를 거쳐 만들어진 모델을 참조하면 좀 더 쉽게 안정된 네트워크 토폴로지를 이끌
어낼 수 있습니다.

● LAN과 WAN

LAN(Local Area Network)은 본사나 지사 또는 학교 등 한정적인 영역을 연결하는
네트워크이지만, WAN(Wide Area Network)은 서울 본사와 부산 지사를 연결하는 것
처럼 먼 거리를 연결하는 네트워크입니다. 여기에는 다음과 같은 추가적인 의미도 있
습니다. 즉 LAN은 가까운 영역을 연결하기 때문에 직접 구축할 수 있는 네트워크입니
다. 하지만 WAN은 먼 거리를 연결해야 하기 때문에 도저히 직접 구축할 수 없으며,
케이블을 포설할 수 있는 허가도 나지 않습니다. 따라서 WAN을 연결하려면 KT나 LG
유플러스와 같이 서비스 제공업자의 회선을 임대해야 합니다.

● 티어드 3 레이어 모델 ....

LAN 설계를 위해 적용하는 모델이 티어드 3 레이어 모델(Tiered 3 Layer Model)입니다. 티어드 3 레이어 모델은 [표 7-1]과 같이 '코어(Core) 레이어', '디스트리뷰션(Distribution) 레이어', '액세스(Access) 레이어'로 구성됩니다. 일반적으로 액세스 레이어에 PC, IP 폰, 서버와 같은 단말들이 연결되는데, 단말들이 있는 층이라면 최소 1대의 액세스 레이어 장치를 볼 수 있습니다. 왜냐하면 UTP 케이블은 싸고 쉽게 취급할 수 있어서 많이 사용되지만, 100m라는 거리 한계 때문에 연결할 장치가 가까운 거리에 있어야 하기 때문입니다. 먼 거리를 연결할 수 있는 광 케이블을 사용한다면 이 규칙을 따르지 않을 수 있습니다.

일반적으로 액세스 레이어 장치는 스위치입니다. 디스트리뷰션 레이어 장치에는 액세스 레이어 장치가 연결되고, 디스트리뷰션 레이어 장치는 건물마다 최소 1대 정도는 배치합니다. 코어 레이어 장치에는 디스트리뷰션 계층 장치를 연결합니다. 코어 레이어와 디스트리뷰션 레이어, 액세스 레이어에는 보통 스위치와 라우터, 스위치를 각각 배치합니다. 그 이유는 Lesson 27에서 설명합니다.

계층(레이어)	정의	장치	대략적인 위치
코어	디스트리뷰션 계층 장치가 연결	스위치	조직마다 1대 (생략 가능)
디스트리뷰션	액세스 계층 장치가 연결	라우터	각 건물마다 최소 1대
액세스	단말들이 연결	스위치	각 층마다 최소 1대

[표 7-1] 티어드 3 레이어 모델의 구성

[그림 7-1]은 [표 7-1]에서 설명한 티어드 3 레이어 모델로 그린 네트워크 토폴로지입니다. 각 층마다 ① 액세스 레이어 스위치를 1대씩 배치했고, 각 건물마다 ② 디스트리뷰션 레이어 라우터를 배치했습니다. 또한 디스트리뷰션 레이어 라우터들을 연결하는 ③ 코어 레이어 스위치도 배치했고, 그 외에는 인터넷 접속을 위해 ④ 인터넷 접속 라우터가 추가로 필요합니다. 인터넷 접속을 위해 인터넷 접속 라우터는 KT, LG 유플러스와 같은 ⑤ 인터넷 서비스 프로바이더(ISP; Internet Servive Provider)의 라우터에 연결됩니다. 인터넷 접속 회선도 WAN에 속합니다.

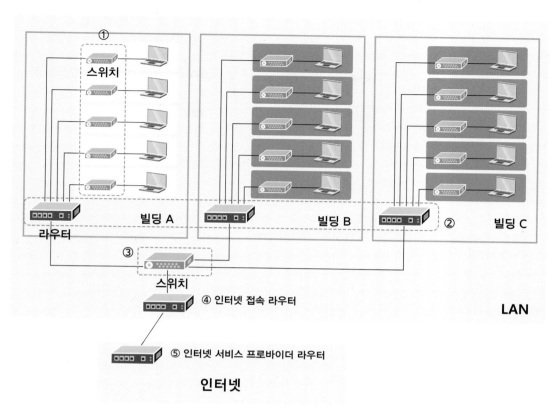

[그림 7-1] 티어드 3 레이어 모델을 따라 그려진 LAN 토폴로지

● 인터넷은 여러 AS의 연결이다

인터넷은 AS(Autonomous System)들의 연결이라고 할 수 있습니다. 우리 회사/학교 네트워크 전체가 하나의 AS로, ISP AS와 고객 AS로 나뉩니다. 여기서 ISP는 인터넷 서비스를 제공하는 사업자입니다.

AS는 ISP AS와 (ISP의) 고객 AS로 나뉜다.

우리나라에는 KT, LG유플러스, SK브로드밴드, 미국에는 AT&T, 일본에는 NTT, 중국에는 차이나텔레콤과 같은 ISP들이 있습니다. 전 세계의 ① ISP AS들은 해저 케이블 등을 통해 직접 또는 간접적으로 연결되어 있습니다. ISP AS에는 인터넷 접속을 원하는 ② 고객 AS가 연결되는데, 당연히 우리 학교나 회사는 고객 AS에 속합니다. ISP AS와 고객 AS와 같은 AS들을 연결한 것이 인터넷입니다.

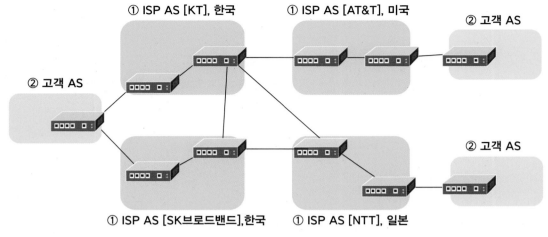

[그림 7-2] 인터넷은 여러 AS의 연결이다.

● 티어드 2 레이어 모델

[그림 7-3]을 [그림 7-2]와 비교해 볼까요? [그림 7-3]은 코어 레이어를 생략했는데, 이러한 모델을 '티어드 2 레이어 모델'이라고 합니다. 코어 레이어 장치를 생략한 대신, 특정 ① 디스트리뷰션 계층 장치가 코어 레이어의 역할도 수행해야 합니다.

티어드 2 레이어 모델의 가장 큰 장점은 백본 장치인 코어 레이어 스위치를 생략해서 비용을 줄일 수 있다는 것입니다. 백본 장치는 우리 회사에서 가장 많은 트래픽을 처리하는 장치입니다. 백본 장치의 성능은 가장 뛰어나야 하기 때문에 가장 비싼 장치입니다. 그렇다면 티어드 2 레이어 모델의 단점은 무엇일까요? 티어드 3 레이어 모델에서 디스트리뷰션 계층 장치와 코어 계층 장치로 나뉘어졌던 기능을 1대의 ① 디스트리뷰션 계층 장치가 수행해야 합니다. 이 경우 이 ① 디스트리뷰션 계층 장치는 보틀넥 포인트가 될 수 있습니다. 또한 이 장치의 영향력이 높아졌기 때문에 기능이 분산되었을 때보다 리스크(Risk)가 증가했다고 볼 수 있습니다. 즉 비용보다 안정성과 성능이 중요한 사이트는 티어드 3 레이어 모델을, 안정성이나 성능보다 비용이 중요한 사이트는 티어드 2 레이어 모델을 선호합니다.

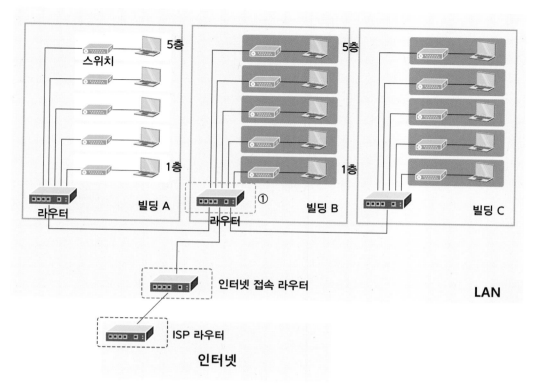

[그림 7-3] 코어 레이어를 생략한 티어드 2 레이어 모델

LESSON 26 : WAN의 구조

WAN 토폴로지를 결정할 때 허브 앤 스포크(Hub & Spoke), 풀 메시(Full Mesh), 파샬 메시(Partial Mesh) 모델을 활용합니다.

● 허브 앤 스포크 모델

허브 앤 스포크 모델은 서울 본사에 모든 지사들이 연결되지만, 지사들끼리는 연결되지 않기 때문에 ①번 회선이 다운되면 마우이 지사는 고립됩니다. 이 모델은 본사와 지사들은 백업 루트를 갖지 못하기 때문에 가용성이 낮은 구성입니다. 여기서 가용성은 24시간, 365일 네트워크를 계속 쓸 수 있는 특성을 말합니다. 대신 최소한의 회선만 필요하므로 회선 비용을 최소화할 수 있습니다.

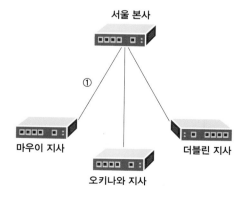

[그림 7-4] 허브 앤 스포크 모델

● 풀 메시 모델

풀 메시 모델은 본사와 지사들을 직접 연결하는 모델로, 허브 앤 스포크 모델과 정반대되는 특징을 갖습니다. 지사들끼리도 직접 연결하기 때문에 ①번 회선이 다운되어도 ②번과 ③번 회선을 사용할 수 있어서 지사는 고립되기 어렵습니다. 풀 메시 모델보다 많은 백업 루트를 가질 수는 없기 때문에 가용성이 가장 높은 구성입니다. 대신 많은 회선이 필요하므로 회선 비용이 가장 높습니다.

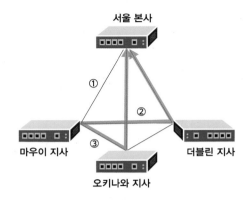

[그림 7-5] 풀 메시 모델

● 파샬 메시 모델

파샬 메시 모델은 허브 앤 스포크 모델과 풀 메시 모델의 중간 정도의 특징을 가집니다. 마우이 지사와 오키나와 지사는 서로 연결되어 백업 루트를 갖지만, 더블린 지사는 어떤 백업 루트도 갖지 못합니다. 따라서 가용성은 허브 앤 스포크 모델보다 우수하지만, 풀 메시 모델보다는 열악합니다. 비용은 풀 메시 모델보다 덜 들지만, 허브 앤 스포크 모델보다는 더 듭니다.

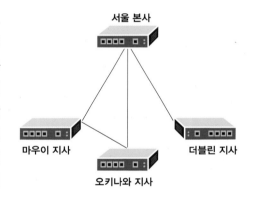

[그림 7-6] 파샬 메시 모델

● 세 가지 WAN 모델 중에서 무엇을 선택해야 하나?

세 가지 WAN 모델을 비교하는 [표 7-2]를 봅시다. 우리 회사는 WAN 모델 중 어떤 모델을 적용해야 할까요? 가용성이란, 네트워크를 계속 이용할 수 있는 특성을 말합니다. 즉 가용성이 좋다는 것은 백업 루트들이 다양함을 의미합니다. '우리 회사는 비용이 중요한 것이 아니다. 모든 네트워크는 절대 다운되면 안 된다.'고 한다면 풀 메시 모델을 적용해야 합니다. 반대로 '우리 회사는 연결해야 할 지사들이 너무 많다. 이들을 직접 연결한다면 회선 비용이 어마어마할 것이다. 또한 어쩌다가 회선이 다운되어도 수리할 때까지 기다릴 수 있다.'면 허브 앤 스포크 모델을 선택하면 됩니다. 마지막으로 '우리 회사는 일부 지사들은 중요하므로 다운되면 안 되지만, 다른 지사들은 중요한 데이터를 교환하지 않을 뿐만 아니라 회선 장애가 일어나도 수리 시간을 기다릴 수 있다.'면 파샬 메시 모델을 적용하면 됩니다.

토폴로지 모델	비용	가용성
허브 앤 스포크	낮음	나쁨
풀 메시	높음	좋음
파샬 메시	중간	중간

[표 7-2] WAN 토폴로지 모델의 비교

LESSON 27 : 네트워크 장치 배치하기

티어드 3 레이어 모델에서 일반적으로 코어 레이어와 액세스 레이어에는 스위치를, 디스트리뷰션 레이어에는 라우터를 배치합니다. 그 이유는 무엇일까요?

● 코어와 액세스 레이어에 스위치를 배치하는 이유

코어-디스트리뷰션-액세스 레이어에 반드시 스위치-라우터-스위치를 배치할 필요는 없습니다. 라우터나 스위치는 모두 스위칭 기능을 제공하기 때문에 임의대로 배치해도 통신은 가능합니다. 즉 라우터-라우터-라우터, 라우터-스위치-라우터, 라우터-라우터-스위치와 같은 다양한 배치가 가능한데, 왜 스위치-라우터-스위치 배치를 선호할까요? 스위치는 2계층 장치이고, 라우터는 3계층 장치입니다. 2계층 장치는 2계층 이하의 기능을, 3계층 장치는 3계층 이하의 기능을 수행합니다. 즉 [표 7-3]과 같이 스위치의 경우 2계층에서는 스위칭을, 1계층에서는 약해진 신호를 증폭시킵니다. 라우터의 경우 3계층에서는 라우팅을, 2계층에서는 프레임 리라이트를, 1계층에서는 증폭 기능을 제공합니다.

만약 라우터와 스위치의 하드웨어 성능이 같다면, 어떤 장치의 스위칭 속도가 더 빠를까요? 또한 어떤 장치의 가격이 더 저렴할까요? 스위치는 라우터보다 낮은 계층의 장치이므로 수행하는 기능이 훨씬 적습니다. 따라서, 일반적으로 스위치의 가격이 훨씬 저렴하고, 프레임 처리 속도가 더 빠르므로 코어 계층과 액세스 계층에 스위치를 배치하는 이유는 명확합니다. 즉 스위치가 라우터보다 싸고 빨라서 더 효율적인 장치이기 때문입니다.

구간	스위치	라우터	비고
프로세스	2계층 + 1계층	3계층 + 2계층 + 1계층	–
처리 속도	더 빠름	더 느림	성능이 같은 하드웨어일 때
구입 비용	더 낮음	더 높음	

[표 7-3] 스위치와 라우터의 비교

● 디스트리뷰션 레이어에 라우터를 배치하는 이유 ·····················

자! 그렇다면 디스트리뷰션 레이어에 느리고 비싼 장치인 라우터를 배치하는 첫 번째 이유는 무엇일까요? 프로토콜은 유니캐스트와 더불어 브로드캐스트를 활용하여 정보를 교환합니다. 유니캐스트 패킷은 한 장치에게 보내지기 때문에 한 장치의 CPU가 돌아가게 합니다. 반면 브로드캐스트 주소로 보내진 패킷은 모든 장치들이 처리해야 하기 때문에 모든 장치들의 CPU를 돌립니다. 네트워크의 성능을 거론할 때는 흔히 다운로드 시간을 활용합니다.

[표 7-4]를 보세요. 트래픽의 다운로드 시간을 단축시키려면 트래픽이 선뿐만 아니라 장치도 빨리 통과해야 합니다. 선의 성능을 나타내는 지표가 밴드위스입니다. 그러나 밴드위스가 아무리 넓어도 100% 사용되고 있다면 트래픽은 선을 통과할 수 없습니다. 즉 밴드위스는 넓고, 밴드위스 유틸라이제이션(Utilization, 사용률)은 낮아야 합니다. 또한 트래픽은 장치도 빨리 통과해야 합니다. 여기서 장치란, 트래픽을 보내는 PC나 서버를 포함하여 트래픽이 통과하는 스위치와 라우터를 말합니다. 장치의 성능을 결정하는 것은 CPU와 메모리이지만, CPU/메모리가 아무리 우수해도 유틸라이제이션이 100%라면 장치를 통과할 수 없습니다. 즉 밴드위스와 CPU, 메모리의 유틸라이제이션을 낮은 상태로 유지해야 원하는 네트워크 성능을 유지할 수 있습니다.

구간	성능 지표
선	밴드위스, 밴드위스의 유틸라이제이션
장치	CPU/메모리, CPU/메모리의 유틸라이제이션

[표 7-4] 다운로드 시간을 결정하는 네트워크의 성능 지표

싸고 빠른 장치라는 이유로 [그림 7-7]과 같이 디스트리뷰션 레이어에 마저 스위치를 배치하면 어떻게 될까요? 스위치는 브로드캐스트 프레임을 차단하지 못합니다. 즉 스위치는 브로드캐스트 도메인을 분할하지 못하기 때문에 본사의 모든 장치들이 하나의 브로드캐스트 도메인 안에 들어갑니다. 네트워크에 적용되는 프로토콜들은 유니캐스트뿐만 아니라 브로드캐스트를 활용합니다. 유니캐스트 주소로 보낸 프레임은 한 장치의 CPU를 돌리는 반면, 브로드캐스트 주소로 보낸 프레임은 모든 장치들의 CPU를 돌립니다. 브로드캐스트 도메인이 너무 넓으면 장치들이 브로드캐스트를 수신하는 빈도가 높아지는데, 이것은 장치들의 CPU 부하를 올릴 것입니다. 즉 스위치나 라우터와 같은 네트워크 장치뿐만 아니라 응답을 보내야 하는 서버나 받은 응답을 처리해야 하는 클라이언트 PC까지 모든 장치들의 CPU 유틸라이제이션이 높은 상태를 유지합니다. 장치의 CPU 유틸라이제이션이 상승하면 장치들은 트래픽을 적절할 때 처리할 수 없으므로 네트워크의 성능은 낮아집니다. 브로드캐스트를 위한 대략적인 성능 관리 지표가 있습니다. 즉 일반적으로 밴드위스에서 브로드캐스트가 차지하는 비중은 10%가 넘지 않아야 합니다.

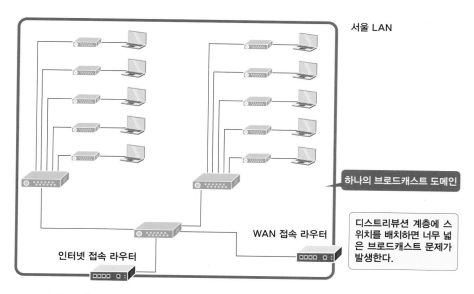

[그림 7-7] 디스트리뷰션 계층에 스위치를 배치한 경우 너무 넓은 브로드캐스트 문제가 발생한다.

라우터는 브로드캐스트 도메인을 나눕니다. [그림 7-8]과 같이 티어드 3 레이어의 중간 계층인 디스트리뷰션 레이어에 라우터를 두면 5개의 브로드캐스트 도메인으로 분할됩니다. 즉 브로드캐스트 패킷의 이동 범위를 좁혀서 여러 장치들의 브로드캐스트 수신 빈도를 낮출 수 있습니다.

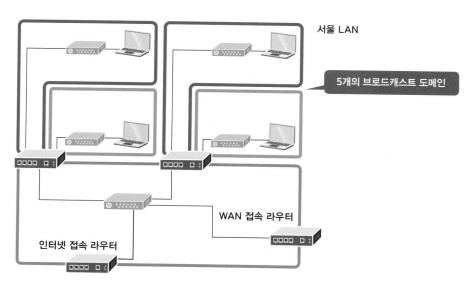

[그림 7-8] 디스트리뷰션 레이어에 라우터를 배치하여 브로드캐스트로 인한 성능 저하를 해결한다.

스위치 대신 라우터를 배치하는 두 번째 이유는 라우터가 하이어라키를 갖는 IP 주소로 라우팅 테이블을 만들기 때문입니다. 이를 통해 라우터는 스위치보다 짧은 라우팅 테이블을 보유할 수 있고, 라우팅 속도를 개선합니다. 라우터를 배치하면 스위치의 스위칭 테이블의 길이도 줄일 수 있습니다. 왜냐하면 라우터는 네트워크를 분할하며, 스위칭 테이블에는 다른 네트워크의 MAC 주소는 올라올 수 없기 때문입니다.

LESSON 28 : 밴드위스

네트워크를 설계할 경우 다음의 네 가지 작업을 해야 합니다. 첫째, 토폴로지 결정, 둘째, 장치 배치, 셋째, LAN과 WAN의 밴드위스 산정, 넷째, 프로토콜 선정입니다. 지금까지 첫째와 둘째 주제를 다루었는데, 이번에는 LAN과 WAN의 밴드위스를 산정해 보겠습니다.

● LAN 밴드위스

모든 사이트에서 트래픽의 패턴은 거의 비슷합니다. 즉 [그림 7-9]와 같이 내 컴퓨터에서 시작한 트래픽은 각 층의 액세스 레이어 스위치를 거쳐서 디스트리뷰션 레이어 라우터를 거치고, 다시 코어 레이어 스위치를 거쳐 ① 데이터센터(전산센터)의 서버로 향하거나 ② 인터넷을 향합니다.

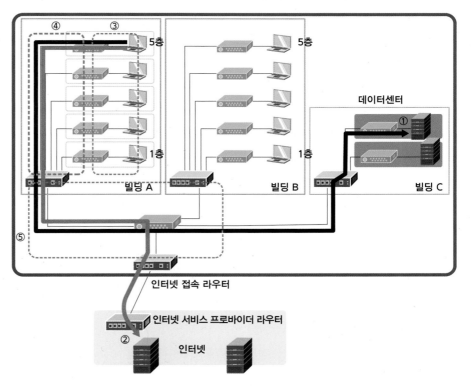

[그림 7-9] 일반적인 트래픽 패턴

이 2개의 트래픽 패턴이 밴드위스에서 차지하는 비중이 매우 크기 때문에 LAN에서는 다음과 같은 구간이 생깁니다.

- **시냇물 구간**(③번 구간): 단말과 액세스 레이어 스위치 사이의 구간. 트래픽이 시작되는 곳이므로 '시냇물 구간'이라고 합니다.

- **강 구간**(④번 구간): 액세스 레이어 스위치와 디스트리뷰션 레이어 라우터 사이의 구간. 시냇물이 합쳐진 곳이므로 '강물 구간'이라고 합니다.

- **바다 구간**(⑤번 구간): 디스트리뷰션 레이어 라우터와 코어 레이어 스위치 사이의 구간(코어 레이어 스위치에 연결된 모든 선). 강물이 합쳐진 곳이므로 '바다 구간'이라고 합니다.

이더넷이 제공하는 물리적인 속도는 10Mbps, 100Mbps, 1Gbps(1,000Mbps), 10Gbps, 100Gbps, 200Gbps, 400Gbps인데, 조만간 1Tbps(1,000Gbps)의 속도도 기대됩니다. 시냇물 구간에 100Mbps를 할당했다면, 강물 구간은 그보다 높은 밴드위스인 1Gbps를, 강물 구간에 1Gbps를 할당했다면 바다 구간은 그보다 높은 밴드위스인 10Gbps를 할당할 수 있습니다.

그렇다면 산정된 밴드위스의 적정성은 누가 판단할까요? 바로 네트워크 사용자입니다. 네트워크 관리자는 사용자와 소통하며 사용자가 만족하는 적정한 밴드위스를 지속적으로 찾아내야 합니다. 예를 들어 [그림 7-8]에서 빌딩 A의 5층 사용자들에게 속도에 대한 불만이 있다면, 빌딩 A의 5층 사용자들이 보낸 트래픽이 공통적으로 통과하는 구간에 문제가 있을 것입니다. 그 구간은 빌딩 A의 5층 스위치와 빌딩 A의 라우터를 연결하는 링크입니다. 즉 이 구간의 밴드위스 사용률이 너무 높을 것입니다. 이 구간에 1Gbps 속도를 적용했다면, 10Gbps의 속도로 변경할 필요가 있습니다. 예를 하나 더 들어볼까요? 빌딩 A의 모든 사용자들에게 속도에 대한 불만이 있다면, 빌딩 A의 라우터와 코어 레이어 스위치 간의 구간을 의심해볼 수 있습니다. 아마도 이 구간의 밴드위스 사용률이 너무 높을 것입니다. 이 구간에 10Gbps 속도를 적용했다면, 100Gbps로 업그레이드할 필요가 있습니다. 이 경우 밴드위스는 한꺼번에 10배나 증가하게 되는데, 대신 2~8개의 링크를 묶을 수 있는 이더채널(EtherChannel)이란 솔루션을 적용할 수도 있습니다.

● WAN 밴드위스

네트워크에서 밴드위스 부족 현상이 발생하면 어떤 문제가 발생할까요? [그림 7-10]을 봅시다. 라우터는 인터페이스마다 2개의 메모리, 즉 인풋 큐 메모리(Input Queue Memory)와 아웃풋 큐 메모리(Output Queue Memory)를 갖습니다. 현재 패킷이 서울 본사 라우터에서 도쿄 지사 라우터 방향으로 이동하고 있습니다. 서울 본사 라우터의 왼쪽 (E0) 인터페이스에 도착한 패킷은 왼쪽 인터페이스의 ① 인풋 큐 메모리에서 대기했다가 ② 메인 메모리에서 호출하면 메인 메모리로 이동합니다. 메인 메모리에서 라우팅 테이블과 ARP 테이블을 참조하여 라우팅과 프레임 리라이트 과정을 거칩니다. 라우팅 테이블에서 가르키는 아웃바운드 인터페이스의 ③ 아웃풋 큐 메모리로 이동한 패킷은 밴드위스에 실려 전송됩니다. 그러나 밴드위스를 100% 사용하고 있다면, 전송할 수 없기 때문에 아웃풋 큐 메모리에 쌓이는 패킷 수는 점점 늘어날 것입니다. 아웃풋 큐 메모리마저 차면 큐 메모리에 저장되지 못한 패킷들은 버려지는데, 이를 '컨제스천(Congestion)' 또는 '보틀넥(Bottlenect)' 또는 '큐 드롭(Queue Drop)'이라고 합니다. 그러면 이 문제는 누가 해결할까요? 바로 TCP입니다. TCP는 세그먼트를 보내고 ACK 세그먼트를 통해 성공적으로 전송된 것을 확인하는데, 컨제스천이 발생하여 패킷이 유실되면 ACK 세그먼트를 받지 못한 송신 장치는 일정 시간이 지난 후 재전송합니다. 그러나 이 경우 TCP는 한 번만에 전송하지 못했기 때문에 결과적으로 지연(Delay)이 발생됩니다. UDP로 보낸 패킷인 경우 ACK 메커니즘이 없어서 패킷이 그냥 유실(Loss)됩니다. 즉 컨제스천이 발생하면 패킷은 지연되거나 유실됩니다.

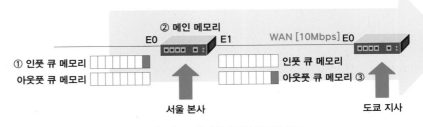

[그림 7-10] 라우터 내부의 패킷 이동

WAN 밴드위스를 결정할 때 사용하는 대략적인 기준이 있습니다. 즉 '평균 유틸라이제이션이 70%를 넘지 않도록 해야 한다.'입니다.

밴드위스 유틸라이제이션

[그림 7-11] WAN 밴드위스의 평균 유틸라이제이션은 70%를 넘지 않아야 한다.

하지만 다음과 같은 이유 때문에 이러한 수치를 너무 맹신하면 안 됩니다. [그림 7–11]과 [그림 7–12]는 모두 평균 유틸라이제이션이 70%를 넘지 않지만, [그림 7–12]의 경우에는 문제가 됩니다. 즉 ①과 ② 구간은 밴드위스 유틸라이제이션이 70%를 넘어서서 100%에 이르고 있습니다. 밴드위스가 남지 않으면 라우터는 전송할 수 없으므로 패킷은 아웃풋 큐 메모리에 쌓이고, 아웃풋 큐 메모리마저 모두 차면 패킷들은 버려집니다. 즉 컨제스천이 발생하고, 패킷은 지연되거나 유실됩니다. 이와 같이 사용자가 지연과 유실로 인해 네트워크 속도에 대해 불만인 경우에는 WAN 밴드위스의 성능 관리 기준으로 평균 유틸라이제이션 70%를 적용하면 안 됩니다. 따라서 회사의 트래픽 양상에 맞는 기준을 새로 마련할 필요가 있습니다. 결론적으로 네트워크 성능의 기준을 결정하는 사람은 네트워크 전문가가 아니라 네트워크 사용자입니다. 네트워크 사용자들과 소통하면서 각 사이트에 적정한 수준의 새 관리 지표를 찾아내는 것이 네트워크 관리자의 임무입니다.

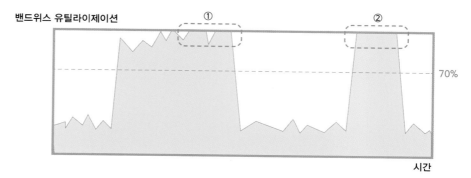

[그림 7-12] 평균 유틸라이제이션이 70%여도 문제가 될 수 있다.

LESSON 29 : 네트워크 토폴로지 구성 연습

이제까지 배운 것을 바탕으로 다음 조건에 맞도록 네트워크 구성도를 그려봅시다.

● 조건

조건은 다음과 같습니다.

❶ [그림 7-13]과 같이 서울 본사는 5층 건물-2개동으로 구성되고, 도쿄 지사와 베이징 지사는 3층 건물-1개동으로 구성됩니다.

❷ 본사와 지사들 간은 허브 앤 스포크 토폴로지 모델을 적용해야 합니다.

❸ 인터넷 접속은 보안을 위해 서울 본사에서만 가능합니다.

❹ 각 LAN은 티어드 3 레이어 모델을 따라야 합니다. 즉 액세스 레이어 스위치는 각 층마다 1대씩, 디스트리뷰션 레이어 라우터는 각 건물마다 1대씩 두고, 코어 레이어 스위치는 본사에만 필요합니다.

❺ 각 본사와 지사에서 필요한 레이어별 장치 수를 계산하고, 토폴로지를 그려야 합니다.

❻ 밴드위스를 적정하게 계산해야 합니다.

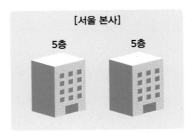

[그림 7-13] 본사와 지사의 건물들

● 해답

필요한 장치 수와 네트워크 구성도, 그리고 밴드위스 산정 결과는 다음과 같습니다.

● 장치 수

서울 본사에서 필요한 장치 수는 [표 7-5]와 같습니다. 액세스 계층 장치는 층별로 배치하므로 층 수와 같습니다. 디스트리뷰션 계층 장치는 건물별로 배치하므로 건물 수와 같고, 코어 계층 장치는 1대가 필요합니다. 이 밖에도 서울 본사에는 WAN 접속 라우터와 인터넷 접속 라우터가 별도로 필요합니다.

구분	배치 장치	필요한 장비 수
액세스 계층	스위치	5층 × 2동 = 10대
디스트리뷰션 계층	라우터	2동 = 2대
코어 계층	스위치	1대
기타	WAN 접속 라우터	1대
	인터넷 접속 라우터	1대

[표 7-5] 서울 본사에서 필요한 장치 수

도쿄 지사와 베이징 지사에서 필요한 장치 수는 [표 7-6]과 같이 동일합니다.

구분	배치 장비	필요한 장비 수
액세스 계층	스위치	3층×1동=3대
디스트리뷰션 계층	라우터	1동 = 1대
기타	WAN 접속 라우터	디스트리뷰션 계층 라우터를 WAN 접속 라우터 겸용으로 사용

[표 7-6] 도쿄와 베이징 지사에서 필요한 장치 수

● 네트워크 구성도

[그림 7-14]와 같습니다. 서울 본사, 도쿄 지사와 베이징 지사 LAN은 티어드 3 레이어 모델을 따라 구성합니다. 도쿄 지사와 베이징 지사는 하나의 건물로 구성되므로 건물을 연결하는 코어 레이어는 생략됩니다. 또한 서울 LAN과 도쿄 LAN을 연결하는 것이 WAN이고, 허브 앤 스포크 모델을 따라 지사들은 본사와만 연결되어야 합니다. 서울 본사에서만 인터넷 접속이 가능해야 하므로 인터넷 접속 라우터는 서울 본사에만 배치됩니다.

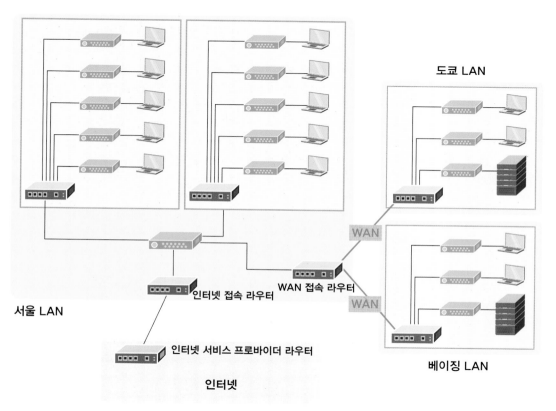

[그림 7-14] 네트워크 구성도

● 밴드위스 산정

밴드위스 산정 결과는 [표 7-7]과 같습니다. 시냇물 구간보다 강물 구간에 좀 더 높은 밴드위스를, 강물 구간보다 바다 구간에 좀 더 높은 밴드위스를 할당했습니다. WAN 구간의 밴드위스는 저자가 가정해서 할당했습니다. 즉 사용자가 불만스러워하지 않는 범위이자, 평균 유틸라이제이션 50%를 유지할 수 있는 밴드위스인 10Mbps를 할당했습니다.

구분		결과(밴드위스)
LAN	시냇물 구간	100Mbps 할당
	강물 구간	시냇물 구간보다 높은 속도인 1Gbps 할당
	바다 구간	강물 구간보다 높은 속도인 10Gbps 할당
WAN		여유량을 고려하여 10Mbps 할당

[표 7-7] 밴드위스 산정 결과

 요·약·하·기

- **LAN과 티어드 3 레이어 모델:** 액세스 레이어, 디스트리뷰션 레이어, 코어 레이어로 구성된다. 액세스 레이어 장치는 각 층별로 최소 1대씩 배치한다. 디스트리뷰션 레이어 장치는 각 건물마다 최소 1대씩 배치한다. 코어 레이어 장치는 사이트마다 1대씩 배치하되 생략할 수도 있다.

- **WAN과 세 가지 모델**
  - 허브 앤 스포크 모델은 비용이 100점인 대신 가용성이 0점
  - 풀 메시 모델은 비용이 0점인 대신 가용성이 100점
  - 파샬 메시 모델은 비용도 50점 가용성도 50점

- **네트워크 장치 배치:** 코어와 액세스 레이어에 스위치를 배치하는 이유는 스위치가 라우터보다 가격이 저렴하고 속도가 빠르기 때문이다. 그리고 디스트리뷰션 레이어에 라우터를 배치하는 이유는 첫째, 라우터가 브로드캐스트를 차단할 수 있기 때문이다. 둘째, 짧은 라우팅 테이블을 유지할 수 있기 때문이다.

- **밴드위스 산정**
  - **LAN:** 시냇물보다는 강물 구간에, 강물보다는 바다 구간에 좀 더 높은 밴드위스를 할당한다.
  - **WAN:** 일반적으로 평균 사용률이 70%를 넘지 않도록 한다. 네트워크 사용자의 의견을 반영하여 할당한다.

Part
2
Let's Start!

두 번째 단추

TCP/IP의 핵심

Part 1과 Part 2의 내용은 유사하지만, Part 1은 보다 기본적인 내용을 다루면서 개념을 잡는 과정이었다면, Part 2는 그 뼈대 위에 정밀하고 세부적인 내용의 살집을 채웁니다. Part 2도 Part 1에서 사용했던 것과 동일한 방법을 사용합니다. 즉 패킷이 만들어지고, 전달되고, 처리되는 순서를 따릅니다. 이 Part를 마칠 때, 여러분은 데이터 통신의 원리와 절차를 구체적으로 설명할 수 있을 것입니다.

Chapter 8 : 통신의 출발선, DNS와 HTTP

HTTP와 DNS의 역할은 무엇일까요?
HTTP는 통신의 출발 지점이자, 종착 지점입니다. HTTP 클라이언트는 원하는 응답을 설명하는 HTTP 리퀘스트를 보내고, HTTP 서버는 HTTP 클라이언트가 원하는 응답을 포함하는 HTTP 리스폰스를 보냅니다. DNS는 사용자가 입력한 URL 주소를 IP 주소로 바꿔줍니다.

LESSON 30 : URL

웹 클라이언트는 HTTP 리퀘스트 메시지를 보내 원하는 데이터가 무엇인지 웹 서버에게 알립니다. 패킷 여행은 사용자가 웹 브라우저의 주소 창에 URL(Uniform Resource Locator)을 입력하면서 시작됩니다. 사람들은 웹 브라우저의 주소 창에 입력하는 도메인 네임이나 IP 주소를 곧 인터넷 주소라고 생각하지만, 이것은 완전히 틀린 말도 아니고, 정확한 표현이라고도 할 수 없습니다. 왜냐하면 도메인 네임이나 IP 주소는 해당 인터넷 서비스를 제공하고 있는 컴퓨터의 위치를 나타내는 것으로, URL과 같이 컴퓨터와 컴퓨터 내부의 특정 정보 자원을 정확하게 가리키는 것은 아니기 때문입니다.

● URL의 형식과 다양한 URL의 예

URL의 형식은 [그림 8-1]과 같습니다.

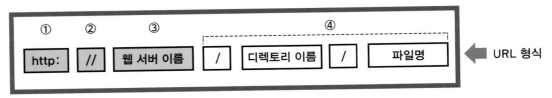

[그림 8-1] URL의 형식

[그림 8-1]의 URL 형식은 [표 8-1]과 같은 의미를 갖습니다.

항목	설명
①	서버에 접속할 때 사용할 프로토콜의 종류를 표시합니다.
②	다음에 서버 이름이 시작된다는 것을 표시합니다.
③	서버 이름(도메인 네임)
④	서버 내 데이터의 위치를 표시합니다.

[표 8-1] URL의 의미

[그림 8-2]의 URL ㉮를 보면, www.google.com 서버의 directory_b 디렉토리에 저장된 picture_name.gif 파일을 가리킵니다. URL ㉯를 보면, 디렉토리와 파일을 지정하지 않았는데, 이와 같은 URL을 포함하는 리퀘스트 메시지를 받은 경우를 위해 웹 서버는 어떤 파일을 사용할지를 지정해 두어야 합니다. 일반적으로 /default.html이나 /index.html과 같은 파일명을 사용하는데, 이들 파일명은 홈페이지를 가리킵니다.

[그림 8-2] URL의 예

브라우저 프로그램은 대부분 웹 클라이언트로 사용하지만, 사실은 메일이나 FTP 클라이언트 기능도 하는 복합적인 클라이언트 소프트웨어입니다. URL에서 웹 서버에 접속할 때는 http:로, FTP 서버에 접속할 때는 ftp:로, 메일 서버에 접속할 때는 mailto:로 시작합니다.

프로토콜	예	설명
HTTP	http://username:password@www.testsite.com/dir/gile.htm	HTTP 프로토콜로 웹 서버에 접속하는 경우
FTP	ftp://username:password@www.testsite.com/dir/gile.htm	FTP 프로토콜로 파일을 다운로드 또는 업로드하는 경우
메일	mailto:theeeye1@naver.com	메일을 보내는 경우
N/A	file://localhost/c:/path/file.zip	PC 자체 파일에서 데이터를 읽는 경우

[표 8-2] 다양한 URL의 예

호스트는 세 종류의 주소를 가질 수 있습니다. 도메인 네임을 사용하는 이유는 IP 주소나 MAC 주소보다 기억하기 쉽기 때문입니다. 사용자가 목적지 주소로 입력한 도메인 네임은 IP 주소로 변환되어야 3계층 옷을 입을 수 있고, 다음으로 IP 주소는 MAC 주소로 변환되어야 2계층 옷을 입을 수 있습니다.

● DNS와 ARP

IP 헤더의 목적지 주소 필드에는 도메인 네임 대신 IP 주소가 입력되어야 합니다. 사용자가 입력한 도메인 네임을 IP 주소로 변환하는 서비스는 ① DNS(Domain Name Service)입니다. DNS 서비스를 받으려면 DNS 클라이언트에는 DNS 서버의 IP 주소를 설정해 두어야 하고, DNS 서버는 도메인 네임과 IP 주소의 맵핑 테이블을 가지고 있어야 합니다. DNS 클라이언트는 도메인 네임을 포함하는 DNS 쿼리(Query) 메시지를 DNS 서버에게 보내고, DNS 서버는 IP 주소를 포함하는 DNS 앤서(Answer) 메시지를 보냅니다. 이를 통해 단말은 도메인 네임에 해당하는 IP 주소를 알게 되고, IP 주소를 포함하는 3계층 옷을 입을 수 있습니다.

이더넷 헤더에는(DNS 서버가 알려준) IP 주소에 의해 결정되는 MAC 주소가 입력됩니다. 호스트는 ② ARP에 의해 MAC 주소를 알아냅니다. 즉 호스트는 IP 주소를 포함하는 ARP 리퀘스트 패킷을 보냅니다. 그러면 해당 IP 주소를 갖는 장치는 자신의 MAC 주소를 포함하는 ARP 리플라이 패킷을 보냅니다.

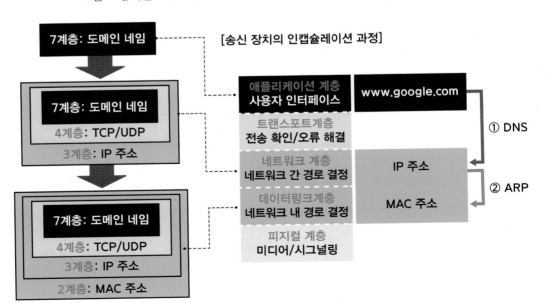

[그림 8-3] 송신 장치의 인캡슐레이션 과정에서 DNS와 ARP의 도움이 필요하다.

◉ DNS 쿼리 메시지를 보내는 과정

[그림 8-4]를 통해 DNS 쿼리 메시지가 만들어지는 과정을 구체적으로 살펴봅시다.

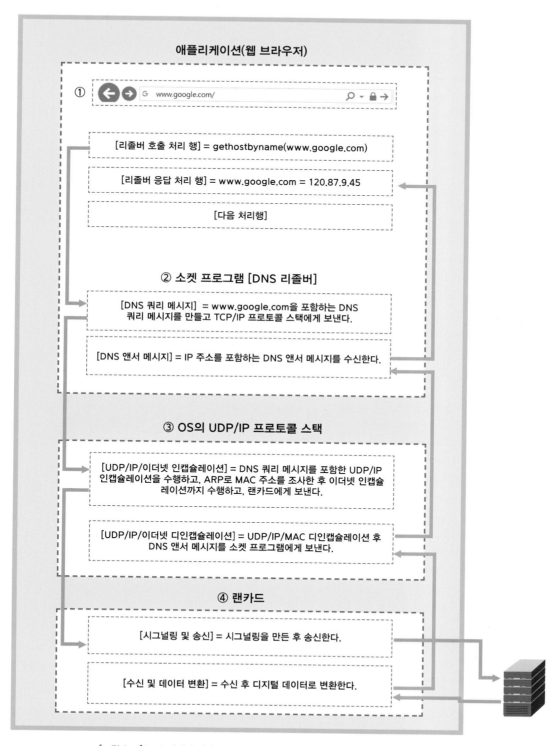

애플리케이션(웹 브라우저)

① G www.google.com/

[리졸버 호출 처리 행] = gethostbyname(www.google.com)

[리졸버 응답 처리 행] = www.google.com = 120.87.9.45

[다음 처리행]

② 소켓 프로그램 [DNS 리졸버]

[DNS 쿼리 메시지] = www.google.com을 포함하는 DNS 쿼리 메시지를 만들고 TCP/IP 프로토콜 스택에게 보낸다.

[DNS 앤서 메시지] = IP 주소를 포함하는 DNS 앤서 메시지를 수신한다.

③ OS의 UDP/IP 프로토콜 스택

[UDP/IP/이더넷 인캡슐레이션] = DNS 쿼리 메시지를 포함한 UDP/IP 인캡슐레이션을 수행하고, ARP로 MAC 주소를 조사한 후 이더넷 인캡슐레이션까지 수행하고, 랜카드에게 보낸다.

[UDP/IP/이더넷 디인캡슐레이션] = UDP/IP/MAC 디인캡슐레이션 후 DNS 앤서 메시지를 소켓 프로그램에게 보낸다.

④ 랜카드

[시그널링 및 송신] = 시그널링을 만든 후 송신한다.

[수신 및 데이터 변환] = 수신 후 디지털 데이터로 변환한다.

[그림 8-4] DNS 쿼리와 앤서 메시지와 관련된 DNS 클라이언트의 동작

① 유저가 입력한 도메인 네임을 IP 주소로 변환하는 프로그램이 DNS 리졸버(Resolver)입니다. DNS 리졸버는 DNS 클라이언트의 역할을 합니다. ② DNS 리졸버는 소켓 라이브러리(Socket Library)에 포함된 프로그램입니다. 라이브러리란, 애플리케이션들이 이용할 수 있도록 모듈화된 프로그램들을 모아놓은 것입니다. 이러한 모듈화된 프로그램들을 활용하여 애플리케이션을 만들기 때문에 개발 과정이 쉬워지는 것이죠. 특히 소켓 라이브러리는 네트워크 기능을 수행하는 프로그램들을 모아놓은 것입니다.

애플리케이션(웹 브라우저)의 ① 주소 창에 도메인 네임을 입력하면 ② DNS 리졸버가 호출됩니다. DNS 리졸버는 www.google.com을 포함하는 DNS 쿼리 메시지를 만들고 ③ OS의 프로토콜 스택에게 전달합니다. 프로토콜 스택은 UDP와 IP 인캡슐레이션을 수행합니다. DNS 쿼리 패킷의 목적지 IP 주소에는 이미 설정된 DNS 서버의 주소가 입력됩니다. ARP는 DNS 서버의 IP 주소에 맵핑되는 MAC 주소를 알아냅니다. 프로토콜 스택은 MAC 주소를 알고 난 후 이더넷 인캡슐레이션을 수행합니다. ④ 랜카드는 이더넷 프레임의 앞부분에 프리앰블(Preamble)과 스타트 프레임 딜리미터(Strat Frame Delimiter)를, 뒷부분에 FCS를 추가한 후 광신호나 전기 신호를 만들어 전송합니다. 이더넷 프레임에 대해서는 '12장'에서 자세히 설명합니다.

DNS 서버가 보낸 DNS 앤서 메시지에서 IP 주소를 추출한 DNS 리졸버는 지정된 메모리 영역에 갖다놓습니다. 애플리케이션(웹 브라우저)이 웹 서버에게 리퀘스트 메시지를 보낼 때 이 메모리 영역에 저장된 IP 주소와 함께 HTTP GET 메시지를 OS의 프로토콜 스택에게 전달할 것입니다.

● DNS 메시지

[그림 8-5]의 DNS 쿼리 메시지의 헤더에는 쿼리인지, 앤서인지와 에러를 구분하는 필드, 반복 질의(Recursive Query)를 허용할 것인지를 표시하는 필드 등이 포함됩니다. 퀘스천 영역에는 도메인 네임이 들어가고, 앤서 영역에는 IP 주소가 포함됩니다. 권한 영역에는 해당 도메인에 대한 관리 권한을 갖는 서버의 주소가 입력됩니다. 부가 영역에는 메일 서버에 대한 앤서 메시지일 때 사용하는 영역으로, 메일 서버의 주소나 이름이 포함됩니다.

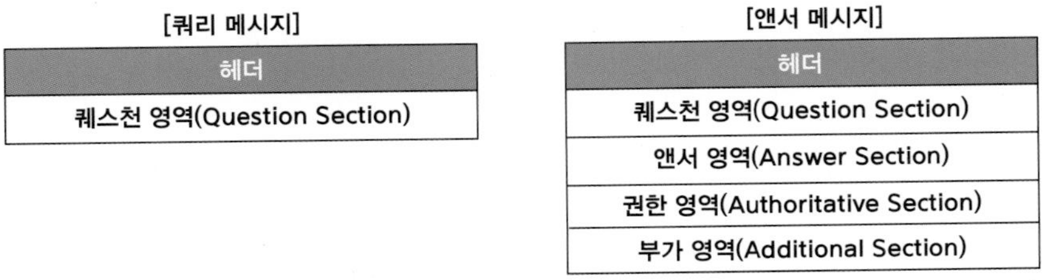

[쿼리 메시지]
헤더
퀘스천 영역(Question Section)

[앤서 메시지]
헤더
퀘스천 영역(Question Section)
앤서 영역(Answer Section)
권한 영역(Authoritative Section)
부가 영역(Additional Section)

[그림 8-5] DNS 쿼리 & 앤서 메시지

LESSON 32 : DNS 서버

DNS 서버는 클라이언트로부터 도메인 네임을 포함하는 DNS 쿼리 메시지를 수신하여 IP 주소를 포함하는 DNS 앤서 메시지로 응답합니다. DNS 서버는 DNS 클라이언트의 요청에 응답하기 위해 존 파일(Zone File) 내부에 도메인 네임과 IP 주소가 맵핑된 등록 정보를 가져야 합니다.

● DNS 서비스

DNS 클라이언트는 세 가지 정보(이름, 클래스, 타입)를 찾기 위해 DNS 쿼리 메시지를 보냅니다. DNS 서버는 [그림 8-6]과 같이 존 파일(Zone File) 내부에 해당 존에 대한 등록 정보를 갖는데, 클라이언트에게 보낼 내용은 요청된 정보의 타입에 따라 다릅니다.

① 이름은 서버의 도메인 네임입니다. ② 클래스에서 IN(Internet)은 IP(Internet Protocol)를 위한 DNS 메시지임을 표시합니다. 클래스는 COAS나 CSNET 등 지금은 사용하지 않는 프로토콜을 위해서도 DNS를 적용했을 때 이를 구분하기 위한 것이므로 지금은 의미가 없습니다. ③ 타입은 클라이언트에게 제공되는 정보의 종류를 표시합니다. 'A' 타입은 웹 서버의 이름에 대한 IP 주소가 제공될 정보임을 의미하고, 'MX' 타입은 메일 서버의 도메인 네임이 제공될 정보임을 표시합니다. 예를 들어 user@test.co.kr이란 메일 주소를 담당하는 메일 서버의 도메인 네임을 제공할 때 타입 자리를 MX로 표시합니다. 이때 DNS 서버는 메일 서버의 도메인 네임(mail.test.or.kr)과 우선순위 값 [7]을 전달합니다. 우선순위 값은 다수의 메일 서버가 있을 경우 메일 서버를 선택할 때 사용되는데, 값이 낮을수록 우선시됩니다. 이때 DNS 앤서 메시지에는 mail.test.co.kr의 IP 주소(89.90.1.5)도 포함됩니다. 이 밖에도 IP 주소에 대한 도메인 네임을 제공하는 PTR 타입 정보, 도메인 네임에 대한 다른 별칭을 제공하는 CNAME 타입, 도메인을 담당하는 DNS 서버의 도메인 네임을 제공하는 NS 타입, 도메인의 속성을 제공하기 위한 SOA 타입이 있습니다. SOA 정보에는 기본적인 DNS 서버, 담당자의 이메일 주소, 정보가 얼마나 새로운지를 나타내는 일련번호 등이 포함됩니다. ④ 등록 정보는 클라이언트에게 제공될 정보입니다.

[DNS 서버의 존 파일]

① 이름	② 클래스	③ 타입	④ 등록 정보
test.or.kr	IN	SOA	기본적인 DNS 서버, 담당자의 이메일, 일련번호 등
test.or.kr	IN	A	78.10.1.1
test.or.kr	IN	MX	[7] mail.test.or.kr
mail.test.or.kr	IN	A	89.90.1.5
www.test.or.kr	IN	CNAME	test.or.kr
test.or.kr	IN	NS	ns1.test.or.kr

DNS 쿼리 메시지 [www.test.or.kr [A]]   DNS 앤서 메시지 [78.10.1.1]

[그림 8-6] DNS 서버의 존 파일에 포함된 등록 정보

● 도메인 네임과 IP 주소

도메인 네임도 우편 주소나 IP 주소처럼 하이어라키(hierachy, 계층)가 있습니다. 즉 [그림 8-7]과 같이 kr이라는 도메인 아래에 ac와 or, co 등의 도메인들이 있고, 그 도메인 아래 korea나 rapa와 같은 도메인이 있으며, 그 도메인 아래에 서버의 이름이 있습니다. 즉 루트 도메인은 지구촌에 해당하는 주소이고, com이나 kr은 국가명에 해당하는 주소이며, ac나 or은 시도에 해당하고, korea나 rapa는 동에 해당하고, www이나 server1은 최종 목적지 장치를 가리키는 번지 주소에 해당합니다. [그림 8-5]에서 보았던 존 파일에 포함된 존에 대한 등록 정보는 존을 담당하는 DNS 서버들 사이에 교환되어야 하는데, 이때 TCP를 사용합니다.

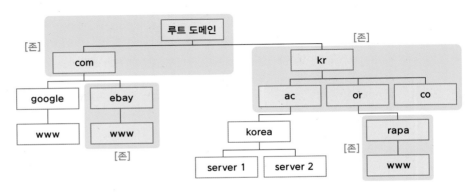

[그림 8-7] 하이어라키가 있는 도메인 네임

도메인 네임과 IP 주소에 대한 등록 정보를 가진 DNS 서버는 수없이 많습니다. 그러면 DNS 쿼리를 어떤 DNS 서버에게 보내야 할까요? 그래서 다음과 같은 솔루션이 제시되었습니다.

- 낮은 계층의 도메인을 담당하는 DNS 서버의 IP 주소를 보다 상위 계층을 담당하는 DNS 서버에게 등록합니다.

- 모든 DNS 서버에 루트 도메인을 담당하는 DNS 서버의 IP 주소를 등록합니다.

루트 도메인을 담당하는 DNS 서버의 IP 주소는 13개에 불과하며, DNS 서버 소프트웨어를 설치하면 자동으로 등록됩니다. [그림 8-8]을 통해 원하는 등록 정보를 가진 DNS 서버에게 DNS 쿼리 메시지가 전달되는 과정을 보겠습니다.

❶ DNS 클라이언트는 DNS 클라이언트에 설정된 DNS 서버(일반적으로 사이트의 DNS 서버나 ISP의 DNS 서버)에게 www.google.com에 해당하는 IP 주소를 묻는 DNS 쿼리를 보냈습니다. 그러나 이 DNS 서버는 응답할 등록 정보를 보유하지 않았습니다.

❷ PC에 등록된 DNS 서버는 루트 도메인의 DNS 서버에게 DNS 쿼리를 보냅니다. 그러나 루트 도메인의 DNS 서버도 적정한 등록 정보를 가지고 있지 않습니다. 즉 도메인 네임에 해당하는 IP 주소가 등록되어 있지 않습니다. 이때 루트 도메인의 DNS 서버는 하위 도메인인 com 도메인을 관장하는 DNS 서버의 IP 주소를 보냅니다.

❸ PC에 등록된 DNS 서버는 com 도메인의 DNS 서버에게 DNS 쿼리를 다시 보냅니다. 그러나 com 도메인의 DNS 서버에도 해당 IP 주소가 등록되어 있지 않습니다. 그러나 하위 도메인인 google 도메인을 관장하는 DNS 서버의 IP 주소를 알고 있고, 그 DNS 서버의 IP 주소를 보냅니다.

❹ PC에 등록된 DNS 서버는 google 도메인의 DNS 서버에게 DNS 쿼리를 다시 보냅니다. 그러나 google 도메인의 DNS 서버에도 해당 IP 주소가 등록되어 있지 않습니다. google 도메인의 DNS 서버는 하위 도메인인 www 도메인을 관장하는 DNS 서버의 IP 주소를 보냅니다.

❺ PC에 등록된 DNS 서버는 www 도메인의 DNS 서버에게 DNS 쿼리를 보냅니다. www 도메인의 DNS 서버에는 해당 IP 주소가 등록되어 있습니다. www 도메인의 DNS 서버는 www.google.com에 해당하는 IP 주소를 포함하는 DNS 앤서 메시지를 보냅니다.

❻ PC에 등록된 DNS 서버는 도메인 네임과 IP 주소 정보를 캐싱(저장)하고 DNS 클라이언트에게 전달합니다.

이러한 메커니즘을 통해 모든 도메인 네임에 대한 IP 주소를 알 수 있습니다.

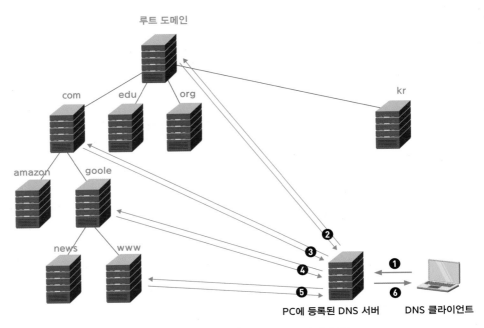

[그림 8–8] DNS의 반복 질의(Recursive Query) 메커니즘

시원한
쪽지

세상에 13개뿐인 루트 서버들

이 세상에는 ICANN(Internet Corporation for Assigned Names and Numbers)이 승인한 [표 8–3]과 같은
13개의 루트 DSN 서버들이 있습니다. 루트 DNS 서버는 애니캐스트(Anycast)를 활용하는데, 애니캐스트
를 적용하려면 루트 DNS 서버가 사용할 하나의 IP 주소를 물리적으로 떨어져있는 다수의 DNS 서버에
할당해야 합니다. 이 경우 동일한 네트워크가 다른 위치에 있기 때문에 라우터는 메트릭을 비교하여 베
스트 루트로 라우팅을 합니다. 이를 통해 198.41.0.4라는 동일한 목적지를 향하는 DNS 쿼리 메시지라도
미국에서 출발한다면 미국에 있는 DNS 서버에게, 유럽에서 출발한다면 유럽에 있는 DNS 서버에게 보
내집니다. 애니캐스트 주소의 개념에 대해서는 '17장'에서 다시 설명합니다.

구분 문자	IP 주소	운영자	위치	소프트웨어
A	198.41.0.4	VeriSign	미국, 버지니아	BIND
B	192.228.79.201	USC–ISI	미국,캘리포니아	BIND
C	192.33.4.12	Cogent Communication	애니캐스트	BIND
D	128.8.10.90	Maryland University	미국, 매릴랜드	BIND
E	192.203.230.10	NASA	미국, 캘리포니아	BIND
F	192.5.5.241	ISC	애니캐스트	BIND
G	192.112.36.4	Degense Information Systems Agency	미국,오하이오	BIND

구분 문자	IP 주소	운영자	위치	소프트웨어
H	128.63.2.53	U.S. Army Research Lab	미국.매릴랜드	BIND
I	192.36.148.17	Autonomica	애니캐스트	BIND
J	192.58.128.30	VeriSign	애니캐스트	BIND
K	193.0.14.129	RIPE NCC	애니캐스트	BIND
L	198.32.64.12	ICANN	미국.캘리포니아	NSD
M	202.12.27.33	WIDE Project	애니캐스트	BIND

[표 8-3] 루트 네임 서버

LESSON 33 : HTTP 메시지와 종류

HTTP는 웹 데이터를 전달하기 위해 필요한 메시지를 정의합니다. HTTP 메시지는 사용자의 요구를 포함하는 리퀘스트 메시지와 사용자의 요구에 응답하기 위한 리스폰스 메시지로 나뉩니다.

● HTTP의 개념

HTTP는 웹 클라이언트와 웹 서버가 교환하는 메시지의 내용과 순서를 정의합니다. 웹 클라이언트가 웹 서버에게 보낸 리퀘스트 메시지에는 '무엇'을 '어떻게' 하라는 명령이 포함되는데, [그림 8-9]에서 '무엇'에 해당하는 것이 바로 ① URI(Uniform Resource Identifier)입니다.

'어떻게'에 해당하는 것이 바로 ② 메소드(Method)입니다. 메소드는 클라이언트가 서버에 대한 요구 사항을 표시합니다. 이러한 메소드의 예로 URI가 가리키는 정보에 대한 요청 또는 삭제 등이 있습니다. 웹 서버는 HTTP 리퀘스트 메시지를 읽고 스테이터스와 함께 URI와 메소드가 가리키는 요구를 반영한 데이터를 리스폰스 메시지로 보냅니다.

[그림 8-9] HTTP의 개념

● HTTP 메시지

HTTP 리퀘스트 메시지는 메소드에 따라 [표 8-4]와 같이 나뉩니다. 리퀘스트 메시지의 메소드를 보면 클라이언트의 요구를 알 수 있습니다.

메소드	의미
Get	URI가 가리키는 정보를 요청합니다. 서버가 이 메시지를 받은 경우 해당 파일의 내용을 보냅니다. CGI(Common Gateway Interface) 프로그램의 처리가 필요한 경우 해당 프로그램의 출력 데이터를 보냅니다.
Post	클라이언트가 서버에게 데이터를 송신할 때 사용합니다. 이때, 데이터는 게시판이나 메일링 리스트에 올릴 메시지나 데이터베이스에 추가될 항목을 말합니다.
Head	Get과 유사하지만, HTTP 메시지의 헤더만 보내고, 데이터를 포함하지 않습니다. 파일의 갱신 일자와 같은 속성 정보를 알아볼 때 사용합니다.
Options	통신 옵션을 보내거나 확인할 때 사용합니다.
Put	URI로 지정한 서버의 파일을 바꿉니다. URI로 지정한 파일이 없는 경우 파일을 새로 생성합니다.
Delete	URI가 가리키는 파일의 삭제를 요청합니다.
Trace	서버가 수신한 리퀘스트의 라인과 헤더를 그대로 클라이언트에게 돌려 보냅니다. 프록시 서버(Proxy Server)를 사용하는 환경에서 리퀘스트 메시지가 어떻게 변환되는지를 체크할 때 사용합니다.
Connect	예를들어, SSL(HTTPS)을 위한 프록시 서버에게 연결할 때 사용합니다.

[표 8-4] HTTP 리퀘스트 메시지의 메소드(HTTP v1.1 기준)

리퀘스트 메시지를 보내면 웹 서버로부터 리스폰스 메시지가 돌아옵니다. 리스폰스 메시지 종류는 [표 8-5]와 같습니다. 성공적인 경우 2XX번 메시지를 보내고, 4XX번과 5XX번 메시지는 각각 클라이언트와 서버에 오류가 있다는 것을 나타냅니다.

코드	설명
1XX	처리의 상황 등을 알려준다.
2XX	성공
3XX	데이터가 다른 위치로 이동한 경우(다른 조치가 필요함을 표시)
4XX	클라이언트 오류
5XX	서버 오류

[표 8-5] HTTP 리스폰스 메시지

HTTP는 복잡한 프로토콜이 아닙니다. 웹 클라이언트가 원하는 URI를 포함하는 메시지가 HTTP Get 메시지입니다. 웹 클라이언트가 요청한 파일을 포함하는 메시지가 200번 메시지인데, 단 2개의 메시지만으로도 웹 페이지를 볼 수 있습니다.

[그림 8-10] HTTP 트랜잭션

LESSON 34 ┊ HTTP 메시지의 형식과 내용

HTTP 메시지를 좀 더 자세히 살펴볼까요?

● 리퀘스트 메시지의 형식

[그림 8-11]은 리퀘스트 메시지의 형식을 보여줍니다. 리퀘스트 메시지는 '리퀘스트 라인', '리퀘스트 메시지 헤더', '리퀘스트 메시지 본문'으로 구성됩니다.

❶ **리퀘스트 라인**(Request Line): 리퀘스트의 내용을 대략적으로 표시하는데, 메소드 (여기서는 'Get')가 가장 중요합니다. 리퀘스트 라인에서 GET 다음에 한 칸을 띄우고 파일 또는 프로그램의 경로명(/doc/text.html)을 씁니다. 다음으로 HTTP 1.1은 프로토콜의 버전입니다.

❷ **리퀘스트 메시지 헤더**(Request Message Header): 행별로 하나의 필드를 작성합니다. 리퀘스트 메시지의 부수적인 정보를 표시하고, 행 수는 경우에 따라 달라집니다.

❸ **리퀘스트 메시지 본문**(Request Message Body): 클라이언트가 서버에게 보내는 데이터가 들어가기 때문에 Get 메시지일 때는 별다른 내용이 들어가지 않습니다. 예를 들어 설문 조사를 위한 웹 페이지 창에서 주소나 나이 같은 것을 입력할 경우 이러한 정보를 업로드하는 메소드가 POST입니다. POST의 메시지 본문 자리에 자신이 입력한 주소나 나이와 같이 서버에게 보낼 정보가 들어갑니다.

```
GET /doc/test.html HTTP/1.1
```
❶ 리퀘스트 라인

```
Host: www.testtext.com
Accept: image/gif, image/jpeg, */*
Accept-Language: en-us
Acceprt-Encoding: gzip, deflate
User-Agent:
```
❷ 리퀘스트 메시지 헤더

❸ 리퀘스트 메시지 본문

[그림 8-11] HTTP Get 메시지의 형식

● 리스폰스 메시지의 형식

[그림 8-12]는 200번 코드를 포함하는 리스폰스 메시지입니다. 200번 코드는 클라이언트가 보낸 리퀘스트 메시지에 대해 성공적인 응답을 보낸 경우입니다.

❶ 스테이터스 코드와 짧은 설명: 상태 코드(200)와 함께 상태 코드를 설명하는 짧은 설명(OK)이 들어갑니다.

❷ 리스폰스 메시지 헤더: [표 8-6]에서 자세히 정리합니다.

❸ 리스폰스 메시지 본문: 클라이언트가 요청하는 파일의 데이터가 들어갑니다. 메시지 본문의 형식은 바이너리 데이터입니다.

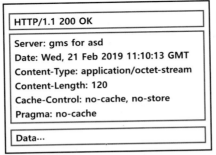

[그림 8-12] HTTP 리스폰스 메시지의 형식

● 리퀘스트 & 리스폰스 메시지 해석하기

리퀘스트와 리스폰스 메시지 헤더를 구성하는 정보에 대한 설명은 [표 8-6]을 참고하세요. [그림 8-11]과 [그림 8-12]에 포함되지 않은 정보도 많습니다.

구분	헤더 필드	설명
일반 헤더 [리퀘스트와 리스폰스의 공통 필드]	Date	리퀘스트나 리스폰스 메시지가 작성된 날짜
	Pragma	데이터의 캐싱을 허용할지 표시
	Cache-control	캐싱 제어 정보
	Connection	리스폰스 메시지를 보낸 후에도 TCP 커넥션을 유지할지 표시
	Transfer-encoding	메시지 본문의 압축 등의 인코딩 방식
	Via	메시지가 전달되는 도중에 통과한 프록시 서버나 게이트웨이 표시
리퀘스트 헤더 [리퀘스트의 기타 필드]	Authorization	유저 인증을 위한 데이터
	From	리퀘스트 메시지를 보낸 송신자의 메일 주소
	If-modified-since	표시한 날짜 이후 데이터가 바뀐 경우에만 리퀘스트를 처리할 것을 요청함.
	Referer	하이퍼링크를 활용한 경우의 URI

구분	헤더 필드	설명
리퀘스트 헤더 [리퀘스트의 기타 필드]	User-agent	클라이언트 소프트웨어의 이름과 버전 정보
	Accept	클라이언트 측이 받을 데이터 종류(예를 들어, 텍스트 혹은 이미지)
	Accept-Charset	클라이언트 측이 받을 문자 코드
	Accept-encoding	클라이언트 측이 받을 인코딩 방식(데이터 압축 형식 등)
	Accept-language	클라이언트 측이 받을 언어(ko는 한국어, en은 영어 등)
	Host	리퀘스트를 받을 서버의 IP 주소와 포트 번호
	If-match	(메시지 본문의) Etag 참조
	If-none-match	(메시지 본문의) Etag 참조
	If-unmodified-since	표시한 날짜 이후 데이터가 바뀌지 않은 경우에만 리퀘스트를 처리할 것을 요청함
	Range	데이터의 전체가 아닌 일부만 읽어올 때 범위 지정
리스폰스 헤더 [리스폰스의 기타 필드]	Location	데이터의 위치
	Server	서버 소프트웨어의 이름과 버전
	WWW-Authenticate	요청한 데이터에 접근이 제한된 경우 사용자 인증을 위한 데이터 전송
	Accept-ranges	데이터의 일부만 요청한 경우, 서버가 해당 요청을 지원하는지 클라이언트에게 알려줍니다.
메시지 본문 헤더 [메시지 본문의 기타 필드]	Allow	지정한 URI에 대해 적용할 수 있는 메소드 표시
	Content-encoding	메시지 본문에 대한 압축 등의 인코딩 방식 표시
	Content-length	메시지 본문의 길이
	Expires	메시지 본문의 유효 기간
	Last-modified	데이터의 최종 변경 날짜와 시간
	Content-language	메시지 본문의 언어(ko는 한국어, en은 영어 등)
	Content-location	메시지 본문의 위치를 URI로 표시
	Content-range	데이터의 전체가 아니라 일부가 요청된 경우 메시지 본문에 포함된 데이터의 범위 표시
	Etag	• 데이터가 갱신되면, 이전 리퀘스트에 대한 리스폰스 메시지를 바탕으로 다음 리퀘스트에 대한 리스폰스 메시지를 보내는데, 이때 이전 리스폰스 메시지와 다음 리퀘스트를 맵핑하기 위해 사용합니다. • 서버가 이전 리스폰스 메시지를 클라이언트에게 보낼 때 고유한 Etag 값을 보내고, 다음 리퀘스트 메시지의 'If-match', 'If-none-match'와 'If-range' 필드에서 Etag 값을 서버에게 보내면 서버는 이전 리퀘스트의 연속이라고 인식합니다. • 넷스케이프의 독자적인 기능인 쿠키를 표준화한 것입니다.

[표 8-6] HTTP 메시지의 헤더 정보

프로토콜 스택은 OS에 내장되어 있으며, 네트워크 컨트롤을 위한 소프트웨어입니다. 애플리케이션이 생성한 데이터는 프로토콜 스택과 랜카드 드라이버라는 소프트웨어, 그리고 랜카드 어댑터라는 하드웨어에 의해 전송됩니다.

● 애플리케이션−OS(프로토콜 스택)−랜카드 구조

[그림 8−13]과 같이 프로토콜 스택의 윗쪽에는 애플리케이션이, 아랫쪽에는 랜카드가 위치합니다. DNS 서비스를 위해서 '리졸버(또는 DNS 리졸버)'라는 프로그램을 호출했듯이 최상위의 애플리케이션(웹 브라우저, 웹 서버, 메일러 등)은 데이터의 송·수신을 위해서 소켓 라이브러리의 socket, connect, write, read, close와 같은 프로그램들을 호출합니다.

하위 계층의 프로토콜은 상위 계층의 프로토콜에게 서비스를 제공하기 때문에 하위 계층에 문제가 있다면, 상위 계층의 서비스나 프로토콜은 정상 동작할 수 없습니다. 소켓 프로그램은 OS 내부의 TCP 또는 UDP 프로세스에게 명령을 보내 송·수신하도록 합니다. IP는 패킷을 만들고, ARP로 MAC 주소를 알아냅니다. 랜카드 드라이버는 랜카드의 하드웨어를 컨트롤하는 소프트웨어입니다. 주요 업체의 드라이버는 OS에 기본적으로 포함되어 있지만, 그렇지 않은 경우에는 설치해야 합니다. 랜카드는 케이블을 통해 시그널을 송·수신합니다.

[그림 8−13] 계층별 책임자들(애플리케이션, OS, 랜카드 드라이버, 랜카드 어댑터)

● 소켓(Socket)

통신을 위해서 클라이언트와 서버는 가상의 전용 도로를 만드는데, 가상 도로의 양 끝을 '소켓'이라고 부릅니다. 이때 소켓들을 구분하기 위한 주소가 필요합니다. 클라이언트의 소켓 주소는 클라이언트의 IP 주소와 포트로 구성되고, 서버의 소켓 주소는 서버의 IP 주소와 포트로 구성됩니다. 소켓 주소 중에서 IP 주소가 우편 주소에 해당한다면, 포트 번호는 이름에 해당합니다. 해당 우편 주소에 수많은 사람들이 살기 때문에 포트 번호에 해당하는 이름으로 수신자들을 구별하는 이치와 동일합니다. 소켓 주소가 가리키는 곳은 실제로는 메모리의 한 공간을 가리킵니다.

포트는 서버 쪽에서 사용하는 '목적지 포트'와 클라이언트 쪽에서 사용하는 '출발지 포트'로 나뉩니다. 목적지 포트는 애플리케이션 별로 IANA(Internet Assigned Number Authority)에서 중복되지 않게 지정한 번호를 사용합니다. 예를 들어 HTTP는 80, 텔넷은 23, 메일은 25를 사용합니다. 서버 측에서는 데이터의 출입구인 소켓을 만들고, 소켓에는 소켓 주소를 부여하여 누군가 도로를 연결하기를 기다리고 있습니다. 클라이언트가 서버에 연결한 도로는 클라이언트 소켓 주소(IP 주소 1.1.1.1과 포트 60000)로 구분되는 클라이언트 프로그램과 서버 소켓 주소(IP 주소 2.2.2.2와 포트 80)로 구분되는 서버 프로그램 사이의 통신 트래픽을 위한 전용 도로입니다. 넷 중에 하나라도 다르다면, 별도의 전용 도로가 개통되는 셈입니다.

윈도우에서는 [그림 8-14]와 같이 netstat -ano 명령을 통해 만들어진 소켓들을 확인할 수 있습니다. 즉 'a'는 연결 중(Established)이거나 연결 대기 중(Listening)인 모든 것을 표시할 것을, 'n'은 IP 주소와 포트를 번호로 표시할 것을, 'o'는 소켓을 사용중인 프로그램의 PID(Process ID)를 표시할 것을 나타냅니다. [그림 8-14]에서 '프로토콜'은 TCP나 UDP 중 어떤 프로토콜을 사용하고 있는지 표시하고, '로컬 주소'는 이 장치에서 생성한 소켓 주소를 표시하며, '외부 주소'는 통신 상대 측의 소켓 주소를 표시합니다. '상태'에서 'ESTABLISHED'는 통신 중임을 나타내고, 'LISTENING'은 상대가 접속하기를 기다린다는 의미입니다. 'TIME-WAIT'와 'CLOSE-WAIT' 등은 '9장'에서 자세히 설명합니다.

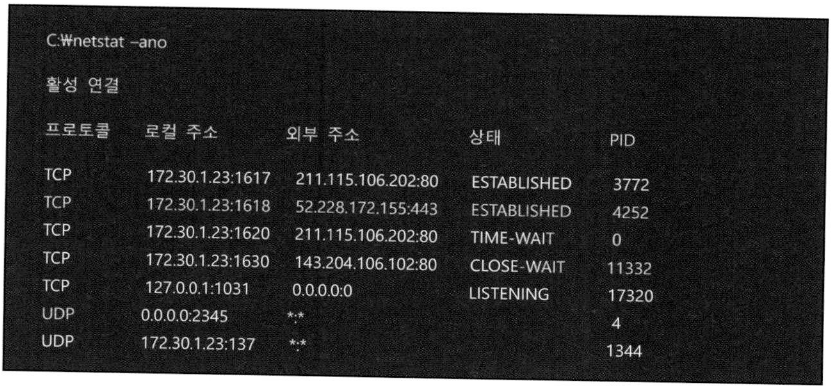

```
C:₩netstat –ano

활성 연결

프로토콜       로컬 주소              외부 주소              상태            PID

TCP           172.30.1.23:1617      211.115.106.202:80    ESTABLISHED     3772
TCP           172.30.1.23:1618      52.228.172.155:443    ESTABLISHED     4252
TCP           172.30.1.23:1620      211.115.106.202:80    TIME-WAIT       0
TCP           172.30.1.23:1630      143.204.106.102:80    CLOSE-WAIT      11332
TCP           127.0.0.1:1031        0.0.0.0:0             LISTENING       17320
UDP           0.0.0.0:2345          *:*                                   4
UDP           172.30.1.23:137       *:*                                   1344
```

[그림 8-14] 소켓 확인하기

◉ 소켓 라이브러리

애플리케이션(웹 브라우저, 웹 서버, 메일러 등)은 데이터의 송·수신을 위해서 소켓 라이브러리의 socket, connect, write, read, close와 같은 프로그램들을 호출합니다. 우선 한글로 표기한 '소켓'과 영문으로 표기한 'socket'에 대한 용어를 정리하겠습니다. '소켓'은 방금 설명했듯이 데이터의 출입구인 가상 도로의 양끝을 말하고, 'socket'은 [그림 8-13]에서 설명한 소켓 라이브러리에 속하는 프로그램들 중의 하나를 가리키므로 책을 읽을 때 잘 구분해야 합니다.

❶ **socket 프로그램:** 전용 도로의 출입구에 해당하는 소켓을 만든다.

클라이언트 애플리케이션이 웹 서버에게 데이터를 송·수신할 때의 동작은 다음 순서를 따릅니다. 클라이언트는 제일 먼저 소켓 라이브러리 중에서 socket이라는 프로그램을 호출합니다. socket은 TCP 프로토콜 스택에게 클라이언트 소켓과 클라이언트 소켓들을 구분하는 주소를 만들 것을 의뢰합니다. TCP 프로토콜 스택은 소켓과 소켓 주소를 만들고, (클라이언트) 소켓 주소와 함께 디스크립터(Descriptor) 번호를 선정한 후 socket에게 알려줍니다. 디스크립터는 애플리케이션이 소켓들(데이터의 출입구들)을 구별하기 위해 필요합니다. 소켓을 만들었다는 것은 TCP 송신 프로세스가 사용할 메모리를 확보했다는 의미이기도 합니다.

• **디스크립터**(Descriptor): 애플리케이션이 프로토콜 스택에게 데이터 송·수신 동작을 지시할 때 소켓들을 식별하기 위해 사용합니다. 소켓을 구분하기 위해 소켓 주소 대신 디스크립터를 추가로 사용하는 이유는 다음과 같습니다. 첫째, 클라이언트/서버의 포트 번호와 IP 주소로 구성된 복잡한 소켓 주소 대신 디스크립터라는 하나의 정보로 구별할 수 있기 때문입니다. 둘째, 접속을 기다리는 프로그램은 아직 클라이언트 측의 IP 주소와 포트를 알 수 없기 때문에 소켓 주소를 활용할 수 없기 때문입니다.

• **소켓 주소:** IP 주소와 포트 번호가 이에 해당합니다. 클라이언트 애플리케이션과 서버 애플리케이션 간에 상대의 소켓을 식별하기 위해 사용합니다. 즉 디스크립터가 장치 내부의 소켓들을 구분한다면, 소켓 주소는 장치들 간에 소켓들을 구분하기 위해 사용합니다.

❷ **connect 프로그램:** 소켓 주소로 구분하는 전용 도로를 개통한다.

다음으로 클라이언트 애플리케이션은 데이터를 교환할 전용 도로를 개통시켜야 합니다. 이를 위해 클라이언트 애플리케이션은 소켓 라이브러리의 connect라는 프로그램을 호출합니다. connect를 호출할 때 디스크립터와 함께 서버의 소켓 주소(IP 주소와 포트 번호)를 프로토콜 스택에게 전달합니다. 프로토콜 스택은 지정된 디스크립터를 보고 서버의 소켓과 연결할 클라이언트 소켓을 구분하고 확인합니다. connect를 호출하면 프로토콜 스택, 예를 들어 TCP는 'TCP 쓰리-웨이(3-way) 핸드셰이크'라고 부르는 커넥션 설정 단계를 시작합니다. 커넥션이 설정되면, 상대측 컴퓨터의 IP 주소와 포트 번호 등의 정보가 소켓에 등록됩니다. 이후부터는 데이터를 송·수신할 수 있습니다.

❸ **write & read 프로그램:** 전용 도로를 통해 데이터를 교환한다.

출발지 소켓과 목적지 소켓이 연결되면, 소켓을 통해 데이터를 보낼 수 있습니다. 좀 더 구체적으로 설명하면, 애플리케이션이 write 호출을 통해 HTTP 메시지와 송신에 사용할 소켓의 디스크립터를 알려줍니다. 그러면 프로토콜 스택은 지정한 소켓 주소를 참조하여 TCP와 IP 인캡슐레이션을 수행합니다. 마지막으로 이더넷 인캡슐레이션을 거친 후 전송됩니다. 서버가 HTTP 리퀘스트 메시지를 받으면 200 OK와 같은 HTTP 리스폰스 메시지를 보내줍니다. 클라이언트가 HTTP 리스폰스 메시지를 받으면 소켓 라이브러리 중에서 read 프로그램을 통해 프로토콜 스택으로부터 데이터를 읽도록 합니다. 한편 read 프로그램은 수신 데이터를 저장할 메모리 영역을 프로토콜 스택에게 알려주기도 하는데, 이 메모리 영역을 '수신 버퍼(Receiver Buffer)'라고 합니다.

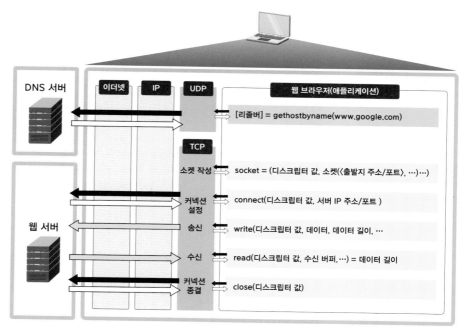

[그림 8-15] 소켓 라이브러리들과 프로토콜 스택

❹ **close 프로그램:** 전용 도로를 폐쇄한다.

애플리케이션이 데이터 수신을 완료하면 소켓 라이브러리 중에서 close라는 프로그램을 호출합니다. 클라이언트든, 서버든 데이터를 모두 보낸 쪽에서 프로토콜 스택에게 연결 끊기를 명령합니다. 이때 프로토콜 스택의 TCP는 FIN 세그먼트를 보냅니다. FIN 세그먼트를 받은 상대방 TCP 프로세스는 애플리케이션이 read 프로그램을 호출하면 데이터를 전달하는 대신, 연결이 끊겼다는 사실을 알립니다. 상대방 애플리케이션도 송신이 끝나면 커넥션이 종료되었다고 인지하고, close 프로그램을 호출하여 커넥션 종료 절차에 돌입합니다. 이어서 상대방 프로토콜 스택의 TCP 프로세스도 FIN 세그먼트를 보냅니다. FIN 세그먼트를 수신하면 ACK 세그먼트로 응답하는데, 이 상태에서는 더 이상 클라이언트와 서버는 대화할 수 없고, 이 커넥션에 할당된 소켓 주소는 삭제됩니다. TCP에 대해서는 '9장'에서 자세히 다룹니다.

LESSON 36 : HTTP 서버

서버에서 프로토콜 스택과 소켓 라이브러리의 기능은 클라이언트의 기능과 동일하지만, 기능을 사용하는 방식이 다릅니다. 즉 클라이언트는 접속을 시작하고, 서버는 클라이언트가 접속하기를 기다리는 입장입니다. 따라서 서버가 호출하는 소켓 라이브러리의 프로그램은 클라이언트의 경우와 다릅니다. 서버는 다수의 클라이언트들과의 동시 통신을 위해 클라이언트가 접속할 때마다 새로운 프로그램을 활용합니다.

● 접속을 기다리는 프로그램 & 클라이언트와 통신하는 프로그램

먼저 서버 측 프로그램은 접속을 기다리는 프로그램과 클라이언트와 통신을 하는 프로그램으로 구분할 수 있습니다. 서버 측 애플리케이션은 설정 파일 적용 등 초기화 과정을 거친 후 가장 먼저 접속을 기다리는 프로그램을 실행시킵니다. socket, bind, listen, accept는 접속을 기다리는 프로그램에 속합니다. read, write, close는 통신용 프로그램으로, [그림 8-16]을 통해 프로그램들의 동작 절차를 확인해 봅시다.

❶ **socket 프로그램:** 전송로의 출입구 역할을 하는 소켓을 만들면 디스크립터 번호를 애플리케이션에게 알립니다. 디스크립터 번호는 애플리케이션이 프로토콜 스택에게 데이터 송·수신 동작을 지시할 때 소켓들을 식별하기 위해 사용합니다.

❷ **bind 프로그램:** 소켓에 포트 번호를 부여합니다. 예를 들어 웹 서버의 경우 80번을 부여합니다. 그러나 80번 외의 다른 숫자를 사용하도록 서버 프로그램을 작성해도 됩니다. 그러면 클라이언트도 TCP 헤더의 목적지 포트 번호로 해당 번호를 명시해야 접속할 수 있습니다.

❸ **listen 프로그램:** 바인딩 이후에 listen 프로그램을 호출하여 클라이언트가 소켓에 접속하기를 기다리는 상태로 들어갑니다. 그 후 클라이언트와의 커넥션을 위해 대기 큐에서 accept 프로그램이 호출될 때까지 기다려야 합니다. 백로그(Backlog)는 접속 대기 큐의 길이로 최대 가능 커넥션 수를 결정합니다. 백로그를 높이면 DoS(Denial of Servie)와 같은 공격에 보다 잘 견딜 수 있는 반면, 메모리를 과도하게 사용하게 됩니다.

❹ **accept 프로그램:** 웹 클라이언트 A가 보낸 TCP SYN 세그먼트가 도착하면 TCP 쓰리-웨이 핸드셰이크를 통해 커넥션을 만듭니다. 커넥션이 만들어지면, 웹 클라이언트 A와 직접 통신하는 프로그램에게 제어권을 넘겨줍니다.

❺ **또 다른 accept 프로그램:** 다른 웹 클라이언트 B로부터의 접속을 받아들입니다. 웹 클라이언트 B와 직접 통신하는 프로그램에게 제어권을 넘겨줍니다.

❻ **read 프로그램:** 수신한 데이터를 TCP 프로세스의 버퍼로부터 읽어옵니다.

❼ **write 프로그램:** 송신할 데이터를 TCP 프로세스의 버퍼에게 보냅니다.

❽ **close 프로그램:** 커넥션을 종결합니다. TCP 프로세스는 TCP 커넥션 종결 과정을 거칩니다.

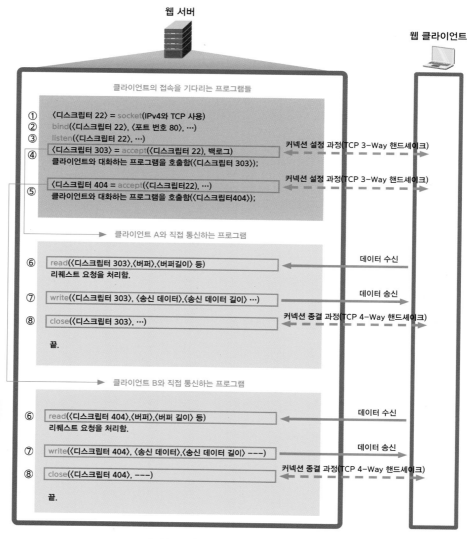

Tip

UDP는 커넥션리스 프로토콜이므로 커넥션 설정 과정이 없습니다. 따라서 TCP에서 호출하던 클라이언트 측의 connect 프로그램이나 서버 측의 listen, accept 프로그램이 필요 없습니다.

[그림 8-16] HTTP 서버 애플리케이션의 동작

- **URL:** 컴퓨터와 컴퓨터의 내부에 있는 정보 자원의 위치를 가리킨다. 📌 http://웹 서버명/디렉토리명/파일명
- **DNS 클라이언트:** 애플리케이션(웹 브라우저) ➔ DNS 리졸버(소켓 프로그램) ➔ TCP/IP 프로토콜 스택(OS)
  ➔ 랜카드를 거쳐 DNS 쿼리 메시지를 보내는데, DNS 쿼리 메시지에는 URL이 들어있다.
- **DNS 서버:** DNS 서버의 존 파일에 포함된 등록 정보를 참조하여 DNS 앤서 메시지를 보내는데, DNS 앤서 메
  시지에는 URL에 해당하는 IP 주소가 들어있다. DNS 서버가 등록 정보를 포함하지 않는 경우 루트 DNS 서버
  에서부터 등록 정보를 가진 DNS 서버를 찾을 때까지 반복 질의 과정을 거친다.
- **HTTP 메시지의 종류**
  - **리퀘스트 메시지:** URL이 가리키는 정보를 요청하는 Get, 클라이언트가 서버에게 데이터를 송신할 때 사용
    하는 Post 등이 있다.
  - **리스폰스 메시지:** 성공적인 2XX, 오류를 표시하는 4XX번대와 5XX번대가 있다.
- **HTTP 메시지의 형식과 내용**
  - **리퀘스트 라인:** 리퀘스트의 내용을 대략 표시한다
  - **리퀘스트 메시지 헤더:** 행별로 하나의 필드를 작성한다. 리퀘스트의 부수적인 정보를 표시하고, 행 수는 경
    우에 따라 달라진다.
  - **리퀘스트 메시지 본문:** 클라이언트가 서버에게 보내는 데이터가 들어간다.
- **HTTP 클라이언트가 사용하는 소켓 라이브러리의 프로그램**
  - **socket:** 소켓을 만든다.
  - **connect:** 소켓 주소로 구분하는 전용 도로를 개통한다.
  - **write & read:** 전용 도로를 통해 데이터를 교환한다.
  - **close:** 전용 도로를 폐쇄한다.
- **HTTP 서버가 사용하는 소켓 라이브러리의 프로그램**
  - **socket:** 전송로의 출입구 역할을 하는 소켓을 만들면 디스크립터 번호를 애플리케이션에게 알린다.
  - **bind:** 소켓에 포트 번호를 부여한다.
  - **listen:** 클라이언트가 소켓에 접속하기를 대기하는 상태로 들어간다.
  - **accept:** TCP SYN 세그먼트를 통한 클라이언트의 접속을 받아들인다. 클라이언트와 직접 통신하는 프로
    그램에게 제어권을 넘겨준다.
  - **read:** 수신한 데이터를 TCP 프로세스의 버퍼로부터 읽어온다.
  - **write:** 송신할 데이터를 TCP 프로세스의 버퍼에게 보낸다.

Chapter 9 ┊ 팔방미인, TCP

TCP는 왜 팔방미인이 되었을까요?

TCP는 ACK 메커니즘을 통해 믿음직한 통신을 제공하고, TCP 쓰리-웨이 핸드셰이크를 통해 헛걸음을 방지합니다. 또한 서버와 네트워크가 용인할 만한 수준의 통신을 유지해주는 플로 컨트롤 등의 다양한 기능을 제공합니다.

LESSON 37 ┊ TCP 헤더

[그림 9-1]에서 노란색으로 표시된 부분이 TCP 헤더입니다. TCP 헤더는 최소 20바이트이고, 옵션을 포함하면 최대 60바이트 길이가 됩니다. 먼저 TCP 헤더를 구성하는 필드들을 대략적으로 살펴봅시다.

이더넷 헤더+ 트레일러 [18바이트]	목적지 MAC 주소			2계층 옷 [헤더]
	목적지 MAC 주소 [총 6바이트]		출발지 MAC 주소	
	출발지 MAC 주소 [총 6바이트]			
	타입 [총 2바이트]			
IP 헤더 [20바이트]	버전 [4비트] / 헤더 길이 [4비트] / 프로토콜 [1바이트]		총 길이(Total Length) [2바이트]	3계층 옷 [헤더]
	ID(Identification) [2바이트]	플래그 [3비트]	프래그먼트 옵셋 [13비트]	
	TTL [2바이트] / 프로토콜 [2바이트]		헤더 체크섬(Header Checksum) [2바이트]	
	출발지 IP 주소 [4바이트]			
	목적지 IP 주소 [4바이트]			
TCP 헤더 [20 + a바이트]	출발지 포트 [총 2바이트]		목적지 포트 [총 2바이트]	4계층 옷 [헤더]
	순서 번호(Sequence Number) [총 4바이트]			
	ACK 번호(Acknowledgement Number) [총 4바이트]			
	헤더 길이 [4비트] / 예비 [6비트] / 플래그 [6비트]		윈도우(Window Size) [2바이트]	
	체크섬(Checksum) [2바이트]		어전트 포인트(Urgent Pointer) [2바이트]	
	옵션 + 패딩(Option + Padding) [a바이트]			
데이터 [다양한 바이트]	데이터			
이더넷 트레일러	FCS(Frame Check Sequence) [4바이트]			2계층 옷 [트레일러]

[그림 9-1] TCP 헤더 필드

● 출발지 포트(Source Port)와 목적지 포트(Destination Port) ....

엄격하게 말해서 통신의 당사자는 클라이언트 애플리케이션과 서버 애플리케이션
입니다. TCP 프로세스는 동시에 다수의 애플리케이션을 위한 세그먼트들을 교환하기
때문에 이것들을 구분할 필요가 있습니다. 이를 위해 클라이언트 애플리케이션에게는
일시적인 포트(Ephemeral Port, 클라이언트 포트) 번호를 할당하고, 서버 애플리케이션
에게는 잘 알려진 포트(Well-known Port; 서버 포트) 번호를 사용합니다.

잘 알려진 포트 번호의 예로 20/21 [FTP], 80 [HTTP], 23 [텔넷] 등이 있습니다. 클라
이언트는 서버에게 보내는 리퀘스트 메시지를 보내고, 서버는 클라이언트에게 대응하
는 리스폰스 메시지를 보냅니다. 리퀘스트 메시지의 출발지 포트 자리에 일시적인 포
트 번호가 들어가고, 목적지 포트 자리에 잘 알려진 포트 번호가 들어갑니다. 리퀘스트
메시지의 출발지 포트와 목적지 포트는 리스폰스 메시지의 목적지 포트와 출발지 포트
가 됩니다. 즉 [그림 9-2]에서 통신을 개시한 HTTP 클라이언트 애플리케이션에게는
33000번 포트 번호를, HTTP 서버 애플리케이션에게는 잘 알려진 80번 포트 번호를
할당합니다. 클라이언트에서 출발한 HTTP GET과 같은 리퀘스트 메시지의 출발지 포
트(33000)와 목적지 포트(80)는 서버가 보낸 200 OK 리스폰스 메시지의 목적지 포트
(33000)와 출발지 포트(80)가 됩니다.

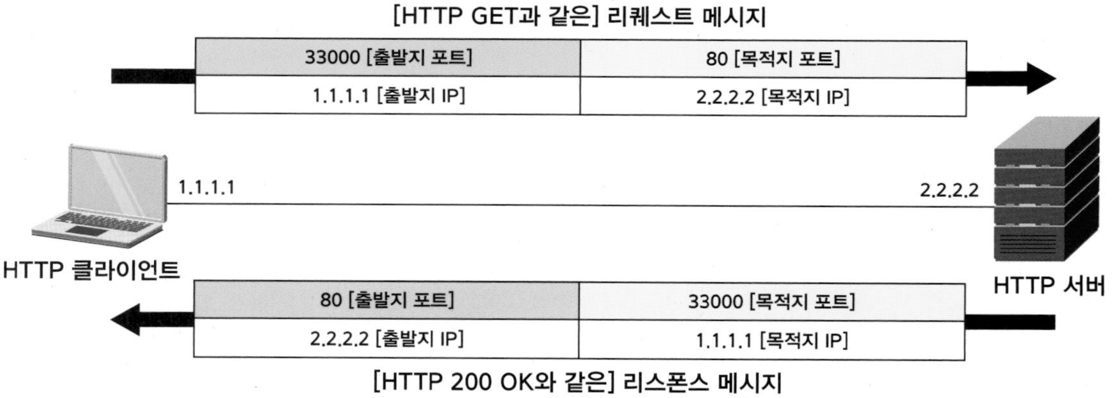

[HTTP GET과 같은] 리퀘스트 메시지

33000 [출발지 포트]	80 [목적지 포트]
1.1.1.1 [출발지 IP]	2.2.2.2 [목적지 IP]

1.1.1.1

2.2.2.2

HTTP 클라이언트

HTTP 서버

80 [출발지 포트]	33000 [목적지 포트]
2.2.2.2 [출발지 IP]	1.1.1.1 [목적지 IP]

[HTTP 200 OK와 같은] 리스폰스 메시지

[그림 9-2] 리퀘스트와 리스폰스 메시지의 포트

포트 번호는 16비트 길이이므로 0~65535의 범위를 가질 수 있습니다. 포트 번호는
[표 9-1]과 같은 범위별 용도를 갖습니다.

구분	범위	용도
잘 알려진 포트 (Well-known Port)	0~1023	IANA가 할당 및 관리하는 잘 알려진 포트들. 예를 들어 HTTP는 80, SMTP는 25, 텔넷은 23, DNS는 53을 사용합니다.

구분	범위	용도
등록된 포트 (Registered Port)	1024~49151	IANA가 할당 및 관리하지 않는 포트들이지만 중복을 피하기 위해 IANA에 등록 가능합니다.
나머지 포트	49152~65535	원래는 클라이언트 프로그램이 임시적으로 사용하는 출발지 포트(Ephemeral Source Port)로 사용하도록 권고되는 영역이지만, 대부분의 시스템은 이 권고를 따르지 않습니다. 즉 다른 범위의 번호도 클라이언트의 출발지 포트로 사용합니다.

[표 9-1] 포트의 범위와 용도

◉ 순서 번호(Sequence Number)

TCP는 출발지 장치에서 MSS(Maximum Segment Size) 단위로 데이터를 잘라서 보내고 목적지 장치에서 조립합니다. MSS 단위로 분할된 데이터에 TCP 헤더를 합친 TCP 데이터 단위를 '세그먼트(Segment)'라고 부릅니다. 세그먼트들은 다양한 경로를 통해 목적지에 도착할 수 있기 때문에 나중에 보낸 세그먼트가 먼저 도착할 수도 있으므로 순서 번호는 필수입니다. 목적지 장치는 앞에 도착한 세그먼트들을 메모리에 잠시 저장하고 순서 번호를 보고 재조립합니다. 순서 번호는 세그먼트가 아니라 바이트 단위를 사용하고, 하나의 세그먼트는 다수의 바이트들을 포함합니다. 순서 번호로 사용하는 것은 세그먼트의 첫 번째 바이트 번호입니다. 순서 번호는 커넥션 설정 단계에서 랜덤하게 선택되는데, 이때 선택된 순서 번호를 'ISN(Initial Sequence Number)'이라고 합니다. 순서 번호 필드는 상위 계층에서 내려온 데이터 덩어리를 자르는 프로토콜에게는 반드시 필요합니다. IP도 자르기 때문에 IP 헤더에도 순서 번호에 해당하는 ID와 프래그먼트 옵셋(Fragment Offset) 필드가 있습니다.

◉ ACK 번호(Acknowledgement Number)

TCP는 믿음직한 프로토콜(Reliable Protocol)입니다. 즉 세그먼트의 전송이 성공했는지의 여부를 ACK 세그먼트를 통해 확인시켜줍니다. ACK 번호는 TCP 수신 프로세스가 다음으로 받을 세그먼트의 순서 번호입니다. 예를 들어 TCP의 수신 프로세스가 마지막으로 수신한 바이트의 순서 번호가 1499라면 'Ack 1500'을 보냅니다. 'Ack 1500'은 1,499번째 바이트까지는 잘 받았으니 그 다음 바이트인 1,500번째 바이트를 보내라는 뜻입니다. 세그먼트의 크기는 MSS(Maximum Segment Size)로 결정하지만, 정해진 시간(TCP 재전송 타임아웃) 안에 'Ack 1500'이 도착하지 않으면 해당 세그먼트를 재전송합니다. 이렇게 재전송을 통해 전송 오류를 해결할 수 있기 때문에 '믿음직한 프로토콜(Reliable Protocol)'이라고 부릅니다. 이때 RCR(Retransmission Retry-Count Register)이란 레지스터 값을 설정하여 재전송 횟수를 결정할 수 있습니다.

◉ 헤더 길이(Header Length)

헤더의 길이는 기본적으로 20바이트이고, 옵션이 추가되면 최대 60바이트입니다. 헤더 길이 필드에는 바이트를 4로 나눈 값이 입력됩니다. 즉 20바이트라면 5가, 60바이트라면 15가 입력됩니다.

◉ 예비(Reserved)

미래의 기능을 위해 남겨둔 필드입니다.

◉ 플래그(Flag)

'컨트롤' 또는 '코드 비트 필드'라고도 하고 용도는 [표 9-2]와 같습니다.

플래그	설명
URG	어전트 포인터(Urgent Point) 필드에 유효한 값이 포함되었다는 의미입니다.
ACK	ACK 필드에 유효한 값이 포함되었다는 의미입니다.
PSH	다음 세그먼트를 기다리지 말고 이 세그먼트를 즉시 보내거나 처리할 것을 명령합니다.
RST	커넥션 중단을 명령합니다.
SYN	커넥션 설정을 원합니다.
FIN	커넥션 종결을 원합니다.

[표 9-2] 플래그의 용도

◉ 윈도우 사이즈(Window Size)

TCP 수신 프로세스가 한꺼번에 처리 가능한 데이터량을 표시하는데, 'rwnd (receiving window)'라고도 합니다. 그러므로 TCP 송신 프로세스는 한 번에 rwnd를 초과하는 데이터량을 보낼 수 없습니다. rwnd는 16비트이므로 최대 65,535바이트의 값을 가질 수 있습니다. 사실 TCP 송신 프로세스는 rwnd(TCP의 수신 프로세스의 수신 능력을 반영하는 값)와 cwnd(네트워크의 전송 능력을 반영하는 값)를 기초로 전송량을 결정하는데, 이러한 기능을 '플로 컨트롤'이라고 합니다.

◉ 체크섬(Checksum)

TCP 체크섬 계산을 할 때는 [그림 9-3]과 같이 TCP 헤더와 데이터뿐만 아니라 IP 슈도 헤더(Pseudoheader)까지 포함합니다. IP 슈도(Pseudo) 헤더에는 IP 헤더 중에서 출발지 IP 주소, 목적지 IP 주소, 프로토콜 등이 포함됩니다. TCP 체크섬 계산을 위해 앞에서 설명한 모든 필드들을 16비트 단위로 잘라 더하는데, 더하기 계산에서 체크섬 필드는 제외됩니다. 예를 들어 더하기 값이 '11001001 11100011'이라면, 이것을 반전시킨 '00110110 00011100'이 체크섬 값이 됩니다. TCP 송신 프로세스는 체크섬 값을 체크섬 필드에 입력하여 보냅니다. 세그먼트가 전송 도중에 훼손되지 않았다면, TCP 수신 프로세스에서 체크섬 필드를 포함한 IP 슈도 헤더와 TCP 헤더 필드들을 더하면 '11111111 11111111'이 됩니다. 만약 0이 하나라도 나오면 훼손된 세그먼트를 받은 것으로, 이 경우 세그먼트는 버려집니다.

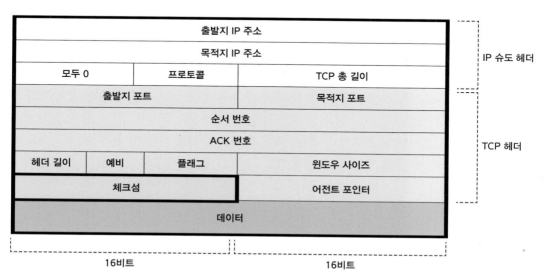

[그림 9-3] TCP 체크섬의 입력 값

● 어전트 포인터(Urgent Pointer)

플래그의 URG 비트가 1로 세팅된 경우에만 어전트 포인터 필드는 유효한 값을 포함합니다. 순서 번호와 이 필드의 값을 더하면 긴급 데이터의 마지막 +1바이트 자리가 나옵니다. 우선 처리할 바이트를 표시하기 위해 사용합니다.

● 옵션(Option)

최대 40바이트의 옵션 정보를 포함할 수 있습니다. MSS(Maximum Segment Size), 윈도우 스케일 팩터(Window Scale Factor), 타임스탬프(Timestamp), SACK 허용 (SACK-permitted), SACK과 같은 옵션 정보를 포함할 수 있습니다.

TCP 프로토콜을 이해하고, TCP 헤더를 처리할 수 있는 장치들과 더불어 TCP의 가장 기본적인 특징인 인캡슐레이션, 멀티플렉싱, 버퍼링 등에 대해 알아보겠습니다.

Tip
　스위치와 라우터에 SNMP, Syslog, TFTP 등과 같은 애플리케이션을 설치하면, 스위치와 라우터도 7계층 단말이 됩니다. 7계층 프로토콜이 제대로 동작하려면 7계층을 포함하여 7계층 이하의 모든 계층에 문제가 없어야 하기 때문에 4계층도 지원합니다. 이 경우 스위치와 라우터는 스위치와 라우터의 기능도 수행하면서 그 외 단말 기능도 수행합니다.

● TCP 관련 장치

[그림 9-4]에서 PC/서버와 같은 단말(호스트)은 7계층 이하의 모든 기능들을 수행합니다. 라우터는 3계층 이하의 기능을, 스위치는 2계층 이하의 기능을 수행합니다. 즉 ① 2계층 헤더는 스위치를 위한 정보를, 3계층 헤더는 라우터를 위한 정보를 포함하지만, ② 4계층 헤더는 단말을 위한 정보를 포함합니다. 4계층 헤더에는 통신 커넥션을 구분하기 위한 출발지와 목적지 포트 필드, 전송의 성공 여부를 확인하기 위한 ACK 필드, 단말 간의 전송량을 조절하기 위한 윈도우 사이즈 필드, 단말 간의 통신 커넥션을 시작하고 끝내기 위한 플래그 필드 등이 포함됩니다. 4계층 헤더를 볼 수 있는 장치는 PC/서버와 같은 단말들뿐이기 때문에 출발지 단말에서 만들어진 4계층 헤더는 라우터와 스위치가 처리 및 변경할 수 없으며, 원래의 상태 그대로 도착하여 목적지 단말에 의해 읽혀지고 처리됩니다.

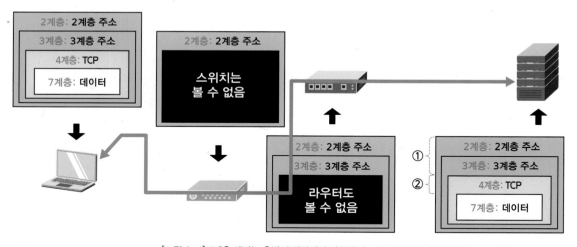

[그림 9-4] 4계층 헤더는 출발지 단말에서 만들어지고, 목적지 단말에서 읽혀지고 처리된다.

● 인캡슐레이션과 디인캡슐레이션

애플리케이션이 TCP에게 데이터 전송을 의뢰하면, TCP 송신 프로세스는 데이터를 MSS 단위로 분할하고 TCP 헤더를 추가하여 세그먼트를 만듭니다. 세그먼트는 4계층 데이터 단위이며 세그먼트를 만드는 과정을 '인캡슐레이션(Encapsulation)'이라고 합니다. 반대로 3계층 프로세스로부터 세그먼트가 도착하면 목적지 포트를 확인한 후 4계층 헤더를 제거하고 해당 애플리케이션 프로세스로 전달하는데, 헤더를 제거하는 과정을 '디인캡슐레이션(De-encapsulation)'이라고 합니다. 인캡슐레이션과 디인캡슐레이션은 TCP만의 특별한 기능이 아니라 UDP나 IP 또는 이더넷 등의 다른 프로토콜들도 수행하는 일반적이고 기본적인 기능입니다.

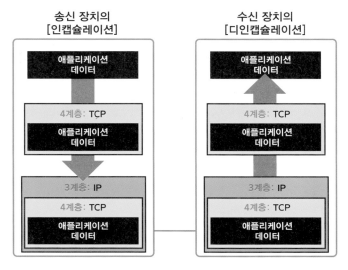

[그림 9-5] 인캡슐레이션과 디인캡슐레이션

● 멀티플렉싱 & 디멀티플렉싱

[그림 9-6]에서 TCP의 상위 계층에는 4개의 애플리케이션이 동작 중입니다. 다양한 상위 계층의 애플리케이션이 보낸 데이터를 TCP 프로세스가 처리해야 하는데, 이 과정을 TCP의 ㉮ '멀티플렉싱(Multiplexing)' 기능이라고 합니다. 또한 IP 프로세스가 보낸 데이터그램을 수신한 TCP 프로세스는 다양한 애플리케이션 프로세스로 분배해야 하는데, 이 과정을 TCP의 ㉯ '디멀티플렉싱(De-multiplexing)' 기능이라고 합니다.

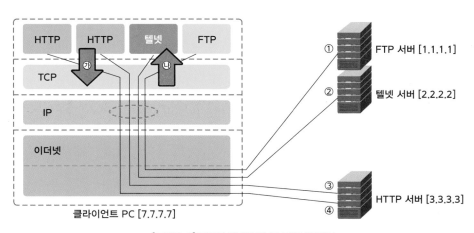

[그림 9-6] TCP의 멀티플렉싱과 디멀티플렉싱

멀티플렉싱과 디멀티플렉싱을 수행하려면 애플리케이션을 구분할 수 있어야 합니다. TCP가 애플리케이션을 구분하기 위해 사용하는 필드는 출발지 IP 주소, 목적지 IP 주소, 출발지 포트와 목적지 포트이고, 이들 네 가지를 '소켓 주소(Socket Address)'라고 합니다. 클라이언트가 애플리케이션을 구분하기 위해 사용하는 것이 클라이언트 소켓 주소이고, 서버가 애플리케이션을 구분하기 위해 사용하는 것이 서버 소켓 주소입니다. [그림 9-6]의 클라이언트와 서버 애플리케이션이 사용하는 소켓 주소는 [표 9-3]과 같습니다. 여기서 ③번과 ④번 커넥션의 소켓 주소를 보면, 두 커넥션들은 클라이언트 소켓 주소의 출발지 포트를 제외하고는 모두 동일합니다. 이 경우는 자신의 PC에서 동일한 웹 서버에 대해 2개의 접속 창을 오픈한 경우로 2개의 커넥션을 구분하는 것은 클라이언트 소켓 주소의 출발지 포트 번호뿐입니다. 따라서 출발지 포트가 없다면, 한 클라이언트 PC는 동일한 서버에 대해 (목적지 포트로 구분되는) 동일한 서비스를 동시에 여러 개 사용할 수 없게 됩니다.

구분	클라이언트 소켓 주소		서버 소켓 주소	
	IP 주소	[출발지] 포트	IP 주소	[목적지] 포트
①번 연결	7.7.7.7 [내 PC]	60902	1.1.1.1 [FTP 서버]	20/21
②번 연결	7.7.7.7 [내 PC]	65101	2.2.2.2 [Telnet 서버]	23
③번 연결	7.7.7.7 [내 PC]	62098	3.3.3.3 [HTTP서버]	80
④번 연결	7.7.7.7 [내 PC]	57098	3.3.3.3 [HTTP 서버]	80

[표 9-3] [그림 9-6]의 애플리케이션 프로그램이 사용하는 소켓 주소

LESSON 39 : 두 번째 특징, 커넥션 관리

TCP는 커넥션 오리엔티드 프로토콜(Connection-oriented Protocol)입니다. 커넥션 오리엔티드 프로토콜은 데이터를 전달하기 전에 TCP의 커넥션 설정 과정을 거치고, 커넥션 중에는 수신 장치나 네트워크의 전송 능력을 고려하여 커넥션의 전송 용량을 결정한 후 유실되거나 손상된 세그먼트를 재전송하여 안정적인 커넥션을 유지합니다. 또한 전송이 끝나면 커넥션 종결 과정을 거친 후 커넥션에 할당된 메모리 자원을 회수합니다.

◉ 커넥션 오리엔티드 프로토콜 vs 커넥션리스 프로토콜

커넥션 오리엔티드 프로토콜은 세그먼트들을 전송하기 전에 커넥션을 위해 필요한 것을 결정하는 커넥션 설정 절차를 거칩니다. 즉 TCP 프로세스는 어떤 애플리케이션을 위한 커넥션인지, 수신 장치의 수신 용량(rwnd)은 얼마나 되는지, 전송 가능한 최대 세그먼트의 크기는 얼마나 되는지 등을 파악합니다. 커넥션이 설정되면 TCP 송신 프

로세스는 TCP 수신 프로세스의 수신 능력과 네트워크의 전송 능력을 반영하여 전송량을 결정합니다. 또한 유실되거나 훼손된 세그먼트는 재전송하고 TCP 수신 프로세스는 순서대로 조립하여 애플리케이션에게 전달합니다. 전송이 끝나면 커넥션 종결 절차가 일어나서 커넥션에 할당된 메모리는 다른 커넥션을 위해 회수됩니다.

커넥션이 종결되는 또 다른 경우는 다음과 같습니다. 즉 커넥션 설정 후에 2시간이 지나도 세그먼트가 전혀 도착하지 않는다면, 프로브(Probe) 세그먼트를 송신해 봅니다. 그래도 아무런 응답이 오지 않으면 커넥션이 종결되는데, 이때 기다리는 시간을 '킵어라이브 타이머(Keepalive Timer, 디폴트로 2시간이고 변경 가능)'라고 합니다. 한편, 장애로 애플리케이션이 다운된 경우, TCP는 RST 세그먼트를 보내는데, 이때 커넥션은 즉시 종결됩니다.

커넥션리스 프로토콜(Connectionless Protocol)은 데이터그램을 전송하기 전에 별도의 커넥션 설정 절차가 없습니다. 따라서 원하는 서비스를 제공하는지 확인할 필요도 없고, 수신 장치나 네트워크의 전송 능력에 따라 커넥션의 전송 능력을 결정하는 메커니즘도 없습니다. 또한 최대 전송 가능 데이터그램의 크기도 협의하지 않습니다. 커넥션 중에도 유실이나 훼손에 대응하며 순차적으로 전송되도록 하는 기능도 없고, 그냥 애플리케이션이 보낸 데이터그램을 보내고, 받은 데이터그램을 해당 애플리케이션에게 전달할 뿐입니다.

● 커넥션 설정

커넥션 설정(Connection Establishment)을 위해 쓰리-웨이 핸드셰이크(3-Way Handshake), 즉 3개의 트랜잭션이 필요합니다. 첫째, TCP SYN은 '보내도 좋냐?', 둘째, TCP SYN/ACK는 '보내도 좋다', 셋째, TCP ACK는 '보낼게'에 해당합니다.

● 클라이언트

클라이언트 애플리케이션은 통신을 개시하기 위해 액티브 오픈(Active Open) 프로세스를 실행합니다. 액티브 오픈은 소켓 라이브러리의 socket과 connect 프로그램을 순서대로 호출합니다. connect 프로그램이 'CLOSED' 상태에 있던 클라이언트 PC로 하여금 ① TCP SYN 세그먼트를 보내도록 하고, TCP SYN을 보내면 'SYN-SENT' 상태에 들어갑니다. 클라이언트 PC는 ② TCP SYN/ACK를 받으면 TCP ACK 세그먼트를 보내고 'ESTABLISHED' 상태에 들어갑니다. 이로써 통신이 시작됩니다.

● 서버

서버 애플리케이션은 수신 커넥션을 받아들이기 위해 패시브 오픈(Passive Open) 프로세스를 실행합니다. 패시브 오픈은 socket, bind, listen, accept 프로그램을 순서대로 호출합니다. listen 프로그램은 LISTEN 상태에 들어가게 하고, accept 프로그램이 LISTEN 상태에 있던 서버의 TCP 프로세스가 ① TCP SYN 세그먼트를 받으면 'LISTEN' 상태를 끝내고 'SYN-RCVD' 상태에 들어가며 ② TCP SYN/ACK 세그먼트를 보내줍니다. 서버도 ③ TCP ACK 세그먼트를 받으면 'ESTABLISHED' 상태에 들어갑니다. 현재 상태에서 서버의 TCP 프로세스도 데이터를 보낼 수 있습니다.

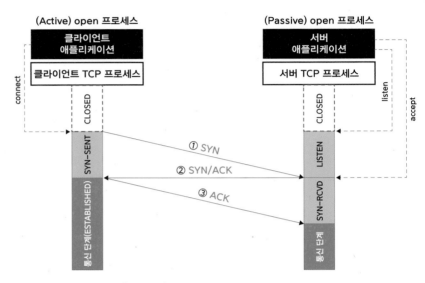

[그림 9-7] TCP 커넥션 설정과 상태

커넥션 설정 절차에 사용되는 TCP SYN, TCP SYN/ACK, TCP ACK 세그먼트에 들어가는 정보는 [표 9-4]와 같습니다. 즉 TCP SYN에는 전송 과정에서 사용할 첫 번째 순서 번호(ISN; Initial Sequence Number)를 보냅니다. ISN은 랜덤하게 선택됩니다. Ack 번호는 받은 세그먼트에 대한 수신 확인을 위해 사용하므로 커넥션 설정을 위해 최초로 보내는 TCP SYN 세그먼트에는 존재하지 않습니다. 소켓 주소는 통신 커넥션을 구분합니다. 즉 '나의 소켓 주소는 1.1.1.1/65001(출발지 주소/출발지 포트)이고, 소켓 주소 2.2.2.2/80(목적지 주소/목적지 포트)을 가진 프로세스와 통신을 원한다'는 의미를 갖습니다. 윈도우 사이즈는 수신 장치의 수신 역량, 즉 한 번에 받을 수 있는 데이터량(또는 메모리량)을 나타냅니다. TCP 쓰리웨이 핸드셰이크가 종료되면 소켓끼리 전용 도로가 연결되어 데이터를 송·수신할 수 있는데, 이 전용 도로를 '커넥션'이라고 부릅니다.

플래그	순서 번호	Ack 번호	소켓		윈도우	옵션
① SYN	10055	없음	65001 : 1.1.1.1	80 : 2.2.2.2	없음	포함 가능
② SYN/ACK	16000	10056	80 : 2.2.2.2	65001 : 1.1.1.1	4500	포함 가능
③ ACK	10056	16001	65001 : 1.1.1.1	80 : 2.2.2.2	9000	포함 가능

[표 9-4] TCP SYN, SYN/ACK, ACK 세그먼트 헤더 필드들의 의미

TCP SYN 플러딩

TCP SYN 세그먼트가 도착하면, TCP 수신 프로세스는 새로운 커넥션에 대한 TCP 커넥션 관리 테이블을 만들고, 버퍼(메모리)를 할당합니다. TCP 커넥션 관리 테이블은 [표 9-4]와 같은 내용을 포함합니다. 또한 TCP 송신 프로세스에게 TCP SYN/ACK 세그먼트를 보냅니다. TCP SYN 플러딩 공격은 TCP 수신 프로세스의 메커니즘을 활용합니다. 즉 공격자가 다량의 TCP SYN 세그먼트들을 한꺼번에 보내면 메모리는 고갈되고, 더 이상의 TCP SYN을 받을 수 없습니다. 결과적으로 서버는 서비스를 거부하게 되므로 TCP SYN 플러딩을 'DoS(Denial of Service, 서비스 거부) 공격'이라고 부릅니다. 이러한 문제를 해결하기 위해 TCP SYN 세그먼트의 수를 제한하거나, 서버에 접속 가능한 수신 장치들을 출발지 주소를 기준으로 제한하거나, TCP SYN을 수신했을 때가 아니라 커넥션 설정이 끝난 후(TCP 쓰리웨이 핸드셰이크가 끝난 후)에 메모리를 할당하는 방법이 있습니다.

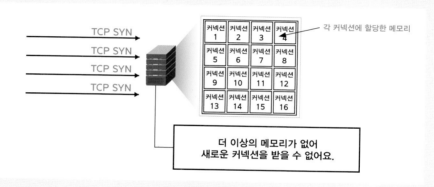

[그림 9-8] TCP SYN 플러딩 공격

● TCP 전송

커넥션이 설정되면 클라이언트와 서버 애플리케이션은 통신을 할 수 있습니다. TCP 송신 프로세스는 데이터를 세그먼트들로 분할한 후 순차적으로 세그먼트들을 보내고, TCP 수신 프로세스는 순서 번호를 보고 세그먼트들을 조립합니다. [그림 9-9]에서 11부터 시작하는 숫자는 세그먼트의 ① 순서 번호입니다. 실제로 하나의 세그먼트는 몇 번째 바이트부터 몇 번째 바이트까지를 포함하며, 순서 번호로는 세그먼트의 첫 번째 바이트 번호를 사용합니다. TCP의 ② 전송 가능 용량은 수신 장치의 수신 역량(rwnd)과 네트워크의 전송 역량(cwnd)에 의해 결정되므로 시간에 따라 전송 가능 용량은 변합니다. 한편 ③ 유실된 세그먼트나 ④ 훼손된 세그먼트는 ⑤ 재전송됩니다.

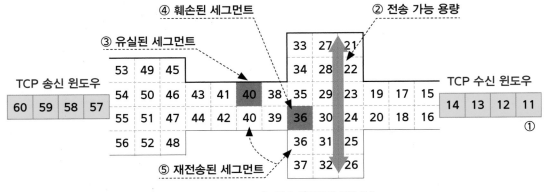

[그림 9-9] TCP에 의한 전송

재전송 동작은 다음과 같습니다. 데이터를 포함한 세그먼트를 보낼 때 Ack#도 보내는데, 이것을 '피기배킹(Piggybacking)'이라고 합니다. 즉 '돼지'라는 데이터를 데려갈 때 Ack#를 돼지의 등(Pig Back)에 실어보낸다는 뜻입니다. 즉 [그림 9-10]에서 클라이언트가 보낸 ①번 세그먼트에는 Seq#=20000부터 시작하는 1,500바이트의 데이터뿐만 아니라 Ack#=9000도 실려 있습니다. Ack#=9000은 8,999번째 바이트까지는 잘 받았으니 9,000번째 바이트를 보내라는 의미입니다. 이에 대해 서버가 보낸 ②번 세그먼트에는 Seq#=9000부터 시작하는 1,500바이트의 데이터가 실려 있고, Ack#=21500도 실려 있습니다. 이에 대해 클라이언트가 보낸 ③번 세그먼트에는 Seq#=21500부터 시작하는 1,500바이트의 데이터가 실려 있고, Ack#=10500도 실려 있습니다

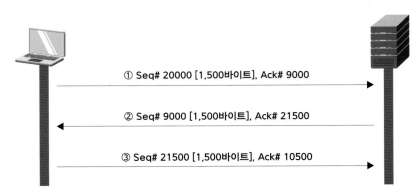

[그림 9-10] 피기배킹(Piggybacking)

● PSH 플래그(Push Flag)

[그림 9-11]과 같이 TCP의 송신 프로세스는 송신 버퍼를 갖고, 수신 프로세스는 수신 버퍼를 갖습니다. 송신 애플리케이션은 TCP 프로세스의 송신 버퍼 때문에 송신 능력을 초과하는 데이터량을 TCP 프로세스에게 보낼 수 있습니다. 이와 마찬가지로 TCP의 수신 버퍼 때문에 수신 애플리케이션의 처리 용량을 넘어서는 속도로 전송할 수 있습니다. TCP 송신 프로세스는 클라이언트 애플리케이션이 내려보낸 데

이터를 MSS 단위로 모아 TCP 인캡슐레이션을 수행한 후 전송합니다. (실제로는 IP 헤더와 2계층 인캡슐레이션도 필요하겠죠.) 그런데 송신 애플리케이션이 데이터를 보낼 때 TCP 송신 프로세스에게 ① 푸싱을 지시하면, MSS만큼의 데이터가 쌓이지 않아도 TCP 송신 프로세스는 세그먼트의 ② PSH 플래그를 1로 세팅하고 현재 쌓인 데이터를 즉시 보냅니다. 수신 TCP 프로세스도 데이터를 ③ 즉시 수신 애플리케이션에게 전달합니다.

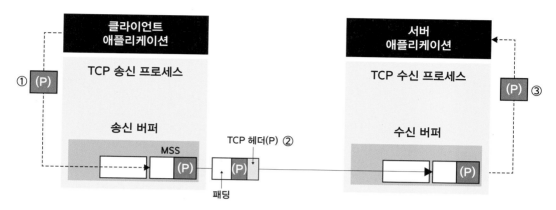

[그림 9-11] 푸싱(Pushing)

PSH 비트를 활용하는 사례는 [표 9-5]와 같습니다.

구분	설명
실시간 애플리케이션 (Real-time Application)	• 속도가 가장 중요한 애플리케이션의 경우 수신 버퍼가 크면 대기 시간이 길어져 문제가 됩니다. • 이때 PSH로 표시된 세그먼트는 버퍼에서 대기하지 않고 즉시 애플리케이션으로 전달됩니다.
대화 방식 애플리케이션 (Interactive Application)	• TCP 송신 프로세스는 세그먼트를 만들기 위해 MSS 크기의 데이터가 도착할 때까지 기다립니다. • 소량의 데이터를 대화 방식으로 교환하는 텔넷 애플리케이션의 경우 하나의 세그먼트마다 하나의 문자만 포함합니다. 이 경우 애플리케이션이 푸싱 명령을 TCP 프로세스에게 보내면, 1 바이트짜리 데이터를 포함하는 세그먼트라도 즉시 전송하고, 수신 프로세스도 더 이상의 세그먼트를 기다리지 않고 애플리케이션에게 즉시 전달합니다.
리퀘스트가 간단한 애플리케이션	• 최초에 HTTP 클라이언트가 HTTP GET 메시지를 보내면, 더 이상 보낼 메시지가 없습니다. 다음은 HTTP 서버가 응답할 순서이기 때문입니다. 이때 PSH 비트를 1로 표시하면 TCP 수신 프로세스는 즉시 애플리케이션에게 HTTP GET 메시지를 보내 서버가 클라이언트의 요청에 즉각 응답할 수 있도록 합니다. • 마찬가지로 웹 서버도 마지막으로 보내는 세그먼트에 PSH 비트를 세팅하여 더 이상 보낼 데이터가 없음을 알려줍니다.

[표 9-5] 푸싱을 사용하는 애플리케이션

● URG 플래그와 어전트 포인터(Urgent Pointer)

송신 애플리케이션이 특정 바이트를 긴급하게 보내야 할 때가 있습니다. 즉 세그먼트에서 수신 애플리케이션이 빨리 읽기를 바라는 바이트가 있을 수 있습니다. 예를 들어 데이터 전송과 데이터 프로세싱을 취소하는 바이트가 여기에 해당됩니다. 이것을 표시하기 위해 TCP 송신 프로세스는 URG 비트를 1로 세팅하는데, 이것은 '어전트 포인트를 보라'는 것을 의미합니다. 어전트 포인트 필드에는 긴급 데이터가 몇 번째 바이트에 포함되었는지를 표시합니다.

● 커넥션 종결 절차: 3-way Handshake

양측 모두 가능하지만, 일반적으로 클라이언트에서 종결 절차를 시작합니다. 커넥션 종결(Connection Termination) 단계에서도 커넥션 설정 단계와 마찬가지로 쓰리웨이 핸드셰이크(3-Way Handshake), 즉 3개의 트랜잭션이 필요합니다. TCP 커넥션 종결을 요청한 애플리케이션은 액티브 클로즈(Active Close) 프로세스를 실행하고 요청당한 애플리케이션은 패시브 클로즈(Passive Close) 프로세스를 실행합니다.

● 클라이언트

모든 데이터를 보낸 애플리케이션은 마지막으로 EOF(End of File, 파일의 마지막을 표시) 메시지를 보내고 ① 액티브 클로즈(Active Close) 프로세스를 실행합니다. 액티브 클로즈는 close 프로그램을 호출합니다. close 프로그램은 클라이언트 TCP 프로세스로 하여금 FIN 세그먼트를 보내고 FIN-WAIT-1 상태에 들어가게 합니다. FIN은 더 이상 보낼 데이터가 없으며, TCP 커넥션을 종결하고자 한다는 뜻입니다. 서버 TCP 프로세스로부터 FIN/ACK 세그먼트를 받으면, ACK를 보내고 TIME-WAIT 상태 이후에 커넥션은 종결됩니다. 즉 액티브 클로즈를 실행하는 TCP 프로세스는 FIN-WAIT-1과 TIME-WAIT 상태를 거칩니다.

● 서버

FIN을 받기 전까지는 ESTABLISHED 상태(통신 단계)를 유지하고, FIN 세그먼트를 받으면 CLOSE-WAIT 상태에 들어갑니다. 버퍼에 남아 있던 마지막 데이터와 EOF 메시지를 서버 애플리케이션 프로세스에게 보냅니다. 서버 애플리케이션이 close 프로그램을 호출하면 서버 TCP 프로세스는 FIN/ACK 세그먼트를 보내고 LAST-ACK 상태에 들어갑니다. LAST-ACK 상태는 TCP 서버 프로세스로부터 ACK 세그먼트를 받을 때까지 지속합니다. 패시브 클로즈를 실행하는 TCP 프로세스는 CLOASE-WAIT와 LAST-ACT 상태를 거칩니다. 커넥션이 종결되면 커넥션에 할당했던 메모리 자원을 회수하여 다음 커넥션을 대비합니다.

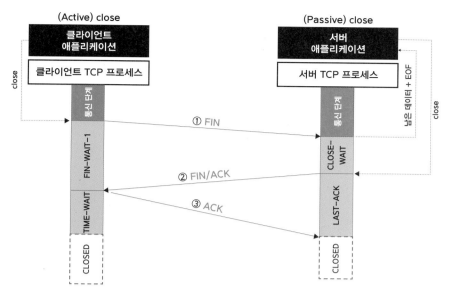

[그림 9-12] TCP 종결: 3-Way Handshake

● 커넥션 종결 절차: 4-Way Handshake

클라이언트 쪽에서 서버가 작업할 데이터를 모두 보내고, 결과를 기다리지 않고 종결할 수도 있는데, 이것을 '하프 클로즈(Half-close) 방식'이라고 합니다. 어느 쪽에서든 하프 클로즈를 시작할 수 있지만, 대개는 클라이언트에서 시작합니다. 이 경우 클라이언트가 모든 데이터를 보내고 FIN과 ACK를 교환하면 서버 방향의 커넥션은 종결하지만, 서버로부터 작업의 결과(데이터)를 받고 FIN과 ACK를 교환하기 전에는 클라이언트 방향의 커넥션이 종결되지 않습니다.

[그림 9-13]을 보면 클라이언트 애플리케이션은 close 프로그램을 호출합니다. close 프로그램은 TCP 클라이언트 프로세스가 FIN 세그먼트를 보내 하프 클로즈하도록 합니다. TCP 서버는 ACK 세그먼트로 응답해서 이를 허락하지만, 서버는 계속 데이터를 보낼 수 있습니다. 서버는 클라이언트가 원하는 데이터를 처리하여 그 결과를 보낸 후 FIN과 ACK 세그먼트를 교환해야 반대 방향의 커넥션도 종결합니다.

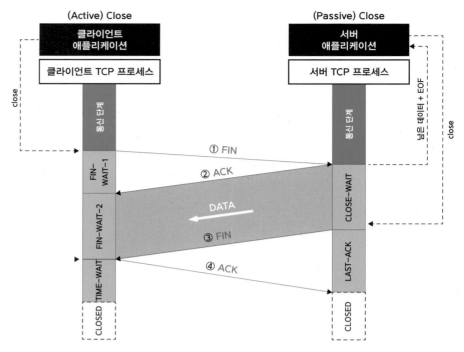

[그림 9-13] TCP 종결: 4-Way Handshake

타임웨이트(TIME-WAIT) 상태

TIME-WAIT는 커넥션을 먼저 끊은 쪽에서 발생합니다. 즉 액티브 클로즈를 실행하는 TCP 프로세스는 ACK를 보낸 후 TIME-WAIT만큼 대기한 후 커넥션을 끊습니다. 그 이유는 다음과 같습니다.

첫째, [그림 9-13]에서 TCP 클라이언트 프로세스가 보낸 ④ ACK 세그먼트를 받지 못한 경우 TCP 서버 프로세스는 자신이 보낸 ③ FIN 세그먼트가 유실되었다고 판단하고 재전송합니다. TIME-WAIT는 마지막 ④ ACK가 유실되어 액티브 클로즈 프로세스 혼자 TCP 커넥션을 종결하는 것을 막기 위해서입니다. TIME-WAIT는 60초입니다.

둘째, TCP 커넥션을 TIME-WAIT 없이 종료하고 다음 TCP 커넥션을 시작하면 이전 커넥션에 속한 세그먼트가 뒤늦게 도착할 수 있습니다. 이전 커넥션에 속하는 세그먼트는 폐기되는 것이 당연하지만, (동일한 소켓 주소를 갖는) 새로운 커넥션에 속하는 세그먼트가 사용하는 순서 번호보다 높다면, TCP 프로세스는 정상적으로 처리하려고 합니다. 이 문제를 해결하기 위해 TCP 세그먼트가 존재 가능한 최대 시간인 MSL×2배(TIME-WAIT) 시간이 경과한 후 커넥션을 종결하도록 합니다.

● 커넥션 거부 절차

커넥션 거부 절차는 클라이언트가 원하는 서비스를 서버가 제공하지 않거나, 제공하되 버퍼로 사용할 메모리가 부족한 경우에 발생할 수 있습니다. 즉 클라이언트가 원하는 서비스가 서버에서 LISTEN 상태에 있지 않을 때 발생합니다. ① TCP SYN을 수신한 서버가 커넥션을 거부하려면 ② TCP RST/ACK 세그먼트를 보내고 SYN-RCVD 상태를 거쳐 다시 LISTEN 상태에 들어갑니다. TCP RST/ACK 세그먼트를 받은 TCP 클라이언트 프로세스는 CLOSED 상태에 들어갑니다.

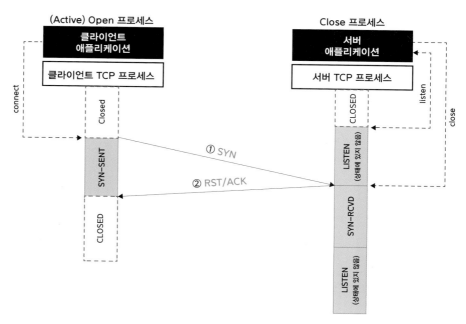

[그림 9-14] TCP의 거부 절차

● 커넥션 중단 절차

애플리케이션은 정상적인 경우 연결을 종결하지만, 중단할 수도 있습니다. 애플리케이션 프로세스에 어떤 문제가 있거나 사용자가 애플리케이션을 강제로 중단할 때 발생합니다. 이 경우에도 애플리케이션은 Close 프로세스를 실행합니다. TCP 프로세스는 TCP 버퍼에 남아있던 데이터를 모두 폐기하고 TCP RST/ACK 세그먼트를 보낸 후 CLOSED 상태에 들어갑니다. TCP 서버 프로세스는 ① TCP RST/ACK 세그먼트를 받으면 TCP 버퍼에 있던 데이터를 모두 버린 후 서버 애플리케이션에게 Error 메시지를 보냅니다.

2개의 단말 사이에 TCP 커넥션이 설정된 후 하나의 단말에 문제가 있어 어떤 세그먼트도 전송하지 않는 경우 TCP 커넥션은 종결되지 않아 영원히 유지될 것인데, 이것을 해결하는 TCP의 방법은 간단합니다. 즉 TCP 프로세스는 세그먼트를 받을 때마다 킵어라이브 타이머를 초기화합니다. 기본 킵어라이브 타이머는 2시간입니다. 2시간이 지날 때까지 세그먼트를 받지 못한 TCP 프로세스는 10개의 프로브(Probe, 탐지) 세그먼트를 75초 간격으로 보냅니다. 그래도 아무런 응답을 받지 못하면 TCP 커넥션은 중단됩니다.

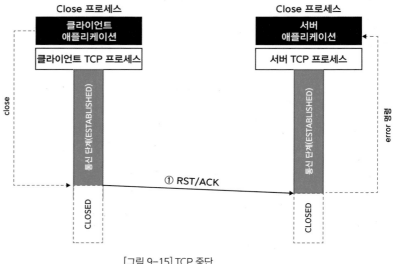

[그림 9-15] TCP 중단

LESSON 40 : 세 번째 특징, 옵션

TCP 옵션 필드의 크기는 0~40바이트까지 가능하고, MSS와 윈도우 스케일, SACK-허용, SACK 옵션이 있습니다.

● MSS(최대 세그먼트 크기)

MSS(Maximum Segment Size, 최대 세그먼트 크기)는 TCP 프로세스가 보낼 수 있는 최대 세그먼트의 크기입니다. MSS는 커넥션 설정 단계에서 옵션 필드를 활용하여 결정하고, 커넥션이 종결될 때까지 변경할 수 없으며, 범위는 0~65,535바이트입니다. 양쪽에서 제공하는 값 중에서 더 작은 값이 MSS로 선택됩니다. 한쪽에서 MSS를 제공하지 않는 경우 536바이트로 결정됩니다.

타입 2 [1바이트]	길이 4 [1바이트]	MSS [2바이트]

[그림 9-16] MSS 옵션

● 윈도우 스케일 팩터

윈도우 사이즈 필드는 16비트이므로 0~65,535바이트의 범위를 가질 수 있습니다. 또한 이 범위의 숫자는 세그먼트의 순서 번호로 사용하는데 최댓값이 되면 다시 0부터 시작합니다. 0~65,535바이트의 범위가 넓은 것 같아도 대역폭이 넓어 전송량이 많을 때 심한 지연까지 발생하면 순서 번호가 중복될 수 있는데, 이러한 문제를 해결하기 위해 순서 번호의 숫자 범위를 넓혀야 합니다. 스케일 팩터가 7이라면 새로운 윈도우 사이즈의 범위는 $0~8,388,480(=65,535 \times 2^7)$이 됩니다. 윈도우 스케일 팩터(Window Scale Factor)는 커넥션 설정 단계에서 결정됩니다.

종류 3 [1바이트]	길이 3 [1바이트]	스케일 팩터 [1바이트]

[그림 9-17] 윈도우 스케일 팩터 옵션

○ 타임스탬프

타임스탬프(Timestamp)는 왕복 시간(Round-trip Timer)을 측정하거나, 순서 번호의 중복 방지(PAWS; Protection Against Wrapped Sequence Number)를 위해 사용합니다.

	타입 8 [1바이트]	길이 10 [1바이트]
타임스탬프 [4바이트]		
타임스탬프 에코 리플라이 [4바이트]		

[그림 9-18] 타임스탬프 옵션

● 왕복 시간 측정

TCP 프로세스가 타임스탬프 옵션을 적용했다면 커넥션 설정을 위한 TCP SYN 세그먼트의 타임스탬프 필드에 시스템 클록 값을 포함시킵니다. 수신 TCP 프로세스는 ACK 세그먼트의 타임스탬프 에코 리플라이 필드에 받은 타임스탬프 값을 그대로 보냅니다.

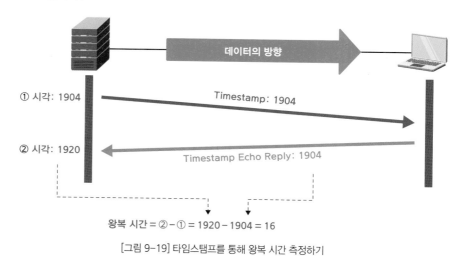

[그림 9-19] 타임스탬프를 통해 왕복 시간 측정하기

[그림 9-19]의 경우 현재의 타임스탬프(1920)에서 에코 리플라이의 타임스탬프를 빼면 왕복 시간을 측정할 수 있습니다. 이 왕복 시간은 TCP 재전송 타임아웃 시간을 결정할 때 사용할 수 있습니다.

● **순서 번호 중복 방지**

순서 번호는 0~65535 범위입니다. 이 범위가 넓은 것 같아도 대용량 전송의 경우에는 중복될 수 있는데, 이러한 문제를 해결하기 위해 타임스탬프를 활용할 수도 있습니다. 1000:90001과 2000:90001을 갖는 두 세그먼트는 순서 번호가 90001로 동일하지만, 타임스탬프 값이 1000과 2000으로 세그먼트를 구분해주기 때문에 중복을 방지할 수 있습니다.

● SACK 허용(SACK-permitted) 옵션

SACK 허용 옵션 필드는 TCP 커넥션 설정 과정에서만 사용됩니다. 즉 TCP 송신 프로세스가 SYN 세그먼트에 이 옵션을 추가하고, TCP 수신 프로세스가 SNY/ACK 세그먼트를 보낼때 이 옵션을 추가하면, 두 TCP 프로세스는 전송을 위해 SACK 옵션을 사용할 수 있습니다.

타입 4 [1바이트]	길이 2 [1바이트]

[그림 9-20] SACK 허용(SACK-permitted) 옵션

● SACK 옵션

SACK(Selective ACK) 옵션 필드는 [그림 9-21]과 같습니다.

타입 5 [1바이트]	길이 : 다양함[1바이트]
블록의 왼쪽 경계 [4바이트]	
블록의 오른쪽 경계 [4바이트]	

[그림 9-21] SACK 옵션

일반적인 ACK 활용 방식은 누적 ACK(Accumulative ACK) 방식입니다. 누적 ACK 방식과 SACK 방식을 비교해 보겠습니다. [그림 9-22]에서 ①번 세그먼트는 유실되었고 ②번 세그먼트들은 정상적으로 도착했습니다. 수신 TCP 프로세스가 누적 ACK 방식을 사용한다면 ②번 세그먼트들을 수신했어도 받지 못한 ①번 세그먼트에 ④ Ack# 4000을 보냅니다. 따라서 TCP 송신 프로세스는 TCP 수신 프로세스가 원하는 Seq# 4000부터 시작하는 ⑤ 모든 세그먼트들을 재전송하기 때문에 중복 전송이 발생합니다.

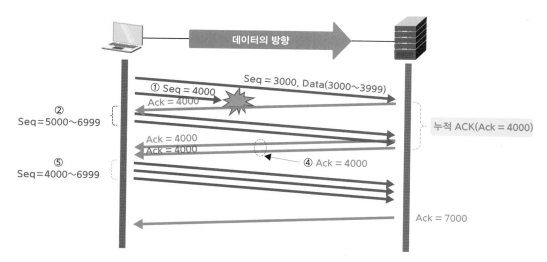

[그림 9-22] 누적 ACK

[그림 9-23]은 SACK 동작을 설명합니다. [그림 9-23]에서는 ①번 세그먼트가 유실되었고, ②번 세그먼트들은 정상적으로 도착했습니다. 수신 TCP 프로세스가 SACK 방식을 적용한다면 ②번 세그먼트들에 대해 ③ Ack# 4000, SACK(5000~5999)와 Ack# 4000, SACK(5000~6999)를 보냅니다. ACK#든, SACK#든 수신한 세그먼트들의 순서 번호를 나타냅니다. Ack# 4000, SACK(5000-6999)는 Seq# 4000부터 수신하기를 원하지만, Seq# 5000~6999는 수신 완료했음을 의미합니다. 따라서 송신 TCP 프로세스는 ④ Seq# 4000~4999를 보내고, 다음 순서 번호인 ⑤ Seq# 7000~7999를 보냅니다. [그림 9-23]과 비교해 보면 Seq# 5000~6999를 중복 전송하지 않아도 됩니다.

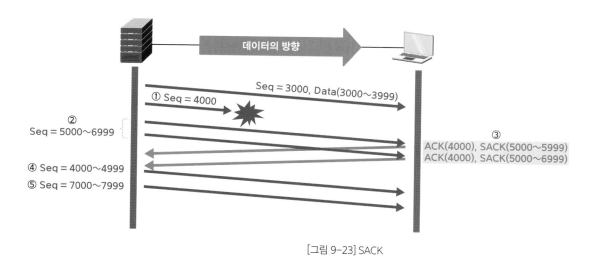

[그림 9-23] SACK

LESSON 41 : 네 번째 특징, 믿음직함

TCP는 전송 도중에 유실되거나 내용이 변경된 세그먼트를 재전송하기 때문에 '믿음직합니다(Reliable)'. 하지만 TCP는 전송 확인과 재전송 과정에서 지연이 발생합니다. 반면 UDP는 '믿음직하지 못합니다(Unreliable)'. UDP는 믿음직함을 포기한 대신 지연 없이 전송합니다. 역시 팔방미인이 되기는 힘듭니다. 4계층 프로토콜은 상위 계층인 애플리케이션 계층 프로토콜에 서비스를 제공합니다. 그러므로 고객에 해당하는 애플리케이션에 믿음직함이 필요하다면 TCP를, 속도가 중요하다면 UDP를 선택합니다.

● 믿음직함을 위한 필드와 타이머

TCP가 믿음직할 수 있는 것은 [그림 9-24]의 TCP 헤더 필드들 중에서 순서 번호/Ack 번호(Sequence Number/Acknowledgement Number) 필드, 그리고 체크섬(Checksum) 필드를 가지기 때문입니다.

TCP 헤더 [20바이트]	출발지 포트 [총 2바이트]		목적지 포트 [총 2바이트]	
	순서 번호(Sequence Number) [총 4바이트]			
	ACK 번호(Acknowledgement Number) [총 4바이트]			
	헤더 길이 [4비트] / 예비 [4비트] / 플래그 [1바이트]		윈도우(Window Size) [2바이트]	
	쳌섬(Checksum) [2바이트]		어전트 포인트(Urgent Pointer) [2바이트]	

[그림 9-24] 믿음직함을 위한 TCP 필드

● 재전송 타임아웃 시간과 재전송

TCP의 재전송 메커니즘에 대해 알아봅시다. [그림 9-25]에서 TCP의 송신 프로세스는 ① 세그먼트(Seq=1)를 보내고 ② 재전송 타임아웃 타이머(Retransmission Timeout Timer)를 시작합니다. 재전송 타임아웃 타이머 내에 성공적으로 전송했다는 것을 알리는 ③ ACK 세그먼트를 받아야 하는데, ACK 세그먼트를 받지 못하면 ④ 세그먼트(Seq=1)를 재전송합니다. 재전송했지만, 재전송된 ④ 세그먼트에 체크섬 에러가 발생했습니다. TCP 수신 프로세스는 세그먼트를 버리고 ACK 세그먼트를 보내지 않습니다. ⑤ 두 번째 재전송 타임아웃 타이머 동안 ACK 세그먼트를 받지 못한 송신 장치는 ⑥ 세그먼트(Seq=1)를 다시 재전송합니다. 완벽한 세그먼트를 받은 수신 장치는 ⑦ ACK 세그먼트(Ack=2)를 보내 성공적으로 전송되었다는 것을 알려줍니다. 여기서 'Ack=2'는 Seq=1에 해당하는 세그먼트까지 잘 받았으므로 다음 세그먼트(Seq=2)를 보내라는 의미를 갖습니다. ACK 세그먼트를 받은 송신 장치는 재전송 타임아웃 타이머가 만료되지 않았어도 ⑧ 다음 세그먼트(Seq=2)를 보냅니다.

> **Tip**
>
> 세그먼트뿐만 아니라 ACK 세그먼트의 전송이 지연되거나 유실된 경우에도 ACK 세그먼트가 재전송 타임아웃 타임 내에 도착하지 못할 것입니다.

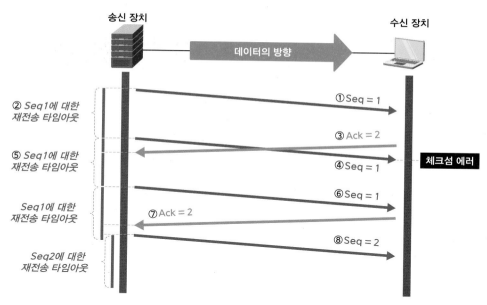

[그림 9-25] 재전송 타임아웃 타이머/체크섬 에러와 재전송

제3의 트랜스포트 계층 프로토콜, SCTP

SCTP(Stream Control Transport Protocol)는 TCP와 UDP와 같이 4계층에서 정의된 프로토콜입니다. TCP 와 UDP의 장점을 가지고 있고, VoIP와 같은 애플리케이션들이 활용하고 있습니다.

● UDP보다 나은 점

TCP는 바이트-오리엔티드(Byte-Oriented) 프로토콜입니다. 이것은 메시지를 바이트 단위로 저장하고 세 그먼트로 묶어 보낸다는 것을 의미합니다. 반면 UDP는 메시지-오리엔티드 (Message-Oriented) 프로토 콜입니다. 이것은 애플리케이션이 생성한 명령을 포함하는 메시지를 분할하지 않고 메시지 단위로 보낸 다는 것을 의미합니다. 이러한 UDP의 특징은 메시지 교환 방식의 애플리케이션에 적합합니다. 예를 들 어 메시지를 교환하여 콜셋업을 완성하는 VoIP 시그널링과 SNMP, DNS, DHCP 등이 여기에 해당하지만, UDP는 신뢰성이 없습니다. SCTP는 UDP와 같은 메시지-오리엔티드 프로토콜이면서 ACK를 활용한 신 뢰성을 제공합니다.

● TCP보다 나은 점

SCTP는 TCP와 같이 플로 컨트롤, 에러 컨트롤, 컨제스천 컨트롤 기능을 제공하고, TCP처럼 커넥션 오 리엔티드 프로토콜입니다. SCTP의 연결을 '어소시에이션(Association)'이라고 부릅니다. TCP는 각 연결 이 하나의 스트림(목적지와 출발지 포트, 목적지와 출발지 주소로 구분되는 통신 세션)만 포함하지만, SCTP는 각 어소시에이션에 다수의 스트림을 포함할 수 있어서 좀 더 효율적입니다.

● ACK 세그먼트를 보내는 규칙

ACK 세그먼트를 보내는 방식은 정상적인 경우, 세그먼트/ACK 세그먼트가 지연되거나 중복되는 경우, 세그먼트/ACK 세그먼트가 유실된 경우, 체크섬 에러를 가진 세그먼트를 수신한 경우에 따라 다릅니다.

● 세그먼트/ACK 세그먼트가 순서대로 도착하고 있는 경우 – 정상적인 경우

첫 번째는 세그먼트들이 정상적으로 전송되고 있는 경우입니다. [그림 9-26]에서 송신 장치는 TCP 세그먼트를 보내는 순간, 재전송 타임아웃 타이머를 재기 시작합니다. 수신 장치는 TCP 세그먼트를 받으면 ACK 세그먼트를 보내 성공적으로 전송되었다는 것을 알려줍니다. 그런데 ACK 세그먼트를 보낼 때는 효율성을 위해 다음 규칙을 따릅니다.

ⓐ 2개의 세그먼트마다 하나의 ACK를 보낸다.

각각의 세그먼트마다 ACK 세그먼트를 보낸다면 비효율적일 것입니다. 원칙적으로 2개의 세그먼트마다 ① 하나의 ACK를 보냅니다.

ⓑ 500ms마다 ACK를 보낸다.

2개의 세그먼트마다 하나의 ACK 세그먼트를 보내는 것이 원칙이지만, 두 번째 세그먼트가 늦게 도착하는 경우도 있을 것입니다. 일반적인 경우에는 두 번째 세그먼트를 500ms 동안 기다립니다. Seq=3인 세그먼트가 도착한 후에도 500ms 동안 다른 세그먼트가 도착하지 않고 있습니다. 이 경우 500ms가 경과한 후에 ② ACK 세그먼트를 보냅니다.

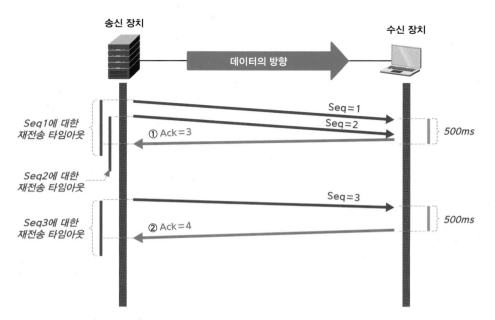

[그림 9-26] 2개의 세그먼트마다 하나의 ACK를 보내거나 500ms 후에 ACK를 보낸다.

● 세그먼트/ACK 세그먼트가 지연되고 중복된 경우

ⓐ 세그먼트가 지연되어 중복 세그먼트가 도착하는 경우

[그림 9-27]에서 ① 세그먼트(Seq=1)가 지연되어 도착했으므로 ② ACK 세그먼트(Ack=2)도 ③ 재전송 타임아웃 타이머 내에 받지를 못했습니다. 따라서 송신 장치는 세그먼트(Seq=1)의 전송이 실패했다고 판단하고 ④ 재전송합니다. 결과적으로 수신 장치는 세그먼트(Seq=1)를 중복 수신했습니다. 이때 수신 장치는 500ms를 대기하지 않고 즉시 ⑤ ACK 세그먼트(Ack=2)를 보냅니다. 수신 장치가 이미 ② ACK 세그먼트(Ack=2)를 보냈는데, 왜 다시 ACK 세그먼트를 보내야 할까요? 왜냐하면 이미 보낸 ② ACK 세그먼트(Ack=2)가 유실된 경우에도 세그먼트(Seq=1)가 ④ 재전송될 수 있기 때문입니다. 한편 송신 장치는 첫 번째 ② ACK 세그먼트(Ack=2)를 수신했을 때 ⑥ 세그먼트(Seq=2)를 보내고 ⑦ 재전송 타임아웃 타이머를 시작합니다. ⑤ 두 번째 ACK 세그먼트(Ack=2)에 대해 세그먼트(Seq=2)를 재전송하지 않는 이유는 ⑦ 재전송 타임아웃 타이머가 종료되지 않았기 때문입니다.

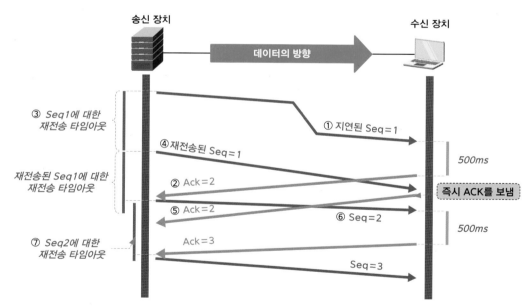

[그림 9-27] 지연되고 중복된 세그먼트에 대한 재전송

ⓑ ACK 세그먼트가 지연되어 중복 세그먼트가 도착하는 경우

[그림 9-28]에서 ① 세그먼트(Seq=1)는 지연되지 않고 전달되었습니다. 그런데 ② ACK 세그먼트(Ack=2)가 지연되어 ③ 재전송 타임아웃 타이머 내에 수신되지 못했습니다. 이때 송신 장치는 세그먼트(Seq=1)의 전송이 실패했다고 판단하고 ④ 재전송합니다. 재전송된 세그먼트(Seq=1)를 받은 수신 장치는 중복

된 세그먼트(Seq=1)를 수신했습니다. 이때 수신 장치는 500ms를 대기하지 않고 즉시 ⑤ ACK 세그먼트(Ack=2)를 보냅니다. 수신 장치는 이미 ② ACK 세그먼트(Ack=2)를 보냈는데, 왜 다시 ⑤ ACK 세그먼트(Ack=2)를 보내야 할까요? 그 이유는 이미 보낸 ② ACK 세그먼트(Ack=2)가 유실된 경우에도 세그먼트(Seq=1)가 ④ 재전송될 수 있기 때문입니다. 송신 장치는 ② ACK 세그먼트(Ack=2)를 수신했기 때문에 ⑥ 세그먼트(Seq=2)를 보내고, ⑦ 재전송 타임아웃 타이머를 시작합니다. ⑤ 두 번째 ACK 세그먼트(Ack=2)에 대해 송신 장치가 세그먼트(Seq=2)를 재전송하지 않는 것은 ⑦ 재전송 타임아웃 타이머가 종료되지 않았기 때문입니다.

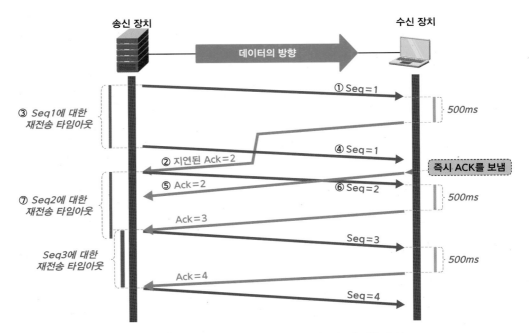

[그림 9-28] 지연되고 중복된 ACK 세그먼트에 대한 재전송

● **세그먼트/ACK 세그먼트가 유실(누락)된 경우**

ⓐ 세그먼트가 유실된 경우, 즉시 Ack를 보낸다.

세그먼트가 ① 유실되어 순서를 건너뛴 ② 세그먼트(Seq=4)가 도착한 경우입니다. 즉 TCP 프로세스는 세그먼트가 유실되었다고 판단합니다. 이 경우 두 번째 세그먼트와 500ms를 기다리지 않고 즉시 ③ Ack 세그먼트(Ack=3)를 보냅니다. 그 이유는 다음과 같습니다. 수신 프로세스는 수신 버퍼에 저장된 세그먼트들을 순서대로 조립하여 애플리케이션이 읽어가는 과정인데 누락된 하나의 세그먼트 때문에 전체적인 수신 프로세스가 지연되는 것을 막기 위한 조치입니다.

ⓑ 누락된 세그먼트가 도착한 경우, 즉시 Ack를 보낸다.

④ 누락된 세그먼트가 도착하면 즉시 ⑤ Ack 세그먼트(Ack=5)를 보냅니다. 이것은 전송해야 할 정확한 세그먼트 번호를 알려주어 정상적인 전송 순서로 신속하게 복귀하기 위한 조치입니다.

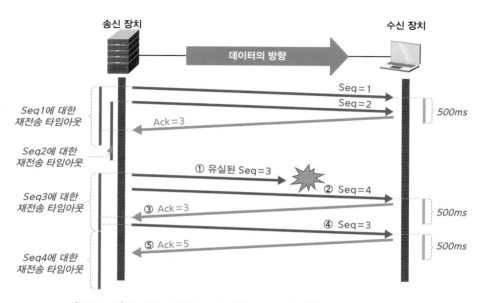

[그림 9-29] 세그먼트가 유실되거나 누락된 세그먼트가 도착한 경우 ACK를 즉시 보낸다.

ⓒ 세그먼트가 누락된 후 순서를 건너뛴 세그먼트들이 연속적으로 도착하는 경우, 연속적인 Ack를 보낸다.

순서를 건너뛴 ① 세그먼트(Seq=4)가 도착하는 경우 앞선 세그먼트가 유실되었다고 판단합니다. 이 경우 두 번째 세그먼트와 500ms를 기다리지 않고 즉시 ② Ack 세그먼트(Ack=3)를 보냅니다. 케이스 ⓐ와 다른 것은 다음 세그먼트들(Seq=4, 5, 6)이 연속적으로 도착하고 있다는 점입니다. 수신 장치는 3개의 세그먼트들에 대해 ③ 각각 ACK 세그먼트들(Ack=3)을 보냅니다. 이 경우 TCP 송신 프로세스는 재전송 타임아웃 타이머가 만료될 때까지 기다리지 않고 누락된 ④ 세그먼트(Seq=3)를 즉시 보냅니다. 누락된 세그먼트 때문에 수신 프로세스가 지연되는 것을 막기 위해서입니다.

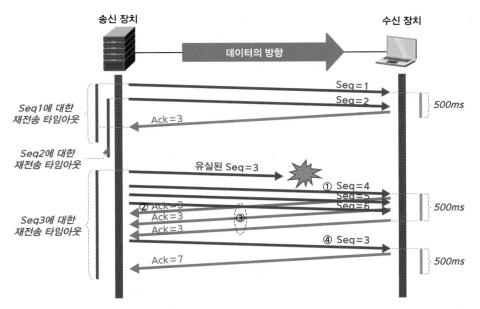

[그림 9-30] 세그먼트가 누락된 후 순서를 건너뛴 세그먼트들이 연속적으로 도착하는 경우 연속적인 ACK를 보낸다.

ⓓ ACK 세그먼트가 유실되긴 했지만, 세그먼트들이 순서대로 도착하는 경우

TCP의 송신 프로세스는 ACK 세그먼트를 받지 않아도 윈도우 사이즈만큼의 데이터를 보낼 수 있습니다. [그림 9-31]에서 ① ACK 세그먼트(Ack=3)가 유실되었습니다. 세그먼트(Seq=1과 Seq=2)에 대한 ② 재전송 타임아웃 타이머 내에 정상적인 ③ ACK 세그먼트(Ack=5)가 도착했으므로 송신 장치는 다음 ④ 세그먼트(Seq=5)를 보낼 수 있습니다.

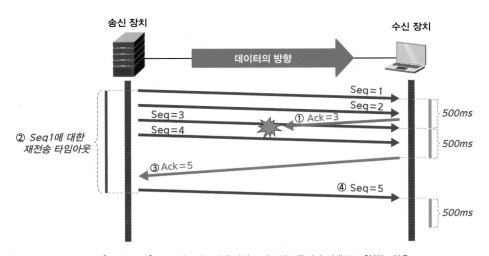

[그림 9-31] ACK 세그먼트가 유실돼도 세그먼트들이 순서대로 도착하는 경우

ⓒ ACK 세그먼트가 유실되어 중복 세그먼트가 도착하는 경우

다음 경우도 ACK 세그먼트가 유실된 경우입니다. [그림 9-31]은 대량의 데이터를 다운받는 경우이지만, [그림 9-32]는 소량의 데이터를 교환하는 경우입니다. ① ACK 세그먼트(Ack=2)가 유실되었습니다. 이 경우 ② 재전송 타임아웃 타이머 내에 ACK 세그먼트가 도착하지 않았으므로 ③ 세그먼트(Seq=1)를 재전송합니다. 수신 프로세스 입장에서는 중복된 ③ 세그먼트(Seq=1)가 도착했습니다. 이때 TCP 수신 프로세스는 즉시 ④ ACK 세그먼트(Ack=2)를 보냅니다.

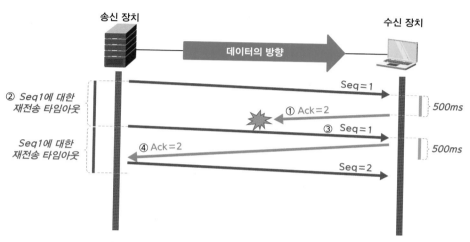

[그림 9-32] 세그먼트가 유실된 경우 즉시 ACK 세그먼트를 보낸다.

● **잘못된 체크섬 값을 가진 세그먼트를 수신한 경우**

잘못된 체크섬 값은 데이터가 중간에 변형되었다는 의미입니다. TCP의 수신 프로세스는 체크섬 에러를 가진 ① 세그먼트(Seq=3)를 버리고 ACK 세그먼트를 보내지 않습니다. ACK 세그먼트를 받지 못한 송신 장치는 재전송 타임아웃 타이머 이후에 ② 세그먼트(Seq=3)를 재전송합니다.

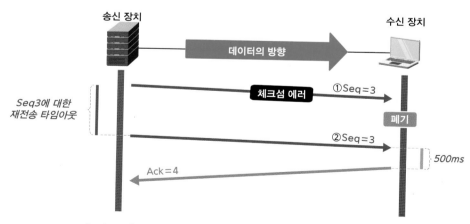

[그림 9-33] 잘못된 체크섬 값을 가진 세그먼트를 수신한 경우 세그먼트를 버린다.

● 정리와 리뷰: ACK 세그먼트를 보내는 규칙

수신 장치의 TCP 프로세스가 ACK 세그먼트를 보내는 규칙은 [표 9–6]과 같이 정리할 수 있습니다.

케이스	ACK 세그먼트를 보내는 규칙
세그먼트가 순서대로 도착하는 경우	2개의 세그먼트마다 ACK 세그먼트를 보냅니다.
	두 번째 세그먼트가 도착하지 않는 경우 500ms를 기다립니다.
중복된 세그먼트가 도착하는 경우	즉시 ACK 세그먼트를 보냅니다.
누락된 세그먼트가 도착하는 경우	즉시 ACK 세그먼트를 보냅니다.
체크섬 에러를 가진 세그먼트가 도착하는 경우	세그먼트를 버립니다.

[표 9–6] 수신 장치의 TCP 프로세스의 ACK 세그먼트를 보내는 규칙

● 재전송 타임아웃 타이머(RTO Timer)

TCP는 전송된 세그먼트에 대한 ACK를 받지 못한 경우 재전송합니다. 재전송 타임아웃 타이머는 TCP 프로세스가 재전송하기 전에 ACK 세그먼트를 기다리는 시간입니다. 그렇다면 재전송 타임아웃 타이머는 어떻게 결정될까요? 첫번째, TCP 클라이언트가 TCP 서버에게 세그먼트를 보내고 ACK 세그먼트를 받는 데 걸리는 시간, 즉 왕복 시간(RTT; Round Trip Time)으로 재전송 타임아웃 타이머(RTO Timer; Retransmission Time–Out Timer)를 결정합니다. [그림 9–34]에서 Seq=1인 세그먼트의 왕복 시간은 다음 세그먼트(Seq=3)의 재전송 타임아웃 타이머를 결정합니다.

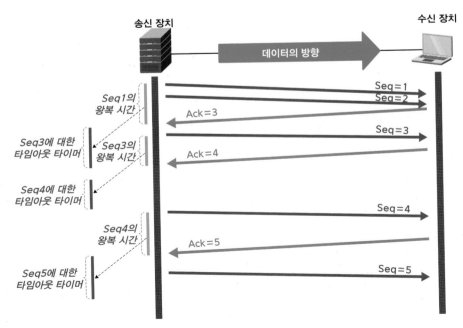

[그림 9-34] 왕복 시간은 재전송 타임아웃 시간을 결정한다.

TCP 재전송 타임아웃 타이머에 영향을 주는 두 번째 요소는 RTT 분산의 정도입니다. [그림 9-35]에서 ①은 분산이 적은 경우의 RTT 측정 그래프이고, ③은 분산이 큰 경우의 RTT 측정 그래프입니다. 두 경우의 평균 값은 비슷하지만, 두가지 요소를 감안한 TCP 재전송 타임아웃 타이머는 ②와 ④로 차이가 있습니다. 즉 분산이 심한 경우에 TCP 재전송 타임아웃 타이머는 길어집니다.

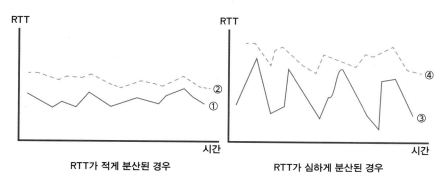

[그림 9-35] 분산의 정도로 TCP 재전송 타임아웃 타임을 결정한다.

시원한 쪽지 ▸ 재전송 타임아웃 타이머는 어떻게 결정되나?

TCP 재전송 타임아웃 타이머(RTO)는 정확하게 어떻게 계산할까요? RTT는 다음과 같이 세 종류로 구분됩니다.

- **RTT$_M$(Measured RTT):** 새로 측정된 왕복 시간
- **RTT$_S$(Smoothed RTT):** 평균화된 왕복 시간으로 아래 공식에 의해 계산됩니다.
- **RTT$_D$(RTT Deviation):** RTT의 편차

TCP 재전송 타임아웃 타이머는 세 종류의 RTT값으로 계산됩니다.

- **RTT$_S$ 계산:** 아래 ①과 ② 공식에서 RTT_{M_1}은 첫 번째 측정된 왕복 시간이고, RTT_{S_1}은 첫 번째 평균화된 왕복 시간입니다. α는 일반적으로 $\frac{1}{8}$을 사용하고, RTT_{M_2}는 두 번째 측정된 왕복 시간입니다.

  ① 첫 번째 왕복 시간을 측정했을 때의 RTT_S: $RTT_{S_1} = RTT_{M_1}$
  ② 이후의 RTT_S: $RTT_{S_2} = (1 - \alpha)RTT_{S_1} + \alpha \cdot RTT_{M_2}$

- **RTT$_D$ 계산:** β값은 일반적으로 $\frac{1}{4}$을 적용합니다.

  ① 첫 번째 왕복 시간을 측정했을 때의 RTT_D: $RTT_{D_1} = \frac{RTT_{M_1}}{2}$
  ② 이후의 RTT_D: $RTT_{D_2} = (1 - \beta)RTT_{D_1} + \beta \cdot |\, RTT_{S_2} - RTT_{M_2}\,|$

- **RTO 계산:** RTO $= RTT_S + 4 \times RTT_D$

[그림 9-36]의 예를 활용하여 재전송 타임아웃 타이머를 계산해 보겠습니다.

① SYN 세그먼트가 전송될 때의 RTT_M, RTT_S, RTT_D는 정해지지 않습니다. RTO는 초기값인 6초가 됩니다.

② SYN 세그먼트를 보내고 SYN/ACK 세그먼트를 받기까지의 시간, RTT_{M1}이 1초입니다. 그러므로 [그림 9-36]에서 ① RTT_{M1} = 1초, RTT_{S1} = 1초, RTT_{D1} = $\frac{1}{2}$초, RTO = $1 + (4 \times \frac{1}{2})$ = 3초

③ DATA 세그먼트를 보내고 ACK 세그먼트를 받기까지의 시간, ② RTT_{M2}이 2초입니다. 그러므로
RTT_{M2} = 2초, RTT_{S2} = $\frac{7}{8}$(1초) + $\frac{1}{8}$(2초) = 1.125초, RTT_{D2} = $\frac{3}{4}$ ($\frac{1}{2}$) + $\frac{1}{4} \times |\, 1.125 - 2\,|$
$= 0.59375$초

④ RTO = $1.125 + 4 \times 0.59375$ = 3.5초

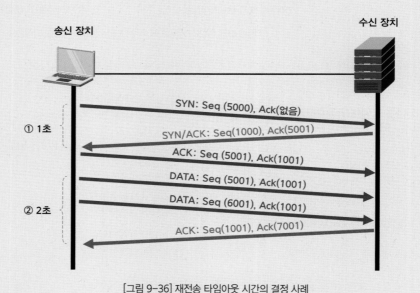

[그림 9-36] 재전송 타임아웃 시간의 결정 사례

LESSON 42 : 다섯 번째 특징, 컨제스천 컨트롤

수신 장치는 도착하는 트래픽을 즉시 보내거나 처리할 수 없으면 메모리에 저장합니다. 이 메모리 때문에 수신 역량을 초과하는 속도의 통신이 가능합니다. 메모리가 다 차면 세그먼트들은 버려질 수 밖에 없는데, 이것이 컨제스천입니다. TCP 송신 프로세스는 컨제스천 컨트롤(Congestion Control) 기능을 통해 컨제스천을 해결할 수 있습니다. 즉 TCP의 송신 프로세스는 컨제스천이 발생하면 전송량을 줄이고, 발생하지 않으면 전송량을 조금씩 늘립니다.

● 컨제스천이란 무엇인가? ....

부족한 대역폭, 부족한 메모리, 느린 프로세서는 컨제스천(Congestion)의 원인이 됩니다. 라우터와 스위치와 같은 네트워킹 장치의 인터페이스는 [그림 9-37]과 같은 인풋 큐 메모리(Input Queue Memory)와 아웃풋 큐 메모리(Output Queue Memory)를 갖습니다. 패킷이 라우터를 통과할 때 패킷은 라우터의 수신 인터페이스의 ① 인풋 큐 메모리에 줄을 섭니다. 이후 라우터의 ② 메인 메모리(Main Memory)로 이동하여 ARP 테이블을 보고 2계층 옷을 갈아입은 후 라우팅 테이블을 참조하여 패킷을 내보낼 아웃바운드 인터페이스를 결정합니다. 패킷은 결정된 아웃바운드 인터페이스의 ③ 아웃풋 큐 메모리에 대기한 후 순서대로 대역폭에 실어 보냅니다. 이때 다음과 같은 두 가지 경우의 컨제스천 상황이 발생할 수 있습니다.

● 인풋 큐 드롭(Input Queue Drop)

라우터의 프로세서가 패킷을 신속하게 처리하지 못하거나 메인 메모리가 부족하면, 패킷은 인바운드 인터페이스의 인풋 큐 메모리에서 대기해야 합니다. 인풋 큐 메모리에 유입되는 패킷 수가 증가하면 인풋 큐 메모리가 차게 되고 저장되지 못한 패킷들은 버려지는데, 이것을 '인풋 큐 드롭(Input Queue Drop)'이라고 합니다.

● 아웃풋 큐 드롭(Output Queue Drop)

아웃풋 큐 드롭은 아웃바운드 인터페이스의 대역폭이 부족할 때 발생합니다. 메인 메모리에서 2계층 옷을 갈아입고, 라우팅을 통해 아웃바운드 인터페이스를 결정한 패킷은 아웃바운드 인터페이스의 아웃풋 큐에 줄에 선 후 대역폭에 실어 전송됩니다. 이때 대역폭 사용률이 100%이면 패킷은 전송되지 못하기 때문에 아웃풋 큐 메모리에 대기해야 합니다. 아웃풋 큐 메모리마저도 차면 버려집니다. 아웃풋 큐 드롭이 일어나는 상황을 좀 더 구체적으로 설명해 보겠습니다. [그림 9-37]에서 인바운드 인터페이스에서 패킷의 유입 속도는 1Gbps(1,000Mbps)이고, 아웃바운드 인터페이스의 대역폭은 100Mbps이므로 유입되는 패킷의 10개 중 1개만 전송되며 9개는 아웃 큐 메모리에 저장됩니다.

[그림 9-37]에서 아웃풋 큐 메모리의 크기는 40패킷인데, 이것은 40개의 패킷까지 저장할 수 있다는 의미입니다. 이때 한꺼번에 50개의 패킷이 도착했다면 어떻게 될까요? 5개의 패킷은 전송되겠지만, 45개의 패킷은 아웃풋 큐 메모리에 저장될 것입니다. 그러나 아웃풋 큐 메모리의 크기가 40개에 불과하기 때문에 5개의 패킷은 버려지는데, 이것이 바로 아웃풋 큐 드롭입니다.

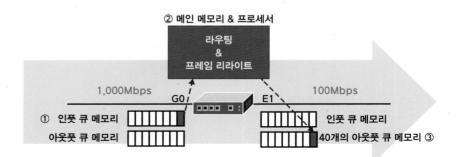

[그림 9-37] 큐 드롭과 컨제스천

이와 같이 아웃풋 큐 드롭은 [그림 9-38]과 같이 ① 대역폭이 좁아지는 곳 ② 다수의 대역폭이 합쳐지는 지점과 같이 유입되는 데이터량이 유출 용량을 초과할 때 발생합니다.

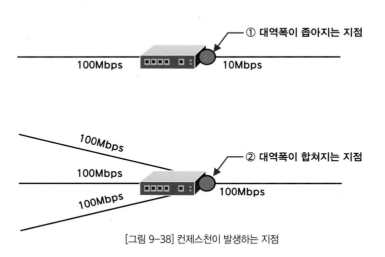

[그림 9-38] 컨제스천이 발생하는 지점

● 컨제스천 컨트롤 기법

송신 장치가 네트워크 대역폭이나 네트워킹 장치의 처리 능력 또는 수신 장치의 수신 능력을 초과하는 트래픽을 보낸다면 컨제스천이 발생합니다. 송신 장치는 이를 해결하기 위해 컨제스천이 일어나지 않는 전송 속도를 찾아냅니다. 이때 송신 장치의 전송 속도를 결정하는 것이 cwnd(congestion window)입니다. TCP의 송신 프로세스는 적정한 cwnd 값을 결정하기 위해 슬로 스타트(Slow Start), 컨제스천 회피(Congestion Avoidance), 컨제스천 탐지(Congestion Detection) 기법을 활용합니다.

● **슬로 스타트(Slow Start)**

슬로 스타트는 네트워크의 전송 능력을 과대평가하지 않고 눈치보면서 천천히 시작하기 때문에 붙여진 이름입니다. [그림 9-39]를 볼까요? cwnd는 1 세그먼트부터 시작합니다. 즉 TCP의 송신 프로세스는 최초에 1개의 세그먼트를 보냅니다. 첫 번째 전송이 성공하면, 즉 첫 세그먼트에 대한 ACK 세그먼트를 수신하면 cwnd는 '2'로 올라갑니다. 두 번째 전송도 성공하면 cwnd는 '4'가 됩니다. 한 번 성공할 때마다 cwnd 값은 2배씩 올라가기 때문에 전송량은 놀라울 정도로 빠른 속도로 늘어나는데, 이런 식의 증가를 '슬로 스타트(Slow Start)'라고 합니다. 슬로 스타트란 말 그대로 시작은 느리지만, 이런 속도로 증가한다면 컨제스천을 피할 수 없습니다. 그래서 슬로 스타트 방식에서 cwnd 증가는 ssthresh(slow start threshold) 값에 이를 때까지만 2배씩 증가합니다. 일반적으로 ssthresh 값은 65,535바이트입니다.

● **컨제스천 회피(Congestion Avoidance)**

슬로 스타트 알고리즘은 cwnd가 디폴트 ① ssthresh 값에 이르면 +1씩 증가시킵니다. 끊임 없이 ×2 증가를 하면 결국 네트워크 컨제스천을 일으키기 때문입니다. 즉 적정 수준(ssthresh)이 되면 +1씩 증가시켜서 컨제스천을 피할 수 있도록 합니다. +1 방식의 cwnd 증가는 컨제스천 탐지 알고리즘이 컨제스천을 감지하기 전까지 계속됩니다.

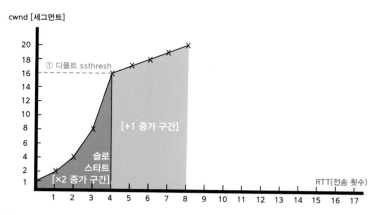

[그림 9-39] cwnd는 ×2 증가를 하다가 적정 수준(디폴트 ssthresh 값)이 되면 +1 증가한다.

● **컨제스천 탐지(Congestion Detection)**

TCP 송신 프로세스는 다음 두 가지 방법으로 네트워크 컨제스천을 탐지합니다.

ⓐ 송신 장치가 3개의 동일한 ACK 세그먼트를 받았을 때 컨제스천이 일어났다고 판단한다.

TCP는 원래 바이트 단위의 순서 번호와 Ack 번호를 사용합니다. 지금까지는 단순하게 설명하기 위해 바이트 단위가 아니라 세그먼트의 개수를 단위로 사용했지만, 이제 조금 익숙해졌으니 지금부터는 바이트 단위를 사용하겠습니다. [그림 9-40]에서 ① Seq=3000인 세그먼트는 전송에 성공했습니다. 여기서 Seq=3000, Data (3000~3999)란, 3,000번째 바이트부터 3,999번째 바이트를 포함하는 세그먼트임을 의미합니다.

TCP 송신 프로세스는 ② Seq=4000인 세그먼트를 보내고 재전송 타임아웃 타이머를 시작했지만 유실되었습니다. 그 다음 ③ 세그먼트들(Seq=5000, Seq=6000, Seq=7000)은 정상적으로 도착했습니다. TCP의 수신 프로세스 입장에서는 기대했던 세그먼트(Seq=4000)보다 높은 순서 번호의 세그먼트들(Seq=5000, Seq=6000, Seq=7000)이 도착했습니다. 이때 TCP 수신 프로세스는 누락된 세그먼트에 대한 ④ ACK 세그먼트들(Ack=4000)를 연속적으로 보냅니다. TCP 송신 프로세스가 3개의 동일한 ACK 세그먼트들을 받으면 ⑤ 컨제스천이 일어났다고 판단하고, 즉시 누락된 ⑥ 세그먼트(Seq=4000)를 보냅니다.

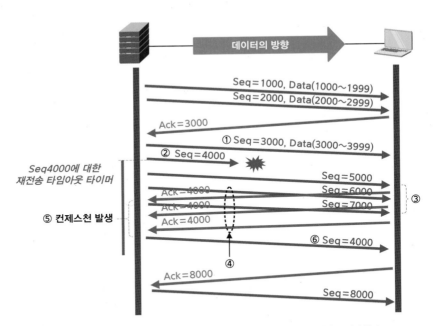

[그림 9-40] 3개의 동일한 번호를 가진 ACK가 도착하면 컨제스천이라고 판단한다.

ⓑ 재전송 타임아웃 시간이 만료될 때까지 ACK 세그먼트가 도착하지 않을 때 송신 장치는 컨제스천이 일어났다고 판단한다.

[그림 9-41]에서 ① Seq=3000인 세그먼트는 성공적으로 전송되었습니다. 송신 장치는 ② Seq= 4000~7000인 세그먼트들을 보내고 ③ 재전송 타임아웃

타이머를 시작하지만 ② 세그먼트들(Seq=4000~7000)이 유실되었습니다. 수신 장치는 ④ ACK 세그먼트(Ack=4000)를 보내 다음 세그먼트를 요청하지만, 송신 장치는 이 세그먼트(Seq=4000)를 이미 전송했기 때문에 ③ 재전송 타임아웃 타이머가 종료될 때까지 재전송을 미룹니다. 즉 재전송 타임아웃 타이머가 종료되면, Seq=4000부터 시작하는 모든 세그먼트들을 다시 전송합니다.

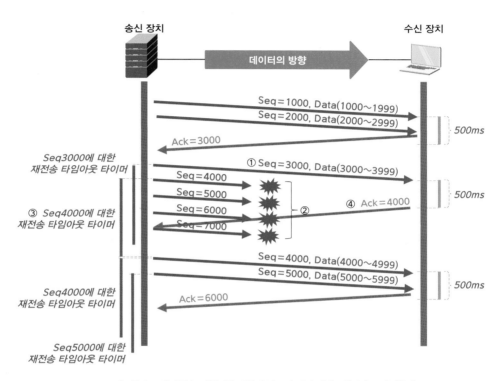

[그림 9-41] 재전송 타임아웃 타임이 만료가 되면 컨제스천이라고 판단한다.

● 컨제스천 탐지(Congestion Detection) 시 송신 장치의 대응

TCP의 송신 프로세스 입장에서([그림 9-40]에서 설명한) ⓐ 사례와 같이 3개의 ACK 세그먼트들이 도착하면 하나의 세그먼트가 유실된 경우이므로 작은 문제가 발생했다고 판단합니다. 그러나([그림 9-41]에서 설명한) ⓑ 사례와 같이 재전송 타임아웃 시간이 종료될 때까지 ACK 세그먼트가 도착하지 않는 경우는 다수의 세그먼트들이 유실된 것이므로 큰 문제가 발생한 것입니다. 송신 장치는 3 ACK들이 도착하면 cwnd를 '컨제스천 탐지 시의 ssthresh' 수준으로 내립니다. 컨제스천 탐지 시의 ssthresh 값은 다음 공식에 의해 결정됩니다.

$$컨제스천\ 탐지\ 시의\ ssthresh = \frac{현재의\ cwnd}{2}$$

이후 전송이 한 번 성공할 때마다 cwnd 값을 +1 증가시킵니다. 이때 cwnd의 단위는 세그먼트입니다. 만약 재전송 타임아웃 시간이 종료될 때까지 ACK 세그먼트가 도착하지 않는다면, cwnd를 1로 내립니다. 이후 슬로 스타트 단계를 거치면서 cwnd 값은 2배씩 증가하지만, 컨제스천 탐지 시의 ssthresh 수준에 도착하면 +1씩 증가합니다. 즉 작은 문제가 일어나면 cwnd를 조금 줄이지만, 큰 문제가 일어나면 많이 줄여 컨제스천에 대응합니다.

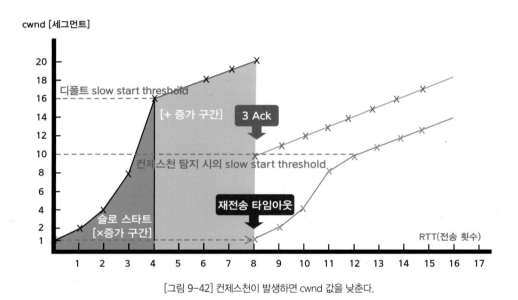

[그림 9-42] 컨제스천이 발생하면 cwnd 값을 낮춘다.

LESSON 43 : 여섯 번째 특징, 플로 컨트롤

네트워크의 전송 역량과 수신 장치의 수신 역량을 고려하지 않은 채 송신 장치가 임의로 전송 속도를 결정한다면 전송된 세그먼트들은 네트워크 또는 수신 장치에서 버려질 수 있습니다. 따라서 송신 장치는 수신 장치와 네트워크의 처리 능력을 고려하여 전송 속도를 결정합니다. 이를 위해 TCP는 컨제스천 컨트롤과 플로 컨트롤 기능을 사용합니다. 컨제스천 컨트롤 기능은 컨제스천을 해결하고 회피할 수 있는 수준의 cwnd 값을 찾아내고 cwnd 수준으로 전송 속도를 유지하도록 합니다. 플로 컨트롤 기능은 cwnd와 함께 수신 장치의 수신 역량을 반영하는 rwnd를 함께 고려하여 전송 속도를 결정하도록 합니다.

● 데이터의 흐름

송신 장치의 전송 속도와 수신 장치의 처리 속도가 같을 수 없기 때문에 TCP 프로세스는 세그먼트들을 저장하기 위한 버퍼를 갖습니다. [그림 9-43]에서 ① 송신 애플리케이션은 데이터를 TCP 프로세스의 송신 버퍼로 ② 보냅니다(Write Bytes). 송신 버퍼에 있지만, 윈도우 밖에서 대기하던 세그먼트는 ③ 윈도우 범위에 들어와야 ④ IP와 이더넷 프로세스를 거쳐(IP와 이더넷 옷을 입고) 전송됩니다. 목적지 장치에 도착한 세그먼트는 ⑤ 이더넷과 IP 프로세스를 거쳐 TCP 수신 프로세스의 ⑥ 윈도우에 들어옵니다. TCP 수신 프로세스는 도착한 세그먼트에 대한 ACK 세그먼트를 보낸 후 수신 버퍼에서 ⑦ 애플리케이션 프로세스가 ⑧ 읽어가기(Read Bytes)를 기다립니다.

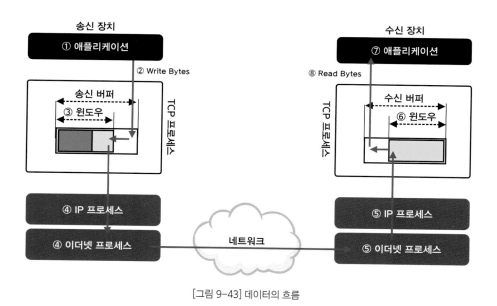

[그림 9-43] 데이터의 흐름

● TCP 수신 프로세스의 슬라이딩 윈도우

수신 장치의 윈도우, 즉 rwnd(receiver window)는 수신 장치의 세그먼트 처리 능력을 나타냅니다. TCP 수신 프로세스는 ACK 세그먼트를 보낼 때 자신이 수신할 수 있는 데이터량, 즉 rwnd도 알려주어 TCP 송신 프로세스가 적정한 수의 세그먼트들을 보내도록 합니다. [그림 9-44]의 TCP 헤더 중에서 수신 장치의 rwnd 값을 전달하는 필드는 윈도우 사이즈 필드입니다.

TCP 헤더 [20바이트]	출발지 포트 [총 2바이트]			목적지 포트 [총 2바이트]	
	순서 번호(Sequence Number) [총 4바이트]				
	ACK 번호(Acknowledgement Number) [총 4바이트]				
	헤더 길이 [4비트]	예비 [4비트]	플래그 [1바이트]	윈도우 사이즈(Window Size) [2바이트]	
	체크섬(Checksum) [2바이트]			어전트 포인트(Urgent Pointer) [2바이트]	

[그림 9-44] TCP 헤더의 윈도우 사이즈 필드

TCP 송신과 수신 프로세스는 네트워크의 전송 능력과 수신 장치의 처리 역량을 고려하여 전송량을 결정합니다. TCP 송신 프로세스가 제멋대로 전송한다면, 전송 도중 또는 수신 후에 세그먼트는 폐기될 수 있습니다. 이 문제를 해결하기 위해 TCP 송신과 수신 프로세스는 슬라이딩 윈도우 프로토콜(Sliding Window Protocol)을 사용합니다.

[그림 9-45]는 수신 장치의 슬라이딩 윈도우입니다. 슬라이딩 윈도우는 왼쪽에서 오른쪽으로 이동합니다. ③ 윈도우는 왼쪽 벽과 오른쪽 벽을 갖습니다. 왼쪽 벽과 오른쪽 벽 간의 간격이 수신 장치의 윈도우 사이즈, 즉 rwnd의 크기입니다. rwnd는 수신 장치가 처리할 수 있는 데이터량을 의미하며, TCP 송신 프로세스에게 보냅니다. 새로운 세그먼트들이 도착하면 윈도우의 왼쪽 벽과 오른쪽 벽은 오른쪽으로 이동합니다. 특히 왼쪽 벽이 오른쪽으로 이동하는 것을 '클로징(Closing)'이라고 하는데, ACK 세그먼트를 보냈을 때 클로징이 일어납니다. 반면 오른쪽 벽이 오른쪽으로 이동하는 것을 '오프닝(Opening)'이라고 하는데, 새로운 세그먼트들이 도착하거나 윈도우 크기가 증가했을 때 오프닝이 일어납니다. 윈도우의 왼쪽 벽을 왼쪽으로 이동하는 것은 불가능합니다. 왜냐하면 왼쪽 벽을 왼쪽으로 이동한다는 것은 의미없이 ACK 세그먼트를 다시 보내겠다는 것을 뜻하기 때문입니다. 오른쪽 벽을 왼쪽으로 이동하는 것을 '슈링킹(Shrinking, 축소)'이라고 부르는데, 일반적으로 허용되지 않습니다. 오른쪽 벽을 왼쪽으로 이동한다는 것은 수신 역량이 줄어든다는 것을 의미하는데 슈링킹 대신 TCP의 수신 프로세스는 rwnd가 원래의 사이즈만큼 회복될 때까지 rwnd 값을 보내는 ACK 세그먼트의 전송을 유예합니다. 따라서 윈도우 사이즈가 줄어드는 경우는 클로징뿐입니다

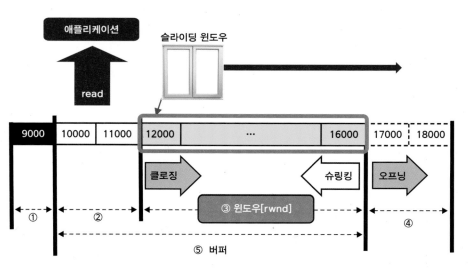

[그림 9-45] 수신 장치의 슬라이딩 윈도우

[그림 9-45]에서 TCP 수신 프로세스에 대한 각 세그먼트들의 위치는 [표 9-7]과 같은 의미입니다.

항목	세그먼트	설명
①	Seq=9000	이미 수신한 세그먼트이며 ACK도 보냈으며, 수신 애플리케이션이 이미 읽어가서 TCP 수신 프로세스가 더 이상 가지고 있지 않은 세그먼트들
②	Seq=10000~11000	수신한 세그먼트이며 ACK를 보냈지만, 애플리케이션이 아직 읽어가지 않아 TCP 수신 프로세스의 버퍼에 남아있는 세그먼트들
③	Seq=12000~16000	수신할 수 있는 세그먼트들. 수신 장치의 윈도우(rwnd)
④	Seq=17000~18000	수신할 수 없는 세그먼트들
⑤	수신 장치의 버퍼	수신 장치의 저장 용량

[표 9-7] [그림 9-45]에 대한 설명

TCP 수신 프로세스는 송신 프로세스에게 rwnd를 보내 자신의 송신 능력을 알립니다. [그림 9-46]을 봅시다. 수신 프로세스는 ① rwnd=2000 (Win=2000)을 윈도우 사이즈 필드에 넣어 보냅니다. 송신 프로세스는 ACK 없이, 즉 허가 없이 ② 2,000바이트를 보낼 수 있습니다. 다음으로 수신 프로세스의 수신 버퍼가 고갈되었기 때문에 ③ rwnd=0을 보내 송신을 멈추도록 합니다. rwnd=0을 받은 송신 프로세스는 퍼시스트 타이머(Persist Timer)를 시작합니다. 퍼시스트 타이머는 재전송 타임아웃 타이머와 같은 값을 사용합니다. 퍼시스트 타이머 이후에 ④ '윈도우 프로브(Window Probe)'라는 세그먼트를 보내 ACK 세그먼트를 요청합니다. 이에 대해 수신 프로세스는 변경된 ⑤ rwnd=3000을 보내고 있습니다. 송신 프로세스는 3,000바이트를 보낼 수 있습니다. 즉 TCP의 송신 프로세스는 수신 프로세스의 버퍼량을 고려하여 전송하기 때문에 수신 장치에서 세그먼트가 폐기되는 컨제스천을 피할 수 있습니다.

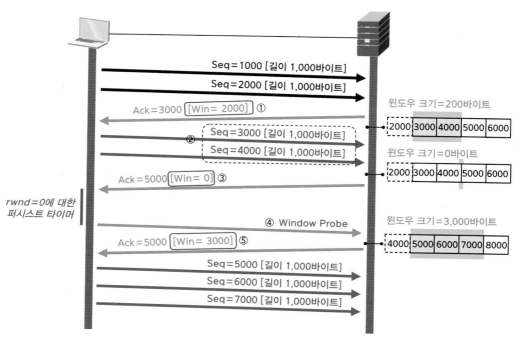

[그림 9-46] TCP 수신 프로세스는 rwnd를 송신 프로세스에게 보내 플로 컨트롤한다.

● TCP 송신 프로세스의 슬라이딩 윈도우

TCP 송신 프로세스의 윈도우에 대해 자세히 알아보겠습니다. TCP 송신 프로세스의 윈도우 크기는 cwnd와 rwnd 중 작은 값으로 결정됩니다. cwnd는 네트워크의 전송 능력을 고려한 것으로 이미 *Lesson 42*에서 설명했고, rwnd는 수신 장치의 수신 능력을 고려한 것으로 이번 레슨에서 설명하고 있습니다. 송신 장치가 네트워크와 수신 장치의 여건을 고려하지 않고 제멋대로 전송한다면, 세그먼트는 전송 도중 또는 수신 장치에서 폐기되기 때문입니다. 이 문제를 해결하기 위해 TCP 송신 프로세스는 슬라이딩 윈도우 프로토콜을 적용합니다.

[그림 9-47]에서 TCP 송신 프로세스의 슬라이딩 윈도우도 왼쪽에서 오른쪽으로 이동합니다. ⑤ 윈도우는 왼쪽 벽과 오른쪽 벽을 갖습니다. 왼쪽 벽과 오른쪽 벽 간의 간격이 윈도우의 크기가 됩니다. TCP 송신 프로세스가 세그먼트들을 보내면, 윈도우의 왼쪽 벽과 오른쪽 벽은 오른쪽으로 이동합니다. 특히 왼쪽 벽이 오른쪽으로 이동하는 것을 '클로징(Closing)'이라고 하고, ACK 세그먼트를 받았을 때 일어납니다. 오른쪽 벽이 오른쪽으로 이동하는 것을 '오프닝(Opening)'이라고 하는데, ACK 세그먼트를 받거나 윈도우 크기가 증가했을 때 오프닝이 일어납니다. 윈도우의 왼쪽 벽을 왼쪽으로 이동하는 것은 불가능합니다. 왜냐하면 이미 세그먼트를 전송했을 뿐만 아니라 ACK 세그먼트를 통해 성공적으로 전송했는지까지 확인한 그야말로 송신이 완료된 세그먼트들이기 때문입니다. 오른쪽 벽을 왼쪽으로 이동하는 것을 '슈링킹'이라고 부르는데, 이것도 허용하지 않습니다. 따라서 TCP 송신 프로세스에서 윈도우의 크기가 줄어드는 방법은 클로징뿐입니다.

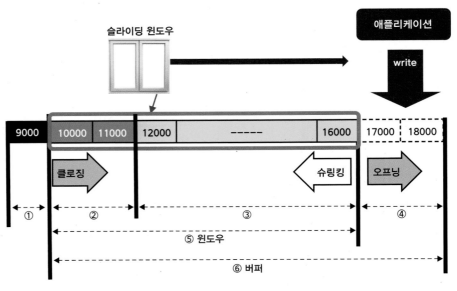

[그림 9-47] 송신 장치는 슬라이딩 윈도우를 활용하여 세그먼트를 전송한다.

[그림 9-47]에서 TCP 송신 프로세스에서 각 세그먼트들은 [표 9-8]과 같은 의미를 가집니다.

항목	세그먼트	설명
①	Seq=9000	이미 송신했으며 ACK 세그먼트도 받았기 때문에 TCP 송신 프로세스가 더 이상 보유하지 않은 세그먼트들
②	Seq=10000~11000	이미 송신한 세그먼트이며 ACK 세그먼트를 받지 못한 세그먼트들
③	Seq=12000~16000	아직 송신하지 않았지만 언제든지(ACK 세그먼트를 받지 않고도) 보낼 수 있는 세그먼트들
④	Seq=17000~18000	애플리케이션이 TCP 송신 버퍼에 보낸 세그먼트들
⑤	윈도우	TCP 송신 프로세스의 윈도우로, rwnd와 cwnd 중 낮은 값으로 결정된다.
⑥	송신 장치의 버퍼	TCP 송신 프로세스의 버퍼

[표 9-8] [그림 9-47]의 세그먼트들에 대한 설명

TCP 송신 프로세스의 윈도우는 cwnd와 rwnd 중 낮은 값을 사용합니다. [그림 9-48]에서 rwnd와 cwnd의 변화를 보여주는데, TCP 송신 프로세스는 파란색으로 표시된 값을 윈도우 크기로 사용합니다.

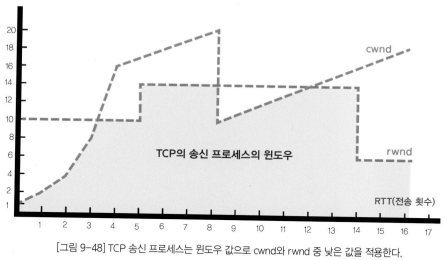

[그림 9-48] TCP 송신 프로세스는 윈도우 값으로 cwnd와 rwnd 중 낮은 값을 적용한다.

● 플로 컨트롤

플로 컨트롤은 네트워크의 전송 역량과 수신 프로세스의 수신 역량을 종합적으로 고려하는 메커니즘입니다. [그림 9-49]를 보면 TCP의 수신 프로세스의 버퍼와 rwnd의 크기는 ① 5,000바이트입니다. 수신 프로세스의 수신 버퍼의 디폴트 사이즈는 OS에 따라 다르고 변경 가능합니다. 수신 버퍼의 크기를 늘리면, 한 번에 좀 더 많은 데이터를 보낼 수 있습니다. 한편 버퍼는 한정적인 자원이고, 커넥션마다 할당해야 하므로 수신 버퍼 크기를 늘리면, 보다 적은 커넥션들을 수용할 수밖에 없습니다. 현재 수신 프로세스가 수신

가능한 데이터량, 즉 rwnd는 ② 5,000바이트이며, ACK 세그먼트를 보낼 때 전달됩니다. TCP의 송신 프로세스는 rwnd와 cwnd 중 낮은 값을 송신 윈도우의 크기로 선택합니다. 현재 cwnd는 2,000바이트라고 가정하고 있습니다. rwnd는 ② 5,000바이트이므로 송신 프로세스의 윈도우는 낮은 값인 ③ 2,000바이트가 됩니다. 송신 프로세스의 노란색 윈도우는 (수신 프로세스가 보내는 추가적인 ACK 세그먼트에 의한 허가 전에) 2,000바이트를 보낼 수 있음을 의미합니다. 송신 프로세스는 수신 프로세스가 원하는 ④ Seq=1000부터 시작하는 2,000바이트를 보냈습니다. 송신 프로세스의 윈도우가 ⑤ 파란색으로 바뀐 것은 아직 ACK 세그먼트를 통해 전송 확인을 받지 않았다는 의미입니다.

수신 프로세스는 수신한 ④ 2,000바이트(Seq=1000~2999) 때문에 윈도우의 왼쪽 기둥이 오른쪽으로 2,000바이트를 이동했습니다. 그런데 애플리케이션 프로세스가 아직 읽어가지 않아 버퍼를 차지하고 있기 때문에 rwnd는 ⑥ 3,000바이트로 줄어들었습니다. ⑦ Ack=3000, rwnd=3000인 ACK 세그먼트가 전달됩니다. Ack=3000은 TCP가 보낸 2,000바이트(Seq=1000~2999)를 성공적으로 수신했다는 의미입니다. TCP 송신 프로세스는 윈도우의 왼쪽 기둥을 오른쪽으로 2,000바이트 이동합니다. 현재의 cwnd는 4,000바이트이고, rwnd는 3,000바이트이므로 송신 프로세스의 윈도우는 낮은 값인 ⑧ 3,000바이트가 됩니다. cwnd가 4,000바이트가 된 것은 첫 번째 전송의 성공때문에 cwnd가 2배 증가했기 때문입니다(슬로 스타트 알고리즘). 송신 프로세스는 3,000바이트를 보낼 수 있지만, 반드시 3,000바이트를 보내야 하는 것은 아닙니다. 송신 프로세스는 ⑨ 1,000바이트만 전송하고, 윈도우를 파란색으로 표시했습니다. 3,000바이트를 보낼 수 있는데 1,000바이트를 보낸 것은 애플리케이션이 TCP 송신 프로세스에게 데이터를 미처 만들어 보내지 못한 경우 이런 일이 발생합니다.

한편 수신 프로세스에서 서버 애플리케이션이 ⑩ 2,000바이트를 읽어갔기 때문에 rwnd는 다시 ⑪ 5,000바이트가 되었습니다. 송신 프로세스가 보낸 ⑨ 1,000바이트(Seq=3000~3999) 때문에 수신 프로세스의 윈도우의 왼쪽 기둥이 오른쪽으로 1,000바이트를 이동합니다. 결과적으로 rwnd는 ⑫ 4,000바이트로 줄었습니다. 수신 프로세스는 ⑬ Ack=4000, rwnd=4000인 ACK 세그먼트를 보냅니다. Ack=4000은 송신 프로세스가 보낸 ⑨ 1,000바이트(Seq=3000~3999)가 성공적으로 전송되었음을 표시합니다. TCP 송신 프로세스는 윈도우의 왼쪽 기둥을 오른쪽으로 1,000바이트 이동합니다. 현재의 cwnd는 8,000바이트이고, rwnd는 4,000바이트이므로 송신 프로세스의 윈도우는 ⑭ 4,000바이트가 됩니다. cwnd가 8,000바이트가 된 이유는 두 번째 전송도 성공하여 cwnd가 다시 2배 증가했기 때문입니다. 송신 프로세스는 4,000바이트를 보낼 수 있지만, 반드시 4,000바이트를 보내야 하는 것은 아닙니다. 이번에 송신 프로세스는 ⑮ 2,000바이트(Seq=4000~5999)를 보냈습니다.

한편 수신 프로세스에서 서버 애플리케이션이 ⑯ 1,000바이트를 읽어갔기 때문에 rwnd는 다시 ⑰ 5,000바이트가 되었습니다. 송신 프로세스가 보낸 2,000바이트(Seq=4000~5999) 때문에 윈도우의 왼쪽 기둥이 오른쪽으로 2,000바이트를 이동했습니다. 결과적으로 rwnd 는 ⑱ 3,000바이트로 줄었습니다. 수신 프로세스는 ⑲ Ack=6000, rwnd=3000인 ACK 세 그먼트를 보냅니다. Ack = 6000은 송신 프로세스가 보낸 ⑮ 2,000바이트(Seq=4000~5999) 가 성공적으로 수신됐음을 의미합니다. TCP 송신 프로세스는 윈도우의 왼쪽 벽을 오른쪽 으로 2,000바이트 이동합니다. 현재의 cwnd는 16,000바이트이고, rwnd는 3,000바이트이 므로 송신 프로세스의 윈도우는 ⑳ 3,000바이트가 됩니다.

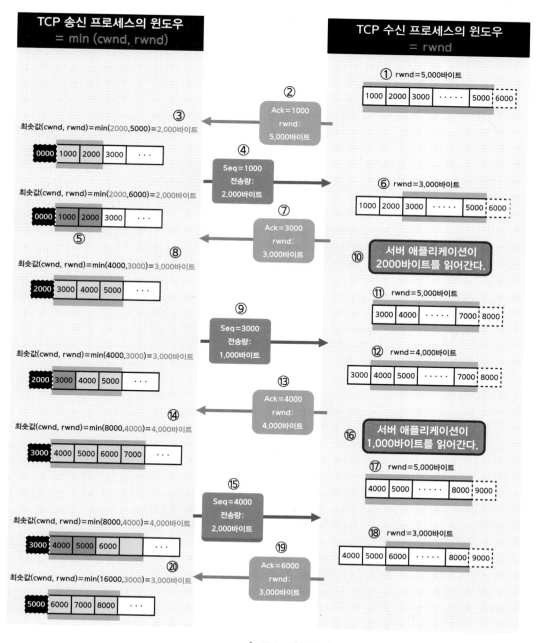

[그림 9-49] 플로 컨트롤

실리 윈도우 신드롬(Silly Window Syndrome)

송신 애플리케이션이 데이터를 느린 속도로 만들거나 수신 애플리케이션이 TCP 프로세스로부터 천천히 읽어가는 경우 적은 양의 데이터를 포함하는 세그먼트를 교환하게 됩니다. 가령 세그먼트가 단지 수 바이트뿐인 데이터를 전달한다면, 58바이트의 헤더(20바이트의 TCP 헤더+20바이트의 IP 헤더+18바이트의 이더넷 헤더) 때문에 전송 효율이 낮아지는데, 이러한 문제를 '실리 윈도우 신드롬(Silly Window Syndrome)'이라고 부릅니다.

● 송신 측 실리 윈도우 신드롬과 솔루션

송신 애플리케이션이 적은 수의 바이트를 느린 속도로 TCP 프로세스에게 보낼 때 실리 윈도우 신드롬이 나타납니다. 이 문제를 해결하기 위해 TCP 송신 프로세스는 극히 적은 수의 바이트를 포함하는 세그먼트를 만들지 않도록 합니다. 즉 송신 TCP 프로세스는 어느 정도 데이터가 버퍼에 쌓일 때까지 기다립니다. 그러나 이 때 대기 시간이 너무 길면 용인할 수 없는 수준의 지연을 일으키고, 너무 짧으면 전송 효율을 높일 수 없게 되는데, 이러한 문제를 해결하는 것이 '네이글 알고리즘(Nagle Algorithm)'입니다.

네이글 알고리즘

네이글 알고리즘은 원리는 다음과 같이 간단합니다.

① **첫 번째 세그먼트:** 처음에는 한 바이트짜리 세그먼트라도 전송합니다.

② **두 번째 세그먼트:** 일정량의 데이터를 애플리케이션으로부터 수신하거나 ACK 세그먼트를 수신하는 경우 세그먼트를 전송합니다.

③ **이후의 세그먼트들:** ②번 과정을 반복합니다.

네이글 알고리즘의 원리는 간단합니다. 즉 송신 애플리케이션이 ACK 세그먼트가 도착하는 속도보다 빨리 데이터를 내려 보낸다면 최대 크기의 세그먼트를 보낼 수 있습니다. 반면 송신 애플리케이션이 보낸 데이터가 일정량 쌓이기 전에 ACK 세그먼트가 도착하면 비록 적은 수의 세그먼트라도 즉시 전송하여 지연을 피하도록 합니다.

● 수신 측 실리 윈도우 신드롬과 솔루션

수신 애플리케이션이 수신 TCP 버퍼로부터 아주 천천히 데이터를 읽어가는 경우 실리 윈도우 신드롬이 일어납니다. TCP 프로세스의 수신 버퍼의 최초의 크기가 5,000바이트라고 가정해 봅시다. 송신 TCP 프로세스가 5,000바이트를 보내면 수신 TCP 버퍼는 가득 차게 되고, 수신 TCP 프로세스는 '윈도우 0'을 TCP 송신 프로세스에게 보내 전송을 멈추게 합니다. 이후에 수신 애플리케이션이 1바이트씩 읽어간다면, 그때마다 수신 TCP 프로세스는 윈도우 사이즈가 1바이트인 ACK 세그먼트를 보낼 것입니다. 송신 TCP 프로세스는 1바이트짜리 세그먼트를 보낼 수 있기 때문에 전송 효율은 낮을 것입니다. 이것이 수신 측이 유발하는 실리 윈도우 신드롬의 사례입니다. 이 문제를 해결하기 위해 다음 두 가지 솔루션을 적용할 수 있습니다.

• 지연된 ACK(Delayed Acknowledgement)

수신측에서 ACK 세그먼트를 보낼 때 수신 TCP 버퍼에 충분한 여유가 확보될 때까지 ACK 세그먼트의 전송을 늦춥니다. ACK 세그먼트를 지연시키면 다수의 세그먼트들에 대해 각각 ACK 세그먼트들을 보내는 대신 하나의 ACK 세그먼트로 대신하기 때문에 오버헤더 트래픽을 감소시킵니다. 그러나 ACK 세그먼트를 송신 TCP 프로세스의 재전송 타임아웃 타이머 내에 전달하지 못하면 불필요한 재전송이 일어날 수 있으므로 ACK 세그먼트를 0.5초 이상 지연시킬 수는 없습니다.

- **클라크 솔루션(Clark Solution)**
  TCP 프로세스는 TCP 수신 버퍼에 충분한 공간이 확보되거나 적어도 50% 이상이 될 때까지 윈도우 크기를 0으로 통보합니다.

 요·약·하·기

◆ **TCP 헤더:** 출발지 포트와 목적지 포트, 순서 번호, ACK 번호, 헤더 길이, 예비, 플래그, 윈도우 사이즈, 체크섬, 어전트 포인트, 옵션 필드로 구성된다.

◆ **TCP 일반 특징:** 4계층 이상의 장치만 보거나 처리할 수 있다. 인캡슐레이션과 디인캡슐레이션, 멀티플렉싱과 디멀티플렉싱이 있다.

◆ **TCP의 커넥션 관리 절차:** 커넥션 설정 절차, 커넥션 종결 절차, 커넥션 거부 절차, 커넥션 중단 절차로 나뉜다.

◆ **TCP의 옵션:** MSS(최대 세그먼트 크기), 윈도우 스케일 팩터, 타임스탬프, SACK 허용, SACK

◆ **TCP의 믿음직함(Reliability):** 순서 번호, ACK 번호, 체크섬 필드를 통해 믿음직함을 제공한다. 재전송 타임아웃 타이머 안에 ACK 세그먼트가 도착하지 않으면 재전송한다.

◆ **TCP의 ACK 세그먼트를 보내는 규칙**

  • **세그먼트가 정상적으로 도착하는 경우:** 2개의 세그먼트마다 하나의 ACK 세그먼트를 보내거나 500ms 마다 ACK 세그먼트를 보낸다.

  • **세그먼트나 ACK 세그먼트가 지연되거나 중복되는 경우:** 즉시 ACK 세그먼트를 보낸다.

  • **세그먼트나 ACK 세그먼트가 유실(누락)된 경우:** 즉시 ACK 세그먼트를 보낸다.

  • **잘못된 체크섬 값을 가진 세그먼트를 수신한 경우:** ACK 세그먼트를 보내지 않는다.

◆ **TCP의 컨제스천 컨트롤**

  • **슬로 스타트:** cwnd 값을 2배씩 증가시킨다.

  • **컨제스천 회피:** ssthresh 값에 이르면 1씩 증가시킨다.

  • **컨제스천 탐지:** 송신 장치가 3개의 ACK 세그먼트들을 받거나 재전송 타임아웃 타임이 만료될 때까지 ACK 세그먼트가 도착하지 않았다면 컨제스천으로 판단한다.

  • **컨제스천 대응:** 3개의 ACK 세그먼트가 도착하면 cwnd 값을 컨제스천 탐지 시의 ssthresh 수준으로 내린다. 재전송 타임아웃 타이머 내에 ACK 세그먼트가 도착하지 않으면 cwnd 값을 1로 내린다.

◆ **TCP의 플로 컨트롤:** 송신 장치와 수신 장치는 슬라이딩 윈도우를 활용한다. 송신 장치의 윈도우는 cwnd와 rwnd 값 중 낮은 값으로 선택된다.

Chapter 10 : (TCP와) 비교 대상, UDP

TCP는 믿음직함, 컨제스천 컨트롤, 플로 컨트롤, 커넥션 오리엔티드 프로토콜 등의 특징을 갖는 4계층 프로토콜입니다. 반면 UDP의 특징은 어떨까요?

UDP는 TCP가 제공하는 다양한 기능을 포기하는 대신 속도가 빠릅니다. 또한 TCP는 컨트롤 기능 때문에 실시간 통신과 멀티캐스트 통신을 지원할 수 없는 반면 UDP는 그러한 제약을 갖지 않습니다.

LESSON 44 : UDP 관련 장치

UDP 헤더는 [그림 10-1]에서 주황색으로 표시하였으며, 출발지 포트, 목적지 포트, 길이, 체크섬을 포함하여 모두 8바이트에 불과합니다.

이더넷 헤더 **[18바이트]**	목적지 MAC 주소				
	목적지 MAC 주소 [총 6바이트]			출발지 MAC 주소	
	출발지 MAC 주소 [총 6바이트]				
	타입 [총 2바이트]				
IP 헤더 **[20바이트]**	버전 [0.5바이트]	헤더 길이 [0.5바이트]	프로토콜 [2바이트]	총 길이(Total Length) [2바이트]	
	ID (IDentification) [2바이트]			플래그 [3비트]	프래그먼트 옵셋 [13비트]
	TTL [2바이트]		프로토콜 [2바이트]	헤더 체크섬(Header Checksum) [2바이트]	
	출발지 IP 주소 [4바이트]				
	목적지 IP 주소 [4바이트]				
UDP 헤더 **[8바이트]**	출발지 포트 [총 2바이트]			목적지 포트 [총 2바이트]	
	길이(Length) [2바이트]			체크섬(Checksum) [2바이트]	
데이터 **[18바이트 이상]**	데이터				
이더넷 트레일러	FCS(Frame Check Sequence) [4바이트]				

[그림 10-1] UDP 헤더 필드

● 스위치와 라우터는 UDP와 무관

서버와 PC는 7계층 장치이므로 4계층에서 정의된 UDP 헤더를 볼 수 있습니다. 그러나 3계층 장치인 라우터와 2계층 장치인 스위치는 UDP 헤더를 볼 수 없습니다. 즉 스위치와 라우터는 UDP와 무관한 장치입니다.

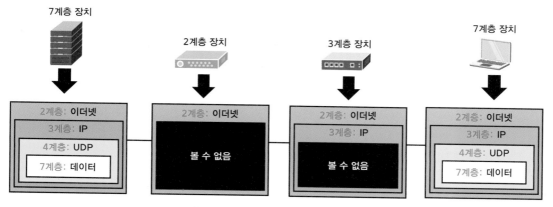

[그림 10-2] 스위치와 라우터는 UDP와 관련이 없다.

LESSON 45 : UDP 헤더

UDP 헤더는 다음과 같은 단지 4개의 필드로 구성됩니다.

● 출발지 포트와 목적지 포트(Source Port & Destination Port)

출발지 포트(Source Port)는 클라이언트 애플리케이션에 일시적으로 할당됩니다. 애플리케이션이 시작되면 UDP의 컨트롤 블록 모듈이 운영체제로부터 포트 번호를 요청합니다. 클라이언트 애플리케이션에게는 일시적인 포트(Ephemeral Port) 번호를 할당하지만, 서버 애플리케이션에게는 잘 알려진 포트(Well-known Port, 지정된 포트) 번호를 할당합니다. 서버 애플리케이션들을 구분하는 잘 알려진 포트 번호들의 예로 69 [TFTP], 123 [NTP], 161 [SNMP] 등이 있습니다. [그림 10-3]에서 TFTP 클라이언트 애플리케이션은 65000번을, TFTP 서버 애플리케이션은 이미 잘 알려진 69번 포트 번호를 사용하고 있습니다. 클라이언트에서 출발한 RRQ(Read Request)와 같은 리퀘스트 메시지의 출발지 포트와 목적지 포트(Destination Port)는 각각 서버가 보낸 TFTP DATA와 같은 리스폰스 메시지의 목적지 포트와 출발지 포트가 됩니다.

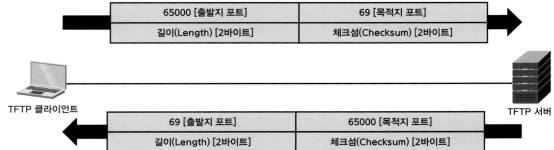

[그림 10-3] 리퀘스트와 리스폰스 메시지의 포트

포트 번호는 16비트 길이로 그 범위는 0에서 65535까지 입니다. 포트 번호의 용도는 [표 10-1]과 같습니다.

구분	범위	용도
잘 알려진 포트 (Well-known Port)	0~1023	IANA에 의해 할당되고 관리되는 잘 알려진 포트들. 예를 들어 TFTP는 69, NTP는 123, SNMP는 161을 사용합니다.
등록된 포트 (Registered Port)	1024~49151	IANA가 할당하거나 관리하지 않습니다. 그러나 중복을 피하기 위해 IANA에 등록할 수 있습니다.
나머지 포트	49152~65535	원래는 클라이언트 프로그램이 임시로 사용하는 출발지 포트(Ephemeral Source Port)로 사용하도록 권고되는 범위이지만, 대부분의 시스템은 이 권고를 따르지 않습니다.

[표 10-1] 포트의 범위와 용도

● 길이(Length)

UDP 헤더와 데이터를 합한 길이입니다. 16비트 길이이므로 범위는 0~65,535바이트입니다.

● 체크섬(Checksum)

UDP 체크섬 계산을 할 때 IP 슈도 헤더(Pseudo Header), UDP 헤더, 데이터까지가 점검 범위에 속합니다. IP 슈도 헤더에는 IP 헤더 중 IP 주소와 프로토콜 필드, UDP 총 길이 필드가 포함됩니다. UDP 체크섬의 대상에 IP 헤더를 포함하는 것은 중요 정보를 더블 체크한다는 의미가 있습니다. [표 10-2]와 같은 16비트의 입력 값을 모두 더하면 10 01000100 01111111이 됩니다. 이때 16비트를 초과하는 '10(carry 부분)'을 잘라 01000100 01111111과 더해 ① Sum 값인 01000100 10000001을 계산해 냅니다. ② Checksum 값은 Sum을 반전시킨 값입니다.

체크섬 대상 필드	10진수	2진수	
모두 0과 프로토콜	00과 17	00000000	00010001
UDP 총 길이	16	00000000	00010000
출발지 IP 주소	1과 1	00000001	00000001
	1과 1	00000001	00000001
목적지 IP 주소	2와 2	00000010	00000010
	2와 2	00000010	00000010
출발지 포트	65000	11111101	11101000
목적지 포트	69	00000000	01000101
UDP 총 길이	16	00000000	00010000
데이터(T와 E)	84와 69	01010100	01000101
데이터(S와 T)	83과 84	01010011	01010100
데이터(D와 A)	68과 65	01000100	01000001
데이터(T와 A)	84와 65	01010100	01000001
① Sum		01000100	10000001
② Checksum		10111011	01111110
Sum+Checksum=		11111111	11111111

[표 10-2] Sum과 Checksum

UDP 송신 프로세스는 체크섬 필드에 Checksum 값을 입력하고 전송합니다. [그림 10-4]는 UDP 수신 프로세스가 체크섬 필드를 활용하여 도착한 데이터그램의 완전성을 점검하는 방법을 설명합니다. 즉 UDP 수신 프로세스는 [표 10-2]에서 설명했듯이 UDP 송신 프로세스와 같은 방법으로 ① Sum 값을 계산합니다. 이후에 체크섬 필드에 입력된 ② Checksum 값과 더합니다. 데이터그램이 변형되지 않았다면, ③ Sum + Checksum = 11111111 11111111이 나올 것입니다.

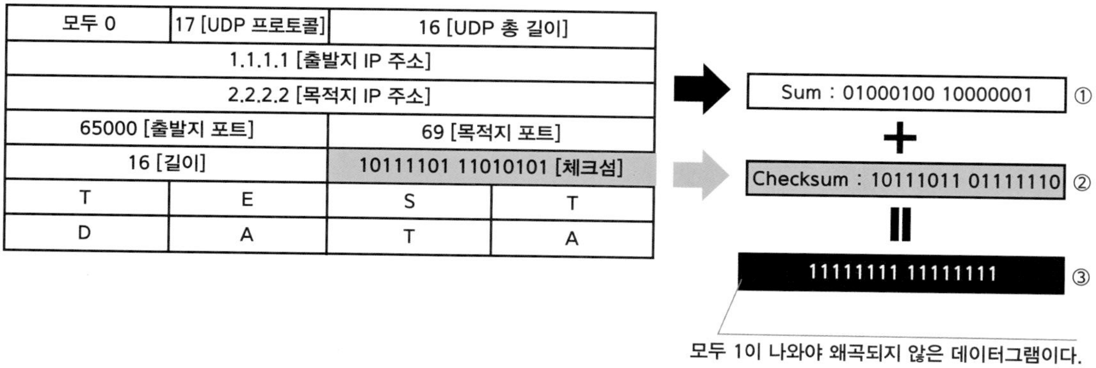

[그림 10-4] UDP 수신 프로세스의 체크섬 계산 방법

UDP도 TCP처럼 애플리케이션 계층과 네트워크 계층 사이에서 다음의 기능을 제공합니다.

● 인캡슐레이션과 디인캡슐레이션

애플리케이션이 UDP에게 메시지를 보낼 때는 메시지와 함께 IP 주소와 포트 번호를 보냅니다. 이들 정보를 바탕으로 UDP 헤더를 만들어 IP 프로세스로 전달합니다. UDP 헤더를 만드는 과정이 인캡슐레이션(Encapsulation)입니다. 반대로 데이터그램이 도착하면 UDP 헤더를 디인캡슐레이션(De-encapsulation)한 후 목적지 포트가 가리키는 애플리케이션으로 전달합니다.

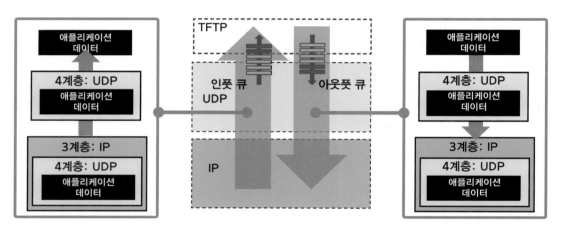

[그림 10-5] UDP의 인캡슐레이션과 디인캡슐레이션

● 멀티플렉싱 & 디멀티플렉싱

[그림 10-6]에서 UDP의 상위 계층에는 4개의 애플리케이션 프로그램이 동작중입니다. 다양한 상위 계층의 애플리케이션이 보낸 데이터그램들을 UDP 프로세스가 처리하는데, 이 과정이 UDP의 ㉮ 멀티플렉싱(Multiplexing) 기능입니다. 또한 IP 프로세스가 보낸 데이터그램을 수신한 UDP 프로세스는 다양한 애플리케이션들로 분배하는데, 이 과정이 UDP의 ㉯ 디멀티플렉싱(De-multiplexing) 기능입니다. UDP가 멀티플렉싱과 디멀티플렉싱을 수행하려면 애플리케이션을 구분할 수 있어야 합니다.

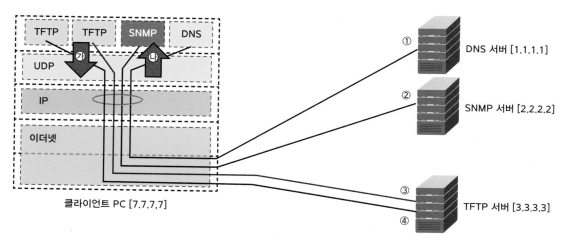

[그림 10-6] UDP의 멀티플렉싱과 디멀티플렉싱

UDP가 멀티플렉싱과 디멀티플렉싱 과정에서 다양한 커넥션들을 구분하기 위해 사용하는 필드가 출발지 IP 주소, 목적지 IP 주소, 출발지 포트와 목적지 포트로, 이를 '소켓 주소(Socket Address)'라고 합니다.

[그림 10-7] 멀티플렉싱과 디멀티플렉싱을 위한 구분하기 위한 필드: 출발지/목적지 IP, 출발지/목적지 포트

클라이언트 소켓 주소로 클라이언트 애플리케이션들을 구분하고, 서버 소켓 주소로 서버 애플리케이션을 구분합니다. [그림 10-6]에서 클라이언트와 서버 애플리케이션 프로그램이 사용하는 소켓 주소는 [표 10-3]과 같습니다. ③번과 ④번 데이터그램을 구분할 수 있는것은 62098과 57098이라는 클라이언트 애플리케이션에 할당한 포트 번호 덕택입니다. 즉 이 포트 번호가 있기 때문에 하나의 서버는 하나의 클라이언트에게 동일한 다수의 서비스를 동시에 제공할 수 있습니다.

구분	클라이언트 소켓 주소		서버 소켓 주소	
	IP 주소	포트	IP 주소	포트
①번 연결	7.7.7.7 [내 PC]	60902	1.1.1.1 [DNS 서버]	53
②번 연결	7.7.7.7 [내 PC]	65101	2.2.2.2 [SNMP 서버]	161
③번 연결	7.7.7.7 [내 PC]	62098	3.3.3.3 [TFTP 서버]	69
④번 연결	7.7.7.7 [내 PC]	57098	3.3.3.3 [TFTP 서버]	69

[표 10-3] [그림 10-6]의 클라이언트/서버 애플리케이션들의 소켓 주소

● 큐잉(Queuing)

클라이언트 애플리케이션이 시작될 때 UDP의 컨트롤 블록 모듈은 일시적인 출발지 포트를 할당하는데, 이 때 인풋 큐와 아웃풋 큐가 생성됩니다. 각 큐는 포트 번호와 맵핑됩니다. 데이터그램이 UDP에 도착하면 목적지 포트에 상응하는 큐가 생성되었는지를 확인합니다. 만약 생성되어 있지 않다면, 데이터그램은 폐기되고, 데이터그램을 보낸 장치에게는 ICMP Port Unreachable 메시지가 전송됩니다.

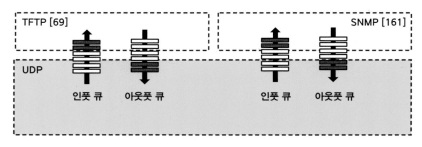

[그림 10-8] UDP 큐잉

LESSON 47 : TCP에는 있고, UDP에는 없는 필드들

TCP와 UDP의 차이점을 헤더에 포함된 필드를 중심으로 정리해 보겠습니다. TCP 헤더는 UDP 헤더가 가진 모든 필드들을 가집니다. [그림 10-9]에서 짙은 회색으로 표시된 필드들은 TCP 헤더에는 있지만, UDP 헤더에는 없는 필드들입니다.

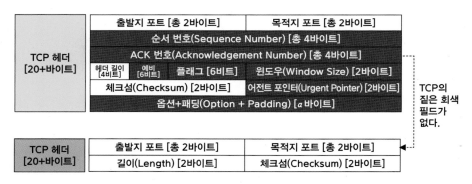

[그림 10-9] TCP 헤더에는 있지만, UDP 헤더에는 없는 필드(짙은 회색 필드)

● 순서 번호(Sequence Number)

TCP 헤더에 포함된 순서 번호 필드는 TCP가 애플리케이션 계층에서 내려온 데이터 덩어리를 분할하는 프로토콜임을 의미합니다. TCP는 MSS(Maximum Segment

Size) 단위로 데이터 덩어리를 분할하고 순서 번호를 붙입니다. 분할된 데이터 덩어리는 목적지 장치에서 재조립됩니다. 세그먼트들은 경로의 다양성, 재전송 등 다양한 이유로 차례대로 도착하지 않을 않을 수 있기 때문에 원래의 순서대로 재조립하려면 순서 번호가 필요합니다. IP도 MTU(Maximum Transmission Unit) 단위로 세그먼트를 분할합니다. 따라서 IP 헤더에도 ID, 프래그먼트 옵셋과 같은 순서 번호에 상응하는 필드가 필요합니다. 반면 UDP, 이더넷과 같이 자르지 않는 프로토콜에는 순서 번호에 상응하는 필드가 없습니다.

● ACK 번호(Acknowledgement Number)

TCP 헤더에 포함된 ACK 번호 필드는 TCP가 믿음직한 프로토콜(Reliable Protocol)임을 뜻합니다. 즉 TCP 수신 프로세스는 수신한 세그먼트에 대해 ACK를 보내 성공적으로 전송되었음을 TCP 송신 프로세스에게 알려줍니다. TCP 송신 프로세스는 ACK를 받지 못하면 재전송합니다. 또한 TCP 송신 프로세스는 ACK를 받으면 cwnd를 증가시켜서 전송 용량을 증가시키고 ACK를 받지 못하면, cwnd 값을 감소시켜서 전송 용량을 감소시키는 컨제스천 컨트롤 기능을 제공합니다. UDP 헤더는 ACK 번호를 포함하지 않습니다. 따라서 UDP는 믿음직하지 않은 프로토콜(Unreliable Protocol)이면서 컨제스천 컨트롤 기능도 제공할 수 없습니다. '믿음직하지 않다'는 것은 '최선을 다해 보낸다(Best Effort Delivery)'와 의미가 같습니다. UDP는 최선을 다해 보낼 뿐 전송의 성공을 확인하는 메커니즘을 갖지 않는 프로토콜, 즉 에러 컨트롤 기능을 갖지 않기 때문입니다. IP, 이더넷, PPP도 ACK 필드를 갖지 않습니다. 즉 이 프로토콜들도 믿음직하지 못하며, 컨제스천 컨트롤 기능을 제공할 수 없습니다.

● 플래그(Flag)

TCP 헤더에 포함된 플래그 필드는 TCP가 커넥션 오리엔티드 프로토콜임을 뜻합니다. 즉 TCP는 플래그 필드의 SYN, ACK, FIN 비트를 이용하여 커넥션을 시작하고 종결합니다. TCP는 커넥션 설정 절차를 통해 원하는 서비스가 제공될 수 있는지 확인한 후 전송하기 때문에 불필요한 전송을 막을 수 있습니다. PPP도 커넥션 설정 과정을 거치기 때문에 커넥션 오리엔티드 프로토콜에 속합니다. 이에 반해 UDP, IP와 이더넷 프로토콜은 플래그에 해당하는 필드가 없는 커넥션리스 프로토콜(Connectionless Protocol)에 속합니다.

● 윈도우 사이즈

TCP 헤더에 포함된 윈도우 사이즈(Window Size)는 TCP가 플로 컨트롤을 제공하는 프로토콜임을 뜻합니다. 즉 TCP는 수신 장치의 수신 여력을 감안하여 보낼 데이터의 양을 결정합니다. 이에 반해 UDP, IP, PPP나 이더넷은 이러한 필드를 포함하지 않기 때문에 플로 컨트롤 기능을 제공할 수 없습니다.

● 어전트 포인터

TCP 헤더에 포함된 어전트 포인터(Urgent Pointer) 필드 때문에 TCP는 중요한 데이터를 우선 처리할 수 있습니다. 또한 IP도 ToS 필드를 활용하여 중요한 패킷 전체를 우선 처리할 수 있도록 합니다. UDP, PPP나 이더넷 헤더는 이러한 필드를 포함하지 않기 때문에 우선 처리 기능을 제공할 수 없습니다.

LESSON 48 : UDP를 활용하는 애플리케이션

TCP와 UDP의 헤더의 차이는 곧 두 프로토콜들의 특징을 나타냅니다. 이러한 차이 때문에 두 프로토콜들을 적용하는 애플리케이션도 다음과 같이 다릅니다.

● 실시간 애플리케이션

실시간 애플리케이션(Real-time Application)이란, 데이터그램의 송신 시각과 수신 시각과의 차이가 적어야 하는 애플리케이션으로, VoIP(Voice over IP)가 대표적입니다. 즉 한쪽에서 '안녕하십니까?' 하면 거의 동시에 반대쪽에서 들을 수 있어야 합니다. 그런데 TCP는 ACK 세그먼트를 받아내면서 다음 세그먼트들을 보내기 때문에 속도가 느려집니다. 또한 세그먼트가 깨진 경우 TCP는 재전송하는데, 세그먼트가 재전송될 때까지 이미 도착한 나중 순서 번호의 세그먼트들도 재생하지 못하기 때문에 더욱 길게 지연됩니다. 즉 TCP로 보내면 실시간 통신이 어렵다 보니 자연스런 통화가 불가능하기 때문에 VoIP와 같은 애플리케이션에 적용할 수 없습니다. 반면 UDP의 경우 ACK를 통한 복구 메커니즘이 없기 때문에 전화 통화에서 UDP 데이터그램이 유실되면, 상당 부분은 들리지 않을 것입니다. 하지만 자연스러운 통화를 위해서는 부분적으로 들리지 않는 것이 지연 후 들리는 것보다 훨씬 나은 서비스를 제공할 수 있습니다. 이것이 실시간 애플리케이션에서 UDP를 적용하는 이유입니다.

● 멀티캐스팅과 브로드캐스팅 애플리케이션

TCP는 UDP와 달리 멀티캐스팅(Multicasting)과 브로드캐스팅(Broadcasting)을 지원할 수 없습니다. [그림 10-10]에서 서버 ⓐ가 PC ⓑ, PC ⓒ, PC ⓓ에게 순서 번호

1~3의 멀티캐스트 또는 브로드캐스트 패킷을 보냈다고 가정해 봅시다. 이에 대해 PC ⓑ는 ACK#1을 보내 Seq#1인 세그먼트를, PC ⓒ는 ACK#2를 보내 Seq#2인 세그먼트를, PC ⓓ는 ACK#4를 보내 Seq#4인 세그먼트를 수신하기를 원한다고 가정해 봅시다. 이때 서버 ⓐ는 어떤 세그먼트를 재전송해야 할까요? 가장 앞선 Seq#1부터 재전송한다면, 다른 PC들은 중복된 세그먼트들을 수신해야 합니다. 또한 PC ⓑ, PC ⓒ, PC ⓓ의 rwnd가 각각 5,000바이트, 2,000바이트, 0바이트라면, 송신 장치인 서버는 최소 rwnd에 맞춰 전송량을 결정해야 할 것입니다. TCP에서 수신 장치는 송신 장치를 컨트롤하는 팀장에 해당하고, 송신 장치는 팀장의 지시에 따르는 팀원입니다. 팀장이 여러 명인 팀은 없죠. 팀장이 여러 명이고 주장하는 것이 서로 다르다면 팀원은 난감할 것입니다. 이것이 바로 TCP를 수신 장치(팀장)가 다수인 멀티캐스팅이나 브로드캐스팅 애플리케이션에 적용할 수 없는 이유입니다. 반면 UDP는 이러한 에러나 플로 컨트롤 기능이 없으므로 유니캐스트는 물론 멀티캐스트나 브로드캐스트 통신에 제한없이 적용할 수 있습니다.

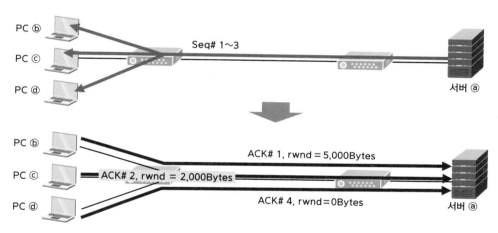

[그림 10-10] TCP는 목적지가 다수인 멀티캐스트와 브로드캐스트 통신에 적용할 수 없다.

● 플로 컨트롤과 에러 컨트롤 메커니즘을 포함한 애플리케이션

TFTP와 같은 애플리케이션은 애플리케이션 계층에서 ACK 메시지를 사용하여 믿음직함을 제공합니다. TFTP 데이터는 512바이트 단위의 블록으로 분할되고, 순서번호를 갖습니다. 블록을 보내고 블록 타이머(Block Timer)를 시작하는데, 블록 타이머 내에 ACK 메시지가 도착하지 않으면 재전송합니다. 블록 타이머가 만료되기 전에 ACK 메시지가 도착하면 즉시 다음 블록을 전송합니다. 또한 수신 장치가 ACK 메시지를 보내는 속도에 의해 송신 장치가 데이터 블록을 보내는 속도가 결정되기 때문에 일종의 플로 컨트롤 기능도 제공할 수 있습니다. 이와 같이 애플리케이션이 플로 컨트롤과 에러 컨트롤 기능을 제공한다면 TCP를 활용할 필요가 없습니다.

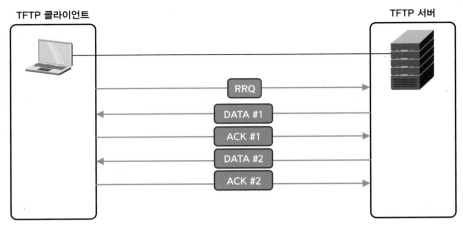

RRQ

DATA #1

ACK #1

DATA #2

ACK #2

[그림 10-11] TFTP의 에러 컨트롤과 플로 컨트롤

Tip

SNMP나 Syslog와 같은 네트워크 관리 애플리케이션을 회사 내부의 장치를 관리하기 위한 것입니다. DHCP와 같은 IP 자동 할당 애플리케이션도 우리 직원이나 고객 장치들을 위한 서비스입니다. 따라서 이러한 애플리케이션들이 생성하는 데이터그램은 회사를 벗어나는 경우가 드뭅니다.

● 사이트(또는 AS) 내부에서 사용하는 애플리케이션

우리 회사/학교/기관 네트워크 전체는 하나의 AS(Autonomous System)가 됩니다. 패킷의 목적지가 회사(AS) 외부에 존재할 수 있는 애플리케이션(HTTP, 텔넷, SMTP, FTP 등)일 경우 보통 TCP를 활용합니다. 통신의 상대방이 멀리 떨어져 있는 경우 세그먼트의 유실이나 변조가 일어나기 쉽기 때문입니다. 그에 비해 SNMP, Syslog와 같은 네트워크 관리 애플리케이션이나 DHCP와 같은 IP 자동 할당 애플리케이션은 클라이언트와 서버가 모두 사이트 내부인 경우가 대부분입니다. 즉 클라이언트와 서버가 가까운 거리에 있으므로 세그먼트의 유실이나 변조 가능성이 대폭 줄어들기 때문에 보통 UDP를 적용합니다.

● 인터랙티브 애플리케이션

대량의 데이터를 전송할 때는 TCP가 적정합니다. 그 이유는 다음과 같습니다. 첫째, 대량의 데이터를 보내기 전에 전송이 가능한지 확인하는 커넥션 설정 절차를 통해 헛수고를 막고, 둘째, 유실되거나, 깨지거나, 중복된 세그먼트만을 재전송하여 전체 데이터를 다시 보낼 필요가 없도록 합니다. 셋째, TCP는 네트워크와 수신 장치의 역량을 지속적으로 체크하여 현재 상황에서 가능한 최대 전송량으로 보낼 수 있기 때문입니다. TCP를 바이트-오리엔티드 프로토콜이라 하는 것은 보낼 데이터를 바이트 단위로 저장하고 다양한 크기의 세그먼트로 묶어 보내기 때문입니다. 그러나 애플리케이션의 속성상 소량의 리퀘스트와 리스폰스 메시지를 자주 교환할 때는 UDP가 유리합니다. UDP를 메시지-오리엔티드 프로토콜이라 부르는 것은 애플리케이션의 명령을 포함하는 메시지를 분할하지 않고 메시지 단위로 보내기 때문입니다. 리퀘스트와 리스폰스 메시지의 트랜잭션이 에러 컨트롤 및 플로 컨트롤 기능을 대신할 뿐 아니라 어차피 소량의 데이터를 찔끔찔끔 보내기 때문에 최대 전송량으로 보내기 위해 네트워크와 수신 장치의 역량을 체크할 필요도 없기 때문입니다. [그림 10-12]와 같이 SNMP, DNS, RIP, DNS 등이 인터랙티브 애플리케이션(Interactive Application)에 속합니다.

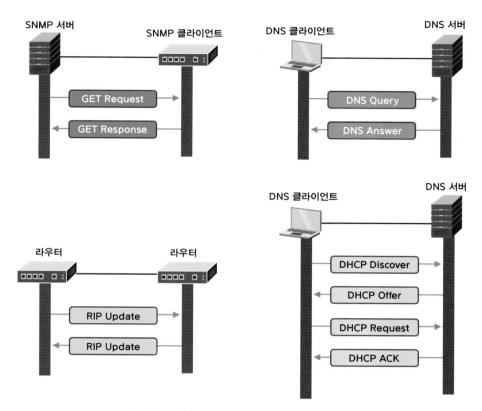

[그림 10-12] UDP를 사용하는 인터랙티브 애플리케이션

 요·약·하·기

• **UDP 관련 장치와 헤더:** UDP는 4계층 이상의 장치만 보거나 처리 가능하고, 출발지 포트와 목적지 포트, 체크섬, 길이 필드로 구성된다.

• **TCP와 UDP의 공통점:** 인캡슐레이션과 디인캡슐레이션, 멀티플렉싱과 디멀티플렉싱, 큐잉

• **TCP와 UDP의 차이점:** UDP는 TCP 필드에 속하는 순서 번호, ACK 번호, 플래그, 윈도우 사이즈, 어전트 포인트 필드가 없다. 따라서 그러한 필드들이 제공하는 기능을 활용할 수 없다.

• **TCP와 UDP의 활용:** TCP 실시간 애플리케이션, 멀티캐스팅과 브로드캐스팅 애플리케이션에는 적용할 수 없고 플로 컨트롤과 에러 컨트롤 메커니즘을 포함한 애플리케이션, 회사 내부에서 사용하는 애플리케이션, 인터랙티브 애플리케이션에는 부적당한 반면, UDP는 신뢰성/커넥션 설정/플로 컨트롤 기능을 굳이 필요로 하지 않는 어플리케이션에 적당하다.

Chapter 11 : 유아독존, IP

IP가 없는 네트워크는 상상하기조차 어렵습니다. 이번 장은 IPv4의 특징과 더불어 두가지 이슈 그리고 솔루션을 다룹니다. IPv4와 관련한 두 가지 이슈는 무엇일까요?

첫째, IPv4 주소는 고갈 위기에 있습니다. 둘째, IPv4 주소는 거의 할당된 상태이기 때문에 전 세계 네트워크를 포함하는 라우팅 테이블의 길이가 너무 길다는 것입니다.

LESSON 49 : IP 관련 장치

프레임은 3개의 옷을 입고, IP는 3계층 옷을 정의하는 3계층 프로토콜입니다. 이번 에는 3계층 옷(헤더)과 관련된 장치를 확인해 봅니다.

◉ IP 옷

[그림 11-1]에서 파란색으로 표시된 IP 헤더의 필드들은 출발지 및 목적지 주소 표시, 체크섬, 상위 계층의 세그먼트 분할, QoS(Qulaity of Service) 등의 기능을 제공합니다.

이더넷 헤더 + 트레일러 [총 18바이트]	목적지 MAC 주소 [총 6바이트]			
	목적지 MAC 주소 [총 6바이트]		출발지 MAC 주소 [총 6바이트]	
	출발지 MAC 주소 [총 6바이트]			
	타입 [총 2바이트]			
IP 헤더 [20+ 바이트]	버전[4비트]	헤더 길이 [4비트]	ToS [1바이트]	총 길이 [2바이트]
	ID(Identification) [2바이트]		플래그[3비트]	프래그먼트 옵셋 [13비트]
	TTL [2바이트]	프로토콜 [2바이트]		헤더 체크섬 [2바이트]
	출발지 IP 주소 [4바이트]			
	목적지 IP 주소 [4바이트]			
	옵션+패딩			
TCP 헤더 [20+ 바이트]	출발지 포트 [2바이트]		목적지 포트 [2바이트]	
	순서 번호 [4바이트]			
	ACK 번호 [4바이트]			
	헤더길이 4비트	예비[6비트]	플래그 [6비트]	윈도우 사이즈 [2바이트]
	체크섬 [2바이트]		어전트 포인트(Urgent Pointer) [2바이트]	
	옵션+패딩			

데이터 [다양한 바이트]	데이터
이더넷 트레일러	FCS [4바이트]

[그림 11-1] IP 헤더 필드들

Tip

스위치와 라우터에 SNMP, Syslog, TFTP 등과 같은 애플리케이션 계층 프로토콜을 적용하면, 스위치와 라우터도 7계층 단말을 포함하게 됩니다. 7계층 프로토콜이 제대로 동작하려면 7계층을 포함하여 7계층 이하의 모든 계층에 문제가 없어야 하기 때문에 4계층과 3계층도 지원해야 합니다. 이 경우 스위치와 라우터는 스위칭과 라우팅과 같은 본연의 기능 외에 단말 기능도 수행하는 것입니다.

● IP 관련 장치(IP 헤더를 볼 수 있는 장치)

[그림 11-2]에서 PC와 서버와 같은 단말들은 7계층 이하, 라우터는 3계층 이하, 스위치는 2계층 이하의 기능을 수행합니다. 단말이 만든 ① 3계층 헤더에는 최초 출발지의 IP 주소와 최종 목적지의 IP 주소가 들어 있습니다. ② 스위치는 2계층 장치이므로 3계층 이상의 헤더를 볼 수 없습니다. ③ 라우터는 3계층 주소를 보고 라우팅을 합니다. 즉 IP 헤더를 만들거나 처리하거나 볼 수 있는 장치는 단말과 라우터입니다.

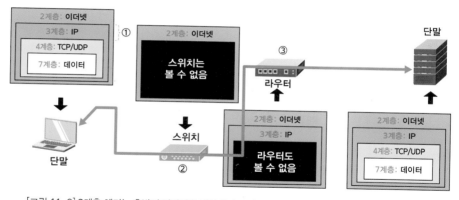

[그림 11-2] 3계층 헤더는 출발지 단말에서 만들어지고 라우터와 목적지 단말에서 읽혀지고 처리된다.

LESSON 50 : IP 헤더

IP 헤더는 기본적으로 20바이트이며, 옵션이 추가될 수 있습니다.

IP 헤더 [20+ 바이트]	버전[4비트]	헤더 길이 [4비트]	ToS [1바이트]		총 길이 [2바이트]	
	ID(Identification) [2바이트]			플래그[3비트]	프래그먼트 옵셋 [13비트]	
	TTL [2바이트]		프로토콜 [2바이트]		헤더 체크섬 [2바이트]	
	출발지 IP 주소 [4바이트]					
	목적지 IP 주소 [4바이트]					
	옵션+패딩					

[그림 11-3] IP 헤더

각 헤더 필드에 대한 설명은 아래와 같습니다.

● 버전

IP 프로토콜의 버전을 표시합니다. 이 포맷은 버전 4이므로 '4(2진수로 0100)'가 입력됩니다.

● HELN(헤더 길이)

IP 프로토콜의 헤더 길이를 4바이트의 몇 배수인지로 표시합니다. 옵션을 포함하지 않는 IP 헤더의 길이는 20바이트이므로 '5(2진수로 0101)'가 입력됩니다. 헤더 길이(Header Length, 헤더 길이)는 최소 20바이트이며, 옵션이 추가된 경우 최대 60바이트가 됩니다.

● ToS

ToS(Type of Service) 필드를 보고 QoS(Quality of Servie)를 제공합니다. [표 11-2]를 보면 ToS 필드에 DSCP(DiffServ Code Point) 값을 입력하여 패킷의 중요도를 표시합니다. 8비트의 ToS 필드에서 DSCP 값으로 사용하는 6비트 중 앞부분 3비트가 패킷의 중요도를 나타냅니다. 예를 들어 일반 트래픽 클래스는 000으로 가장 덜 중요한 패킷임을, EF 트래픽 클래스는 101로 가장 중요한 패킷임을 표시합니다. ToS 필드의 다음 두 비트는 패킷의 폐기 우선순위를 표시합니다. QoS는 다음 '시원한 쪽지'에서 자세히 다룹니다.

구분		DSCP (ToS의 첫 번째~세 번째 비트)	설명
일반 트래픽		000	
AF (Assured Forwarding)	클래스 1	001	덜 중요한 패킷 ↕ 더 중요한 패킷
	클래스 2	010	
	클래스 3	011	
	클래스 4	100	
EF(Expedite Forwarding)		101	

[표 11-1] 패킷의 중요성을 표시하는 DSCP 값(ToS의 첫 번째~세 번째 비트 사용)

QoS의 세 가지 유형

QoS(Quality of Service)는 대역폭 할당형, 지연 최소화형, 컨제스천 회피형 서비스로 나뉩니다.

● **대역폭 할당형(WFQ와 CQ 방식)**

WFQ(Weighted Fair Queueing), CQ(Custom Queuing)는 대역폭 할당형의 QoS입니다. 패킷은 인바운드 인터페이스의 인풋 큐 메모리에서 메인 메모리로 이동합니다. 메인 메모리에서 프레임 리라이트와 라우팅을 거친 후 아웃바운드 인터페이스의 아웃풋 큐 메모리로 이동했다가 전송됩니다. 대역폭 할당형 QoS의 동작 원리를 [그림 11-4]를 통해 알아봅시다. 예를 들어 ① VoIP 트래픽에 대역폭의 50%를 할당하고 기타 트래픽에 나머지 대역폭을 할당하려면, ② 아웃풋 큐 메모리의 홀수번 째 혹은 짝수번째 순서의 메모리를 VoIP 트래픽에 할당하면 됩니다. 기타 트래픽은 VoIP를 위해 예비된 자리를 차지할 수 없습니다. 따라서 대역폭의 50%는 VoIP 트래픽이, 나머지 50%는 기타 트래픽에 할당할 수 있습니다.

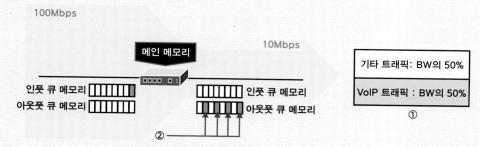

[그림 11-4] 대역폭 할당형 QoS의 동작 원리

WFQ를 명확하게 설명하고 있는 [표 11-2]의 예를 보세요. 현재 아웃바운드 인터페이스의 대역폭이 256Kbps이며, 인터페이스를 통과하는 세션에는 5개라고 가정했습니다. 2개의 VoIP 세션에는 DSCP 값으로 EF(5)를 할당했고, FTP 세션은 AF 클래스 4(4)를 할당했으며, 기타 세션에는 아무 DSCP 값도 할당하지 않았습니다. 표에서 각 세션에 할당된 대역폭을 보면 DSCP에 비례하고 세션 수에 반비례합니다. 계산 결과 각각의 VoIP 세션은 약 67Kbps를 확보할 수 있습니다. 보통 한 통화를 위해 64Kbps이면 충분하기 때문에 적절한 품질의 통화가 가능합니다. 각 FTP 세션은 약 56Kbps를, 기타 트래픽 세션은 11Kbps만 확보할 수 있습니다. 라우터에 WFQ를 적용하지 않았다면 가장 기본적인 FIFO 큐잉 방식이 적용됩니다. FIFO(First In First Out)는 먼저 도착한 패킷을 먼저 처리하는 큐잉 방식이므로 패킷 수가 많고 사이즈가 큰 FTP와 같은 패킷들이 큐를 채우게 되면 VoIP 패킷들의 전송 대기 시간이 길어지기 때문에 지연에 민감한 VoIP 세션은 안정적인 통화 품질을 확보하기 힘듭니다. 즉 FIFO 큐잉을 WFQ 큐잉 방식으로 바꾸기만 해도 음성 통화 품질은 크게 개선됩니다.

구분		10진수 [2진수]	애플리케이션별 세션 수	계산된 대역폭
해당 없음		0 [000]	1개의 기타 트래픽 세션	$256\text{Kbps} \times \dfrac{0+1}{(0+1)+(4+1)+(4+1)+(5+1)+(5+1)}$ = 약 11Kbps
AF	클래스 4	4 [100]	2개의 FTP 세션	$256\text{Kbps} \times \dfrac{4+1}{(0+1)+(4+1)+(4+1)+(5+1)+(5+1)}$ = 약 56Kbps
EF		5 [101]	2개의 VoIP 세션	$256\text{Kbps} \times \dfrac{5+1}{(0+1)+(4+1)+(4+1)+(5+1)+(5+1)}$ = 약 67Kbps

[표 11-2] WFQ의 대역폭 할당 사례

CQ(Custom Queuing)는 출발지 IP 주소, 목적지 IP 주소, 프로토콜이나 서비스(포트 번호)에 따라 대역폭을 할당할 수 있습니다. CQ의 정책 예를 보여주는 [표 11-3]은 VoIP와 ICMP 트래픽에는 125Kbps를, 출발지 주소가 10.1.1.0 /24에 속하는 트래픽에는 250Kbps를, 기타 IP 트래픽에는 500Kbps를 할당했습니다. CQ에서는 굳이 DSCP를 할당할 필요가 없고, WFQ처럼 DSCP가 높다고 해서 자동으로 높은 대역폭을 할당하지도 않습니다. CQ에서는 DSCP 설정이 필수적인 것은 아니지만, 한 라우터에서 트래픽을 분류하고 DSCP를 설정하면 패킷의 ToS 필드에 포함되어 전달되기 때문에 다음 라우터들에서 DSCP를 기준으로 CQ를 적용할 수 있어서 CQ를 쉽게 적용 및 관리할 수 있습니다.

분류	할당한 대역폭		구분	2진수
기타 IP 트래픽	500Kbps		해당 없음	000
10.1.1.0 /24가 출발지 주소인 트래픽	250Kbps		클래스 1	001
ICMP 프로토콜 트래픽	125Kbps	AF	클래스 2	010
VoIP 서비스 트래픽	125Kbps		클래스 3	011

[표 11-3] CQ(Custom Queuning)의 정책 예

● 지연 최소화형(PQ)

PQ(Priority Queuing)는 지연 최소화형의 QoS에 속합니다. PQ는 트래픽을 HIGH, MEDIUM, NORMAL, LOW와 같이 4개의 클래스로 분류합니다. 예를 들어 VoIP 트래픽은 HIGH 클래스에, FTP 트래픽은 MEDIUM 클래스에 포함시키고, 기타 트래픽은 NORMAL 클래스에 할당했다고 가정해 봅시다. NORAML 클래스의 패킷들이 전송을 위해 아웃풋 큐에 줄 서있을 때 MEDIUM 클래스에 속하는 FTP 패킷이 들어오면 줄의 맨 앞으로 새치기합니다. 연이어 HIGH 클래스에 속하는 ① VoIP 트래픽이 들어오면 ② FTP보다 앞선 위치에 새치기합니다. 즉 PQ는 보다 높은 클래스의 패킷들이 항상 우선 처리되기 때문에 HIGH 클래스에 할당된 트래픽에게는 일종의 독점 가능한 회선을 제공하는 셈입니다. 반면 보다 높은 클래스의 패킷들이 계속적으로 지나가면 보다 낮은 클래스의 패킷들은 전송될 기회를 잡기 힘들 수도 있기 때문에 PQ는 가장 강력한 QoS 솔루션이라고 합니다. 이러한 PQ의 약점을 보완하기 위해 보통 HIGH 클래스에 속한 트래픽이 사용할 수 있는 최대 대역폭을 제한할 수 있습니다.

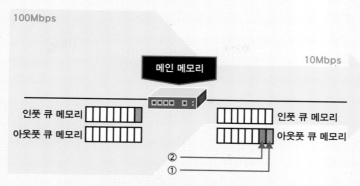

[그림 11-5] 지연 최소화형 QoS의 동작 원리

● 컨제스천 회피형(RED, WRED)

WRED(Weighted Random Early Detection)와 같은 솔루션은 특정 트래픽에 대해 컨제스천을 방지할 수 있도록 합니다. [그림 11-6]에서 대역폭이 부족하면 아웃풋 큐 메모리에 패킷을 저장하게 되고, ① 아웃풋 큐 메모리까지 가득 차면, 이후에 도착하는 패킷들은 구분 없이 모두 버려지는데, 이것이 컨제스천입니다.

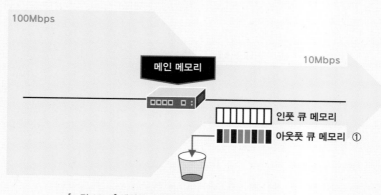

[그림 11-6] 대역폭 부족으로 인한 컨제스천

컨제스천 때문에 패킷이 버려지면 누가 해결할까요? 바로 TCP입니다. 현재 3개의 TCP 세션에 속하는 트래픽이 통과하고 있다고 가정해 봅시다. 컨제스천이 발생하면 아웃풋 큐 메모리에 더 이상 저장할 수 없는 패킷들은 모두 버려집니다. [그림 11-7]과 같이 ① cwnd 값은 전송이 성공할 때마다 2배씩 증가하다가 컨제스천이 발생하여 패킷이 유실되면 ACK를 받지 못하게 되고, 재전송 타임아웃 타임을 기다렸다가 재전송됩니다. ② 이때 TCP의 송신 프로세스는 cwnd 값을 1로 내립니다. 3개의 TCP 세션에 속하는 패킷들이 구분 없이 버려지기 때문에 3개의 TCP 세션들의 cwnd 값은 모두 1로 내려갈 것입니다. 결과적으로는 링크의 전송량이 줄어들어 컨제스천은 해소될 것입니다. 그러나 TCP 송신 프로세스 입장에서는 기껏 올려두었던 cwnd 값을 다시 1부터 시작해야 하므로 전송 효율을 떨어뜨리게 됩니다. 즉 ①번 구간은 대역폭이 남아돌고 ②번 구간은 대역폭이 부족하여 컨제스천이 발생하는 불합리한 현상이 일어나는데, 이러한 현상은 TCP 세션들의 CWND 값이 동조화를 보이는 'TCP 글로벌 싱크로나이제이션(Global Synchronization)'이 원인입니다.

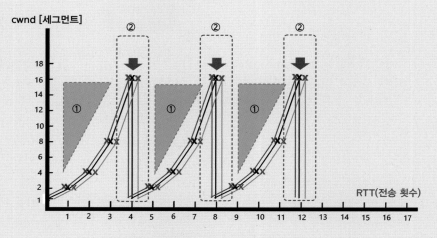

[그림 11-7] TCP 세션들의 글로벌 싱크로나이제이션 현상

이 문제를 해결하는 솔루션이 RED(Random Early Detection)입니다. RED는 아웃풋 큐 메모리가 차서 모든 TCP 세션들의 패킷들이 버려지기 전에 아웃풋 큐 메모리에 줄서 있는 패킷들을 랜덤하게 하나씩 폐기합니다. 이를 통해 폐기되는 패킷이 속하는 특정 TCP 세션의 cwnd 값만 1로 내려가서 각 TCP 세션의 cwnd 값은 다른 순간에 1이 됩니다. 즉 대역폭이 남는 ①의 면적이 [그림 11-7]에 비해 줄어든 것을 확인할 수 있습니다. 이것은 곧 대역폭을 훨씬 더 효율적으로 활용하고 있다는 것을 의미합니다.

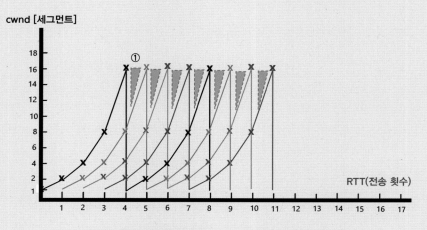

[그림 11-8] RED는 TCP 글로벌 싱크로나이제이션 문제를 해결한다.

WRED(Weighted RED)는 버릴 패킷을 랜덤하게 선택하는 RED와 달리 ToS 필드의 폐기 우선순위(Drop Priority) 필드를 활용하는 방식입니다. 폐기 우선순위 필드는 ToS 필드의 네 번째와 다섯 번째 비트입니다. [표 11-4]는 패킷의 중요도와 폐기 우선순위를 표시하는 DSCP 값을 보여줍니다. 즉 폐기 우선순위가 높은 패킷들은 우선적으로 버려집니다. 반면 폐기 우선순위가 낮은 패킷들은 좀처럼 버려지지 않고, 따라서 cwnd 값이 낮아지지 않기 때문에 전송량을 유지할 수 있습니다. 따라서 유실에 민감한 애플리케이션이 생성한 패킷들은 폐기 우선순위를 낮춰주어야 합니다.

구분		폐기 우선순위(Drop Priority)					
		낮음	중간	높음	DSCP(DiffServ Code Point)		
일반 트래픽		000 000			없음		
AF	클래스 1	001 010	001 100	001 110	AF 11	AF 12	AF 13
	클래스 2	010 010	010 100	010 110	AF 21	AF 22	AF 23
	클래스 3	011 010	011 100	011 110	AF 31	AF 32	AF 33
	클래스 4	100 010	100 100	100 110	AF 41	AF 42	AF 43
EF(ExpediteForwarding)		101 110			EF		

[표 11-4] 패킷의 중요도와 폐기 가능성(Drop Priority)을 포함하는 DSCP

● 총 길이(Total Length)

헤더와 데이터를 포함하는 IP 패킷의 전체 길이를 표시합니다. 필드의 길이는 2바이트, 즉 16비트이므로 IP 패킷의 최대 길이는 65,535바이트까지 될 수 있습니다. 이 필드가 필요한 이유는 다음과 같습니다. 예를 들어 이더넷 프로토콜은 프레임 길이의 범위를 64~1,518바이트로 정의합니다. 이더넷 헤더 길이가 18바이트이므로 IP 패킷 길이의 범위는 46~1,500바이트입니다. IP 패킷의 길이가 46바이트 미만이라면 이더넷은 최소 프레임 조건을 맞추기 위해 모자란 만큼 패딩을 합니다. 이 경우 수신 IP 프로세스가 이더넷 프레임에서 IP 패킷을 꺼낸 후에 어디까지가 데이터이고, 어디부터가 무의미한 패딩인지를 구분하는 필드가 필요합니다. 총 길이 필드가 그 역할을 담당합니다.

● ID, 플래그, 프래그먼테이션 옵셋(Fragmentation Offset)

먼저 ID(Identification)와 프래그먼테이션 옵셋에 대해 알아보겠습니다. TCP는 상위 계층에서 내려온 데이터 덩어리가 정해진 MSS(Maximum Segment Size)를 초과하면 분할하고, IP는 MTU(Maximum Transnission Unit)를 초과하면 분할하지만, UDP는 분할하지 않습니다. 애플리케이션이 분할된 데이터 또는 작은 사이즈의 데이터를 UDP로 내려보내기 때문입니다. TCP가 분할 때문에 순서 번호(Sequence Number) 필드를 갖는 것과 마찬가지로 IP도 순서 번호에 해당하는 ID와 프래그먼테이션 옵셋 필드를 갖습니다. IP 프로세스를 제공하는 OS마다 디폴트 MTU 값은 다릅니다. 라우터의 인터페이스도 디폴트 MTU 값이 있으며 변경 가능합니다. [그림 11-9]에서 서버 ⓐ의 MTU가 ① 3,000바이트이므로 3,000바이트짜리 패킷을 전송하고 있습니다. 그런데 라우터 ⓑ의 E0 인터페이스의 MTU가 ② 1,500바이트라면 패킷은 분할됩니다. 이때 생선을 비유해서 설명하면 ID는 생선의 순서 번호입니다. 보기의 패킷(생선)은 81904 이지만, 다음 패킷은 81905일 것입니다. ③ 첫 번째 프래그먼트(조각)에는 0~1,499번 째 바이트가 들어가는데, 프래그먼테이션 옵셋 자리에는 첫 번째 바이트 번호인 ④ 0 이 들어갑니다. 이와 마찬가지로 ⑤ 두 번째 프래그먼트에는 1,500~2,999번째 바이트 가 들어가는데, 프래그먼테이션 옵셋 자리에는 첫 번째 바이트 번호인 ⑥ 1500이 들어 갑니다. 즉 프래그먼테이션 옵셋 필드의 0은 생선의 앞부분임을, 1500은 생선의 뒷부 분임을 표시합니다.

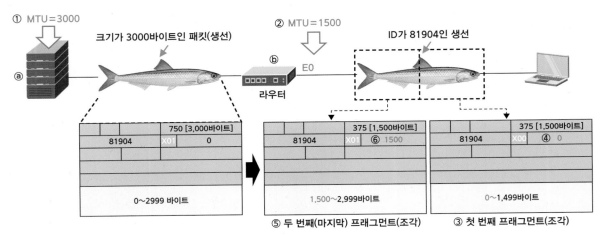

[그림 11-9] 패킷 분할 시에 순서 번호 역할을 하는 ID와 프래그먼테이션 옵셋

[그림 11-9]에서 하얀색으로 표시된 플래그(Flag) 필드는 세 비트로 구성되며, [표 11-5]와 같이 사용됩니다.

플래그 필드	명칭	설명
첫 번째 비트	항상 0	사용하지 않습니다.
두 번째 비트	DF(Don't Fragment) 플래그	1로 세팅되면 이 패킷을 분할할 수 없고, 반대로 0이면 분할할 수 있음을 의미합니다.
세 번째 비트	MF(More Fragment) 플래그	1이면 마지막 프래그먼트(조각)를, 0이면 마지막 프레그먼트가 아님을 표시합니다.

[표 11-5] 플래그 필드

TTL

라우터는 패킷을 수신하면 헤더의 TTL 값을 1씩 줄입니다. 디폴트 TTL(Time To Live) 값은 OS에 따라 크게 다르고, 윈도우 OS는 128을 사용합니다. [그림 11-10]의 PC ⓐ가 보낸 패킷의 TTL은 ① 128로 시작했습니다. 라우터 ⓑ를 통과하면서 TTL은 ② 127이 되었고, 라우터 ⓒ를 통과하면서 ③ 126이 됩니다.

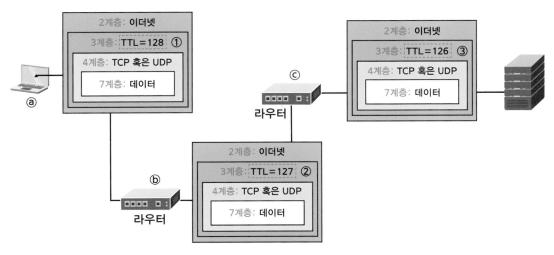

[그림 11-10] 라우터는 TTL을 1씩 감소시킨다.

3계층 헤더의 TTL 필드는 다음과 같은 이유로 필수적인 것입니다. 즉 [그림 11-11]에서 목적지로 향한 패킷이 왼쪽 라우터와 오른쪽 라우터 사이에서 순환할 수 있습니다. 즉 라우팅 루프가 일어날 수 있습니다. 라우팅 루프란, 라우터들의 라우팅 테이블이 패킷의 목적지에 대한 다음 라우터의 주소로 상호 간을 가리키는 경우에 일어나는 문제입니다. 이 경우 패킷은 목적지에 도달하지 못한 채 네트워크 자원(대역폭과 라우터의 CPU/메모리)을 소진시킵니다. 즉 네트워크의 성능을 떨어뜨리는데, 이 문제를 해결하는 것이 TTL입니다. 두 라우터 사이에 순환하는 패킷은 TTL 값이 내려가다가 0이 되는 순간 라우터에 의해 폐기되기 때문입니다.

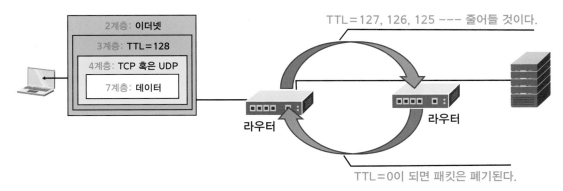

[그림 11-11] 패킷 루프 문제를 해결하는 TTL

● 프로토콜

다수의 상위 계층의 애플리케이션에게 TCP 또는 UDP 프로토콜(Protocol)이 서비스를 제공하는데, 이러한 기능을 '멀티플렉싱(Multiplexing)'이라고 합니다. IP도 다수의 상위 계층 또는 같은 계층 프로토콜에게 멀티플렉싱 서비스를 제공합니다. 멀티플렉싱 서비스를 제공하려면 IP 서비스를 받는 상위 계층 또는 같은 계층 프로토콜을 구분하는 필드가 필요합니다. IP 서비스를 활용한다는 것은 해당 프로토콜의 데이터를 IP가 전달할 수 있다는 뜻이기도 합니다. 목적지 장치에서는 보텀업 프로세스가 일어납니다. 이더넷 계층에서 IPv4 프로세스로 올라온 데이터는 프로토콜 자리를 보고 상위 계층 또는 같은 계층의 프로세스로 전달됩니다. 즉 장치 내부에서 계층 간 또는 계층 내 이동도 하나의 통신이라고 할 수 있습니다. 계층 간 또는 계층 내 통신에서 목적지 프로세스를 구분하는 필드가 바로 프로토콜입니다. 프로토콜 필드에는 IPv4 헤더가 실어나르는(상위 계층 또는 같은 계층의) 프로토콜을 표시하는 [그림 11-12]와 같은 숫자가 들어갑니다.

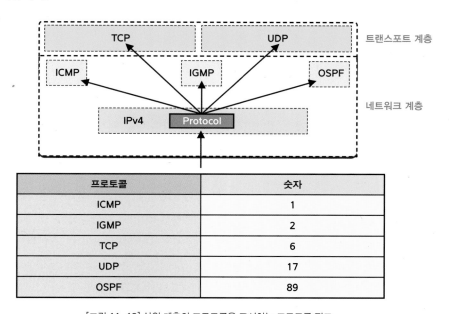

프로토콜	숫자
ICMP	1
IGMP	2
TCP	6
UDP	17
OSPF	89

[그림 11-12] 상위 계층의 프로토콜을 표시하는 프로토콜 필드

● 헤더 체크섬

헤더 체크섬(Header Checksum)은 수신한 패킷의 완전성을 체크하기 위한 것입니다. 4계층의 TCP와 UDP 체크섬이 라우터/스위치와 관련 없는 것이라면, 3계층의 헤더 체크섬은 통과하는 라우터마다 수행됩니다. 사실 체크섬은 4계층, 3계층뿐만 아니라 2계층에서도 합니다. IPv6 프로토콜은 지연을 일으키는 체크섬 기능을 생략합니다.

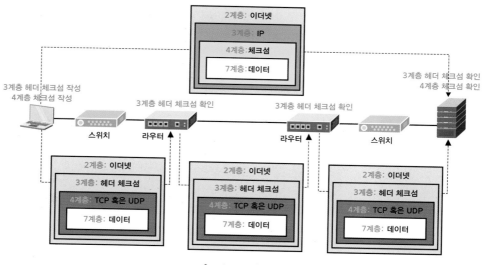

[그림 11-13] 헤더 체크섬

● 출발지 IP 주소

32비트로 구성된 최초 출발지 장치의 IP 주소(Source IP Address)가 입력됩니다.

● 목적지 IP 주소

32비트로 구성된 최종 목적지 장치의 IP 주소(Destination IP Address)가 입력됩니다. 사용자가 애플리케이션 계층에서 도메인 네임이나 URL(Uniform Resource Locator)을 입력했다면, DNS 서비스가 필요합니다. 만약 DNS 서버의 주소가 누락되었거나 잘못 입력되었으면 목적지 IP 주소 자리를 채울 수 없으므로 통신은 불가능합니다.

LESSON 51 : IPv4의 문제점과 솔루션

IPv4 주소와 관련된 문제점은 무엇이고, 이에 대한 솔루션은 어떤 것이 있을까요? 오늘날 매우 빠른 속도로 증가하는 IT 장치와 서비스 때문에 IPv4 공인 주소는 거의 고갈된 상태입니다.

● 주소 고갈과 긴 라우팅 테이블 문제를 해결하려면

IPv4의 첫 번째 문제는 공인 IPv4 주소의 고갈입니다. 이것에 대한 솔루션은 NAT, VLSM, IPv6 주소라는 세 가지 방법이 있습니다. 두 번째 문제는 긴 라우팅 테이블 문제입니다. 라우팅 테이블이 길면 라우팅 테이블을 만들기 쉽지 않을 뿐 아니라 라우팅 테이블에서 패킷의 목적지 정보를 찾을 때 지연이 발생합니다. 이것에 대한 솔루션은 라우팅 테이블의 길이를 짧게 만드는 루트 요약입니다.

문제점	솔루션
공인 IPv4 주소의 고갈	NAT [이번 장, Lesson 52]
	VLSM(Variable-length Subnet Mask) [이번 장, Lesson 53]
	IPv6 [17장]
긴 라우팅 테이블	루트 요약(Route summarization) [이번 장, Lesson 54]

[표 11-6] IPv4 관련 문제와 솔루션

LESSON 52 : NAT

사설 주소(Private Address)와 NAT(Network Address Translation)는 IPv4 주소의 고갈 문제를 해결합니다. 아이디어는 간단합니다. 전 세계 사이트는 아래 영역의 사설 주소를 사이트 내부에서 사용합니다. 공인 주소(Public Address)를 사용하는 네트워크와 통신할 때는 패킷의 출발지 주소를 사이트에 할당된 공인 주소로 변환하는 NAT 솔루션이 필요합니다.

- 10.0.0.0~10.255.255.255
- 172.16.0.0~172.31.255.255
- 192.168.0.0~192.168.255.255

◉ 다이내믹 NAT

방화벽은 허용되지 않은 접속을 차단하는 필터링과 NAT 서비스를 제공하는 일종의 라우터입니다. [그림 11-14]를 보면, 인터넷과 같은 ① 공인 네트워크 영역은 공인 주소를 사용하고, ② 사설 네트워크 영역은 사설 주소를 사용합니다. ③ 회사 내부에서 ④ 유일한 공인 네트워크에는 공인 주소, 200.1.1.0 /24 주소가 할당되었고, 이 주소 영역을 NAT 설정에서도 활용합니다. 방화벽의 ㉮ NAT 설정을 보면, 사설 IP 주소 영역은 10.0.0.0 /8이고, 공인 IP 주소 영역은 200.1.1.3~200.1.1.254입니다. 200.1.1.0 /24 네트워크에서 200.1.1.0은 네트워크 대표 주소, 200.1.1.255는 서브넷 브로드캐스트 주소, 200.1.1.1(인터넷 접속 라우터)과 200.1.1.2(방화벽)는 이미 사용 중인 주소이므로 할당 가능한 공인 IP 주소 영역에서 제외되었습니다. 방화벽은 패킷의 출발지 주소(사설 주소)를 공인 주소로 변경하고 NAT 테이블을 만듭니다.

[표 11-7]을 보시죠. PC ⓐ가 웹 서버 ⓑ에게 보낸 GET 메시지와 웹 서버 ⓑ가 PC ⓐ에게 보낸 200 OK 메시지의 출발지 주소와 목적지 주소를 볼 수 있습니다. ⑤번 패킷의 출발지 주소는 공인 네트워크로 나가기 전에 방화벽의 NAT 서비스에 의해 공인 주소로 변환됩니다. 방화벽의 ⑭ NAT 테이블을 보면, 출발지 주소인 10.1.1.3은 200.1.1.3으로 변환되었음을 확인할 수 있습니다. 이 패킷은 ⑥번 패킷으로 방화벽은 ⑮ 라우팅 테이블을 참조하여 다음 라우터인 인터넷 접속 라우터에게 보내고 ISP 라우터를 경유하여 웹 서버에 도착합니다.

패킷 번호	출발지 IP 주소	목적지 IP 주소
⑤	10.1.1.3	7.8.7.8
⑥	200.1.1.3	7.8.7.8
⑦	7.8.7.8	200.1.1.3
⑧	7.8.7.8	10.1.1.3

[표 11-7] 각 패킷의 출발지/목적지 주소(노란색은 사설 주소, 초록색은 공인 주소)

ISP 라우터는 웹 서버 ⓑ가 보낸 200 OK 패킷을 ⑯ 라우팅 테이블을 참조하여 우리 회사의 인터넷 접속 라우터쪽으로 보냅니다. 여기서부터가 중요합니다. 인터넷 접속 라우터에 도착한 ⑦번 패킷의 목적지 주소는 200.1.1.3입니다. 따라서 ⑦번 패킷은 최종 네트워크에 도착한 셈입니다. 인터넷 접속 라우터는 최종 목적지 IP 주소, 200.1.1.3에 대한 2계층 주소를 알기 위해 ARP 리퀘스트를 보냅니다. 그러나 200.1.1.0 /24 네트워크에는 200.1.1.3 주소를 사용하는 장치가 없기 때문에 인터넷 접속 라우터는 ARP 리플라이를 받지 못할 것입니다. 이때 방화벽의 특별한 기능이 있습니다. 즉 NAT 설정에서 공인 IP 영역에 속하는 주소 중의 하나인 200.1.1.3에 대한 MAC 주소를 묻는 ARP 리플라이가 도착하면 자신의 MAC 주소(1111.1111.abcd)를 포함하는 ARP 리플라이를 보냅니다. 이것이 방화벽의 프록시 ARP(Proxy ARP) 기능입니다. 이를 통해 ⑦번 패킷은 방화벽에 도착합니다. 방화벽에 도착한 ⑦번 패킷의 목적지 주소는 NAT 테이블에 의해 원래의 주소인 10.1.1.3으로 변환됩니다. 이 패킷은 ⑧번 패킷으로 최종 목적지에 도착합니다. 다시 강조하면 ⑦번 패킷이 인터넷 접속 라우터에서 방화벽으로 전달될 때 방화벽의 프록시 ARP 기능이 필요합니다. 프록시는 대신한다는 의미죠. 즉 NAT를 설정할 때 공인 주소 영역에 포함된 IP 주소에 대한 ARP 리퀘스트를 수신하는 경우 방화벽이 자신의 MAC 주소로 대신 응답하는 기능입니다.

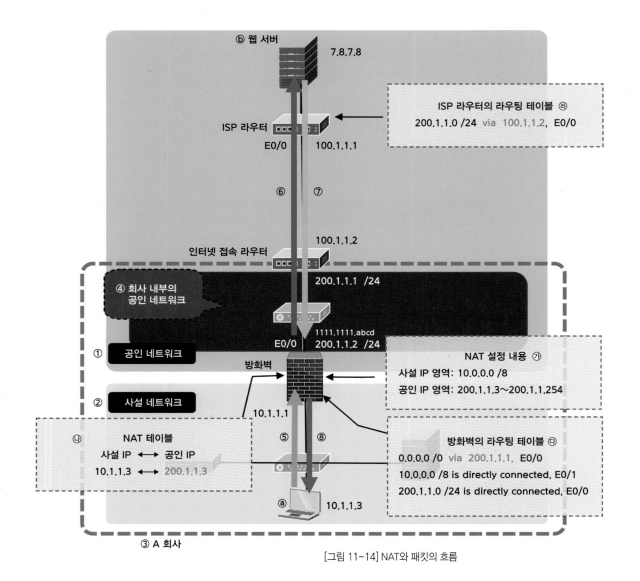

[그림 11-14] NAT와 패킷의 흐름

● NAT 오버로드와 PAT

방금 배운 다이내믹 NAT는 다음과 같은 약점을 갖습니다. 즉 우리 회사의 단말 수
가 10,000대이고, 우리 회사가 보유한 공인 IP 주소의 수가 254개라고 가정해 봅시다.
다이내믹 NAT는 NAT 테이블에서 사설 주소와 공인 주소가 1:1로 맵핑되어야 합니
다. 따라서 인터넷에 대한 동시 접속자 수는 254명에 불과할 것입니다. 그렇다면 나머
지 직원들은 인터넷에 접속하지 못한다? 안 될 말이죠. 이것을 해결하는 것이 NAT 오
버로드(Overload) 또는 PAT(Port Address Translation)입니다. NAT 오버로드를 적용하
면, 공인 주소를 ①과 ②와 같이 중복해서 사용할 수 있습니다. 중복되는 주소를 구분
하는 것은 출발지 포트 번호입니다. 출발지 포트 번호는 TCP 또는 UDP 헤더에 포함
된 것으로 TCP나 UDP 프로세스를 시작할 때 랜덤하게 선택됩니다.

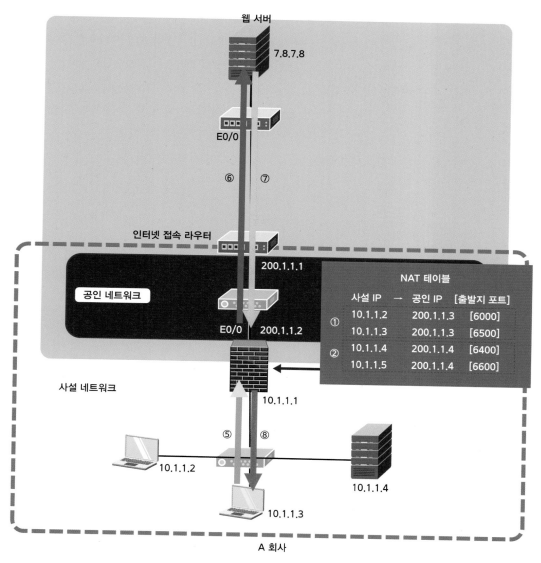

[그림 11-15] NAT 오버로드

[표 11-8]은 NAT 오버로드를 설정했을 때의 NAT 테이블입니다. [표 11-7]과 다른 점은 출발지와 목적지 포트를 포함한다는 점입니다. 출발지 포트 번호(60000과 65000)가 구분자 역할을 하기 때문에 같은 공인 주소(200.1.1.3)를 공유할 수 있어서 필요한 공인 주소의 수를 대폭 절감시킬 수 있습니다.

구분	출발지 IP 주소	목적지 IP 주소	출발지 IP 주소	목적지 IP 주소
⑤	10.1.1.2/6000	7.8.7.8/80	10.1.1.3/6500	7.8.7.8/80
⑥	200.1.1.3/6000	7.8.7.8/80	200.1.1.3/6500	7.8.7.8/80
⑦	7.8.7.8/80	200.1.1.3/60000	7.8.7.8/80	200.1.1.3/65000
⑧	7.8.7.8/80	10.1.1.2/60000	7.8.7.8/80	10.1.1.3/65000

[표 11-8] 각 패킷의 출발지/목적지 주소(노란색은 사설 주소, 초록색은 공인 주소)

PAT도 NAT 오버로드와 동일한 솔루션입니다. 다른 점이 있다면 PAT는 하나의 공인 주소만으로 NAT 서비스를 제공합니다. [그림 11–16]에서는 PAT를 인터넷 접속 라우터에 설정했습니다. 이 경우 방화벽은 필터링 기능만 수행합니다. [그림 11–16]에서 인터넷 접속 라우터에서 인터넷에 연결된 인터페이스에 설정된 공인 IP 주소가(100.1.1.2) 우리 회사가 보유한 유일한 공인 IP 주소이며, PAT는 이 주소를 활용합니다. 즉 ① PAT 테이블을 보면 모든 사설 주소가 단 하나의 공인 주소(100.1.1.2)에 맵핑되었음을 확인할 수 있습니다. 이에 대한 구분자 역할을 하는 것은 NAT 오버로드와 마찬가지로 출발지 포트입니다.

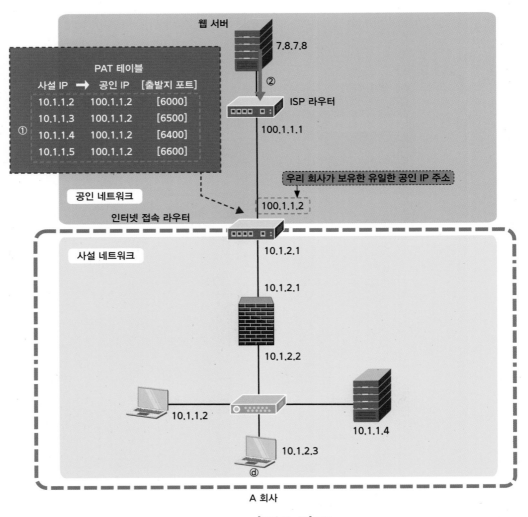

[그림 11–16] PAT

● 스태틱 NAT

다이내믹 NAT는 다음과 같은 약점이 있습니다. 즉 NAT 테이블의 공인 주소와 사설 주소에 대한 맵핑 정보가 일정 시간 동안(사설 주소와 공인 주소에 대한) 사용되지 않는다면 해당 정보를 삭제하여 공인 주소를 재활용하도록 합니다. 따라서 정보가 삭제되면 다른 공인 주소와 맵핑된 NAT 테이블이 다시 만들어집니다. 이러한 NAT의 특성 때문에 기대하지 못했던 효과가 탄생합니다. 즉 인터넷에서 A 회사의 내부 장치에 접속할 때 어떤 공인 주소를 목적지 주소로 사용해야 하는지 추측하기 어렵습니다. 결과적으로 인터넷에서 원하는 A 회사의 내부 장치에 안정적으로 접속하기는 불가능한데, 이러한 문제를 해결하는 것이 스태틱 NAT(Static NAT)입니다. [그림 11-17]의 NAT 테이블에서 ① 사설 주소인 10.1.1.4는 공인 주소인 200.1.1.4와 1:1로 고정됩니다. 즉 인터넷 사용자는 200.1.1.4를 목적지 주소로 하는 ② 패킷을 보내면 NAT 장치는 서버 ⓐ의 10.1.1.4로 변환하기 때문에 인터넷 사용자는 A 회사의 내부 장치에 안정적으로 접속할 수 있습니다.

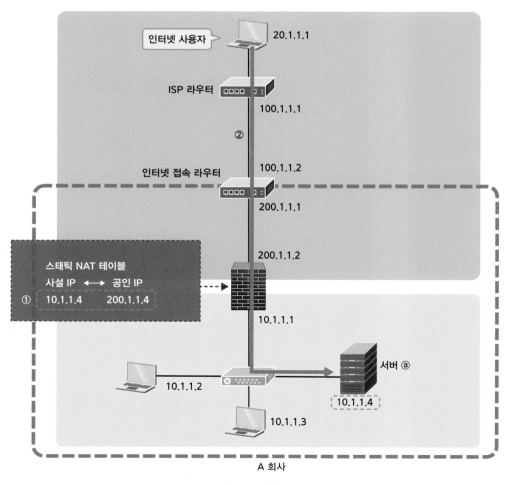

[그림 11-17] 스태틱 NAT

VLSM은 FLSM과 달리 IP 주소의 낭비를 최소화하는 IP 설계 방식이므로 IPv4 공인 주소 고갈에 대한 솔루션 중의 하나로 받아들여집니다.

● FLSM의 개념

모든 네트워크에 같은 수의 호스트들이 포함된다고 가정하면, 모든 네트워크의 서브넷 마스크들은 동일할 것입니다. 그러나 [그림 11-18]과 같이 네트워크의 호스트 수는 다를 수 있습니다. 이 경우 FLSM 방식으로 IP 설계를 한다면, 보다 적은 호스트 수를 갖는 네트워크(예를 들어 2호스트를 수용하는 네트워크)의 서브넷 마스크를 보다 많은 호스트 수를 갖는 네트워크(30호스트나 60호스트를 포함하는 네트워크)에 적용할 수 없습니다. 따라서 호스트 수가 가장 많은 네트워크([그림 11-18]에서는 60호스트)의 서브넷 마스크를 다른 네트워크(30호스트나 2호스트를 포함하는 네트워크)에도 적용해야 합니다. 이 경우 2호스트가 포함된 네트워크에 60호스트를 수용하는 서브넷 마스크를 적용하면 나머지 IP 주소를 다른 네트워크에서 활용할 수 없기 때문에 주소가 낭비됩니다.

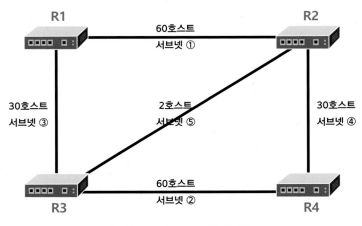

[그림 11-18] VLSM이 필요한 환경

● VLSM의 개념

VLSM 방식일 경우 네트워크별로 호스트 수를 적정하게 반영하는 서브넷 마스크를 적용하기 때문에 네트워크마다 서브넷 마스크가 달라집니다. 사설 IP 주소를 적용한다면, 주소 공간이 충분하기 때문에 굳이 VLSM을 적용할 필요가 없습니다. 반면 인터넷 영역과 같이 반드시 공인 IP 주소를 사용해야 하는 영역이라면 IPv4 주소가 부족한 현재의 상황에서 VLSM 방식의 설계가 필수적입니다.

● VLSM 방식의 IP 설계

VLSM을 이용한 IP 설계와 할당 방법은 FLSM 방식과 비슷합니다. [그림 11-18]에 대한 IP 주소 설계를 VLSM 방식으로 해 봅시다.

공인 IP 주소 영역, 11.1.1.0 /24를 활용하세요.

11.1.1.0 /24 네트워크에 포함된 IP 주소의 수는 11.1.1.0~11.1.1.255 범위의 256개입니다. 그런데 [그림 11-18]은 60호스트 네트워크가 2개, 30호스트 네트워크가 2개, 2호스트 네트워크가 1개 있습니다. [그림 11-19]와 같이 256개의 IP 주소가 들어가는 하나의 네트워크를 보다 적은 수의 IP 주소를 포함하는 다수의 네트워크로 분할하는 것을 말 그대로 '서브네팅(Subnetting)'이라고 합니다. 즉 서브네팅은 IP 설계(디자인)와 동의어입니다.

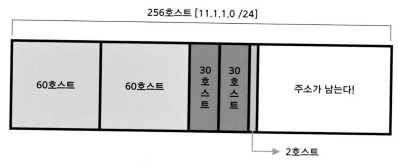

[그림 11-19] 서브네팅의 개념

먼저 60호스트 네트워크부터 IP 주소를 할당하겠습니다.

● 60호스트 네트워크

① 서브넷 마스크

[그림 11-20]을 봅시다. 60호스트를 포함하는 것은 $2^6(=64)$으로, 호스트 칸이 6칸 필요합니다. 따라서 서브넷 마스크는 2진수로 11111111.11111111.11111111.11000000, 10진수로 255.255.255.192가 됩니다.

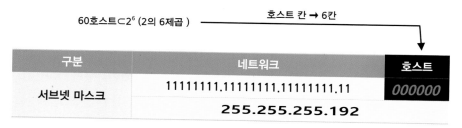

[그림 11-20] 서브넷 마스크

② 서브네팅

[표 11-9]를 보세요. 서브넷 ①의 IP 주소 범위를 구하면 11.1.1.00('11.1.1'은 십진수, '00'은 이진수) 네트워크에서 가장 작은 IP 주소는 호스트 자리 6칸이 2진수로 모두 0인 11.1.1.00000000부터, 모두 1인 11.1.1.00111111까지입니다. 10진수로는 11.1.1.0~11.1.1.63 범위가 됩니다. 서브넷 ②의 IP 주소 범위를 구하면 11.1.1.01('11.1.1'은 십진수, '01'은 이진수) 네트워크에서 가장 작은 IP 주소는 호스트 자리 6칸이 2진수로 모두 0인 11.1.1.01000000부터, 모두 1인 11.1.1.01111111까지입니다. 10진수로는 11.1.1.64~11.1.1.127 범위가 됩니다.

구분	네트워크	(서브넷)	호스트	주소 영역
서브넷 마스크	11111111.11111111.11111111.	11	000000	
서브넷 ①	11.1.1. (10진수)	00 (2진수)	000000~111111 (2진수)	11.1.1.0~11.1.1.63 (십진수)
서브넷 ②	11.1.1.	01	000000~111111	11.1.1.64~11.1.1.127

[표 11-9] IP 서브넷팅(2개의 60호스트 네트워크)

● 30호스트 네트워크

① 서브넷 마스크

다음으로 30호스트가 들어가는 네트워크의 IP 주소 범위를 찾아보겠습니다. [그림 11-21]을 보시죠. 30호스트를 포함하기 위해 $2^5(=32)$으로 호스트 칸은 5칸이 필요합니다. 따라서 서브넷 마스크는 2진수로 11111111.11111111.11111111.11100000이고 10진수로 255.255.255.224가 됩니다.

30호스트$\subset 2^5$ (2의 5제곱) ── 호스트 칸 → 5칸

구분	네트워크	호스트
서브넷 마스크	11111111.11111111.11111111.111	00000
	255.255.255.224	

[그림 11-21] 서브넷 마스크

② 서브네팅

서브넷 ③의 IP 범위를 구하면 서브넷 ②에서 11.1.1.127까지 사용했으므로 그 다음 주소인 11.1.1.128부터 사용 가능합니다. 11.1.1.128을 2진수로 바꾼 11.1.1.10000000을 [표 11-10]에서 네트워크와 호스트 경계를 지켜서 입력합니다. 네트워크 자리는 11.1.1.100('11.1.1'은 십진수, '100'은 이진수)입니다. 11.1.1.100 네트워크에서 가장 큰 IP 주소는 호스트 칸이 모두 1인 수 11.1.1.10011111이므로 11.1.1.159가 됩니다. 서브넷 ④의 네트워크 자리는 11.1.1.100의 다음 네트워

크인 11.1.1.101('11.1.1'은 십진수, '101'은 이진수)입니다. 11.1.1.101 네트워크의 주소 범위는 호스트 자리 5칸이 2진수로 모두 0인 11.1.1.10100000부터, 모두 1인 11.1.1.10111111까지입니다. 10진수로는 11.1.1.160~11.1.1.191 범위가 됩니다.

구분	네트워크	(서브넷)	호스트	주소 영역
서브넷 마스크	11111111.11111111.11111111.	111	00000	
서브넷 ③	11.1.1.	100	00000~11111	11.1.1.128~11.1.1.159
서브넷 ④	11.1.1.	101	00000~11111	11.1.1.160~11.1.1.191

[표 11-10] IP 서브넷팅(2개의 30호스트 네트워크)

● **2호스트 네트워크**

① 서브넷 마스크

마지막으로 2호스트가 들어가는 네트워크의 IP 범위를 찾아보겠습니다. 2호스트를 포함하기 위해 $2^2(=4)$으로 호스트 칸은 2칸이 필요합니다. 2^1은 불가능합니다. 왜냐하면 각 서브넷의 첫 번째 주소와 마지막 주소를 대표 주소와 서브넷 브로드캐스트 주소로 사용하면 사용 가능한 주소가 하나도 남지 않기 때문입니다. 따라서 서브넷 마스크는 2진수로는 11111111.11111111.11111111.11111100, 10진수로는 255.255.255.252가 됩니다.

[그림 11-22] 서브넷 마스크

② 서브네팅

서브넷 ⑤의 IP 범위를 구하면 서브넷 ④에서 11.1.1.191까지 사용했으므로 그 다음 주소인 11.1.1.192부터 사용 가능합니다. 11.1.1.192를 2진수로 바꾼 11.1.1.11000000을 [표 11-11]에서 네트워크와 호스트 경계를 지켜서 입력합니다. 11.1.1.110000('11.1.1'은 십진수, '110000'은 이진수) 네트워크에서 가장 큰 IP 주소는 호스트 칸이 모두 1인 수 11.1.1.11000011이므로 11.1.1.195가 됩니다.

구분	네트워크	(서브넷)	호스트	주소 영역
서브넷 마스크	11111111.11111111.11111111.	111111	00	
서브넷 ⑤	11.1.1.	110000	00~11	11.1.1.192 ~11.1.1.195

[표 11-11] IP 서브넷팅(60호스트 네트워크)

● IP 할당

설계한 IP 주소를 [그림 11-23]과 같이 할당해 보겠습니다. 각 서브넷의 첫 번째 주소는 네트워크 대표 주소로 라우팅 테이블에 올라오며, 마지막 주소는 서브넷 브로드캐스트 주소로 예비되므로 할당할 수 없습니다. ㉮ .1은 11.1.1.1을 의미합니다.

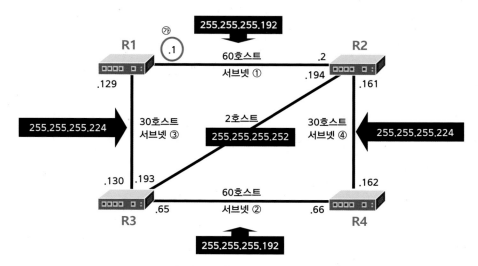

[그림 11-23] IP 주소의 할당 사례

LESSON 54 : 루트 요약

IPv4의 두 번째 문제점은 '긴 라우팅 테이블'입니다. 라우팅 테이블이 길면, 라우팅 테이블을 완벽하게 만들기가 아무래도 어려울 것이고, 패킷의 목적지 정보를 라우팅 테이블에서 찾을 때도 지연이 발생합니다. 이에 대한 솔루션이 루트 요약(Route Summarization)입니다.

● 루트 요약의 개념

[그림 11-24]에서 R1의 왼쪽에 7.1.0.0 /24부터 7.1.255.0 /24까지 256개의 네트워크들이 있습니다. R1이 R2에게 보내는 라우팅 업데이트 속에는 256개의 네트워크 정보가 포함되어 있을 것입니다. 따라서 R2를 비롯해서 R2 뒤의 모든 라우터들, R3, R4 등의 라우팅 테이블도 256줄의 네트워크 정보를 올릴 것입니다. 이때 R1이 256개의 네트워크 정보 대신 1개로 요약해서 보낼 수는 없을까요? 그럴 수만 있다면, 모든 라우터들의 라우팅 테이블이 짧아질 것입니다.

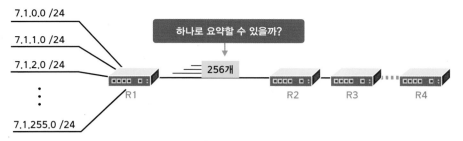

[그림 11-24] 루트 요약 개념

● 루트 요약 방법

루트 요약 방법은 다음과 같습니다.

❶ **1단계:** 요약할 7.1.0.0 /24부터 7.1.255.0 /24까지 256개의 네트워크의 공통 범위를 찾기 위해 [표 11-12]와 같이 2진수로 변환하여 몇 번째 칸까지 일치하는지를 찾는데, 이게 제일 중요합니다. 하지만 어렵지 않습니다. 16칸까지 동일하므로 '/16(255.255.0.0)'이 요약 네트워크 정보의 서브넷 마스크가 됩니다.

❷ **2단계:** 16칸까지인 7.1까지가 네트워크 자리가 되기 때문에 네트워크의 대표 주소는 첫 번째 주소인 7.1.0.0이 됩니다. [표 11-12]에서 H는 호스트 자리를 의미합니다.

❸ **3단계:** (검산) 루트 요약 결과인 7.1.0.0 /16이 모든 IP 주소를 포함하는지 체크합니다. 7.1.0.0 /16은 '7.1'로 시작하는 7.1.0.0~7.1.255.255 범위의 IP 주소를 포함합니다. 요약 대상인 첫 번째 네트워크(7.1.0.0 /24)의 첫 번째 주소는 7.1.0.0입니다. 마지막 네트워크(7.1.255.0 /24)의 마지막 주소는 7.1.255.255입니다. 따라서 요약 결과는 모든 네트워크들의 모든 IP 주소를 포함합니다.

구분	동일한 부분	다른 부분	요약 결과
7.1.0.0	00000111.00000001.	00000000.HHHHHHHH	
7.1.1.0	00000111.00000001.	00000001.HHHHHHHH	
7.1.2.0	00000111.00000001.	00000010.HHHHHHHH	7.1.0.0. [대표 주소]
중간 생략			
7.1.254.0	00000111.00000001.	11111110.HHHHHHHH	
7.1.255.0	00000111.00000001.	11111111.HHHHHHHH	
서브넷 마스크	11111111.11111111.	00000000.00000000	255.255.0.0 [서브넷 마스크]

[표 11-12] 루트 요약 계산 과정

● 루트 요약 연습 1

첫 번째 루트 요약 연습은 128.1.0.0 /24와 128.1.1.0 /24 정보를 하나로 요약해야 합니다. [표 11-13]을 봅시다.

❶ **1단계:** 요약할 128.1.0.0 /24와 128.1.1.0 /24를 2진수로 변환하면 23칸까지 동일합니다. 이 '/23(255.255.254.0)'이 요약 네트워크 정보의 서브넷 마스크입니다.

❷ **2단계:** 23칸까지인 10000000.00000001.0000000까지가 네트워크 자리가 되고, 네트워크의 대표 주소는 첫 번째 주소(호스트 칸이 모두 0인 주소)인 128.1.0.0이 됩니다.

❸ **3단계:** (검산) 128.1.0.0 /23은 128.1.0.0 [첫 번째 네트워크의 첫 번째 주소]~128.1.1.255[마지막 네트워크의 마지막 주소]의 범위의 주소를 포함하므로 적절하게 요약하였습니다.

구분	동일한 부분	다른 부분	요약 결과
128.1.0.0	10000000.00000001.0000000	0.HHHHHHHH	128.1.0.0. [대표 주소]
128.1.1.0	10000000.00000001.0000000	1.HHHHHHHH	
서브넷 마스크	11111111.11111111.1111111	0.00000000	255.255.254.0 [서브넷 마스크]

[표 11-13] 루트 요약 결과

● 루트 요약 연습 2

두 번째 루트 요약 연습은 11.1.0.0 /24, 11.1.1.0 /24, 11.1.2.0 /24, 11.1.3.0 /24 정보를 하나로 요약해야 합니다. [표 11-14]를 봅시다.

❶ **1단계:** 11.1.0.0 /24, 11.1.1.0 /24, 11.1.2.0 /24, 11.1.3.0 /24를 2진수로 변경하면 22칸까지 동일합니다. 이 ('/22(255.255.252.0)')이 요약된 네트워크 정보의 서브넷 마스크입니다.

❷ **2단계:** 22칸까지인 00001011.00000001.000000까지가 네트워크 자리가 되고, 네트워크의 대표 주소는 첫 번째 주소인(호스트 칸이 모두 0인) 11.1.0.0이 됩니다.

❸ **3단계:** (검산) 11.1.0.0 /22가 11.1.0.0 [첫 번째 네트워크의 첫 번째 주소]~11.1.3.255 [마지막 네트워크의 마지막 주소]의 IP 주소를 포함하는지 체크합니다.

구분	동일한 부분	다른 부분	요약 결과
11.1.0.0	00001011.00000001.000000	00.HHHHHHHH	
11.1.1.0	00001011.00000001.000000	01.HHHHHHHH	11.1.0.0. [대표 주소]
11.1.2.0	00001011.00000001.000000	10.HHHHHHHH	
11.1.3.0	00001011.00000001.000000	11.HHHHHHHH	
서브넷 마스크	11111111.11111111.111111	00.00000000	255.255.252.0 [서브넷 마스크]

[표 11-14] 루트 요약 결과

● 루트 요약 설정

앞에서 계산한 루트 요약 결과는 [그림 11-25]와 같이 라우터에 설정해야 하는데, 설정 명령은 라우팅 프로토콜마다 다릅니다.

예를 들어 EIGRP는 `ip summary-address eigrp 100 11.1.0.0 255.255.252.0` 명령을 요약 정보를 보내는 인터페이스에 설정해야 합니다. 이 명령에서 100은 AS 번호이고, 11.1.0.0 255.255.252.0은 [표 11-14]의 루트 요약 결과입니다.

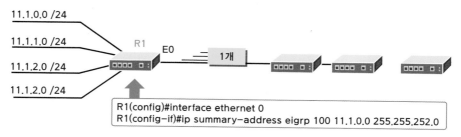

[그림 11-25] 루트 요약 설정

● 서브네팅과 슈퍼네팅

[그림 11-26]를 통해 루트 요약과 IP 설계 시에 서브넷 마스크가 어떻게 바뀌는지 확인해 봅시다. 루트 요약을 '슈퍼네팅(Supernetting)'이라고도 합니다. 루트 요약을 하면 서브넷 마스크에서 네트워크와 호스트의 경계가 왼쪽으로 이동하는데, 이것은 경계가 왼쪽에 있을수록 보다 많은 수의 IP 주소를 포함하기 때문입니다. IP 설계를 '서브네팅(Subnetting)'이라고도 합니다. IP 설계는 작은 네트워크들(서브넷들)로 쪼개는 것으로, 서브넷 마스크에서 네트워크와 호스트의 경계가 오른쪽으로 이동합니다. 이것은 경계가 오른쪽에 있을수록 보다 적은 수의 IP 주소를 포함하기 때문입니다.

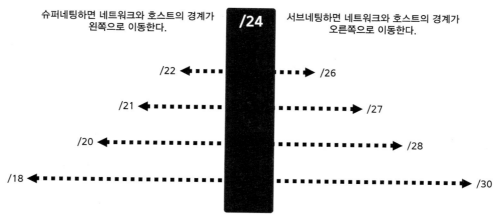

[그림 11-26] 슈퍼네팅과 서브네팅

◆ **IP 관련 장치:** IP는 3계층 이상의 장치만 보거나 처리 가능하다.

◆ **IP 헤더**

- **버전:** IPv4

- **HLEN:** 헤더 길이

- **ToS:** QoS를 위해 사용한다. QoS에는 대역폭 할당형, 지연 최소화형, 컨제스천 회피형이 있다.

- **총 길이:** IP 패킷의 길이

- **ID, 플래그, 프래그먼테이션 옵셋:** ID와 프래그먼테이션 옵셋에 패킷의 순서 정보가 포함된다. 플래그 자리에는 DF(Don't Fragment) 비트와 MF(More Fragment) 비트가 포함된다.

- **TTL(Time To Live):** 라우팅 루프를 방지한다.

- **프로토콜:** 패킷을 전달할 같은(3) 계층 혹은 4세층 프로토콜을 표시한다. 6이면 TCP, 17이면 UDP이다.

- **헤더 체크섬:** 라우터를 통과할 때마다 체크한다.

- **출발지 IP 주소**

- **목적지 IP 주소:** DNS의 도움이 필요하다.

◆ **IPv4의 주소 고갈 문제를 해결하는 솔루션:** NAT, VLSM, IPv6

◆ **너무 긴 라우팅 테이블 문제를 해결하는 솔루션:** 루트 요약

12 : 우물 안, 이더넷

이더넷은 우물 안(네트워크 내부)에서 사용하는 2계층 프로토콜입니다. 이더넷의 통신 메커니즘인 하프 듀플렉스와 풀 듀플렉스에는 어떤 차이가 있을까요?

하프 듀플렉스는 보내는 차선과 받는 차선이 같은 1차선이어서 컬리전이 발생합니다, 반면 풀 듀플렉스는 보내는 차선과 받는 차선이 다른 2차선이어서 컬리전이 발생하지 않습니다.

LESSON 55 : 이더넷의 개요

이더넷은 LAN과 WAN에서 적용할 수 있는 2계층 프로토콜로, 가장 광범위하게 사용됩니다.

◉ 이더넷 vs 토큰링 vs FDDI

네트워크는 LAN과 WAN으로 나눌 수 있습니다. 이전에는 LAN에서 적용 가능한 2계층 프로토콜에 이더넷 외에 토큰링이나 FDDI가 있었지만, 현재는 이더넷만 유일하게 살아남았습니다. 왜냐하면 이더넷 기술은 토큰링이나 FDDI보다 단순하며 속도가 빠르기 때문입니다. 단순한 기술은 관리하기 쉬울 뿐만 아니라 하드웨어 단가도 낮춥니다. 또한 토큰링이 16Mbps, FDDI가 100Mbps의 속도를 제공하지만, 이더넷은 10Mbps, 100Mbps, 1Gbps(1000Mbps), 10Gbps(10,000Mbs), 100Gbps(100,000Mbps), 400Gbps(400,000Mbps)의 속도를 제공합니다. 가까운 미래에 1Tbps(1,000Gbps) 속도가 제공될 것입니다. 이더넷이 가장 광범위하게 사용되는 2계층 프로토콜이 된 것은 다른 기술에 비해 싸고 빠르기 때문입니다.

◉ 이더넷 헤더

이더넷 헤더는 2계층 헤더이므로 이더넷 스위치, 라우터, 단말들이 보거나 처리합니다. 이더넷 헤더는 [그림 12-1]과 같고, 목적지 MAC 주소, 출발지 MAC 주소, 타입과 FCS 필드가 포함됩니다.

프리앰블+SFD			프리앰블	
	프리앰블 [총 8바이트]			SFD [1바이트]
이더넷 헤더	목적지 MAC 주소 [총 6바이트]			
	목적지 MAC 주소 [총 6바이트]		출발지 MAC 주소 [총 6바이트]	
	출발지 MAC 주소 [총 6바이트]			
	타입 [총 2바이트]			
IP 헤더 [20+ 바이트]	버전 [4비트] / 헤더 길이 [4비트] / ToS [1바이트]		총 길이 [2바이트]	
	ID(Identification) [2바이트]	플래그 [3비트]	프래그먼트 옵셋 [13비트]	
	TTL [2바이트]	프로토콜 [2바이트]	헤더 체크섬 [2바이트]	
	출발지 IP 주소 [4바이트]			
	목적지 IP 주소 [4바이트]			
	옵션+패딩			
TCP 헤더 [20+ 바이트]	출발지 포트 [2바이트]		목적지 포트 [2바이트]	
	순서 번호 [4바이트]			
	ACK 번호 [4바이트]			
	헤더 길이 [4비트] / 예비 [6비트]	플래그 [6비트]	윈도우 사이즈 [2바이트]	
	체크섬 [2바이트]		어전트 포인터(Urgent Pointer) [2바이트]	
	옵션+패딩			
데이터 [다양한 바이트]	데이터			
이더넷 트레일러	FCS [4바이트]			

[그림 12-1] 이더넷 헤더

프리앰블은 2계층이 아니라 1계층(피지컬 계층)에서 필요한 시그널이므로 이더넷 헤더에 포함되지 않습니다. 프레임을 잡음과 구분하기 위한 시그널로, 수신 장치에게 '여기 프레임이 도착했다'라는 신호를 제공하기 위한 것이며 클록(Clock)도 제공합니다.

클록이란, 0 신호와 1 신호를 구분하기 위한 타이밍입니다. [그림 12-2]는 송신 장치의 전송 속도보다 ⓐ 수신 장치의 클록 속도가 느린 경우로, 수신 장치는 송신 장치가 보낸 ⓑ 011110110 시그널을 01110으로 잘못 인식합니다.

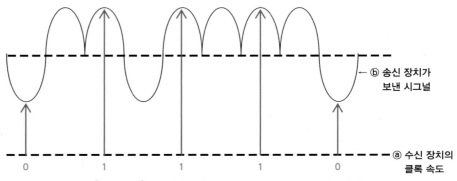

[그림 12-2] 송신 장치의 전송 속도보다 수신 장치의 클록이 느린 경우

프리앰블을 위해 7개의 10101010 신호를 사용합니다. 10101010과 같이 0과 1이 엇갈리는 신호가 클록 타이밍을 추출하기에 가장 유리한 신호이기 때문입니다. 리시버의 클록 재생 서킷(Clock Recovery Circuit)은 프리앰블 신호가 도착하는 속도를 통해 클록 속도를 결정합니다. [그림 12-3]은 ⓐ 수신 장치의 클록 속도가 송신 장치의 전송 속도와 정확하게 일치하는 경우로 정확한 시그널을 추출할 수 있습니다.

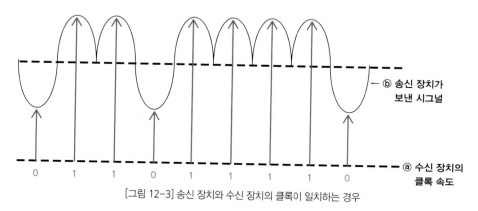

[그림 12-3] 송신 장치와 수신 장치의 클록이 일치하는 경우

SFD(Start Frame Delimiter, 1바이트)는 프리앰블이 끝나고 이더넷 헤더가 시작됨을 표시합니다. 10101011 패턴을 사용하는데, 이더넷 헤더 필드에 대한 설명은 [표 12-1]을 참조하기 바랍니다.

이더넷 헤더 필드	기능
MAC 주소(MAC Address, 6바이트)	• 출발지와 목적지 MAC 주소를 표시합니다. • 목적지 MAC 주소 자리를 채워넣기 위해 ARP의 도움이 필요합니다.
타입 (Type, 2바이트)	• 16진수로 3계층 프로토콜을 표시합니다. • 예를 들어 IPv4일 때는 0x0800, IPv6일 때는 0x86DD가 입력됩니다. 여기서 0x는 0x 뒤의 숫자가 16진수임을 표시합니다.
데이터 (46~1,500바이트)	• 3계층 헤더, 4계층 헤더와 데이터를 포함합니다. • 데이터의 크기는 46~1,500바이트의 범위에 있어야 하므로 46바이트보다 짧은 데이터를 보내는 경우는 이진수 0으로 패딩합니다.
FCS (Frame Check Sequence, 4바이트)	• 이 필드는 수신된 프레임에 오류가 있는지 확인하기 위해 사용합니다. 즉 송신 장치는 목적지 MAC 주소, 출발지 MAC 주소, 타입, 데이터를 CRC(Cyclic Redundancy Check) 함수에 입력하고, 그 출력 값을 FCS 필드에 입력하여 보냅니다. • 수신 장치도 수신한 프레임을 같은 CRC 함수에 입력하여 같은 출력 값이 나오는지 확인합니다. 송신 장치와 수신 장치가 계산한 CRC 값이 동일하면 프레임이 전송 도중에 변경되지 않은 정상적인 프레임으로 간주하지만, 다르다면 전송 도중에 변조되었다고 판단하고, 해당 프레임은 폐기됩니다.

[표 12-1] 이더넷 헤더 필드

● 이더넷 관련 장치

허브는 증폭만 수행하는 1계층 장치로, 2~4계층 헤더뿐만 아니라 데이터 자리를 볼 수 없습니다. 즉 허브는 이더넷과 무관한 장치입니다. 스위치는 2계층 장치이고, 라우터는 3계층 장치이며, 단말들은 7계층 장치입니다. 이더넷은 2계층 프로토콜이므로, 스위치, 라우터, 단말은 이더넷 헤더를 보거나 처리할 수 있습니다.

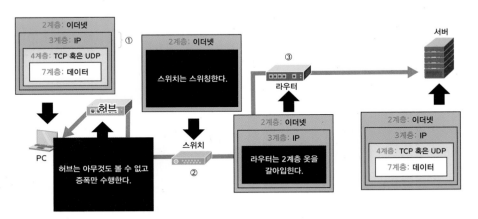

[그림 12-4] 이더넷 헤더는 2계층 이상의 장치가 보거나 처리할 수 있다.

LESSON 56 : 이더넷 랜카드의 역할

랜카드의 역할은 무엇일까요? 랜카드는 송신 패킷을 메모리에서 읽어서 프레임의 앞부분에 프리앰블과 SFD(Start Frame Delimiter)를 씌우고, 뒷부분에는 FCS(Frame Check Sequence)라는 에러 검사용 필드를 부가합니다. 프리앰블은 송신 장치가 시그널을 인식하기 위해 필요한 클록을 결정하도록 합니다. SFD는 프리앰블과 실제 데이터의 경계를 표시하고, FCS는 오류 검출을 위한 필드입니다.

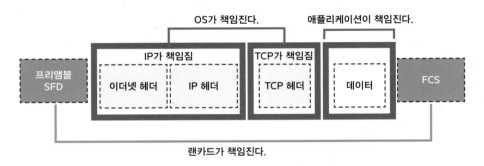

[그림 12-5] 인캡슐레이션 책임자들

랜카드는 컴퓨터가 갖는 2계층 장치입니다. LAN에서 사용 중인 2계층 프로토콜은 이 더넷이 유일합니다. 따라서 지금부터 설명할 랜카드도 이더넷 랜카드입니다. 랜카드의 구조는 [그림 12-6]과 같습니다. 스위치나 라우터의 포트도 랜카드의 구조와 비슷합니 다. 랜카드의 동작을 컨트롤하는 것이 LAN 드라이버 소프트웨어입니다. 전원을 켜면, LAN 드라이버는 랜카드의 하드웨어에 이상이 있는지 체크하고, ROM에 저장된 MAC 주소를 MAC 서킷으로 내려보냅니다.

● 랜카드의 구성 요소별 역할

랜카드의 구성 요소별 역할은 다음과 같습니다.

- **메모리:** 송신할 또는 수신할 프레임을 저장합니다.

- **MAC**(Media Access Controller)**:** MAC은 송신을 위해 이진 부호를 전기 또는 광시 그널로 변환하여 PHY 서킷에게 보냅니다. MAC이 생성한 시그널은 PHY 서킷에 서 맨체스터, MLT-3, PAM-5 등 다양한 전송 시그널링 방식으로 변환됩니다. 즉 MAC 서킷이 만든 시그널은 1차 시그널이고, PHY 서킷이 만든 시그널이 최 종적으로 전송할 시그널입니다. 또한 MAC은 이더넷의 CSMA/CD 서킷을 포함 합니다. CSMA/CD 서킷은 전송 전에 케이블이 사용 중인지를 확인하고, 아무도 사용하지 않는다면 전송합니다. 하나의 케이블에 연결된 두 장치가 동시에 전송 할 경우 컬리전이 발생합니다. 컬리전이 발생하면, 랜덤한 시간을 대기한 후 재전 송합니다. 수신 시에는 다음과 같은 동작이 일어납니다. PHY 서킷은 수신한 맨 체스터, MLT-3, PAM-5 시그널을 기본 시그널로 변환하여 MAC 서킷에게 전 달합니다. MAC 서킷은 이더넷 프레임이 전송 중에 변조되지 않았는지를 확인하 기 위해 FCS를 체크합니다. FCS 체크에 문제가 없다면, 이더넷 프레임의 목적지 MAC 주소가 자신의 주소와 같은지 비교합니다. 자신의 주소라면 제대로 도착한 프레임이므로 메모리에 저장하고, 자신의 주소가 아니라면 엉뚱한 곳에 도착한 프레임이므로 버립니다.

- **PHY**(PHYSICAL)**:** 물리적인 영역, 즉 송·수신을 담당하므로 송신기와 수신기를 포함합니다. 송신기는 맨체스터, MLT-3, PAM-5 등의 송신 시그널로 변환하여 전송합니다. 이러한 시그널에 대해서는 *13장*에서 자세하게 살펴보겠습니다. 수 신기는 맨체스터, MLT-3, PAM-5 등의 시그널을 수신한 후 기본 시그널로 변 환하여 MAC 서킷에게 전달합니다.

- **포트:** RJ-45라는 UTP 케이블 커넥터 또는 다양한 광 커넥터가 연결됩니다.

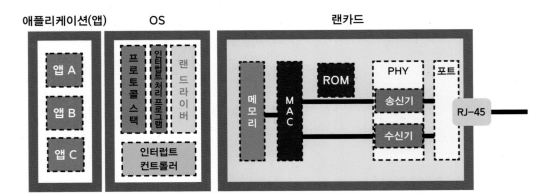

[그림 12-6] 이더넷 랜카드

MAC 서킷이 메모리에 수신 데이터를 두면, 그 다음 동작은 어떻게 될까요? 랜카드는 컴퓨터와 연결된 확장 슬롯의 인터럽트(Interrupt) 핀을 통해 신호를 보냅니다. 이 신호는 컴퓨터의 인터럽트 컨트롤러를 통해 CPU와 연결됩니다. 인터럽트 신호가 도착하면 CPU는 하던 작업을 잠깐 멈추고, OS에 포함된 인터럽트 처리 프로그램을 실행시킵니다. 이 프로그램이 LAN 드라이버를 제어합니다. 랜카드를 설치할 때 랜카드가 보내는 인터럽트에 대해 번호가 자동으로 부여되고, 해당 랜카드를 제어하는 LAN 드라이버 소프트웨어와도 맵핑됩니다. 즉 랜카드에 2020이라는 인터럽트 번호가 할당되면, 2020 인터럽트를 처리하는 LAN 드라이버를 활용하도록 인터럽트 처리 프로그램에 등록됩니다. 2020번의 인터럽트에 의해 인터럽트 처리 프로그램은 2020번 인터럽트에 대응하는 LAN 드라이버를 호출합니다. 키보드, 마우스, 사운드 카드 등 다른 부가 장치가 동작하는 원리도 동일합니다. 즉 LAN 드라이버는 메모리에 저장된 이더넷 프레임의 타입 필드를 봅니다. 타입 필드는 3계층 프로토콜의 종류를 표시합니다. 예를 들어 0800이면 IPv4, 86DD면 IPv6 프로토콜 스택으로 보냅니다.

LESSON 57 : 하프 듀플렉스와 CSMA/CD

허브와 하프 듀플렉스, 풀 듀플렉스, 이더넷 프로토콜의 동작 원리인 CSMA/CD (Carrier Sense Multiple Access/Collision Detection)에 대해 자세히 알아봅시다.

● 허브

허브(Hub)는 증폭만 수행하는 1계층 장치입니다. 즉 [그림 12-7]과 같이 시그널을 수신하면 모든 포트들로 시그널을 재생하여 보내기 때문에 '멀티포인트 리피터(Multi-point Repeater)'라고도 합니다. 허브는 브로드캐스트 프레임뿐만 아니라 PC ⓐ가 라우터 ⓑ에게만 보낸 유니캐스트 프레임도 모든 포트로 보냅니다. 이때 라우터 ⓑ는 수신하지만, PC ⓒ와 PC ⓓ의 랜카드는 프레임의 목적지 MAC 주소가 자신의 주소가 아니므로 폐기합니다. 허브는 1계층 장치이므로 2계층 프로토콜인 이더넷을 지원하지 않는 그냥 단순한 신호 재생, 즉 증폭 장치일 뿐입니다. 허브는 수신한 프레임을 모든 포트들로 증폭해서 보내기 때문에 허브에 연결된 장치들 중 한 장치만 프레임을 송신할 수 있습니다.

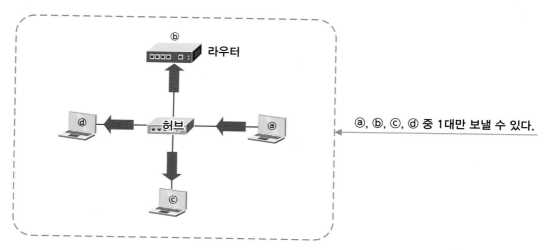

[그림 12-7] 허브는 증폭만 수행하는 1계층 장치이다.

● 하프 듀플렉스와 풀 듀플렉스

이더넷 링크는 하프 듀플렉스(Half-duplex) 또는 풀 듀플렉스(Full-duplex)로 설정할 수 있습니다. 하프 듀플렉스는 1차선에 해당하므로 2개의 장치 중 한 장치만 전송 가능합니다. 하프 듀플렉스 링크에서 2개의 장치가 동시에 전송하면 컬리전(Collision)이 발생하는 반면, 풀 듀플렉스는 2차선에 해당하므로 연결된 2개의 장치가 동시에 전송할 수 있습니다. 즉 풀 듀플렉스 링크에서는 컬리전이 발생하지 않기 때문에 풀 듀플렉스 링크의 전송 효율이 훨씬 우수합니다. 허브는 하프 듀플렉스만 지원하고, 랜카드와 스위치, 라우터는 하프 듀플렉스와 풀 듀플렉스를 모두 지원합니다.

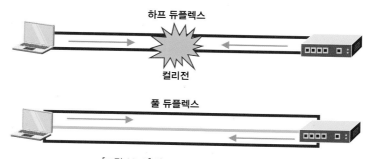

[그림 12-8] 하프 듀플렉스와 풀 듀플렉스

● 컬리전

하프 듀플렉스로 연결한 [그림 12-9]의 서킷 구성을 보면 ① MAC 서킷(이더넷 컨트롤러)은 데이터를 시그널로 변환하고, 수신한 시그널을 데이터로 변환합니다. 또한 수신한 프레임의 목적지 주소가 자신의 MAC 주소인지 엉뚱한 주소인지 판단한 후 자신의 MAC 주소이면 CPU 프로세서에게 보냅니다. 이때 트랜스미터(Transmitter, 송신기)와 리시버(Receiver, 수신기)가 있는데, 하프 듀플렉스로 연결했을 때 동시에 송수신할수 없습니다. 따라서 ②번 선과 ③번 선 중 한 선에만 전류가 흐를 수 있습니다. ②번선과 ③번 선에 동시에 전류가 흐른다면 ④ 컬리전 디텍터(Collision Detector)가 컬리전(Collision)이라고 판단합니다.

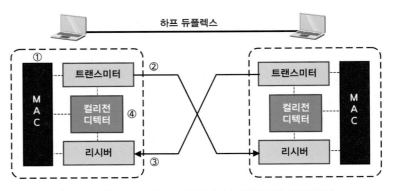

[그림 12-9] 하프 듀플렉스로 연결된 장치의 내부 구조와 서킷의 구성

허브의 조금 무식한(?) 증폭 기능 때문에 허브에 연결된 장치 중 한 장치만 프레임을 송신할 수 있습니다. [그림 12-10]은 2개의 장치(PC ⓐ와 PC ⓑ)가 동시에 프레임(빨간색과 파란색 프레임)을 보내 컬리전이 발생한 경우입니다. PC ⓐ와 PC ⓑ는 Tx와 Rx 라인에 동시에 전류가 감지되어 컬리전이 발생했다고 판단합니다.

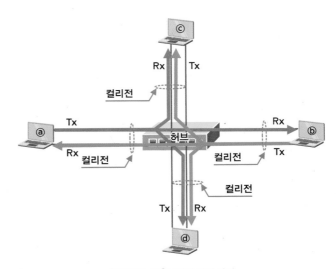

[그림 12-10] 컬리전 감지 방법

컬리전을 탐지한 송신 장치(PC ⓐ와 PC ⓑ)는 전송을 중단하고, 재밍(Jamming) 시그널을 보내 컬리전이 발생했다는 사실을 다른 장치에게 알립니다. 재밍 시그널은 32비트로 구성되며 0, 1, 0, 1이 반복됩니다. 재밍 시그널은 원래의 프레임 대신 다른 장치들에게 전달되어 수신 장치가 FCS를 기대하는 순간에도 FCS 대신 도착합니다. 정상적인 ① FCS 값 대신 ② 재밍 값을 가진 프레임은 CRC 체크를 통과할 수 없으므로 ③ 프레임 조각은 폐기됩니다.

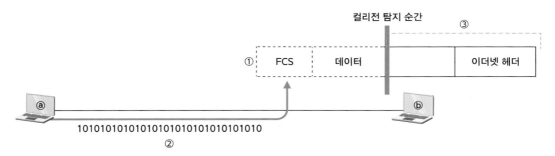

[그림 12-11] 재밍 시그널을 보내 컬리전을 알리고 수신 프레임을 폐기한다.

이더넷 장치는 프레임 전송 간에 [그림 12-12]와 같이 최소한의 시간 간격을 두는데, 이것을 'IFG (InterFrame Gap)'라고 합니다. IFG는 수신 장치에게 다음 프레임을 수신하기 위한 준비 시간을 제공하는데, IFG는 96비트를 수신할 수 있는 시간입니다. 예를 들어 10Mbps 이더넷에서는 9.6마이크로초에 해당하고, 100Mbps 이더넷에서는 960 나노초입니다.

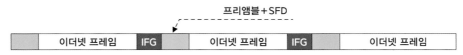

[그림 12-12] 이더넷 프레임 간의 IFG

이더넷을 지원하는 포트는 컬리전을 감지하면, 랜덤하게 선택한 슬롯 시간(Slot Time)과 IFG를 기다렸다가 재전송합니다. 슬롯 시간은 한 프레임을 보내는 데 걸리는 최소 시간입니다.

속도	하나의 슬롯 시간은?	실제 슬롯 시간
10Mbps	512비트(64바이트)를 보내는 데 소요되는 시간	51.2마이크로초
100Mbps	512비트(64바이트)를 보내는 데 소요되는 시간	5.12마이크로초
1Gbps	4,096비트(512바이트)를 보내는 데 소요되는 시간	4.096마이크로초
10Gbps 이상	풀 듀플렉스로만 동작하기 때문에 CSMA/CD 메커니즘이 필요 없다.	해당 없음

[표 12-2] 속도별, 슬롯 시간

● CSMA/CD

CSMA/CD(Carrier Sense Multiple Access/Collision Detection)는 이더넷이 하프 듀플렉스 링크에서 사용하는 전송 방식입니다. [그림 12-13]은 CSMA/CD를 설명하는 첫 번째 사례입니다. PC ⓐ는 보낼 데이터가 생기면 링크의 신호 상태(Carrier)를 탐지(Sense)합니다. 아무도 링크를 사용하지 않는 상태(Idle)라면, ① 프레임을 전송합니다. PC ⓐ와 PC ⓑ는 동시에 프레임을 송신할 수도 있는데, 이때 ② 컬리전이 발생(Collision Detection)합니다. 컬리전이 발생하면 재밍(Jamming) 시그널을 보내고, PC ⓐ와 PC ⓑ는 0~1 범위에서 무작위로 하나의 숫자를 선택합니다. ③ PC ⓑ는 0 슬롯 시간을 선택했기 때문에 IFG만 대기했다가 재전송하고, ④ PC ⓐ는 1슬롯 시간을 선택했기 때문에 IFG+51.2×1마이크로초(10Mbps 라고 가정할 때)를 대기했다가 재전송합니다.

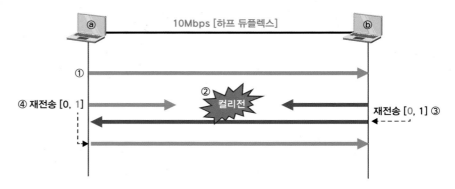

[그림 12-13] 재전송 사례 1

[그림 12-14]는 두 번째 사례입니다. PC ⓐ와 PC ⓑ는 아무도 링크를 사용하지 않기 때문에 동시에 프레임을 송신하고, 이때 ① 컬리전이 발생합니다. 컬리전이 발생하면 재밍 시그널을 보내고, PC ⓐ와 PC ⓑ는 0~1(2^K-1; K=1회) 범위에서 무작위로 하나의 숫자를 선택하는데, 이번에는 PC ⓐ와 PC ⓑ가 ② 같은 숫자인 1을 선택했습니다. 이 경우 같은 숫자를 선택했기 때문에 PC ⓐ와 PC ⓑ는 IFG+1 슬롯 시간 이후 동시에 재전송하므로 다시 ③ 컬리전이 발생합니다. 그 다음, 두 PC들은 0~3(2^K-1; K=2회) 범위에서 무작위로 하나의 숫자를 선택합니다. ④ PC ⓐ는 1 슬롯 시간을 선택했기 때문에 IFG+51.2×1마이크로초를 대기했다가 재전송합니다. ⑤ PC ⓑ는 3 슬롯 시간을 선택했기 때문에 IFG+51.2×3마이크로초를 대기했다가 재전송합니다. 컬리전이 발생할 때마다 1~10회(선택 범위가 0~1023이 될 때)까지는 재전송을 하기 전에 기다리는 시간의 선택 범위가 2배씩 늘어나기 때문에 컬리전이 일어날 가능성은 점점 줄어듭니다. 그 다음인 11~16회까지는 재전송하기 전에 기다리는 시간의 선택의 범위를 0~1,023에서 선택합니다. 16회의 재전송에도 불구하고 컬리전이 발생하면 포기합니다.

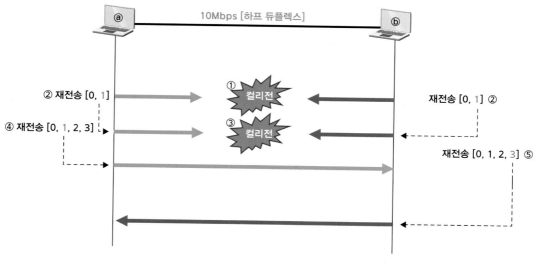

[그림 12-14] 재전송 사례 2

 이더넷 캡처(Ethernet Capture)

[그림 12-15]를 보면, CSMA/CD 방식의 프레임 전송 방식이 결코 공정하지 않다는 것을 알 수 있습니다. PC ⓐ와 PC ⓑ는 아무도 링크를 사용하지 않기 때문에 동시에 프레임을 송신했습니다. 이때 ① 컬리전이 발생합니다. 컬리전이 발생하면 재밍 시그널을 보내고, PC ⓐ와 PC ⓑ는 0~1 범위에서 무작위로 하나의 숫자를 선택하는데, PC ⓐ는 ② 0을, PC ⓑ는 ③ 1을 선택했습니다.

④의 컬리전은 다음과 같은 이유로 발생합니다. 즉 링크 상태가 놀고 있는 상태여서 전송한 PC ⓐ의 타이밍과 PC ⓑ의 1시간 단위(③에서 선택한 타이밍) 이후의 재전송한 타이밍이 우연히 일치했기 때문입니다. 이 경우 PC ⓐ 입장에서는 첫 번째 컬리전이므로 0~1시간 단위 중에서 선택하는데 ⑤ 0을 선택했고, PC ⓑ 입장에서는 두 번째 컬리전이므로 0~3시간 단위 중에서 선택하는데 ⑥ 1을 선택했습니다.

⑦번 컬리전은 다음과 같이 발생했습니다. 링크의 상태가 놀고 있어서 전송한 PC ⓐ의 타이밍과 PC ⓑ의 1시간 단위(⑥에서 선택한 타이밍) 이후의 재전송 순간이 일치했기 때문입니다. 이 경우 PC ⓐ 입장에서 첫 번째 컬리전이므로 0~1시간 단위 중에서 ⑧ 1을 선택했고, PC ⓑ 입장에서는 세 번째 컬리전이므로 0~7시간 단위 중에서 ⑨ 7을 선택했습니다. 결국 PC ⓑ는 컬리전이 발생할 때마다 보다 넓은 범위에서 대기 시간을 선택하기 때문에 PC ⓐ보다 전송 기회를 잡기가 힘듭니다. 즉 PC ⓑ는 ⑩의 시간 동안 전송하지 않고 있습니다.

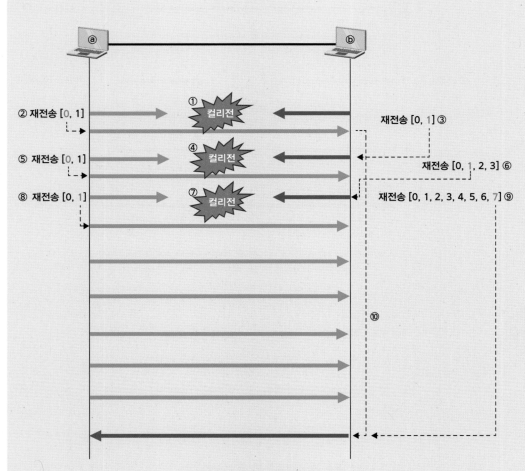

[그림 12-15] 재전송 사례 3(이더넷 캡쳐)

허브는 풀 듀플렉스를 지원하지 않으므로 컬리전이 발생하는 하프 듀플렉스만 지원하고, 하프 듀플렉스 링크는 CSMA/CD 방식의 통신이 일어납니다. 즉 CSMA/CD 방식의 통신이 이루어지는 허브로 연결된 네트워크에서는 허브에 장치가 많이 연결되고 트래픽이 많을수록 컬리전이 일어날 확률은 올라갑니다. 컬리전 상황에서 좀 더 높은 숫자의 대기 시간을 선택한 장치는 컬리전이 거듭될수록 더 큰 숫자의 대기 시간을 선택하게 되어 전송 지연 시간이 늘어나는데, 이러한 효과를 '이더넷 캡쳐'라고 합니다. 이더넷 캡쳐에 대한 솔루션은 풀 듀플렉스입니다. 풀 듀플렉스는 컬리전이 일어나지 않기 때문에 컬리전으로 인한 대기 지연이 일어나지 않습니다.

컬리전 도메인(Collision Domain)은 이더넷 환경에서 동시에 보냈을 때 컬리전이 일어나는 장치들의 집합입니다. 즉 컬리전 도메인은 이더넷의 CSMA/CD 메커니즘과 관련된 것입니다. 브로드캐스트 도메인(Broadcast Domain)은 같은 브로드캐스트를 수신하는 장치들의 집합입니다. 사실 컬리전 도메인과 브로드캐스트 도메인 사이에는 아무런 관련이 없습니다.

◉ 허브

[그림 12-16]에서 컬리전 도메인과 브로드캐스트 도메인은 모두 1개입니다.

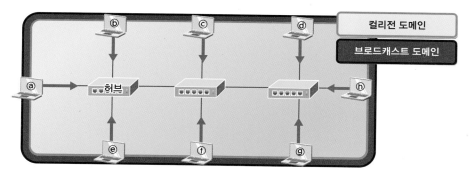

[그림 12-16] 컬리전 도메인과 브로드캐스트 도메인은 모두 1개이다.

그 이유는 다음과 같습니다.

- **허브와 컬리전 도메인:** 허브로 연결된 [그림 12-16]에서 PC ⓐ가 프레임을 보낼 때 다른 PC들(PC ⓑ~ⓗ)이 프레임을 보내면 컬리전이 발생합니다. 즉 허브로 연결된 모든 장치는 같은 컬리전 도메인에 속합니다. 다시 말해서 허브는 컬리전 도메인을 분할하지 못하므로 허브로 연결된 장치들 중에서 1대만 전송할 수 있습니다. 컬리전 도메인에 속하는 장치와 프레임이 늘어날수록 컬리전이 일어날 가능성은 높아집니다. 컬리전이 일어나면 대기 시간이 필요하므로 전송이 지연되어 피지컬 계층에서 정의된 대역폭을 제대로 누릴 수 없습니다. 결국 허브로 연결된 장치는 물리적인 대역폭을 나누어 쓰는 셈인데, 이것이 공유 이더넷(Shared Ethernet)의 개념입니다.

- **허브와 브로드캐스트 도메인:** 허브는 수신한 프레임이 유니캐스트인지, 브로드캐스트인지 구분할 수조차 없는 1계층 장치이며 시그널 재생 장치일 뿐입니다. 즉 허브는 수신한 브로드캐스트 프레임을 연결된 모든 장치에게 보내는데, 이것을 달리 말해서 '허브는 브로드캐스트 도메인을 나누지 못한다'라고 합니다.

○ 스위치

스위치는 컬리전 도메인을 나눌 수 있고, 브로드캐스트 도메인은 나눌 수 없는데, 그 이유는 다음과 같습니다.

● 스위치와 컬리전 도메인

스위치는 허브가 사용하지 않는 두 가지 기술을 제공합니다. 즉 스위칭과 버퍼링입니다.

❶ 스위칭: [그림 12-17]에서 PC ⓐ가 PC ⓒ에게 프레임을 보낸다면, 스위치는 (무조건 플러딩하는 허브와 달리) 스위칭 테이블을 참조하여 해당 포트인 E1 포트로만 프레임을 보냅니다. 마찬가지로 PC ⓑ가 PC ⓓ에게 프레임을 보낼 때도 스위칭 테이블에 의해 해당 포트인 E3 포트로만 프레임을 보냅니다. 따라서 PC ⓐ가 PC ⓒ에게 프레임을 보낼 때 PC ⓑ는 PC ⓓ에게 프레임을 보낼 수 있습니다. 이것이 허브는 수행할 수 없었던 스위칭입니다.

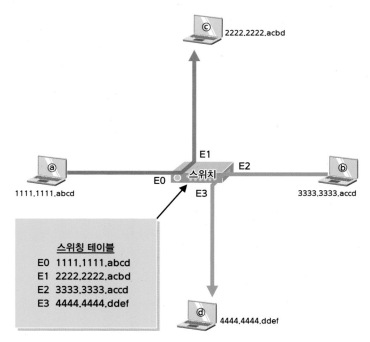

[그림 12-17] 스위치의 스위칭

❷ 버퍼링: [그림 12-18]에서 PC ⓐ와 PC ⓑ는 PC ⓒ에게 동시에 프레임을 보낼 수도 있는데, 이것은 스위치의 버퍼링 기능 때문입니다. 즉 PC ⓐ가 보낸 프레임과 PC ⓑ가 보낸 프레임이 도착하면 스위치는 버퍼에 프레임들을 줄 세우기 하고, 줄 선 순서에 따라 PC ⓒ에게 프레임을 전송합니다.

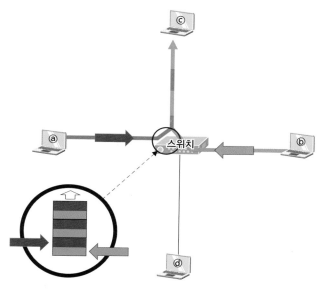

[그림 12-18] 스위치의 버퍼링

❸ **스위치와 컬리전:** 스위치로 연결된 네트워크에서 컬리전은 언제 일어날까요? [그림 12-19]에서 PC ⓐ와 스위치의 E0 포트가 동시에 보낸다면 컬리전이 일어납니다. 즉 PC ⓐ와 스위치의 E0 포트는 같은 컬리전 도메인에 속합니다. 스위치에 연결된 PC ⓐ, PC ⓑ, PC ⓒ, PC ⓓ는 스위칭과 버퍼링 때문에 동시에 보낼 수 있기 때문에 다른 컬리전 도메인에 속합니다. 즉 스위치는 포트별로 컬리전 도메인을 나누기 때문에 [그림 12-19]와 같이 4개의 컬리전 도메인이 존재합니다. 즉 스위치는 포트별로 컬리전 도메인을 나누기 때문에 허브를 스위치로 바꾸면 컬리전 도메인에 속한 장비 수가 줄어들어(컬리전 도메인이 좁아져서) 컬리전 발생 확률이 낮아지고, 따라서 네트워크 성능이 개선됩니다.

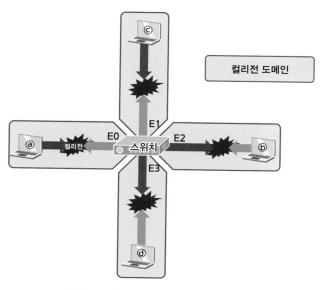

[그림 12-19] 스위치는 컬리전 도메인을 나눈다.

❹ **풀 듀플렉스와 컬리전 도메인:** 스위치와 단말을 연결하는 링크를 풀 듀플렉스로 설정하면, 송신과 수신을 위해 다른 링크를 사용하기 때문에 컬리전이 일어나지 않습니다. 즉 컬리전 도메인이란 개념은 적용할 수 없으며, 네트워크의 성능은 더욱 개선됩니다. 풀 듀플렉스를 설정하면 더 이상 CSMA/CD 동작이 필요 없습니다. 왜냐하면 프레임을 보내기 전에 캐리어(링크의 전압 상태)를 센싱할 필요가 없고, 컬리전을 디텍션해서 재전송할 이유가 없기 때문입니다. 풀 듀플렉스를 적용하면 보낼 프레임을 언제든지 보낼 수 있으므로 CSMA/CD 서킷은 자동으로 비활성화됩니다.

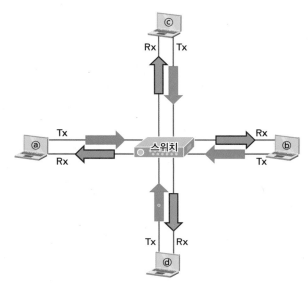

[그림 12-20] 풀 듀플렉스를 적용하면 컬리전은 사라진다.

● **스위치와 브로드캐스트 도메인**

스위치는 브로드캐스트를 차단하지 않습니다. 즉 브로드캐스트 도메인을 나누지 않기 때문에 스위치에 연결된 모든 장치는 같은 브로드캐스트 도메인에 속합니다.

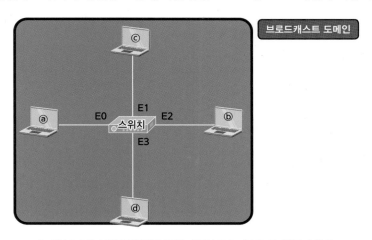

[그림 12-21] 스위치에 연결된 장치는 같은 브로드캐스트 도메인에 속한다.

● 라우터

라우터는 스위치처럼 버퍼링과 스위칭을 합니다. 스위치는 2계층 주소를 기준으로 스위칭을 하지만, 라우터는 3계층 주소를 기준으로 스위칭을 합니다. 3계층 주소 기준의 스위칭을 '라우팅'이라고 합니다.

- **라우터와 컬리전 도메인**: 라우터도 스위치와 같이 버퍼링과 스위칭을 하기 때문에 컬리전 도메인을 나눕니다. 라우터도 스위치처럼 풀 듀플렉스를 적용할 수 있으므로 컬리전을 사라지게 할 수 있습니다.

- **라우터와 브로드캐스트 도메인**: 라우터는 브로드캐스트를 차단합니다. 즉 라우터는 브로드캐스트 도메인을 나눕니다.

[그림 12-22]에서는 컬리전 도메인과 브로드캐스트 도메인은 3개입니다. 왜냐하면 라우터는 컬리전 도메인도 나누고, 브로드캐스트 도메인도 나누기 때문입니다.

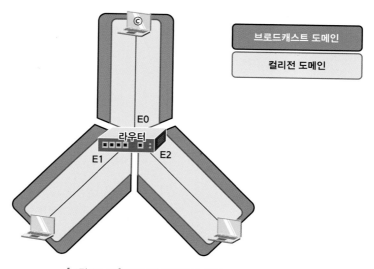

[그림 12-22] 라우터와 컬리전 도메인/브로드캐스트 도메인

● 점검과 연습

[그림 12-23]에서 컬리전 도메인과 브로드캐스트 도메인 수는 어떻게 될까요? 스위치와 라우터의 포트들은 하프 듀플렉스로 설정되어 있습니다.

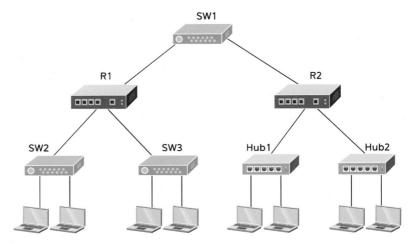

[그림 12-23] 컬리전 도메인과 브로드캐스트 도메인 연습

[표 12-3]을 참조하여 세어보세요.

구분	컬리전 도메인	브로드캐스트 도메인
허브	나누지 못한다.	나누지 못한다.
스위치	나눈다.	나누지 못한다
라우터	나눈다.	나눈다.

[표 12-3] 컬리전 도메인 vs 브로드캐스트 도메인

정답은 [그림 12-24]와 같습니다. 컬리전 도메인은 10개, 브로드캐스트 도메인은 5개 입니다.

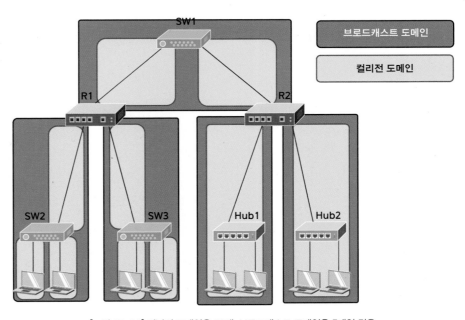

[그림 12-24] 컬리전 도메인은 10개, 브로드캐스트 도메인은 5개인 경우

모든 링크들을 풀 듀플렉스로 설정했을 때 컬리전 도메인과 브로드캐스트 도메인은 [그림 12-24]와 같습니다. 풀 듀플렉스로 설정하면 컬리전 도메인이 사라집니다. 허브 는 풀 듀플렉스를 지원할 수 없습니다. 즉 허브와 통신을 원하는 장치는 모두 하프 듀 플렉스로 동작해야 하는데, 이 경우 컬리전 도메인은 2개, 브로드캐스트 도메인은 5개 입니다.

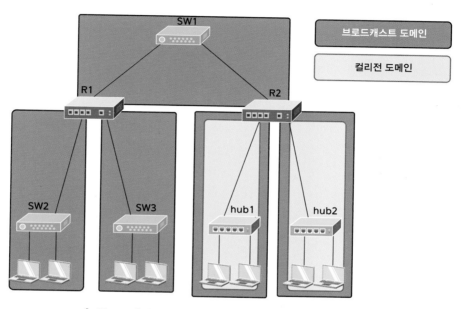

[그림 12-25] 컬리전 도메인은 2개, 브로드캐스트 도메인은 5개인 경우

● 컬리전 도메인/브로드캐스트 도메인의 적정 넓이

컬리전 컬리전 도메인이 너무 넓다는 것은 컬리전 도메인에 속하는 장치의 수가 많 다는 것입니다. 컬리전 도메인에 속하는 장치의 수가 너무 많으면 컬리전이 일어날 확 률이 높아지겠죠? 컬리전이 일어나면 대기했다가 재전송하는 CSMA/CD 규칙 때문에 전송이 지연됩니다. 네트워크의 성능을 향상시키려면 컬리전 도메인이 너무 넓지 않게 또는 컬리전이 아예 일어나지 않게 해야 합니다. 허브는 컬리전 도메인을 나눌 수 없고 풀 듀플렉스를 지원하지 않기 때문에 사용하지 않는것이 좋습니다. 컬리전을 아예 없 애려면 스위치, 라우터, 단말을 연결하는 링크에 풀 듀플렉스를 적용해야 합니다.

브로드캐스트 도메인이 너무 넓다는 것은 브로드캐스트 도메인에 속하는 장치의 수가 많다는 것을 의미합니다. 브로드캐스트 도메인이 너무 넓으면 브로드캐스트 패킷의 이 동 범위가 넓어지고, 네트워크에 연결된 모든 장치(단말, 스위치, 라우터, 프린터, IP폰 등) 들은 브로드캐스트 프레임을 수신할 확률이 높아집니다. 유니캐스트 프레임은 한 장치 의 CPU를 돌리지만, 브로드캐스트 프레임은 모든 장치의 CPU를 돌립니다. 브로드캐스트 도메인이 너무 넓으면, 네트워크에 연결된 모든 장치의 CPU가 항상 바쁜 상태가 됩니다. 이 문제는 어떻게 해결할 수 있을까요?

파일의 다운로드 시간이 짧다면 네트워크 성능이 우수하다고 할 수 있습니다. 다운로드 시간이 짧으려면 다음 두 가지 조건을 충족시켜야 합니다.

① 트래픽이 링크들을 빨리 통과할 수 있어야 합니다. 하지만 링크의 밴드위스가 아무리 넓어도 밴드위스 사용률(Utilization, Load)이 100%라면 링크의 전송 능력은 0인 셈이죠. 즉 링크의 밴드위스는 넓고, 밴드위스 사용률은 낮아야 합니다. 서버 ⓐ로부터 PC ⓑ가 파일을 다운로드한다면 통과하는 모든 링크(①~⑤)의 밴드위스 상황이 좋아야 합니다. 만약 ①번, ②번, ④번, ⑤번 링크의 가용 밴드위스는 남아 돈다하더라도 ③번 링크에서 가용할 수 있는 밴드위스가 1Kbps에 불과하다면, 서버 ⓐ로부터의 다운로드 속도는 1Kbps를 초과할 수 없습니다.

[그림 12-26] 빠르게 다운로드하려면 모든 링크들의 밴드위스 상황이 좋아야 한다.

② 트래픽이 장치도 빨리 통과할 수 있어야 합니다. 즉 서버는 클라이언트의 요구에 신속하게 대응하고, 라우터와 스위치는 고속으로 스위칭하며, 클라이언트는 서버가 보낸 응답 메시지를 빨리 처리해야 합니다. 링크의 성능 지표가 밴드위스라면, 장치의 성능 지표는 CPU와 메모리입니다. 그런데 장치의 CPU와 메모리가 아무리 우수해도 CPU와 메모리의 사용률이 100%라면 장치의 프레임 처리 능력은 0이라고 할 수 있습니다. 즉 다운로드 시간을 개선하려면 장치의 CPU와 메모리는 우수하고 사용률은 낮아야 합니다.

[그림 12-27]은 브로드캐스트 도메인을 분할하는 라우터가 없는 구성으로, 하나의 브로드캐스트 도메인만 존재합니다. 그런데 브로드캐스트 도메인이 너무 넓으면 장치의 CPU 사용률이 올라가기 때문에 장치가 프레임을 제시간에 처리할 수 없습니다. 그 결과, 네트워크 성능이 떨어지므로 [그림 12-25]와 같이 중간 계층인 디스트리뷰션 계층에 라우터를 배치하여 브로드캐스트 도메인의 넓이가 적정 수준이 되도록 해야 합니다. 브로드캐스트 도메인의 적정 넓이에 대한 대략적인 기준이 있습니다 즉 밴드위스에서 브로드캐스트가 차지하는 비율이 10%가 초과하지 않도록 관리해야 하는데, 이것에 대해서는 '7장'에서 설명하였습니다.

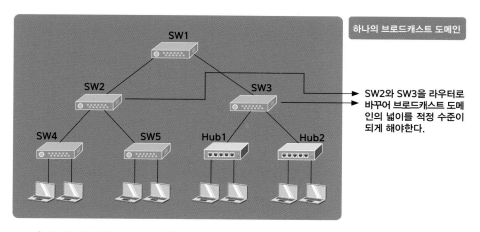

[그림 12-27] 브로드캐스트 도메인이 너무 넓으면 장치의 CPU는 브로드캐스트를 처리하느라 바빠진다.

LESSON 59 : 이더넷 스위칭 방식

이더넷 스위칭에는 컷스루(Cut-thorugh), 프래그먼트 프리(Fragment Free), 스토어 앤 포워드(Strote & Forward) 방식이 있습니다.

프리앰블/SFD	목적지 MAC	출발지 MAC	타입	데이터	FCS

컷스루 방식

프래그먼트 프리 방식 [64바이트]

스토어 앤 포워드 방식

[그림 12-28] 이더넷 스위칭 방식

● 스토어 앤 포워드 방식

스토어 앤 포워드(Store and Forward) 방식을 적용한 이더넷 스위치는 수신한 프레임 전체를 메모리에 저장하고 CRC 체크를 통해 에러나 변조가 있는지 확인합니다. 즉 정상적인 프레임이라고 판명되는 경우에만 스위칭하므로 에러나 변조된 프레임은 폐기됩니다. 이 방식은 가장 안전하지만, 지연 시간이 가장 긴 스위칭 방식입니다. 또한 스토어 앤 포워드 방식을 채택한 스위치의 메모리가 충분하지 않다면, 프레임을 저장하지 못해 폐기하는 경우가 발생할 수 있습니다.

● 프래그먼트 프리 방식

프래그먼트 프리(Fragment Free) 방식을 적용한 이더넷 스위치는 프레임이 조각나지 않았으면 정상적인 프레임으로 간주하고 스위칭합니다. 즉 프레임의 첫 64바이트가 수신되면 프레임을 목적지 포트로 스위칭합니다. 64바이트는 이더넷 프레임의 최소 사이즈입니다. 컬리전은 이더넷 환경에서 가장 흔한 에러로, 컬리전이 발생하면 64바이트 이하의 프레임이 탐지됩니다.

● 컷스루 방식

컷스루(Cut Through) 방식은 가장 빠른 방식으로, 스위치에 프레임이 머무는 시간이 가장 짧습니다. 스위치는 목적지 MAC 주소만 확인하면 나머지 부분은 보지 않고 프레임을 송신합니다. 실시간 통신은 이 방식을 지칭하는 것으로, 지연되지 않고 에러 확인 없이 프레임을 보내는 방식입니다.

 요·약·하·기

- ◆ **이더넷 관련 장치:** 이더넷 헤더는 2계층 이상의 장치가 보거나 처리 가능하다.
- ◆ **이더넷 헤더:** MAC 주소와 타입, FCS 필드를 포함한다.
- ◆ **이더넷 랜카드의 역할:** 송·수신할 프레임 저장, MAC(CSMA/CD 서킷으로 프레임 송신), PHY(시그널링), 포트 제공
- ◆ **하드 듀플렉스와 CSMA/CD:** 풀 듀플렉스와 달리 하프 듀플렉스 링크는 컬리전이 발생한다. CSMA/CD 서킷은 링크를 아무도 사용하지 않을 때 프레임을 보내는데, 동시에 보내면 컬리전이 발생하고 랜덤한 시간 대기 후 재전송한다.
- ◆ **컬리전 도메인과 브로드캐스트 도메인:** 컬리전 도메인을 나누는 장치는 스위치와 라우터이고, 브로드캐스트 도메인을 나누는 장치는 라우터이다.
- ◆ **이더넷 스위칭 방식:** 스토어 앤 포워드 방식, 프래그먼트 프리 방식, 컷스루 방식

Chapter 13 : 물리적인 것들: 케이블, 시그널링, 커넥터

피지컬 계층의 표준은 시그널링, 케이블링, 커넥터에 대한 표준을 정의합니다.
안정적인 고속의 전송 속도를 제공하기 위해 피지컬 계층의 표준들의 어떤 개선안들을 제시하고 있을까요? 이 장에서는 케이블, 시그널, 커넥터를 위한 피지컬 계층의 표준에 대해 알아봅니다.

LESSON 60 : 피지컬 계층 표준

피지컬 계층은 통신의 물리적인 부분을 책임집니다. 피지컬 계층은 데이터 링크 계층에서 내려보낸 비트(비트열, Bit String)를 전기 신호나 광신호로 변환합니다. 피지컬 계층은 다음과 같은 물리적인 규격을 정의합니다.

❶ 신호 변환 규칙, 즉 ① 시그널링(Signaling) 규칙을 정의합니다.

❷ 피지컬 계층은 시그널을 전달하기 위한 다양한 ② 미디어(Media, 케이블)에 대한 표준을 정의합니다.

❸ ③ 커넥터의 모양이나 핀의 역할 등을 정의합니다.

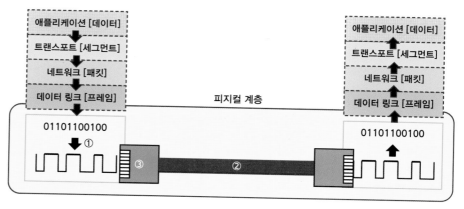

[그림 13-1] 피지컬 계층의 기능

● IEEE 표준

보통, 피지컬 계층 표준은 데이터 링크 계층과 통합 정의됩니다. IEEE(Institute of Elec-tricaland Electronic Engineers)에서 구성한 IEEE 802 위원회에서는 피지컬 계층과 데이터 링크 계층에 대한 표준화를 담당합니다. IEEE 802 위원회는 다수의 분과 위원회들을 통해 다양한 이더넷 및 무선 LAN을 위한 표준을 만들고, 각 위원회는 IEEE 802.X와 같이 X 자리의 숫자로 구분됩니다. 이더넷 프로토콜은 IEEE 802.3 표준으로, 무선 LAN은 IEEE 802.11 표준으로 정의됩니다. IEEE 802.3 위원회의 각 분과 위원회가 만든 표준은 IEEE 802.1y와 같이 y 자리의 알파벳에 의해 구분됩니다.

구분	IEEE 802.3 (이더넷 지원 표준)	IEEE 802.11 (무선 LAN)
데이터 링크 & 피지컬 계층	IEEE 802.3a IEEE 802.3i IEEE 802.3u IEEE 802.3z IEEE 802.3ab IEEE 802.3an IEEE 803.3ae 등	IEEE 802.11a IEEE 802.11b IEEE 802.11g IEEE 802.11n IEEE 802.11ac 등

[표 13-1] IEEE 표준

일반적으로 사용하는 케이블은 구리선과 광케이블로 나뉩니다. 구리선은 '동축 케이블 (Coaxial Cable)'과 '트위스티드 페어 케이블(TP; Twisted Pair Cable)'로 나뉘는데, 동축 케이블은 시공이 불편하고 지원 속도가 낮아서 거의 사용하지 않습니다. 광섬유 케이블(광케이블)은 '싱글 모드'와 '멀티모드'로 나뉘는데, 싱글 모드가 멀티모드보다 같은 속도에서 좀 더 먼 거리를 연결합니다.

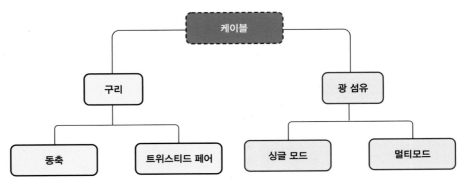

[그림 13-2] 케이블의 종류

광케이블과 트위스티드 페어 케이블은 다음과 같은 큰 차이가 있습니다.

● **광케이블의 장점**

트위스티드 페어 케이블은 비교적 낮은 속도를, 광케이블은 빠른 속도를 지원할 수 있습니다. 트위스티드 페어 케이블은 광케이블보다 신호 감쇠가 심하므로 같은 속도를 지원할 때 연결할 수 있는 거리가 짧고 전자기 노이즈의 영향을 받지만, 광케이블은 광 신호를 사용하므로 영향을 받지 않습니다.

● **트위스티드 페어 케이블의 장점**

광케이블보다 가격이 저렴하며, 시공(취급)과 관리가 용이합니다.

◉ IEEE 표준의 별명

IEEE 802.3 위원회는 이더넷을 지원하기 위한 [표 13-2]와 같은 다수의 표준을 정의했습니다. 일반적으로 이 표준은 표준을 간략하게 설명하는 별명으로 불립니다. 예를 들어 10GBASE-T는 10Gbps를 지원하는 케이블과 시그널과 커넥터를 정의합니다. 10BASEX 포맷에서 X 자리가 숫자일 때는 장치 간의 연결 거리를 뜻합니다. 예를 들어 2는 200미터를, 5는 500미터를 의미합니다. X 자리가 알파벳인 경우는 케이블의 종류나 광송신기인 레이저의 타입을 표시합니다. 예를 들어 T는 트위스티드 페어 케이블을, S는 단파장 레이저를, L은 장파장 레이저를 표시합니다.

피지컬 계층	동축 케이블 [거의 사용하지 않음]	트위스티드 페어 케이블	광케이블	
			멀티모드	싱글 모드
10Mbps	**10Base5** [IEEE 802.3] **10Base2** [IEEE 802.3a]	**10Base-T** [IEEE 802.3i]		
100Mbps		**100Base-TX** [IEEE 802.3u]		
1Gbps		**1000Base-T** [IEEE 802.3ab]	**1000Base-SX** [IEEE 802.3z]	**1000Base-LX** [IEEE 802.3z]
10Gbps		**10GBase-T** [IEEE 802.3an]	**10GBase-SR** [IEEE 802.3ae]	**10GBase-LR** [IEEE 802.3ae]
100Gbps			**100GBase-SR2** [IEEE 802.3cd]	**100GBase-LR4** [IEEE 802.3ba]
400Gbps			**400GBase-SR16** [IEEE 802.3bs]	**400GBase-LR8** [IEEE 802.3bs]

[표 13-2] 이더넷을 지원하는 피지컬 계층의 표준(IEEE 802.3 위원회의 분과 위원회가 만든 표준)

트위스티드 페어 케이블(Twisted Pair Cable)은 8가닥의 선으로 구성되고, 차폐 처리 여부에 따라 'UTP(Unshielded Twisted Pair) 케이블'과 'STP(Shielded Twisted Pair) 케이블'로 나뉩니다. 또한 카테고리에 따라 나뉘며, 카테고리 번호가 높을수록 물리적인 특성이 우수하므로 제공 가능한 주파수와 연결 거리가 우수합니다.

● UTP vs STP

트위스티드 페어 케이블(Twisted Pair Cable)은 8개의 구리선을 2개씩 한 쌍, 즉 4개의 쌍(Pair)으로 구성됩니다. 각 쌍에 속하는 2개의 선은 전자파 간섭을 억제하기 위해 꼬여(Twist) 있습니다. 트위스티드 페어 케이블은 UTP 케이블과 STP 케이블로 나뉩니다. UTP 케이블은 시공과 관리가 용이하고 가격이 싸서 가장 많이 사용하지만, 전자기적 노이즈에 약하다는 단점이 있습니다. 이러한 외부의 전자기적 간섭(Eletro-magnetic Interference)과 누화(Crosstalk)를 극복하기 위해 차폐 처리된 STP 케이블을 사용합니다.

UTP 케이블 **STP 케이블**

차폐(Shielding)

[그림 13-3] STP vs UTP (이미지 출처: www.universalnetworks.co.uk)

● 트위스티드 페어(TP) 케이블의 카테고리별 특성

트위스티드 페어 케이블은 [표 13-3]과 같은 카테고리로 구분합니다. 카테고리별 지원 가능 주파수와 나중에 설명할 시그널링 방식은 케이블의 최대 전송 속도를 결정합니다. CAT 5는 10Mbps와 100Mbps를 지원하는 케이블입니다. CAT 5e(enhanced CAT 5)는 1,000Mbps를 안정적으로 지원하고, CAT 5보다 누화나 간섭에 강합니다. 따라서 1000BASE-T 표준을 사용하려면 CAT 5e 이상의 케이블을 사용하고, 10GBASE-T 표준을 적용하려면 CAT 6 이상의 케이블을 사용해야 합니다.

요즘 생산되는 트위스티드 페어 케이블은 거의 CAT 5e 이상입니다. 또한 노이즈 문제를 해결하기 위해서는 카테고리를 높이는 것이 아니라 CAT 5의 경우 CAT 5e로 변경하거나 STP 케이블을 사용해야 합니다. 또한 기가비트 이상의 이더넷을 적용할 때는 광장치와 광케이블이 더 저렴할 수 있기 때문에 기존에 설치된 트위스티드 페어 케이블을 활용하지 않는 신규 구축의 경우에는 이 점을 고려해야 합니다.

카테고리	최대 지원 주파수	최대 전송 속도	적용 표준	최대 거리	UTP/STP	커넥터
CAT 3	16MHz	10Mbps	10BASE-T	100m	UTP/STP	RJ45
CAT 4	20MHz	16Mbps	토큰링	100m	UTP/STP	RJ45
CAT 5	100MHz	100Mbps	100BASE-TX	100m	UTP/STP	RJ45
CAT 5e	100MHz	1Gbps	1000BASE-T	100m	UTP/STP	RJ45
CAT 6	250MHz	10Gbps	1000BASE-T 1,000BASE-TX 10GBASE-T	100m 55m(10G)	UTP/STP	RJ45
CAT 6A	500MHz	10Gbps	10GBASE-T	100m	UTP/STP	RJ45
CAT 7	600MHz	10Gbps	10GBASE-T	100m	STP only	GG45 혹은 TERA
CAT 7A	1,000MHz	10Gbps	10GBASE-T	100m	STP only	GG45 혹은 TERA
CAT 8	2,000MHz	40Gbps	20GBASE-T 40GBASE-T	30m(20G) 30m(40G)	STP only	• 클래스 I : RJ45 • 클래스 II : GG45 혹은 TERA

[표 13-3] 트위스티드 페어 케이블의 카테고리별 특성

LESSON 62 : 트위스티드 페어 케이블과 표준

10BASE-T는 CAT 3 이상을, 100BASE-TX는 CAT 5 이상을 요구합니다. 2개의 표준 모두 트위스티드 페어 케이블의 8개 선 중에서 4개의 선만 사용하지만, 이들 표준은 사용 주파수와 시그널링 방식이 다릅니다. 즉 10BASE-T는 맨체스터 인코딩 방식을, 100BASE-TX는 MLT-3 인코딩 방식을 사용합니다. 트위스티드 페어 케이블을 위한 RJ-45 커넥터와 RJ-45 커넥터가 연결되는 포트의 형상은 [그림 13-4]와 같습니다.

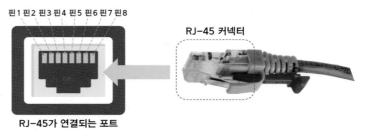

핀1 핀2 핀3 핀4 핀5 핀6 핀7 핀8

RJ-45 커넥터

RJ-45가 연결되는 포트

[그림 13-4] 트위스티드 케이블의 RJ-45 커넥터와 포트(이미지 출처: tdigroup.co.uk)

RJ-45 커넥터가 연결되는 포트는 [그림 13-5]와 같이 MDI와 MDI-X 포트로 나뉩니다. PC와 서버, 라우터에는 MDI 포트, 허브나 스위치에는 MDI-X 포트를 갖습니다. MDI 포트는 핀 1과 핀 2를 송신 용도로 사용하고, 핀 3과 핀 6을 수신 용도로 사용합니다. 반면 MDI-X 포트는 핀 1과 핀 2를 수신 용도로 사용하고, 핀 3과 핀 6을 송신 용도로 사용합니다. 따라서 MDI 포트와 MDI-X 포트를 연결할 때는 스트레이트-스루(Straight-through) 케이블을 사용해야 합니다. 즉 PC-스위치, PC-허브, 서버-스위치, 서버-허브, 라우터-스위치, 라우터-허브를 연결하는 경우가 여기에 속합니다. 그림에서는 직선으로 표시했지만, 사실 트위스티드 페어 케이블은 크로스토크나 전자파 간섭을 극복하기 위해 같은 색상의 선들끼리 꼬여있기 때문에 1번과 2번 선이 한 쌍, 3번과 6번 선이 한 쌍, 4번과 5번 선이 한 쌍, 7번과 8번 선이 한 쌍이 되어 꼬여 있습니다.

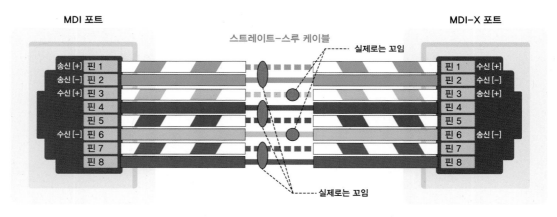

MDI 포트

스트레이트-스루 케이블

실제로는 꼬임

송신 [+]	핀 1
송신 [-]	핀 2
수신 [+]	핀 3
	핀 4
	핀 5
수신 [-]	핀 6
	핀 7
	핀 8

MDI-X 포트

핀 1	수신 [+]
핀 2	수신 [-]
핀 3	송신 [+]
핀 4	
핀 5	
핀 6	송신 [-]
핀 7	
핀 8	

실제로는 꼬임

[그림 13-5] MDI 포트와 MDI-X 포트 사이는 스트레이트-스루 케이블로 연결한다.

[그림 13-6]은 MDI-X 포트끼리 연결한 경우입니다. 두 장치는 동일한 번호의 핀들을 통해 송신하고 수신합니다. 즉 핀 1과 핀 2를 통해 수신하고, 핀 3과 핀 6을 통해 송신하기 때문에 스트레이트-스루 케이블로 연결하면 통신할 수 없으므로 이 경우에는 선을 엇갈리게 연결해야 합니다. 즉 수신 핀 1과 핀 2를 반대편 장치의 송신 핀 3과 핀 6에 연결해야 합니다. 이렇게 엇갈린 케이블이 크로스오버(Crossover) 케이블입니다. 즉 스

위치-스위치, 허브-허브를 연결하는 경우입니다. 이것은 MDI 포트끼리 연결할 때도 마찬가지로, 이 경우에도 두 장치는 같은 번호의 핀들을 통해 송·수신합니다. 따라서 MDI 포트들끼리 연결하는 경우, 즉 라우터-라우터, PC-PC, 서버-서버, 라우터-PC, 라우터-서버, PC-서버를 연결할 때도 크로스오버 케이블을 사용합니다. 크로스오버 케이블인지, 스트레이트-스루 케이블인지 구별하려면 케이블의 양 끝의 색상 배열을 확인해야 합니다. 만약 색상 배열이 동일하다면 스트레이트-스루 케이블입니다. 그리고 핀 1의 색상이 핀 3과 동일하고 핀 2의 색상이 핀 6과 동일하다면 크로스오버 케이블입니다.

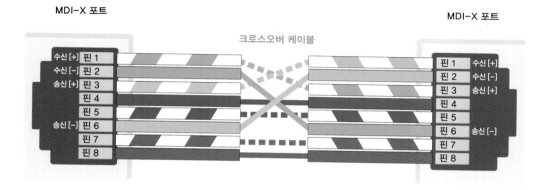

[그림 13-6] MDI-X 포트끼리 또는 MDI 포트끼리 연결할 때는 크로스오버 케이블로 연결한다.

● 1000BASE-TX, 1000BASE-T & 10GBASE-T

기가비트 이더넷 표준은 8선, 즉 네 쌍의 선을 모두 사용합니다. 초기의 기가비트 이더넷 표준은 1000BASE-TX였습니다. 1000BASE-TX는 CAT 6 케이블을 통한 이더넷 전송을 정의합니다. 100BASE-TX와의 차이는 사용 주파수, 시그널링 방식, 그리고 두 쌍 대신 네 쌍의 선을 사용하는 것입니다. 1000BASE-TX는 한 쌍에서 단방향 500Mbps의 속도를 제공하므로 네 쌍을 이용하면 양방향 1,000Mbps 속도를 낼 수 있습니다. 그에 반해 1000BASE-T와 10GBASE-T는 한 쌍에서 양방향 250Gbps와 2.5Gbps를 지원하여 네 쌍에서 양방향 1Gbps와 10Gbps를 지원합니다. 1000BASE-TX는 고가의 CAT 6이나 CAT 7 케이블이 필요합니다. 반면 1000BASE-T는 저렴한 CAT 5e 케이블을 사용하고 1000BASE-T를 지원하는 장치의 가격까지 하락하여 1000BASE-TX는 잘 사용하지 않습니다. 10GBASE-T는 CAT 6 이상의 케이블이 필요합니다. 10GBASE-T도 1000BASE-T와 서킷 구성이 같지만, 주파수와 시그널링 방식의 변경으로 양방향 2.5Gbps를 제공할 수 있습니다.

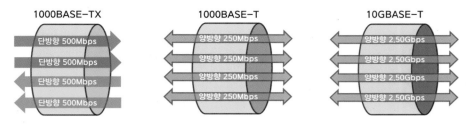

[그림 13-7] 1000BASE-TX vs 1000BASE-T vs 10GBASE-T의 서킷 구성 비교

1000BASE-T나 10GBASE-T는 [그림 13-8]과 같이 8개의 선을 모두 사용하며, 각 쌍의 연결에서 동시에 송·수신합니다. 즉 핀 1과 핀 2, 핀 3과 핀 6, 핀 4와 핀 5, 핀 7과 핀 8에서 동시에 송신과 수신합니다. 이것은 핀 1에서 송신하고, 핀 2에서 수신을 한다는 의미입니다. 이때 물리적인 서킷의 특성상 핀 1에서 송신한 시그널이 상대 장치에게도 전달되겠지만, 돌아서 자신의 핀 2에도 도착합니다. 즉 한 쌍의 서킷에서 송·수신이 가능하려면 핀 1을 통해 자신이 보낸 시그널을 핀 2에서 필터링할 수 있어야 하는데, 이 기능을 제공하는 것이 에코 캔슬러(Echo Canceller)입니다. 에코 캔슬러의 동작은 다음 '시원한 쪽지(100BASE-T의 하이브리드 서킷과 에코 캔슬러)'에서 설명하겠습니다.

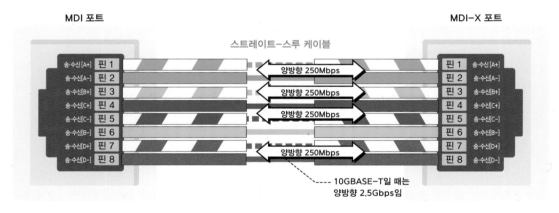

[그림 13-8] MDI 포트와 MDI-X 포트 사이는 스트레이트-스루 케이블로 연결한다.

1000BASE-T와 10GBASE-T의 크로스오버 케이블의 선 배열은 [그림 13-9]와 같습니다. MDI와 MDI 포트, MDI-X와 MDI-X 포트를 연결할 때는 8개의 선들이 모두 엇갈리게 연결되어야 합니다. 즉 핀 1은 반대편 포트의 핀 3으로, 핀 2는 핀 6으로, 핀 4는 핀 7로, 핀 5는 핀 8로 연결됩니다.

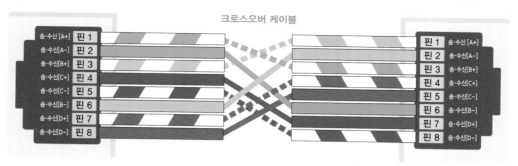

[그림 13-9] MDI 포트끼리 또는 MDI-X 포트끼리는 크로스오버 케이블로 연결한다.

1000BASE-T의 하이브리드 서킷과 에코 캔슬러

하이브리드 서킷(Hybrid Circuit)과 에코 캔슬러(Echo Canceller)는 1000BASE-TX와 10GBASE-T를 위한 것들입니다. 100BASE-TX의 경우 송신 선로(한 쌍)와 수신 선로(한 쌍)가 분리되어 있으므로 송신기는 송신 선로에 연결하고, 수신기는 수신 선로에 연결하면 되기 때문에 하이브리드 서킷이 필요 없습니다. 반면 1000BASE-T와 10GBASE-T는 동일한 선로(한 쌍의 선로)를 통해 동시에 송신과 수신을 합니다. 여기서 하이드리드 서킷은 송신기로부터 받은 신호를 4개의 전송로로 분배하고, 반대로 4개의 전송로로부터 받은 신호를 취합하여 수신기에 전달하는 역할을 합니다.

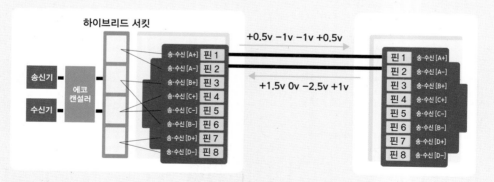

[그림 13-10] 하이브리드 서킷과 에코 캔슬러

에코 캔슬러는 한 쌍의 선로에서 동시에 송·수신을 할 수 있게 하는 1000BASE-T와 10GBASE-T의 핵심 서킷입니다. 기본 아이디어는 '내가 받은 것에서 내가 보낸 것을 빼라'입니다. [그림 13-10]에서 왼쪽 장치는 +0.5, -1, -1, +0.5 시그널을 순서대로 보냈고, +1.5, 0, -2.5, +1을 받았습니다. 에코 캔슬러는 받은 신호에서 자기가 보낸 신호를 뺍니다. 즉 (+1.5)-(+0.5), (0)-(-1), (-2.5)-(-1), (+1)-(+0.5) 하면, +1, +1, -1.5, +0.5를 추출합니다. 이 신호가 반대쪽 장치가 실제로 보낸 신호입니다.

피지컬 계층의 장치는 데이터 링크 계층에서 내려보낸 비트들(비트열, Bit String)을 적정한 시그널로 변환하여 전송해야 합니다. 트위스티드 페어 케이블에서는 어떤 시그널링 방식을 사용할까요?

● 10BASE-T

[그림 13-11]에서 NRZ(Non-Return to Zero) 시그널 인코딩 방식은 일반적으로 느린 통신을 위해 사용합니다. 즉 0은 높은 전압으로, 1은 낮은 전압으로 보냅니다. 0과 1의 반전 신호를 활용하여 클록 신호를 추출하는데, 0 또는 1이 변경되지 않는 경우에는 클록을 추출하기가 힘듭니다. 이것이 이더넷이 NRZ 대신 다음에 설명할 맨체스터 시그널링(인코딩) 방식을 채택한 이유입니다.

'Man'은 맨체스터(Manchester) 인코딩 방식을 나타냅니다. 10BAST-T 이더넷 표준에서 사용합니다. 맨체스터 인코딩 방식에서 시그널은 하이(High)에서 로(Low)로, 또는 로에서 하이 전압으로의 반전을 통해 1과 0을 표현합니다. 이러한 반전 시그널은 송신 장치와 수신 장치 사이의 동기화를 제공합니다. 하지만 맨체스터 인코딩 방식은 시그널 반전이 너무 잦은 방식이기 때문에 넓은 밴드위스가 필요합니다. 예를 들어 10Mbps를 전송하기 위해서는 최소한 10MHz의 밴드위스가 필요합니다. CAT 3 케이블이 16MHz를 지원하므로 CAT3부터는 맨체스터 인코딩 방식을 사용할 수 있습니다.

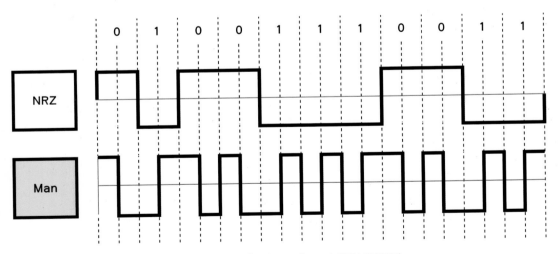

[그림 13-11] NRZ & 맨체스터 인코딩

● 100BASE-TX

트위스티드 페어 케이블에서 고속 전송을 하려면 신뢰성 있는 동기화를 가능하게 하는 시그널링 시스템이 필요한데, 그것이 바로 4B5B(4Bit-5Bit) 인코딩 방식입니다. 4B5B 방식은 4비트의 데이터를 5비트로 표현합니다. 다섯 비트는 32개의 코드 조합이 가능합니다. 32개의 이진수 조합 중에서 16개의 조합만 데이터를 표현하기 위해 사용합니다. 예를 들어 00000과 11111과 같이 클록을 추출하기에 반전(0에서 1로 또는 1에서 0으로 바뀌는) 시그널이 적은 조합은(데이터 인코딩 용도로 사용하는 대신) IDLE, 전송 오류, 시작과 종료를 표시하는 제어 코드로 사용하고, 나머지 코드는 사용하지 않습니다. [표 13-4]에서 4B5B 인코딩 방식이 데이터를 표현하기 위해 선택한 조합의 예를 볼 수 있습니다.

데이터		4B5B 코드	데이터		4B5B 코드
16진수	2진수		16진수	2진수	
0	0000	11110	8	1000	10010
1	0001	01001	9	1001	10011
2	0010	10100	A	1010	10110
3	0011	10101	B	1011	10111
4	0100	01010	C	1100	11010
5	0101	01011	D	1101	11011
6	0110	01110	E	1110	11100
7	0111	01111	F	1111	11101

[표 13-4] 4B-5B 인코딩-데이터를 표현하는 코드

4B5B 인코딩 방식 때문에 초당 100만 비트의 데이터를 보낸다면, 125만 비트를 보내야 합니다. 결국 한 비트의 시그널의 지속 시간은 8나노초입니다. [그림 13-12]에서 100BASE-TX의 MLT-3 인코딩 방식을 NRZ 인코딩 방식과 비교하고 있습니다. MLT-3 인코딩 방식의 경우 0은 0볼트로 표시하고, 1은 +1V와 -1V 간의 반전 신호로 표현합니다.

13

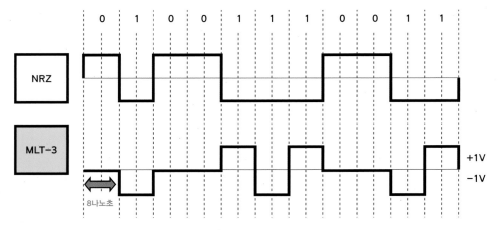

[그림 13-12] 100BASE-TX의 MLT-3 인코딩 방식

● 1000BASE-T

기가비트 이더넷은 다섯 레벨의 인코딩 체계인 PAM-5(Pulse Amplitude Modulation-5)를 사용합니다. 사실 +1V, +0.5V, -0.5V, -1V의 네 단계만 데이터 인코딩을 위해 사용하고, 0V 는 에러 탐지나 교정, 또는 동기화를 위해 사용합니다. 신호 간의 격차가 0.5볼트에 불과하므로 노이즈가 발생하면 수신기가 신호를 정확하게 인식하기가 어려운데, 이 문제를 해결하기 위해 에러를 탐지하고 교정까지 할 수 있는 코드를 활용합니다.

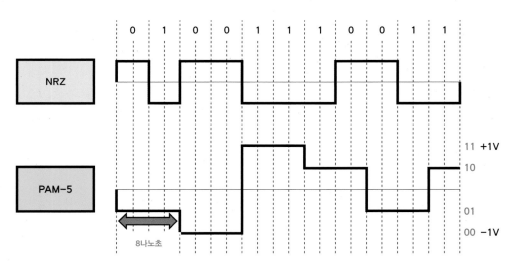

[그림 13-13] 1000BASE-T 시그널링

1000BASE-T 표준은 1,000Mbps를 확보하기 위해 다양한 방법을 동원합니다. 최대 125MHz를 안정적으로 확보하기 위해 CAT 5e 케이블을 적용하고, 8나노초 동안 2개의 비트를 전달할 수 있습니다. 각 송신기는 125MHz 클록 속도로 전송합니다. 즉 $2 \times 125=250$Mbps 속도를 제공하며 4개의 송신기가 있으므로 250Mbps$\times$4=1Gbps 속도를 제공할 수 있습니다. 0V를 포함하면 한 쌍의 전송로에서 구분되는 신호는 다섯 가지가 됩니다. 즉 네 쌍의 전송로에서 도착하는 시그널을 조합하면, 5^4(625)개의 심벌을 생산할 수 있습니다. 0V는 데이터 인코딩이 아니라 프레임의 시작과 끝, Idle, 에러 탐지나 교정을 위해 사용합니다. 데이터를 위해서는 0V를 제외한 4^4(256)개의 심벌만 사용하기 때문에 나머지는 부수적인 목적을 위해 사용할 수 있습니다.

● 10GBASE-T

IEEE는 10기가비트 이더넷을 위해 PAM-5 대신 PAM-16을 사용합니다. PAM-16은 16레벨(-15, -13, -11, -9, -7, -5, -3, -1, +1, +3, +5, +7, +9, +11, +13, +15V)의 시그널을 사용하기 때문에 한 번에 4비트를 전송할 수 있습니다. 10GBASE-T는 CAT 6 이상의 케이블을 이용하여 각 쌍에서 2.5Gbps의 속도를 제공하기 때문에 네 쌍에서 10Gbps의 속도를 제공합니다. 하이브리드 서킷과 에코 캔설러를 활용하는 것은 1000BASE-T와 동일합니다. PAM-16에 대한 좀 더 자세한 내용은 다음 시원한 쪽지(10GBASE-T 시그널링)를 참고하세요.

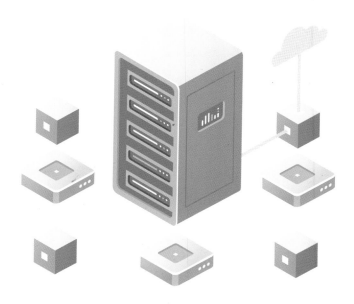

10GBASE-T 시그널링

10GBASE–T는 4개의 전송로에서 16레벨 PAM 시그널링을 사용합니다. 16레벨은 –15, –13, –11, –9, –7, –5, –3, –1, +1, +3, +5, +7, +9, +11, +13, +15 볼티지를 사용합니다. 하나의 전송로에서 홀수 시간대와 짝수 시간대에 도착한 16레벨 PAM 시그널을 조합합니다. [그림 13–14]에서 점(검정, 파랑, 빨강)들은 조합을 통해 만들어진 코드입니다. 이것을 '2차원 코드(2 Dimensional Code, 2D Code)'라고 부르며, 256 (16x16)개의 코드가 생성됩니다.

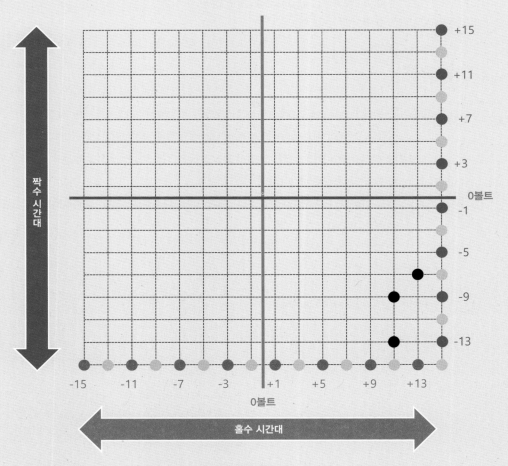

[그림 13-14] 2D 코드

그런데 256개의 코드를 모두 사용하는 대신 [그림 13–15]에서 ㉮와 ㉯ 자리의 코드와 같이 코드 사이에 있는 절반의 코드는 모두 제외시키므로 그 절반인 128개의 코드만 사용합니다. 이것을 통해 각 신호 사이의 간격이 더 벌어지기 때문에 (1볼트에서 $\sqrt{2}$ 볼트로) 신호들을 좀 더 명확하게 구분할 수 있습니다. 즉 노이즈에 더 강해집니다.

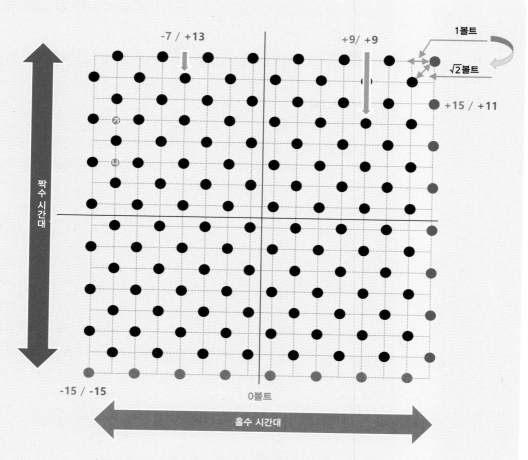

[그림 13–15] 2D 코드에서 절반의 코드를 사용하지 않아서 노이즈에 강해진다.

결국 2차원 코드는 128개의 코드(또는 심벌)로 구분됩니다. 하나의 코드는 (128=2^7 이므로) 7개의 비트를 포함합니다. 7비트 중에서 체크 용도의 비트를 제외하면 6.3652 비트만 사용 가능합니다. 또한 2개의 16 레벨 PAM 심벌들이 하나의 2차원 코드를 생성하기 때문에 초당 3.1826(= $\frac{6.3652}{2}$)비트가 전송돼야 합니다. 이 중 일부는 오류 확인이나 프레임 동기화를 위해 사용되므로 초당 3.125비트로 줄어듭니다. 전송로별로 초당 3.125비트를 전송하기 때문에 4개의 전송로에서 10Gbps의 속도를 낼려면 초당 800만 개의 심벌을 보낼 수 있어야 합니다. 나이퀴스트(Nyquist) 주파수 결정 공식에 의해 최소 절반의 주파수가 필요하므로 400MHz가 필요하고, CAT 6A 케이블은 500MHz를 지원하기 때문에 10Gbps 전송이 가능합니다.

800MSymbols / 초 × 3.125 bits / symbol × 4개의 전송로 = 10Gbits / second

LESSON 64 : 듀플렉스 미스매치와 스피드 미스매치

네트워크에 연결된 포트에 대해 듀플렉스(Duplex)와 스피드(Speed)를 설정할 수 있습니다. 연결하는 두 장치의 듀플렉스와 스피드가 일치하지 않으면 어떻게 될까요?

● 듀플렉스 미스매치

듀플렉스에는 '하프 듀플렉스'와 '풀 듀플렉스'의 두 가지 타입이 있습니다. 포트를 하프 듀플렉스로 설정했을 때는 송신이나 수신만 가능하지만, 포트를 풀 듀플렉스로 설정하면 동시에 송신과 수신을 할 수 있습니다. 하프 듀플렉스로 설정하면, 컬리전이 발생하므로 이더넷의 CSMA/CD 서킷이 자동으로 활성화됩니다. 풀 듀플렉스로 설정하면 컬리전이 발생하지 않으므로 CSMA/CD 서킷은 자동으로 비활성화됩니다. 듀플렉스 미스매치(Duplex Mismatch), 즉 한쪽은 하프 듀플렉스로, 반대쪽은 풀 듀플렉스로 설정하면 간헐적인 통신만 가능합니다. 하프 듀플렉스로 설정한 쪽에서는 다수의 컬리전이 발견됩니다. 하프 듀플렉스로 설정한 인터페이스에서 발견되는 컬리전은 자연스러운 것입니다. 풀 듀플렉스로 설정한 쪽에서는 CSMA/CD 서킷을 사용하지 않기 때문에 상대 장치의 프레임을 수신할 때도 프레임을 보내므로 다수의 FCS 에러가 발생하며, 또한 컬리전이 발생해서 재전송이 필요한 상황에서 재전송을 하지 않으므로 통신이 자꾸 끊깁니다. 참고로 10Gbps 이상의 인터페이스는 하프 듀플렉스를 지원하지 않습니다.

[그림 13-16] 듀플렉스 미스매치

● 스피드 미스매치

보통 100Mbps를 지원하는 이더넷 포트인 경우 100Mbps 이하 즉, 10Mbps와 100Mbps의 속도를 지원합니다. 1Gbps를 지원하는 이더넷 포트인 경우 그 이하인 10Mbps, 100Mbps, 1Gbps를 제공합니다. 연결된 두 장치의 속도가 다른 경우 링크는 다운됩니다.

[그림 13-17] 스피드 미스매치

● 자동 협의

이더넷은 듀플렉스와 스피드에 대한 자동 협의(Auto Negotiation) 기능을 제공합니다. 즉 이더넷 포트는 링크 펄스(Link Pulse) 시그널을 교환하여 자신이 제공할 수 있는 듀플렉스와 스피드를 보냅니다. 이때 양쪽에서 제공 가능한 옵션 중 다음과 같은 우선순위에 따라 듀플렉스와 스피드를 결정합니다. 즉 [그림 13-18]에서는 1000BASE-T 하프 듀프렉스 타입이 선택됩니다.

1. **10GBASE-T Full Duplex**
2. 1000BASE-T Full Duplex
3. 1000BASE-T Half Duplex
4. 100BASE-T2 Full Duplex
5. 100BASE-TX Full Duplex
6. 100BASE-T2 Half Duplex
7. 100BASE-T4 Half Duplex
8. 100BASE-TX Half Duplex
9. 10BASE-T Full Duplex
10. 10BASE-T Half Duplex

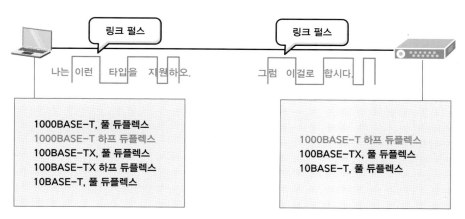

[그림 13-18] 자동 협의

LESSON 65 : 광케이블

광케이블(광 섬유 케이블, Optic Fiber Cable)은 얇은 유리 관로에 빛을 쏘아 신호를 전달합니다. 이번에는 광케이블에 대한 표준과 물리적인 특성, 커넥터에 대해 살펴보겠습니다.

싱글 모드와 멀티모드

광케이블에서 광이 통과하는 부분은 코어(Core)이고, 빛을 차단하는 부분은 클래딩(Cladding)입니다. 광케이블은 '멀티모드(Multi-mode)'와 '싱글 모드(Single Mode)'로 나뉩니다. 멀티모드 광케이블 코어의 직경은 싱글 모드의 직경보다 훨씬 넓습니다. 빛이 이동하는 경로를 '모드(Mode)'라고 부릅니다. 멀티모드 광케이블은 광신호가 다양한 경로를 통해 전달되기 때문에 붙여진 이름입니다. 반면 싱글 모드 광케이블에서 광 신호는 코어의 직경이 좁아서 하나의 경로를 통해 전달됩니다.

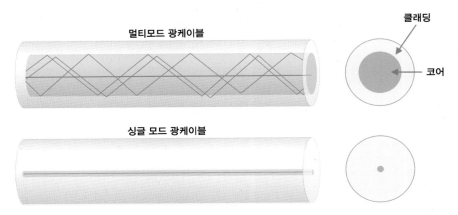

[그림 13-19] 멀티모드 광케이블과 싱글 모드 광케이블

싱글 모드 광케이블의 물리적인 구조 때문에 감쇠(Attenuation)와 분산(Dspersion) 특성은 멀티모드 광케이블보다 우수합니다. 싱글 모드 광케이블은 분산과 감쇠 특성이 유리하기 때문에 높은 밴드위스를 제공할 수 있고, 인터넷 연결이나 WAN과 같이 먼 거리를 연결하는 용도로 사용합니다.

비교	멀티모드	싱글 모드
코어의 직경	50 또는 62.5μm	9μm
감쇠와 분산	큰 분산, 큰 감쇠	적은 분산, 작은 감쇠
밴드위스	좁은 밴드위스	넓은 밴드위스
가격	싸다.	비싸다.
적용 분야	랜(LAN, 좁은 지역 연결 용도)	왠(WAN)이나 텔레콤의 케이블 TV망(넓은 지역 연결 용도)

[표 13-5] 멀티모드와 싱글 모드 광케이블의 비교

감쇠와 분산

광 시그널에는 [그림 13-20]과 같은 감쇠와 분산이 발생합니다. 감쇠가 심하면, 시그널의 강도가 줄어들어 리시버가 '1' 시그널을 인식하지 못합니다. 이것은 빛의 흡수, 불순물에 의한 빛의 산란, 케이블 굴곡 때문에 유실되기 때문입니다. 분산은 시그널이

퍼지는 현상으로, 분산이 일어나면, 리시버는 '0' 시그널을 감지할 수 없습니다. 즉 분산이 심하면, 데이터를 빠른 속도로 보낼 수 없습니다.

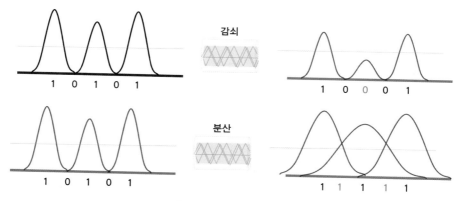

[그림 13-20] 감쇠와 분산

 두 가지 멀티모드 광케이블

멀티모드 광케이블은 '스텝 인덱스(Step Index) 방식'과 '그레이디드 인덱스(Graded Index) 방식'으로 나뉩니다. 인덱스란, 굴절률을 나타내는 지표입니다. 스텝 인덱스 방식의 멀티모드 광케이블과 싱글 모드 광케이블의 코어 부분은 굴절률이 일정하지만, 그레이디드 인덱스 방식의 멀티모드 광케이블은 중심에서 멀어질수록 굴절률이 점차 낮아집니다. 빛의 속도는 굴절률이 낮을수록 빨라집니다. 그레이디드 인덱스 방식에서 먼 거리를 이동하는 빛은 빨리 이동하므로 여러 모드의 빛은 동시에 도착해서 스텝 인덱스 방식보다 덜 분산됩니다.

빛의 속도(v) = 빛의 속도(c) / 굴절률(n)

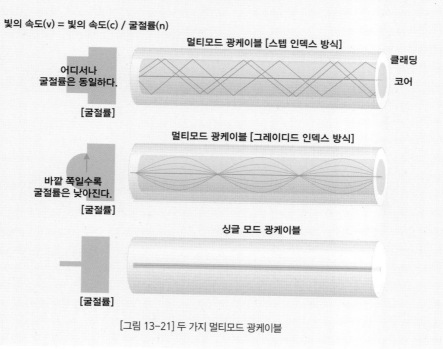

[그림 13-21] 두 가지 멀티모드 광케이블

● 표준

[표 13-6]은 주로 사용하는 광케이블에 대한 표준입니다. 1000BASE-SX 등의 표준 명칭에서 숫자는 지원 속도를 X는 광케이블을 의미합니다. S는 짧은 파장(Short Wavelength)을, L은 긴 파장(Long Wavelength), E는 아주 긴 파장(Extra Long Wavelength)을 사용하는 표준입니다. SR(Short Range)은 짧은 거리, LR(Long Reach)은 긴 거리, ER(Extra Long Reach)은 아주 긴 거리를 지원하는 것을 의미합니다.

속도	구분	멀티모드		싱글 모드	
1Gbps	표준	1000BASE-SX (IEEE802.3z)	1000BASE-LX (IEEE802.3z)		1000BASE-EX (비표준)
	거리	800m	550m	5km	70km
	파장	850nm	1,310nm	1,310nm	1,550nm
10Gbps	표준	10GBASE-SR (IEEE802.3ae)	10GBASE-LRM (IEEE802.3aq)	10GBASE-LR (IEEE802.3ae)	10GBASE-ER (IEEE802.3ae)
	거리	400m	220m	10km	40km
	파장	850nm	1,310nm	1,310nm	1,550nm
100Gbps	표준	100GBASE-SR10 (IEEE802.3ba)	100GBASE-SR4 (IEEE802.3bm)	100GBASE-LR4 (IEEE802.3ba)	100GBASE-ER4 (IEEE802.3ba)
	거리	125m	125m	10km	40km
	파장	850nm	850nm	1,310nm	1,310nm

[표 13-6] 광케이블을 사용하는 표준

OM1~4는 멀티모드 광케이블 규격입니다. OM1은 코어 직경이 62.5㎛으로, 100Mbps용 일반 규격이고, OM2부터는 코어 직경이 50㎛으로, 1Gbps용 일반 규격입니다. OM3는 100Gbps까지 적용할 수 있지만, 10Gbps용 일반 규격입니다. OM4도 보다 먼 거리에서 10Gbps와 100Gbps를 지원할 수 있습니다. OM1과 OM2는 광송신을 위한 광원(Optical Source)으로 LED를 사용하고, OM3와 OM4는 VCSEL(Vertical-Cavity Surface-Emitting Laser)을 사용합니다. 1킬로미터당 OM3는 3.5dB, OM4는 3.0dB의 감쇠가 발생합니다.

OS1~2는 싱글 모드 광케이블 규격입니다. 1킬로미터당 OS1은 1dB, OS2는 0.4dB의 감쇠가 발생합니다. OS1은 감쇠때문에 2km의 범위에서 사용하고, OS2는 감쇠가 적어 보다 먼 구간을 연결합니다. OS1은 타이트 버퍼드(Tight-buffered) 구조이고, OS2는 루스 튜브(Loose Tube)구조 입니다. 버퍼는 클래딩을 둘러싼 광케이블의 외피를 말합니다. 타이트 버퍼드 구조는 버퍼와 클래딩 사이의 공간이 거의 없는 구조로 구부림에 강해서 케이블의 손상이 적고 루스 튜브 구조는 반대되는 특징을 갖고 있습니다.

구분	멀티모드								싱글 모드	
	OM1 [62.5μm]		OM2 [50μm]		OM3 [50μm]		OM4 [50μm]		OS1/OS2 [9μm]	
색상	오렌지				아쿠아				노랑	
파장	850	1310	850	1310	850	1310	850	1310	1310	1350
100BASE-FX		2km		2km		2km		2km		
1000BASE-SX	275m		550m		800m		800m			
10GBASE-LRM		220m		220m		220m		220m	5km	
10GBASE-SR	33m		82m		300m		400m			
10GBASE-LR									10km	
10GBASE-ER										40km
100GBASE-SR10					100m		150m			
100GBASE-SR4					100m		150m			
100GBASE-LR4									10km	
100GBASE-ER4										40km

[표 13-7] 광케이블의 규격

● 광커넥터

NTT(Nippon Telegraph and Telephone)는 1980년대 중반에 SC 커넥터를 개발했고, 1991년에 TIA-568-A 규격으로 정의되었습니다. SC 커넥터는 가장 일반적인 광커넥터였고, 이후에 루슨트(Lucent) 사가 SC 커넥터의 절반 크기이면서 래치(Latch, 걸쇠)를 가진 LC 커넥터를 개발했습니다. LC 커넥터는 높은 밀도의 포트들을 가진 데이터센터에서 가장 적합한 솔루션입니다. 그러나 케이블을 연결하는 SC와 LC 커넥터는 모양의 차이일 뿐 다른 규격은 똑같습니다.

SC 커넥터는 X2 트랜시버(Transceiver, 송·수신기)를 통해 장치에 연결됩니다. LC 커

[그림 13-22] LC & SC 커넥터(이미지 출처: www.lindy.co.uk)

넥터는 SFP 트랜시버를 통해 연결되고, 광트랜시버는 광케이블에서 데이터를 송신 및 수신할 수 있도록 합니다.

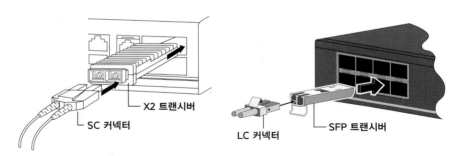

[그림 13-23] X2와 SFP 트랜시버(이미지 출처: www.cisco.com)

광트랜시버는 커넥터 타입(SC인지, LC인지)과 적용할 규격에 따라 결정해야 합니다. 참고로 [표 13-8]은 10Gbps를 위한 시스코 사에서 선택할 수 있는 커넥터입니다.

구분	광트랜시버 모델	거리	커넥터 타입	적용 모드와 파장
SFP	SFP+-10GB-SR-C	220m	LC	멀티모드 850nm
	SFP+-10GB-LR-C	10Km	LC	싱글 모드 1,310nm
	SFP+-10GB-LRM-C	220m	LC	멀티모드 1,310nm
	SFP+-10GB-ER-C	40Km	LC	싱글 모드 1,550nm
	SFP+-10GB-ZR-C	80Km	LC	싱글 모드 1,550nm
X2	X2-10GB-SR-C	220m	SC	멀티모드 850nm
	X2-10GB-LR-C	10Km	SC	싱글 모드 1,310nm
	X2-10GB-LRM-C	220m	SC	멀티모드 1,310nm
	X2-10GB-ER-C	40Km	SC	싱글 모드 1,550nm
	X2-10GB-ZR-C	80Km	SC	싱글 모드 1,550nm

[표 13-8] 커넥터 모델(시스코 제품의 예)

- ◆ **피지컬 계층 표준:** 시그널링, 피지컬, 미디어에 대한 표준을 정의한다. IEEE 802 위원회는 다양한 이더넷 및 무선 랜을 위한 표준을 제정한다.
- ◆ **트위스티드 페어 케이블:** UTP와 STP로 나뉘며, 카테고리 번호가 클수록 보다 넓은 밴드위스와 보다 먼 거리를 지원한다.
- ◆ **트위스티드 페어 케이블과 시그널링:** 10BASE−T(맨체스터), 1000BASE−TX(MLT−3), 1000BASE−T(PAM−5), 10GBASE−T(PAM−16)
- ◆ **듀플렉스 미스매치와 스피드 미스매치 :** 듀플렉스 미스매치일 때는 간헐적인 통신이 되지만, 스피드 미스매치일 때는 링크는 다운된다.
- ◆ **광케이블**
  - **싱글 모드와 멀티모드:** 싱글 모드보다 멀티모드의 코어 직경이 훨씬 넓다. 멀티모드 케이블보다 싱글 모드 케이블이 감쇠와 분산이 적어 보다 넓은 밴드위스와 보다 먼 거리를 연결할 수 있다.
  - **감쇠와 분산:** 감쇠는 신호의 강도가 줄어드는 것이고, 분산은 신호가 퍼지는 것이다.
  - **표준:** 지원 가능 속도, 활용 파장, 모드에 따라 다양한 표준으로 나뉜다.
  - **커넥터:** SC 커넥터와 LC 커넥터가 있다. SC 커넥터는 X2 트랜시버를 통해 장치에 연결되고, LC 커넥터는 SFP 트랜시버를 통해 연결된다.

13

Part

3

Let's Start!

마지막 단추

TCP/IP에 대한
보완 및 완성

조각에 빗대 말하자면, 'Part 1. 첫 번째 단추'는 TCP/IP에 대한 개념의
뼈대를 만들었습니다. 'Part 2. 두 번째 단추'는 Part 1에서 세운 뼈대에
살집을 만들어 채웠습니다. 이를 통해 개념을 정밀하게 정립했습니
다. 'Part 3. 마지막 단추'는 조각을 다듬어 보완하고 배경(지식)까지 완
벽하게 마무리하는 단계입니다.

ChapterOCR

Chapter 14 : IP 라우팅 프로토콜들

패킷의 목적지에 대한 정보가 라우팅 테이블에 없다면, 라우터는 패킷을 어떻게 처리할까요?
IP 라우팅 프로토콜을 설정하면 라우터는 자신에게 직접 연결된 네트워크에 대한 정보와 다른 라우터로부터 수신한 네트워크 정보를 교환하여 완벽한 라우팅 테이블을 만듭니다. 패킷의 목적지에 대한 정보가 라우팅 테이블에 없으면, 라우터는 패킷을 버리기 때문에 패킷이 경유하는 모든 라우터들의 라우팅 테이블에는 패킷의 목적지에 대한 정보가 있어야 합니다.

LESSON 66 : 라우팅 테이블

라우팅 테이블의 정보는 라우터에 직접 연결된 네트워크와 직접 연결되지 않은 네트워크에 대한 정보로 나뉩니다. 먼저 5장에서 다루었던 라우팅 테이블이 만들어지는 과정을 다시 리뷰하며 보완해봅시다.

● 라우팅 테이블

라우팅 테이블을 보는 명령은 **show ip route**입니다. 패킷의 목적지에 해당하는 정보가 라우팅 테이블에 없으면 라우터는 패킷을 폐기합니다. 패킷이 목적지에 도착했다면 패킷이 통과하는 모든 라우터들의 라우팅 테이블에 패킷의 목적지에 대한 정보가 존재한다는 것을 의미합니다. 즉 [그림 14-1]의 R0가 R3(목적지 주소는 30.0.0.2)에게 패킷을 보내면, R0, R1, R2 라우터는 30.0.0.2를 포함하는 네트워크 정보, 즉 30.0.0.0 /8을 가져야 합니다.

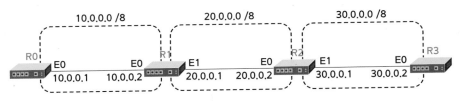

[그림 14-1] 통신하려면 경유하는 모든 라우터의 라우팅 테이블이 완벽해야 한다.

라우팅 테이블의 네트워크 정보는 해당 네트워크의 대표 IP 주소(해당 네트워크의 첫 번째 IP 주소)와 서브넷 마스크로 구성됩니다. 라우팅 테이블의 네트워크 정보는 해당 라우터에 직접 연결된(Connected) 네트워크와 직접 연결되지 않은(Not-connected) 네트워크에 대한 정보로 나뉩니다. [표 14-1]은 [그림 14-1]에 보이는 라우터들의 커넥티드 네트워크와 낫 커넥티드 네트워크입니다. 예를 들어 R0 라우터에게는 10.0.0.0 /8은 직접 연결된(커넥티드) 네트워크이고, 20.0.0.0 /8과 30.0.0.0 /8은 직접 연결되지 않은(낫 커넥티드) 네트워크입니다.

라우터	커넥티드 네트워크	낫 커넥티드 네트워크
R0	10.0.0.0 /8	20.0.0.0 /8 30.0.0.0 /8
R1	10.0.0.0 /8 20.0.0.0 /8	30.0.0.0 /8
R2	20.0.0.0 /8 30.0.0.0 /8	10.0.0.0 /8
R3	30.0.0.0 /8	10.0.0.0 /8 20.0.0.0 /8

[표 14-1] 각 라우터의 커넥티드 네트워크와 낫 커넥티드 네트워크

● 직접 연결된 네트워크에 대한 정보

라우터의 인터페이스에 IP 주소와 서브넷 마스크를 설정하면 직접 연결된 네트워크에 대한 경로 정보가 라우팅 테이블에 올라옵니다. [표 14-2]에서 R0의 ethernet 0 포트에 설정한 IP 주소를 보면 IP 주소는 10.0.0.1이고, 서브넷 마스크는 255.0.0.0입니다. 서브넷 마스크(255.0.0.0)는 첫 번째 옥텟만 네트워크 자리라는 것을 표시하고 있으므로 이 IP 주소는 10 네트워크에 속합니다. 10 네트워크의 대표 주소는 10 네트워크의 첫 번째 주소이므로 10.0.0.0입니다. 서브넷 마스크, 255.0.0.0의 프리픽스 길이는 /8입니다. 라우터의 인터페이스에 IP 주소와 서브넷 마스크를 입력하면 라우팅 테이블에는 'C 10.0.0.0 /8 is directly connected, E0'라고 표시됩니다. C는 직접 연결된, 즉 커넥티드(Connecte)된 네트워크 정보임을 표시하고, E0 인터페이스는 IP 주소를 입력한 인터페이스입니다. 이 정보는 '10.0.0.0 /8 네트워크가 E0 인터페이스에 직접 연결되어 있다'는 의미입니다. 10 네트워크에 속하는 IP 주소의 범위는 10.0.0.0~10.255.255.255이므로 이 한 줄의 정보는 이 범위에 있는 16,777,216개의 IP 주소를 포함하고, 이 범위의 IP 주소가 목적지인 패킷이 들어오면 E0 인터페이스로 라우팅합니다. 다른 직접 연결된 네트워크들도 같은 원리로 라우팅 테이블에 올라옵니다.

14

인터페이스의 IP 주소와 서브넷 마스크 설정	라우팅 테이블
R0(config)#interface ethernet 0 R0(config–if)#ip address 10.0.0.1 255.0.0.0 ➡	C 10.0.0.0 /8 is directly connected, E0
R1(config)#interface ethernet 0 R1(config–if)#ip address 10.0.0.2 255.0.0.0 ➡	C 10.0.0.0 /8 is directly connected, E0
R1(config)#interface ethernet 1 R1(config–if)#ip address 20.0.0.1 255.0.0.0 ➡	C 20.0.0.0 /8 is directly connected, E1
R2(config)#interface ethernet 0 R2(config–if)#ip address 20.0.0.2 255.0.0.0 ➡	C 20.0.0.0 /8 is directly connected, E0
R2(config)#interface ethernet 1 R2(config–if)#ip address 30.0.0.1 255.0.0.0 ➡	C 30.0.0.0 /8 is directly connected, E1
R3(config)#interface ethernet 0 R3(config–if)#ip address 30.0.0.2 255.0.0.0 ➡	C 30.0.0.0 /8 is directly connected, E0

[표 14-2] 커넥티드 네트워크 정보는 IP 주소와 서브넷 마스크 설정으로 올라온다.

● 직접 연결되지 않은 네트워크에 대한 정보

라우팅 프로토콜을 설정해야 직접 연결되지 않은 네트워크에 대한 경로 정보가 라우팅 테이블에 올라옵니다. [표 14-3]은 [그림 14-1]에 보이는 각 라우터를 위한 RIP 라우팅 프로토콜 설정을 보여주는데, router rip는 라우팅 프로토콜로 RIP를 구동시키는 명령입니다. network 10.0.0.0 명령은 라우터에 연결된 네트워크 중에서 어떤 네트워크가 RIP의 범위에 속하는지를 표시하며 다음과 같은 의미가 있습니다.

❶ 10으로 시작하는 네트워크 정보를 보내겠다는 의미입니다.
❷ 10으로 시작하는 네트워크 방향으로 네트워크 정보를 포함하는 RIP 패킷을 교환하겠다는 의미입니다.

따라서 network 10.0.0.0 명령이 누락되었으면, 10으로 시작하는 네트워크 정보를 보내지 않습니다. 또한 10으로 시작하는 네트워크로는 RIP(라우팅 정보) 패킷을 보내지 않기 때문에 완벽한 라우팅 테이블을 만들 수 없습니다.

라우터	라우팅 프로토콜 설정
R0	R0(config)#router rip R0(config–router)#network 10.0.0.0
R1	R1(config)#router rip R1(config–router)#network 10.0.0.0 R1(config–router)#network 20.0.0.0
R2	R2(config)#router rip R2(config–router)#network 20.0.0.0 R2(config–router)#network 30.0.0.0
R3	R3(config)#router rip R3(config–router)#network 30.0.0.0

[표 14-3] RIP 라우팅 프로토콜 설정하기

라우팅 프로토콜을 설정하면 라우터는 [그림 14-2]와 같이 ① 직접 연결된 네트워크와 ② 다른 라우터로부터 받은 네트워크 정보를 포함하는 라우팅 업데이트(Update) 패킷을 교환하여 완벽한 라우팅 테이블을 만듭니다.

완벽한 라우팅 테이블이란, 모든 네트워크 정보를 포함하는 라우팅 테이블을 말합니다. 라우팅 테이블에서 C는 라우터에 직접 연결된 네트워크 정보라는 것을, R은 RIP 라우팅 프로토콜에 의해 만들어진 정보라는 것을 표시합니다. [그림 14-2]에서 R0는 ①과 ② 네트워크 정보를 받았습니다. R0는 'from'을 'via'로 바꾸고, 이 정보를 수신한 인터페이스, 즉 ③ E0를 포함하는 정보를 라우팅 테이블에 올립니다.

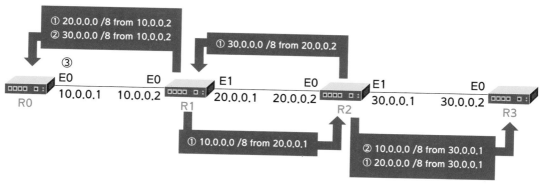

[그림 14-2] 라우팅 프로토콜을 설정하면 직접 연결되지 않은 네트워크 정보가 라우팅 테이블에 올라온다.

라우팅 프로토콜을 설정한 후의 라우팅 테이블은 [표 14-4]와 같습니다. R0의 라우팅 테이블에서 **via 10.0.0.2**는 **20.0.0.0 /8** 네트워크로 가기 위해 다음으로 거쳐야 할 라우터(Next Hop)이면서 **20.0.0.0 /8** 정보를 R0에게 보내준 라우터(Information Source)의 주소입니다. 라우팅 테이블에 올라오는 E0 인터페이스는 네트워크 정보를 수신한 인터페이스이자, 해당 네트워크를 향하는 패킷이 통과해야 할 아웃바운드 인터페이스(Outbound Interface)입니다.

라우팅 테이블을 보면 각 목적지 네트워크에 대해 다음 라우터 주소가 올라옵니다. 라우팅을 '릴레이(Relay) 프로세스'라고 하는 이유는 바통(패킷)을 다음 선수(라우터)에게 전달하는 릴레이 경주와 같기 때문입니다. 즉 R0 입장에서 **20.0.0.0 /8**뿐만 아니라 **30.0.0.0 /8** 네트워크에 대한 다음 라우터도 20.0.0.2가 아니라 **10.0.0.2**로 올라옵니다. 이것은 다음 다음 라우터에게는 패킷(바통)을 전달할 수 없기 때문입니다. R1의 경우도 볼까요? R1 입장에서 **10.0.0.0 /8**과 **20.0.0.0 /8**은 직접 연결된 네트워크입니다. R1과 R2로부터 받은 **30.0.0.0 /8 from 20.0.0.2** 정보는 **30.0.0.0 /8 via 20.0.0.2, E1**으로 올라옵니다. E1은 이 정보를 수신한 인터페이스입니다.

라우터	라우팅 테이블(show ip route)
R0	C 10.0.0.0 /8 is directly connected, E0 R 20.0.0.0 /8 via 10.0.0.2, E0 R 30.0.0.0 /8 via 10.0.0.2, E0
R1	R 10.0.0.0 /8 is directly connected, E0 R 20.0.0.0 /8 is directly connected, E1 C 30.0.0.0 /8 via 20.0.0.2, E1
R2	R 10.0.0.0 /8 via 20.0.0.1, E0 C 20.0.0.0 /8 is directly connected, E0 C 30.0.0.0 /8 is directly connected, E1
R3	R 10.0.0.0 /8 via 30.0.0.1, E0 R 20.0.0.0 /8 via 30.0.0.1, E0 C 30.0.0.0 /8 is directly connected, E0

[표 14-4] 라우팅 프로토콜 설정 후의 라우팅 테이블

라우팅 프로토콜을 설정했을 때 만들어진 경로를 '다이내믹 루트(Dynamic Route)'라고 합니다. 왜냐하면 네트워크 업 또는 다운이 발생하면 라우팅 테이블에 빠른 시간안에 즉 다이내믹하게 반영하기 때문입니다. [그림 14-3]을 보면 **30.0.0.0 /8** 네트워크가 갑자기 다운되었습니다. 이때 라우팅 프로토콜마다 대처하는 방법은 차이가 있고, 다음의 두 가지로 나뉩니다.

● **RIP:** RIP는 30초마다 직접 연결된 라우터들에게만 자기가 가진 네트워크 정보를 반복 전달합니다. 30초는 '업데이트 타이머(Update Timer)'라고도 부르고, 변경 가능합니다. **30.0.0.0 /8** 네트워크가 다운되면, 다운된 네트워크 정보는 전달하지 않습니다. R0와 R1은 일정 시간(Flush Timer, 디폴트로 240초) 동안 반복 전달되지 않은 정보는 라우팅 테이블에서 삭제합니다. 결과적으로 네트워크의 변화를 반영하는 데 걸리는 시간, 즉 컨버전스 타임(Convergence Time)이 240초나 되기 때문에 다운된 네트워크를 향하는 패킷을 계속 라우팅합니다. 이것에 대한 RIP의 해결책은 다음 '시원한 쪽지(라우팅 루프와 솔루션)'에서 설명합니다.

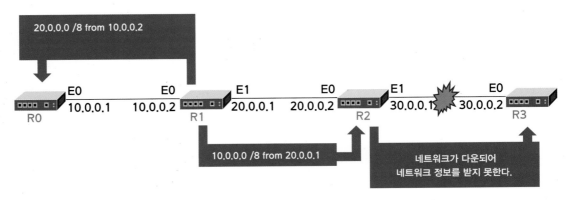

[그림 14-3] 네트워크가 다운되었을 때의 RIP 동작

- OSPF, IS-IS, EIGRP, BGP: R2는 **30.0.0.0 /8**이 다운되었다는 정보를 포함하는 라우팅 업데이트 패킷을 즉시 보냅니다. 이 정보를 수신한 R1도 해당 정보를 R0 에게 즉시 보냅니다. 즉 모든 라우터들은 다운된 네트워크(30.0.0.0 /8) 정보를 순식간에 라우팅 테이블에서 삭제합니다. 삭제하는 데 걸리는 시간이 RIP보다 훨씬 짧기 때문에 라우팅 오류를 줄일 수 있습니다.

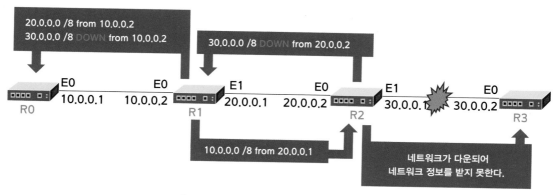

[그림 14-4] 네트워크가 다운되었을 때의 OSPF/IS-IS/EIGRP/BGP 동작

OSPF, IS-IS, EIGRP, BGP 중에서 어떤 라우팅 프로토콜을 적용하든 결과는 동 일합니다. [표 14-5]는 **30.0.0.0 /8** 네트워크가 다운되었을 경우 각 라우터의 라 우팅 테이블입니다. R3은 **30.0.0.0 /8** 네트워크가 다운되면 R2로부터 네트워크 정보를 받지 못하므로 라우팅 테이블에는 어떤 정보도 보이지 않습니다.

라우터	라우팅 테이블(show ip route)
R0	C 10.0.0.0 /8 is directly connected, E0 R 20.0.0.0 /8 via 10.0.0.2, E0 R **30.0.0.0 /8** 정보는 삭제됩니다.
R1	C 10.0.0.0 /8 is directly connected, E0 C 20.0.0.0 /8 is directly connected, E1 R **30.0.0.0 /8** 정보는 삭제됩니다.
R2	R 10.0.0.0 /8 via 20.0.0.1, E0 C **20.0.0.0 /8** 정보는 삭제됩니다. C 30.0.0.0 /8 is directly connected, E0
R3	네트워크가 다운되었으므로 E0 인터페이스에 직접 연결된 네트워크 정보와 E0 인터페이스를 통과하는 모든 네트워크 정보는 즉시 삭제됩니다.

[표 14-5] 30.0.0.0 /8 네트워크가 다운된 후의 라우팅 테이블

14

라우팅 루프와 솔루션

라우팅 루프는 RIP와 같이 네트워크 토폴로지의 변화가 일어났을 때 네트워크 정보를 즉시 전달하는 대신, 주기적으로 전달하는 라우팅 프로토콜에서 발생합니다. [그림 14-5]에서 RIP 라우팅 프로토콜을 적용하고 있다고 가정해 봅시다. 30.0.0.0 /8이 다운되면 직접 연결된 라우터, R2와 R3은 즉시 삭제할 수 있지만, R0와 R1이 ① 보유한 정보는 플러시 타이머(240초) 만큼 기다려야 삭제할 수 있습니다. 그동안 R1이 보낸 ② 정보가 R2에 도착하여 ③ R2의 라우팅 테이블에 올라오는데, 결과적으로 R1 라우터와 R2 라우터는 30.0.0.0 /8 네트워크에 대해 상호 간을 베스트 루트로 판단하게 됩니다. 이러한 잘못된 경로 정보 때문에 30.0.0.0 /8 네트워크를 향하는 패킷은 R1과 R2 라우터 사이에서 ④ 순환하는데, 이러한 현상을 '라우팅 루프(Routing Loop)'라고 합니다.

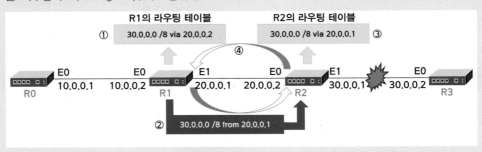

[그림 14-5] 라우팅 루프는 어떻게 일어나는가?

라우팅 루프를 해결하기 위한 첫 번째 솔루션은 루트 포이즌(Route Poison)+플래시 업데이트(Flash Update)입니다. [그림 14-3]에서 RIP는 네트워크가 다운되어도 어떤 라우팅 업데이트를 보내지 않았습니다. 반면 RIP에 루트 포이즌과 플래시 업데이트 솔루션이 적용되었을 때는 OSPF, IS-IS, EIGRP, BGP와 같이 다운된 네트워크 정보를 즉시 업데이트합니다. 루트 포이즌은 다운된 네트워크 정보를 의미하며, 플래시 업데이트는 즉시 업데이트를 의미합니다. 즉 [그림 14-6]에서 30.0.0.0 /8 네트워크의 다운을 감지한 R2는 라우팅 테이블에서 해당 정보를 즉시 ① 삭제하고 ② 루트 포이즌 정보를 즉시 업데이트합니다. 이 정보를 받은 R0와 R1도 라우팅 테이블에서 해당 정보를 즉시 ③ 삭제합니다. 이를 통해 라우터들은 다운된 네트워크에 대한 정보를 갖지 않기 때문에(다운된 네트워크를 향하는 패킷이 순환하는) 라우팅 루프도 해결할 수 있습니다.

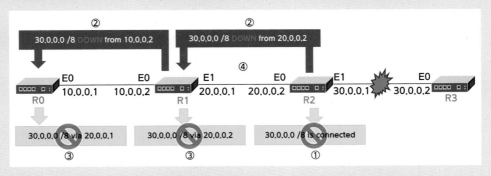

[그림 14-6] 라우팅을 해결하기 위한 솔루션 1: 루트 포이즌+플래시 업데이트

라우팅 루프를 해결하기 위한 두 번째 솔루션은 스플릿 호라이즌(Split Horizon)입니다. 스플릿 호라이즌은 라우팅 업데이트의 방향을 고려합니다. 즉 [그림 14-7]에서 30.0.0.0 /8 정보는 R2에 직접 연결된 네트워크이므로 R2가 R1에게 전달해야 할 정보입니다. R1이 ① 보유한 30.0.0.0 /8 정보를 R2에게 보내면 R2는 이 정보를 ② 폐기하여 잘못된 경로 정보가 라우팅 테이블에 올라오는 것을 방지합니다.

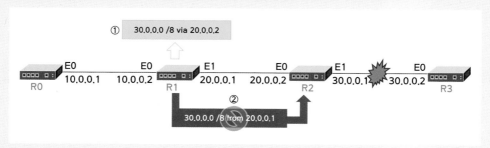

[그림 14-7] 라우팅을 해결하기 위한 솔루션 2: 스플릿 호라이즌

LESSON 67 : 스태틱 루트

라우터에 직접 연결되지 않은 네트워크에 대한 경로 정보는 라우팅 프로토콜을 설정해야 올라옵니다. 그런데 라우팅 프로토콜을 대신할 수 있는 방법은 바로 스태틱 루트입니다.

● 스태틱 루트 설정하기

스태틱 루트와 라우팅 프로토콜의 목적은 같습니다. 즉 라우터에 직접 연결되지 않은 네트워크에 대한 정보가 라우팅 테이블에 올라오게 합니다. 따라서 라우터에 직접 연결된 네트워크에 대해 스태틱 루트를 설정할 필요는 없습니다. 스태틱 루트를 설정하려면 우선 각 라우터별로 직접 연결되지 않은 네트워크를 찾아야 합니다. [그림 14-8]에서 R0를 중심으로 스태틱 루트를 설정하는 방법을 살펴보겠습니다.

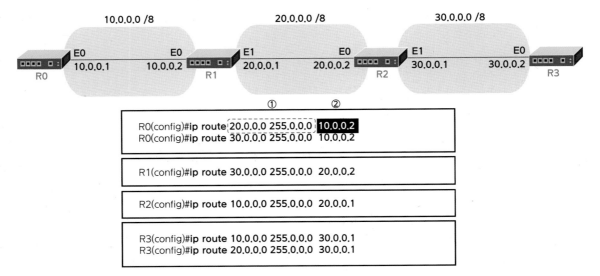

[그림 14-8] 스태틱 루트 설정하기

R0에 직접 연결되지 않은 네트워크는 **20.0.0.0 /8**과 **30.0.0.0 /8**이므로 두 네트워크에 대한 스태틱 루트를 설정해야 합니다. 라우팅 테이블에는 네트워크를 대표하는 정보(네트워크 대표 주소와 서브넷 마스크)와 목적지 네트워크에 대한 다음 라우터 주소(Next-hop)가 올라와야 합니다. 설정 명령은 **ip route**이고, 설정 항목의 의미는 다음과 같습니다. 다른 라우터들도 동일한 원리로 설정하면 됩니다.

❶ **20.0.0.0 255.0.0.0**: 네트워크 정보(네트워크 ID와 서브넷 마스크)

❷ **10.0.0.2**: 경로 정보, 즉 다음 라우터 주소(Next-hop)

● 디폴트 스태틱 루트 ....

[그림 14-9]의 R1이나 인터넷 접속 라우터의 스태틱 루트를 설정해 봅시다. **ip route 0.0.0.0 0.0.0.0 10.1.1.1**과 **ip route 0.0.0.0 0.0.0.0 100.100.100.1**에서 '0.0.0.0 0.0.0.0'으로 표현한 것은 모든 IP 주소를 의미합니다. 이와 같이 모든 목적지를 포함하는 스태틱 루트를 '디폴트 스태틱 루트'라고 합니다. 인터넷에 존재하는 수없이 많은 네트워크를 위한 스태틱 루트를 개별적으로 설정하는 것은 불가능합니다. 따라서 인터넷에 접속하기 위해 우리 회사의 각 라우터에 디폴트 스태틱 루트를 설정하거나 그에 상응하는 네트워크 정보(0.0.0.0 0.0.0.0)를 가지도록 해야 합니다. 디폴트 스태틱 루트라고 부르는 이유는 다음과 같습니다. 즉 구체적인 라우팅 정보(예를 들어, 20.0.0.0 /8 via 10.0.0.2와 같이)가 있다면 해당 경로로 라우팅합니다. 디폴트 스태틱 루트는 구체적인 라우팅 정보를 찾지 못한 모든 패킷들에 디폴트로(기본적으로) 적용할 경로 정보이기 때문입니다.

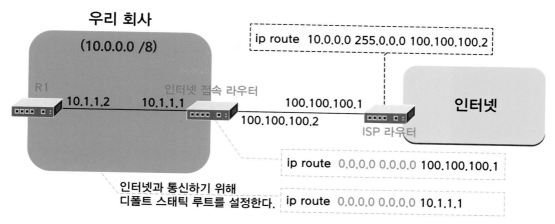

[그림 14-9] 디폴트 스태틱 루트

LESSON 68 : 스태틱 루트와 다이내믹 루트의 적용

　라우터에 직접 연결되지 않은 네트워크에 대한 정보가 라우팅 테이블에 올라오게 하는 방법은 [그림 14-10]과 같이 스태틱 루트를 설정하는 방식과 라우팅 프로토콜을 설정하는 방식이 있습니다. 일반적으로 스태틱 루트의 설정은 싱글 커넥션 환경에서, 라우팅 프로토콜은 멀티플 커넥션 환경에서 적용합니다.

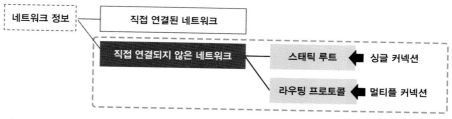

[그림 14-10] 싱글 커넥션 환경에서는 스태틱 루트를, 멀티플 커넥션 환경에서는 라우팅 프로토콜을 적용한다.

　그 이유는 다음과 같습니다.

● 멀티플 커넥션과 다이내믹 루트

　[그림 14-11]을 보면, 도쿄 라우터에서 7.0.0.0 /8 네트워크(서울 네트워크)로 가는 경로는 멀티플 커넥션(via 1.1.1.1과 via 2.2.2.1)이 있습니다. 이 경우 라우팅 프로토콜을 적용해야 하지만, 그 이유를 알기 위해 ① 스태틱 루트를 설정해 보았습니다. 경로가 모두 살아있는 현재는 아무 문제가 없습니다. 즉 스태틱 루트를 설정해서 ② 2개의 경로가 모두 라우팅 테이블에 올라오기 때문에 7.0.0.0 /8 네트워크를 향하는 트래픽은 분산될 것입니다.

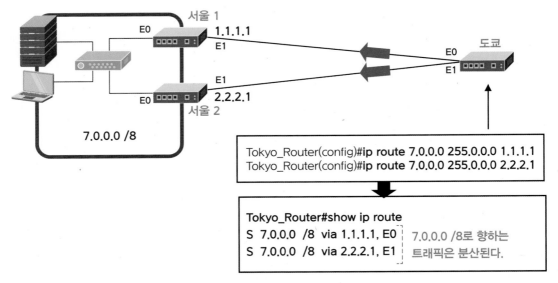

[그림 14-11] 멀티플 커넥션 환경에는 스태틱 루트 설정이 부적합하다.

서울 2 라우터의 E0 인터페이스가 다운되었다고 가정해 봅시다. 스태틱 루트는 관리자가 직접 설정한 정보이므로 네트워크 상황을 다이내믹하게 반영할 수 없습니다. 즉 서울 2 라우터의 E0 인터페이스가 다운되어도 도쿄 라우터는 ① 7.0.0.0/8 네트워크 정보를 라우팅 테이블에 유지하기 때문에 7.0.0.0 /8 네트워크를 향하는 트래픽을 서울 1(1.1.1.1)과 서울 2(2.2.2.2) 라우터들에게 계속 번갈아 보낼 것입니다. 그러나 서울 2 라우터는 7.0.0.0 /8 네트워크와 연결된 인터페이스가 다운되었기 때문에 해당 네트워크 정보를 라우팅 테이블에서 즉시 ② 삭제합니다. 결국 서울 2 라우터에게 보낸 50%의 트래픽을 서울 2 라우터가 버립니다. 라우터는 목적지 정보가 라우팅 테이블에 없는 패킷을 폐기하기 때문입니다.

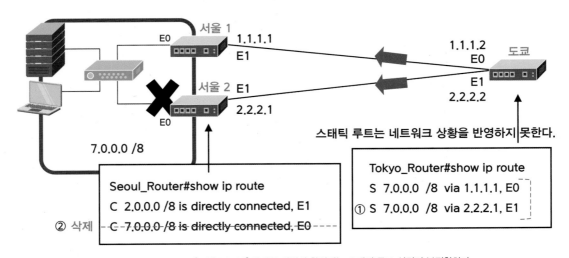

[그림 14-12] 멀티플 커넥션 환경에는 스태틱 루트 설정이 부적합하다.

스태틱 루트대신 라우팅 프로토콜을 적용하면 서울 2 라우터는 ① 7.0.0.0 /8 네트워크가 다운되었다는 라우팅 정보를 도쿄 라우터에게 즉시 보냅니다. 이를 통해 도쿄 라우터는 7.0.0.0 /8에 대해 via 2.2.2.1 정보를 ② 삭제하여 서울 2 라우터에게 더 이상 트래픽을 보내지 않습니다.

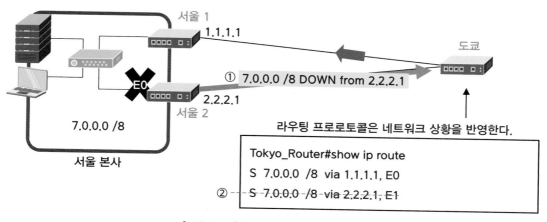

[그림 14-13] 멀티플 커넥션 환경에는 라우팅 프로토콜이 적합하다.

● 싱글 커넥션과 스태틱 루트

[그림 14-14]에서 도쿄 라우터에서 서울 네트워크로 가는 경로는 싱글 커넥션인데, 이 경우 스태틱 루트를 적용합니다. 물론 라우팅 프로토콜을 적용해도 되지만, 라우팅 프로토콜은 스태틱 루트보다 CPU, 밴드위스와 같은 네트워크 자원을 소모하고, 네트워크 정보를 포함하는 라우팅 업데이트를 뿌려 보안에도 불리합니다. 이 네트워크 정보는 공격자에게 중요한 재료가 되기 때문입니다. 또한 라우팅 테이블을 적정하게 만들고 있는지 지속적인 관리가 필요합니다. 따라서 굳이 라우팅 프로토콜을 적용하지 않아도 상관없는 싱글 커넥션 환경에서는 스태틱 루트를 적용하는 것이 좋습니다.

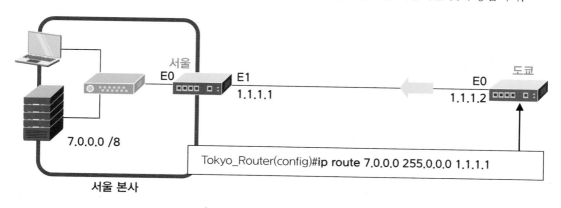

[그림 14-14] 싱글 커넥션 환경에는 스태틱 루트가 적합하다.

● 스태틱 루트와 다이내믹 루트의 복합 설정 사례 ·········

스태틱 루트와 다이내믹 루트의 특징을 [표 14-6]과 같이 다시 정리해 보았습니다.

구분		설명	적용
스태틱 루트	장점	• CPU 밴드위스 등의 네트워크 자원을 소모하지 않습니다. • 보안에 유리합니다. • 관리가 쉽습니다.	싱글 커넥션 환경
	단점	• 네트워크 상황을 반영하지 못합니다.	
라우팅 프로토콜 (다이내믹 루트)	장점	• 네트워크 상황을 반영합니다.	멀티플 커넥션 환경
	단점	• 밴드위스 등의 네트워크 자원을 소모시킵니다. • 보안에 불리합니다. • 관리가 힘듭니다.	

[표 14-6] 스태틱 루트 vs 다이내믹 루트 비교

[그림 14-15]는 스태틱 루트와 라우팅 프로토콜을 모두 적용한 사례입니다. 즉 ISP 라우터와 인터넷 접속 라우터는 ⓐ 싱글 커넥션을 통해 연결되었으므로 ISP 라우터와 인터넷 접속 라우터는 상호 간에 스태틱 루트를 설정했습니다. 인터넷 접속 라우터에는 ① 디폴트 스태틱 루트를, ISP 라우터에는 우리 회사 네트워크에 대한 ② 스태틱 루트를 설정했습니다. 그 다음으로 인터넷 접속 라우터와 R1 사이는 ⓑ 멀티플 커넥션을 통해 연결되었으므로 인터넷 접속 라우터와 R1에는 RIP 라우팅 프로토콜을 설정했습니다. 스태틱 루트와 라우팅 프로토콜을 모두 적용한 복합 환경에서 각 라우터의 라우팅 설정 방식은 다음과 같은 세 가지 경우로 나뉩니다.

❶ ISP 라우터와 같이 스태틱 루트만 설정한 경우입니다.
❷ R1과 같이 라우팅 프로토콜만 설정하는 경우입니다.
❸ 인터넷 접속 라우터와 같이 스태틱 루트와 라우팅 프로토콜을 모두 설정해야 하는 경우입니다.

그런데 스태틱 루트와 라우팅 프로토콜의 경계에 위치한 인터넷 접속 라우터에서 추가적인 설정이 필요합니다. 즉 인터넷 접속 라우터에서 설정한 디폴트(스태틱) 정보를 RIP 업데이트에 포함시키는 ③ `default-information originate` 명령입니다. R1의 라우팅 테이블에서 RIP를 통해 전달된 ④ 디폴트 정보를 확인할 수 있습니다. R1에서 인터넷 접속 라우터를 향하는 2개의 디폴트 스태틱 루트(`ip rotue 0.0.0.0 0.0.0.0 11.1.1.1`과 `ip rotue 0.0.0.0 0.0.0.0 11.1.2.1`)를 직접 설정할 수 있지만, 멀티플 커넥션 환경에서 네트워크의 상황을 반영하지 못하는 문제가 있습니다. 즉 인터넷 접속 라우터의 E0 인터페이스가 다운되어도 R1 라우터의 직접 연결된 인터페이스는 살아있기 때문에 R1 라우터는 인터넷으로 향하는 트래픽을 다운된 왼쪽 루트(다음 라우터 주소가 11.1.1.1인 경로)로도 보낼 것입니다. 반면 같은 상황에서 라우팅 프로토콜을 설정하면 다음과 같이 R1의 라우팅 테이블에 다이내믹하게 반영됩니다.

- RIP: RIP는 디폴트로 30초마다 자기가 가진 네트워크 정보를 반복해서 전달합니다. 인터넷 접속 라우터의 E0 인터페이스가 다운되면 0.0.0.0 /0, 즉 디폴트 정보가 전달되지 않습니다. R1은 일정 시간(Flush Timer, 디폴트는 240초) 동안 반복해서 전달되지 않은 정보를 라우팅 테이블에서 삭제합니다.

- OSPF, IS-IS, EIGRP, BGP: 이들 라우팅 프로토콜은 헬로 (또는 킵어라이브) 패킷을 교환하여 이웃 라우터가 살아있는지 계속 확인합니다. 인터넷 접속 라우터의 E0 인터페이스가 다운되면, R1은 E0 인터페이스로는 헬로 패킷을 받지 못하고 R1은 헬로가 도착하지 않는 경로(via 11.1.1.1)를 통과해야 갈 수 있는 모든 네트워크 정보를 라우팅 테이블에서 삭제합니다.

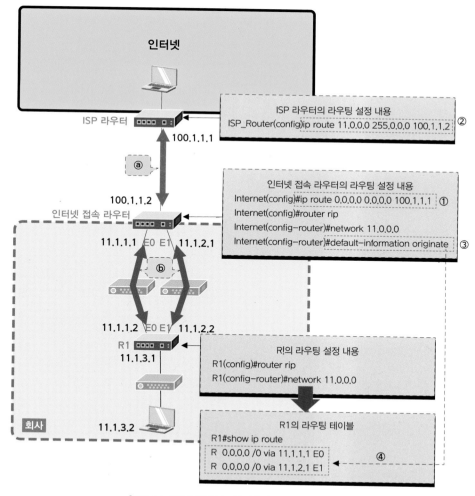

[그림 14-15] 스태틱 루트와 라우팅 프로토콜의 복합 환경

라우팅 프로토콜은 EGP(Exterior Gateway Protocol)와 IGP(Interior Gateway Protocol) 계열로 나뉩니다. IGP 계열은 다시 디스턴스 벡터(Distance Vector), 링크 스테이트(Link State), 하이브리드(Hybrid) 계열로 나뉩니다.

● EGP vs IGP

라우터에 직접 연결되지 않은 네트워크에 대한 정보가 라우팅 테이블에 올라오려면 스태틱 루트를 설정하거나 라우팅 프로토콜을 설정해야 합니다. 라우팅 프로토콜은 크게 EGP와 IGP로 나뉩니다. EGP는 AS(Autonomous System) 간에 적용하는 프로토콜이고, IGP는 AS의 내부에서만 사용하는 프로토콜입니다.

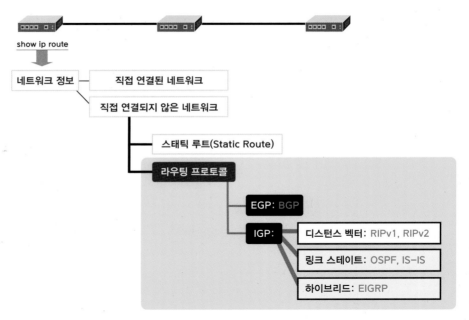

[그림 14-16] 라우팅 프로토콜의 분류

인터넷은 AS(Autonomous System)들을 연결한 것입니다. AS는 다음과 같이 ISP AS와 ISP의 고객 AS로 나눕니다. ISP(Internet Service Provider)는 인터넷 서비스를 제공하는 사업자이고, 우리 회사나 학교 또는 기관은 ISP의 고객 AS에 속합니다.

> AS의 종류 : ISP AS와 ISP의 고객 AS

우리나라에는 KT와 LG유플러스와 같은 ISP가 있고, 미국에는 AT&T와 스프린트, 일본에는 NTT와 소프트뱅크, 중국에는 차이나텔레콤 등의 ISP들이 있습니다. 전 세계의 ① ISP AS는 해저 케이블 등을 통해 직접적 또는 간접적으로 연결되어 있습니다. ISP AS에는 ② 고객 AS가 연결되어 있습니다. EGP 계열의 라우팅 프로토콜은 AS 간에 라우팅 정보를 교환하기 위한 라우팅 프로토콜인데, BGP가 유일합니다.

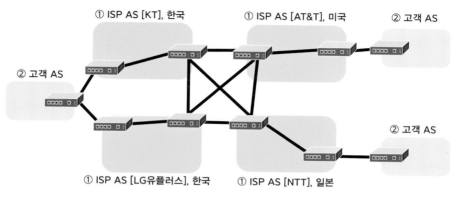

[그림 14-17] 인터넷은 AS들의 연결이다.

● IGP: 디스턴스 벡터 vs 링크 스테이트 vs 하이브리드

IGP 라우팅 프로토콜은 디스턴스 벡터, 링크 스테이트와 하이브리드 계열로 나뉩니다. 디스턴스 벡터 계열에는 RIP가, 링크 스테이트 계열에는 OSPF와 IS-IS가, 하이브리드 계열에는 EIGRP가 속합니다.

디스턴스 벡터 계열은 라우팅 업데이트 방식이 주정뱅이와 같습니다. 주정뱅이는 정보를 어떻게 전달할까요? 자신이 아는 전체 정보를 반복해서 전달하기 때문에 밴드위스 소모량이 많습니다. 즉 RIP는 30초마다 라우팅 테이블 전체를 이웃 라우터에게 반복 전달합니다. 또한 30초 주기로 전달하기 때문에 네트워크 변화를 라우팅 테이블에 즉시 반영하지 못합니다. 즉 컨버전스 타임이 느립니다. 반면 장점도 있습니다. 디스턴스 벡터 계열은 라우팅 알고리즘이 단순하여 CPU 소모량이 적습니다.

이에 반해 링크 스테이트 계열의 라우팅 업데이트 방식은 속보 아나운서와 같습니다. 즉 네트워크 업 또는 다운 등의 변화가 일어나면, 변화가 발생한 네트워크에 관한 부분 정보만 즉시 전달하기 때문에 밴드위스 소모량을 최소화할 수 있습니다. 또한 즉시 전달하기 때문에 컨버전스 타임은 빠릅니다. 반면 단점도 있습니다. 링크 스테이트 계열은 라우팅 알고리즘이 복잡하여 CPU 소모량이 많습니다.

하이브리드 계열은 양쪽 계열의 장점만 수용한 프로토콜로, EIGRP는 속보 아나운서와 같은 라우팅 업데이트를 하기 때문에 밴드위스 소모량은 적고, 컨버전스 타임은 짧습니다. 또한 라우팅 알고리즘은 디스턴스 벡터 방식이므로 CPU 소모량이 적습니다.

반면, 표준(시스코 프로토콜)이 아니라는 단점이 있습니다. BGP도 EIGRP와 같이 양쪽 계열의 장점만 수용하였으며 표준 프로토콜입니다.

구분	밴드위스 소모량	컨버전스 타임	CPU 소모량	표준/비표준
디스턴스 벡터 [RIP]	많다.	길다.	적다.	표준
링크 스테이트 [OSPF/IS-IS]	적다.	짧다.	많다.	표준
하이브리드 [EIGRP]	적다.	짧다.	적다.	비표준 [시스코 프로토콜]
BGP	적다.	짧다.	적다.	표준

[표 14-7] IGP의 장단점(BGP는 비교하기 위해 표에 포함)

◉ 클래스풀 vs 클래스리스 라우팅 프로토콜

라우팅 프로토콜은 클래스풀 라우팅 프로토콜과 클래스리스 라우팅 프로토콜로 나눌 수도 있습니다. 클래스풀 라우팅 프로토콜은 VLSM(Variable-Length Subnet Mask)을 지원하지 않습니다. 반면 클래스리스 라우팅 프로토콜은 VLSM을 지원합니다. 클래스풀 라우팅 프로토콜에 속하는 것은 RIPv1(RIP version 1)이 유일하고, 나머지 라우팅 프로토콜은 모두 클래스리스 라우팅 프로토콜에 속합니다.

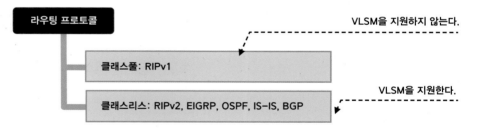

[그림 14-18] 클래스풀 라우팅 프로토콜 vs 클래스리스 라우팅 프로토콜

클래스풀 라우팅 프로토콜이 VLSM을 지원하지 못하는 이유는 다음과 같습니다. 라우팅 업데이트는 네 가지 필수 정보(네트워크 대표 주소, 서브넷 마스크, 메트릭, 네트워크 정보를 보낸 라우터 주소)를 포함해야 하는데, 클래스풀 라우팅 프로토콜은 이들 중에서 서브넷 마스크를 포함하지 않습니다. [그림 14-19]의 라우터들에는 클래스풀 라우팅 프로토콜인 RIPv1이 설정되어 있습니다.

그림에서 ① 부분을 보세요. 11.1.0.0은 네트워크 대표 주소이고, `from 11.2.1.1`은 네트워크 정보를 보낸 라우터 주소이며, [0]은 메트릭입니다. 서브넷 마스크는 네트워크의 대표 주소가 몇 개의 IP 주소를 포함하는지 표시하는 중요한 정보이지만, 이 정보는 보이지 않습니다.

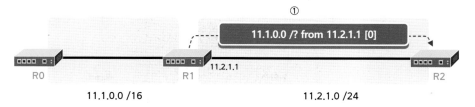

[그림 14-19] 클래스풀 라우팅 프로토콜은 라우팅 업데이트에 서브넷 마스크를 포함하지 않는다.

따라서, 클래스풀 라우팅 프로토콜은 다음과 같은 두 가지 방법으로 서브넷 마스크를 추측합니다.

두 가지 추측 방법은 보내야 할 네트워크와 라우팅 업데이트가 통과할 네트워크가 같은지, 다른지에 따라 달라집니다. [그림 14-19]의 R1 입장에서 보내야 할 네트워크 정보는 11.1.0.0이고, 통과하는 네트워크는 11.2.1.0 네트워크입니다. 네트워크가 같은지, 다른지를 판단할 때는 [표 14-8]의 디폴트 서브넷 마스크가 가리키는 네트워크와 호스트의 경계가 기준이 됩니다. 즉 A 클래스에 속할 경우 /8까지가 네트워크 자리이므로 /8까지만 비교합니다. B 클래스일 경우에는 /16까지, C 클래스일 경우에는 /24까지 비교합니다. 예를 들어 11.1.0.0과 11.2.1.0 네트워크는 클래스 A에 속하므로 첫번째 옥텟 /8까지 비교했을 때 같은 네트워크에 속합니다. 179.1.90.0과 179.2.0.0 네트워크는 클래스 B에 속하므로 /16까지 비교했을 때 다른 네트워크에 속합니다. B 클래스에 속하는 경우 두 번째 옥텟(/16)까지 동일해야 같은 네트워크에 속하기 때문입니다. 또한 200.87.1.0과 200.87.90.0 네트워크는 클래스 C에 속하므로 /24까지 비교했을 때 다른 네트워크에 속합니다. 두 네트워크는 C 클래스에 속하므로 세 번째 옥텟(/24)까지 동일해야 같은 네트워크에 속하기 때문입니다.

구분	구분 [첫 옥텟]	기본 서브넷 마스크
A 클래스	1~126	/8
B 클래스	128~191	/16
C 클래스	192~223	/24

[표 14-8] 클래스별 디폴트 서브넷 마스크(네트워크와 호스트 영역의 경계)

다양한 경우가 있다고 가정하고, 클래스풀 라우팅 프로토콜의 서브넷 마스크 추측 방법을 살펴봅시다.

● **같은 네트워크, 같은 서브넷 마스크(허용 가능)**

[그림 14-20]에서 R1이 R2에게 보내야 할 네트워크(정보)는 11.1.0.0이고, 네트워크 정보가 통과해야 할 네트워크는 11.2.0.0입니다. 두 네트워크는 ① 같은 네트워크에 속하고 ② 같은 서브넷 마스크를 적용하고 있습니다. 이때 R1은 네트워크 대표 주소인 11.1.0.0을 보냅니다. R2는 이 네트워크의 서브넷 마스크를 추측해야 하

는데, 자신이 사용 중인 서브넷 마스크 /16을 적용합니다. 이 경우 즉 같은 네트워크에 속하고 같은 서브넷 마스크를 적용하는 경우 정확한 정보가 라우팅 테이블에 올라오기 때문에 아무런 문제가 없습니다.

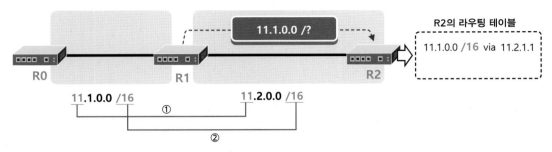

[그림 14-20] 같은 네트워크 & 같은 서브넷 마스크 조건 [허용 가능]

● 같은 네트워크, 다른 서브넷 마스크 [허용 불가능]

[그림 14-21]에서 R1이 R2에게 보내야 할 네트워크 정보는 11.1.0.0이고, 네트워크 정보가 통과해야 할 네트워크는 11.2.0.0입니다. R1은 두 네트워크가 ① 같은 네트워크에 속하지만, ② 다른 서브넷 마스크를 적용하고 있습니다. 이때 R1은 네트워크 정보를 보내지 않습니다. 만약 보낸다면 R2는 자신이 사용 중인 서브넷 마스크(/24)로 추측하기 때문에 R2는 11.1.0.0 /16에 속한 모든 IP 주소를 포함하는 라우팅 테이블을 만들지 못합니다. 네트워크마다 서브넷 마스크가 다른 경우는 VLSM 방식으로 IP를 설계한 경우입니다. VLSM 방식의 IP 설계는 IP 낭비를 줄이는 솔루션입니다. 결과적으로 클래스풀 라우팅 프로토콜은 모든 네트워크의 서브넷 마스크가 동일한 FLSM 방식의 IP 설계만 지원하기 때문에 주소를 낭비할 수 있습니다.

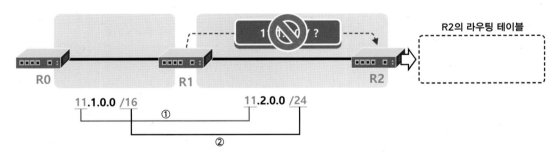

[그림 14-21] 같은 네트워크 & 다른 서브넷 마스크 조건 [허용 불가능]

● 불연속적인 IP 할당 [허용 불가능]

[그림 14-22]에서 R1이 R2에게 보내야 할 네트워크 정보는 33.1.0.0이고, 네트워크 정보가 통과해야 할 네트워크는 11.1.1.0으로, 이들 네트워크는 다른 네트워크에 속합니다. 이때 R1은 네트워크 정보를 무조건 보냅니다. 마찬가지로 R3가 R2에게 보낼 네트워크 정보는 33.2.0.0이고, 네트워크 정보가 통과해야 할 네트워크는 11.1.2.0

이므로 R3도 네트워크 정보를 무조건 보냅니다. 그런데 R1과 R3은 네트워크 대표 주소로 **33.1.0.0**과 **33.2.0.0** 대신 ① **33.0.0.0**을 보냅니다. 왜냐하면 **33.0.0.0**은 A 클래스에 속하고, A 클래스는 네트워크 자리가 첫 번째 옥텟까지이기 때문입니다.

R2는 2개의 라우터가 보낸 동일한 네트워크 정보인 **33.0.0.0**을 받았습니다. R2 입장에서는 33으로 시작하는 같은 네트워크가 연결돼있지 않기 때문에 디폴트 서브넷 마스크를 적용합니다. 결과적으로 R2의 라우팅 테이블에는 ② **33.0.0.0 /8** 네트워크에 대해 **via 11.1.1.1**과 **via 11.1.2.2**, 이렇게 2개의 경로가 올라옵니다. 물론, 이것은 두 경로의 메트릭이 동일할 때입니다. 그러면 이 경우 R2는 **33.1.0.0 /24** 네트워크로 가려는 패킷을 어떻게 처리할까요? **33.1.0.0 /24** 네트워크를 향하는 패킷은 마땅히 R1에게 보내야 하지만, 라우팅 테이블의 지시에 따라 50%는 R1에게, 50%는 R3에게 보낼 것이므로 트래픽의 절반(R3에게 보낸 절반)은 유실됩니다. 즉 다른 네트워크가 섞여 있는 경우 IP 주소를 할당할 때 33-11-11-33과 같이 33 네트워크가 불연속되게 할당한 경우 이와 같은 문제가 생깁니다.

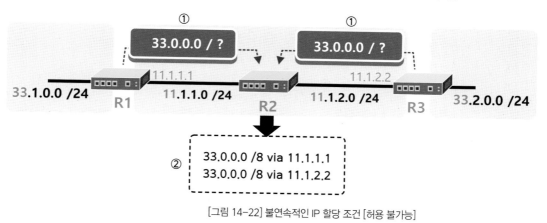

[그림 14-22] 불연속적인 IP 할당 조건 [허용 불가능]

● 연속적인 IP 할당[허용 가능]

[그림 14-23]에서 R1이 R2에게 보내야 할 네트워크 정보는 **33.1.0.0**이고, 네트워크 정보가 통과해야 할 네트워크는 **33.2.0.0**이고 두 네트워크의 서브넷 마스크는 같습니다. R3가 R2에게 보낼 네트워크 정보는 **11.1.2.0**이고, 네트워크 정보가 통과해야 할 네트워크는 **11.1.1.0**이며 두 네트워크의 서브넷 마스크는 같습니다.

두 네트워크는 같은 네트워크에 속하므로 R2의 라우팅 테이블에는 ① 정확한 네트워크 정보가 올라옵니다. 정확하게 올라오는 이유는 '같은 네트워크, 같은 서브넷 마스크'를 사용하는 경우에서 이미 설명했습니다. R2가 R1에게 보내야 할 네트워크 정보, **11.0.0.0**과 R2가 R3에게 보내야 할 네트워크 정보, **33.0.0.0**에 대해서는 '불연속적인 IP 할당'에서 설명한 것처럼 R1과 R3의 라우팅 테이블에 각각 ② **11.0.0.0 /8**와 ③ **33.0.0.0 /8**과 같이 올라옵니다. R1과 R3의 라우팅 테이블에 올라온 정보, 11.0.0.0 /8과 33.0.0.0 /8은 정확한 서브넷 마스크를 포함하는 정보는 아니지만 라우팅에는 아무 문제가 없습니다. 즉 다른 네트워크가 섞여 있는 경우 IP 주소를 할당할 때는 33-33-11-11과 같이 연속되게 할당해야 합니다.

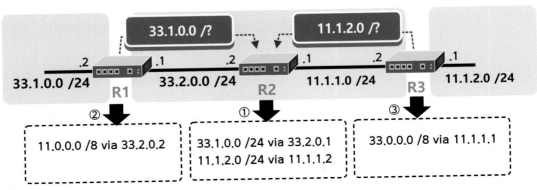

[그림 14-23] 연속적인 IP 할당 조건 [허용 가능]

결론적으로 클래스풀 라우팅 프로토콜을 적용한다면 IP 주소 설계와 할당을 할 때, 다음과 같은 주의 사항을 꼭 지켜야 합니다. 즉

> 같은 네트워크는 FLSM 방식으로 IP를 설계해야 합니다.
> 다른 네트워크가 섞여있을 때는 같은 네트워크끼리 연속되게 할당해야 합니다.

클래스리스 라우팅 프로토콜은 라우팅 업데이트에 서브넷 마스크를 포함하기 때문에 정확한 서브넷 마스크 추측을 위한 조건이 필요 없습니다. 즉 FLSM 방식이든, VLSM 방식이든, 연속적인 할당이든, 불연속인 할당이든 모두 가능합니다.

● 1개의 vs 3개의 테이블을 만드는 라우팅 프로토콜

RIP는 라우팅 테이블만 만들지만, OSPF, IS-IS, EIGRP, BGP는 먼저 네이버 테이블을 만들고 다음으로 토폴로지 테이블을 만든 후 마지막으로 라우팅 테이블을 만듭니다. 다양한 테이블에 대해서는 각각의 라우팅 프로토콜을 구체적으로 다룰 때 설명하겠습니다.

구분		테이블
IGP	RIP	라우팅 테이블
	OSPF, IS-IS, EIGRP	네이버 테이블 ➡ 토폴로지 테이블 ➡ 라우팅 테이블
EGP	BGP	

[표 14-9] 라우팅 테이블을 만드는 방식

LESSON 70 ∶ 메트릭과 어드미니스트레이티브 디스턴스

라우팅 테이블에는 각 목적지 네트워크에 대한 베스트 루트만 올라옵니다. 이번에는 라우터가 베스트 루트를 결정하는 방법을 살펴보겠습니다.

◉ 라우팅 테이블

라우팅 테이블에는 베스트 루트만 올라오고, 세컨드 베스트 루트는 올라오지 않고 대기하다가 베스트 루트가 다운되면 라우팅 테이블에 올라옵니다. 하지만 베스트 루트가 2개이면 모두 올라오고, 트래픽은 분산됩니다. 베스트 루트를 뽑을 때 기준이 되는 값은 메트릭(Metric)과 어드미니스트레이티브 디스턴스(Administrative Distance)입니다. 아래 라우팅 테이블의 네트워크 정보에서 100.1.1.0 /24 네트워크에 대한 베스트 루트는 via 1.1.2.1, 즉 다음 라우터 1.1.2.1을 통과하는 경로임을 표시합니다.

R 100.1.1.0 /24 via 1.1.2.1 [120 | 5] E0

상기 네트워크 정보에 대한 나머지 해석은 [표 14-10]을 참고하세요.

정보	해석
R	정보 코드. RIP에 의해 만들어진 정보를 의미합니다. (OSPF는 O, IS-IS는 i, BGP는 B, EIGRP는 D로, 스태틱 루트는 S로 표기됩니다.)
100.1.1.0 /24	목적지 네트워크 정보
via 1.1.2.1	목적지 네트워크 정보를 보낸 라우터(Information Source, 정보 송신자)로, 목적지 네트워크에 가기 위해 다음으로 통과할 라우터의 주소입니다. 이것을 '넥스트-홉 주소(Next-hop Address)'라고 하고, 이것이 바로 경로 정보입니다.
120	**어드미니스트레이티브 디스턴스**
5	**메트릭**
E0	'Ethernet 0'의 약자로 패킷이 통과할 아웃바운드 인터페이스이며, 목적지 네트워크 정보를 받은 인터페이스이기도 합니다.

[표 14-10] 네트워크 정보에 대한 해석

14

◉ 메트릭(Metric)

라우팅 프로토콜은 목적지 네트워크에 대해 다수의 경로가 있을 때 메트릭을 비교하여 베스트 루트를 뽑습니다. [표 14-11]은 라우팅 프로토콜별 메트릭으로, 각 메트릭에 대한 자세한 설명은 각 라우팅 프로토콜을 다룰 때 살펴보겠습니다.

라우팅 프로토콜	메트릭	설명
RIP	홉(Hop)	홉은 경유 라우터 수
OSPF, IS-IS	코스트(Cost)	누적 코스트 비교
IGRP, EIGRP	Bandwidth, Delay, Reliability, Load	네 가지 값 고려
BGP	AS 경로 길이	통과하는 AS 수

[표 14-11] 라우팅 프로토콜별 메트릭

◉ 어드미니스트레이티브 디스턴스(Administrative Distance)

라우팅 프로토콜과 스태틱 루트는 [표 14-12]와 같은 디폴트 어드미니스트레이티브 디스턴스를 갖습니다. 이 값은 라우팅 프로토콜과 스태틱 루트를 모두 설정하거나 2개의 라우팅 프로토콜을 적용했을 때 필요합니다. 즉 각각의 라우팅 프로토콜이 주장하는 베스트 루트가 다를 때 베스트 루트를 선택하는 기준이 됩니다. 이 값은 낮을수록 좋고, 변경할 수도 있습니다.

구분	디폴트 어드미니스트레이티브 디스턴스
Connected route	0
스태틱	1
BGP	20
EIGRP	90
OSPF	110
IS-IS	115
RIP	120

[표 14-12] 디폴트 어드미니스트레이티브 디스턴스

● 어드미니스트레이티브 디스턴스로 베스트 루트 결정하기

[그림 14-24]의 각 라우터의 설정에 의해 도쿄 라우터는 서울의 **7.0.0.0 /8** 네트워크 정보를 EIGRP와 RIP로 전달받고, `ip route 7.0.0.0 255.0.0.0 3.1.1.1` 이라는 스태틱 루트도 설정했습니다. 라우팅 테이블에는 3개의 경로 중 베스트 루트만 올라옵니다. EIGRP와 RIP, 스태틱 루트의 어드미니스트레이티브 디스턴스가 각각 90, 120, 1이므로 스태틱 루트가 라우팅 테이블에 올라옵니다. 즉 대전 라우터에서 서울에 가려는 모든 패킷은 **via 3.1.1.1** 경로로 보내집니다.

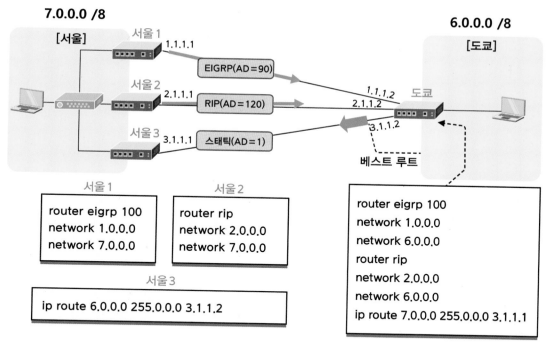

7.0.0.0 /8

[서울]

서울1   1.1.1.1

EIGRP(AD=90)

서울2   2.1.1.1

RIP(AD=120)

서울3   3.1.1.1

스태틱(AD=1)

6.0.0.0 /8

[도쿄]

1.1.1.2
2.1.1.2

도쿄

3.1.1.2

베스트 루트

서울1

```
router eigrp 100
network 1.0.0.0
network 7.0.0.0
```

서울2

```
router rip
network 2.0.0.0
network 7.0.0.0
```

서울3

```
ip route 6.0.0.0 255.0.0.0 3.1.1.2
```

```
router eigrp 100
network 1.0.0.0
network 6.0.0.0
router rip
network 2.0.0.0
network 6.0.0.0
ip route 7.0.0.0 255.0.0.0 3.1.1.1
```

[그림 14-24] 어드미니스트레이티브 디스턴스로 베스트 루트 결정하기

● **어드미니스트레이티브 디스턴스와 메트릭으로 베스트 루트 결정하기**

[그림 14-25]의 각 라우터의 설정에 의해 도쿄 라우터는 서울의 7.0.0.0 /8 네트워크 정보를(서울 1과 서울 2로부터) 2개의 EIGRP 업데이트와 (서울 3과 서울 4로부터) 2개의 RIP 업데이트를 통해 전달받습니다. 즉 도쿄 라우터는 우선 어드미니스트레이티브 디스턴스를 비교하여 EIGRP 경로를 선택합니다. 2개의 EIGRP 경로에 대해서는 메트릭을 비교하여 메트릭이 우수한(100Mbps인) 'via 11.1.1.1' 경로가 라우팅 테이블에 올라옵니다. 즉 서울로 가는 모든 트래픽은 'via 11.1.1.1' 경로로 보내집니다.

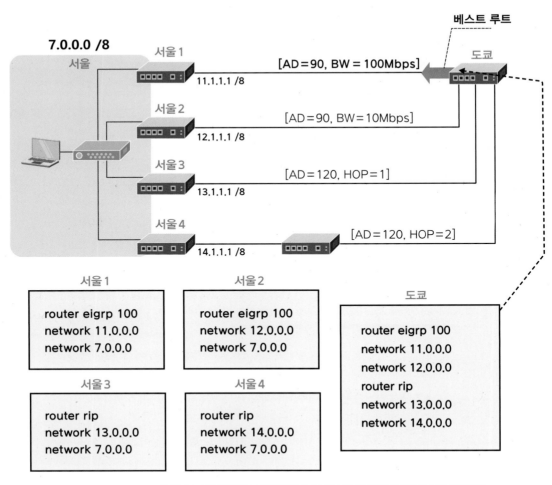

[그림 14-25] 어드미니스트레이티브 디스턴스와 메트릭으로 베스트 루트 결정하기

LESSON 71 ┊ RIP

RIP는 최초로 개발된 라우팅 프로토콜로, 다음과 같은 특징을 갖습니다.

● 주정뱅이 방식의 라우팅 업데이트

R1의 왼쪽 네트워크인 **7.0.0.0** /8이 새로 연결되었다고 가정해 보겠습니다. RIP의 라우팅 업데이트 방식은 자기가 아는 모든 네트워크 정보인 라우팅 테이블 전체를 30초마다 보냅니다. 결국 모든 네트워크 정보를 실어나르는 셔틀 버스가 30초마다 다니는 셈입니다. [그림 14-26]의 경우 ①번 시점에서 R1에 **7.0.0.0** /8 네트워크가 새로 연결되었다면, 해당 네트워크에 대한 정보를 R2에게 전달하려면 ②번 시간 동안 기

다려야 합니다. R2에 전달된 정보도 R3에게 전달하려면 방금 출발한 ③번 버스를 놓쳤기 때문에 ④번 시간 동안 기다려야 합니다. 반면 속보 아나운서 스타일의 라우팅 프로토콜은 변화된 부분 정보만 즉시 전달하기 때문에 거의 실시간으로 모든 라우터의 라우팅 테이블에 반영됩니다.

RIP가 이 문제를 해결하려면 디폴트 라우팅 업데이트 주기인 30초를 줄이면 되지만, 이 방법은 다른 문제를 일으킵니다. 즉 라우팅 업데이트 주기를 1초로 줄이면, 1초마다 라우팅 테이블 전체를 보낼 것이므로 밴드위스 소모량은 더욱 늘어날 것입니다.

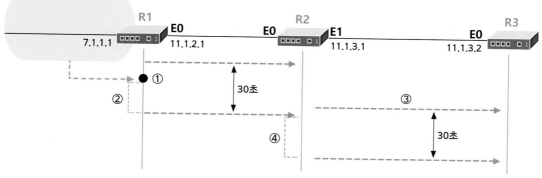

[그림 14-26] 주기적으로 라우팅 테이블 전체를 보내는 RIP

● 디스턴스 벡터 알고리즘

RIP는 이웃한 라우터가 주기적으로 보낸 라우팅 테이블을 기초로 자신의 라우팅 테이블을 만들고 변경합니다. RIP는 네이버 테이블과 토폴로지 테이블을 만들지 않고 바로 라우팅 테이블을 만듭니다. 즉 다른 라우팅 프로토콜처럼 라우팅 정보를 교환할 수 있는지 따지는 과정을 거치지 않습니다.

디스턴스 벡터 알고리즘은 단순하기 때문에 CPU 소모량이 매우 적습니다. [그림 14-27]에서 R1은 ① '11.1.1.0 from 11.1.2.1, 0 hop'이라는 정보를 R2에게 보내면, R2는 **from**을 **via**로 변경하고 hop 값(0)에 +1 한 후 이 정보를 수신한 인터페이스(E0)를 포함한 라우팅 테이블을 만듭니다. 'from'은 라우팅 정보를 보낸 라우터를, 'via'는 다음 라우터를 의미합니다. 즉 네트워크 정보를 보낸 라우터가 곧 해당 네트워크에 가기 위해 다음으로 거쳐야 할 라우터(Next Hop)가 됩니다.

디스턴스 벡터 라우팅 프로토콜은 목적지 네트워크에 대해 디스턴스(홉, 거리)와 벡터(from 11.1.2.1, 방향) 정보만 전달하기 때문에 지어진 이름입니다. 마찬가지로 R2는 ② '11.1.1.0 from 11.1.3.1, 1 hop'이라는 정보를 R3에게 보냅니다. R3은 **from**을

via로 변경하고 hop 값(1)에 +1한 후 이 정보를 받은 인터페이스(E0)를 포함한 라우팅 테이블을 만듭니다. 디스턴스 벡터 계열의 라우팅 프로토콜은 직접 연결된, 즉 이웃 라우터가 보낸 네트워크 정보에서 from을 via로 바꾸고, 받은 메트릭에 '더하기 1'만 하면 되는 간단한 프로토콜입니다. '더하기 1'을 하면 CPU 소모량이 많을리가 없겠죠. 이것이 바로 디스턴스 벡터 라우팅 프로토콜의 CPU 소모량이 적은 이유입니다.

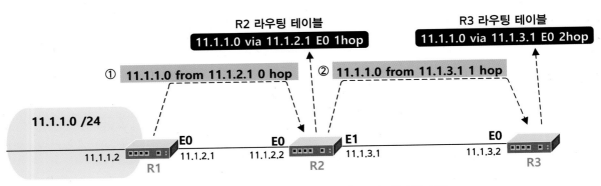

[그림 14-27] 디스턴스 벡터 알고리즘

● 메트릭은 홉이다

라우팅 프로토콜은 메트릭을 비교하여 베스트 루트를 선정하며, 라우팅 테이블에는 베스트 루트만 올라옵니다. 베스트 루트가 둘인 경우 둘 다 라우팅 테이블에 올라오고 목적지를 향하는 트래픽은 분산됩니다. RIP는 메트릭(Metric)으로 홉(Hop)을 봅니다.

홉이란, 목적지 네트워크까지 통과하는 라우터의 수입니다. RIP는 밴드위스를 보지 않기 때문에 간혹 불합리한 루트를 베스트 루트로 선정할 수 있습니다. R1은 7.0.0.0 /8 네트워크에 대해 2개의 경로를 갖습니다. 즉 R1-R2 경로와 R1-R3-R4-R2 경로입니다. R1은 홉의 수를 비교하기 때문에 R1의 라우팅 테이블에는 via R2 경로만 올라올 것입니다. 하지만 이것은 불합리합니다. via R2 경로의 밴드위스는 1Mbps에 불과하지만, 선택되지 못한 via R3 경로의 밴드위스는 100Mbps로 훨씬 우수하기 때문입니다.

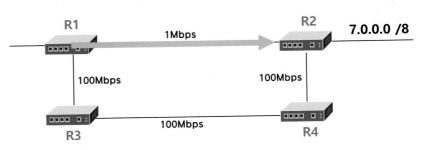

[그림 14-28] RIP는 홉을 비교한다.

◉ 클래스풀 라우팅 프로토콜(RIPv1)

RIPv1은 클래스풀 라우팅 프로토콜이므로 반드시 FLSM 방식으로 주소를 설계해야 하며 이 때문에 주소가 낭비될 수 있습니다. 반면 RIPv2는 클래스리스 라우팅 프로토콜이므로 FLSM은 물론 VLSM 방식의 IP 설계를 지원합니다.

◉ 다른 라우팅 프로토콜과 비교하기

일반적으로 RIP는 [표 14-13]과 같은 특징 때문에 잘 사용하지 않습니다. RIP에 비해 OSPF, IS-IS, EIGRP, BGP는 RIP의 단점이 거의 없기 때문에 사용합니다.

비교 항목	RIP	OSPF, IS-IS, EIGRP, BGP
라우팅 업데이트	라우팅 테이블 전체를 주기적으로 보내기 때문에 밴드위스 소모량이 많습니다.	변화된 네트워크 정보만 변화가 있을 때만 보내므로 밴드위스 소모량이 적습니다.
	주기가 되어야 보내므로 컨버전스 타임이 깁니다.	즉시 보내기 때문에 컨버전스 타임이 짧습니다.
알고리즘	디스턴스 벡터 방식으로 CPU 소모량이 적습니다.	OSPF/IS-IS(링크 스테이트 방식으로 CPU 소모량이 많습니다.), EIGRP/BGP(디스턴스 벡터 방식으로 CPU 소모량이 적습니다.)
메트릭	홉(Hop)으로 불합리합니다.	밴드위스를 비교하기 때문에 합리적입니다. (단 BGP는 AS 경로 길이를 비교합니다.)
VLSM 지원	RIPv1은 VLSM을 지원하지 않는 클래스풀 라우팅 프로토콜입니다. (RIPv2는 클래스리스 라우팅 프로토콜입니다.)	모두 VLSM을 지원하는 클래스리스 라우팅 프로토콜입니다.
표준/비표준	표준	표준(단, EIGRP는 시스코 프로토콜)

[표 14-13] RIP와 다른 라우팅 프로토콜 비교하기

LESSON 72 ⋮ EIGRP

EIGRP는 시스코(비표준), IGP, 하이브리드, 클래스리스 라우팅 프로토콜에 속합니다. 라우팅 테이블을 만들기 전에 네이버 테이블과 토폴로지 테이블을 만듭니다. 밴드위스와 딜레이 등의 복합 메트릭을 사용하여 베스트 루트를 결정합니다.

◉ 라우팅 테이블을 만드는 과정

EIGRP 라우팅 프로토콜은 [그림 14-29]와 같이 네이버 테이블, 토폴로지 테이블, 라우팅 테이블을 순서대로 만드는데, 이것은 OSPF, IS-IS, BGP도 마찬가지입니다.

- **네이버 테이블:** 네이버 테이블을 만드는 것은 ① 헬로 패킷입니다. 헬로 패킷에는 AS 번호나 K 값과 같은 설정값이 들어가고, 이들 값이 일치하면 네이버 라우터가 됩니다.

- **토폴로지 테이블:** 네이버 테이블에 올라온 라우터와 ② 업데이트 패킷을 교환하여 토폴로지 테이블을 만듭니다. 토폴로지 테이블에는 목적지 네트워크에 대한 모든 경로들이 올라옵니다.

- **라우팅 테이블:** 토폴로지 테이블에 올라온 모든 경로 중에서 베스트 루트만 라우팅 테이블에 올라옵니다. 베스트 루트가 둘이면 둘 다 올라오는데, 이 경우 트래픽은 분산됩니다.

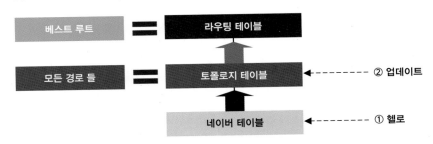

[그림 14-29] 라우팅 테이블을 만드는 과정

● 복합 메트릭(Composite Metric)

EIGRP는 베스트 루트를 선정하기 위해 밴드위스(Bandwidth), 딜레이(Delay), 리라이어빌리티(Reliability), 로드(Load)를 [그림 14-30]의 계산 공식에 입력하여 나온 복합 메트릭(Composite Metric)을 비교합니다. 밴드위스는 인터페이스의 전송 용량, 딜레이는 인터페이스를 통과하는 데 걸리는 시간입니다. 리라이어빌리티는 인터페이스에 도착한 패킷의 체크섬 결과를 반영합니다. 즉 수신한 패킷의 손상률이 낮을수록 링크의 리라이어빌리티는 높아집니다. 로드는 밴드위스 사용률입니다. EIGRP의 복합 메트릭을 구하는 공식에서 K1~K5의 디폴트 값은 각각 1, 0, 1, 0, 0입니다.

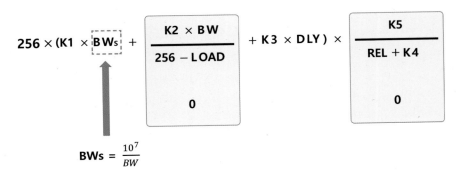

[그림 14-30] EIGRP 복합 메트릭을 구하는 공식

결과적으로 K2와 K5가 0이므로 복합 메트릭을 구하는 공식은 $256 \times (K1 \times \frac{10^7}{BW} + K3 \times DLY)$와 같이 밴드위스와 딜레이만 비교하는 공식으로 변환됩니다. 리라이어빌리티와

로드를 계산 공식에 포함시키고 싶다면, K2와 K5를 0이 아닌 값으로 설정하면 됩니다. [그림 14-31]의 R1 입장에서 7.0.0.0 /8 네트워크에 대한 베스트 루트는 ②번 경로입니다. 왜냐하면 ①번 경로와 ②번 경로의 밴드위스는 같지만, ②번 경로의 딜레이가 우수하기 때문입니다.

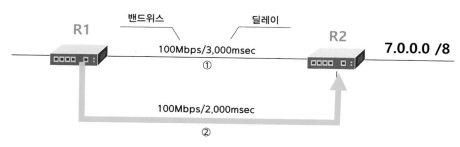

[그림 14-31] EIGRP는 복합 값을 비교한다.

◉ 네이버 테이블

헬로 패킷은 다음 내용이 일치하는지 확인한 후 네이버 테이블을 만듭니다. 네이버가 되어야 업데이트를 교환하여 토폴로지 테이블을 만들 수 있습니다. 토폴로지 테이블을 만들지 못하면 라우팅 테이블도 만들지 못합니다.

● **AS 번호:** [그림 14-32]의 **router eigrp 500** 명령에서 500이 AS 번호입니다. EIGRP는 AS 번호가 다르면 네이버가 될 수 없습니다.

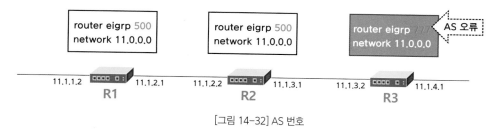

[그림 14-32] AS 번호

● **K 값:** EIGRP 메트릭을 계산할 때 사용되는 상수 값으로 일치해야 네이버가 됩니다. K1~K5의 디폴트 값은 1,0,1,0,0입니다.

◉ 토폴로지 테이블 & 라우팅 테이블

네이버 테이블에 올라온 이웃 라우터와 업데이트 패킷을 교환하여 토폴로지 테이블을 만듭니다. EIGRP는 디스턴스 벡터 계열에 속하므로 목적지 네트워크에 대해 디스턴스(메트릭)와 벡터(예를 들어 via 200.1.1.1) 정보를 전달합니다.

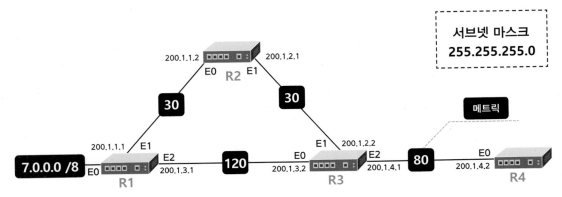

서브넷 마스크
255.255.255.0

메트릭

[그림 14-33] EIGRP가 라우팅 테이블을 만드는 과정

[그림 14-33]의 7.0.0.0 /8 네트워크에 대한 모든 경로들이 R3의 토폴로지 테이블에 올라옵니다. [표 14-14]를 보면, 7.0.0.0 /8 네트워크에 대해 메트릭이 60과 120을 가진 2개의 루트가 있습니다. 디스턴스 벡터 계열의 토폴로지 테이블은 이정표 수준의 정보를 제공합니다. 이정표를 보면, '종로까지 가는데 오른쪽으로 가면 60km이고, 왼쪽으로 가면 120Km다'는 방식으로 보입니다. 오른쪽과 왼쪽은 방향, 즉 벡터에 해당하는 정보이고, 60km과 120km은 디스턴스에 해당하는 정보입니다.

목적지 네트워크	디스턴스	벡터	베스트 루트
7.0.0.0 /8	60	via 200.1.2.1	베스트 루트
	120	via 200.1.3.1	백업 루트

[표 14-14] R3의 토폴로지 테이블

이 중에서 디스턴스가 우수한(디스턴스 60인) 루트가 베스트 루트가 되어 라우팅 테이블에 올라옵니다. 디스턴스가 120인 루트는 백업 루트가 되어 토폴로지 테이블에서 기다리다가 베스트 루트가 다운되면, 라우팅 테이블에 올라갑니다. 만약 메트릭이 동일하면 2개의 루트가 모두 라우팅 테이블에 올라가서 트래픽은 분산됩니다.

R3#show ip route
D 7.0.0.0 /8 via 200.1.2.1 [90|60] E1

[표 14-15] R3의 라우팅 테이블

이어서 R3은 R4에게 7.0.0.0 /8 from 200.1.4.1 [60] 정보를 보냅니다. 즉 네트워크에 대해 디스턴스와 벡터 정보를 포함하고, 이 정보를 받은 R4는 다음과 같이 자신의 토폴로지 테이블을 만듭니다. from을 via로 바꾸고, 받은 메트릭 [60]에 R3와 R4 간의 메트릭 [80]을 더한 후 마지막으로 이 정보를 받은 인터페이스를 포함시킵니다. R4에 토폴로지 테이블에는 7.0.0.0 /8 via 200.1.4.1 [140] E0로 보일것이며, 이 경로가 유일하므로 라우터 테이블에도 올라갑니다.

디스턴스 벡터 알고리즘이 CPU 부하가 낮은 이유는 다음과 같습니다. 즉 [그림 14-34]에서 R3의 왼쪽에 1만 개의 네트워크들이 있다고 가정하겠습니다. R3이 R4에게 보내는 업데이트 패킷에는 1만 개의 네트워크에 대한 메트릭과 from 200.1.4.1이 포함됩니다. R4는 이 업데이트를 받아 from을 via로 바꾸고, 수신한 메트릭에 +80만 하면 됩니다. 더하기만 하면 되므로 CPU 부하가 높을리가 없습니다. 더욱이 EIGRP는 RIP와 달리 처음 라우팅 테이블을 만들 때는 1만 개의 네트워크 정보를 보내지만, 이후에는 변화가 발생한 정보만 보내기 때문에 CPU 소모량은 더욱 미미합니다.

[그림 14-34] 디스턴스 벡터 알고리즘이 CPU 부하가 낮은 이유

LESSON 73 ⋮ OSPF

OSPF는 표준, IGP, 링크 스테이트, 클래스리스 라우팅 프로토콜에 속합니다. 또한 OSPF와 Integrated IS-IS는 하이르키컬 라우팅 프로토콜에 속합니다. 하이르키컬 라우팅 프로토콜은 네트워크를 묶어 Area를 구성하고, Area를 묶어 AS를 구성하는 일종의 계급성(Hierarchy)을 갖습니다. 네이버 테이블과 링크 스테이트 DB를 만든 후 라우팅 테이블을 만들고, 코스트를 메트릭으로 사용합니다.

● 라우팅 테이블을 만드는 과정

헬로 패킷이 네이버 테이블을 만들면, 네이버 테이블에 올라온 라우터와 LSA(Link State Advertisement) 패킷을 교환하여 링크-스테이트 DB를 만듭니다. LSA는 EIGRP나 BGP의 업데이트 패킷에 해당합니다. 링크-스테이트 DB에는 지도 수준의 경로 정보가 올라옵니다. 즉 각 목적지에 대한 모든 경로가 올라옵니다. 지도를 펼쳐놓고 (즉 링크 스테이트 DB를 만들어 놓고) 누적 코스트를 비교하여 각 네트워크에 대한 베스트 루트를 선정하여 라우팅 테이블을 만듭니다.

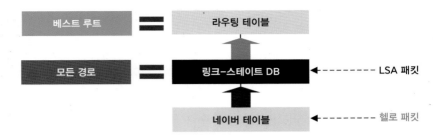

[그림 14-35] 라우팅 테이블을 만드는 과정

◉ 메트릭은 코스트

OSPF는 누적 코스트(Cost)를 비교하여 베스트 루트를 결정합니다. 코스트를 구하는 공식은 $\dfrac{10^8}{\text{밴드위스}}$이고, 밴드위스의 역수이므로 결국 밴드위스 하나만 보는 셈입니다. [그림 14-36]의 R1 입장에서 7.0.0.0 /8 네트워크에 대해 2개의 경로가 있습니다. 이때 via R2 경로의 코스트는 100이지만, via R3 경로의 코스트는 3(= 1 + 1 + 1)이므로 via R3 경로가 라우팅 테이블에 올라옵니다.

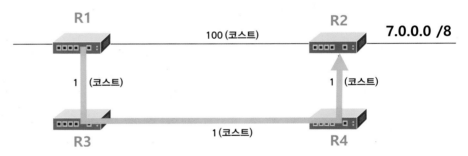

[그림 14-36] OSPF는 코스트를 비교한다.

◉ 네이버 테이블

헬로 패킷에 포함된 다음 항목들을 비교하여 네이버가 될 수 있는지 판단합니다.

● **헬로 인터벌(Hello Interval):** 헬로 패킷은 네이버 테이블을 만들기 위해 필요합니다. 네이버 테이블을 만든 후에도 네이버 라우터들은 헬로 패킷을 주기적으로 교환하여 네이버 라우터, 즉 경로가 살아있는지 확인합니다. 네이버가 되기 위해서는 헬로 패킷의 교환 주기가 일치해야 합니다. 이더넷과 전용 회선 네트워크에서 디폴트 헬로 인터벌은 10초입니다.

● **데드 인터벌(Dead Interval)**
  ❶ **직접 연결된 네트워크가 다운된 경우:** [그림 14-37]에서 R1은 직접 연결된 네트

워크가 다운되면, 네이버 테이블에서 네이버 라우터인 R2를 삭제하고, R2를 통해 갈 수 있는 모든 네트워크 정보도 링크 스테이트 DB와 라우팅 테이블에서 삭제합니다.

[그림 14-37] 직접 연결된 네트워크가 다운된 경우

❷ **직접 연결되지 않은 네트워크가 다운된 경우:** [그림 14-38]에서 R1 입장에서 직접 연결되지 않은 링크(SW1-R2 연결 링크)가 다운된 경우입니다. 이때 R1은 직접 연결된 링크(R1-SW1 링크)가 살아있기 때문에 네이버 라우터, R2에게 가는 경로가 다운되었다고 판단하지 못합니다. 이 경우 R2를 통한 경로가 다운되었다고 결정하는 과정은 다음과 같습니다. SW1-R2 연결 링크가 다운되면 R2가 보낸 헬로 패킷은 R1에 도착하지 못하는데, 이때 R1이 헬로를 기다려주는 시간이 데드 인터벌입니다. 데드 인터벌 동안 헬로가 도착하지 않으면 네이버 테이블에서 네이버 라우터인 R2를 삭제하고, R2를 통해 갈 수 있는 모든 네트워크 정보도 링크 스테이트 DB와 라우팅 테이블에서 삭제합니다. 이더넷과 전용 회선 네트워크에서 디폴트 데드 인터벌은 40초입니다.

[그림 14-38] 직접 연결되지 않은 네트워크가 다운된 경우

● Area ID

OSPF는 알고리즘이 복잡해서 CPU 부하가 높아지는 문제를 해결하기 위해 AS를 다수의 Area로 분할하는데, 이러한 라우팅 프로토콜을 '하이르키컬 라우팅 프로토콜'이라고 합니다. [그림 14-39]에서 11.1.2.0 /24 네트워크는 Area 0에, 11.1.3.0 /24 네트워크는 Area 1에 속합니다. 만약 11.1.2.0 /24 네트워크에 대해 R1은 Area 0에 속한다고 정확하게 설정했지만, R2는 Area 1에 속한다고 부정확하게 설정했다면, 2개의 라우터는 네이버가 될 수 없습니다. 즉 서로의 네이버 테이블에서 보이지 않습니다.

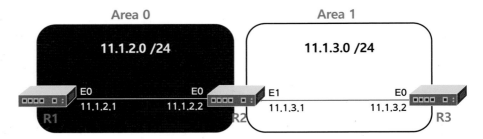

[그림 14-39] Area 설정하기

[표 14-16]은 [그림 14-39]의 각 라우터에 대한 OSPF 설정 예입니다. 숫자 100은 OSPF의 프로세스 ID이고 라우터 간에 동일할 필요는 없습니다. 숫자 0과 1은 Area 번호입니다. R1의 설정만 보면, ethernet 0 인터페이스가 연결된 네트워크(11.1.2.0 /24)가 Area 0에 속한다고 설정했습니다. 즉 네트워크에 연결된 인터페이스를 기준으로 소속 Area를 설정하면 됩니다.

라우터	설정
R1	Router(config)#interface ethernet 0 Router(config-if)#ip ospf 100 **area 0**
R2	Router(config)#interface ethernet 0 Router(config-if)#ip ospf 100 **area 0** Router(config)#interface ethernet 1 Router(config-if)#ip ospf 100 **area 1**
R3	Router(config)#interface ethernet 0 Router(config-if)#ip ospf 100 **area 1**

[표 14-16] [그림 14-39]에 대한 OSPF 라우팅 프로토콜 설정하기

- **라우터 ID:** 라우터 ID는 라우터를 구분하는 번호로, 주민등록번호에 해당합니다. 두 사람의 주민등록번호가 같을 수 없듯이 라우터 ID가 같은 2대의 라우터는 네이버가 될 수 없습니다. 기본적으로 라우터 ID는 라우터가 가진 IP 주소 중에서 가장 높은 주소를 사용하며, 설정을 통해 변경할 수도 있습니다.

● 링크 스테이트 DB

[그림 14-40] 사례를 통해 링크 스테이트 알고리즘이 링크 스테이트 DB를 만드는 과정을 살펴보겠습니다.

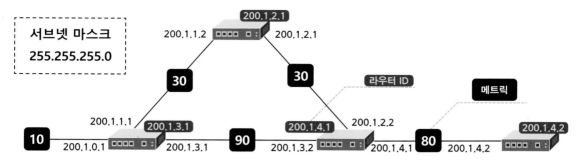

[그림 14-40] OSPF 라우팅 프로토콜을 적용한 네트워크

우선 라우터는 이웃 라우터와 헬로 패킷을 교환하여 헬로 인터벌, 데드 인터벌, Area ID 등을 비교하여 일치하는 경우 네이버 테이블을 만듭니다. 네이버 테이블에 올라온 라우터끼리 LSA(Link State Advertisement)를 교환하여 링크 스테이트 DB를 만듭니다. LSA에는 네트워크 관련 정보가 포함되는데, [그림 14-41]은 각 라우터가 보내는 LSA 에 포함된 정보입니다.

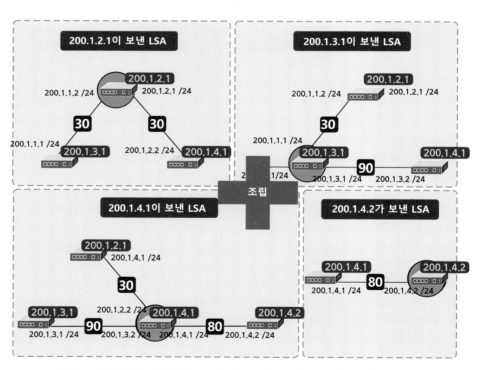

[그림 14-41] AS 내의 모든 라우터가 보낸 LSA를 조립하여 만든 지도 수준의 링크 스테이트 DB

그림 [14-41]의 LSA는 라우터 ID로 구분되는 각 라우터를 중심으로 연결된 네트워크 와 서브넷 마스크, 연결된 라우터의 라우터 ID, 각 네트워크의 메트릭 정보 등을 포함 합니다. 예를 들어 200.1.2.1 라우터는 다음 정보를 보냅니다. '나는 200.1.2.1 라우터 이다. 나에게 연결된 네트워크는 200.1.1.0 /24와 200.1.2.0 /24이다. 각 네트워크의

메트릭은 30과 30이다. 그리고 나에게 연결된 라우터는 200.1.3.1과 200.1.4.1 라우터이다.' 다른 라우터들도 마찬가지입니다.

AS에 있는 모든 라우터는 모든 라우터가 보낸 LSA를 조립하여 [그림 14-42]와 같은 지도(구성도) 수준의 링크 스테이트 DB를 만듭니다. 지도는 동일하므로 모든 라우터의 링크 스테이트 DB도 똑같습니다.

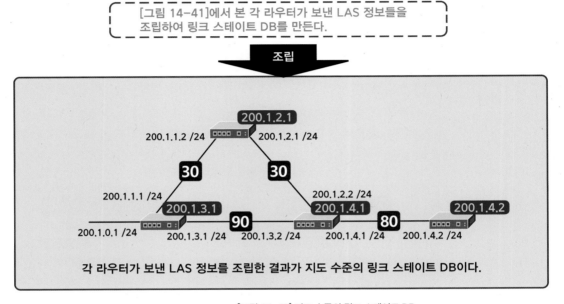

[그림 14-42] 지도 수준의 링크 스테이트 DB

링크 스테이트 알고리즘이 높은 CPU 소모량을 보이는 이유는 무엇일까요? 우선 디스턴스 벡터 알고리즘의 업데이트는 디스턴스와 벡터 정보만 포함합니다. 반면 LSA는 라우터를 중심으로 연결된 네트워크, 연결된 라우터, 메트릭, 네트워크 타입 등 복잡한 정보를 전달합니다. 또한 디스턴스 벡터 알고리즘은 이웃 라우터가 보낸 업데이트를 받아 from을 via로 바꾸고, 받은 메트릭에 이웃 라우터와 나 사이의 메트릭만 더하기하여 토폴로지 테이블을 만들면 됩니다. 또한 라우터 수가 아무리 많아도 이웃 라우터가 보낸 업데이트만 처리하면 됩니다.

반면 지도 수준의 링크 스테이트 DB를 만들어야 하는 라우터는 AS에 속한 모든 라우터들이 보낸 LSA들이 필요합니다. 또한 LSA들을 조립해야 합니다. 즉 AS에 속한 라우터들이 1만 대라면 1만개의 LSA를 수신해서 조립해야 합니다. 이와 같이 처리해야 할 LSA의 절대적인 숫자와 복잡한 LSA 정보와 LSA의 조립 과정 때문에 최초의 링크 스테이트 DB를 만들 때 CPU 부하는 높고 컨버전스 타임은 길어집니다. 그 이후에는 링크 스테이트 라우팅 프로토콜도 변화된 네트워크 정보만 전달하므로 CPU 부하에 큰 문제는 없습니다.

비교 항목	디스턴스 벡터 알고리즘	링크 스테이트 알고리즘
전달 정보	디스턴스 + 벡터 정보만 포함하는 업데이트	복잡한 정보를 포함하는 LSA
처리해야 할 업데이트 수	이웃 라우터가 보낸 업데이트를 받아 이정표 수준의 토폴로지 테이블을 만듭니다.	모든 라우터들이 보낸 LSA들을 받아 지도 수준의 링크 스테이트 DB를 만듭니다.

[표 14-17] 디스턴스 벡터와 링크 스테이트 알고리즘 비교하기

◉ 라우팅 테이블

지도 수준의 링크 스테이트 DB를 만들고, 각 라우터에 대한 베스트 루트를 선정하기 위해 메트릭(코스트)을 비교합니다. 라우터에 대한 베스트 루트가 바로 각 라우터에 연결된 네트워크에 대한 베스트 루트로, 베스트 루트만 라우팅 테이블에 올라옵니다. 베스트 루트가 둘이면 둘 다 올라오며, 이 경우 해당 목적지로 향하는 트래픽은 분산됩니다. [그림 14-43]에서 빨간색으로 표시된 경로는 라우터가 선택한 각 라우터에 대한 베스트 루트입니다.

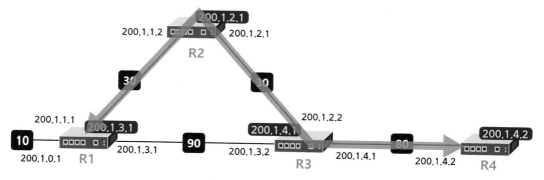

[그림 14-43] 링크 스테이트 DB와 라우팅 테이블

◉ 링크 스테이트 알고리즘의 문제점

링크 스테이트 알고리즘은 CPU 소모량이 많다는 문제점을 가지고 있습니다. 사실 LSA는 1/2번과 3번으로 나뉘고, 링크 스테이트 DB도 1/2번 DB와 3번 DB로 나뉩니다. 지금까지 설명한 LSA가 LSA 1/2번이고, LSA 1/2번이 만드는 것이 지도 수준의 1/2번 링크 스테이트 DB입니다. 이를 위해 모든 라우터는 다른 모든 라우터와 LSA 1/2를 교환해야 하는데, 이 과정을 '플러딩(Flooding)'이라고 합니다. 라우터가 처음으로 링크 스테이트 DB를 만들 때 이 플러딩 때문에 CPU 부하가 높아지고 컨버전스 타임은 길어집니다. 이후에는 변화된 부분만 전달되기 때문에 CPU 부하에 큰 영향을 주지 않습니다.

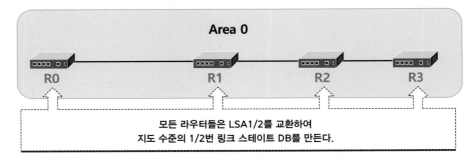

[그림 14-44] Area로 분할하지 않았을 때 CPU 소모량이 많다.

● 이에 대한 솔루션은 AS 분할

이에 대한 솔루션은 [그림 14-45]와 같이 AS를 다수의 Area로 분할하는 것입니다. 네트워크를 묶어 Area가 되고, 여러 Area를 묶어 AS가 되는데, 이러한 계급 개념이 있는 라우팅 프로토콜을 '하이르키컬 라우팅 프로토콜(Hierarchical Routing Protocol)' 이라고 합니다. 알고리즘이 복잡하여 CPU 소모량이 높은 OSPF와 IS-IS가 여기에 속합니다. [그림 14-45]에서 Area 경계에 위치한 라우터는 'ABR(Area Border Router, 에어리어 경계 라우터)', R1, R2, R3와 같은 일반 라우터는 '스탠더드 라우터(Standard Router)'라고 합니다. 한편 Area는 '백본 Area'라는 특별한 Area와 스탠더드 Area로 나뉩니다. 백본 Area는 중심에 위치해야 하고, 스탠더드 Area는 백본 Area에 직접 연결되어야 합니다. 그리고 백본 Area 번호는 반드시 0을 사용해야 합니다.

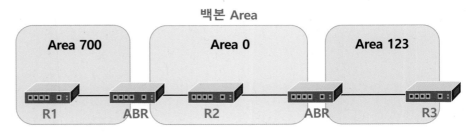

[그림 14-45] 링크 스테이트 라우팅 프로토콜의 약점과 솔루션 [Area 분할]

AS를 Area로 분할하면 지도를 만들 수 있는 LSA 타입 1/2는 [그림 14-46]과 같이 ABR 에 의해 차단되기 때문에 다른 Area로 넘어가지 못합니다. 따라서 라우터는 다른 Area 에 대한 1/2번 링크 스테이트 DB를 만들지 못합니다. ABR은 LSA 1/2를 차단하는 대 신 LSA 3을 보냅니다. LSA 3에는 지도를 만들 수 있는 정보가 아니라 디스턴스 벡터 알 고리즘처럼 디스턴스와 벡터 정보만 포함합니다. 즉 Area로 분할하면, R2와 R3은 다른 Area(Area 0)에 속한 1만 대의 라우터가 발생시킨 LSA 1/2을 처리하는 대신 ABR이 발생시킨 하나의 LSA 3만 처리하면 되므로 CPU 소모량은 대폭 줄고 컨버전스 타임도 빨라집니다. 여기서 컨버전스 타임이란, 링크 스테이트 DB를 만드는 데 걸리는 시간입니다. 결과적으로 우리 Area에 대해서는 지도 수준의 링크 스테이트 DB를 만든다 하더라도 다른 Area에 대해서는 이정표 수준의(디스턴스+벡터 정보만 포함하는) 링크 스테이트 DB만 만들면 됩니다. 이정표 수준의 정보만으로도 라우팅하는 데 아무 문제가 없습니다.

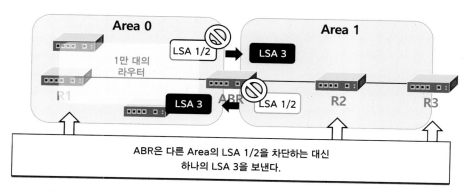

[그림 14-46] ABR은 1만 개의 LSA 타입 1/2을 차단하는 대신 하나의 LSA 타입 3을 보낸다.

LESSON 74 : 인터그레이티드(Integrated) IS-IS

인터그레이티드(Integrated) IS-IS는 OSPF와 유사한 프로토콜입니다. 인터그레이티드 IS-IS는 OSPF와 같이 표준, IGP, 링크 스테이트, 클래스리스 라우팅 프로토콜이고, 하이르키컬 라우팅 프로토콜에 속합니다. 하이르키컬 라우팅 프로토콜은 네트워크를 묶어 Area를 구성하고, Area를 묶어 AS를 구성하는 일종의 계급성(Hierarchy)을 갖습니다. 네이버 테이블과 링크 스테이트 DB를 만든 후 라우팅 테이블을 만들고, 코스트를 메트릭으로 사용합니다.

● 특징

OSPF와 동일한 알고리즘(다익스트라(Dijkstra) 알고리즘)을 활용하고, 알고리즘이 복잡하여 CPU 소모량이 많기 때문에 AS를 Area로 분할해서 문제를 해결하는 하이르키컬 라우팅 프로토콜입니다. IS-IS의 헬로는 서킷 타입과 시스템 ID의 길이 등 몇 가지 조건이 일치하는지 확인한 후 네이버 테이블을 만듭니다. 또한 OSPF는 LSA를, IS-IS는 LSP(Link State Packet)를 교환하여 링크 스테이트 DB를 만듭니다. LSP 1은 LSA 1/2에 해당하므로 Area 내부에 대해 지도 수준의 링크 스테이트 DB를 만들고, LSP 2는 LSA 3에 해당하므로 ABR이 LSP 1(LSA 1/2)을 차단하는 대신 보내주는 LSP입니다. 둘 다 메트릭으로 누적 코스트를 비교하고, 모두 클래스리스 라우팅 프로토콜에 속하므로 VLSM을 지원하며, 표준 프로토콜이기도 합니다. 지도에서 라우터를 구분하는 ID로 OSPF는 IP 주소를 사용하지만, IS-IS는 NSAP 주소를 사용합니다. 원래 IS-IS는 IP가 아니라 CLNP(ConnectionLess Network Protocol)를 위한 라우팅 프로토콜입니다. 이후에 IP를 지원하도록 기능이 확장되어 '인터그레이티드 IS-IS'라고 부르고 있습니다. CLNP에서 사용하는 주소가 NSAP 주소입니다. 인터그레이티드 IS-IS는 라우터 ID 대신 NSAP 주소를 사용하기 때문에 NSAP 주소 설정이 추가로 필요하다는 점이 OSPF 설정과의 차이점입니다.

항목	OSPF	인터그레이티드 IS-IS
알고리즘	다익스트라(Dijkstra)	다익스트라(Dijkstra)
하이르키컬 라우팅 프로토콜	Yes	Yes
네이버 테이블을 만드는 패킷	헬로	헬로
링크 스테이트 DB를 만드는 패킷	LSA 1/2	LSP 1
	LSA 3	LSP 2
메트릭	코스트	코스트
클래스리스 라우팅 프로토콜	Yes	Yes
표준 라우팅 프로토콜	Yes	Yes
에어리어 경계 라우터	ABR(Area Border Router)	L1/L2(Level 1/Level 2)
백본 Area	있음	없음
라우터 ID	IP 주소	NSAP 주소
Area 경계	라우터	선

[표 14-18] OSPF vs IS-IS

● OSPF vs 인터그레이티드 IS-IS

OSPF와 인터그레이티드 IS-IS의 차이점은 다음과 같습니다.

❶ OSPF는 라우터 ID로 IP 주소를 사용하지만, 인터그레이티드 IS-IS는 NSAP 주소를 사용합니다. [그림 14-47]을 보면, 49.1000, 49.2000, 49.3000번의 3개의 Area로 분할되어 있고, 각 라우터는 NSAP 주소가 설정되어 있습니다. 예를 들어 R1의 NSAP 주소를 보면, 49.1000은 Area ID이고, 장치를 구분하는 1111.1111.1111은 시스템 ID입니다. 마지막으로 00의 경우 NSEL(Network Selector) 값으로 서비스 타입을 표시하는데, 라우터는 00을 사용합니다. 2개의 라우터가 동일한 Area에 속한 R1과 R2는 기본적으로 서킷 타입 1/2로 연결되고, 다른 Area에 속한 R2와 R3의 연결은 서킷 타입 2가 됩니다. 서킷 타입 2를 통해서는 LSP 2만 전달 가능하고, 서킷 타입 1/2를 통해서는 LSP 1과 LSP 2를 전달할 수 있습니다.

❷ Area의 경계입니다. OSPF는 Area의 경계가 라우터에 있지만, IS-IS는 선에 있습니다. 이 차이는 매우 큽니다. OSPF 적용 환경에서 Area로 분할하면 다른 Area의 LSA 1/2는 ABR이 차단하기 때문에 처리할 기회가 없습니다. 하지만 2개의 Area에 모두 속한 ABR(Area Border Router, 에어리어 경계 라우터)은 2개의 Area에서 발생하는 LSA 1/2를 모두 처리해야 합니다. 반면 IS-IS는 Area 경계가 선에 있기 때문에 2개의 Area에 모두 속하는 라우터가 생기지 않습니다. 즉 OSPF의 ABR과 같이 Area로 나누어도 CPU 부하가 높은 라우터가 생기지 않습니다.

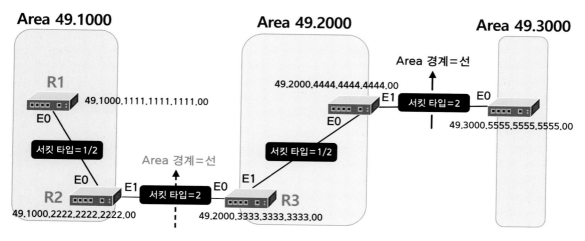

[그림 14-47] IS-IS의 구성

❸ OSPF는 백본 Area가 있어 스탠더드 Area는 백본 Area에 연결되어야 한다는 Area 설계 조건이 있습니다. 반면 IS-IS에는 '백본 Area'라는 개념이 없기 때문에 Area를 자유롭게 설계할 수 있습니다. [그림 14-48]과 같이 OSPF에서는 모든 Area들은 백본 Area에 직접 연결돼 있습니다. OSPF는 Area의 내부에 대해서는 지도 수준의 링크 스테이트 DB를 만들어야 하는데, Area 30이 점점 커지면, Area 30 내부의 라우터들은 링크 스테이트 DB를 만들 때 CPU 부하가 높을 것입니다. 이를 해결하기 위해 Area 30을 Area 30, Area 40, Area 50과 Area 60으로 나누면 되지만, 이 경우 Area 40, Area 50과 Area 60은 백본 에어리어인 Area 0와 직접 연결될 수 없습니다. 이 경우 Area 40, Area 50, Area 60은 다른 Area에 속한 라우터와 LSA를 교환할 수 없습니다. 이때는 전체적인 Area의 재설계가 필요합니다.

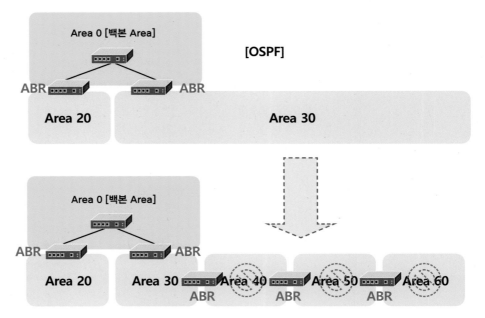

[그림 14-48] OSPF Area 설계의 단점

인터그레이티드 IS-IS는 백본 에어리어 개념이 없습니다. 따라서 일반 에어리어가 백본 에어리어에 직접 연결되어야 한다는 Area 설계에 대한 특별한 조건이 없으므로 [그림 14-49]와 같이 훨씬 유연하게 Area를 설계할 수 있습니다.

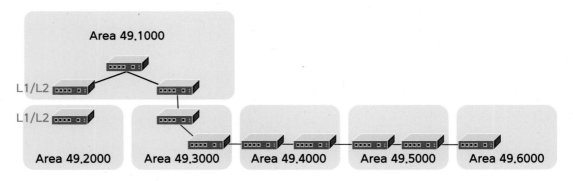

[그림 14-49] 인터그레이티드 IS-IS는 훨씬 유연한 Area 설계가 가능하다.

Area 분할은 링크 스테이트 알고리즘의 높은 CPU 부하 문제를 해결하기 위한 솔루션입니다. 그러나, 요즘 출시되는 라우터의 CPU 용량은 충분하기 때문에 더 이상 문제가 되지 않는 경우가 많습니다. 즉 우리 사이트 전체를 하나의 Area로 구성하는 경우도 많습니다. 이 경우 인터그레이티드 IS-IS가 OSPF보다 비교 우위에 있었던 Area와 관련된 장점은 의미가 없어지게 되겠죠.

● 설정

[표 14-19]는 [그림 14-47]의 라우터들에 대한 인터그레이티드 IS-IS 설정 예입니다. `net 49.1000.1111.1111.1111.00`은 라우터 ID로 사용하는 NSAP 주소를 설정하는 명령입니다. Area 설정은 NSAP 주소에 포함되어 있고, 각 인터페이스마다 서킷 타입을 설정할 수 있습니다. 하지만 서킷 타입을 설정하지 않아도 NSAP 주소의 Area ID를 참조하여 같은 Area에 속한 라우터와는 Level 1/2 서킷으로, 다른 Area에 속한 라우터와는 Level 2 서킷으로 자동 설정됩니다. 참고로 Level 1/2 서킷으로는 LSP 1과 LSP 2가 전달되고, Level 2 서킷으로는 LSP 2만 전달됩니다.

라우터	설정
R1	Router(config)#**router isis** Router(config)#**net 49.1000.1111.1111.1111.00** Router(config)#interface ethernet 0 Router(config-if)#**ip router isis**
R2	Router(config)#**router isis** Router(config)#**net 49.1000.2222.2222.2222.00** Router(config)#interface ethernet 0 Router(config-if)#**ip router isis** Router(config)#interface ethernet 1 Router(config-if)#**ip router isis**
R3	Router(config)#**router isis** Router(config)#**net 49.2000.3333.3333.3333.00** Router(config)#interface ethernet 0 Router(config-if)#**ip router isis** Router(config)#interface ethernet 1 Router(config-if)#**ip router isis**
R4	Router(config)#**router isis** Router(config)#**net 49.2000.4444.4444.4444.00** Router(config)#interface ethernet 0 Router(config-if)#**ip router isis** Router(config)#interface ethernet 1 Router(config-if)#**ip router isis**
R5	Router(config)#**router isis** Router(config)#**net 49.3000.5555.5555.5555.00** Router(config)#interface ethernet 0 Router(config-if)#**ip router isis**

[표 14-19] [그림 14-47]에 대한 인터그레이티드 IS-IS 라우팅 프로토콜 설정하기

LESSON 75 : BGP

BGP는 표준, EGP, 디스턴스 벡터, 클래스리스 라우팅 프로토콜에 속합니다. 라우팅 테이블을 만들기 전에 네이버 테이블과 토폴로지 테이블을 만듭니다. AS 경로 길이를 메트릭으로 사용합니다.

● BGP는 왜 필요할까?

라우터에 직접 연결되지 않은 네트워크에 대한 정보가 라우팅 테이블에 올라오게 하는 방법은 [그림 14-50]과 같이 스태틱 루트를 설정하는 방식과 라우팅 프로토콜을 설정하는 방식이 있습니다. 일반적으로 스태틱 루트는 싱글 커넥션 환경에서 설정하고, 라우팅 프로토콜은 멀티플 커넥션 환경에서 적용합니다.

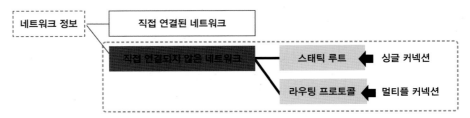

[그림 14-50] 싱글 커넥션 환경에서는 스태틱 루트를, 멀티플 커넥션 환경에서는 라우팅 프로토콜을 적용한다.

이것은 AS 내부이든, AS 간이든 공통적으로 적용되는 개념입니다. [그림 14-51]과 같이 우리 회사는 KT의 인터넷 서비스에 가입되어 있습니다. 인터넷 접속 라우터인 R2와 KT 라우터인 R1 사이의 연결은 ① 싱글 커넥션입니다. 이 경우 굳이 BGP를 적용할 필요는 없고, 스태틱 루트를 설정하는 것이 적절합니다. 그런데 [그림 14-52]와 같이 인터넷 접속 회선이 추가되어 멀티플 커넥션 환경이 되면 BGP가 필요합니다. 이 환경에서 스태틱 루트를 인터넷 접속 라우터인 R2에 적용한다면, `ip route 0.0.0.0 0.0.0.0 100.1.100.1`과 `ip route 0.0.0.0 0.0.0.0 200.1.200.1`과 같이 설정하면 됩니다. 그러나 멀티플 커넥션 환경에서 스태틱 루트는 문제가 되는데 이유는 다음과 같습니다.

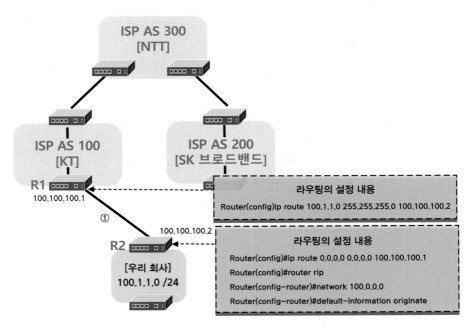

[그림 14-51] AS 간에도 싱글 커넥션이라면 BGP는 필요 없다.

[그림 14-51]에서 우리 회사는 KT에 가입되어 있었고, KT가 할당한 100.1.1.0 /24 영역을 사용하고 있습니다. 이제 인터넷에 대해 멀티플 커넥션을 보유한 [그림 14-52]에서도 우리 회사는 여전히 KT가 할당한 주소 영역을 사용 중입니다. BGP 업데이트에는 AS 번호와 네트워크 정보가 포함됩니다. KT가 NTT에 보내는 업데이트에는 ① `AS#100, 100.1.0.0 /16` 정보가, SK가 NTT에 보내는 업데이트에는 ② `AS#200, 200.1.0.0 /16` 정보가 전달되므로 NTT 입장에서는 우리 회사 네트워크로 들어오는 경로는 ③ KT 를 통한 경로가 유일합니다. 즉 멀티플 커넥션 환경에서 BGP를 돌리지 않으면, 외부 AS들에서 우리 회사로 들어오는 경로에 대해 로드 분산이나 백업이 제공되지 않습니다.

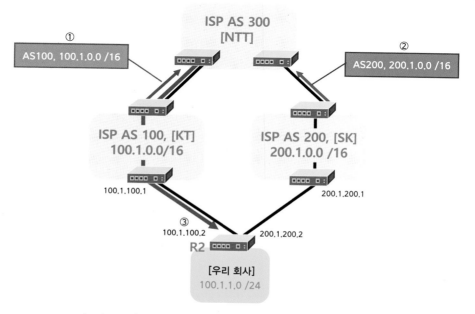

[그림 14-52] 멀티플 커넥션 환경에서 스태틱 루트를 적용하면 안 되는 이유

BGP를 적용하면 스태틱 루트를 설정했을 때의 문제를 어떻게 해결하는지 살펴보겠습니다. BGP를 적용하려면 IANA(Internet Assigned Numbers Authority)에서 관리하는 공인 AS#를 할당받습니다. 우리 회사는 AS# 777을 할당받았습니다.

[그림 14-53]에서 우리 회사의 인터넷 접속 라우터인 R2에 BGP를 설정한 결과, R2는 BGP 정보를 생성하고, ③ `AS#777, 100.1.1.0 /24` 정보는 전 세계의 BGP 라우터에게 전달됩니다. ISP AS의 모든 라우터에는 BGP를 적용하고 있기 때문에 우리 회사가 생성한 BGP 정보는 ISP AS들을 통과하여 전 세계로 전달됩니다. 즉 NTT 입장에서 우리 AS 정보는 KT는 물론 SK를 통해서도 도착하기 때문에 2개의 경로는 로드 분산이나 백업 경로로 사용 가능합니다.

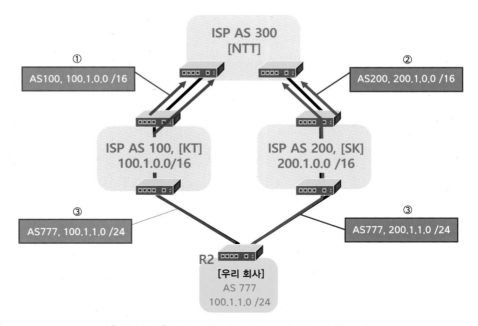

[그림 14-53] 멀티플 커넥션 환경에서 BGP를 적용해야 하는 이유

● 라우팅 테이블을 만드는 과정

BGP도 다른 라우팅 프로토콜과 거의 비슷합니다. 오픈(Open) 메시지로 네이버 테이블을 만들고, 업데이트(Update) 메시지로 토폴로지 테이블을 만들지만, 킵어라이브(Keepalive) 메시지가 추가로 정의되어 있습니다. 킵어라이브 메시지는 네이버 라우터가 살아있는지 확인하는 기능을 맡습니다. 다만 OSPF, IS-IS, EIGRP 라우팅 프로토콜에서 헬로 패킷의 역할이 오픈과 킵어라이브로 분리되어 있을 뿐입니다. BGP 메시지는 다른 라우팅 프로토콜과 달리 TCP를 통해 전달됩니다.

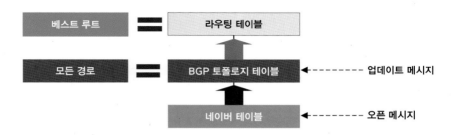

[그림 14-54] 라우팅 테이블을 만드는 과정

◉ 메트릭: AS 경로 길이

BGP는 베스트 루트를 결정하기 위해 AS 경로의 길이를 비교합니다. [그림 14-55]
에서 R1에서 AS 30004에 속한 7.0.0.0 /8 네트워크에 대한 경로는 AS 20004를 경유
하는 경로와 직접 가는 경로, 이렇게 두 가지 경로가 있습니다. BGP 라우터, R1은 보
다 적은 AS를 거치는 경로(노란색 루트)를 베스트 루트로 선정합니다.

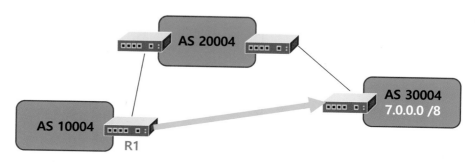

[그림 14-55] BGP는 AS 경로의 길이를 비교한다.

◉ 설정

[그림 14-56]을 중심으로 인터넷 접속 라우터와 ISP 라우터에 BGP를 설정해 보겠
습니다.

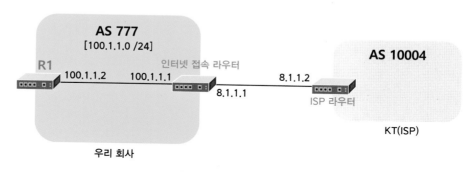

[그림 14-56] BGP 실습하기

[표 14-20]을 보시죠. `router bgp 777`에서 777은 AS 번호입니다. `neighbor 8.1.1.2
remote-as 10004`와 같이 BGP는 반드시 네이버 주소(8.1.1.2)를 설정해야 합니다. 왜
냐하면 라우팅 프로토콜은 직접 연결된 라우터와 헬로나 업데이트 패킷을 교환하지
만, 유일하게 BGP는 TCP를 사용하므로 직접 연결되지 않은 라우터와 BGP 메시지를
교환할 수도 있기 때문입니다. 즉 TCP를 사용하는 HTTP와 같이 통신 상대가 직접 연
결될 필요가 없습니다. 네이버 라우터가 직접 연결되지 않을 수도 있기 때문에 BGP
메시지를 교환할 네이버 라우터의 주소를 AS 번호와 함께 반드시 설정해야 합니다.

네이버 라우터의 주소나 AS 번호는 오픈 메시지에 포함되며 상호 정확하게 설정해야 네이버가 될 수 있습니다.

redistribute rip 명령은 RIP가 수집한 우리 회사 네트워크 정보를 BGP 정보로 변환하겠다는 것입니다. aggregate-address 100.1.1.0 255.255.255.0 summary-only 명령은 루트 요약 명령입니다. 다수의 정보를 전 지구상의 BGP 라우터들과 교환해야 하는 BGP 라우터는 루트 요약을 활용하여 교환하는 네트워크 정보의 수를 최소화해야 합니다. 루트 요약에 대해서는 '11장'을 참고하세요.

ISP 라우터의 설정에서 neighbor 8.1.1.1 default-originate는 디폴트 정보, 즉 모든 IP를 포함하는 정보(0.0.0.0 /0)를 8.1.1.1에게 보내기 위한 명령입니다. 보통 ISP 라우터에서는 인터넷의 전체 네트워크 정보 대신 디폴트 정보를 보냅니다. ISP 라우터로부터 디폴트 정보를 받은 인터넷 접속 라우터는 RIP를 통해 내부 라우터들에게 디폴트 정보를 전달하기 위해 default-information originate 명령을 사용합니다. AS 내부 라우터, R1은 RIP를 통해 디폴트 정보(0.0.0.0 /0 via 100.1.1.1)를 받습니다. 결과적으로 R1에서 인터넷을 향하는 트래픽은 이 디폴트 정보를 참조하여 인터넷 접속 라우터(100.1.1.1)에게 보내고, 인터넷 접속 라우터는 다시 ISP 라우터(8.1.1.2)에게 보냅니다.

구분	명령어
인터넷 접속 라우터	Router(config)#router bgp 777 Router(config-router)#neighbor 8.1.1.2 remote-as 10004 Router(config-router)#redistribute rip Router(config-router)#aggregate-address 100.1.1.0 255.255.255.0 summary-only ! Router(config)#router rip Router(config-router)#network 100.0.0.0 Router(config-router)#default-information originate
ISP 라우터	Router(config)#router bgp 10004 Router(config-router)#neighbor 8.1.1.1 remote-as 777 Router(config-router)#neighbor 8.1.1.1 default-originate
R1	Router(config)#router rip Router(config-router)#network 100.0.0.0

[표 14-20] BGP 설정하기

◆ **라우팅 테이블:** 직접 연결된 네트워크에 대한 정보는 no shutdown과 ip address 설정 명령으로 올라오고, 직접 연결되지 않은 네트워크에 대한 정보는 라우팅 프로토콜이나 스태틱 루트를 설정해야 올라온다.

◆ **스태틱 루트 vs 다이내믹 루트:** 싱글 커넥션 환경에서는 스태틱 루트를, 멀티플 커넥션 환경에서는 라우팅 프로토콜을 설정한다. 스태틱 루트와 라우팅 프로토콜 복합 환경에서 스태틱 루트와 라우팅 프로토콜을 모두 설정하는 라우터에서는 스태틱 루트를 라우팅 업데이트에 포함시켜서 보내기 위해 default-information originate 명령이 필요하다.

◆ **라우팅 프로토콜의 분류:** EGP vs IGP, 디스턴스 벡터 vs 링크 스테이트 vs 하이브리드, 클래스풀 vs 클래스리스

◆ **메트릭과 어드미니스트레이티브 디스턴스:** 베스트 루트를 선정하기 위해 비교하는 값

◆ **RIP:** 주정뱅이 방식의 라우팅 업데이트, 디스턴스 벡터 방식의 라우팅 프로토콜, 메트릭은 홉, RIPv1은 클래스풀, RIPv2는 클래스리스 라우팅 프로토콜

◆ **EIGRP:** 속보 아나운서 방식의 라우팅 업데이트, 디스턴스 벡터 방식의 라우팅 프로토콜, 메트릭은 복합 값, 클래스리스 라우팅 프로토콜, 시스코 라우팅 프로토콜

◆ **OSPF:** 속보 아나운서 방식의 라우팅 업데이트, 링크 스테이트 방식 라우팅 프로토콜, 메트릭은 코스트, 클래스리스 라우팅 프로토콜, 표준 라우팅 프로토콜, 하이르키컬 라우팅 프로토콜(높은 CPU 부하 문제는 Area 분할로 해결 가능)

◆ **IS-IS:** 속보 아나운서 방식의 라우팅 업데이트, 링크 스테이트 방식 라우팅 프로토콜, 메트릭은 코스트, 클래스리스 라우팅 프로토콜, 표준 라우팅 프로토콜, 하이르키컬 라우팅 프로토콜(높은 CPU 부하 문제는 Area 분할로 해결 가능)

◆ **BGP:** EGP 계열의 라우팅 프로토콜, 속보 아나운서 방식의 라우팅 업데이트, 디스턴스 벡터 방식 라우팅 프로토콜, 메트릭은 AS 경로 길이, 클래스리스 라우팅 프로토콜, 표준 라우팅 프로토콜, TCP 사용

14

Chapter 15 : 그 외, IP를 돕는 프로토콜들

IP 라우팅 프로토콜 외에 IP를 돕는 프로토콜에는 어떤 것이 있을까요?

IP는 다양한 프로토콜의 도움을 받습니다. 이러한 도움 때문에 라우팅, 멀티캐스팅, 비신뢰성에 대한 보완, 주소 찾기, 주소 할당 등이 가능합니다. 그 중 이번 장에서는 DHCP, ARP, ICMP를 구체적으로 다룹니다.

LESSON 76 : IP 관련 프로토콜

IP와 관련된 프로토콜에는 OSPF, RIP, BGP와 같은 라우팅 프로토콜과 IGMP, MOSPF와 같은 멀티캐스트 라우팅 프로토콜, MAC 주소를 찾아주는 ARP 프로토콜, 도메인 네임에 해당하는 IP 주소를 찾아주는 DNS, IP의 비신뢰성을 보완하기 위한 ICMP, IP 주소 등 IP 관련 파라미터(매개변수)를 자동 설정하는 DHCP 등이 있습니다.

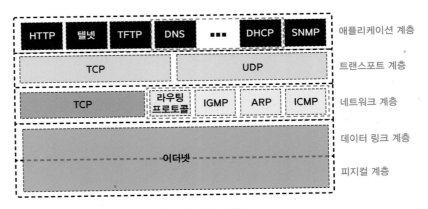

[그림 15-1] IP 관련 프로토콜

8장

● **DNS**

DNS(Domain Name Service)는 도메인 네임에 해당하는 3계층 주소를 찾기 위해 필요합니다. 즉 목적지 주소로 도메인 네임을 입력한 경우 3계층 옷을 입히기 위해 필요합니다.

● DHCP 이번 장

DHCP(Dynamic Host Configuration Protocol)는 단말에 필요한 IP 주소, 서브넷 마스크, 디폴트 게이트웨이, DNS 서버 주소 등과 같은 IP 관련 파라미터들을 자동으로 할당합니다.

● OSPF, RIP, BGP 등의 라우팅 프로토콜 14장

라우팅 프로토콜은 라우터에 직접 연결되지 않는 네트워크 정보들이 라우팅 테이블에 올라오게 합니다.

● ARP 이번 장

ARP(Address Resolution Protocol)는 3계층 목적지 주소에 맵핑되는 2계층 목적지 MAC 주소를 찾기 위해 필요합니다. 즉 3계층 옷을 입은 상태에서 2계층 이더넷 옷(헤더)을 입기 위해 반드시 필요한 프로토콜입니다.

● ICMP 이번 장

TCP는 ACK 세그먼트를 통해 전송의 성공 여부를 확인하고, 실패하면 재전송을 하기 때문에 신뢰성이 있는 프로토콜입니다. 반면 IP는 이러한 메커니즘을 갖지 못하기 때문에 신뢰성이 없는 프로토콜(Unreliable Protocol)입니다. 이러한 IP의 약점을 보완하기 위해 ICMP(Internet Control Message Protocol)가 정의되었습니다. 그러나 ICMP는 TCP처럼 재전송을 통해 신뢰성을 제공하는 프로토콜이 아닙니다. 대신 IP 전송이 실패하면 어떤 이유 때문에 전송이 실패했는지를 패킷의 주인, 즉 패킷을 보낸 장치에게 알려주는 프로토콜입니다. 즉 TCP처럼 문제를 해결하진 못하지만, 어떤 문제가 일어났는지 알려줄 수는 있습니다.

● IGMP & 멀티캐스트 라우팅 프로토콜 16장

IGMP(Internet Group Management Protocol)는 멀티캐스팅을 지원하는 프로토콜로, 단말과 라우터 간에 적용합니다. 즉 라우터는 호스트가 보낸 IGMP 패킷을 이용하여 멀티캐스트 그룹의 가입자가 있는지를 확인합니다. 라우터와 라우터 사이에는 멀티캐스트 라우팅 프로토콜이 적용됩니다. 멀티캐스트 라우팅 프로토콜은 그룹 멤버(가입자)를 갖는 라우터들 간에 멀티캐스트 트래픽의 전송 경로를 만듭니다.

ARP는 인캡슐레이션 과정에서 IP 헤더를 씌운후 이더넷 헤더를 씌울 때 필요한 프로토콜입니다. 즉 목적지 IP 주소에 상응하는 MAC 주소를 알지 못하는 문제를 해결합니다.

● ARP 리퀘스트

ARP 리퀘스트(Request) 패킷은 목적지 장치의 IP 주소가 정해진 상태에서 2계층 헤더에 입력될 목적지 MAC 주소를 알기 위해 보냅니다. ARP 리퀘스트 패킷의 이더넷 헤더와 ARP 데이터 필드는 [그림 15-2]와 같고, IP 헤더는 필요 없습니다.

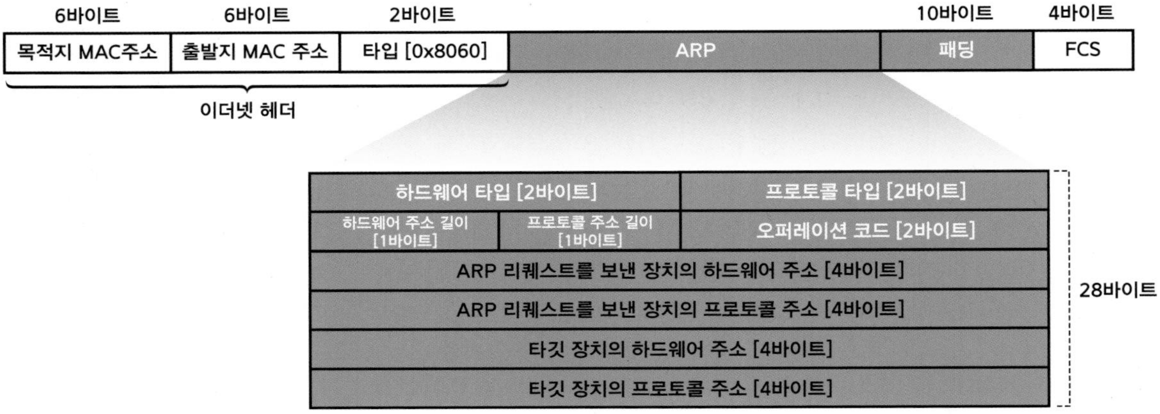

6바이트	6바이트	2바이트		10바이트	4바이트
목적지 MAC주소	출발지 MAC 주소	타입 [0x8060]	ARP	패딩	FCS

이더넷 헤더

하드웨어 타입 [2바이트]		프로토콜 타입 [2바이트]	
하드웨어 주소 길이 [1바이트]	프로토콜 주소 길이 [1바이트]	오퍼레이션 코드 [2바이트]	
ARP 리퀘스트를 보낸 장치의 하드웨어 주소 [4바이트]			
ARP 리퀘스트를 보낸 장치의 프로토콜 주소 [4바이트]			
타깃 장치의 하드웨어 주소 [4바이트]			
타깃 장치의 프로토콜 주소 [4바이트]			

28바이트

[그림 15-2] ARP 패킷

ARP 리퀘스트 패킷의 이더넷 헤더는 [그림 15-2]에서 하얀색으로 표시되었습니다. 이더넷 헤더에 대한 설명은 [표 15-1]과 같습니다.

이더넷 헤드 필드	설명
목적지 MAC 주소	• ARP 리퀘스트는 브로드캐스트로 보내지므로 ARP 리퀘스트 패킷일 때 목적지 MAC 주소는 FFFF.FFFF.FFFF입니다. • ARP 리플라이는 유니캐스트로 보내지므로 목적지 장치의 MAC 주소가 입력됩니다.
출발지 MAC 주소	ARP 리퀘스트나 ARP 리플라이 패킷을 보낸 장치의 MAC 주소가 입력됩니다.
타입	이더넷 헤더가 실어나르고 있는 프로토콜 번호로 ARP일 때는 0x8060이 입력됩니다.

[표 15-1] ARP를 실어나르는 이더넷 헤더 필드

목적지 IP 주소에 상응하는 MAC 주소를 알기 위해 먼저 ARP 테이블을 찾아봅니다. ARP 테이블에 정보가 없다면 PC ⓐ는 ARP 리퀘스트 패킷을 보냅니다. [그림 15-3]에서 ARP 리퀘스트 패킷의 경우 ① 송신 장치의 하드웨어 주소 자리와 송신 장치의 프로토콜 주소 자리에는 송신 장치(이 경우 PC ⓐ)의 MAC 주소와 IP 주소가 입력됩니다. 따라서 ARP 리퀘스트 패킷을 받는 장치(이 경우 PC ⓑ)가 ARP 리퀘스트 패킷을 보내는 장치(이 경우 PC ⓐ)의 MAC 주소를 알기 위해 ARP 리퀘스트를 보낼 필요는 없습니다. ② 타깃 장치의 프로토콜 주소 자리에는 목표 장치(이 경우, PC ⓑ) 의 IP 주소가 입력됩니다. 타깃 장치의 하드웨어 주소 자리에는 무의미한 주소인 0000.0000.0000이 입력됩니다.

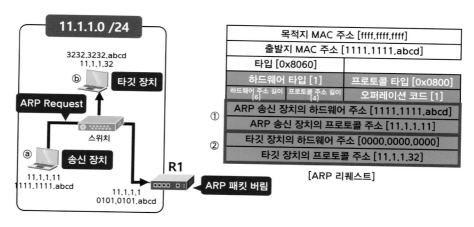

[그림 15-3] ARP 리퀘스트

ARP 리퀘스트 패킷의 데이터 필드에 대한 설명은 [표 15-2]와 같습니다.

ARP 필드	설명
하드웨어 타입 (Hardware Type)	네트워크 유형을 표시합니다. 예를 들어 이더넷 네트워크일 때는 1이 입력됩니다. 네트워크 유형은 하드웨어 주소 타입을 표시하는데 이더넷일 때는 MAC 주소를 사용합니다.
프로토콜 타입 (Protocol Type)	ARP 서비스를 원하는 프로토콜을 표시합니다. 예를 들어 0x0800은 IPv4를 의미합니다.
하드웨어 주소 길이 (Hardware Address Length)	하드웨어 주소의 길이가 입력됩니다. 예를 들어 이더넷의 경우 MAC 주소 길이가 입력되므로 6(6바이트 의미)이 입력됩니다.
프로토콜 주소 길이 (Protocol Address Length)	프로토콜 주소의 길이가 입력됩니다. 예를 들어 IPv4일 경우 4(4바이트 의미)가 입력됩니다.
오퍼레이션 코드 (Operation Code)	ARP 리퀘스트일 때는 1이, ARP 리플라이일 때는 2가 입력됩니다.
송신 장치의 하드웨어 주소 (Sender Hardward Address)	ARP 리퀘스트를 보낸 장치의 하드웨어 주소(예를 들어 MAC 주소)가 입력됩니다.
송신 장치의 IP 주소 (Sender Protocol Address)	ARP 리퀘스트를 보낸 장치의 프로토콜 주소(예를 들어 IP 주소)가 입력됩니다.

15

ARP 필드	설명
타깃 장치의 하드웨어 주소 (Target Hardware Address)	ARP 리퀘스트 패킷일 때는 0000.0000.0000이 입력됩니다.
타깃 장치의 프로토콜 주소 (Target Protocol Address)	ARP 리퀘스트에서 가장 중요한 정보로, MAC(하드웨어) 주소를 알아야 하는 타깃 장치의 IP(프로토콜) 주소가 입력됩니다.

[표 15-2] ARP 리퀘스트 필드

● ARP 리플라이

ARP 리플라이 패킷의 이더넷 헤더는 [그림 15-4]에서 하얀색으로 표시되었습니다. 목적지 MAC 주소는 ARP 리퀘스트 패킷을 보낸 장치의 MAC 주소가 입력됩니다. 즉 ARP 리플라이 패킷은 유니캐스트입니다.

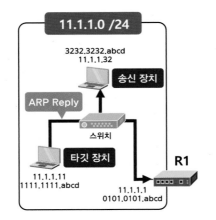
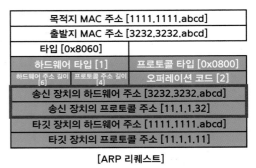

[그림 15-4] ARP 리플라이

ARP 리플라이 패킷의 데이터 필드에 대한 설명은 [표 15-3]과 같습니다. ARP는 11.1.1.32 주소를 갖는 장치의 MAC 주소를 아는 것이 목적입니다. 해당 MAC 주소, 3232.3232.abcd는 송신 장치의 하드웨어 주소 자리에 입력됩니다.

ARP 필드	설명
하드웨어 타입 (Hardware Type)	'ARP 리퀘스트' 참조
프로토콜 타입 (Protocol Type)	'ARP 리퀘스트' 참조
하드웨어 주소 길이 (Hardware Address Length)	'ARP 리퀘스트' 참조
프로토콜 주소 길이 (Protocol Address Length)	'ARP 리퀘스트' 참조

ARP 필드	설명
오퍼레이션 코드 (Operation Code)	'ARP 리퀘스트' 참조
송신 장치의 하드웨어 주소 (Sender Hardward Address)	ARP 리플라이를 보낸 장치의 하드웨어 주소(MAC 주소로, 이 예에서는 3232.3232.abcd)가 입력됩니다. ARP 리플라이에서 가장 중요한 정보입니다.
송신 장치의 IP 주소 (Sender Protocol Address)	ARP 리플라이를 보낸 장치의 프로토콜 주소(IP 주소로 이 예에서는 11.1.1.32)가 입력됩니다.
타깃 장치의 하드웨어 주소 (Target Hardware Address)	ARP 리플라이를 받는 장치의 MAC 주소(이 예에서는 1111.1111.abcd)가 입력됩니다.
타깃 장치의 프로토콜 주소 (Target Protocol Address)	ARP 리플라이를 받는 장치의 IP 주소(이 예에서는 11.1.1.11)가 입력됩니다.

[표 15-3] ARP 리플라이 필드

● ARP 테이블

ARP 테이블에는 IP 주소와 MAC 주소에 대한 맵핑 정보가 올라옵니다. PC에서 ARP 테이블을 보는 명령은 **arp -a**입니다. ARP 정보의 유형은 '동적인 정보'와 '정적인 정보'로 나뉘고, ARP로 생성된 정보는 동적 정보에 해당합니다. 반면 **arp -s 11.1.1.1 ab67.4937.bc21**과 같이 설정을 통해 생성되거나 멀티캐스트나 브로드캐스트 주소와 같이 규칙에 의해 정해진 정보는 정적 정보에 해당합니다. [표 15-4]에서 **224.0.0.2**(01-00-5e-00-00-02)와 **224.0.0.22**(01-00-5e-00-00-16)는 멀티캐스트 주소이고, **255.255.255.255**(ff-ff-ff-ff-ff-ff)는 브로드캐스트 주소입니다. 주소의 맵핑 규칙은 '2장'을 참고하세요.

ARP 테이블을 삭제하는 명령은 **arp -d**입니다. ARP 테이블이 한번 만들어지면 윈도우는 10분 동안, 리눅스는 1분 동안 유지됩니다.

ARP 관련 명령어	설명		
ARP 테이블을 보는 명령	C:₩>arp -a Interface: 10.109.1.41 —— 0x5 인터넷 주소 10.109.1.1 10.109.1.2 10.109.1.255 224.0.0.2 224.0.0.22 255.255.255.255	물리적 주소 00-27-1c-d8-37-46 f8-63-3f-c5-8d-66 ff-ff-ff-ff-ff-ff 01-00-5e-00-00-02 01-00-5e-00-00-16 ff-ff-ff-ff-ff-ff	유형 동적 동적 정적 정적 정적 정적
ARP 테이블의 정보를 만드는 명령	C:₩>arp -s **11.1.1.1 ab67.4937.bc21**		
ARP 테이블을 삭제하는 명령	C:₩>arp -d		

[표 15-4] PC의 ARP 관련 명령 정리

15

라우터에서 ARP 테이블을 확인하는 명령은 show ip arp이고, 라우터에서 ARP 테이블을 만드는 명령은 arp 10.0.0.2 aabb.cc03.8200 arpa, ARP 테이블을 삭제하는 명령은 clear ip arp입니다. 시스코 라우터의 경우 ARP 테이블을 한 번 만들면 4시간 동안 보관되는데, arp timeout 2000 명령에 의해 보관 시간을 변경할 수 있습니다. 여기서 2000은 초 단위입니다.

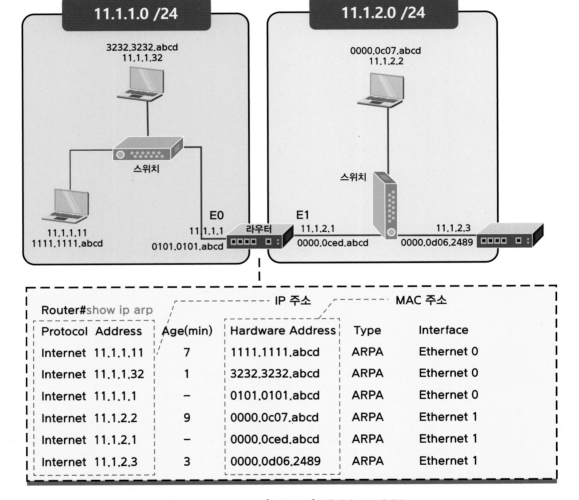

[그림 15-5] 라우터와 ARP 테이블

[그림 15-5]의 ARP 테이블에 대한 설명은 [표 15-5]와 같습니다. ARP 테이블을 보면 라우터의 어떤 인터페이스쪽에 어떤 주소를 가진 장치가 연결되어 있는지 알 수 있습니다.

ARP 테이블	설명
Protocol	3계층 프로토콜의 종류, 인터넷(Internet)은 IP 프로토콜을 표시합니다.
Address	IP 주소를 표시합니다.
Age(min)	정보의 나이로 정보가 만들어진 이후 경과 시간을 표시한다. −로 표시된 것은 라우터 자신의 주소를 표시합니다.
Hardware Address	MAC 주소를 표시합니다.
Type	2계층 프로토콜 종류로 ARPA는 이더넷 프로토콜을 표시합니다.
Interface	ARP 정보가 수집된 인터페이스를 표시합니다.

[표 15-5] ARP 테이블 해석하기

● GARP

GARP(Gratuitous ARP)는 DHCP 서버로부터 할당받은 IP 주소를 사용하기 전에 IP 주소의 중복 여부를 확인하기 위해 사용합니다. [그림 15-6]에서 DHCP 클라이언트인 PC ⓐ는 DHCP 서버로부터 **10.1.1.253**이라는 IP 주소를 할당받았습니다. 이 IP 주소를 누가 사용 중인지 확인하기 위해 GARP 리퀘스트를 보냅니다. 현재 **10.1.1.253**을 사용중인 PC ⓑ가 GARP 리플라이를 보내 IP 주소가 중복된 것을 알 수 있습니다. 어나운스_웨이트(ANNOUNCE_WAIT, 2초) 시간 동안 GARP 리플라이를 받지 않는다면, IP 주소가 중복되지 않았다고 판단합니다.

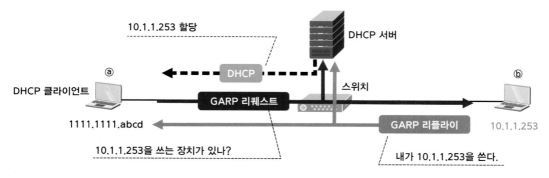

[그림 15-6] GARP를 이용한 IP 주소 중복 확인 방법

[그림 15-7]을 보시죠. DHCP 서버로부터 할당받은 IP 주소를 다른 장치(PC ⓑ)가 사용 중인 경우 GARP 리퀘스트를 받은 PC ⓑ의 ARP 테이블에 잘못된 정보가 올라가는 것을 방지하기 위해 송신 장치의 IP 주소는 ① **0.0.0.0**으로 보냅니다. 타깃 장치의 프로토콜 주소 필드에는 중복 체크의 대상이 되는 IP 주소인 ② **10.1.1.253**이 입력됩니다. 현재 PC ⓑ가 해당 IP 주소를 사용중이므로 PC ⓑ가 보낸 GARP 리플라이 패킷의 송신 장치의 프로토콜 주소 자리에는 중복된 IP 주소, ③ **10.1.1.253**을 입력하여 IP 주소가 중복된 것을 알려줍니다. GARP 리플라이 패킷도 브로드캐스트 주소로 보내지기 때문에 스위치에 연결된 모든 장치의 ARP 테이블을 갱신할 수 있습니다.

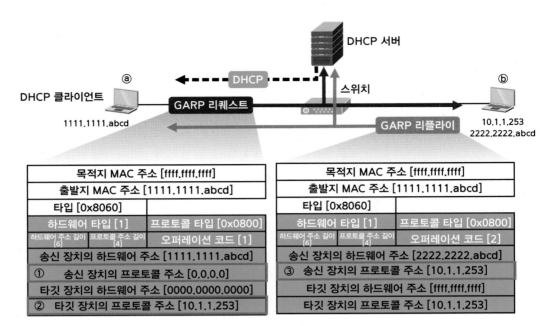

목적지 MAC 주소 [ffff.ffff.ffff]		목적지 MAC 주소 [ffff.ffff.ffff]	
출발지 MAC 주소 [1111.1111.abcd]		출발지 MAC 주소 [1111.1111.abcd]	
타입 [0x8060]		타입 [0x8060]	
하드웨어 타입 [1]	프로토콜 타입 [0x0800]	하드웨어 타입 [1]	프로토콜 타입 [0x0800]
하드웨어 주소 길이 [6] / 프로토콜 주소 길이 [4]	오퍼레이션 코드 [1]	하드웨어 주소 길이 [6] / 프로토콜 주소 길이 [4]	오퍼레이션 코드 [2]
송신 장치의 하드웨어 주소 [1111.1111.abcd]		송신 장치의 하드웨어 주소 [2222.2222.abcd]	
① 송신 장치의 프로토콜 주소 [0.0.0.0]		③ 송신 장치의 프로토콜 주소 [10.1.1.253]	
타깃 장치의 하드웨어 주소 [0000.0000.0000]		타깃 장치의 하드웨어 주소 [ffff.ffff.ffff]	
② 타깃 장치의 프로토콜 주소 [10.1.1.253]		타깃 장치의 프로토콜 주소 [10.1.1.253]	

[그림 15-7] GARP 리퀘스트와 리플라이

● 프록시 ARP

원칙적으로 디폴트 게이트웨이 주소는 PC가 속한 네트워크의 라우터 주소인 20.1.1.1이지만, [그림 15-8]에서는 ① 엉뚱한 30.1.1.1로 설정하였습니다. 이 경우 PC는 다른 네트워크에 속한 장치와 통신할 수 없지만, 라우터에 프록시 ARP(Proxy ARP) 기능이 설정된 경우에는 통신이 가능합니다. 즉 PC ⓐ는 30.1.1.1에 대한 MAC 주소를 묻는 ② ARP 리퀘스트를 보내도 프록시 ARP 기능이 설정된 라우터는 자신의 MAC 주소, ③ 1111.1111.abcd를 포함하는 ④ ARP 리플라이를 보냅니다.

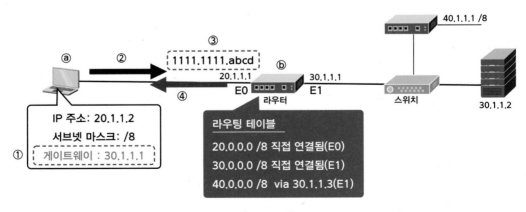

[그림 15-8] 프록시 ARP

그런데 프록시 ARP가 동작하려면 [표 15-6]과 같은 세 가지 조건을 만족해야 합니다.

프록시 ARP 동작 조건	설명

첫째, 라우터에 프록시 ARP 기능이 설정되어야 합니다.	시스코 라우터의 경우, 다음 명령으로 설정합니다.
	`Router(config)#interface ethernet 0`
	`Rotuer(config)#ip proxy-arp`

둘째, ARP의 타깃 IP 주소가 ARP 리퀘스트를 수신한 인터페이스가 속한 네트워크에 포함되지 않아야 합니다.	ARP 리퀘스트의 타깃 IP 주소가 30.1.1.10이고, 이 주소가 라우터 ⓑ의 E0 인터페이스가 포함된 네트워크(20.0.0.0 /8)의 주소가 아니므로 조건에 합당합니다.
셋째, 라우터 ⓑ는 타깃 IP 주소를 포함하는 네트워크 정보를 라우팅 테이블에 보유해야 합니다.	라우터 ⓑ의 라우팅 테이블에 타깃 IP 주소인 30.1.1.1을 포함하는 네트워크 정보가 '30.0.0.0 /8 직접 연결됨(E1)'과 같이 올라와 있으므로 조건에 합당합니다.

[표 15-6] 프록시 ARP가 동작할 수 있는 조건

[표 15-6]을 읽고 다음 물음에 답해보세요. 만약 PC ⓐ에서 디폴트 게이트웨이 주소를 40.1.1.1로 설정하면 어떻게 될까요? 40.1.1.1도 ARP 리퀘스트를 수신한 라우터 ⓑ의 E0 인터페이스가 포함된 네트워크(20.0.0.0 /8)에 속한 주소가 아니고, 라우터 ⓑ의 라우팅 테이블에 40.1.1.1을 포함하는 네트워크 정보(40.0.0.0 /8)가 포함되기 때문에 프록시 ARP 기능은 정상 동작하여 라우터의 MAC 주소(1111.1111.abcd)를 알아올 수 있습니다.

ARP 스푸핑(ARP Spoofing)

ARP 스푸핑 공격은 ARP를 활용하는 공격 방법입니다. [그림 15-9]에서 희생자인 PC ⓐ가 서버 ⓑ에 패킷을 보내려고 합니다. PC ⓐ는 서버 ⓑ의 IP 주소(10.1.1.2)를 알지만, MAC 주소를 모릅니다. 이러한 문제를 해결하기 위해 ARP 리퀘스트를 보냅니다. 이에 대해 공격자인 PC ⓒ는 서버 ⓑ를 대신하여 자신의 MAC 주소로 ARP 리플라이를 보냅니다. 이를 통해 PC ⓒ는 PC ⓐ가 서버 ⓑ에게 보낸 패킷들을 수집할 수 있습니다.

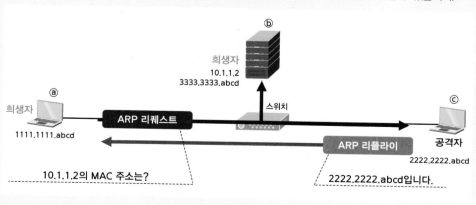

[그림 15-9] ARP 스푸핑

TCP는 ACK 세그먼트를 통해 믿음직함(Reliability, 신뢰성)을 제공하지만, IP는 이러한 메커니즘을 갖지 못합니다. ICMP(Internet Control Message Protocol) 는 IP의 비신뢰성(Unreliability) 문제를 보완하기 위해 정의되었습니다. ICMP의 기능은 다음 두 가지로 요약할 수 있습니다.

❶ 오류가 발생하면 패킷의 출발지 장치에게 어떤 문제가 발생했는지를 알려줍니다.
❷ 통신이 가능한지 체크하거나 통신에 필요한 정보를 교환합니다.

● TCP vs ICMP

TCP는 4계층 프로토콜이고, ICMP는 3계층 프로토콜입니다. 따라서 라우터와 같은 3계층 장치는 TCP와 무관한 장치이지만, ICMP는 지원할 수 있습니다. [표 15-7]을 봅시다. TCP는 컨제스천 문제를 컨제스천 컨트롤 기능으로, ICMP는 소스 퀜치 메시지를 통해 해결할 수 있습니다. TCP는 수신 장치의 수신 역량을 반영하여 전송량을 결정하기 위해 플로 컨트롤 기능을 활용하지만, ICMP는 소스 퀜치 메시지를 활용할 수 있습니다. 그런데 현재 IP의 소스 퀜치 기능은 거의 사용하지 않고, 대신 IP의 ToS 필드의 마지막 2개의 비트를 사용해서 컨제스천이 발생했음을 알릴 수 있습니다.

TCP는 재전송을 통해 패킷 유실 문제를 해결하고, ICMP는 이 문제를 해결할 수 없는 대신 패킷을 보낸 장치에게 에러 리포팅 메시지를 보냅니다. TCP는 라우팅 오류를 수정하는 기능이 없는 반면 ICMP는 리다이렉팅 기능을 제공합니다. TCP는 통신이 가능한지 확인하는 기능이 없지만, ICMP는 핑(Ping) 기능을 통해 확인할 수 있습니다.

문제	TCP	ICMP
네트워크 컨제스천	컨제스천 컨트롤	소스 퀜치
수신 장치의 컨제스천	플로 컨트롤	소스 퀜치
패킷 유실	재전송	에러 리포팅
라우팅 오류	X	리다이렉팅
통신 확인	X	핑

[표 15-7] TCP 기능 vs ICMP의 기능

● ICMP 메시지의 형식

[그림 15-10]에서 PC ⓐ가 보낸 ① 패킷은 다양한 이유로 라우터 ⓑ에 의해 ② 폐기될 수 있습니다. 패킷을 폐기한 라우터는 패킷의 출발지 장치인 PC ⓐ에게 ③ ICMP

패킷을 보냅니다. ICMP 헤더는 ④ 8바이트이고, 나머지 ⑤ 28바이트는 ① 원래 패킷의 IP 헤더와 첫 번째 8바이트의 데이터를 포함합니다. 특히 ICMP 헤더의 ⑥ 타입 필드와 ⑦ 코드 필드에는 메시지의 종류를 구분하는 값이 입력됩니다. PC ⓐ에서 ⑧ netstat −s −p icmp 명령을 통해 수신한 ICMP 메시지의 수를 파악해서 어떤 문제가 일어나고 있는지 알 수 있습니다.

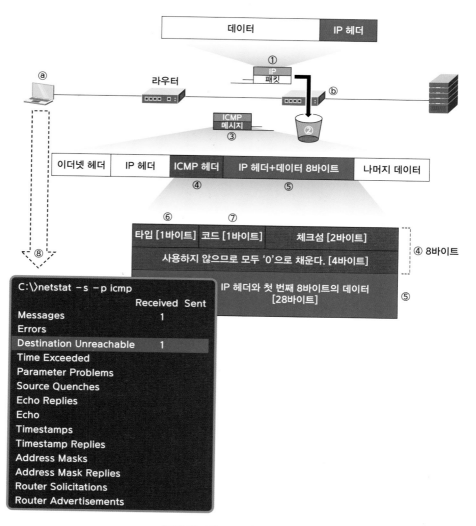

[그림 15-10] ICMP 메시지의 형식

● ICMP 메시지의 종류

ICMP 메시지는 [그림 15-11]과 같이 크게 '에러 리포팅 메시지'와 '쿼리 메시지'로 구분됩니다. 에러 리포팅 메시지는 네트워크나 단말 등 3계층 이상의 장치가 발견한 다양한 에러를 패킷의 출발지 장치에게 알려주기 위해 사용합니다. 반면 쿼리 메시지는 3계층 이상의 장치 간에 통신 가능성을 점검하고, 통신에 필요한 정보를 교환하기 위한 것입니다.

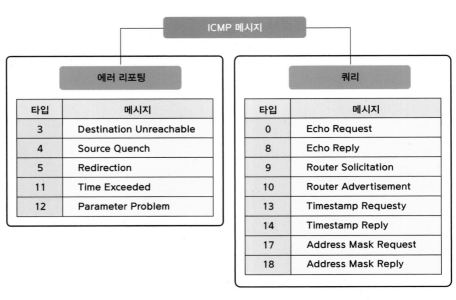

[그림 15-11] ICMP 메시지

● 에러 리포팅 메시지

에러 리포팅 메시지 발생과 관련된 원칙과 에러 리포팅 메시지에 대해 구체적으로 알아봅시다.

● 에러 리포팅 메시지 관련 원칙

❶ 폐기된 패킷의 출발지 장치에게 전송합니다.

❷ ICMP 에러 리포팅 메시지가 포함된 패킷은 ICMP 에러 리포팅 메시지를 발생시키지 못합니다.

❸ 상위 계층의 데이터를 분할한 패킷 중 첫 번째 조각이 아닌 경우에는 ICMP 에러 리포팅 메시지가 발생하지 않습니다.

❹ 멀티캐스팅 패킷에 대해서 ICMP 에러 리포팅 메시지가 발생하지 않습니다.

❺ 루프백 주소(127.0.0.1)나 모든 IP 주소(0.0.0.0)와 같이 특별한 주소가 목적지라면 ICMP 에러 리포팅 메시지가 발생하지 않습니다.

● 데스티네이션 언리처블(Destination Unreachable) 메시지

라우터나 호스트 등 3계층 이상의 장치, 즉 ICMP를 지원할 수 있는 장치는 패킷을 더 이상 처리할 수 없을 때 ICMP 에러 리포팅 메시지 중에서 [그림 15-12]와 같은 데스티네이션 언리처블 메시지가 발생됩니다. 데스티네이션 언리처블 메시지는 타입 번호 3을 사용하고, 코드 번호에 의해 패킷을 폐기한 사유를 구체적으로 표시합니다.

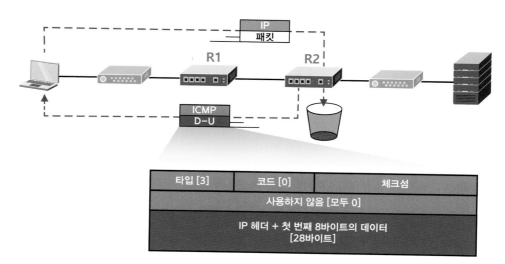

타입 [3]	코드 [0]	체크섬
사용하지 않음 [모두 0]		
IP 헤더 + 첫 번째 8바이트의 데이터 [28바이트]		

[그림 15-12] ICMP 데스티네이션 언리처블 메시지

ICMP 데스티네이션 언리처블 메시지의 코드 값은 [표 15-8]과 같이 어떤 오류가 발생했는지 표시합니다.

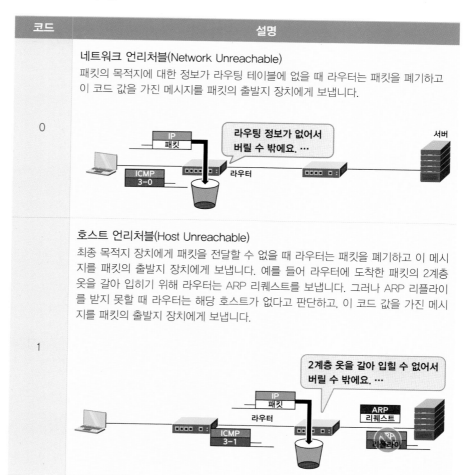

코드	설명
0	**네트워크 언리처블(Network Unreachable)** 패킷의 목적지에 대한 정보가 라우팅 테이블에 없을 때 라우터는 패킷을 폐기하고 이 코드 값을 가진 메시지를 패킷의 출발지 장치에게 보냅니다.
1	**호스트 언리처블(Host Unreachable)** 최종 목적지 장치에게 패킷을 전달할 수 없을 때 라우터는 패킷을 폐기하고 이 메시지를 패킷의 출발지 장치에게 보냅니다. 예를 들어 라우터에 도착한 패킷의 2계층 옷을 갈아 입히기 위해 라우터는 ARP 리퀘스트를 보냅니다. 그러나 ARP 리플라이를 받지 못할 때 라우터는 해당 호스트가 없다고 판단하고, 이 코드 값을 가진 메시지를 패킷의 출발지 장치에게 보냅니다.

코드	설명

프로토콜 언리처블(Protocol Unreachable)

최종 목적지 장치가 패킷을 처리하기 위한 프로토콜을 지원하지 않을 때 패킷을 폐기하고 이 코드 값을 가진 메시지를 패킷의 출발지 장치에게 보냅니다. 예를 들어 목적지 장치가 TCP, UDP, OSPF 등의 프로토콜을 지원하지 않는 경우에 해당합니다.

2

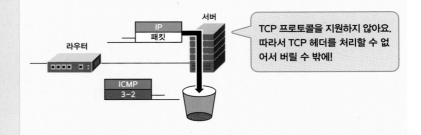

포트 언리처블(Port Unreachable)

최종 목적지 장치가 (패킷의 4계층 헤더에 포함된) 포트(서비스)를 지원하지 않을 때 패킷을 폐기하고 이 코드 값을 가진 메시지를 패킷의 출발지 장치에게 보냅니다.

3

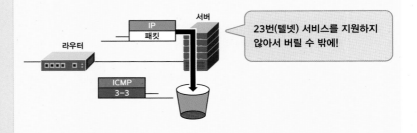

프래그먼테이션이 필요하지만 DF가 설정됨(Fragmentation Needed and DF Set)

MTU(Maximum Transmission Unit)는 인터페이스를 통과할 수 있는 최대 패킷 크기로 3계층 이상 장치의 인터페이스마다 다른 값으로 설정 가능합니다. 3,000바이트짜리 패킷이 MTU=1500인 인터페이스를 통과하려면 패킷 분할이 필요합니다. 그러나 패킷의 DF 비트가 1로 세팅되었으면, 패킷 분할이 불가능하므로 라우터는 패킷을 버리고 이 코드 값을 가진 메시지를 패킷의 출발지 장치에게 보냅니다.

4

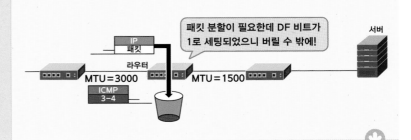

코드	설명

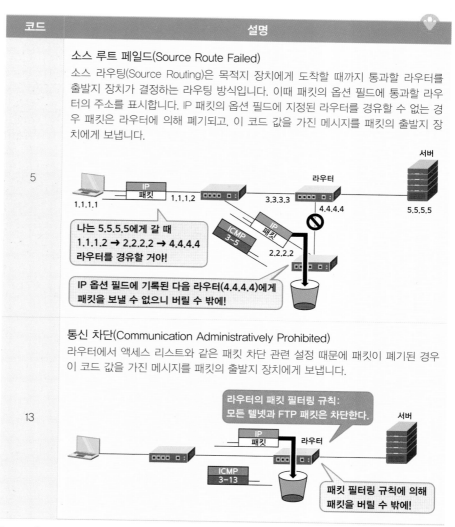

소스 루트 페일드(Source Route Failed)

소스 라우팅(Source Routing)은 목적지 장치에게 도착할 때까지 통과할 라우터를 출발지 장치가 결정하는 라우팅 방식입니다. 이때 패킷의 옵션 필드에 통과할 라우터의 주소를 표시합니다. IP 패킷의 옵션 필드에 지정된 라우터를 경유할 수 없는 경우 패킷은 라우터에 의해 폐기되고, 이 코드 값을 가진 메시지를 패킷의 출발지 장치에게 보냅니다.

5

통신 차단(Communication Administratively Prohibited)

라우터에서 액세스 리스트와 같은 패킷 차단 관련 설정 때문에 패킷이 폐기된 경우 이 코드 값을 가진 메시지를 패킷의 출발지 장치에게 보냅니다.

13

[표 15-8] ICMP 데스티네이션 언리처블 메시지에서 코드별 오류

● **타임 익시디드(Time Exceeded) 메시지**

IP 헤더의 TTL 값은 라우터를 통과할 때마다 1씩 줄어듭니다. 타임 익시디드 메시지는 다음 두 가지 경우에 생성됩니다.

❶ TTL 값이 0이 되면 라우터는 패킷을 폐기하고, 타임 익시디드 메시지를 패킷의 출발지에게 보냅니다. 이때 타입은 11이고, 코드는 0으로 표시됩니다. [그림 15-13]은 TTL이 0이 되는 경우를 설명합니다. 즉 PC가 **7.0.0.0 /8** 네트워크로 보낸 패킷은 R1과 R2 사이에서 순환하고 있습니다. 왜냐하면 R1과 R2의 라우팅 테이블에서 **7.0.0.0 /8** 네트워크에 대한 경로로 R1과 R2, 상호 간을 가리키고 있기 때문입니다. 패킷의 TTL 값은 128에서 시작해서 라우터를 통과할 때마다 1씩 줄어들고 0이 되면 라우터는 패킷을 폐기합니다.

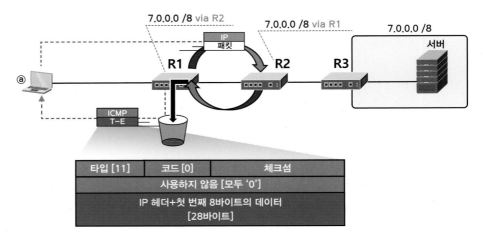

타입 [11] | 코드 [0] | 체크섬
사용하지 않음 [모두 '0']
IP 헤더+첫 번째 8바이트의 데이터
[28바이트]

[그림 15-13] 타임 익시디드(Time Exceeded) 메시지

❷ 송신 장치의 IP 프로세스가 상위 계층에서 내려온 세그먼트를 분할하여 보냈다면, 목적지 장치에서 조립합니다. 목적지 장치는 첫 번째 조각이 도착하면 타이머를 시작합니다. 만약 타이머가 종료된 후에도 모든 조각이 도착하지 않으면 타임 익시디드 메시지가 출발지 장치에게 보내지는데, 이때 타입은 11로, 코드는 1로 표시됩니다.

● **파라미터 프로블럼(Parameter Problem) 메시지**

라우터나 호스트와 같은 3계층 이상의 장치가 헤더 필드나 옵션 필드에서 명확하지 않거나 누락된 부분이 발견되면, 파라미터 프로블럼 메시지를 패킷의 출발지 장치에게 보냅니다. 이때 다음과 같은 두 가지 경우가 있습니다.

❶ 헤더 필드 중에서 불명확하거나 누락된 부분이 있다면, 타입 12, 코드 0인 파라미터 프로블럼 메시지가 생성되는데, 포인터 필드에는 문제가 되는 필드의 위치를 표시합니다.

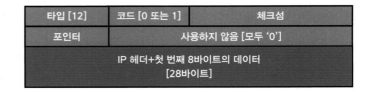

타입 [12] | 코드 [0 또는 1] | 체크섬
포인터 | 사용하지 않음 [모두 '0']
IP 헤더+첫 번째 8바이트의 데이터
[28바이트]

[그림 15-14] 파라미터 문제(Parameter Problem) 메시지

❷ 옵션 필드에 문제가 있다면 타입 11, 코드 1인 파라미터 프로블럼 메시지가 생성되는데, 포인터 필드는 사용하지 않습니다.

● **리다이렉트(Redirect) 메시지**

[그림 15-15]에서 PC ⓐ는 다른 네트워크에 속한 서버 ⓑ에게 패킷을 보내려고 합니다. 그런데 PC ⓐ와 서버 ⓑ는 다른 네트워크에 속하므로 PC ⓐ가 보낸 패킷은

우선 디폴트 게이트웨이(1.1.1.1)인 라우터 ⓒ에게 보내지고, 라우터 ⓒ에 도착한 패킷은 라우터 ⓒ의 라우팅 테이블에 의해 라우터 ⓓ에게 보내집니다. 그런데 이 패킷의 이동은 불합리합니다. 왜냐하면 PC ⓐ에서 서버 ⓑ를 향하는 패킷은 라우터 ⓒ가 아니라 라우터 ⓓ를 통할 때 보다 합리적이기 때문입니다.

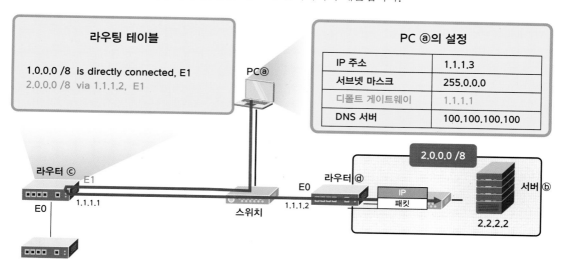

[그림 15-15] 불합리한 라우팅 문제

이 문제를 해결하는 것이 ICMP 리다이렉트 메시지입니다. 라우터 ⓒ 입장에서 이 패킷은 E1 인터페이스로 들어와서 동일한 인터페이스를 통해 나가고 있습니다. 이 경우 라우터 ⓒ는 라우팅 경로가 불합리하다고 판단하고, 이 패킷을 보낸 장치인 PC ⓐ에게 ICMP 리다이렉트 메시지를 보냅니다. ICMP 리다이렉트 메시지에는 목적지 주소, **2.2.2.2** 에 대해 사용할 디폴트 게이트웨이 주소, **1.1.1.2**(라우터 ⓓ의 주소)가 입력됩니다. PC에서 라우팅 테이블을 확인하는 명령은 **route print**입니다. PC ⓐ의 라우팅 테이블에서 ① 원래 설정한 디폴트 게이트웨이 정보와 함께 ICMP 리다이렉트 메시지로 전달된 ④ 라우팅 정보(**2.2.2.2** 목적지에 대한 디폴트 게이트웨이[**1.1.1.2**])도 확인할 수 있습니다. 이 기능 때문에 서버 ⓑ를 향하는 패킷은 라우터 ⓓ에게 직접 보내집니다.

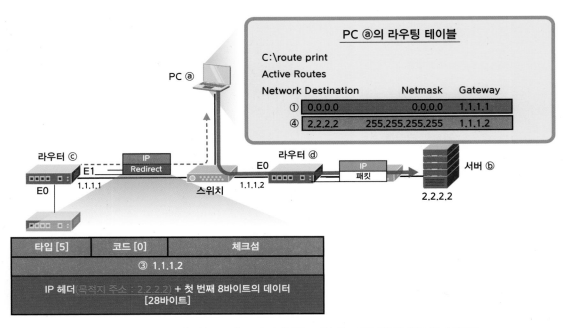

[그림 15-16] ICMP 리다이렉트 메시지는 PC의 라우팅 테이블을 추가한다.

● **소스 퀜치(Source Quench) 메시지**

타입은 4이고 코드는 항상 0입니다. TCP는 컨제스천 컨트롤과 플로 컨트롤을 통해 네트워크나 수신 장치에 과다 트래픽이 몰리는 문제를 해결하지만, IP에는 이러한 기능이 없습니다. ICMP 소스 퀜치 메시지는 IP의 이 약점을 보완합니다. 라우터의 인터페이스나 호스트는 패킷을 처리하기 전에 패킷을 대기시키기 위한 큐(버퍼)를 갖습니다. 라우터나 호스트가 패킷을 처리하지 않으면 큐에 줄을 선 패킷은 늘어나 결국 큐는 가득 차게 되고 큐에 저장할 수 없는 패킷들은 폐기됩니다. 패킷을 폐기하면 ICMP 소스 퀜치 메시지가 패킷의 출발지 장치에게 보내집니다. ICMP 소스 퀜치 메시지는 컨제스천 상황에서 패킷이 폐기될 때마다 발생하는데, 이 때문에 ICMP 소스 퀜치 메시지는 컨제스천 상황을 더욱 악화시킨다는 단점이 있습니다. ICMP 소스 퀜치는 더 이상 사용하지 않습니다. 대신 IP의 ToS 필드의 마지막 2개의 비트를 사용해서 컨제스천이 발생했음을 표시할 수 있습니다.

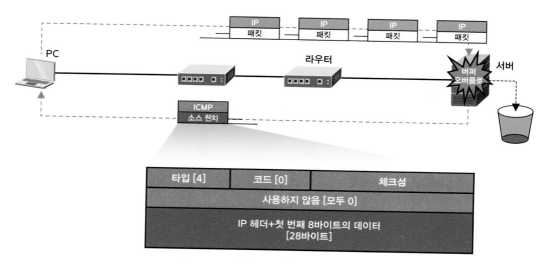

타입 [4]	코드 [0]	체크섬
사용하지 않음 [모두 0]		
IP 헤더+첫 번째 8바이트의 데이터 [28바이트]		

[그림 15-17] ICMP 소스 퀜치 메시지

● 쿼리(Query) 메시지

ICMP는 쿼리 메시지들은 연결 가능성을 체크하거나, 통신 장치 간의 왕복 시간을 측정하거나 디폴트 게이트웨이(라우터)의 IP 주소를 자동 학습하는 기능을 제공합니다.

● 에코 리퀘스트와 리플라이

ICMP는 목적지 장치에 대해 에코 리퀘스트와 리플라이 패킷을 교환하여 네트워크 연결성을 체크합니다. 에코 리퀘스트(타입: 8) 리플라이(타입: 0) 패킷을 활용하여 네트워크 연결성을 확인하는 유틸리티는 핑(ping)입니다.

[그림 15-18]에서 PC ⓐ(출발지)와 서버 ⓑ(목적지) 간의 통신이 가능하려면, PC ⓐ(출발지)가 보낸 패킷은 서버 ⓑ(목적지)에게 갈 수 있어야 하고, 다시 서버 ⓑ(목적지)가 보낸 패킷은 PC ⓐ(출발지)로 돌아올 수 있어야 합니다. 핑은 IP(3계층) 패킷이 목적지에 갔다올 수 있는지 체크하는 툴입니다. 따라서 핑이 성공했다면 출발지와 목적지 간에 있는 모든 3계층 이하의 장치나 소프트웨어에 아무런 문제가 없다는 것을 의미합니다. (즉 ICMP는 3계층 프로토콜이므로 핑은 4계층 이상을 체크할 수 없습니다.) 3계층까지 문제가 없으려면, 1계층의 케이블 연결이나, 2계층 프로토콜 설정이나, 3계층의 라우팅에 아무 문제가 없어야 합니다. 우선 라우팅을 위해서는 PC ⓐ와 서버 ⓑ의 IP 주소, 서브넷 마스크, 디폴트 게이트웨이를 정확하게 설정해야 합니다. 더불어 패킷이 통과하는 모든 라우터의 라우팅 테이블도 완벽해야 합니다. 즉 각 라우터들의 라우팅 테이블은 에코 리퀘스트 패킷의 목적지 주소인 7.7.7.7을 포함하는 라우팅 정보와 더불어 돌아오는 패킷인 에코 리플라이 패킷의 목적지 주소인 100.100.100.100을 포함하는 네트워크 정보를 보유해야 합니다. ICMP 에코 리퀘스트와 리플라이의 데이

15

터 자리에는 의미 없는 동일한 데이터가 입력됩니다. 에코 리퀘스트와 에코 리플라이의 ID와 순서 번호도 동일합니다. ID와 순서 번호는 돌아온 에코 리플라이가 내가 보낸 에코 리퀘스트에 대한 응답인지 확인하기 위한 값으로 사용됩니다.

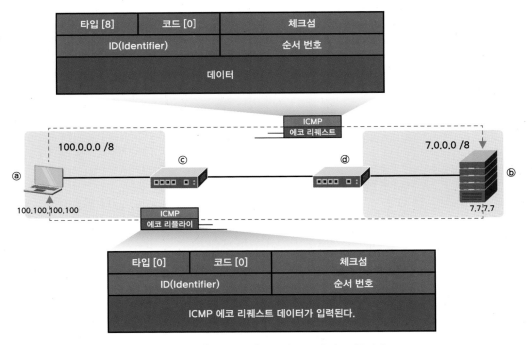

[그림 15-18] 에코 리퀘스트와 에코 리플라이

[그림 15-19]는 핑 도구를 사용한 예입니다. ping 7.7.7.7 명령을 통해 목적지 주소 7.7.7.7에게 ICMP 에코 리퀘스트를 보냈는데, 결과는 ICMP 에코 리플라이가 무사히 돌아왔음을 보여줍니다. ICMP 에코 리플라이는 32바이트 길이이고, 왕복 시간은 3~9ms이고, TTL=126임을 보여줍니다. TTL은 서버에서 128로 보내지기 때문에 TTL=126은 2대의 라우터를 통과했음을 표시합니다. 즉 TTL 값을 보면 출발지 장치와 목적지 장치 사이에 얼마나 많은 라우터들이 있는지 알 수 있습니다.

```
C:₩>ping  7.7.7.7

Ping 7.7.7.7  32바이트 데이터 사용:
7.7.7.7의 응답:바이트 = 32 시간 = 3ms TTL = 126
7.7.7.7의 응답:바이트 = 32 시간 = 3ms TTL = 126
7.7.7.7의 응답:바이트 = 32 시간 = 4ms TTL = 126
7.7.7.7의 응답:바이트 = 32 시간 = 9ms TTL = 126

7.7.7.7에 대한 Ping 통계:
    패킷: 보냄 = 4, 받음 = 4, 손실 = 0 (0% 손실),
왕복 시간(밀리초):
    최소 = 3ms, 최대 = 9ms, 평균 = 4ms
```

[그림 15-19] 핑 도구의 활용 예

● 라우터 솔리시테이션과 라우터 어드버타이즈먼트(Router Solicitation & Router Advertisement)

PC가 디폴트 게이트웨이를 설정하지 않은 상태에서 부팅했을 때 ICMP 라우터 솔리시테이션과 라우터 어드버타이즈먼트 메시지에 의해 라우터의 주소를 자동으로 학습할 수도 있습니다. [그림 15-20]에서 라우터 솔리시테이션 메시지는 224.0.0.2(All-Router-멀티캐스트 주소)나 브로드캐스트 주소로 보내집니다. 라우터 어드버타이즈먼트 메시지는 라우터 솔리시테이션 메시지에 대한 응답으로 보내지지만, 주기적으로 보내기도 합니다. 라우터 어드버타이즈먼트 메시지의 주소 수는 메시지 안에 포함된 라우터의 주소 수이고, 주소 크기는 IPv4일 경우 1이 입력됩니다. 라이프 타임은 정보의 유효 기간입니다. 다음으로 라우터의 주소와 우선순위가 포함되는데, 우선순위는 라우터의 주소가 다수일 때 우선순위가 높은 라우터 주소가 디폴트 게이트웨이로 받아들여집니다.

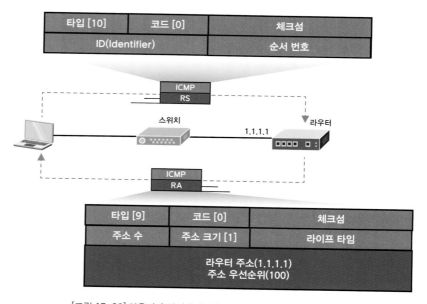

[그림 15-20] 라우터 솔리시테이션과 라우터 어드버타이즈먼트 메시지

● 타임스탬프 리퀘스트와 리플라이(Timestamp Request & Timestamp Reply)

네트워크 장치는 시계를 가지고 있으며, 이 시계의 시각을 일치시키기 위해 사용하는 메시지입니다. 네트워크 장치의 시각을 왜 일치시켜야 할까요? 예를 들어 Syslog 나 SNMP(Simple Network Management Protocol)와 같은 네트워크 관리 애플리케이션을 적용했을 때 라우터와 스위치는 클라이언트가 되어 서버에게 네트워크에 어떤 이벤트나 장애가 발생했는지 보고합니다. 이때 네트워크 장치들의 시각이 일치하지 않으면 네트워크 장치들이 보낸 메시지들에 포함된 시각도 일치하지 않을 것입니다. 보

통 ICMP 타임스탬프 기능은 비표준을 허용하기 때문에 호환성 문제가 생길 수 있습니다. 따라서 표준 프로토콜인 NTP(Network Time Protocol)의 사용을 권장합니다.

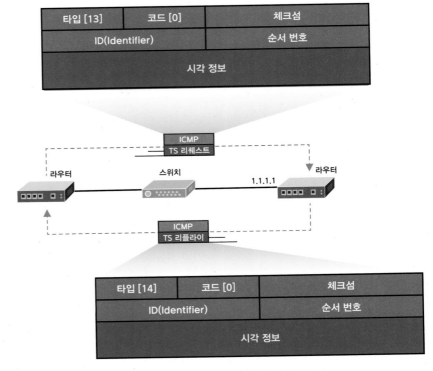

[그림 15-21] 타임스탬프 리퀘스트와 리플라이 메시지

● 타입 15/16인 인포메이션 리퀘스트와 인포메이션 리플라이(Information Request & Information Reply)와 타입 17/18인 서브넷 마스크 리퀘스트와 서브넷 마스크 리플라이(Subnet Mask Request & Subnet Mask Reply) 메시지는 더 이상 사용하지 않습니다.

LESSON 79 : DHCP

호스트에는 IP 주소, 디폴트 게이트웨이, 서브넷 마스크와 DNS 서버 주소 등을 설정해야 하는데, DHCP(Dynamic Host Control Protocol)는 이러한 IP 관련 파라미터를 호스트에게 자동으로 설정하도록 합니다. 대부분의 OS는 DHCP 클라이언트 소프트웨어를 포함하고 있습니다.

● DHCP 트랜잭션

DHCP는 네 가지 트랜잭션, 즉 디스커버(Discover), 오퍼(Offer), 리퀘스트(Request), ACK 메시지로 구성되는데, 앞 글자만 따서 DORA라고 기억하면 됩니다. 모든 DHCP 메시지는 UDP를 활용하며, 브로드캐스트 주소와 더불어 유니캐스트 주소로 교환할 수 있습니다. ① DHCP 디스커버(Discover) 메시지는 "DHCP 서버라면 IP 파라미터를 할당해 주십시오."에 해당합니다.

DHCP 서버는 IP 파라미터를 보내기 전에 할당할 IP 주소가 이미 사용 중인지 확인하기 위해 ② 핑 테스트를 합니다. 핑 테스트에 대한 응답이 도착하면 누군가 IP 주소를 사용중임을 의미하므로 해당 주소 대신 다른 IP 주소를 할당합니다. 할당하려는 IP 주소를 아무도 사용하지 않을 때 DHCP 서버는 ③ DHCP 오퍼(Offer) 메시지를 보냅니다. DHCP 오퍼 메시지는 "다음 IP 파라미터(IP 주소, 디폴트 게이트웨이, 서브넷 마스크, DNS 서버 주소)를 사용할래요?"에 해당합니다.

[그림 15-22]에서는 2대의 DHCP 서버들로부터 DHCP 오퍼를 받았습니다. 이때 DHCP 클라이언트는 2대의 DHCP 서버가 보낸 DHCP 오퍼들 중에서 도착 순서나 DHCP 서버의 우선순위를 비교하여 하나의 오퍼를 선택합니다. 그런데 DHCP 오퍼를 받으면 DHCP 클라이언트도 할당받은 IP 주소를 누군가 이미 사용중인지 확인합니다. DHCP 클라이언트는 ④ GARP(Gratuitous ARP) 리퀘스트 패킷을 보냅니다. 브로드캐스트로 보내지는 GARP 패킷은 ARP와 같이 할당받은 IP 주소에 대한 MAC 주소를 묻는 패킷입니다. GARP 리플라이 패킷이 도착한다면 누군가 할당받은 IP 주소를 사용 중이라는 것을 뜻합니다. GARP 응답 메시지를 받으면, DHCP 서버에게 DHCP 디클라인(Decline) 메시지를 보내 거부 의사를 보냅니다. 이 경우 DHCP 클라이언트는 DHCP 디스커버 메시지부터 다시 보내고, DHCP 서버는 다른 IP 주소를 포함하는 DHCP 오퍼 메시지를 보냅니다.

중복되지 않은 IP 주소를 할당받은 경우 DHCP 클라이언트는 선택된 DHCP 오퍼를 보낸 서버에게 ⑤ DHCP 리퀘스트(Request) 메시지를 보냅니다. DHCP 리퀘스트는 "1.1.1.2 주소를 가진 DHCP 서버가 보내준 IP 파라미터를 사용할게요."와 같은 내용을 포함합니다. 마지막으로 DHCP 서버는 ⑥ DHCP ACK를 클라이언트에게 보내고 IP 파라미터 할당 절차를 종료합니다. DHCP ACK는 "그렇다면 다음 IP 파라미터를 24시간 동안 사용하세요."에 해당합니다. 할당받은 IP 주소를 계속 사용하려는 호스트는 임대 기간의 절반이 경과한 시점에 DHCP 리퀘스트/ACK를 교환하여 임대 기간을 계속 연장할 수 있습니다. 임대 기간은 설정을 통해 변경할 수 있습니다.

15

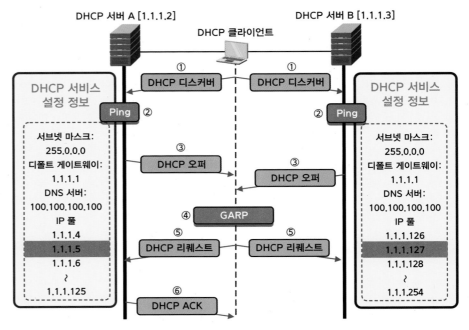

[그림 15-22] DHCP 트랜잭션

● DHCP 메시지 포맷

DHCP 메시지의 포맷은 [그림 15-23]과 같습니다. DHCP는 UDP를 사용합니다.

이더넷 헤더	IP 헤더	UDP 헤더	DHCP 메시지

[괄호] 안의 숫자 단위는 바이트

오퍼레이션 코드 [1]	하드웨어 타입 [1]	하드웨어 길이 [1]	홉 카운트 [1]
트랜잭션 ID [4]			
초 [2]		F	사용하지 않음
클라이언트 IP 주소 [4]			
Your IP 주소 [4]			
서버 IP 주소 [4]			
게이트웨이 IP 주소 [4]			
클라이언트 하드웨어 주소 [16]			
서버 이름 [64]			
부트 파일명 [128]			
옵션 [다양한 길이]			

[그림 15-23] DHCP 메시지 포맷

각 필드에 대한 설명은 [표 15-9]를 참조하세요. DHCP 클라이언트에게 할당할 IP 파라미터는 빨간색으로 표시했습니다. 특히 옵션 필드에는 DHCP 메시지의 타입, 임대 기간과 함께 2대의 DHCP 서버로부터 오퍼들을 받았을 때 선택된 DHCP 서버의 IP 주소가 입력됩니다.

DHCP 필드	설명
오퍼레이션 코드 (Operation Code)	메시지가 리퀘스트인지, 리플라이인지 표시한다. 1은 리퀘스트, 2는 리플라이를 의미합니다.
하드웨어 타입 (Hardware Type)	하드웨어 주소 타입을 나타낸다. 예를 들어 1은 이더넷을 의미합니다.
하드웨어 길이 (Hardware Length)	하드웨어 주소 길이를 표시한다. 이더넷 MAC 주소의 경우 6바이트이므로 6이 입력됩니다.
홉(Hop)	패킷이 통과할 수 있는 최대 라우터 수
트랜잭션 ID (Transaction ID)	클라이언트가 랜덤하게 선택한 번호로, 클라이언트가 서버에게 보낸 메시지와 서버가 클라이언트에게 보낸 메시지가 동일한 번호를 사용합니다. 즉 리퀘스트 메시지에 대한 리스폰스 메시지를 확인하기 위해 사용합니다.
초 (Number of econds)	클라이언트가 DHCP 프로세스를 시작한 후, 경과된 시간
플래그(Flag)	DHCP 디스커버와 리퀘스트는 무조건 브로드캐스트로 보내지만, DHCP 오퍼와 ACK는 브로드캐스트뿐만 아니라 유니캐스트로도 보낼 수 있습니다. 클라이언트가 플래그를 0으로 설정하면 서버가 보낸 DHCP 메시지를 유니캐스트 주소로 받기를 원한다는 것을, 1이면 브로드캐스트 주소로 받기를 원한다는 것을 표시합니다.
클라이언트 IP 주소	DHCP 리퀘스트/ACK를 교환할 때, 현재 사용 중인 IP 주소가 포함됩니다.
Your IP 주소	DHCP 서버가 DHCP 클라이언트에게 할당한 IP 주소
서버 IP 주소	DHCP 서버의 IP 주소
디폴트 게이트웨이	라우터 주소 또는 릴레이 에이전트 주소
클라이언트 하드웨어 주소	DHCP 클라이언트의 MAC 주소
서버명	[옵션] 서버의 도메인명
부트 파일명 (Boot File Name)	클라이언트가 부팅하기 위해 필요한 파일의 이름
옵션	• 메시지 타입(디스커버/오퍼/리퀘스트/ACK/디클라인) • **임대 기간(기본 1일)** • **DHCP 서버 ID(IP 주소): DHCP 리퀘스트 메시지에서 선택된 DHCP 서버의 IP 주소가 입력됩니다.** • 서브넷 마스크 • 디폴트 게이트웨이 • DNS 서버 IP 주소 등

[표 15-9] DHCP 필드

15

● DHCP 릴레이 에이전트

일반적으로 DHCP 메시지는 브로드캐스팅되므로 라우터가 브로드캐스트 패킷을 차단하기 때문에 단말과 DHCP 서버는 반드시 같은 네트워크에 위치해야 합니다. 이러한 제약 사항 때문에 DHCP 서버는 각 네트워크마다 배치되어야 하지만, 실제 네트워크에서 이와 같은 구성은 너무 많은 DHCP 서버들이 필요하기 때문에 비효율적입니다.

이 문제에 대한 솔루션은 DHCP 릴레이 에이전트(DHCP Relay Agent)입니다. [그림 15-24]와 같이 라우터에 DHCP 릴레이 에이전트 기능을 설정하면 다른 네트워크에 배치된 DHCP 서버를 활용할 수 있습니다. DHCP 릴레이 에이전트의 기능은 DHCP 클라이언트가 송신하는 ① DHCP 브로드캐스트 패킷을 ② 유니캐스트로 변환하여 DHCP 서버에 전달하고 또한 DHCP 서버가 보낸 ③ DHCP 유니캐스트 패킷을 ④ DHCP 브로드캐스트 또는 유니캐스트 패킷으로 변환하여 전달합니다.

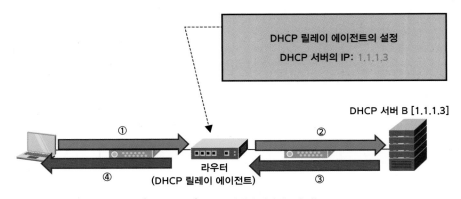

[그림 15-24] DHCP 릴레이 에이전트의 기능

 요·약·하·기

♦ **IP를 돕는 프로토콜들:** DNS(8장), DHCP(이번 장), 라우팅 프로토콜(14장), ARP(이번 장), ICMP(이번 장), IGMP & 멀티캐스트 라우팅 프로토콜(16장)

♦ **ARP:** 3계층 주소를 알고 2계층 주소를 모를 때 필요하다. ARP 리퀘스트와 리플라이를 교환하여 ARP 테이블이 만들어진다.

♦ **ICMP:** IP의 비신뢰성을 보완하는 프로토콜. TCP처럼 문제를 해결할 수는 없지만, 어떤 문제가 있었는지 패킷의 주인(출발지 장치)에게 알린다. 에러 리포팅과 쿼리 계열의 메시지로 나뉜다.

♦ **DHCP:** IP 주소, 디폴트 게이트웨이, 서브넷 마스크와 DNS 서버 주소 등의 IP 관련 파라미터를 호스트에게 자동으로 설정한다. 디스커버, 오퍼, 리퀘스트, ACK와 같이 4개의 트랜잭션이 필요하다.

Chapter 16 : 대역폭을 아끼자, 멀티캐스팅

멀티캐스팅 통신은 어떤 서비스를 위해 쓰일까요?

패킷은 유니캐스팅, 멀티캐스팅, 브로드캐스팅될 수 있습니다. 멀티캐스팅은 인터넷 방송, 분산 데이터베이스 접속, 원격 회의, 원격 강의, 뉴스 및 데이터 배포를 위해 광범위하게 활용되고 있습니다.

LESSON 80 : 유니캐스팅 vs 다이렉티드 브로드캐스팅 vs 멀티캐스팅

유니캐스트 주소는 출발지와 목적지로 사용될 수 있는 반면, 멀티캐스트와 다이렉티드 브로드캐스트 주소는 목적지 주소로만 사용됩니다.

● 유니캐스팅

유니캐스팅 통신에는 송신자와 수신자가 모두 하나입니다. 만약 하나의 송신자가 다수의 수신자에게 같은 패킷을 보내야 하는 애플리케이션이 있다고 가정해 봅시다. 이 경우 [그림 16-1]과 같이 서버 ⓐ는 클라이언트 PC ⓑ, ⓒ, ⓓ, ⓔ에게 각 목적지마다 별도의 유니캐스트 패킷을 보내야 합니다.

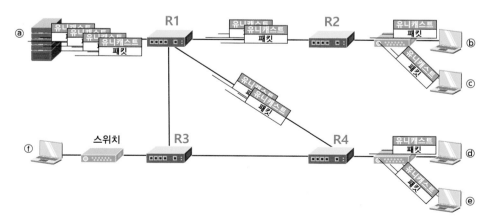

[그림 16-1] 유니캐스팅

◉ 다이렉티드 브로드캐스팅

[그림 16-2]는 같은 환경에서 다이렉티드 브로드캐스트(Directed Broaadcast) 주소를 활용한 경우입니다. 해당 네트워크의 마지막 주소를 다이렉티드 브로드캐스트 주소로 사용하는데, 다이렉티드 브로드캐스트 주소는 '서브넷 브로드캐스트 주소'라고도 합니다. [그림 16-2]의 ①번 네트워크(19.1.34.0 /24)의 마지막 주소는 **19.1.34.255**이고, ②번 네트워크(19.1.35.0 /24)의 마지막 주소는 **19.1.35.255**입니다. 즉 두 네트워크의 모든 호스트에게 보내기 위해서 서버 ⓐ는 2개의 패킷(③과 ④)을 보내야 합니다. 즉 ③번 패킷의 목적지 주소는 **19.1.34.255**이고, ④번 패킷의 목적지 주소는 **19.1.35.255**입니다. 이들 패킷은 목적지 네트워크에 도착할 때까지는 유니캐스트 패킷처럼 전달됩니다. 최종 라우터(ⓝ와 ⓡ)는 목적지 주소가 다이렉티드 브로드캐스트 주소라는 것을 계산을 통해 알 수 있습니다. 이 경우 최종 라우터가 패킷의 2계층 옷을 갈아입힐 때 2계층 목적지 주소로 브로드캐스트 주소(FFFF.FFFF.FFFF)를 입력하기 때문에 네트워크의 모든 장치에게 전달될 수 있습니다. 즉 하나의 패킷만 보내도 목적지 네트워크의 모든 장치에게 보낼 수 있기 때문에 유니캐스트보다 효율적입니다.

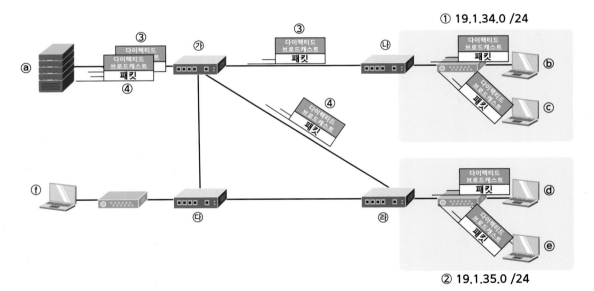

[그림 16-2] 다이렉티드 브로드캐스팅

● 멀티캐스팅

유니캐스트 주소로 보낸다면 각각의 호스트마다 별도의 패킷을 보내야 하고, 다이렉티드 브로드캐스트 주소로 보낸다면 각각의 네트워크마다 패킷을 보내야 합니다. 반면 멀티캐스트 주소로 보낸다면 모든 수신자들에게 하나의 패킷만 보내면 되기 때문에 밴드위스를 절약할 수 있습니다. 또한 유니캐스트 주소로 보내면 첫 번째 수신자와 마지막 수신자 사이에 시간 차가 생기지만, 멀티캐스트는 모든 수신자들이 거의 동시에 수신할 수 있습니다. 또한 멀티캐스트 트래픽의 배송 경로인 디스트리뷰션 트리(Distribution Tree)는 그룹 멤버(수신 대상 장치)가 속한 네트워크들만 다이내믹하게 연결합니다. 따라서 그룹 멤버에 속하는 단말을 끄면 디스트리뷰션 트리에서 자동으로 제외되기 때문에 필요 없는 곳으로 트래픽을 보내지도 않습니다. 예를 들어 [그림 16-3]에서 ①번(19.1.34.0 /24) 네트워크에는 (225.10.10.5 멀티캐스트 그룹 주소로 구분되는) 멤버가 없지만, ②번(19.1.35.0 /24)과 ③번(19.1.36.0 /24) 네트워크에는 그룹 멤버가 있습니다. 멀티캐스트 트래픽의 송신자인 서버 ⓐ가 보낸 멀티캐스트 트래픽은 멤버가 있는 ②번과 ③번 네트워크 방향으로만 전달됩니다.

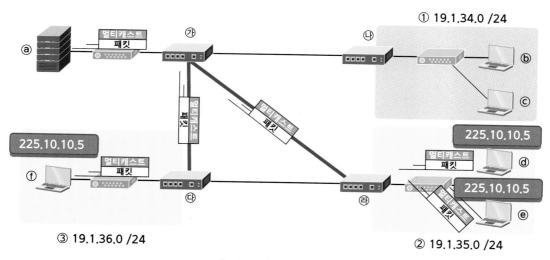

[그림 16-3] 멀티캐스팅

멀티캐스트 주소에는 [표 16-1]과 같은 종류가 있습니다.

이름	범위	설명
링크-로컬 주소 (Link-local Address)	224.0.0.0~224.0.0.255	한 네트워크 내부에서 네트워크 프로토콜이 사용하는 멀티캐스트 주소(TTL=1이므로 네트워크(라우터)를 벗어나지 못합니다.). 예를 들어 OSPF는 224.0.0.5와 224.0.0.6을 사용합니다.

이름	범위	설명
글로벌 영역 주소 (Globally Scoped Address)	224.0.1.0~238.255.255.255	회사와 회사 사이, 사이트와 사이트 사이와 인터넷 영역에서 사용하는 멀티캐스트 주소. 몇몇 주소는 IANA에서 특별한 애플리케이션을 위해 예비되어 있습니다. 예를 들어 NTP(Network Time Protocol)는 224.0.1.1을 사용합니다.
소스 스페시픽 주소 (Source Specific Address)	232.0.0.0~232.255.255.255	SSM(Source Specific Multicast) 주소는 ASM(Any Source Multicast) 주소에 대비됩니다. ASM은 일반적인 멀티캐스팅 메커니즘으로, 소스 주소(출발지 (유니캐스트) 주소)는 따지지 않고 멀티캐스트 그룹 주소(목적지 주소)를 기준으로 그룹 멤버가 될지 결정합니다. SSM은 특정 소스 주소에서 출발한 멀티캐스트 패킷들만 수신 장치에게 도착할 수 있도록 하고, 이를 통해 보안성을 향상시킬 수 있습니다. 또한 ASM 서비스 모델에서는 출발지 주소가 알려지지 않기 때문에 멀티캐스트 그룹 주소에 대한 모든 소스 주소를 발견해서 멀티캐스트 라우팅 테이블을 만들어야 하는 반면 SSM 서비스 모델에서는 특정 출발지 주소에 대한 멀티캐스트 라우팅 테이블만 만들면 됩니다.
GLOP 주소	233.0.0.0~233.255.255.255	AS(Autonomous System) 번호를 할당받은 사이트를 위해 예비된 주소입니다. 예를 들어 AS 33777에서 33777를 16진수로 변환하면 83F1이고, 2개의 16진수 83과 F1을 10진수로 변환하면 131과 241이 됩니다. 따라서 AS 33777을 위한 멀티캐스트 주소는 233.131.241.0 /24가 됩니다.
제한 영역 주소 (Limited Scope Address)	239.0.0.0~239.255.255.255	사설 영역에서 사용하도록 예비된 주소로, 회사와 학교 등 사이트 내부에서 사용하는 멀티캐스트 주소입니다.

[표 16-1] 멀티캐스트 주소

LESSON 81 : IGMP

호스트는 특정 멀티캐스트 그룹의 멤버가 될 수 있습니다. 특정 그룹에 속한다는 것은 특정 그룹에 속한 멀티캐스트 패킷을 수신할 수 있다는 의미입니다. 호스트는 IG-MP(Internet Group Membership Protocol)를 통해 멀티캐스트 트래픽을 분배하는 라우터에게 자신이 어떤 그룹에 속한 멤버인지를 보고합니다.

● IGMP 동작 영역

멀티캐스트 트래픽의 송신 장치는 '소스(Source)', 멀티캐스트 트래픽의 수신 호스트 들의 집합은 '멀티캐스트 그룹', 멀티캐스트 그룹에 속한 각 호스트들은 '그룹 멤버'라 고 합니다. 그룹의 멤버가 아니어도 멀티캐스트 트래픽을 보낼 수 있지만, 그룹의 멤 버들만 멀티캐스트 트래픽을 받을 수 있습니다. 그런데 라우터에 멀티캐스트 라우팅 프로토콜을 설정해야 멀티캐스트 트래픽을 전달하기 위한 디스트리뷰션 트리(Distri- bution Tree)가 만들어집니다. 소스에서 출발한 멀티캐스트 트래픽은 멀티캐스트 트래 픽의 배송 경로에 해당하는 디스트리뷰션 트리를 통해 그룹 멤버들에게 전달됩니다. 그룹의 멤버들은 라우터에게 IGMP 리포트를 보내 특정 그룹의 멤버임을 알립니다. IGMP는 그룹 멤버인 호스트와 라우터 사이에 적용되는 프로토콜인 반면, 멀티캐스트 라우팅 프로토콜은 디스트리뷰션 트리를 만들기 위해 라우터와 라우터 사이에 적용됩 니다.

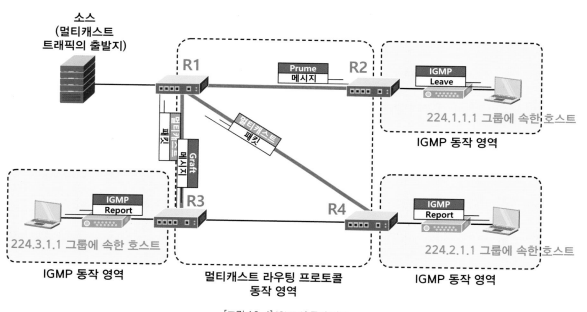

[그림 16-4] IGMP의 동작 영역

● IGMP 메시지

IGMP 메시지의 IP 헤더의 TTL 값은 1이 입력되므로 IGMP 메시지는 라우터를 벗 어날 수 없습니다. 따라서 IGMP의 동작 범위는 네트워크 내부입니다. [그림 16-5]는 IGMP 메시지의 형식을 보여주는데, 타입 필드에는 IGMP 메시지의 종류를 표시합니 다. 즉 0x16이면 IGMP 리포트(Report) 메시지임을, 0x17이면 IGMP 리브(Leave) 메시 지임을, 0x11이면 IGMP 스페셜 쿼리(Special Query) 메시지임을 표시합니다. 최대 응답 시간은 스페셜 쿼리 메시지에서 사용합니다. 체크섬은 패킷의 변경 여부를 점검하기 위한 필드로, 그룹 주소 자리에는 멀티캐스트 그룹 주소가 입력됩니다. 참고로 IP 헤더의 목적지 주소는 멀티캐스트 그룹 주소이고, 출발지 주소는 메시지를 보낸 장치의 주소가 입력됩니다.

[그림 16-5] IGMP 메시지 포맷

● IGMP 리포트 메시지

호스트가 멀티캐스트를 활용하는 애플리케이션을 활성화하면, IGMP 리포트(Report) 메시지를 보냅니다. 그룹 주소 자리에 그룹을 구분하는 멀티캐스트 주소(225.10.10.5)가 입력됩니다. show ip igmp groups 명령으로 멀티캐스트 그룹을 확인할 수 있습니다. [그림 16-6]에서는 **225.10.10.5** 그룹 멤버가 **Ethernet 0** 인터페이스 방향에 존재하고, 리포터는 **7.7.7.7**임을 확인할 수 있습니다.

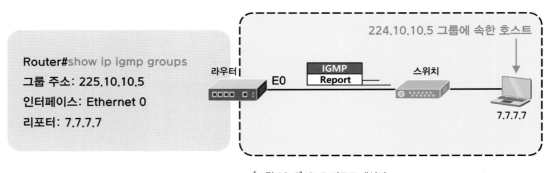

[그림 16-6] IGMP 리포트 메시지

● IGMP 리브 & 스페시픽 쿼리 메시지

호스트가 멀티캐스트를 활용하는 애플리케이션을 닫으면 ① IGMP 리브(Leave) 메시지를 보냅니다. 이 IGMP 그룹 주소 자리에 멀티캐스트 그룹을 구분하는 멀티캐스트 주소([그림 16-7]에서는 **224.10.10.5**)가 입력됩니다. IGMP 리브 메시지의 목적지 IP 주소는 **224.0.0.2**를 사용합니다. **224.0.0.2**는 네트워크의 모든 라우터에게 보낼 때 사용하는 멀티캐스트 주소입니다. IGMP 리브 메시지를 받은 라우터는 ② IGMP 스페시픽 쿼리(Specific Query) 메시지를 보냅니다. 이 메시지의 그룹 주소 자리와 IP 헤더의 목적지 주소 자리에는 **224.10.10.5**가 입력되고, IP 헤더의 출발지 주소 자리에는 라우터의 IP 주소가 입력됩니다. 이 메시지의 목적은 아직 224.10.10.5 그룹에 속하는 멤버가 남아있는지 확인하기 위한 것입니다. 아직 그룹 멤버에 속한 장치(7.7.7.8 주소를 갖는 호스트)가 남아있으므로 이 장치는 ③ IGMP 리포트를 보냅니다. 라우터에서 show ip igmp groups 명령을 통해 아직 IGMP 그룹에 속한 장치가 남아있음을 확인할 수 있습니다.

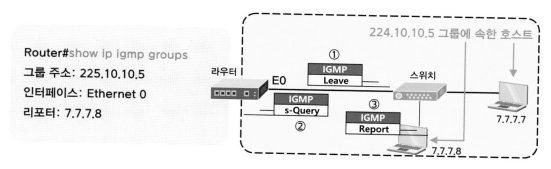

[그림 16-7] IGMP 리브 메시지

● IGMP 제너럴 쿼리 메시지

IGMP 리포트와 리브 메시지만으로 부족한 경우도 있습니다. 즉 가입된 호스트가 1대뿐인데, 이것이 다운되었을 때 IGMP 리브 메시지를 보낼 장치가 사라지기 때문입니다. [그림 16-8] 과 같이 라우터는 주기적으로(디폴트는 125초) IGMP 제너럴 쿼리(General Query) 메시지를 보냅니다. 이 메시지의 그룹 주소 필드에는 0.0.0.0이 입력되고, IP 헤더의 목적지 주소는 224.0.0.1이 입력됩니다. 224.0.0.1은 네트워크 내의 모든 장치에게 보낼 때 사용하는 멀티캐스트 주소(All-hosts 멀티캐스트 그룹 주소)이고, 이 메시지에 대한 최대 응답 시간은 10초입니다. 응답은 IGMP 리포트 메시지로 하고, 응답이 없으면 IGMP 그룹은 삭제됩니다. 그룹 멤버들은 IGMP 리포트 메시지를 보낼 때는 랜덤한 시간을 대기한 후 리포트 메시지를 보냅니다. 다른 그룹 멤버가 보낸 IGMP 리포트 메시지를 발견하면, IGMP 리포트 메시지를 보내지 않습니다.

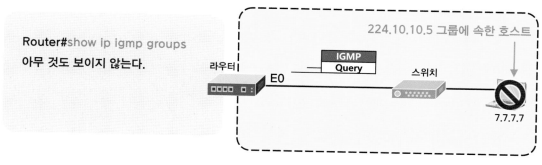

[그림 16-8] IGMP 제너럴 쿼리 메시지

멀티캐스팅은 인터넷에 흩어진 다수의 수신 장치에게 소프트웨어 업데이트나 IPTV 서비스와 같이 동일한 파일을 여러 장치에게 배포하는 기술입니다. PIM-DM, DVM-RP, PIM-SM과 같은 멀티캐스트 라우팅 프로토콜은 데이터의 소스(Source, 출발 장치)가 연결된 라우터로부터 가입자와 직접 연결된 라우터들을 연결하는 디스트리뷰션 트리를 만듭니다.

● 멀티캐스트 라우팅 테이블

멀티캐스트 라우팅 테이블을 보는 명령은 show ip mroute입니다. 멀티캐스트 트래픽은 소스(7.7.7.7)에서 시작하여 **224.5.1.1** 그룹에 속한 멤버들에게 전송됩니다. 멀티캐스트 라우팅 테이블에는 [그림 16-9]와 같이 멀티캐스트 트래픽의 Incoming 인터페이스와 Outgoing 인터페이스가 올라옵니다.

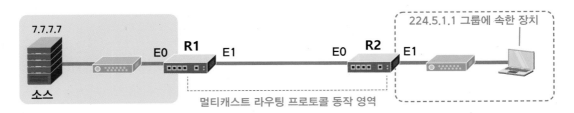

각 라우터에 대한 멀티캐스트 라우팅 테이블 예

구분	소스의 IP 주소	멀티캐스트 그룹	Incoming 인터페이스	Outgoing 인터페이스
R1	7.7.7.7	224.5.1.1	E0	E1
R2	7.7.7.7	224.5.1.1	E0	E1

[그림 16-9] 멀티캐스트 라우팅 테이블

● 소스 트리

디스트리뷰션 트리 중, 가장 간단한 형태가 소스 트리 방식입니다. 소스 트리 방식은 동일한 멀티캐스트 그룹에 대해서 소스 별로 분리된 디스트리뷰션 트리를 만듭니다. 소스 트리는 소스(데이터의 출발지)가 뿌리이며, 멤버들(데이터의 목적지)이 가지 끝에 달려 있는 형태입니다. 이 나무는 소스와 멤버 간을 가장 짧은 거리로 연결하기 때문에 'SPT(Shortest Path Tree)'라고도 합니다. [그림 16-10]에서는 **224.5.1.1** 그룹에 대한 2개의 소스가 있는데, 빨간색 선은 **7.7.7.7** 소스와 멤버들을 연결하는 소스 트리(경로)이고, 파란색 선은 **8.8.8.8** 소스와 멤버들을 연결하는 소스 트리(경로)입니다.

즉 동일한 멀티캐스트 그룹(224.5.1.1)에 대해 소스별로 디스트리뷰션 트리를 만듭니다. 멀티캐스트 디스트리뷰션 트리는 멀티캐스트 라우팅 테이블에서 확인할 수 있습니다.

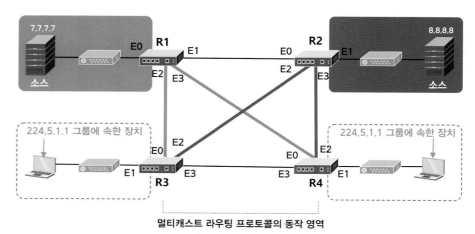

[그림 16-10] 소스 트리는 소스별로 분리된 트리를 만든다.

동일한 멀티캐스트 그룹이어도 소스에 따라 다른 디스트리뷰션 트리가 만들어집니다. [표 16-2]는 [그림 16-10]에서 보이는 2개의 디스트리뷰션 트리를 반영한 멀티캐스트 라우팅 테이블입니다. 빨간색은 7.7.7.7 소스를 위한 소스 트리이고, 파란색은 8.8.8.8 소스를 위한 소스 트리입니다. 예를 들어 R1에서 7.7.7.7 소스에 대해 Incoming 인터페이스는 E0이고, 각 멤버를 최단 거리로 연결하는 E2와 E3가 Outgoing 인터페이스로 올라옵니다. E1 인터페이스에는 멤버가 연결되어 있지 않기 때문에 Outgoing 인터페이스에서 제외됩니다.

구분	(S, G)		디스트리뷰션 트리	
	소스의 IP 주소(S)	멀티캐스트 그룹(G)	Incoming 인터페이스	Outgoing 인터페이스
R1	7.7.7.7	224.5.1.1	E0	E2, E3
	8.8.8.8	224.5.1.1	–	–
R2	7.7.7.7	224.5.1.1	–	–
	8.8.8.8	224.5.1.1	E1	E2, E3
R3	7.7.7.7	224.5.1.1	E0	E1
	8.8.8.8	224.5.1.1	E2	E1
R4	7.7.7.7	224.5.1.1	E0	E1
	8.8.8.8	224.5.1.1	E2	E1

[표 16-2] [그림 16-10]의 각 라우터에 대한 멀티캐스트 라우팅 테이블

● 셰어드 트리

셰어드 트리에는 'RP(Rendezvous Point)'라는 라우터가 존재합니다. RP 라우터는 소스에서 출발한 멀티캐스트 트래픽이 유니캐스트로 인캡슐레이션해서 전달되는 멀티캐스트 트래픽의 집합소입니다. RP까지는 유니캐스트로 전달되고, RP 라우터에서부터 멀티캐스트로 전달되므로 디스트리뷰션 트리의 뿌리는 RP 라우터입니다. RP 라우터에서 멤버가 있는 네트워크 방향으로 가지를 뻗어나가므로 소스와 상관 없이 RP에서 출발하여 멤버가 있는 네트워크 방향으로 디스트리뷰션 트리가 만들어집니다. 즉 소스와 상관없는 멀티캐스트 라우팅 테이블이 만들어집니다.

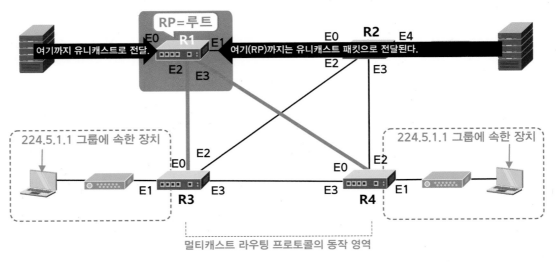

[그림 16-11] 셰어드 트리는 모든 소스가 공유하는 트리를 만든다.

[표 16-2]의 소스 트리 방식의 라우팅 테이블은 (S, G), 즉 소스(Source) 주소와 그룹 멤버(Group Member) 주소를 표시하는 반면, 셰어드 트리 방식의 라우팅 테이블은 (* ,G)와 같이 소스 IP 주소를 표기하지 않습니다. *는 모든 소스 주소를 의미합니다.

[표 16-3]은 [그림 16-11]의 디스트리뷰션 트리를 반영한 멀티캐스트 라우팅 테이블입니다. 빨간색 선은 RP를 소스로 하는 디스트리뷰션 트리입니다. 예를 들어 R1의 멀티캐스트 라우팅 테이블에서 R1 자신이 루트(멀티캐스트 트래픽의 출발 지점)이므로 Incoming 인터페이스 자리에 들어갈 정보는 없습니다. 각 멤버를 최단 거리로 연결하는 E2와 E3가 Outgoing 인터페이스로 올라옵니다. E1 인터페이스 방향에는 멤버가 연결되어 있지 않기 때문에 Outgoing 인터페이스에서 제외됩니다. 소스에서 RP 라우터까지는 유니캐스트 패킷으로 전달되고, 멀티캐스트 트래픽이 통과하지 않는 R2 라우터는 멀티캐스트 라우팅 테이블을 만들지 않습니다.

구분	(*, G)		디스트리뷰션 트리	
	소스의 IP(S)	멀티캐스트 그룹(G)	Incoming 인터페이스	Outgoing 인터페이스
R1	*	224.5.1.1	R1이 루트이다.	E2, E3
R2	*	224.5.1.1	R1까지 유니캐스트 패킷으로 전달하므로 멀티캐스트 라우팅 테이블을 참조하지 않는다.	
R3	*	224.5.1.1	E0	E1
R4	*	224.5.1.1	E0	E1

[표 16-3] [그림 16-11]의 각 라우터의 멀티캐스트 라우팅 테이블

◉ 소스 트리와 셰어드 트리 방식 비교

[표 16-4]에서 소스 트리 방식과 셰어드 트리 방식을 리뷰해보기 바랍니다.

구분	소스 트리	셰어드 트리
공통 특징	멀티캐스트 패킷은 뿌리(소스) 방향에서 가지(멤버) 방향으로 전달됩니다. 그룹 멤버들의 존재 여부에 따라 가지치기나 접목이 가능하기 때문에 디스트리뷰션 트리는 다이내믹하게 변화됩니다.	
장점	소스와 멤버 간의 통신은 최단 거리를 선택할 수 있고, 소스별로 경로가 다르므로 트래픽이 분산됩니다.	소스에 관련 없이 하나의 디스트리뷰션 트리만 유지하면 되므로 라우팅 테이블의 길이가 짧습니다.(따라서 메모리 소모가 적고, 라우팅 테이블에서 목적지 정보를 찾는 시간이 단축됩니다.)
단점	동일한 멤버에 대해서 소스마다 별도의 디스트리뷰션 트리를 유지해야 하므로 라우팅 테이블의 길이가 길어집니다. (따라서 메모리 소모가 많고 라우팅 딜레이가 생길 수 있습니다.)	소스와 멤버 간의 통신은 RP를 통과해야 하므로 최상의 경로가 아닐 수 있습니다.
적용	멤버들의 밀도가 높은 경우	멤버들의 밀도가 낮은 경우

[표 16-4] 소스 트리 vs 셰어드 트리

소스 트리 방식은 그룹 멤버들의 밀도가 높은 곳에, 셰어드 트리 방식은 밀도가 낮은 곳에 적당합니다. 밀도가 높다는 것은 특정 네트워크에 멤버들이 몰려있다는 의미이고 밀도가 낮다는 것은 멤버들이 다수의 네트워크에 산재해 있다는 의미입니다. [그림 16-12]와 같이 멤버들이 소수의 네트워크에 집중되어 있다면, 멀티캐스트 라우팅 테이블의 길이가 짧아질 것이므로 소스 트리 방식의 단점을 최소화할 수 있습니다. 또한 소스에서 해당 네트워크에 대한 최단 거리로 통신할 수 있기 때문에 소스 트리 방식이 적당합니다.

16

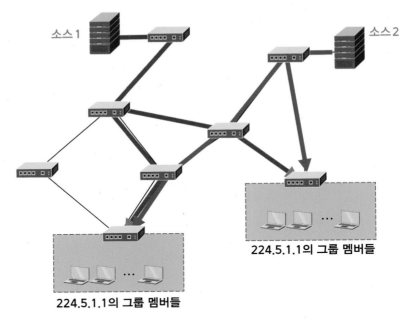

224.5.1.1의 그룹 멤버들

224.5.1.1의 그룹 멤버들

[그림 16-12] 멤버들의 밀집도가 높은 경우 소스 트리 방식이 적당하다.

반면 [그림 16-13]과 같이 다수의 네트워크에 멤버가 산재되어 있을 경우 소스 트리
방식을 적용하면 멀티캐스트 라우팅 테이블이 길어지기 때문에 이 환경에서는 셰어드
트리 방식이 적당합니다.

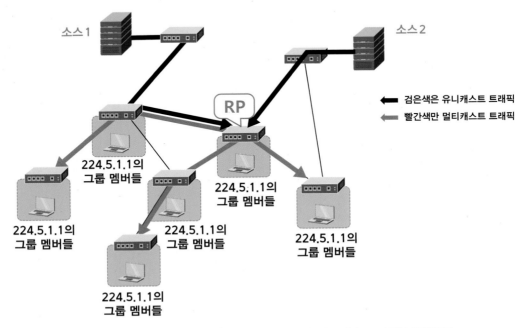

검은색은 유니캐스트 트래픽

빨간색만 멀티캐스트 트래픽

224.5.1.1의 그룹 멤버들

224.5.1.1의 그룹 멤버들

224.5.1.1의 그룹 멤버들

224.5.1.1의 그룹 멤버들

224.5.1.1의 그룹 멤버들

[그림 16-13] 멤버들이 산재한 경우 셰어드 트리 방식이 적당하다.

소스 트리 방식의 멀티캐스트 라우팅 프로토콜에 속하는 PIM-DM, DVMRP, MOSPF 를 살펴보겠습니다.

● PIM-DM

멀티캐스트 라우팅 테이블을 만들 때 RPF(Reverse Path Forwarding) 인터페이스를 찾기 위해 유니캐스트 라우팅 테이블을 참조합니다. PIM-DM(Protocol Independent Multicast-Dense Mode)은 어떤 유니캐스트 라우팅 프로토콜이든 상관없습니다. 즉 OSPF, BGP, RIP 심지어 스태틱 루트까지 활용할 수 있습니다.

PIM-DM은 [그림 16-14]와 같이 일단 보내놓고 생각하는 방식이므로 '푸시(Push Model) 모델'이라고 합니다. 즉 최초로 보내지는 멀티캐스트 트래픽은 모든 경로로 보내지는데, 이 과정을 '플러딩(Flooding)'이라고 합니다. 만약 여러 라우터들이 계속 플러딩만 한다면, 멀티캐스트 패킷은 라우터 간에 순환하게 될 것입니다.

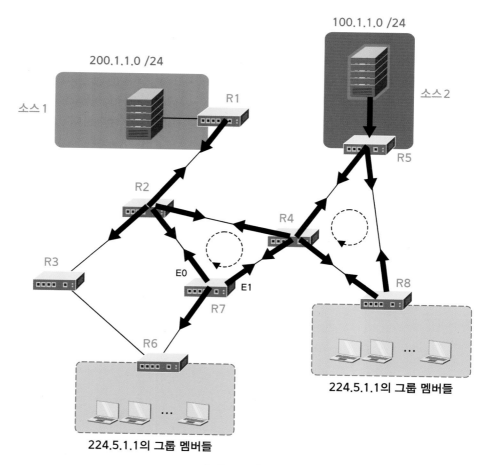

[그림 16-14] 플러딩

이것을 해결하기 위한 메커니즘이 플러드 앤 프룬(Flood and Prune) 메커니즘입니다. 플러딩 과정에서 만들어진 디스트리뷰션 트리를 '브로드캐스트 트리'라고 부릅니다. 다음으로 멀티캐스트 디스트리뷰션 트리를 만들기 위해 RPF 체크를 하는데, 이 과정에서 유니캐스트 라우팅 테이블을 참조합니다.

현재 적용된 유니캐스트 라우팅 프로토콜은 RIP라고 가정해 보겠습니다. RIP는 메트릭으로 홉 수(라우터 수)를 사용합니다. 즉 R7 입장에서 멀티캐스트 트래픽의 소스가 보낸 멀티캐스트 패킷은 E0과 E1을 통해 들어옵니다. R7 입장에서 멀티캐스트 트래픽의 소스 1이 있는 네트워크 [200.1.0.0 /24]에 대한 베스트 루트는 E0을 통한 경로입니다. 왜냐하면 소스 1 네트워크까지 E0 경로는 2대의 라우터를 거치면 되지만, E1 경로로는 3대의 라우터를 거쳐야 하기 때문입니다. 즉 R7은 멀티캐스트 트래픽의 소스에 대해 베스트 루트가 아닌 경로에서 들어오는 멀티캐스트 패킷들을 폐기하는데, 이것은 다른 라우터들도 마찬가지입니다. 이와 같이 소스 네트워크에 대해 베스트 루트를 제공하는 인터페이스를 'RPF 인터페이스'라고 합니다. 그런데 유니캐스트 라우팅 테이블에 소스 네트워크에 대해 2개의 베스트 루트가 있을 수도 있습니다. 이때 멀티캐스트 패킷을 보낸 라우터의 주소가 높은 쪽을 베스트 루트로 선택합니다.

RPF는 패킷 루프가 일어나지 않도록 합니다. 그러나 RPF는 멀티캐스트 패킷들을 다양한 경로를 통해 수신한 다음에 적용되는 솔루션이기 때문에 한 라우터에 멀티캐스트 트래픽이 중복적으로 도착하는 것을 막을 수 없습니다. 이러한 문제를 해결하기 위해 프룬(Prune, 가지치기) 메시지를 활용합니다. 프룬 메시지는 다음 세 가지 경우에 전송됩니다. 설명의 단순화를 위해 소스 1만 남겨둔 [그림 16-15]를 보세요. [그림 16-15]는 플러딩 상태였던 [그림 16-14]에서 프룬 메시지를 통해 가지치기를 하고 있습니다.

- non-RPF 인터페이스에서 멀티캐스트 트래픽이 도착한 경우 [R4, R7, R8]

- 직접 연결된 네트워크에 그룹 멤버가 없고 non-RPF 인터페이스가 없는 경우 [R3]

- 직접 연결된 네트워크에 그룹 멤버가 없고 non-RPPF 인터페이스로부터 프룬 메시지를 받은 경우 [R5]

[그림 16-15]에서는 유니캐스트 라우팅 테이블을 보고 만든 멀티캐스트 라우팅 테이블이 보입니다. 멀티캐스트 트래픽의 출발지, 즉 소스 1이 포함된 네트워크(200.1.1.0 /24)에 대한 베스트 루트를 찾아 멀티캐스트 라우팅 테이블에 소스에 대한 RPF 인터페이스를 결정합니다. non-RPF 인터페이스들 가운데 프룬 메시지를 받지 않는 인터페이스가 아웃바운드 인터페이스가 됩니다. 즉 S(소스에 대한 RPF) 인터페이스와 G(그룹 멤버 방향의 아웃바운드) 인터페이스를 연결하는 것이 디스트리뷰션 트리입니다.

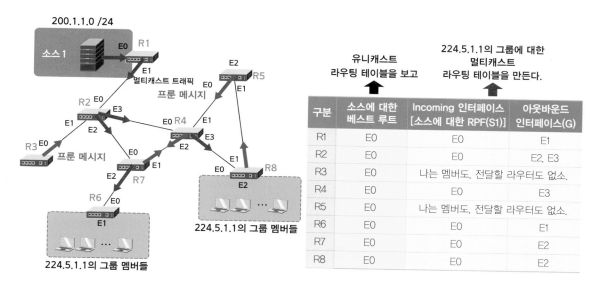

구분	소스에 대한 베스트 루트	Incoming 인터페이스 [소스에 대한 RPF(S1)]	아웃바운드 인터페이스(G)
R1	E0	E0	E1
R2	E0	E0	E2, E3
R3	E0	나는 멤버도, 전달할 라우터도 없소.	
R4	E0	E0	E3
R5	E0	나는 멤버도, 전달할 라우터도 없소.	
R6	E0	E0	E1
R7	E0	E0	E2
R8	E0	E0	E2

[그림 16-15] 소스1에 대한 소스 트리

디스트리뷰션 트리는 멤버들의 가입과 탈퇴 상황을 다이내믹하게 반영합니다. [그림 16-16]의 R3에는 새롭게 그룹에 가입한 멤버가 생겼습니다. R3은 그래프트(Graft, 접목) 메시지를 보내 멀티캐스트 트래픽을 수신할 수 있도록 합니다. R6에는 그룹 탈퇴자가 생겨 프룬 메시지를 보냈지만, R6, R7, R9은 스위치를 통해 연결되어 있습니다. 이러한 멀티포인트 네트워크일 경우 R7은 조금 기다립니다. 프룬 메시지는 ALL-PIM-Router 멀티캐스트 주소(224.0.0.13)로 보내기 때문에 R6가 보낸 프룬 메시지는 R7뿐만 아니라 R9도 받을 수 있습니다. R9은 자신의 RPF 인터페이스가 디스트리뷰션 트리에서 제외되는 것을 막기 위해 조인(Join, 가입) 메시지를 보냅니다. 조인 메시지는 프룬 메시지가 보내졌을 때 프룬 메시지를 취소하기 위해 보내진다는 점에서 그래프트 메시지와 조금 다릅니다.

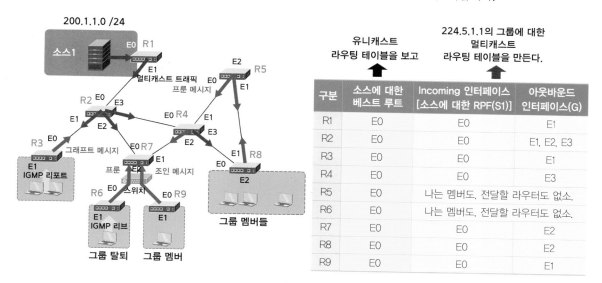

구분	소스에 대한 베스트 루트	Incoming 인터페이스 [소스에 대한 RPF(S1)]	아웃바운드 인터페이스(G)
R1	E0	E0	E1
R2	E0	E0	E1, E2, E3
R3	E0	E0	E1
R4	E0	E0	E3
R5	E0	나는 멤버도, 전달할 라우터도 없소.	
R6	E0	나는 멤버도, 전달할 라우터도 없소.	
R7	E0	E0	E2
R8	E0	E0	E2
R9	E0	E0	E1

[그림 16-16] 그래프트와 조인 메시지

[그림 16-17]은 소스 2에 대한 분리된 소스 트리입니다. [그림 16-16]과 그룹 멤버는 동일하고, 소스의 위치만 다릅니다. 그룹 멤버가 다르면 소스 트리 방식이든, 셰어드 트리 방식이든 디스트리뷰션 트리는 무조건 달라집니다. 소스 트리 방식과 셰어드 트리 방식의 차이점은 같은 그룹 멤버에 대해 소스에 따라 다른 트리를 만드느냐, 동일한 트리를 만드느냐에 있습니다.

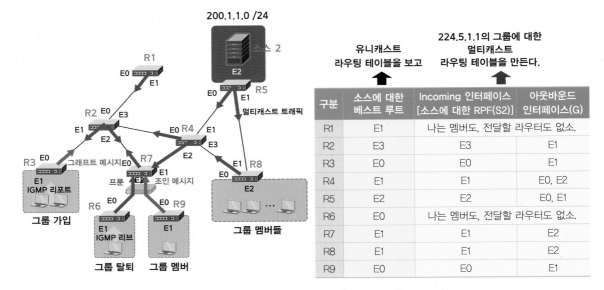

구분	소스에 대한 베스트 루트	Incoming 인터페이스 [소스에 대한 RPF(S2)]	아웃바운드 인터페이스(G)
R1	E1	나는 멤버도, 전달할 라우터도 없소.	E1
R2	E3	E3	E1
R3	E0	E0	E1
R4	E1	E1	E0, E2
R5	E2	E2	E0, E1
R6	E0	나는 멤버도, 전달할 라우터도 없소.	E1
R7	E1	E1	E2
R8	E1	E1	E2
R9	E0	E0	E1

유니캐스트 라우팅 테이블을 보고

224.5.1.1의 그룹에 대한 멀티캐스트 라우팅 테이블을 만든다.

[그림 16-17] 소스 2에 대한 소스 트리

● DVMRP

DVMRP는 처음으로 광범위하게 사용됐던 멀티캐스팅 라우팅 프로토콜로, 동작 원리는 RIP와 PIM-DM과 유사합니다. DVMRP는 RIP 업데이트와 같은 루트, 리포트 메시지를 60초마다 교환하여 DVMRP 라우팅 테이블을 만듭니다. 이 DVMRP 라우팅 테이블을 참조하여 다음과 같이 멀티캐스트 라우팅 테이블을 만듭니다. 초기에 플러딩 절차를 거칩니다. DVMRP 라우팅 테이블을 참조하여 소스에 대한 RPF를 찾고, 멤버가 존재하지 않거나 이웃 라우터로부터 프룬 메시지를 받는 등 라우터가 디스트리뷰션 트리에 참가할 이유가 없다면, 업스트림 라우터(소스에 보다 가까운 라우터)에게 프룬 메시지를 보냅니다. PIM-DM의 그래프트 메시지는 DVMRP에서도 지원됩니다. 그러나 다음과 같은 이유로 DVMRP를 잘 사용하지 않습니다. 첫째, 60초마다 라우팅 업데이트를 보내므로 밴드위스 소모량이 많습니다. 둘째, 베스트 루트를 결정하기 위한 메트릭으로 불합리한 홉 수를 사용합니다. 셋째, 32홉 이상의 네트워크 정보는 가질 수 없습니다.

● MOSPF

OSPF 라우팅 프로토콜은 지도 수준의 링크 스테이트 DB를 만듭니다. 링크 스테이트 DB를 펼쳐놓고 각 라우터는 각 라우터에 대해 (누적 코스트를 비교하여) 베스트 루트를 포함하는 라우팅 테이블을 만듭니다. MOSPF는 멀티캐스팅을 지원하기 위해 그룹 멤버에 대한 정보를 전달하기 위해 새로운 LSA, 즉 그룹 멤버십 LSA를 교환합니다. 그룹 멤버십 LSA는 다음 내용을 포함합니다.

- 멀티캐스트 그룹 주소

- 그룹 멤버십 LSA를 보내는 라우터의 ID(라우터를 구분하기 위한 IP 주소)

- 그룹 멤버를 갖는 라우터의 인터페이스

[그림 16-18]은 OSPF가 만든 지도 수준의 링크 스테이트 DB입니다.

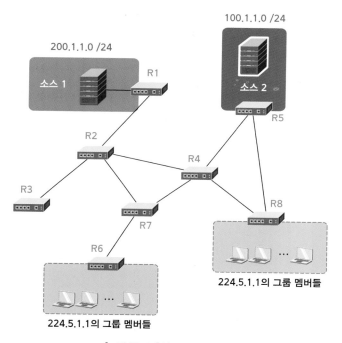

[그림 16-18] 링크 스테이트 DB

OSPF가 링크 스테이트 DB를 만든 후 MOSPF는 소스를 루트로 하고 그룹 멤버들을 최단 거리로 연결하는 [그림 16-19]와 같은 디스트리뷰션 트리를 누적 코스트를 비교하여 만듭니다. 따라서 소스 트리를 만들기 위해 첫 번째 멀티캐스트 트래픽을 플러딩할 필요가 없습니다.

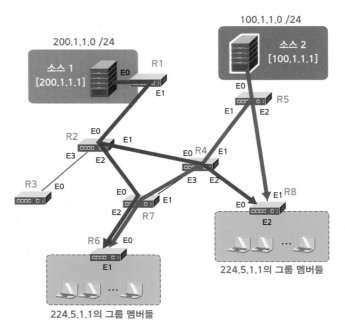

[그림 16-19] MOSPF가 만든 소스별 트리

MOSPF는 다익스트라 알고리즘의 계산 횟수를 줄이기 위해 첫 번째 멀티캐스트 트래
픽이 지나갈 때만 디스트리뷰션 트리를 계산합니다. [그림 16-19]의 각 라우터의 멀티
캐스트 라우팅 테이블은 [표 16-5]와 같습니다.

| 라우터 | (S, G) | | 업스트림 네이버 | 디스트리뷰션 트리 | |
	소스	그룹		Incoming 인터페이스	Outgoing 인터페이스
R1	100.1.1.1	224.5.1.1	–	–	–
	200.1.1.1	224.5.1.1	–	E0	E1
R2	100.1.1.1	224.5.1.1	–	–	–
	200.1.1.1	224.5.1.1	R1	E0	E1, E2
R3	100.1.1.1	224.5.1.1	–	–	–
	200.1.1.1	224.5.1.1	–	–	–
R4	100.1.1.1	224.5.1.1	R5	E1	E3
	200.1.1.1	224.5.1.1	R2	E0	E2
R5	100.1.1.1	224.5.1.1	–	E0	E1, E2
	200.1.1.1	224.5.1.1	–	–	–
R6	100.1.1.1	224.5.1.1	R7	E0	E1
	200.1.1.1	224.5.1.1	R7	E0	E1
R7	100.1.1.1	224.5.1.1	R4	E1	E2
	200.1.1.1	224.5.1.1	R2	E0	E2
R8	100.1.1.1	224.5.1.1	R5	E1	E2
	200.1.1.1	224.5.1.1	R4	E0	E2

[표 16-5] [그림 16-19]의 각 라우터에 대한 MOSPF 멀티캐스트 라우팅 테이블

MOSPF는 탈퇴자나 신규 가입자가 생긴 경우, 조인이나 프룬 메시지를 사용하는 대신 그룹 멤버의 변동 상황을 반영하는 그룹 멤버 LSA를 모든 라우터들에게 보냅니다. 새로 도착한 그룹 멤버 LSA를 이용하여 각 라우터는 새로운 멀티캐스트 라우팅 테이블을 만듭니다.

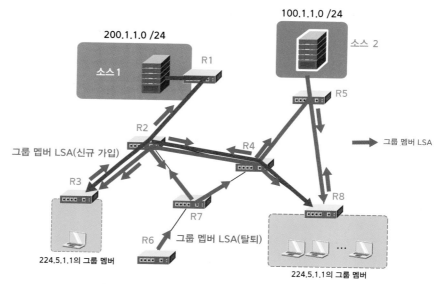

[그림 16-20] 그룹 멤버 LSA에 의해 디스트리뷰션 트리는 변경된다.

LESSON 84 ┊ 셰어드 트리 방식의 멀티캐스트 라우팅 프로토콜

셰어드 트리 방식의 멀티캐스트 라우팅 프로토콜에는 CBT(Core-Based Tree)와 PIM-SM(Protocol Independent Muticast-Stase Mode)가 있습니다. CBT와 PIM-SM 의 동작 원리는 비슷합니다.

● PIM-SM

PIM-SM은 멀티캐스트 트래픽을 요청한 네트워크로만 멀티캐스트 트래픽을 보내므로 '풀(Pull) 모델'이라고 하며, RP(Rendezvous Point) 라우터를 중심으로 동작합니다. [그림 16-21]에서 그룹 멤버가 ① IGMP 리포트를 메시지를 보내면, R6과 R8은 멤버가 연결된 인터페이스(R6에는 E1, R8에는 E2)를 아웃바운드 인터페이스로, RP에 대한 RPF 인터페이스를 Incoming 인터페이스로 등록합니다. 다음으로 R6와 R8은 RP에게 ② PIM 조인 메시지를 보냅니다. R7은 PIM 조인 메시지를 받은 인터페이스(E2)를 아웃바운드 인터페이스로, RP에 대한 RPF 인터페이스(E1)를 Incoming 인터페이스로 등록합니다. 조인 메시지를 R7과 R8로부터 수신한 RP 라우터는 조인 메시지를 받은 인

터페이스(E2와 E3)를 아웃바운드 인터페이스로 등록합니다. RP에서 Incoming 인터페이스가 '없음(Null)'으로 잡히는 것은 셰어드 트리에서는 RP가 ③ 멀티캐스트 트래픽의 출발점(루트)이기 때문입니다. 소스를 루트로 하는 소스 트리는 'SPT(Shortest Path Tree)', RP를 루트로 하는 셰어드 트리는 'RPT(RP Tree)'라고 부릅니다.

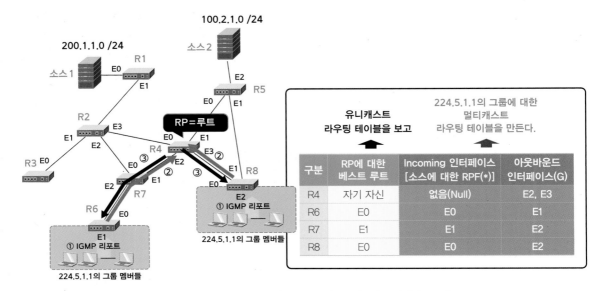

[그림 16-21] PIM-SM의 RPT(셰어드 트리)

그렇다면 실제 소스에서 RP까지 멀티캐스트 트래픽은 어떻게 전달될까요? DR(Designated Router)은 소스에 직접 연결된 라우터입니다. [그림 16-22]에서는 R1과 R5가 DR입니다. DR은 소스가 보낸 멀티캐스트 패킷을 ① 레지스터(Register) 메시지 안에 인캡슐레이션합니다. 레지스터 메시지는 유니캐스트 패킷이기 때문에 R1 또는 R5에서 RP까지는 유니캐스트 패킷으로 전달됩니다. 이 경우 레지스터 메시지의 목적지 주소는 RP의 주소이기 때문에 DR 라우터에 RP의 주소를 설정해두어야 합니다. RP는 레지스터 메시지를 받고 디인캡슐레이션한 후 다음 두 가지 동작을 합니다.

❶ 그룹 주소가 멀티캐스트 라우팅 테이블에 있는지 확인하고, 있으면 아웃바운드 인터페이스를 통해 ③ 멀티캐스트 트래픽을 보냅니다.

❷ 소스 1과 소스 2 방향으로 ② 조인(Join) 메시지를 보냅니다. 이 조인 메시지는 (S_1, G) 또는 (S_2, G), 즉 소스 주소와 그룹 멤버 주소를 포함합니다. S_1은 소스 1의 IP 주소를, S_2는 소스 2의 IP 주소를, G는 그룹 주소를 의미합니다. 조인 메시지는 R2와 R1를 거치면서 소스 1에 대한 소스 트리를 만들고, R5를 거치면서 소스 2에 대한 소스 트리를 만듭니다.

이 조인 메시지를 받은 DR(R1과 R5)은 각 소스를 위한 소스 트리가 RP 라우터까지 만들어졌기 때문에 더 이상 인캡슐레이션된 레지스터 메시지를 보내지 않습니다. 대신,

지금부터는 멀티캐스트 트래픽을 보냅니다. 각 소스에서 시작된 멀티캐스트 트래픽이 RP에 도착하면 RP는 레지스터-스톱(Register-Stop) 메시지를 DR에게 보내 더 이상 레지스터 메시지를 보낼 필요가 없다고 알려줍니다. 결과적으로, 멀티캐스트 트래픽은 DR에서 RP까지는 SPT를 통해, RP에서 그룹 멤버가 연결된 라우터까지는 RPT를 통해 전달됩니다.

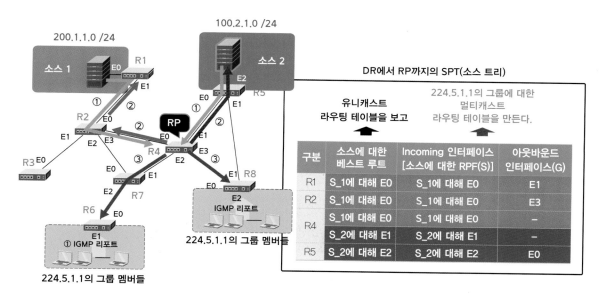

[그림 16-22] 레지스터와 조인 메시지

SPT 스위치오버

SPT 스위치오버(Switchover)는 그룹 멤버가 연결된 라우터가 특정 소스에 대해 셰어드 트리에서 소스 트리로 전환시키는 기능입니다. 이때 트리 변경을 위한 임계치로 대역폭 사용률을 사용합니다. [그림 16-23]을 보면, 정해진 대역폭 사용률을 초과할 경우 그룹 멤버가 연결된 라우터는 (소스 2를 소스로 하는) 소스 트리에 가입하기 위해 ① 조인 메시지를 보냅니다.

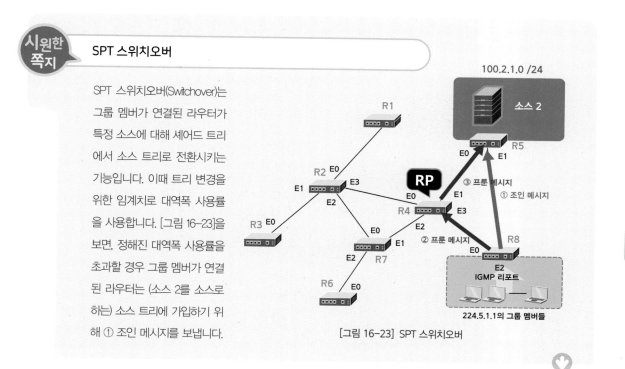

[그림 16-23] SPT 스위치오버

이 경우 소스 2에서 R8로의 경로는 2개, R5-R4-R8과 R5-R8이 있습니다. R5-R4-R8 경로를 제거하기 위해 그룹 멤버가 연결된 라우터인 R8은 RP(R4)에게 ② 프룬 메시지를 보내 셰어드 트리에 해당하는 경로를 제거합니다. 이 프룬 메시지를 받은 RP(R4)도 R5에게 ③ 프룬 메시지를 보내 경로를 제거합니다.

● CBT

CBT(Core Based Tree)의 동작 원리는 PIM-SM과 유사합니다. [표 16-7]은 PIM-SM과 CBT를 비교하는 표입니다. 둘 다 셰어드 트리를 만들기 때문에 소스 트리를 만드는 경우보다 멀티캐스트 라우팅 테이블은 짧아집니다. CBT는 RP 대신 '코어 라우터'란 용어를 사용합니다. 코어 라우터에서 그룹 멤버가 있는 네트워크까지는 조인 리퀘스트와 프룬 메시지를 통해 셰어드 트리를 만듭니다. 소스에서 코어 라우터까지는 PIM-SM의 레지스터 메시지와 같이 멀티캐스트 패킷을 유니캐스트 패킷에 인캡슐레이션하여 전달합니다. PIM-SM은 RP에서 그룹 멤버가 연결된 라우터까지는 셰어드 트리를, DR에서 RP까지는 소스 트리를 만듭니다. 반면 CBT는 소스 트리를 만들지 않습니다. 따라서, 그룹 멤버(수신자)가 존재하지 않아도 소스는 코어 라우터까지는 멀티캐스트 패킷을 유니캐스트로 인캡슐레이션하여 보내기 때문에 밴드위스를 쓸데 없이 소모시킬 수 있습니다.

PIM-SM이 제공하는 SPT 스위치오버 기능을 제공하지 않기 때문에 소스에서 멤버로 전달되는 트래픽은 최상의 경로를 선택하지 않을 수도 있습니다.

비교 항목	PIM-SM	CBT
중심 라우터의 이름	RP(Rendezvous Router)	CR(Core Router)
유니캐스트 라우팅 프로토콜	모두 가능	모두 가능
소스에서 중심 라우터까지	소스 트리	유니캐스트 인캡슐레이션
중심 라우터에서 그룹 멤버까지	셰어드 트리	셰어드 트리
SPT 스위치오버	지원	지원 불가
접목 메시지	조인 메시지	조인-리퀘스트 (Join-Request)/조인-ACK
가지치기 메시지	프룬 메시지	퀴트-노티피케이션 (Quit-Notification)
가지치기 취소 메시지	조인 메시지	조인-리퀘스트 (Join-Request)
플러시 트리 메시지	지원 불가	지원
루프 방지	RPF 체크	루프를 발생시키는 조인 메시지에 대해 조인-ACK 메시지를 보내지 않음으로써 루프를 일으키는 트리를 만들지 못하게 합니다.

[표 16-6] PIM-SM vs CBT

IP 멀티캐스팅을 인터넷 범위로 확장하려면 다음 프로토콜들이 필요합니다. 나아가 IETF는 거대 다수의 멤버들을 수용하기 위해 BGMP(Border Gateway Multicast Protocol)와 MASC(Multicast Address Set-Claim)라는 프로토콜을 개발 중입니다.

- 주로 PIM-SM 멀티캐스트 라우팅 프로토콜
- MBGP(Multiporotocol BGP 혹은 Multicast BGP)
- MSDP(Multicast Source Discovery Protocol)

인터넷 범위에서 멀티캐스팅을 적용하기 위해 PIM-SM을 선택하는데, 이것은 플러드-앤-프룬(Flood-and-Prune) 방식이 받아들일 수 없는 비효율성을 가지고 있기 때문입니다. MBGP는 멀티캐스트 RPF 계산을 위한 네트워크 정보를 전달하여 라우팅 테이블을 만듭니다. PIM-SM과 MBGP를 선택했다면, 각 도메인별로 적용된 다수의 PIM-SM의 셰어드 트리를 연결하는 것이 관건인데, 이것에 대한 솔루션이 바로 MSDP입니다. 각 PIM-SM 도메인의 RP는 도메인의 소스를 알고 있습니다. 또한 각 도메인의 RP는 MSDP를 활용하여 다른 도메인의 RP와 이웃 관계를 맺습니다.

MSDP의 동작 원리를 [그림 16-24]를 통해 알아보겠습니다. 도메인 B에서 224.19.2.1 그룹에 속한 멤버가 ① 조인 메시지를 보내면 이 조인 메시지 때문에 멤버와 도메인 B의 RP 사이에는 셰어드 트리가 만들어집니다. 도메인 A의 RP는 ② PIM-SM 레지스터 메시지를 통해 소스를 알게 됩니다. 도메인 A(각 도메인)의 RP는 다른 도메인의 RP에게 주기적으로 ③ 소스 액티브(Source Active) 메시지를 보냅니다. 소스 액티브 메시지에는 소스의 IP 주소, 그룹 주소와 RP의 IP 주소가 포함됩니다. MSDP는 소스 액티브 메시지가 도는 것을 차단하기 위해 RPF 원칙을 활용합니다. 소스 액티브 메시지가 도메인 B의 RP에 도착하면 RP는 멀티캐스트 라우팅 테이블을 보고 신규 멤버가 있다는 것을 확인합니다. 신규 멤버가 있기 때문에 도메인 B의 RP는 ④ 조인 메시지를 도메인 A의 소스가 직접 연결된 라우터까지 보냅니다. 이 조인 메시지 때문에 소스에서 도메인 B의 RP까지 소스 트리가 만들어집니다. 결과적으로 소스에서 시작된 ⑤ 멀티캐스트 트래픽은 다른 도메인에 가입된 신규 멤버까지 전달됩니다.

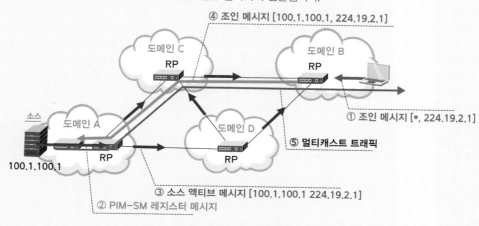

[그림 16-24] MSDP의 동작 원리

- **유니캐스팅 통신, 멀티캐스팅 통신:** 동일한 패킷을 다수의 장치에게 유니캐스트로 보내면 밴드위스 소모량이 커진다. 반면 멀티캐스트로 보내면 하나의 패킷만 보내면 되므로 밴드위스 소모량이 줄어든다. 멀티캐스팅은 그룹 멤버들의 상황에 따라 디스트리뷰션 트리를 변경한다.

- **IGMP:** 호스트와 라우터 사이에서 동작하며, 그룹 멤버의 존재 여부를 확인하기 위한 프로토콜이다.

- **소스 트리 vs 셰어드 트리:** 소스 트리는 소스와 멤버 간에 최단 거리를 선택할 수 있지만, 소스마다 디스트리뷰션 트리를 구성해야 하므로 자원 소모가 많다. 반면 셰어드 트리는 소스에 관련 없이 하나의 디스트리뷰션 트리만 유지하므로 자원 소모가 적은 대신 소스와 멤버 간의 통신은 RP를 통과해야 하므로 최단 경로가 아닐 수도 있다.

- **소스 트리 방식의 멀티캐스트 라우팅 프로토콜:** 멤버들의 밀도가 높은 경우에 적용한다. **예** PIM−DM, DVMRP, MOSPF

- **셰어드 트리 방식의 멀티캐스트 라우팅 프로토콜:** 멤버들의 밀도가 낮은 경우에 적용한다. **예** PIM−SM, CBT

Chapter 17 : 차세대 스타, IPv6

IPv6와 IPv4의 차이점은 무엇일까요?

IPv4는 32비트 길이의 IP 주소이고, IPv6는 128비트 길이의 IP 주소이므로 IPv4의 주소 고갈 문제를 근본적으로 해결합니다. IPv6는 IPv4의 주소 부족 문제를 해결할 뿐만 아니라 DHCP 서버가 필요없는 주소 자동 설정 기능인 SLAAC, 브로드캐스트 주소의 폐기, 체크섬 기능의 생략과 같은 IPv4에 대비될 정도로 개선된 점이 눈에 띕니다.

LESSON 85 : 주소의 생김새

IPv4 주소의 부족 문제를 해결하는 것이 사설 주소와 IPv6(Internet Protocol version 6) 주소입니다. 이번에는 IPv4 주소에 비교되는 IPv6 주소에 대해 알아보겠습니다.

● 주소 길이

[그림 17-1]의 IPv6 주소를 보시죠. 즉 ① 1필드는 네 자리의 16진수로 구성됩니다. 16진수는 2진수로 4비트로 표현되므로 1필드는 4비트×4자리＝16비트입니다. IPv6 주소는 ② 8필드로 구성되므로 전체 길이는 이진수로, 8필드×16비트＝128비트입니다.

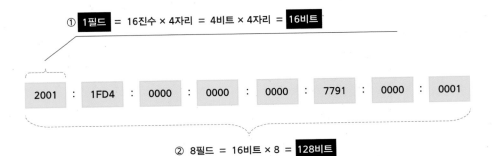

[그림 17-1] IPv6 주소의 구조

● 주소 축약

IPv6 주소는 너무 길어서 다음과 같은 몇 가지 축약 방법이 있습니다.

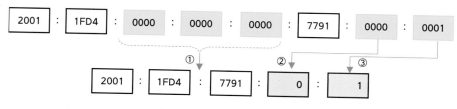

[그림 17-2] IPv6 주소의 축약 방법

[그림 17-2]에서 ① 0000:0000:0000과 같이 0이 반복되면 더블콜론(::)으로 표시할 수 있습니다. 단 더블콜론은 한 번만 사용할 수 있습니다. 2번 사용하면 어디에 몇 개의 0이 생략되었는지 명확하지 않기 때문입니다. 각 필드에서 앞자리에 위치한 0은 생략할 수 있습니다. 즉 ② 0000은 0으로 표시하고, ③ 0001도 1로 표시할 수 있습니다. 이러한 축약 규칙 때문에 ::1은 0000:0000:0000:0000:0000:0000:0000:0001의 생략형이고, ::은 0000:0000:0000:0000:0000:0000:0000:0000의 생략형입니다.

● IPv4와 IPv6 주소의 종류

[표 17-1]을 보십시오. IPv6에도 유니캐스트와 멀티캐스트 주소는 남아있지만, 브로드캐스트 주소는 더 이상 사용하지 않고 멀티캐스트 주소가 그 역할을 대신합니다. IPv6에서 애니캐스트 주소가 새로 정의되었습니다.

IPv4	IPv6
유니캐스트 주소	유티캐스트 주소
브로드캐스트 주소	**없음**
없음	**애니캐스트 주소**
멀티캐스트 주소	멀티캐스트 주소

[표 17-1] IPv4 vs IPv6 주소 비교하기

LESSON 86 : IPv6 유니캐스트 주소

IPv6 유니캐스트 주소에는 글로벌 유니캐스트 주소, 로컬-유니캐스트 주소, 링크-로컬 주소, 루프백 주소 등의 유니캐스트 주소가 있습니다.

● 로컬 유니캐스트(Local Unicast) 주소

사설 주소로 **FC00::** /7로 시작하고, IPv4 사설 주소에 해당하므로 공용 인터넷에서 사용할 수 없습니다.

● 글로벌 유니캐스트(Global Unicast) 주소

공인 유니캐스트 주소로 **2000::~3FFF::** /3 범위를 사용합니다. 일반적으로 RIR(Regional Internet Registry, 지역별 공인 주소 할당 기관)이 ISP에게 ① /32인 주소 공간을 할당하고, ISP는 고객들에게 ② /48인 주소를 할당합니다. 고객은 각 네트워크에 일반적으로 ③ /64 서브넷 마스크를 적용합니다.

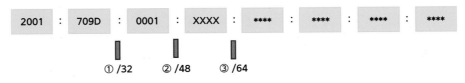

[그림 17-3] 유니캐스트 주소의 할당 규칙

[그림 17-4]의 예를 보면, KT는 RIR로부터 ① **2001:709D::** /32 영역을 할당받았습니다. KT는 고객#1에게 ② **2001:709D:0::** /48 영역을, 고객#2에게는 ③ **2001:709D:1::** /48을 할당했습니다. KT는 **2001:709D::**로 시작하는 2^{16}(=65,535개, 범위: **2001:709D:0000::~2001:709D:FFFF::**)개의 서브넷을 만들 수 있고, 부족하면 하나를 더 할당받습니다. 고객#2는 **2001:709D:1::** /48을 할당받아서 회사 내부의 네트워크에 ④ **2001:709D:1:1111::** /64와 **2001:709D:1:2222::** /64를 할당했습니다. 회사는 **2001:709D:1**로 시작하는 2^{16}(**2001:709D:1:0000::~2001:709D:1:FFFF::**)개의 서브넷들을 만들 수 있는데, 이 정도면 충분합니다. 각각의 /64 서브넷은 2^{64}개의 IP 주소를 포함하기 때문에 이것도 충분합니다. /64 외의 다른 서브넷 마스크를 적용할 수 있지만, 주소 공간이 충분하고(네트워크와 호스트 자리 모두 64비트로 동일하여) 직관적으로 관리할 수 있기 때문에 보통 /64 서브넷 마스크를 적용합니다.

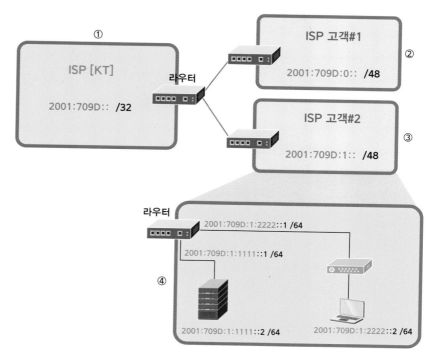

[그림 17-4] 글로벌 유니캐스트 주소의 할당 사례

● 링크-로컬(Link-local) 주소

IPv4에서 링크-로컬 주소(169.254.0.0 /16)는 DHCP로 IP를 할당하는 것이 실패했을 때 DHCP 클라이언트가 자신에게 할당하는 주소 영역입니다. 이와 달리 IPv6 프로토콜이 활성화된 각 인터페이스는 외부 네트워크와 통신하기 위한 유니캐스트 주소와 함께 네트워크 내부에서만 사용하는 링크-로컬 주소를 갖습니다. 링크-로컬 주소는 네트워크 내에서만 사용하는 주소이기 때문에 이 주소가 목적지인 패킷은 라우터에 의해 차단됩니다. DHCP, NDP와 라우팅 프로토콜 등 내부 네트워크 장치와 패킷을 교환하는 프로토콜들이 링크-로컬 주소를 사용하고, 호스트의 디폴트 게이트웨이 주소로도 사용합니다.

[그림 17-5]의 링크-로컬 주소를 자세히 보면 **FE80::** /10 범위를 사용합니다. 링크-로컬 주소의 64비트의 인터페이스 ID(호스트 ID)는 modified EUI-64 포맷으로 결정하거나 랜덤하게(마이크로소프트) 선택합니다. 이 과정에 대해 Lesson 90에서 자세히 설명합니다.

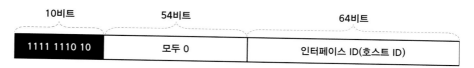

[그림 17-5] 링크-로컬 주소

● 루프백(Loopback) 주소

루프백은 IPv4의 **127.0.0.1**에 해당하는 주소로, 자신이 자신과 통신할 때 사용하는 주소입니다. **::1**, 즉 **0000:0000:0000:0000:0000:0000:0000:0001**이 루프백 주소입니다.

LESSON 87 : IPv6 멀티캐스트 주소

IPv6 멀티캐스트 주소는 특정 그룹에 속한 다수의 장치에게 송신할 때 사용하는 주소이므로 'one-to-many 주소'라고도 하고, **FF00::/8**로 시작합니다. IPv6 환경에서 브로드캐스트 주소는 더 이상 사용하지 않고 브로드캐스트 주소를 대신하여 멀티캐스트 주소를 사용하기 때문에 관련없는 장치의 CPU를 돌리지 않도록 합니다.

● 일반적인 멀티캐스트 주소

[표 17-2]는 IPv6를 지원하는 프로토콜들이 사용하는 멀티캐스트 주소의 예입니다.

멀티캐스트 주소	용도
FF02::1	모든 링크 로컬 노드들
FF02::5	모든 OSPFv3 라우터들
FF02::6	OSPFv3 DR(Designated Routers)
FF02::A	모든 EIGRPv6 라우터들
FF02::D	모든 PIM 라우터들
FF05::2	모든 사이트 로컬 라우터들

[표 17-2] IPv6 멀티캐스트 주소

● 솔리시티드-노드(Solicited-node) 멀티캐스트 주소

IPv6에서 브로드캐스트 주소는 없지만, 대신 멀티캐스트 주소를 활용해서 상관 없는 장치의 CPU를 돌리지 않도록 합니다. ARP는 IPv4 환경에서 IPv4 주소에 해당하는 MAC 주소를 알아내는 프로토콜로, IPv6 환경에서 NDP(Neighbor Discovery Protocol)의 NS(Neigbor Solicitation) 메시지가 ARP 리퀘스트에 해당합니다. ARP 리퀘스트는 목적지 주소로 브로드캐스트 주소를 사용하지만, NDP NS는 멀티캐스트 주소를 사용합니다. [그림 17-6]에서 NDP NS가 어떻게 브로드캐스트 주소 대신 멀티캐스트 주소로 보내지는지 살펴보겠습니다.

PC ⓐ가 디폴트 게이트웨이(R1) 주소에 해당하는 MAC 주소를 알기 위해 NDP NS를 멀티캐스트로 보내야 하는 상황입니다. R1의 IPv6 유니캐스트 주소는 ① FE80::4:C:11D8:009D로 PC ⓐ의 디폴트 게이트웨이 주소입니다. 이에 상응하는 IPv6 멀티캐스트 주소와 MAC 멀티캐스트 주소는 다음과 같이 결정됩니다. 즉 ① IPv6 유니캐스트 주소의 뒷부분 24비트(D8:009D)를 복사하고, 앞부분 104 비트 자리 에는 무조건 FF02::1:FF를 입력하여 R1의 IPv6 멀티캐스트 주소, ② FF02::1:FF-D8:009D를 만듭니다. 이 멀티캐스트 주소를 '솔리시티드-노드 주소(Solicited-node Address)'라고 합니다.

3333.□□□□.□□□□ 형태의 MAC 주소는 IPv6용으로 사용하는 멀티캐스트 주소입니다. □ 자리에는 IPv6 솔리시티드-노드 주소의 뒷부분 여덟 자리가 입력됩니다. 즉 MAC 멀티캐스트 주소는 ③ 3333.FFD8:009D가 됩니다.

PC ⓐ는 디폴트 게이트웨이의 IPv6 주소(FE80::4:C:11D8:009D)에 해당하는 MAC 주소(1111.2222.ABCD)를 알기 위해 NDP NS를 보냅니다. 이때 2계층 목적지 주소는 멀티캐스트 주소인 ③ 3333.FFD8.009D입니다. 이 멀티캐스트 주소는 R1의 E0 인터페이스만 사용하는 주소이기 때문에 다른 장치에 도착하면 즉시 폐기됩니다. NDP NS를 수신한 R1은 NDP NA(Neighbor Advertisement) 메시지를 통해 자신의 MAC 주소, 1111.2222.ABCD를 보냅니다. NDP NA의 목적지 주소는 ARP 리플라이와 마찬가지로 PC ⓐ의 유니캐스트 주소를 사용합니다.

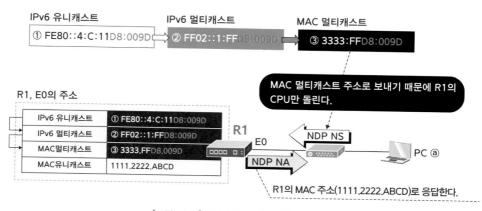

[그림 17-6] 멀티캐스트를 활용하는 NDP NS 프레임

LESSON 88 : IPv6 애니캐스트 주소

IPv6에서 애니캐스트 주소가 새로 정의되었습니다. 애니캐스트 주소는 'one-to-nearest(출발지에서 가장 가까운 곳으로 연결하는) 주소'라고도 합니다. 그 이유를 알아볼까요?

● 부하 분산과 백업 효과

애니캐스트 주소의 경우 다수의 장치들에 동일한 주소를 설정합니다. 애니캐스트를 위한 특별한 주소 영역은 없고 그냥 글로벌 유니캐스트 주소 영역을 사용합니다. 애니캐스트 주소는 [그림 17-7]에서는 2대의 DNS 서버에 동일한 애니캐스트 주소,① 2001:709D:1:3::1을 할당했습니다. 애니캐스트 주소가 연결된 라우터의 인터페이스에는 유니캐스트 주소(②와 ③)뿐만 아니라 애니캐스트 주소가 속한 네트워크(④)를 설정해야 합니다. R1과 R2의 E0 인터페이스에 설정된 유니캐스트 주소는 당연히 다르지만, 애니캐스트 주소를 포함하는 2개의 동일한 네트워크로 할당된 셈입니다. 각 라우터는 2개의 애니캐스트 네트워크들에 대해 베스트 루트를 선택하여 가까운 곳으로 라우팅할 것이므로 애니캐스트 주소를 'one-to-nearest address 주소'라고 합니다. 결과적으로 PC ⓐ에서 출발한 DNS 쿼리 메시지는 DNS 서버 ⓒ에게 전송되고, PC ⓑ에서 출발한 DNS 쿼리 메시지는 DNS 서버 ⓓ에게 전송되기 때문에 부하 분산(load balancing; 로드 밸런싱) 효과를 갖습니다. 또한 하나의 애니캐스트 네트워크가 다운되면 라우터에 의해 다른 DNS 서버에게 보내지기 때문에 백업 효과도 갖습니다.

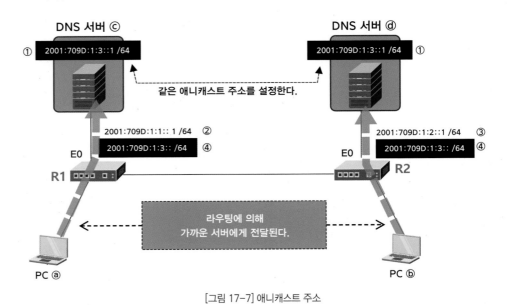

[그림 17-7] 애니캐스트 주소

LESSON 89 : IPv6 헤더

IPv6 헤더는 IPv4와 거의 비슷합니다.

● 헤더 비교

IPv6 헤더는 [그림 17-8]과 같이 버전, 트래픽 클래스 등 40바이트로 구성됩니다.

IPv4 헤더에 비해 필드 수는 줄었지만, 주소 길이 때문에 헤더 길이는 20바이트(IPv4)에서 40바이트로 늘어났습니다.

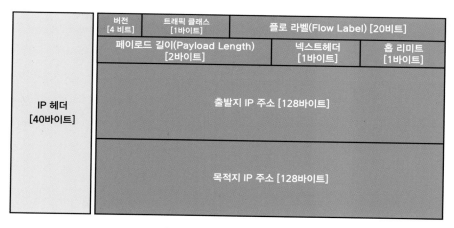

[그림 17-8] IPv6 헤더 필드

IPv4의 필드들 중에서 헤더 길이, ID, 프래그먼트 옵셋, 플래그, 헤더 체크섬, 옵션 필드가 IPv6 헤더의 기본 필드에서 사라졌습니다. 순서 번호 역할을 하던 ID와 프래그먼트 옵셋 필드는 필요하다면 확장 필드를 활용할 수 있습니다. 수신한 패킷이 변조되지 않은 출발할 당시의 바로 그 패킷인지 확인하기 위한 체크섬 필드는 생략되었으며 이를 통해, 지연을 대폭 줄입니다.

버전, 트래픽 클래스(IPv4의 ToS에 해당), 페이로드 길이(IPv4의 전체 길이에 해당), 홉 리미트(IPv4의 TTL에 해당), 다음 헤더(IPv4의 프로토콜에 해당) 필드는 IPv4와 동일한 역할을 수행합니다. IPv6에서 새로 추가된 필드는 플로 라벨이 유일합니다.

IPv4 헤더	IPv6 헤더	비교
버전(Version)	버전(Version)	IPv4인지, IPv6인지 구분합니다.
헤더 길이(Header Length)	없음	삭제
ToS(Type of Service)	트래픽 클래스(Traffic Class)	QoS
없음	플로 라벨(Flow Label)	로드 분산, QoS 등
전체 길이(Total Length)	페이로드 길이(Payload Length)	동일
ID/Fragement Offset/플래그	없음	확장 필드에 포함됩니다.
TTL(Time To Live)	홉 리미트(Hop Limit)	동일
프로토콜	다음 헤더(Next Header)	동일
헤더 체크섬	없음	삭제(지연을 대폭 줄임)
옵션		확장 필드에 포함됩니다.

[표 17-3] 헤더 비교하기

17

플로 라벨 필드에 대해서는 좀 더 알아봐야겠죠. 트래픽 클래스는 패킷이 통과하는 라우터에서 분류되고 표시될 수 있지만, 플로 라벨은 출발지 장치만 표시할 수 있고, 목적지 장치에 도착할 때까지 변경될 수 없습니다. 플로는 3계층 헤더의 프로토콜, 출발지와 목적지 주소, 4계층 헤더의 출발지와 목적지 포트로 구분합니다. 이렇게 트래픽 클래스가 패킷들을 구분할 수 있는데, 플로 라벨이 또 필요한 이유는 무엇일까요? 첫 번째 이유는 다음과 같습니다. 플로 라벨이 없다면, 라우터는 플로 기반의 라우팅이나 QoS, 필터링을 위해 3계층과 4계층 헤더를 모두 보아야 하기 때문에 비효율적입니다. 즉 CPU 부하를 올려 지연이 생길 것입니다.

다음은 두 번째 이유입니다. [그림 17-9]와 같이 ① 4계층과 데이터 필드를 암호화했거나 ② 세그먼트를 3계층에서 분할한 경우 출발지와 목적지 포트를 포함한 4계층 헤더를 확인할 수 없는 경우가 생깁니다. 즉 3계층에서 세그먼트 분할을 했기 때문에 두 번째 조각에서 4계층 헤더를 갖지 않는 경우가 해당됩니다. 이를 극복하기 위해 IPv6는 3계층 헤더에 플로를 구분하는 플로 라벨 필드를 포함시켰습니다.

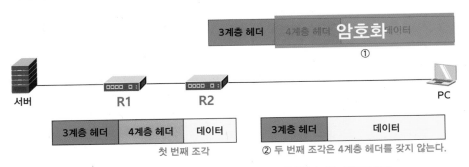

[그림 17-9] 암호화나 세그먼트 분할 때문에 플로를 확인할 수 없는 경우도 있다.

● 확장 헤더

소스 라우팅(Source Routing), 인증(Authentication), 프래그먼트(Fragment), ESP(Encrytion Security Payload), 홉 바이 홉(Hop by Hop Option), 목적지 옵션(Destination Option)을 위한 확장 헤더들이 있습니다. 소스 라우팅을 사용하면 확장 필드에는 출발지 장치가 목적지 장치에게 갈 때 거칠 라우터들의 주소가 입력됩니다. 인증 확장 헤더에는 사용자 인증, 데이터 무결성 체크, 패킷 리플레이(reply) 방지 기능을 제공합니다. 프래그먼트를 위한 확장 필드는 패킷이 분할되었을 때 순서 번호를, ESP 확장 헤더(Extension Header)는 암호화를 위한 정보를 포함합니다. 홉 바이 홉 확장 헤더는 중간에 거칠 라우터에게 전달할 제어 정보를, 목적지 옵션 확장 헤더는 목적지 장치에게 전달할 제어 정보를 포함합니다.

IPv6 호스트도 IPv4 호스트처럼, IP 주소, 서브넷 마스크, 디폴트 게이트웨이, DNS 서버 설정이 필요합니다. IPv6 호스트에 이러한 파라미터들을 직접 설정할 수도 있지만, 다양한 자동 설정 방법이 있습니다. 자동 설정 방법에는 스테이트풀 컨피규레이션(Stateful Configuation)과 스테이트리스 컨피규레이션(Stateless Configuration), 이렇게 두 가지 방식이 있습니다.

● 스테이트풀 컨피규레이션(Stateful Configuation)

DHCPv4 서버는 [그림 17–10]과 같이 꼭 필요한 네 가지 IP 파라미터들을 모두 제공합니다. 이에 비해 DHCPv6 서버는 IPv6 주소, 서브넷 마스크와 DNS 서버 주소만 제공하고, NDP가 디폴트 라우터 주소를 제공합니다. 이 방식을 스테이트풀 방식이라고 부르는 이유는 DHCPv6 서버가 어떤 MAC 주소를 가진 호스트가 어떤 IPv6 주소를 사용 중인지 관리할 수 있기 때문입니다.

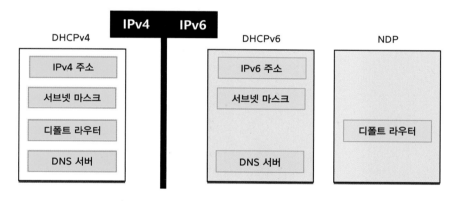

[그림 17–10] 스테이트풀 컨피규레이션의 IPv6 파라미터 설정

● NDP

NDP RS(Router Solicitation)와 RA(Router Advertisement) 메시지를 활용하여 라우터(디폴트 게이트웨이)의 IPv6 주소를 알아옵니다. NDP RS 메시지는 '라우터는 응답하라'에 해당하는 메시지로, all–IPv6–routers 멀티캐스트 주소(FF02::2)로 보내집니다. RS를 받았을 때 라우터는 all–IPv6–hosts 멀티캐스트 주소(FF02:1)로 RA를 보내지만, RS를 받지 않아도 주기적으로 보냅니다. RA 메시지에는 라우터의 링크–로컬 주소(FE80:1:0:::1)와 글로벌 유니캐스트 프리픽스(2001:1:0:1:: /64)가 포함됩니다. 또한 DHCPv6을 적용한 경우 'managed-config' 필드를 '1'로 세팅하여 보냅니다. 'managed-config=1'은 IPv6 주소, DNS 서버나 프리픽스 정보를 위해 DH–

CPv6를 활용해야 함을 표시합니다. 이 NDP RA를 받은 클라이언트는 DHCPv6 트랜잭션을 통해 자신의 IPv6 주소, 서브넷 마스크, DNS 서버 주소를 받습니다.

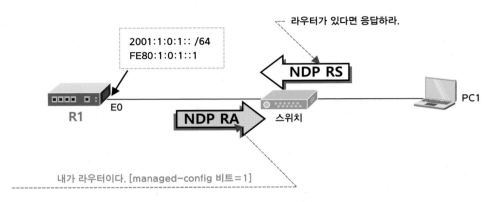

[그림 17-11] NDP RS/RA 메시지

● **DHCPv6**

DHCPv6는 솔리시트(Solicit), 애드버타이즈(Advertise), 리퀘스트(Request), 리플라이(Reply)의 4개의 메시지를 활용하여 클라이언트들에게 IPv6 파라미터들을 제공합니다.

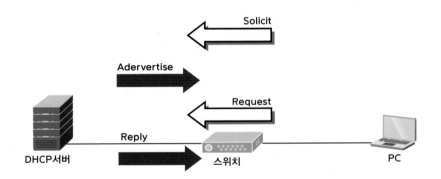

[그림 17-12] DHCPv6의 4 메시지

각 메시지의 역할은 [표 17-4]와 같습니다.

메시지	역할
Solicit	DHCP 서버에게 IPv6 주소와 관련 설정 값을 요청합니다.
Advertise	IPv6 주소, 서브넷 마스크와 DNS 서버 주소를 제공합니다.
Request	다수의 DHCP 서버들이 있을 때 Advertise 메시지의 도착 순서와 서버 우선 순위값을 따져 선택된 DHCP 서버에게 보냅니다.
Reply	최종 승인합니다.

[표 17-4] DHCPv6 메시지의 역할

● 스테이트리스 컨피규레이션 SLAAC

IPv4에는 이에 상응하는 서비스가 없습니다. SLAAC(StateLess Address Auto Con-figuration)도 DNS 서버 주소는 DHCPv6 서버로부터 받아야 하고, 글로벌 유니캐스트 프리픽스(IPv6 주소의 네트워크 자리), 서브넷 마스크, 디폴트 라우터의 (링크-로컬) 주소는 NDP를 통해 해결해야 합니다. 클라이언트는 NDP를 통해 알게 된 프리픽스(네트워크 자리)를 바탕으로 자신의 IPv6 주소를 만들어냅니다. 이 방식을 '스테이트리스 방식'이라고 부르는 이유는 어떤 장치가 어떤 주소를 사용하는지 관리하는 장치가 없기 때문입니다.

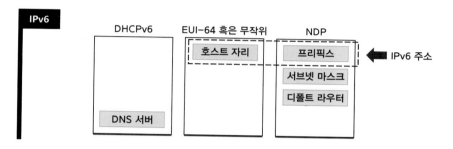

[그림 17-13] 스테이트 리스 컨피규레이션의 IPv6 파라미터 설정

● NDP

호스트들은 NDP RS/RA 메시지를 통해 프리픽스 정보(주소의 네트워크 자리), 서브넷 마스크, 라우터 주소(링크-로컬 주소)를 얻습니다. 호스트로부터 NDP RS 메시지를 받은 라우터는 NDP RA를 보냅니다. NDP RA에는 라우터의 링크-로컬 주소(그림에서는 FE80:1:0:1::1), 글로벌 유니캐스트 프리픽스(그림에서는 2001:1:0:1::/64)를 포함시키고, managed-config 필드는 0, other-config 필드는 1로 세팅하여 보냅니다. managed-config=0이란, PC ⓐ 자신의 IPv6 주소, 프리픽스 정보를 위해 DHCPv6 대신 SLAAC와 NDP를 활용할 것을 명령하는 것입니다. other-config=1은 SLAAC나 NDP가 해결할 수 없는 DNS나 NTP 등의 서버 주소는 DHCPv6를 활용할 것을 명령하는 것입니다.

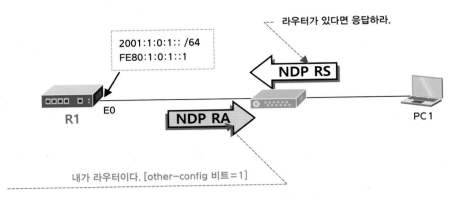

[그림 17-14] NDP RS/RA 메시지

- ● **SLAAC**

  호스트는 NDP RA에 포함된 프리픽스인 **2001:1:0:1::/64**와 **FE80:1:0:1/64**에 직접 만든 인터페이스 ID(호스트 자리)를 조합하여 자신의 IPv6 주소를 만듭니다. 인터페이스 ID는 EUI-64 방식이나 무작위 방식으로 만드는데, 운영체제에 따라 다릅니다.

- ⓐ **EUI-64 방식:** 호스트의 MAC 주소(48비트)로부터 인터페이스 ID를 만드는 방식입니다. 즉 MAC 주소, 48비트를 절반으로 나누고, 앞부분 24비트와 뒷부분 24비트 사이에 16진수 FFFE를 끼워넣은 후 마지막으로 일곱 번째 비트를 1로 바꿉니다.

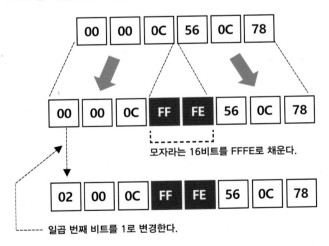

[그림 17-15] EUI-64 방식

- ⓑ **무작위 방식:** 랜덤하게 선택된 주소를 사용합니다.

  랜덤하게 선택된 IPv6 주소는 다른 호스트가 사용 중일 수도 있는데, 이를 확인하기 위해 [그림 17-16]과 같은 DAD(Duplicate Address Detection) 절차를 거칩니다. 즉 새로 만든 주소를 타깃 주소로 하는 NDP NS(Neighbor Solicitation, IPv4의 ARP 리퀘스트에 해당)를 보냅니다. 이때 주소가 사용 중이면 NDP NA(Neighbor Advertisement, IPv4의 ARP 리플라이에 해당)가 올 것이고, NDP NA가 도착한 주소는 사용할수 없기 때문에 다시 선택합니다.

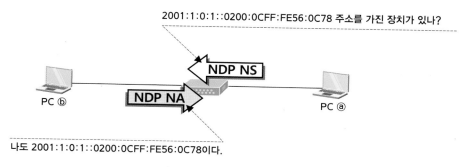

[그림 17-16] NDP NS/NA 동작

ⓒ DHCPv6

DHCPv6 서버로부터 DNS 서버 주소를 받습니다. 여기서 DHCPv6 서버는 DNS 서버 주소만 보내줍니다.

LESSON 91 ⋮ 라우터 설정하기

IPv6 환경에서도 IPv6 주소 설정과 라우팅 설정이 필요합니다. 라우터를 DHCPv6 서버로 설정할 수도 있습니다. IPv6의 라우팅을 위해 스태틱 루트나 RIPng, OSPFv3, EIGRPv6, IS-ISv6, MP-BGPv4와 같은 라우팅 프로토콜을 설정해야 합니다.

● 주소 설정

라우터 인터페이스에 IPv6 주소를 설정할 때 [그림 17-17]의 R1과 같이 완벽한 IPv6 주소를 설정해 주는 방식과 인터페이스 ID는 스스로 만들게 하는 EUI-64 방식을 사용할 수 있습니다.

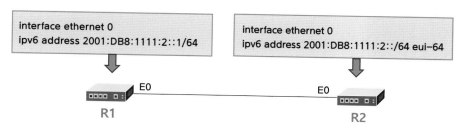

[그림 17-17] 라우터에 대한 IPv6 주소 설정 방법

17

● 스태틱 루트 설정하기

스태틱 루트의 로직은 IPv4와 동일합니다. 즉 [그림 17-18]과 같이 스태틱 루트는 멀티플 커넥션 환경보다는 싱글 커넥션 환경에서 적용합니다. 우리 회사 네트워크의 R1(인터넷 접속 라우터)에서는 디폴트 스태틱 루트를 설정했습니다. ::/ 0이란, IPv4 스태틱 루트 설정의 '0.0.0.0 0.0.0.0', 즉 모든 IP 네트워크에 해당합니다. ISP 라우터에서는 우리 회사 네트워크, 즉 2001:0:1:: /48에 대해 다음 라우터 주소 2001:2::1 (R1)로 설정했습니다.

[그림 17-18] IPv6 스태틱 루트 설정하기

● DHCPv6/EIGRPv6 설정하기

IPv6를 지원하는 라우팅 프로토콜에는 RIPng, OSPFv3, EIGRPv6, MP-BGP, IS-ISv6가 있습니다. [그림 17-19]에서는 라우팅 프로토콜로 EIGRPv6를 적용하고, R1을 DHCPv6 서버로 설정해 보겠습니다.

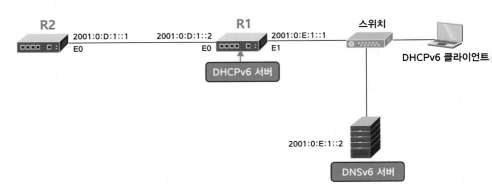

[그림 12-19] DHCPv6/EIGRPv6 설정하기

[표 17-5]는 [그림 12-19]의 설정 조건에 따른 설정 사례입니다. ipv6 uni-cast-routing은 IPv6 유니캐스트 라우팅 기능을 켜는 명령입니다. router-id 명령은 라우터를 구분하는 ID로 라우팅 업데이트에 포함되는데, 자신이 보낸 정보를 확인하기 위해 필요한데 자신이 보낸 라우팅 업데이트를 받았을 때 폐기합니다. ipv6 ei-

`grp 100` 명령은 EIGRP 라우팅 프로토콜의 동작 영역을 설정하는 명령으로 그 의미는 첫째, 이 명령이 입력된 인터페이스를 통해 EIGRPv6 패킷을 교환하여 라우팅 테이블을 만들 것과 둘째, 이 명령이 입력된 인터페이스의 네트워크 정보를 보내겠다는 의미입니다. `dns-server` 명령으로 DNSv6 서버의 주소를 설정하고, `address prefix 2001:0:E:1:1000::/80` 명령으로 DHCPv6 클라이언트에게 할당할 IPv6 주소 풀을 설정합니다. 이 주소 풀에는 `2001:0:E:1:1000` 으로 시작하는 IPv6 주소만 포함되기 때문에 라우터(`2001:0:E:1::1`)나 DNSv6 서버(`2001:0:E:1::2`)와 같이 이미 설정된 주소와 중복되지 않습니다. `ip dhcp server test`는 DHCP 서버로 동작하도록 하는 명령이고, `ipv6 nd managed-config-flag`는 NDP RA 메시지에서 `managed-config` 플래그를 1로 세팅하여 호스트 들에게 IPv6 파라미터 정보를 받기 위해 DHCPv6 서비스를 사용하도록 하는 명령입니다.

구분		명령어	설명
R1	EIGRPv6 설정	R1(config)#ipv6 unicast-routing R1(config)#ipv6 router eigrp 100 R1(config-router)#router-id 1.1.1.1	IPv6 유니캐스트 라우팅을 켭니다. EIGRP 라우팅 프로토콜 설정 라우터를 구분하는 ID 설정
		R1(config)#interface ethernet 0 R1(config-if)#ipv6 address 2001:0:D:1::2/64 R1(config-if)#ipv6 eigrp 100 R1(config)#interface ethernet 1 R1(config-if)#ipv6 address 2001:0:E:1::1/64 R1(config-if)# ipv6 eigrp 100	IPv6 주소 설정 EIGRP 영역 설정
	DHCPv6 설정	R1(config)#ipv6 dhcp pool test R1(config-dhcpv6)#dns-server 2001:0:E:1::2 R1(config-dhcpv6)#address prefix 2001:0:E:1:1000::/80	DHCPv6 풀 설정 DNS 서버 주소 설정 IPv6 주소 풀 설정
		R1(config)#interface ethernet 1 R1(config-if)#ipv6 dhcp server test R1(config-if)#ipv6 nd managed-config-flag	DHCP 서버로 설정 IPv6 주소 설정을 위해 DHCPv6을 사용하도록 manaed-config 플래그를 1로 세팅합니다.
		R1(config-if)#ipv6 nd other-config-flag	또한 DNS 서버 등 기타 서버 주소 설정을 위해 DHCPv6을 사용하도록 other-config 플래그를 1로 세팅합니다.
R2	EIGRPv6 설정	R2(config)#ipv6 unicast-routing R2(config)#ipv6 router eigrp 100 R2(config-router)#router-id 2.2.2.2	IPv6 유니캐스트 라우팅을 켭니다. EIGRP 라우팅 프로토콜 설정 라우터 ID 설정
		R2(config)#interface ethernet 0 R2(config-if)#ipv6 address 2001:O:D:1::1/64 R2(config-if)# ipv6 eigrp 100	IPv6 주소 설정 EIGRP 영역 설정

[표 17-5] DHCPv6와 EIGRPv6 설정하기

● SLAAC/OSPFv3 설정하기

[그림 12-20] 환경에서는 라우팅 프로토콜로 OSPFv3를 적용하고, 호스트들은 SLAAC 서비스를 사용하도록 설정해 보겠습니다.

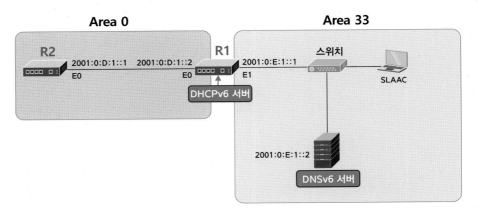

[그림 12-20] SLAAC/OSPFv3 설정하기

[표 17-6]은 [그림 12-20]의 설정 조건에 따른 설정 예입니다. **ipv6 ospf 100 area 33** 명령에서 100은 OSPF의 프로세스 ID이고, 33은 Area 번호로, OSPF의 동작 범위와 함께 Area를 설정하는 명령입니다. **ipv6 nd other-config-flag** 명령은 NDP RA 메시지의 **other-config** 플래그를 1로 세팅합니다. 즉 'other-config=1'이기 때문에 DNS나 NTP(Network Time Protocol) 등의 기타 서버 주소를 받기 위해서만 DH-CPv6 서비스를 사용하도록 합니다. **no ipv6 nd managed-config-flag** 명령은 **managed-config** 플래그를 0으로 세팅합니다. 즉 **managed-config=0**이기 때문에 IPv6 주소를 위해서는 DHCPv6 대신 SLAAC를 활용하도록 합니다. 나머지 명령은 EIGRPv6 설정과 동일합니다.

구분		명령어	설명
R1	OSPFv3 설정	R1(config)#ipv6 unicast–routing R1(config)#ipv6 router ospf 100 R1(config–router)#router-id 1.1.1.1	IPv6 유니캐스트 라우팅을 켭니다. OSPF 라우팅 프로토콜 설정 라우터 ID 설정
		R1(config)#interface ethernet 0 R1(config–if)#ipv6 address 2001:0:D:1::2/64 R1(config–if)#ipv6 ospf 100 area 0 R1(config)#interface ethernet 1 R1(config–if)#ipv6 address 2001:0:E:1::1/64 R1(config–if)#ipv6 ospf 100 area 33	IPv6 주소 설정 OSPF Area 33 설정

구분		명령어	설명
R1	DHCPv6 /SLAAC 설정	R1(config)#ipv6 dhcp pool test R1(config-dhcp)#dns-server 2001:0:E:1::2	DHCP 풀 설정 DNS 서버 주소 설정
		R1(config)#interface ethernet 1 R1(config-if)#ipv6 dhcp server test R1(config-if)#ipv6 nd other-config-flag	DHCP 서버로 설정 DNS 서버 주소를 받기 위해 호스트에게 DHCP를 사용하도록 NDP의 'other-config' 플래그를 1로 세팅합니다.
	DHCPv6 /SLAAC 설정	R1(config-if)#no ipv6 nd managed-config-flag	IPv6 주소 설정을 위해 DHCPv6을 사용하지 말도록(SLAAC를 사용하도록) manaed-config 플래그를 0으로 세팅합니다.
R2	OSPFv3 설정	R2(config)#ipv6 unicast-routing R2(config)#ipv6 router ospf 100 R2(config-router)#router-id 2.2.2.2	IPv6 유니캐스트 라우팅을 켭니다. OSPF 라우팅 프로토콜 설정 라우터 ID 설정
		R2(config)#interface ethernet 0 R2(config-if)#ipv6 address 2001:0:D:1::1/64 R2(config-if)#ipv6 ospf 100 area 0	IPv6 주소 설정 OSPF Area 설정

[표 17-6] SLAAC와 OSPFv3 명령어

LESSON 92 : IPv4 to IPv6 마이그레이션

IPv4 환경에서 IPv6 환경으로 이전할 때는 두 프로토콜을 동시에 적용하는 과도기가 있기 마련입니다. 이번에는 이러한 과도기에서 선택할 수 있는 3가지 솔루션에 대해 알아보겠습니다.

● 듀얼 스택

[그림 12-21]에서 ①번 영역은 IPv4만 지원하고, ②번 영역은 IPv6만 지원합니다. ③번 구역은 듀얼 스택(Dual Stack) 영역이어서 IPv4와 IPv6를 모두 지원합니다. 이를 통해 IPv4 네트워크와 IPv6 네트워크는 상호 통신할 수 없지만, IPv4와 IPv6 네트워크 모두 ③번 영역에서 제공하는 서비스를 사용할 수 있습니다. 이 방식은 IPv6를 지원하는 장치가 적은 도입기에 많이 볼 수 있습니다.

17

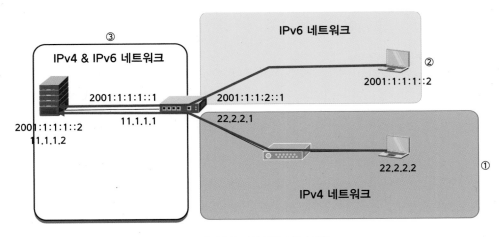

[그림 12-21] 듀얼 스택 솔루션

● 터널링(Tunneling)

[그림 12-22]에서 ①번과 ③번 영역은 IPv6 환경으로 이전되었지만, ②번 영역은 아직 IPv4 환경입니다. ③번 영역의 PC ⓐ가 ①번 영역의 서버 ⓑ에게 패킷을 보냈습니다. PC ⓐ가 보낸 패킷의 헤더 ㉮의 주소는 IPv6 주소입니다. 즉 출발지 주소는 2001:1:1:1::2이고, 목적지 주소는 2001:1:1:2::2입니다. 그런데 이 패킷은 IPv4 네트워크를 통과할 수 없으므로 IPv4 네트워크를 통과하기 위한 ㉯ IPv4 헤더가 필요합니다. 경계에 위치한 R3은 IPv4 헤더를 추가합니다. 이 때, 출발지 주소는 IPv4 헤더를 새로 만든 R3의 아웃바운드 인터페이스의 2.2.2.2이고, 목적지 주소는 목적지 IPv6 네트워크와 연결된 R1의 1.1.1.1입니다. 새로 입은 IPv4 헤더 덕분에 이 패킷은 IPv4 네트워크를 통과해서 R1에 도착할 수 있습니다. 패킷이 R1에 도착하면, IPv4 헤더의 목적은 완수되었으므로 IPv4 헤더는 버려집니다. 원래의 ㉯ IPv6 헤더는 그대로 유지되었으므로 IPv6 네트워크인 ①번 영역을 통과하여 최종 목적지인 서버 ⓑ에 도착할 수 있습니다.

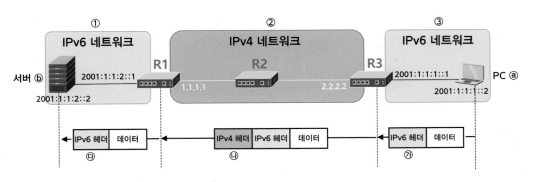

[그림 12-22] 터널링

● NAT

[그림 12-23]에서 ①번 영역은 IPv4 환경이고, ②번 영역은 IPv6 환경만 지원합니다. 거의 모든 영역이 IPv6 환경으로 이전되었고, 일부 영역만 IPv4 환경으로 남아있습니다. 이 경우 경계 라우터(R1)에서 IPv4 주소와 IPv6 주소에 대해 주소 변환 솔루션인 NAT (Network Address Translation) 를 적용합니다. NAT 테이블에는 IPv4와 IPv6 주소에 대한 맵핑 정보가 만들어집니다. 즉 IPv4 영역에서 보았을 때 IPv6 네트워크의 호스트들은 IPv4 주소를 가진 것처럼 보입니다. IPv6 영역에서 보았을 때 IPv4 네트워크의 호스트들은 IPv6 주소를 가진 것처럼 보입니다.

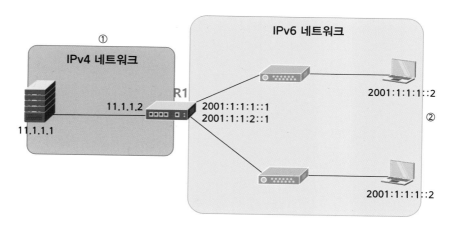

[그림 17-23] NAT

 IPv6를 돕는 프로토콜

IPv4를 돕는 프로토콜과 IPv6를 돕는 프로토콜은 거의 비슷합니다.

● IPv6 관련 프로토콜

IPv4 환경에서 IPv4를 지원하던 프로토콜은 IPv6 환경에서도 필요합니다.

기능	IPv4	IPv6
IP 주소를 알고 MAC 주소를 모를 때	ARP 리퀘스트와 리플라이	NDP NS와 NA
도메인 네임을 알고 IP 주소를 모를 때	DNSv4	DNSv6
주소를 자동 할당하고 싶을 때	DHCPv4	DHCPv6, SLAAC
라우터의 주소를 알고 싶을 때	ICMP Router Discovery	NDP RS와 RA
중복된 주소가 있는지 확인할 때	GARP(Gratuitous ARP)	NDP NS와 NA
라우팅 리다이렉팅을 원할 때	ICMP Redirect	ICMPv6 Redirect

[표 17-7] IPV4에서 필요했던 프로토콜들은 IPv6에서도 필요하다.

● IPv4 vs IPv6 ICMP 메시지

IPv4 vs IPv6 ICMP 메시지의 그 기능들은 거의 비슷합니다. [표 17-8]을 참조하기 바랍니다.

ICMPv4	ICMPv6
데스티네이션 언리처블 [네트워크 언리처블] (Destination Unreachable [Network Unreachable]) (타입 3/코드 0)	데스티네이션 언리처블 [목적지에 대해 라우팅할 수 없음] (Destination Unreachable [No Route to Destination]) (타입 1/코드 0)
데스티네이션 언리처블 [호스트 언리처블] (Destination Unreachable [Host Unreachable]) (타입 3/코드 1)	데스티네이션 언리처블 [주소 도달 불가능] (Destination Unreachable [Address Unreachable]) (타입 1/코드 3)
데스티네이션 언리처블 [프로토콜 언리처블] (Destination Unreachable [Protocol Unreachable]) (타입 3/코드 2)	데스티네이션 언리처블 [알려지지 않은 다음 헤더] (Destination Unreachable [Unrecognized Next Header Type Encountered]) (타입 4/코드 1)
데스티네이션 언리처블 [포트 언리처블] (Destination Unreachable [Port Unreachable]) (타입 3/코드 3)	데스티네이션 언리처블 [포트 언리처블] (Destination Unreachable [Port Unreachable]) (타입 1/코드 4)
데스티네이션 언리처블 [플래그먼테이션이 필요하지만 지원하지 않음] (Destination Unreachable [Fragmentation Needed and DF set]) (타입 3/코드 4)	패킷이 너무 큼 ([Packet Too Big]) (타입 2/코드 0)
데스티네이션 언리처블 [호스트와의 통신이 차단됨] (Destination Unreachable [Communication with Destination Host Administratively Prohibited]) (타입 3/코드 10)	데스티네이션 언리처블 [목적지와의 통신이 차단됨] (Destination Unreachable [Communication with Destination Prohibited]) (타입 1/코드 1)
소스 퀜치 Source Quench (타입 4/코드 0)	해당 메시지 없음
리다이렉트 Redirect (타입 5/코드 0)	Neighbor Discovery Redirect (타입 137/코드 0)
타임 익시드드(TTL 초과) Time-Exceeded(TTL Exceeded in Transit) (타입 11/코드 0)	타임 익시드드-홉 초과 Time Exceeded-Hop Limit Exceeded in Transit (타입 3/코드 0)
타임 익시드드(프래그먼트 재조립 타임 만료) (Time-Exceeded(Fragment Reassembly Time Exceeded)) (타입 11/코드 1)	타임 익시드드-재조립 시간 만료 (Time Exceeded-Fragment Reassembly Time Exceeded) (타입 3/코드 1)
파라미터 문제 (Parameter Problem) (타입 12/코드 0)	파라미터 문제(Parameter Problem) (타입 4/코드 0 또는 2)

[표 17-8] ICMPv4 vs ICMPv6

- **IPv6 주소:** 128비트 길이로 IPv4의 주소 고갈 문제를 해결한다.
- **IPv6 유니캐스트 주소:** 글로벌, 로컬, 링크-로컬, 루프백 주소
- **Pv6 멀티캐스트 주소:** 일반적인 멀티캐스트 주소, 솔리시티드-노드 주소(네트워크 내부에서 브로드캐스트를 대신하는 주소)
- **IPv6 애니캐스트 주소:** 다수의 장치가 같은 주소를 가진다. 패킷은 라우터에 의해 가장 가까운 목적지에게 전달된다.
- **IPv6 헤더:** 헤더 체크섬 필드는 삭제되고, 플로 라벨 필드는 추가된다.
- **IPv6 호스트 설정:** DHCPv6와 SLAAC 방식이 있다.
- **IPv6 라우터 설정:** 스태틱 루트를 설정하거나 OSPFv3, RIPng, IS-ISv6, EIGRPv6, MP-BGP와 같은 라우팅 프로토콜이 필요하다.
- **IPv4 to IPv6 마이그레이션:** 듀얼 스택, 터널링, NAT

17

Chapter 18 : 장거리 담당, WAN

LAN과 WAN의 차이점은 무엇일까요?

LAN은 본사나 지사 내부 네트워크이지만, WAN은 본사와 지사의 연결, 인터넷 연결과 같이 먼 거리를 연결하는 네트워크입니다. WAN에는 전용회선, IPSec VPN, MPLS VPN과 같은 다양한 서비스(방식들)들이 존재합니다.

LESSON 93 : WAN 서비스

LAN(Local Area Network)은 회사나 학교 내부 등 한정된 구역을 연결하므로 직접 구축할 수 있지만, WAN(Wide Area Network)은 서울 본사와 제주 지사의 연결과 같이 먼 거리를 연결하므로 직접 구축할 수 없기 때문에 KT와 같은 WAN 서비스 제공업자의 회선을 빌려야 합니다. 인터넷 접속 회선도 WAN 커넥션에 속합니다.

WAN 토폴로지를 결정할 때 참조하는 모델에 대해서는 7장에서 다루었습니다. [그림 18-1]에서 서울 본사와 2개의 지사는 허브 앤 스포크 토폴로지로 연결되었고, 서울 본사만 인터넷에 연결되어 있습니다. 그림에서는 ㉮ 위치에 방화벽이나 IPS(Intrusion Protection System)와 같은 네트워크 보안 장치들이 배치되었으므로 지사에서 인터넷에 접속할 때 본사의 보안 장치를 통과할 수 밖에 없습니다. 지사들도 인터넷에 직접 연결할 수 있지만, 보안 때문에 그렇게 하지 않습니다. 외부 인터넷에 대한 통로가 다양하면 아무래도 보안에 불리할 뿐 아니라 보다 많은 보안 장치들이 필요하며 이러한 보안 장치들의 정책을 지속적으로 통일성있게 관리하기가 쉽지 않습니다. 보안이 중요하지 않다면 지사들을 인터넷에 직접 연결할 수 있습니다.

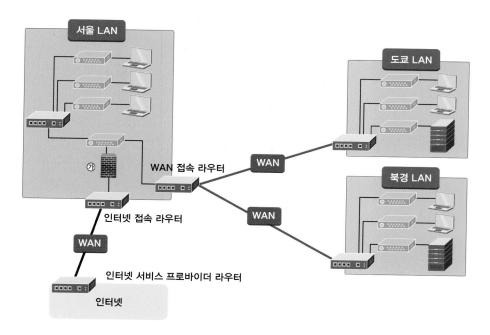

[그림 18-1] WAN의 위치 확인하기

● WAN 서비스의 종류

WAN 서비스는 [그림 18-2]와 같이 전용 회선, 서킷 스위칭, 패킷 스위칭, VPN, 인터넷 접속 계열로 구분됩니다. WAN 서비스를 선택하는 기준은 비용, 밴드위스, 링크 품질, 데이터 링크 계층 프로토콜과 필요할 때만 연결하는지 또는 지속적으로 연결하는지 등입니다. 현재 제공 중인 WAN 서비스를 확인하기 위해 KT, LG유플러스, SK브로드밴드 등의 국내 WAN 서비스 제공업자들의 홈페이지를 살펴보기 바랍니다.

우선 잘 쓰지 않는 서비스부터 살펴볼까요? 패킷 스위칭 서비스는 사양길에 있고, 더 이상 신규 가입자를 모집하지 않는데, 이것은 세계적인 트렌드입니다. 대안이 된 MPLS VPN 서비스에 비해 비용과 스위칭 속도 측면에서 IPSec VPN에 비해 비용 측면에서 경쟁력이 낮기 때문입니다. 서킷 스위칭 서비스에 속하는 PSTN(Public Switched Telephone Network)은 소량의 데이터를 어쩌다가 보낼 필요가 있을 때 사용합니다. 제공되는 대역폭이 좁고 콜 셋업 딜레이(Call Setup Delay)를 피할 수 없기 때문에 일반적인 WAN 연결에는 사용하지 않습니다. 다른 WAN 서비스가 제공되지 않는 오지를 연결하거나 다른 WAN 회선의 백업 회선, 소량의 데이터를 어쩌다가 보낼 필요가 있는 원격 검침이나 신용카드 결제 등과 같은 경우에 활용합니다.

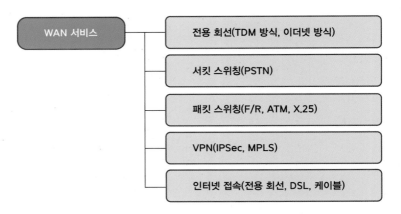

[그림 18-2] WAN 서비스

LESSON 94 : 전용 회선

전용 회선은 두 사이트를 연결하기 위해 사용합니다. 전용 회선에 적용 가능한 2계층 프로토콜에는 PPP, HDLC, 이더넷이 있습니다.

● PPP/HDLC

TDM(Time Division Multiplexing)은 다수의 사용자들이 하나의 회선을 시간대 별로 쪼개 점유하는 방식입니다. TDM 방식의 전용 회선망은 '멀티플렉서(Multiplexer)'와 '디멀티플렉서(De-multiplexer)'로 구성됩니다. [그림 18-3]의 멀티플렉서와 디멀티플렉서를 연결하는 링크에서 짝수 시간대는 고객 A의 채널이고, 홀수 시간대는 고객 B의 채널입니다. 자신의 채널은 자신만 점유할 수 있어서 품질이 안정적이지만, 자신이 사용하지 않는 순간에는 누구도 활용할 수 없기 때문에 비효율적입니다. 또한 TDM 방식의 전용 회선망은 스위치를 갖지 않기 때문에 1:1 연결, 즉 포인트 투 포인트(Point-to-Point) 커넥션만 가능합니다.

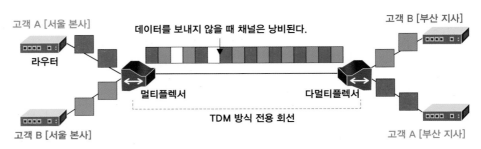

[그림 18-3] TDM 방식의 전용 회선

언제든지 할당된 채널을 통해 데이터를 보낼 수 있는 전용 회선에 비해 서킷 스위칭의 채널은 콜 셋업 과정을 거친 다음에야 채널이 할당됩니다. 콜 셋업이 되면 자신만 점유할 수 있는 채널이 되지만, 통신이 끝나면 채널은 회수되어 다른 커넥션을 위해 사용되기 때문에 회선 비용은 연결한 시간만큼만 지불합니다. PPP는 서킷 스위칭 네트워크와 TDM 방식의 전용회선 네트워크에서 적용 가능한 2계층 프로토콜입니다.

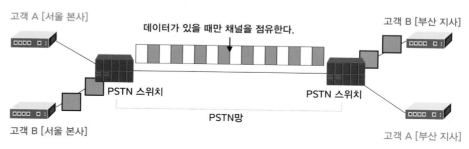

[그림 18-4] 서킷 스위칭

TDM 방식의 전용 회선망을 구성하는 장치는 [그림 18-5]와 같습니다. DTE는 스위치에 연결된 라우터와 같은 단말 장치입니다. DCE는 DTE에서 출발한 디지털 시그널을 망에서 사용 중인 디지털 시그널 또는 아날로그 시그널로 변환합니다.

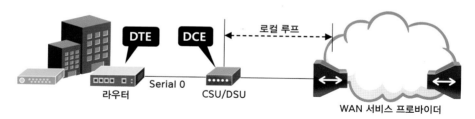

[그림 18-5] WAN 구성 장치

[그림 18-6]에서 각 장치의 역할은 [표 18-1]과 같습니다.

구분		설명
DTE (Data Terminating Equipment)		라우터를 DTE, 즉 단말로 간주합니다. 이 경우, 라우터는 시리얼(Serial) 인터페이스를 가지고 있어야 합니다.
DCE (Data Circuit-terminating Equipment)	CSU/DSU	DTE가 보낸 디지털 시그널을 서비스 프로바이더가 원하는 디지털 시그널로(예를 들어 B8ZS/ESF로) 변경합니다.
	모뎀	DTE가 보낸 디지털 시그널을 PSTN(Public Switched Telephony Network) 서비스 프로바이더가 원하는 아날로그 시그널로 변경합니다. 즉 로컬 루프 구간이 전화선일 때 필요합니다.
로컬 루프(Local Loop)		서비스 프로바이더 장치와 DCE 장치 사이의 구간

[표 18-1] WAN 장치

SONET/SDH

SONET(Synchronous Optical Network)과 SDH(Synchronous Digital Hierarchy)은 디지털 시그널을 전송하기 위한 표준입니다. 즉 SONET은 북미 표준이고, SDH는 국제 표준입니다. SONET과 SDH는 호환성이 있으므로 'SONET/SDH'라고도 합니다. SONET/SDH는 다양한 전송 기기를 상호 접속하기 위한 광신호와 인터페이스 표준을 제공합니다. SONET의 다중화 단위를 STS(Synchronous Tranport Signal), SDH의 다중화 단위를 STM(Synchronous Transport Module)이라고 합니다. 다중화 단계와 전송 속도는 [표 18-2]와 같습니다.

SONET(ANSI 북미 표준)	SDH(ITU-T 국제 표준)	비트율(Mbps)
STS-1	STM-0	51.84
STS-3	STM-1	155.52
STS-9	–	466.56
STS-12	STM-4	622.08
STS-18	–	933.12
STS-24	–	1244.16
STS-36	–	1866.24
STS-48	STM-16	2488.32
STS-96	–	4976.64
STS-192	STM-64	9953.28
STS-768	STM-256	39813.12

[표 18-2] SONET vs SDH

PPP와 HDLC는 TDM 방식의 전용 회선에서 사용할 수 있는 2계층 프로토콜입니다. PPP와 HDLC 프로토콜의 특징은 [표 18-3]과 같습니다.

구분	특징
HDLC	표준 프로토콜로 부가적인 기능이 없습니다.
PPP	• 표준 프로토콜로 아래와 같은 부수적인 기능이 있습니다. • [인증] 통신 상대끼리 유저네임와 패스워드 확인 절차를 거친 다음에 통신을 개시하는데, CHAP과 PAP 인증 방식이 있습니다. • [멀티링크] 다수의 물리적인 링크를 묶어 밴드위스를 올릴 수 있습니다.

[표 18-3] HDLC vs PPP

2계층 프로토콜은 그 동작 범위가 네트워크의 내부이므로 같은 네트워크에 속하는 두 장치는 같은 2계층 프로토콜을 적용해야 합니다. [그림 18-6]과 같이 다른 2계층 프로토콜(HDLC와 PPP)을 적용하면 링크가 다운되어 통신이 불가능합니다.

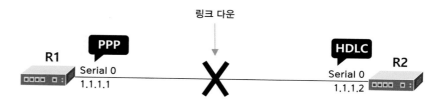

[그림 18-6] 인캡슐레이션 불일치

PPP의 플래그/주소/컨트롤 필드는 HDLC 필드를 그대로 사용하는데, 각각 0x7E, 0xFF, 0x03 값이 입력됩니다. 0x는 뒤의 숫자가 16진수라는 것을 뜻합니다. 플래그 필드는 7E로 고정되어 프레임의 시작을 표시합니다. HDLC와 PPP는 전용 회선과 같은 포인트 투 포인트 연결에만 적용되므로 주소 필드는 FF로 고정되어 사용되지 않습니다. 컨트롤 필드도 고정된 값이 들어가며 역할이 없습니다. 프로토콜 자리에는 PPP 협의 과정에서 사용되는 LCP, PAP/CHAP, IPCP 중 어떤 프로토콜에 속한 데이터가 포함되는지 표시합니다. FCS 필드는 수신한 프레임이 완벽한 것인지 확인하기 위한 필드입니다.

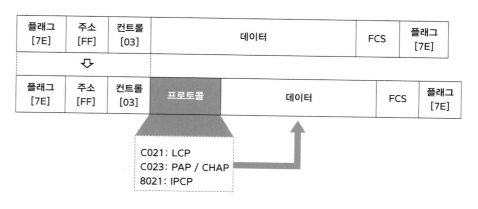

[그림 18-7] HDLC와 PPP 헤더

LCP(Link Control Protocol)는 링크 설정, 옵션 니고시에이션(option negotiation), 링크 종결 과정을 정의합니다. 옵션 니고시에이션이란, 제공하는 부가 기능 중 무엇을 사용할 것인지를 협상하는 과정입니다. PPP가 제공하는 부가 기능에는 인증, 멀티링크 등이 있습니다. 만약 인증 기능을 사용하기로 했다면 다음으로 CHAP 또는 PAP 인증 확인 절차가 일어납니다. 다음으로 IPCP는 네트워크 계층 프로토콜의 구성 협의를 위해 사용됩니다. 예를 들어 IPCP에 의해 IP 주소 등의 IP 파라미터들을 할당할 수 있습니다.

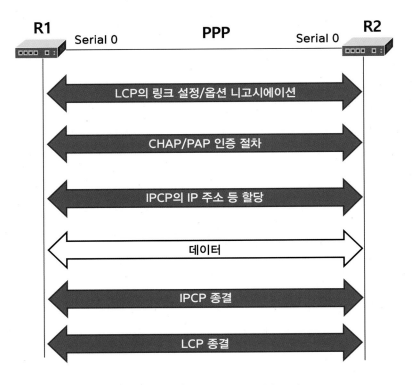

[그림 18-8] PPP 커넥션 설정 절차

● 이더넷

이더넷 인캡슐레이션을 사용하기 때문에 이더넷 스위치나 라우터의 이더넷 인터페이스를 통해 연결할 수 있습니다. PPP나 HDLC 인캡슐레이션을 적용하려면, 시리얼 인터페이스를 가진 라우터가 필요합니다. 이더넷 프로토콜은 고속의 대역폭을 제공하고, 간단한 메커니즘으로 다른 프로토콜들과의 경쟁에서 살아 남았습니다. 접속 방법이 이더넷 방식이라도 서비스 프로바이더 망은 TDM 방식과 같이 멀티플렉서/디멀티플렉서로 구성할수도 있고 이더넷 스위치로 구성할 수도 있습니다. 서비스 프로바이더 망이 멀티플렉서/디멀티플렉서로 구성되었을 때를 먼저 살펴봅시다. 원래 TDM 방식의 전용 회선이 제공하는 속도는 음성 트래픽을 전달하기 위한 속도인 64Kbps의 배수들로 구성됩니다. 즉 64Kbps, 128Kbps, 256Kbps, 512Kbps, 1,024Kbps, 1,544Kbps, 2,048Kbps, 45Mbps, 155Mbps, 625Mbps등의 속도를 제공하는데, 이것은 멀티플렉싱 규칙 때문에 어쩔 수 없습니다. 반면 이더넷의 물리적인 속도는 10Mbps, 100Mbps, 1Gbps, 10Gbps와 같이 10배씩 증가합니다. 이렇게 이더넷과 TDM은 속도가 일치하지 않기 때문에 하나의 이더넷 커넥션이 하나의 SONET 채널을 사용한다면, 밴드위스 효율성이 떨어집니다. 예를 들어 10Mbps 속도의 이더넷 데이터를 수용할 수 있는 STS-1 채널을 통해 전달한다면, [표 18-4]와 같이 전체 밴드위스의 21%만 사용하게 됩니다.

	SONET		밴드위스 효율성
이더넷 속도	SONET 속도	실제 속도(오버헤더 제외)	
10Mbps	STS-1	~48.4Mbps	21%만 사용
100Mbps	STS-3c	~150Mbps	67%만 사용
1Gbps	STS-48c	~2.4Gbps	42%만 사용

[표 18-4] 이더넷과 SONET 속도가 일치하지 않아 SONET 밴드위스의 효율성이 떨어진다.

이 문제를 해결하는 것이 VC(Virtual Concatenation)인데 채널들을 연계하여 이더넷이 제공하는 다양한 속도를 맞춤식으로 제공할 수 있습니다. [그림 18-9]에서 2개의 STS-1을 묶어서 약 100Mbps의 속도를 수용하고, 5개의 STS-1을 묶으면 약 250Mbps의 속도를 수용할 수 있습니다. 채널 간에 분산되었던 트래픽은 반대편 EoS(Ethernet over SONET) 장치에서 다시 조립됩니다.

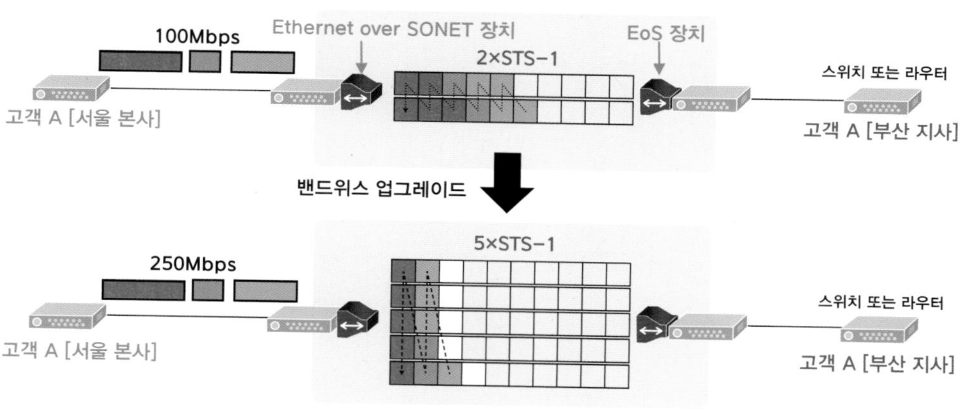

[그림 18-9] VC의 개념

서비스 프로바이더 망이 이더넷 스위치로 구성된 경우 이더넷과 SDH/SONET 간의 신호 변환이 필요없고, 이더넷은 SDH/SONET에 비해 오버 헤더가 적어 효율적입니다. 또한 이더넷은 단순하여 장애 확률도 낮은 편입니다.

LESSON 95 : IPSec VPN 방식 1: 사이트 투 사이트 VPN

LAN과 WAN은 우리 회사 네트워크, 즉 사설 네트워크인 반면, 인터넷은 모든 회사의 트래픽이 통과하는 공용 네트워크입니다. IPSec VPN은 인터넷을 통해 본사와 지사를 연결하기 때문에 다른 WAN 서비스에 비해 회선 비용이 저렴합니다. IPSec VPN(IP Security Virtual Private Network)으로 서울과 북경을 연결하는 경우, 서울 본사와 북경 지사에서 인터넷 접속 비용만 지불하면 되기 때문입니다. 하지만 인터넷은 신뢰할 수 없을 뿐만 아니라 품질도 보장되지 않는다는 약점이 있습니다. 그러나 인터넷 인프라가 많이 개선되었고, 다양하고 강력한 보안 서비스가 적용되기 때문에 IPSec VPN을 적용하는 사이트는 늘어나는 추세입니다.

● 터널링 + IPSec

사이트 투 사이트 IPSec VPN을 구성하는 핵심 기술은 터널링과 IPSec입니다. VPN 장치는 터널링과 IPSec을 지원하고, 라우팅 기능도 제공합니다. [그림 18-10]은 터널링 솔루션을 설명합니다.

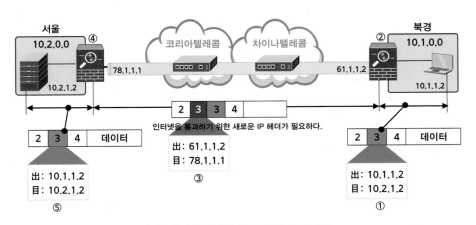

[그림 18-10] 터널링(더블 태깅)이 필요한 이유

[그림 18-10]에서 서울 본사와 북경 지사는 사설 주소(10.x.x.x)를 사용하고 있습니다. 북경 지사에서 서울 본사로 보낸 ① 패킷의 출발지 주소는 북경 PC의 10.1.1.2이고, 목적지 주소는 서울 서버의 **10.2.1.2**입니다. 인터넷 서비스 프로바이더의 라우터들은 이러한 사설 주소(10.x.x.x)에 대한 라우팅 정보를 갖지 않습니다. 따라서, 목적지와 출발지 IP 주소가 모두 사설 주소인 ①번 패킷은 인터넷을 통과할 수 없습니다. IPSec VPN을 설정한 ② 북경 VPN 장치는 2계층과 3계층 헤더 사이에 ③ 새로운 IP 헤더를 추가합니다. 이 헤더의 출발지 IP 주소는 헤더를 만든 북경 VPN 라우터의 **61.1.1.2**가 되고, 목적지 IP 주소는 패킷의 목적지인 ④ 서울 VPN 장치의 **78.1.1.1**이 됩니다. 이제 목적지 주소가 공인 주소이기 때문에 패킷은 인터넷의 라우터들을 통과하여 서울 VPN 장치에 도착합니다. 빨간색 IP 헤더의 역할은 인터넷을 통과하기 위한 것이므로 패킷이 서울 VPN 장치에 도착하면 빨간색 IP 헤더는 폐기됩니다. 서울 네트워크의 내부에서는 원래의 ⑤ 목적지(사설) 주소인 **10.2.1.2**를 보고 최종 목적지 장치에 도착합니다. 즉 인터넷을 통과하기 위한 터널링 솔루션은 3계층 헤더를 두 번 입히는 더블 태깅(Double Tagging)에 의해 실현됩니다.

서울 본사는 코리아텔레콤, 북경 지사는 차이나텔레콤이란 인터넷 서비스 프로바이더에 접속되었습니다. 신뢰할 수 없는 인터넷에 패킷을 통과시키려면 다양한 보안 솔루션이 필요합니다. IPSec은 우리 회사의 트래픽이 인터넷을 안전하게 통과하기 위해 필요한 기능들을 정의합니다.

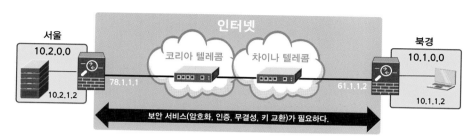

[그림 18-11] IPSec의 필요성

IPSec 프로토콜은 [표 18-5]와 같은 인캡슐레이션, 암호화, 무결성 확인, 사용자 인증, 키 교환 기능을 종합적으로 정의합니다.

- **인캡슐레이션 프로토콜:** AH(Authentication Header)와 ESP(Encapsulating Security Payload)가 있습니다. AH는 무결성 확인은 지원하지만, 암호화를 지원하지 않습니다. ESP는 모두 지원하기 때문에 보통 ESP를 선호합니다. AH+ESP 방식의 경우 무결성 확인은 AH를 암호화는 ESP를 사용하는 방식인데, 2개의 헤더가 필요하기 때문에 잘 사용하지 않습니다.

- **암호화 알고리즘:** DES, 3DES, AES, SEAL 등이 있습니다. 오른쪽에 있는 알고리즘일수록 강력한 방식이지만 대신 속도가 느립니다.

- **무결성 확인 알고리즘:** MD5, SHA 등이 있는데, SHA가 보다 강력합니다. 무결성 확인이란, 수신한 데이터가 처음 출발한 그대로 즉 중간에 변조되지 않았는지를 확인하는 기능입니다.

- **사용자 인증:** 자신과 통신할 수 있는 대상인지 체크하는 기능입니다. VPN 장치는 인터넷에 연결되어 있기 때문에 아무나 말을 걸어올 수 있습니다. 즉 VPN 장치를 통해 끊임없이 침투를 시도하죠. 인증 방식 중 PSK(Pre-Shared Key) 방식은 상호 간에 전화나 이메일로 사전에 공유한 키를 사용하는 방식으로, 보안성이 낮습니다. 반면 RSA 방식은 DH(Diffie-Hellman) 키를 사용하기 때문에 보안성이 높습니다.

- **키 교환 알고리즘:** 숫자로 구분되는 DH 알고리즘이 있고, 숫자가 클수록 강력합니다.

18

구분	종류	
인캡슐레이션	AH	ESP, AH+ESP
암호화	AH는 암호화 지원불가	DES, 3DES, AES, SEAL
무결성(완전성) 확인	MD5, SHA	
인증	PSK, RSA	
키 교환	DH1, DH2, DH5, DH7	

[표 18-5] IPSec 프로토콜

IPSec VPN 커넥션은 [그림 18-12]와 같이 ISAKMP(Internet Security Association and Key Management Protocol) 단계와 IPSec 단계를 거쳐 연결됩니다. ISAKMP 단계에서 SA(Securing Assocaiation) 보안 파라미터를 결정하고 다음으로 암호화와 인증 단계에서 사용할 DH 키(디피-헬만 키)를 결정합니다. 다음으로 통신할 대상인지 확인하는 사용자 인증 절차를 거칩니다. 이 순서는 논리상 바꿀 수 없습니다. 다음으로 IPSec 단계에서는 실제 데이터에 적용할 보안 파라미터를 다시 결정합니다.

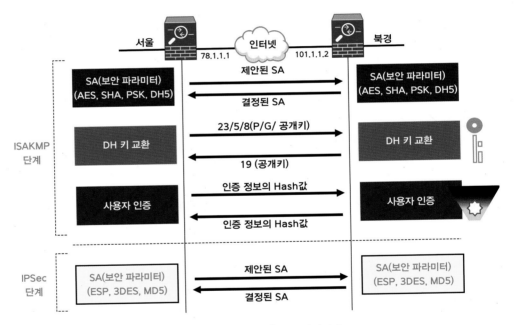

[그림 18-12] IPSec 연결 단계

◉ 1단계: ISAKMP 단계

● SA(보안 파라미터) 결정

ISAKMP 단계에서 패킷 포맷은 [그림 8-13]과 같이 ISAKMP 헤더를 사용합니다. ISAKMP 헤더에는 세션 동안 통신 상대방을 확인할 수 있는 쿠키, 데이터 타입(보안 정책 협의 정보, 키 교환을 위한 정보, 인증 정보 중, 어떤 정보를 포함하는지), 메시지 길이 정보 등을 포함합니다. ISAKMP 데이터 자리에는 보안 정책에 해당하는 SA, 키 교환 정보, 인증을 위한 Hash 값을 포함합니다. 서울 VPN 장치가 선택한 SA, 즉 보안 파라미터는 AES(암호화), SHA(무결성 확인), PSK(인증), DH5(키 교환)입니다. 북경 VPN 장치의 SA와 일치해야 다음 단계로 진행할 수 있습니다.

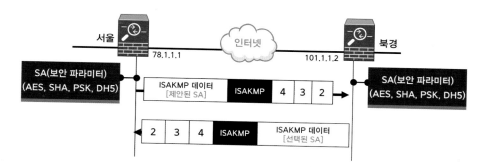

[그림 18-13] SA 협의

● 디피-헬만 키 교환

다음으로 어떤 단계가 필요할까요? 암호화나 무결성 확인에서 필요한 DH(디피-헬만) 키를 교환해야 합니다. [그림 18-14]에서 빨간색으로 표시되는 숫자는 절대 공개하지 않는 비밀키입니다. 서울 VPN 장치는 자신이 선택한 소수(Prime Number)인 23과 그보다 낮은 범위의 정수인 5를 선택합니다. 실제로는 추측하기 힘든 아주 큰 숫자를 사용합니다. 23과 5를 '셰어드 키(Shared key)'라고 하며 누구나 볼 수 있는 평문(plain text)으로 전달되기 때문에 이 키를 사용하지 않습니다. 또한 서울 VPN 장치는 이 세상에서 자신만 아는 개인키인 6을 생성했습니다.

이 세 가지 숫자를 계산 공식에 집어 넣어 자신의 공개키를 계산합니다. 공개키를 구하는 공식은 $5^6 \bmod 23 = 8$인데, 이것은 즉 5의 6승을 23으로 나누었을 때의 나머지는 8이라는 것을 의미합니다. 8은 서울 VPN 장치의 공개키로 북경 라우터에게 보내집니다. 북경 VPN 장치는 서울 VPN 장치로부터 수신한 23, 5와 자신이 생성한 개인키, 15를 입력하여 자신의 공개키 19를 계산했습니다. 계산식 $5^{15} \bmod 23 = 19$는 5의 15승을 23으로 나누었을 때의 나머지는 19라는 것을 의미합니다. 19는 북경 VPN 장치의 공개키로 서울 VPN 장치에게 보냅니다. 서울 VPN 장치는 상대가 보낸 공개키와 자신의 개인키를 입력 값으로 하는 $19^6 \bmod 23$ 공식에 입력하여 2라는 대칭키(Symmetric Key)를 생성합니다. 북경 VPN 장치도 마찬가지입니다. 상대가 보낸 공개키와 자신의 사설키를 입력 값으로 하는 $8^{15} \bmod 23$ 공식에 입력하여 같은 2라는 대칭키를 생성합니다. 이 2라는 키는 이 세상에서 서울 VPN 장치와 북경 VPN 장치만 계산할 수 있는 값입니다. 왜냐하면 두 장치 외에 공식에 입력되는 개인키를 아는 장치가 없기 때문입니다. 이 대칭키를 암호화와 무결성 확인 알고리즘

18

에서 사용합니다. 암호화할 때와 복호화할 때 키가 동일하기 때문에 '대칭키'라고 부르고 '셰어드 시크릿 키(Shared Secret Key)'라고도합니다. 대칭키를 도출했으니 암호화와 무결성 확인 알고리즘을 사용할 수 있습니다. 그 다음으로 해야 할 것은 무엇일까요? 바로 사용자 인증입니다. 사용자 인증이란 ,나와 통신할 수 있는 대상인지를 점검하는 절차입니다.

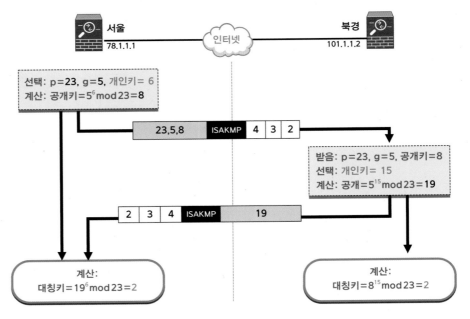

[그림 18-14] DH 대칭키 교환

● **사용자 인증**

사용자 인증은 나와 통신할 자격이 있는지 체크하는 단계입니다. 사용자 인증 방식에는 PSK(Pre-Shared Key) 방식과 RSA(Rivest, Shamir and Adleman) 방식이 있습니다. [그림 18-15]를 통해 PSK 방식을 설명하고, RSA는 다음 '시원한 쪽지(RSA 인증)' 코너에서 다루겠습니다. 사용자 인증을 위해서 VPN 장치는 상대 VPN 장치의 ID를 설정해 두어야 하는데, ID는 다른 것이 아니라 VPN 장치의 IP 주소(78.1.1.1 과 101.1.1.2)를 사용합니다.

PSK 방식에서 두 장치에 설정된 Pre-Shared 키(예에서는 'TESTKEY')는 디피-헬만 키가 아니라 전화나 이메일로 주고 받은 보안성이 없는 키입니다. 반면 RSA는 보안성이 있는 디피-헬만 키를 사용합니다. 한편, 무결성 확인 알고리즘을 'Hash 함수'라고도 하는데, 입력 데이터의 길이가 어떻든 고정된 길이의 Hash 값을 도출합니다. Hash 함수의 역함수를 만들 수 없기 때문에 Hash 값을 가지고는 입력 값을 추측할 수 없으며 따라서 Hash 함수는 만들 수 없습니다. 즉 아무나 이 Hash 값을 도출할 수 없기 때문에 Hash 값의 입력값을 신뢰할 수 있게 됩니다. Hash 함수가 갖추어야 할 조건은 명확합니다.

❶ 입력된 데이터가 같을 때 다른 결과가 나오면 안됩니다. 이 경우 무결성을 확인할 수 없습니다.

❷ 입력된 값이 다른데 같은 Hash 값이 도출되면 안 됩니다. 이 경우를 '충돌'이라고 합니다. 충돌이 적은 알고리즘이 좋은 알고리즘으로, MD5는 이미 충돌이 발견되어 SHA-1 이상의 알고리즘을 권장합니다.

[그림 18-15]에서 서울 VPN 장치는 ① 자신의 ID(IP 주소, 78.1.1.1)와 ② Pre-Shared 키(예에서는 TESTKEY)를 ③ 무결성 확인 알고리즘(예에서는 SHA)에 입력하여 ④ Hash 값을 도출합니다. Hash 값은 ⑤ 디피-헬만 대칭키와 함께 ⑥ AES 암호화 알고리즘에 입력되어 암호화됩니다. ⑦ 암호화된 Hash 값은 ISAKMP 패킷이 전달합니다. 암호화된 Hash 값은 ⑧ 디피-헬만 대칭키와 함께 ⑨ AES 복호화 알고리즘에 입력되어 ⑩ 복호화된 Hash 값을 출력합니다. 한편 북경 VPN 장치는 자신과 통신할 수 있는 ⑪ 서울 VPN 장치의 ID(IP 주소와) ⑫ PSK(미리 교환한 키, TESTKEY)를 설정해 두었습니다. 두 값을 같은 ⑬ 무결성 함수(예에서는 SHA)에 입력하면 ⑭ Hash 값이 나옵니다. 이때 서울 VPN 장치가 보낸 ⑩ Hash 값과 북경 VPN 장치가 계산한 ⑭ Hash 값이 ⑮ 일치하면 사용자 인증을 통과하게 됩니다. 즉 다음 단계로 진행할 수 있습니다.

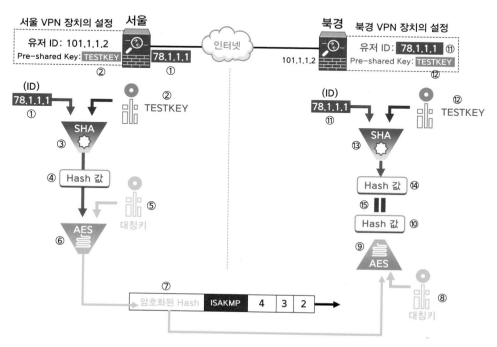

[그림 18-15] 사용자 인증하기

● 2단계: IPSec 단계 ··

이제 IPSec 단계로 넘어왔는데, IPSec 단계에서는 본격적으로 암호화된 데이터를 교환하기 위해 마지막 준비 단계를 거쳐야 합니다. [그림 18-16]을 다시 보면 IPSec 단계에서는 다음과 같은 SA, 즉 보안 파라미터에 대한 협의가 다시 일어납니다.

● 암호화와 무결성 확인 알고리즘

ISAKMP 단계에서 정한 알고리즘은 겨우 사용자 인증 과정에만 적용하기 때문에 강력한 알고리즘을 사용해도 무방합니다. 또한 사용자 인증 과정에서는 강력한 알고리즘이 필요하지만, IPSec 단계에서 정할 알고리즘들은 대량의 데이터에 작용됩니다. 강력한 알고리즘을 사용하면 보안성은 우수하지만 대신 전송 속도가 느려집니다. VPN 장치의 성능이 우수한 경우에는 강력한 알고리즘을 사용해도 좋지만, 보통은 데이터에 적용할 알고리즘은 한 단계 낮은 것을 사용합니다.

● IPSec 모드

IPSec 모드에는 터널 모드와 트랜스포트 모드가 있습니다. 지금까지 설명한 모드는 터널링을 적용한 터널 모드로, 트랜스포트 모드에 대해서는 다음 다음 '시원한 쪽지 (터널 모드 vs 트랜스포트 모드)'에서 다룹니다.

● 패킷 리플레이(Packet Replay)

패킷 리플레이 공격 차단 기능을 사용할 것인지를 협의합니다. 패킷 리플레이 공격은 합법적인 패킷을 모아두었다가 다시 보내는 공격으로, 이 공격을 막기 위해 순서 번호를 사용합니다. 즉 순서 번호를 이용하여 현재의 번호가 아닌 오래되거나 중복된 번호의 패킷을 폐기할 수 있습니다.

● 인캡슐레이션 방식: ESP 또는 AH

현재 단계까지는 ESP나 AH 헤더가 필요하지 않습니다. ISAKMP나 IPSec 단계에서 교환하는 패킷들의 포맷은 [그림 18-13]과 [그림 18-14], 그리고 [그림 18-15]에서 본 것처럼 ISAKMP 헤더를 사용합니다. 그러나 ISAKMP나 IPSec 단계가 종료되면 암호화된 데이터를 교환하는데, 이때 ESP나 AH 헤더와 새로운 IP 헤더가 필요합니다. ISAKMP 패킷은 서울 VPN 장치와 북경 VPN 장치 간에 교환되기 때문에 새로운 IP 헤더가 필요 없습니다. 그러나 사용자 데이터를 포함한 패킷은 북경 네트워크의 단말과 서울 LAN의 단말 간에 교환되기 때문에 2개의 IP 헤더들이 필요합니다. 또한 데이터 인증을 위한 Hash 값, 패킷 리플레이(Packet Replay) 공격을 막기 위한 순서 번호와 어떤 보안 정책을 사용한 패킷인지 표시하는 SPI(Security Parameter Index)를 포함한 ESP 헤더가 필요합니다. ESP 헤더는 [그림 18-16]과 같이 2개의 IP 헤더들 사이에 위치합니다.

● 데이터 전송 단계 ··

    IPSec VPN 커넥션에서 데이터를 교환할 때는 데이터 암호화와 데이터 인증이 필
요합니다. 데이터 인증이란 테이터에 대한 무결성 체크 기능입니다. 이때 필요한 키는
DH 키 교환 과정에서 추출한 ① 대칭키(Symmetric Key)를 활용합니다. [그림 18-16]
에서 서울 VPN 장치는 ① 디피-헬만 대칭키와 함께 보낼 ② 데이터를 ③ 암호화 알고
리즘(예에서는 3DES)에 입력합니다. 다시 ④ 암호화된 데이터와 ① 디피-헬만 대칭키
를 ⑤ 무결성 확인 알고리즘(예에서는 SHA)에 입력하여 도출한 ⑥ Hash 값을 ⑦ ESP
인증 필드에 입력하여 보냅니다.

한편 암호화 알고리즘이 도출한 암호화된 데이터는 IPSec 패킷의 ⑧ 데이터 자리에 입
력되어 전달됩니다. 전달된 ⑧ 암호화된 데이터는 ① 디피-헬만 대칭키와 함께 ⑨ 암
호화 알고리즘(예에서는 3DES)에 입력되어 ⑩ 복호화됩니다. 또한 ⑧ 암호화된 데이터
와 ① 디피-헬만 대칭키를 ⑪ 무결성 알고리즘에 입력하여 ⑫ Hash 값을 도출합니다.
서울 VPN 장치가 ESP 인증 필드에 포함시켜 보낸 ⑨ Hash와 북경 VPN 장치가 계산
한 ⑫ Hash가 ⑬ 일치하면 데이터는 무결하게 즉, 변경 없이 도착했음을 확인하는데,
이 과정을 '데이터 인증'이라고 합니다.

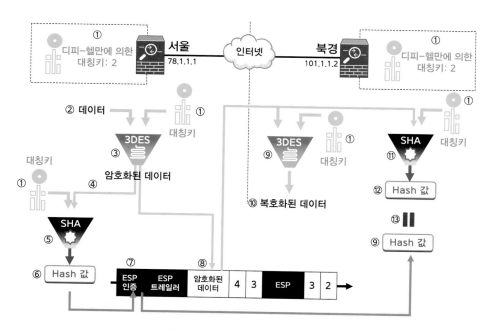

[그림 18-16] IPSec 패킷의 전달

사용자 인증 방식 중 PSK 방식은 이미 설명했습니다. RSA 방식은 다시 'RSA 시그니처(RSA Signature) 방식'과 'RSA 암호화 넌스(RSA Encrypted Nounces)' 방식으로 나뉘는데, 여기서는 RSA 시그니처 방식만 설명합니다.

● 대칭키 vs 비대칭키

대칭키는 [그림 18-17]과 같이 암호화할 때와 복호할 때 같은 키를 사용하고, 비대칭키는 암호화할 때와 복호화할 때 다른 키를 사용하는 방식입니다. 만약 대칭키를 사용한다면, 2개의 VPN 장치는 대칭키를 교환해야 하며 대칭키의 전달 과정에서 유출될 경우 의도하지 않은 제3자도 그 내용을 알 수 있게 됩니다. 이와 같이 대칭키 알고리즘의 경우 대칭키뿐만 아니라 대칭키를 추측할 수 있는 알고리즘도 노출되지 않도록 해야 합니다. 키와 알고리즘의 공개는 곧 암호화 시스템이 무너졌다는 것을 의미하기 때문입니다. 그러나 케르크호프(Kerckhoff)의 법칙에 따르면 암호화 시스템은 모든 것이 노출되어도 안전을 유지해야 합니다.

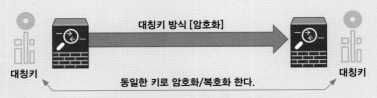

[그림 18-17] 암호화를 위해 대칭키를 사용하는 방식

이에 대한 솔루션이 RSA나 디피-헬만과 같은 비대칭키 알고리즘입니다. RSA는 VPN 장치마다 2개의 키를 사용하는데, 그 중 하나는 공개하는 공개키이고, 하나는 절대 공개하지 않는 개인키입니다. 이들 2개의 키의 관계는 다음과 같습니다. 즉 자신의 공개키로 암호화한 것은 자신의 사설키로만 복호화됩니다. 또한 자신의 사설키로 암호화한 것은 자신의 공개키로만 복호화됩니다. 공개키는 공개하는 키이므로 상대 VPN 장치에게 보내지는 키입니다.

대칭키는 암호화와 복호화 속도가 빠른 대신 가로채기(Man-in-the-middle) 공격에 취약하고, 통신 대상이 늘수록 키의 관리가 어렵습니다. 반면 비대칭키는 키 교환 절차가 안전하며, 관리해야 할 키의 수가 적은 편이므로 관리가 쉽습니다. 반면 RSA의 비대칭키 알고리즘은 수학적으로 복잡하여 CPU 자원을 과다하게 소모하여 속도가 느려집니다. 그래서 보통 RSA나 디피-헬만과 같은 비대칭키 알고리즘을 통해 사용자 인증이나 대칭키를 교환하고, 사용자 데이터를 암호화할 때는 속도가 우수한 대칭키 알고리즘을 적용합니다. [그림 18-14]에서 이미 살펴 보았듯이 디피-헬만 알고리즘은 상대방이 보내준 공개키와 자신의 사설키를 적용하여 대칭키를 유도합니다. 비대칭키 알고리즘의 사용자 인증과 암호화 방식에 대해 살펴봅시다.

- **사용자 인증을 위한 비대칭키 사용 방식**

  서울 VPN 장치라는 것을 북경 VPN 장치에게 증명하기 위해 비대칭키를 사용하는 사용자 인증 절차를 살펴봅시다. [그림 18-18]에서 서울 VPN 장치의 개인키로 암호화를 하고, 서울 VPN 장치의 공개키는 북경 VPN 장치에게 전달합니다. 북경 VPN 장치는 전달된 서울 VPN 장치의 공개키로 복호화 하는 방식입니다. 복호화가 되면 다른 장치가 아닌 서울 VPN 장치가 암호화했음을 의미하기 때문에 서울 VPN 장치임을 확인시켜 주는 사용자 인증 기능을 제공합니다.

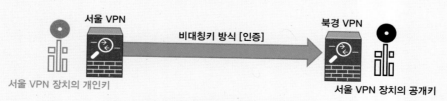

[그림 18-18] 인증을 위해 비대칭키를 사용하는 방식

- **암호화를 위한 비대칭키 사용 방식**

  서울 VPN 장치가 북경 VPN 장치에게 암호화된 데이터를 보낼 때 비대칭키를 사용하는 경우를 봅시다. 공개키는 상대방 VPN 장치에게 공개한 키입니다. [그림 18-19]에서 서울 VPN 장치는 북경 VPN 장치의 공개키로 암호화하여 전달하면, 북경 VPN 장치는 자신의 개인키로 복호화하는 방법입니다. 북경 VPN 장치의 개인키는 북경 VPN 장치만 가지므로 북경 VPN 장치만 데이터를 얻을 수 있습니다. 즉 암호화의 목적인 비밀을 유지할 수 있습니다.

  SSL의 경우, RSA를 통해 대칭키를 교환합니다. 즉 서울 VPN 장치가 북경 VPN 장치에게 대칭키를 전달할 때 북경 VPN 장치의 공개키로 암호화해서 보냅니다. 북경 VPN 장치는 자신의 개인키로 복호화 하여 대칭키를 공유합니다.

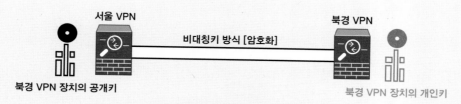

[그림 18-19] 암호화를 위해 비대칭키를 사용하는 방식

● RSA

여기서는 RSA 사용자 인증 방식에 대해 알아보겠습니다. [그림 18-20]에서 서울 VPN 장치는 ① 설정된 RSA 키(예에서는 TESTKEY)와 ② 자신의 ID(IP 주소, 78.1.1.1)를 ③ 무결성 확인 알고리즘(SHA)에 입력하여 ④ Hash 값을 도출하는데, 이 값을 '핑거 프린트(Finger Print)'라고 부릅니다. 다음으로 ④ Hash 값과 ⑤ (서울 VPN 장치의) 디피-헬만 개인키를 ⑥ 암호화 알고리즘(AES)에 입력하여 ⑦ 암호화된 Hash 값을

생성합니다. 암호화된 Hash 값은 서울 VPN 장치의 개인키를 입력 값으로 합니다. 서울 VPN 장치의 개인키는 이 세상에서 유일하게 서울 VPN 장치만 가진 키이므로 암호화된 Hash 값은 서울 VPN 장치만 생성할 수 있는 유일한 값이기 때문에 부인 방지(인터넷뱅킹이나 거래에서 자기가 한 행위를 부인하지 못하게 하는 기능), 인증(사용자 증명) 기능을 갖습니다. 이 암호화된 Hash 값을 서울 VPN 장치의 ⑦ '디지털 서명(Digital Signature)'이라고 부릅니다.

서울 VPN 장치는 서울 VPN 장치의 공개키를 포함한 ⑧ 디지털 인증서(Digital Certificate)와 디지털 서명을 북경 VPN 장치에게 전달합니다. 북경 VPN 장치는 서울 VPN 장치가 보낸 ⑨ 서울 VPN 장치의 공개키와 ⑩ 디지털 서명을 ⑪ 복호화 알고리즘(AES)에 입력하여 ⑫ 복호화된 Hash 값을 추출합니다. 한편 북경 VPN 장치에 설정된 ⑬ 유저 ID(서울 VPN 장치의 IP 주소)와 ⑭ RSA 키를 ⑮ 무결성 확인 알고리즘(SHA)에 입력하여 ⑮ Hash 값을 계산합니다. 이때 서울 VPN 장치가 보낸 ⑫ Hash 값과 북경 VLN 장치가 계산한 ⑯ Hash 값이 일치하면 사용자 인증을 통과합니다.

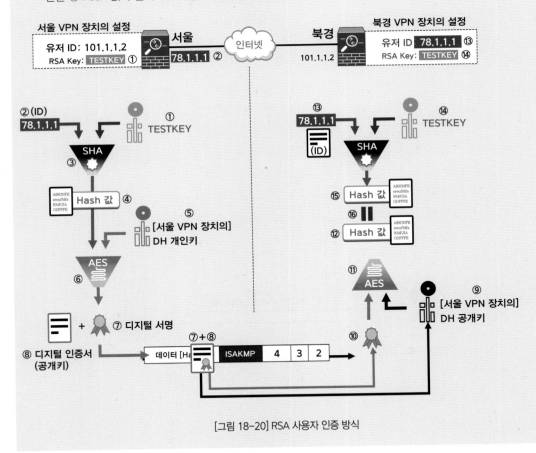

[그림 18-20] RSA 사용자 인증 방식

LESSON 96 : IPSec VPN 방식 2: 클라이언트 VPN

IPSec VPN 구성 방식은 '사이트 투 사이트 방식'과 '클라이언트 방식'으로 나뉩니다.

● 구성과 용도

사이트 투 사이트 VPN은 [그림 18-21]과 같이 VPN 장치와 VPN 장치 사이에 VPN을 구성하여 서울 VPN 네트워크와 북경 VPN 네트워크를 연결합니다. 따라서 서울과 북경 네트워크의 서버나 PC와 같은 단말들은 IPSec을 지원하지 않아도 됩니다. 반면 클라이언트 VPN은 개별 호스트와 VPN 장치 사이에 VPN을 구성하기 때문에 클라이언트 PC들이 IPSec을 지원해야 합니다. 일반적으로 클라이언트 VPN은 출장이나 재택 근무할 경우 회사 네트워크에 접속하기 위해 사용합니다. 사용자는 VPN 클라이언트 프로그램을 열고 유저네임과 패스워드를 입력하여 인증을 통과해야 합니다. 나머지는 사이트 투 사이트 VPN과 비슷합니다.

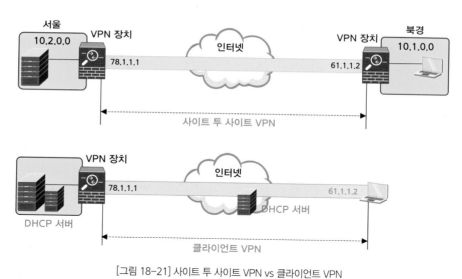

[그림 18-21] 사이트 투 사이트 VPN vs 클라이언트 VPN

● 패킷 비교

사이트 투 사이트 VPN 방식과 클라이언트 VPN 방식에서 적용된 IPSec 패킷을 비교해 봅시다. 크게 다른 점은 없습니다. [그림 18-22]에서 IPSec 패킷의 빨간색 필드에는 원래의 IP 헤더로 사설 주소가 입력되며, 최초의 출발지 주소(10.2.1.1)와 최종 목적지 주소(10.1.1.1)를 표시합니다. 파란색 필드에는 새로운 IP로 인터넷을 통과하기 위한 공인 주소(출발지는 78.1.1.1이고 목적지는 61.1.1.2)가 입력됩니다.

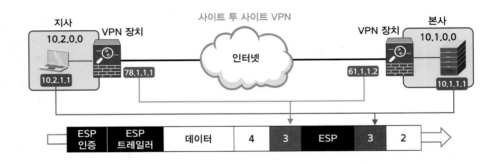

[그림 18-22] 사이트 투 사이트 VPN 환경의 패킷

클라이언트 VPN 환경의 IPSec 패킷도 동일합니다. [그림 18-23]에서 빨간색 IP 헤더에는 공인 주소로 인터넷 서비스 프로바이더의 ① DHCP 서버로부터 할당받은 공인 주소가 입력됩니다. 예에서 출발지 주소는 78.1.1.1이고 목적지 주소는 61.1.1.1입니다. 파란색 IP 헤더에는 사설 주소로 우리 회사의 ② DHCP 서버로부터 할당받은 사설 주소가 입력됩니다. 예에서 출발지 주소는 10.1.1.2이고, 목적지 주소는 10.1.1.1인데, 이때의 출발지 주소는 본사 내부 네트워크의 영역에서 할당됩니다.

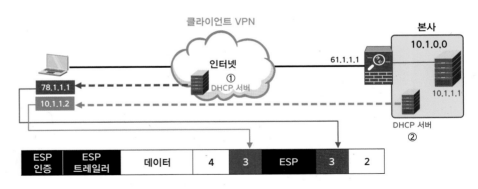

[그림 18-23] 클라이언트 VPN 환경의 패킷

● 연결 과정

사이트 투 사이트 VPN 방식이나 클라이언트 VPN 방식의 IPSec 패킷 포맷은 같지만, IPSec VPN 연결을 위한 트랜잭션은 약간 차이가 있습니다. [그림 18-24]에서 VPN 클라이언트는 우선 인터넷 접속 단계에서 할당받은 78.1.1.1을 가지고 VPN 장치(또는 '게이트웨이'라고도 부름)와 통신할 수 있습니다. 트랜잭션을 보면 SA를 결정하고, 디피-헬만 키를 교환하는 과정까지는 같습니다. 사이트 투 사이트 VPN에서 사용자 인증을 위해 사용하는 PSK 방식은 사용자 확인을 위해 IP 주소를 ID로 사용하지만, 클라이언트 VPN은 XAUTH(Extended Authentication) 인증 방식을 적용합니다. XAUTH 방식은 사용자 ID와 패스워드를 활용합니다.

그러면 왜 IP 주소 대신 사용자 ID/패스워드를 사용할까요? VPN 클라이언트가 옮길 때마다 VPN 장치(VPN 게이트웨이)에 사용자 인증을 위한 클라이언트의 IP 주소를 설정해야 하기 때문입니다. 또한 IP 주소만으로 통과되기 때문에 클라이언트 VPN이 설치된 컴퓨터만 훔치면, 누구든 본사에 접속할 수 있을 것입니다. 이러한 문제를 해결하는 것이 사용자 ID와 패스워드를 활용하는 XAUTH 방식의 사용자 인증입니다. 마지막으로 회사 내부의 주소를 회사의 DHCP 서버로부터 할당받는 과정이 필요합니다. 이때 할당받은 주소는 회사 내부에서 사용하는 사설 주소([그림 18-24]에서 10.1.1.2)입니다.

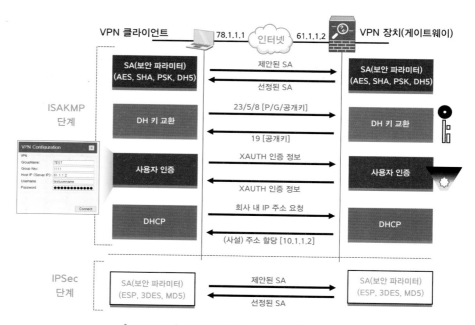

[그림 18-24] 클라이언트 IPSec VPN의 커넥션 연결 과정

터널 모드 vs 트랜스포트 모드

IPSec VPN은 터널 모드와 트랜스포트 모드로 나뉩니다. 터널 모드가 보다 일반적인 것이고, 지금까지 사이트 투 사이트 VPN과 클라이언트 VPN에서 설명한 것도 모두 터널 모드에 대한 설명이었습니다. [그림 18-25]와 같이 터널 모드는 전체 IP 패킷이 암호화 및 데이터 인증의 대상이 되어 전체 IP 패킷을 보호할 수 있는 반면, 트랜스포트 모드는 암호화나 인증을 통해 IP 헤더를 보호할 수 없습니다. 또한, VPN 장치의 뒤에서 사설 주소를 사용하는 두 장치가 공인 주소를 사용하는 인터넷을 통해 통신하려면 터널 모드가 필요합니다. 왜냐하면, 공인 주소를 포함하는 새로운 IP 헤더가 인터넷을 통과하기 위해 필요하기 때문입니다.

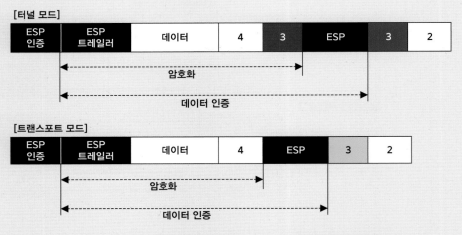

[그림 18-25] 터널 모드 vs 트랜스포트 모드의 인캡슐레이션과 보호 영역

[그림 18-26]은 클라이언트 VPN에서 트랜스포트 모드를 적용한 예입니다. 사실 트랜스포트 모드는 클라이언트에서 서버에 접속하거나 VPN 장치 자체에 텔넷 접속할 때 사용하는 것이 가장 전형적입니다. 트랜스포트 모드는 하나의 IP 헤더만 사용하므로 트랜스포트 모드로 인터넷을 통해 사설 주소를 사용하는 네트워크에 접속할 수 없기 때문입니다. 따라서 트랜스포트 모드를 적용하려면 처음부터 끝까지 사설 주소만 사용하는 네트워크이거나 아니면 공인 주소만 사용하는 네트워크이어야 합니다.

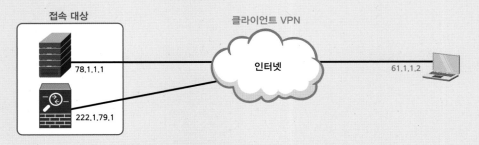

[그림 18-26] 클라이언트 VPN의 트랜스포트 모드 구성하기

LESSON 97 : SSL VPN

SSL(Secure Socket Layer)은 넷스케이프(Netsape) 사에서 개발한 프로토콜로, 버전 3.0 이후 IETF에서 표준화된 이후에는 'TLS(Transport Layer Security)'라고 부릅니다. SSL은 크롬, 익스플로러 등 대부분의 브라우저에서 지원하고 있습니다. 특정 네트워크(터널 모드) 또는 특정 호스트(트랜스포트 모드)에 대한 접속을 위한 IPSec VPN과 달리 SSL VPN은 한 호스트의 특정 애플리케이션에 접속하기 위한 솔루션입니다.

● IPSec vs SSL

웹을 이용한 거래, 뱅킹 업무 등이 증가하고 있습니다. 신용카드로 결제하면 발생하는 카드 번호, 유효 기간 등을 포함하는 신용 정보는 인터넷을 통해 전달하기에는 위험합니다. 그러나, SSL을 이용하면 이러한 문제를 해결할 수 있습니다. SSL은 MS 익스플로러나 넷스케이프 등과 같이 널리 보급된 대부분의 웹 브라우저와 웹 서버에서 지원됩니다. HTTPS는 HTTP의 확장 프로토콜로, HTTP에 SSL 기능을 추가한 것이며, HTTP가 사용하는 기본 포트 번호인 80 대신 443번을 사용합니다. 마찬가지로 FTPS(FTP Secure)는 FTP의 확장 프로토콜로, FTP에 SSL 기능을 추가한 것이고, FTP와 같은 포트 번호(데이터 전달을 위해 20, 명령 전달을 위해 21)를 사용합니다. [그림 18-27]과 같이 IPSec을 적용하면 모든 애플리케이션에 일괄 적용되지만, SSL은 개별 애플리케이션별로 지원합니다.

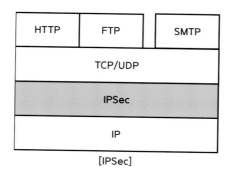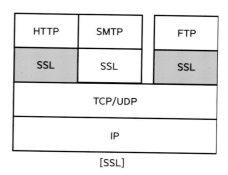

[그림 18-27] IPSec과 SSL의 지원 범위

[그림 18-28]과 같이 SSL은 4계층 위에서 동작하므로 4계층 이하의 정보를 보호하지 않습니다. SSL 패킷은 SSL 커넥션을 위한 정보를 교환한 후 암호화된 데이터와 데이터 인증 해시 값을 전달합니다.

IPSec 트랜스포트 모드 패킷

ESP 인증 [해시]	ESP 트레일러	IPSec에 의해 암호화된 데이터	4 [TCP/UDP]	ESP	3	2

SSL 패킷

SSL에 의해 암호화된 데이터+해시 값	4 [TCP]	3	2

[그림 18-28] IPSec VPN과 SSL VPN의 인캡슐레이션

IPSec은 SSL에 비해 높은 설치 비용이 발생하고, 운영 및 관리가 까다롭지만, 다수의 동시 접속자 수를 수용할 수 있고, 속도가 빠릅니다. 클라이언트 VPN의 경우에도 별도의 소프트웨어를 통해 보다 강력한 보안 알고리즘을 적용 가능합니다. 이에 반해 SSL은 동시 접속자 수가 적고 속도가 느립니다. 그러나, 별도의 SSL 게이트웨이를 통해 극복할 수 있습니다. 또한 설치 비용이 적으며, 관리가 쉽고, 적용하기가 용이합니다. 그 외 차이는 [표 18-5]를 참조하기 바랍니다.

구분	IPSec	SSL
동작 계층	3계층	4계층과 애플리케이션 계층 사이
암호화 영역	IP, TCP와 데이터	데이터
UDP 지원 여부	YES	NO
적용 애플리케이션	IP 기반의 모든 애플리케이션	HTTP, FTP, SMTP 등 (IPSec보다 제한적)
적용 구간	사이트 투 사이트, 클라이언트-게이트웨이, 클라이언트-서버 등 다양합니다.	클라이언트-서버, 클라이언트-게이트웨이
커넥션 영역	특정 네트워크 또는 특정 서버	특정 애플리케이션
커넥션 절차	SSL이 보다 단순하다.	
클라이언트	클라이언트 소프트웨어가 필요합니다.	웹 브라우저만 있으면 됩니다.

[표 18-6] IPSec vs SSL

● SSL의 기능

SSL은 크게 보면, 다음과 같은 네 가지 기능을 제공합니다.

❶ **SSL 서버**(웹 사이트) **인증**: 사용자가 접속을 희망하는 웹 사이트의 진위 여부를 확인하는 기능입니다. 인터넷뱅킹이나 쇼핑몰에 접속했을 때 가짜 웹 서버에게 금융 정보를 보내지 않기 위해서 이 기능이 필요합니다.

❷ **SSL 클라이언트 인증**: 웹 서버가 클라이언트를 확인하는 것으로, 서버 인증 시와 같은 방법을 적용합니다. 즉 웹 서버에 포함된 SSL 소프트웨어는 클라이언트가 보낸 디지털 인증서를 웹 서버가 신뢰하는 인증기관(Trusted CA)으로부터 발급받았는지 확인합니다.

❸ **데이터 암호화**: 암호화를 통해 전송 도중에 누군가에 의해 읽혀지지 않도록 합니다.

❹ **데이터 무결성**(데이터 인증): 사용자의 브라우저로부터 웹 서버까지 전달되는 도중에 데이터가 변경되지 않았음을 확인하는 기능입니다.

SSL의 네 가지 기능을 위해 [그림 18–29]와 같은 트랜잭션을 거칩니다. SSL은 TCP에서 동작하므로 트랜잭션 이전에 TCP 쓰리웨이 핸드셰이크가 일어납니다.

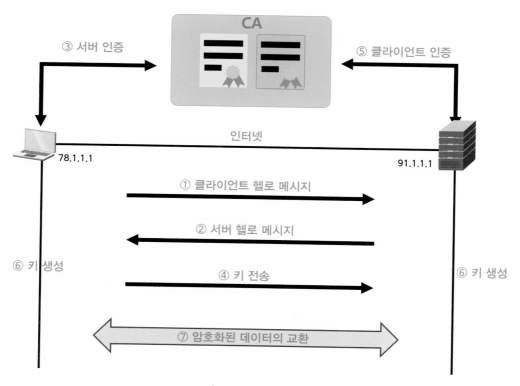

[그림 18–29] SSL VPN의 트랜잭션

[그림 18–29]에서 각 절차에 대한 설명은 아래와 같습니다.

❶ **클라이언트 헬로 메시지**(Client Hello Message): 브라우저를 통해 클라이언트가 서버에게 SSL 연결을 요청하기 위한 메시지입니다. 메시지는 다음 내용을 포함합니다.

• SSL 프로토콜 버전

- 클라이언트가 랜덤하게 선택한 숫자

- 세션 ID(Session ID)

- 사이퍼 스위트(Cipher Suite; 지원 가능한 암호화, 무결성 확인, 키 교환, 데이터 인증 알고리즘 등에 대한 정보)

❷ **서버 헬로 메시지**(Server Hello Message): 서버가 클라이언트에게 보낸 헬로 메시지인데 다음 내용을 포함합니다.

- SSL 프로토콜 버전

- 서버가 랜덤하게 선택한 숫자

- 클라이언트가 제공한 사이버 스위트들 중에서 서버가 선택한 사이퍼 스위트.(양 자가 공통적으로 제공하는 알고리즘들 중에서 보다 강력한 방식이 선택됨.)

- 서버의 디지털 인증서와 CA의 DN(Distinguished Name; CA를 구분하는 이름)

- 서버의 공개키

- **클라이언트 인증서 요청:** 서버에 의한 클라이언트 인증이 필요할 때 요청하기 때문에 필수적인 것은 아님.

❸ **서버 인증:** 서버가 보낸 디지털 인증서에는 서버의 공개키, 공개키에 대한 서명(signature), 공개키에 대한 핑거 프린트(finger print, 지문)가 들어 있습니다. 서버의 공개키의 서명을 CA의 공개키로 복호화했을때, 인증서에 포함된 핑거 프린트와 같은 지를 확인합니다. 같다면, 이 서버는 정당한 서버로 간주됩니다. 서명과 핑거 프린트에 대해서는 연이어 다룰 'CA와 디지털 인증서'를 참조하기 바랍니다.

❹ **키 전송:** 다음 항목을 포함합니다.

- 서버의 공개키로 암호화한 1차 마스터 키

- 서버의 공개키로 암호화한 URL과 데이터

- [서버가 클라이언트의 인증서를 요청했을 때] 클라이언트의 디지털 인증서

❺ **클라이언트 인증[생략 가능]과 마스터 키 계산:** 클라이언트가 보낸 디지털 인증서에는 클라이언트의 공개키, 공개키에 대한 서명, 공개키에 대한 핑거 프린트가 들어 있습니다. 클라이언트의 공개키의 서명을 CA의 공개키로 복호화했을 때 인증서에 포함된 핑거 프린트와 같은지 확인하고, 같다면 이 클라이언트는 정당한 클라이언트로 간주됩니다.

❻ 서버는 자신의 개인키로 1차 마스터 키와 URL과 데이터를 복호화합니다. 이 시점에서 클라이언트와 서버는 1차 마스터 키와 클라이언트와 서버가 랜덤하게 선택한 숫자를 가지고 있습니다. 이 세 변수를 입력 값으로 하여 마스터 키(실제 암호화용 키)를 계산합니다.

❼ 서버와 클라이언트는 HTTP 메시지와 HTML 문서를 마스터 키로 암호화합니다.

● CA와 디지털 인증서(Digital Certificates)

공개키의 배포는 신뢰성을 필요로 합니다. [그림 18-30]을 봅시다. 이를 위해 제 3의 공신력 있는 기관인 CA들(한국 정보 인증, 한국 전자 인증, 베리사인과 같은 인증 기관들)은 ① 디지털 인증서(혹은 공인 인증서)를 제공합니다. CA는 서비스 요청자 (클라이언트 혹은 서버)의 인증 데이터 (credentials)를 확인한 후, 디지털 인증서를 발행합니다. 디지털 인증서는 인증서 소유자에 대한 정보들, 즉 이름 혹은 IP 주소, 인증서의 일련 번호, 만료일, 인증서 소유자의 공개키, 핑거 프린트(finger print, 지문), CA의 개인키로 핑거 프린트를 암호화한 서명(signature)을 포함합니다. 여기서 지문과 디지털 서명은 다음과 같습니다.

- ② 핑거 프린트(finger print)는 ③ 나의 공개키가 ④ SHA-256과 같은 무결성 알고리즘에 의해 해시된 값
- ⑤ 디지털 서명(Digital signature)은 이 지문을 ⑥ 인증 기관의 비밀키로 ⑦ 암호화한 값을 합니다.

이 디지털 서명을 ⑧ 인증 기관의 공개키로 복호화 하면 ⑨ 핑거 프린트가 나오는데, 인증서에 포함된 ⑩ 핑거 프린트와 동일하면 인증서에 포함된 공개키의 무결성과 서버는 무결한 공개키를 가진 장치이므로 서버는 클라이언트에 의해 정당한 서버로 인정되는 것이죠. CA의 공개키는 웹 브라우저에 이미 저장되어 있습니다.

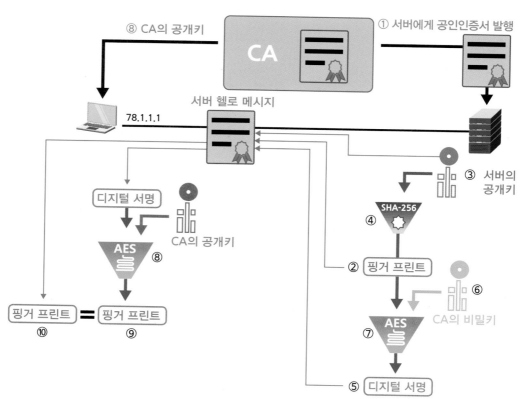

[그림 18-30] 서버에 대한 인증 절차

LESSON 98 ┊ MPLS VPN

MPLS VPN은 'IP VPN'이라고도 부르는데, 접속 방법은 전용 회선, 이더넷을 주로 많이 사용합니다. 고객과 서비스 제공업자의 라우터 사이에는 MPLS 프로토콜이 적용되지 않으므로 고객 입장에서는 전용 회선이나 이더넷 네트워크와 다를 바가 없습니다.

● 망 구성

MPLS VPN은 라우터를 스위치처럼 사용하는 기술입니다. 라우터는 스위치가 아니기 때문에 2계층 헤더를 보고 스위칭할 수는 없습니다. 라우터는 스위칭을 위해 2계층 헤더와 3계층 헤더 사이에 목적지 IP 주소를 대신하는 '라벨(Lable)'이라고 부르는 새로운 헤더를 끼워넣습니다. 다음으로 라우터는 라벨을 보고 라벨 스위칭을 합니다.

[그림 18-31]은 MPLS 망을 구성하는 장치를 보여줍니다. CE(Customer Edge) 라우터는 고객 라우터로, 그림에서는 서울 본사와 사리원 지사에 2대의 CE가 보입니다. PE(Provider Edge)와 P(Provider) 라우터는 MPLS 망을 구성하는 서비스 프로바이더의 라우터들입니다. PE는 고객과 직접 연결되는 라우터이고, P는 PE를 연결하는 라우터입니다. P나 PE 라우터는 라우터이자 라벨 스위치로 동작해야 합니다. 즉 사리원 지사의 10.1.0.0 네트워크 정보를 서울 본사 라우터에 전달(①, ②, ③)하기 위해 라우터로 동작해야 합니다.

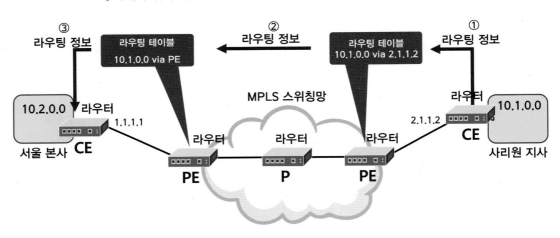

[그림 18-31] MPLS VPN 동작 원리 1

◉ 첫 번째 라벨의 역할 ···

P와 PE 라우터는 라벨 스위치로도 동작해야 합니다. [그림 18-32]를 봅시다.

❶ 라벨 스위치는 라우팅 테이블을 기초로 라벨 스위칭 테이블(Label Switching Table)을 만듭니다.

❷ 라벨 스위치는 라벨 스위칭 정보도 교환합니다. 라우팅 프로토콜이 라우팅 정보를 교환하여 라우팅 테이블을 완성하듯이 LDP(Label Distribution Protocol, 표준)나 TDP(Tag Distribution Protocol, 시스코)는 라벨 스위칭 정보를 교환하여 라벨 스위칭 테이블을 완성합니다. 동일한 네트워크(10.1.0.0)에 대해 라벨 스위치마다 다른 라벨 번호(99와 88)를 할당하는 점이 의아할 수 있습니다. 그 이유는 같은 라벨을 할당했을 때 물리적으로 떨어진 2대의 CE 라우터가 다른 네트워크에 대해 같은 라벨을 할당할 수 있기 때문입니다.

❸ 서울 라우터에서 사리원 지사의 10.1.0.0 네트워크를 향하는 패킷은 MPLS 망의 A 라우터에게 보내집니다.

❹ MPLS 망의 A 라벨 스위치는 라벨 스위칭 테이블을 보고 라벨 번호 99를 2계층과 3계층 헤더 사이에 삽입합니다. 88은 A가 선택한 값입니다. 라벨 스위치는 IP 헤더를 참조하는 대신 라벨만 참조하여 스위칭합니다. IP 헤더는 20바이트이지만, 라벨은 4바이트에 불과합니다. 또한 라벨 스위칭만 전담하는 ASIC이 마련되어 있으므로 속도는 일반 라우팅보다 훨씬 빠릅니다. 정확하게 얼마나 빨라지는지는 ASIC의 성능에 따라 다르겠죠.

❺ 라벨 스위치마다 같은 네트워크에 대해 다른 라벨을 할당하기 때문에 라벨 스위치를 통과할 때마다 라벨 스위칭과 더불어 라벨 변환 작업(라벨 스와핑, Label swapping)이 필요합니다. B 라벨 스위치는 라벨 번호, 88을 99로 바꾸고 E1 포트로 스위칭합니다.

❻ MPLS 망의 끝에 위치한 C 라벨 스위치에 프레임이 도착했습니다. 즉 라벨의 역할은 MPLS 망을 통과하는 것입니다. 이제 참조할 것은 라우팅 테이블 밖에 없으므로 라우팅 테이블을 보고 라우팅을 합니다. 결과적으로 패킷은 사리원 지사에 도착합니다.

18

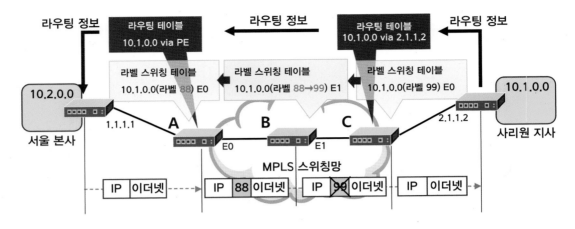

[그림 18-32] MPLS 동작 원리 2

● 두 번째 라벨의 역할

[그림 18-33]에서 PE 라우터 C에는 다양한 고객들이 연결되어 있는데, 고객들은 본사와 지사 내부에서 사설 IP 주소를 사용하는 경우가 많습니다. 그림에서도 고객 A의 사리원 지사와 고객 B의 사리원 지사 모두 같은 영역의 사설 주소가 적용되었습니다. PE 라우터 C는 고객 A와 고객 B로부터 같은 네트워크 정보(10.1.0.0)를 받아 라우팅 테이블을 만들었습니다.

이 경우 10.1.0.0 네트워크를 향하는 트래픽은 고객 A에게 보낼까요, 아니면 고객 B에게 보낼까요? 이 문제를 해결하기 위해 라우터에 VRF(Virtual Routing & Forward ing) 솔루션이 적용됩니다. VLAN이 1대의 스위치를 여러 대로 나누는 솔루션이라면, VRF는 1대의 라우터를 여러 대로 나누는 솔루션입니다. 즉 VRF를 설정하면 고객 A용 라우터가 만든 라우팅 테이블과 고객 B용 라우터가 만든 라우팅 테이블로 분할됩니다.

라우터 C가 보낸 라우팅 업데이트가 PE 라우터 A에 도착했을 때 고객 A를 위한 업데이트는 고객 A 라우터에 전달되고, 고객 B를 위한 업데이트는 고객 B 라우터에게 전달됩니다. 이렇게 전달되는 네트워크 정보에 고객을 구분하는 숫자가 필요한데, 그림에서 921번과 121번이 그 역할을 수행합니다. 여기서, 고객 B의 서울 본사에서 사리원 지사로 보내진 프레임의 스위칭 과정을 봅시다. 즉 고객 A가 보낸 패킷이 PE 라우터 A에 도착하면, 3계층과 2계층 헤더 사이에 라벨을 끼우지만, [그림 18-33]과 같이 바깥쪽 라벨과 함께 안쪽 라벨이 추가됩니다. 안쪽 라벨에는 고객을 구분하는 숫자가 들어갑니다. 고객 A에 할당된 번호가 921이므로 안쪽 라벨에는 921이라는 숫자가 입력됩니다. 라벨 스위치들을 통과할 때는 바깥쪽 라벨만 참조하여 라벨 스위칭 망을 통과하고, 마지막 PE 라우터 C에 도착하면 바깥쪽 라벨의 역할은 끝납니다. 다음으로 안쪽 라벨에 표시된 고객 번호를 참조합니다. PE 라우터 C가 보유한 두 개의 라우팅 테이블 중에서 921번 라우팅 테이블을 참조하므로 최종적으로 패킷은 고객 A의 사리원 지사 라우터에 도착합니다.

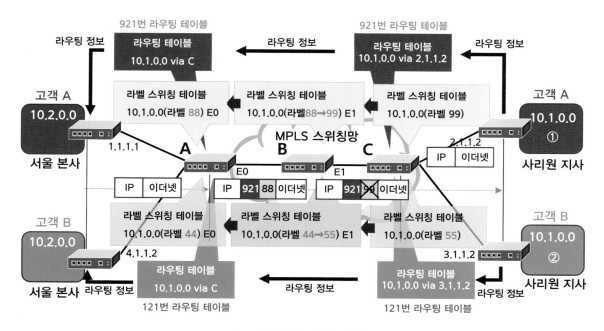

[그림 18-33] 두 번째 라벨의 역할

PPPoE

이더넷 스위치가 있는 네트워크는 멀티포인트 네트워크이므로 다수의 장치가 연결됩니다. 그러나 PPPoE(Point-to-Point Protocol over Ethernet) 프로토콜을 사용하면, 이더넷 네트워크의 장치와 서버 간에 1:1 통신 채널을 설정할 수 있습니다. ISP가 PPP를 선호하는 것은 PPP가 인증, 빌링, IP 할당과 같은 필요한 기능을 제공하기 때문입니다.

PPPoE는 PPP 프레임으로 하여금 이더넷 네트워크를 통과시키기 위한 방법으로 터널링 기법을 이용합니다. 터널링이란, 더블 태깅(Double Tagging) 기술로, 클라이언트와 DSL 모뎀 사이의 이더넷 망을 통과하기 위해 2계층 PPP 헤더 바깥에 2계층 이더넷 헤더를 추가하는 것을 말합니다. DSL 모뎀은 프레임이 도착하면 이더넷 헤더를 제거하고, PPP 헤더만 남은 프레임을 ISP에게 보냅니다.

18

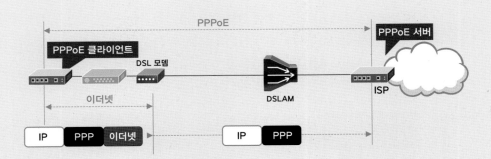

[그림 18-34] PPPoE의 구성

PPPoE는 이더넷 네트워크에 연결된 장치와 포인트 투 포인트 통신 채널을 구성하기 위한 솔루션입니다. 그렇다면 PPPoE를 사용하는 이유는 무엇일까요? 이더넷은 포인트 투 포인트가 아니라 멀티포인트 구성을 원칙으로 합니다. 사용자 단말이나 라우터는 이더넷 스위치에 연결됩니다. 그러므로, 단 하나의 인터넷 접속 회선만 들어와도 다수의 단말이나 라우터들을 연결할 수 있습니다. ISP 입장에서 각 단말이나 라우터에게 개별적으로 인증하고 IP 주소를 할당합니다.

PPPoE를 적용하기 위해서 PPPoE 클라이언트 기능이 DSL 모뎀과 단말(라우터일 수도 있음)에 설치되어야 합니다. DSL 모뎀에 PPPoE가 설정되면, 배후의 모든 단말들은 DSL 모뎀의 PPPoE 계정을 공유할 수도 있습니다.

 요·약·하·기

◆ **WAN 서비스:** 전용 회선, 서킷 스위칭, 패킷 스위칭, VPN, 인터넷 접속 서비스
◆ **전용 회선**
  • **PPP/HDLC 방식:** PPP나 HDLC 인캡슐레이션을 적용하고, 포인트 투 포인트 구성만 가능하다.
  • **이더넷 방식:** 이더넷 인캡슐레이션을 적용하고, 포인트 투 포인트와 멀티포인트 구성이 가능하다.
◆ **IPSec:** IPSec 프로토콜은 인캡슐레이션 프로토콜(ESP/AH), 암호화 알고리즘(DES/AES 등), 무결성 확인 알고리즘(MD5/SHA), 사용자 인증(PSK/RSA), 키 교환 알고리즘을 종합적으로 정의한다.
◆ **IPSec VPN 커넥션:** IPSec은 ISAKMP와 IPSec 단계를 거쳐 연결된다.
  • **ISAKMP 단계:** SA 결정, 디피-헬만 키 교환, 사용자 인증
  • **IPSec 단계:** SA 결정
◆ **SSL VPN:** IPSec은 모든 애플리케이션에 일괄 적용되지만, SSL은 애플리케이션별로 적용된다.
◆ **MPLS VPN:** 첫 번째 라벨에는 목적지 네트워크에 해당하는 라벨이, 두 번째 라벨에는 고객을 구분하는 라벨 번호가 입력된다.
◆ **PPPoE:** 이더넷 네트워크에 연결된 호스트와 서버 간에 1:1 통신 채널을 구성하여 PPP가 제공하는 인증, 빌링, IP 할당과 같은 기능을 사용할 수 있게 한다.

Chapter 19 : 자유로워라, 무선 LAN

오늘날의 무선 LAN은 2.4GHz와 5GHz 대역의 주파수를 모두 사용합니다. 그 이유는 무엇일까요?

2.4GHz는 회설성이 좋고, 5GHz는 간섭에 강하기 때문입니다. 이번 장은 무선 LAN의 다양한 통신 메커니즘에 대해 알아봅니다.

LESSON 99 : 피지컬 계층 표준

● IEEE 802.11 표준

IEEE는 피지컬 계층과 데이터 링크 계층에 관한 기술 표준화를 담당합니다. IEEE 802.3은 유선 LAN을 담당하는 분과위원회이고, IEEE 802.11은 무선 LAN을 담당하는 분과위원회입니다. 즉 모든 무선 LAN 표준은 IEEE 802.11로 시작합니다. [표 19-1]과 같이 IEEE 802.11a, IEEE 802.11b, IEEE 802.11g, IEEE 802.11n, IEEE 802.11ac와 같은 무선 LAN 표준이 있습니다.

구분	IEEE 802.3(유선 LAN)	IEEE 802.11(무선 LAN)
데이터 링크 & 피지컬 계층	IEEE 802.3a IEEE 802.3i IEEE 802.3u IEEE 802.3z IEEE 802.3ab IEEE 802.3an IEEE 803.3ae 등	IEEE 802.11a IEEE 802.11b IEEE 802.11g IEEE 802.11n IEEE 802.11ac 등

[표 19-1] IEEE 802.11 표준

[표 19-2]는 무선 LAN 표준들입니다. 최근 규격인 IEEE 802.11ac는 넓은 밴드위스를 활용하고, 다수의 안테나(8×8 MIMO)를 사용하며, 변조 방식(256QAM)을 개선하여 최대 6.93Gbps의 속도를 제공합니다. 여기서 MIMO는 Multiple Input Multiple Output의 약어입니다. 예를 들어 8×8 MIMO는 8개의 안테나를 활용한다는 것을 뜻합니다. 반면 SISO는 'Single Input Single Output'의 약어로, 1×1 SISO는 1개의 안테나를 활용합니다.

비교 항목	802.11a	802.11b	802.11g	802.11n	802.11ac
주파수(GHz)	5	2.4	2.4	2.4/5	5
대역폭[MHz]	22	20	20	20, 40	20, 40, 80, 160
최대 안테나 수	1×1 SISO	1×1 SISO	1×1 SISO	4×4 MIMO	8×8 MIMO
변조 방식	64 QAM	CCK	64 QAM	64 QAM	256 QAM
최대 속도	54Mbps	11Mbps	54Mbps	600Mbps	6.93Gbps

[표 19-2] 무선 LAN 표준

2.4GHz vs 5GHz

무선 LAN에서 사용하는 주파수 대역은 2.4GHz 대역과 5GHz 대역이 있습니다. 이 중에서 2.4GHz 대역은 IEEE 802.11b/g/n 규격에서, 5GHz 대역은 IEEE 802.11a/n/ac 규격에서 사용합니다. 주파수가 낮을수록 도달 거리가 길고 회절성이 좋습니다. 회절성이란, 전파가 장애물을 만났을 때 우회하는 성질을 말합니다. 즉 거실에 무선 접속 장치인 액세스 포인트(AP; Access Point)가 설치되어 있고, 구석 방에서 스마트폰을 사용한다면 2.4GHz가 적합합니다. 2.4GHz 대역은 13채널을 제공하지만, 채널 간 간섭 때문에 이 중에서 3개의 채널만 사용할 수 있습니다. 반면 5GHz 대역은 24채널을 제공하지만, 채널 간의 간섭이 없어서 모든 채널들을 사용할 수 있습니다.

주파수 대역	2.4GHz 대역	5GHz 대역
표준	IEEE 802.11 b/g/n	IEEE 802.11 a/n/ac
회절성	비교적 나은 편	비교적 나쁜 편
전파의 도달 거리	멀다.	가깝다.
전파 간섭 가능성	높다.	낮다.
채널 수	13채널	24채널
동시 사용 가능 채널 수	3채널 [채널 폭: 22MHz]	24채널 [채널 폭: 20MHz]

[표 19-3] 2.4GHz vs 5GHz

● 2.4GHz

802.11b, 802.11g, 802.11n이 활용하는 주파수 대역이고, 채널당 20 혹은 22MHz의 밴드위스를 제공합니다. [그림 19-1]과 같이, 1번, 2번, 3번, 4번, 5번 채널은 각 채널의 주파수 대역이 인접 대역과 조금씩 겹치기 때문에 채널 간 간섭이 발생합니다. 이러한 채널들은 이웃한 장소에서 사용할 수 없습니다.

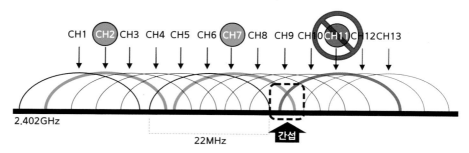

[그림 19-1] 채널 간 간섭 때문에 인접 채널을 인접 장소에서 사용할 수 없다.

따라서 13개의 채널들 중에서 사용할 수 있는 채널은 최대 3개의 채널에 불과합니다. [그림 19-2]와 같이 겹치지 않는 1-6-11번이나 2-7-12번 또는 3-8-13번 채널을 동시에 사용할 수 있습니다. 아니면 2-10번, 4-13번과 같이 2개의 채널만 사용할 수 있습니다.

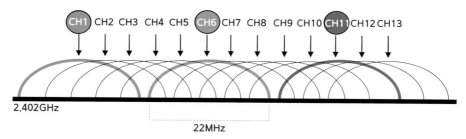

[그림 19-2] 2.4GHz의 각 채널들은 조금씩 중첩되므로 최대 3채널만 사용 가능하다.

[그림 19-3]은 2.4GHz 채널들을 배치한 사례입니다. 간섭을 피하기 위해 선택한 채널은 1번, 6번, 11번이고, 인접 영역은 동일한 채널을 사용하면 안 됩니다.

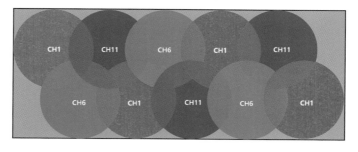

[그림 19-3] 2.4GHz의 채널 배치 사례

5GHz

802.11a, 802.11n, 802.11ac 규격이 활용하는 주파수 대역이고, 채널당 20MHz의 밴드위스를 제공합니다. [그림 19-4]와 같이 모든 채널들은 중첩되는 부분이 전혀 없으므로 채널 간 간섭을 염려할 필요가 없습니다. 즉 36번 채널과 다음 채널인 40번 채널을 이웃한 장소에서 사용할 수 있습니다. 802.11n과 802.11ac 규격에서 정의하는 채널 본딩(Channel Bonding)은 두 채널을 묶어 밴드위스를 넓히는 솔루션입니다. 한 영역에서 2개의 20MHz 채널을 묶어 40MHz로 만들거나 4개를 묶어 80MHz로 만들어 대역폭을 증가시킬 수 없습니다.

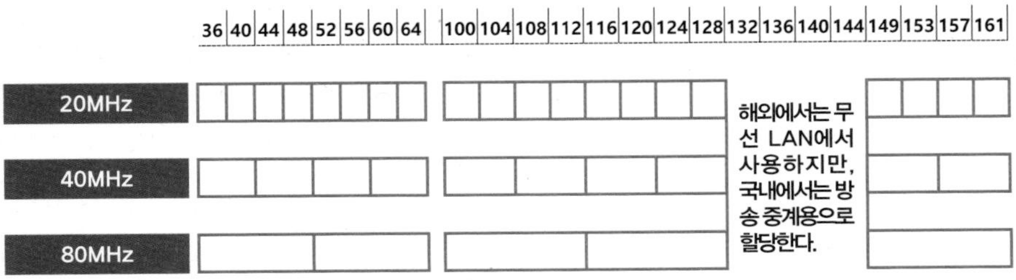

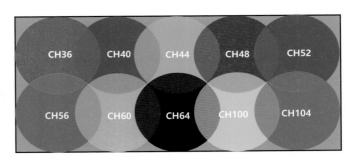

[그림 19-4] 채널 간 간섭이 없기 때문에 인접 채널을 이웃 장소에서 사용할 수 있다.

[그림 19-5]는 5GHz 채널들을 배치한 사례입니다. 채널 간 간섭이 없기 때문에 채널 배치가 2.4GHz보다 자유롭습니다. 즉 인접 장소에 동일한 채널만 사용하지 않으면 됩니다.

[그림 19-5] 5GHz의 채널 배치 사례

주파수 활용하기

여기서는 대역폭이나 품질 개선을 위한 팁을 정리해 보겠습니다.

속도를 위해서는 AP들을 조밀하게 배치해야 한다.

무선 LAN 단말은 시그널의 품질과 거리에 따라 속도를 결정합니다. 예를 들어 2.4GHz를 적용한 802.11b 표준은 거리에 따라 다른 속도를 제공합니다. 즉 AP

로부터 106m 떨어진 곳에서는 1Mbps, 76m에서는 2Mbps, 54m에서는 5.5Mbps, 42m에서는 11Mbps를 제공합니다. 5GHz를 적용한 802.11a와 g 표준도 마찬가지 입니다. AP로부터 51m 떨어진 곳에서는 6Mbps, 45m에서는 9Mbps, 42m에서는 12Mbps, 39m에서는 18Mbps, 36m에서는 24Mbps, 30m에서는 36Mbps, 24m에서는 48Mbps, 18m에서는 54Mbps를 제공합니다. 따라서 무선 LAN의 속도를 올리고 싶다면 무선 단말들을 AP에 가깝게 배치해야 하고, 간섭 가능성이 없는 한 AP들의 간격이 조밀해야 합니다.

신호 강도에 따라 속도가 결정된다.
즉 AP에 가까울수록 빠른 속도를 제공한다.

[그림 19-6] 무선 단말은 신호의 품질과 거리에 따라 속도를 결정한다.

● **채널 본딩은 5GHz 대역을 사용한다.**

채널 본딩은 2개 또는 4개의 채널을 하나로 묶어 밴드위스를 넓히는 솔루션입니다. 그런데 채널 본딩은 2.4GHz 대역 대신 5GHz 대역에서 적용해야 합니다. 만약 2.4GHz를 사용한다면, [그림 19-7]과 같이 A 영역에서 서로 중첩되지 않은 채널들인 CH1과 CH6을 채널 본딩으로 묶을 수 있습니다. 즉 A 영역에서 중첩되는 채널들을 채널 본딩으로 묶을 수 없습니다. 한편, 인접한 B 영역에서도 중첩되지 않은 2개의 채널들을 골라낼 수 있어야 하는데 그게 가능하지 않습니다. 즉 B 영역에서 CH13을 선택했다면, 채널 본딩을 위해 중복되지 않은 CH8이나 CH7 등을 고를 수 있습니다. 그러나 CH7이나 CH8은 A 영역의 CH6과 중첩되어 간섭이 일어나기 때문입니다. 이에 반해 5GHz 대역을 적용한다면, A 영역에서 CH36과 CH40은 중첩되지 않으므로 채널 본딩을 위해 사용 가능합니다. B 영역에서 CH44와 CH48도 중첩되지 않을 뿐만 아니라 A 영역의 CH36이나 CH40과도 중첩되지 않으므로 적용 가능한 구성입니다.

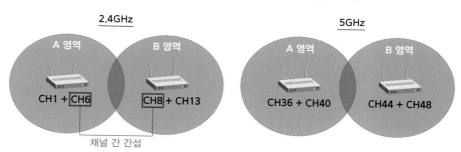

[그림 19-7] 채널 본딩은 5GHz 대역에서 적용한다.

● 듀얼 밴드를 활용한다.

듀얼 밴드 방식은 한 영역에 2.4GHz에 속하는 채널(CH1)과 5GHz(CH40)에 속하는 채널, 이렇게 2개를 적용합니다. 5GHz 채널은 간섭에 강한 깨끗한 신호를 제공하므로 5GHz를 사용할 수 있는 영역(파란색 영역)의 무선 단말들은 5GHz 채널을 선택하도록 하고, 회절성이 좋은 2.4GHz 채널은 5GHz 채널이 지원하기 힘든 장애물 뒤의 영역(노란색 영역)에서 선택하도록 합니다.

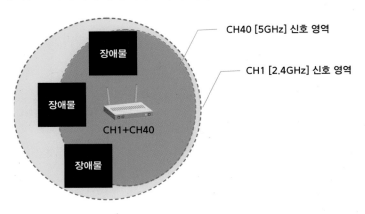

CH40 [5GHz] 신호 영역

CH1 [2.4GHz] 신호 영역

[그림 19-8] 듀얼 밴드를 적용하여 2.4GHz와 5GHz 대역을 선택하도록 한다.

LESSON 100 : IEEE 802.11 통신 메커니즘

802.11의 통신 메커니즘을 정리해 봅시다.

● AP 배치

무선 AP(Access Point)는 무선 단말들이 전파를 이용해 유선 네트워크에 접속하게 합니다. AP는 공유기라고도 부르죠. [그림 19-9]는 TP-LINK 사의 AP 제품입니다. AP는 어디에 어떻게 연결할까요? AP는 [그림 19-10]과 같이 액세스 계층 스위치에 단말을 연결하듯이 UTP 케이블을 통해 연결합니다. AP의 이더넷 포트와 스위치의 이더넷 포트 사이를 스트레이트 스루 케이블(Straght Thru Cable)을 통해 연결합니다. 즉 일반 단말과 같습니다.

[그림 19-9] 무선 AP

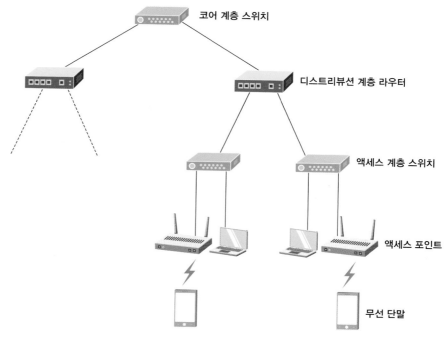

[그림 19-10] AP의 연결과 배치

● CSMA/CA

AP를 중심으로 한 무선 LAN은 하프 듀플렉스 통신 환경을 제공합니다. 즉 유선 LAN의 허브와 같이 동작합니다. 무선 LAN은 CSMA/CA(Carrier Sense multiple Access/Collision Avoidance) 알고리즘을 사용합니다. [그림 19-11]에서 단말 ⓐ는 아무도 데이터를 보내지 않기 때문에(즉 전파가 놀고 있으므로) 데이터를 보내고 있습니다. 단말 ⓐ가 전파를 사용 중일 때 단말 ⓑ와 단말 ⓒ는 송신할 수 없습니다.

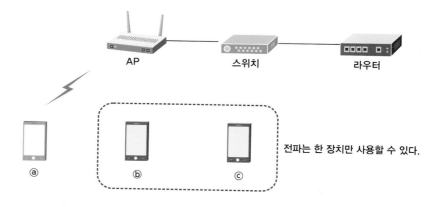

[그림 19-11] CSMA/CA 알고리즘: 한 무선 단말만 데이터를 보낼 수 있다.

[그림 19-12]는 단말 ⓐ가 전송 중에 단말 ⓑ와 단말 ⓒ에게 보낼 데이터가 생긴 경우입니다. 이때 CSMA/CA는 다음과 같이 동작합니다. 단말 입장에서 전송 기회를 얻는 메커니즘이 DCF(Distributed Coordination Function)입니다. 단말 ⓐ의 전송이 끝나면 단말 ⓑ와 단말 ⓒ는 DIFS(DCF Interframe Space)와 함께 랜덤하게 선택한 시간을 대기한 후 전송합니다. 이때 단말 ⓑ가 선택한 대기 시간이 단말 ⓒ보다 짧다면 단말 ⓑ가 먼저 전송합니다.

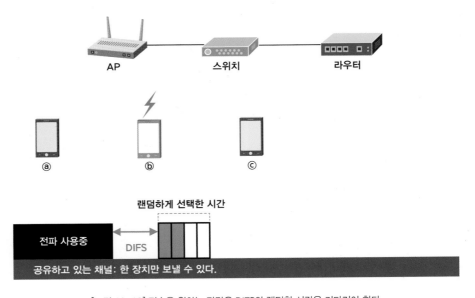

[그림 19-12] 전송을 원하는 단말은 DIFS와 랜덤한 시간을 기다려야 한다.

● 히든 노드 문제와 RTS/CTS

히든 노드(Hidden Node) 문제는 무엇이고 해결책은 무엇일까요? [그림 19-13]에서 단말 ⓐ와 단말 ⓑ는 상호 전파 도달 범위 밖에 있습니다. 이때는 단말 ⓐ가 전파를 사용 중이라는 것을 단말 ⓑ는 감지할 수 없습니다. 따라서 단말 ⓐ가 전송 중일 때 단말 ⓑ도 전송하는 경우가 발생합니다. 이것이 히든 노드 문제로, 이를 해결하기 위해 RTS(Request To Send)와 CTS(Clear To Send) 프레임을 사용합니다.

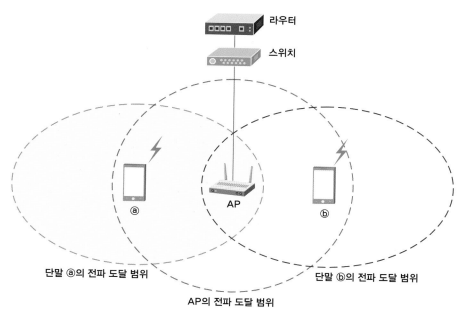

[그림 19-13] 히든 노드 문제

RTS/CTS 프레임은 다음과 같이 사용합니다. 송신을 원하는 단말 ⓐ는 전송 전에 예상되는 전송 시간을 포함하는 ① RTS 프레임을 보냅니다. AP는 단말 ⓐ가 보낸 예상 시간을 토대로 '이 정도 시간 동안 채널을 사용할 것이다' 하는 정보를 포함하는 ② CTS 프레임을 모든 단말들에게 보냅니다. 다른 단말들은 CTS 프레임을 통해 예상 시간 후에 전송을 시도합니다. SIFS(Short Interframe Space)는 DIFS보다 짧은 시간으로 선택되며, 프레임을 보내기 전에 기다리는 시간입니다. DIFS는 전파를 사용하여 프레임을 보내고 싶지만 다른 장치가 전송중일 때 기다리는 시간입니다. 단말 ⓐ가 보낸 ③ 데이터는 AP를 거쳐 단말 ⓑ에게 ④ 전달됩니다. 데이터 전송에 대해 AP가 ⑤ ACK를 보내면 단말 ⓐ의 전송은 종료되고, 다른 단말 ⓑ의 전송이 ⑥ RTS를 통해 시작됩니다.

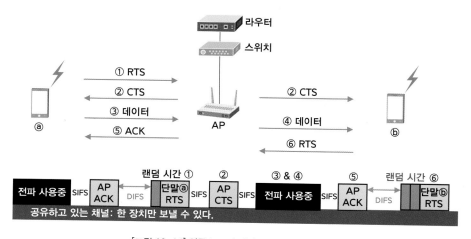

[그림 19-14] 히든 노드의 해결책: RTS/CTS 프레임

LESSON 101 : 802.11 통신 준비 과정

802.11에서 탐색, 인증, 결과와 같은 통신 준비 절차에 대해 자세히 알아보겠습니다.

통신 준비 순서

802.11 무선 LAN의 통신 준비 프로세스는 다음과 같은 순서를 따릅니다.

- **탐색 프로세스**(Probe Process): 비콘(Beacon)이나 프루브(Probe) 메시지를 통해 AP를 찾는 과정
- **인증 프로세스**(Authentication Process): AP에 대한 접속 권한을 확인하는 과정
- **결합 프로세스**(Association Process): 무선 단말을 AP와 최종 연결하는 과정

이러한 연결 과정이 끝나면, 평문이나 암호문 형식의 데이터를 교환할 수 있습니다.

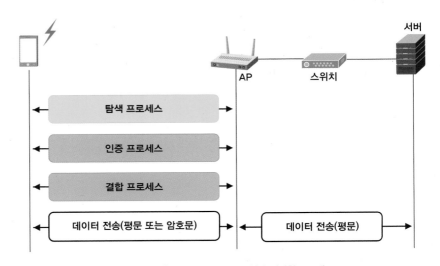

[그림 19-15] 통신 준비 과정: 탐색/인증/결합 프로세스

탐색 프로세스

무선 단말들이 AP를 찾는 과정으로 '비콘(Beacon) 방식'과 '프루브(Probe) 방식'으로 나뉩니다. 비콘 방식은 AP가 브로드캐스팅하는 AP 정보를 사용하는 방식이고, 프루브 방식은 무선 단말이 프루브 리퀘스트를 AP에게 보내고, AP가 무선 단말에게 보낸 프루브 리플라이(AP 정보를 포함한)를 활용하는 방식입니다. 무선 단말은 탐색 프로세스를 통해 WI-FI 네트워크 설정 창에서 발견된 AP들을 확인할 수 있으며, 신호 강도가 높은 AP를 선택할 수 있습니다. AP 탐색 프로세스 다음에는 인증 프로세스가 일어납니다.

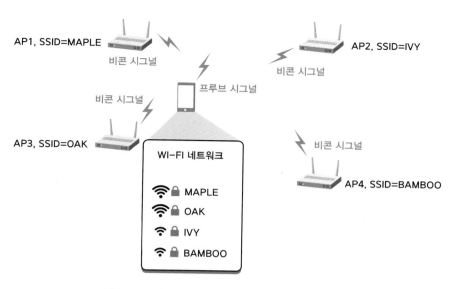

[그림 19-16] 탐색 프로세스: 비콘 방식과 프루브 방식

● 인증 프로세스

다음 절차는 인증 프로세스입니다.

❶ 무선 단말은 인증 요청 메시지를 AP에게 보냅니다.

❷ AP는 암호화되지 않은 챌린지 텍스트, 즉 도전 과제를 스테이션에게 보냅니다.

❸ 무선 단말은 사용자가 입력한 공유 키로 챌린지 텍스트를 암호화하여 AP에게 보냅니다.

❹ AP는 수신한 암호화된 챌린지 텍스트를 복호화하여 AP가 보낸 텍스트가 나오는지 확인하고, 인증 통과 여부를 결정합니다.

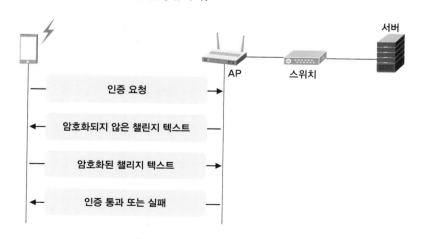

[그림 19-17] 인증 프로세스

● 결합 프로세스

다음 절차는 결합 프로세스입니다. 무선 단말은 무선 LAN에 접속하기 위해 단 하나의 AP와 결합될 수 있습니다. 결합 프로세스는 유선 네트워크에서 단말을 네트워크 장치와 연결하는 과정과 비슷합니다. 이 과정이 끝나야 통신을 시작할 수 있습니다.

❶ 무선 단말은 결합 요청 메시지를 AP에게 보냅니다. 결합 요청 메시지는 SSID와 무선 단말이 지원 가능한 속도를 포함합니다. AP는 자신의 SSID가 아닌 SSID를 가진 결합 요청 메시지를 무시합니다.

❷ 결합 요청 메시지를 수신한 AP는 새로운 무선 단말과의 통신을 위한 예비 메모리를 준비합니다. 또한 무선 단말의 MAC 주소를 포함하는 GARP(Gratui tous ARP) 패킷을 스위치에게 보내 스위칭 테이블에 무선 단말의 MAC 주소가 올라오도록 합니다. 이 과정은 무선 단말을 향하는 패킷을 수신하기 위해 필요한 과정입니다.

❸ AP는 무선 단말에 할당한 AID(Assoication ID), 무선 단말이 지원하는 속도 중 결정된 속도와 상태 코드(0은 성공을 의미)를 포함하는 결합 응답 메시지를 보냅니다.

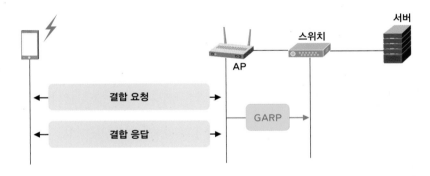

[그림 19-18] 결합 프로세스

AID는 단말이 파워 세이브(Power Save) 모드를 사용할 때 단말을 구분하기 위해 사용합니다. 파워 세이브 모드는 단말의 배터리 수명을 늘리기 위한 솔루션입니다. 수신할 때의 파워 소비는 전송할 때의 3분의 1 정도입니다. 보낼 프레임이 없을 때는 송신용 전파와 수신용 전파를 꺼서 파워 소비를 줄입니다. 파워 세이브 모드에 들어간 단말은 파워 관리 비트(Power Management Bit)를 세팅한 널(Null) 프레임을 AP에게 보냅니다. 단말이 파워세이브 모드에 들어간 것을 확인한 AP는 단말별로 마련된 버퍼에 해당 단말을 향하는 프레임이 갑자기 들어오면 일시적으로 저장합니다. 단말은 자신에게 보낼 프레임이 있는지 확인하기 위해 주기적으로 비콘 프레임을 확인합니다. 비콘 프레임에는 단말을 구분하는 AID가 들어갑니다. 자신의 AID를 포함하는 비콘 프레임이 발견되면, 단말은 PS-Poll(Power Save-Poll) 프레임을 AP에게 보냅니다. 이 프레임을 받은

AP는 모든 저장된 프레임을 단말에게 보내고, 더 이상의 프레임이 없다면 단말은 다시 파워 세이브 모드로 들어갑니다.

 요·약·하·기

◆ **IEEE 802.11:** 무선 LAN 담당 분과위원회. IEEE 802.11a, IEEE 802.11b, , IEEE 802.11g, IEEE 802.11n, IEEE 802.11ac와 무선 LAN 표준이 있다.

◆ **2.4GHz vs 5GHz:** 2.4GHz는 도달 거리가 길고 회절성이 좋은 대신 간섭 때문에 13개 채널 중 3개의 채널만 사용 가능하다. 반면 5GHz는 도달 거리가 짧고 회절성이 나쁜 대신 간섭이 적어 24개 채널들을 동시에 사용 가능하다.

◆ **IEEE 802.11 통신 메커니즘:** CSMA/CA 메커니즘을 활용하고, 히든 노드 문제를 해결하기 위해 RTS/CTS를 활용한다.

◆ **IEEE 802.11 통신 준비 과정:** 탐색−인증−결합 프로세스

19

Chapter 20 : 마지막 리뷰는 통신 트랜잭션 정리로

프로토콜이 발생시키는 트랜잭션을 통해 지금까지 배운 것을 정리해 보겠습니다.

데이터 통신을 위해서는 사전에 무선 LAN, DHCP, DNS, ARP, TCP 쓰리웨이 핸드셰이크, HTTP, 라우팅 업데이트, PPP, IPSec VPN의 ISAKMP와 IPSec 단계에서 다양한 트랜잭션이 필요합니다.

LESSON 102 : IP 주소를 얻기까지

● 무선 LAN 연결을 위한 트랜잭션

802.11 무선 랜의 통신 준비 프로세스는 탐색–인증–결합 순서를 거칩니다. 이러한 연결 과정이 끝나면, 평문 또는 암호문 형식의 데이터를 교환할 수 있습니다.

- **탐색 프로세스**(Probe Process): 비콘(Beacon)이나 프루브(Probe) 메시지를 통해 AP를 찾는 과정

- **인증 프로세스**(Authentication Process): AP에 대한 접속 권한을 확인하는 과정

- **결합 프로세스**(Association Process): 무선 단말을 AP와 최종 연결하는 과정

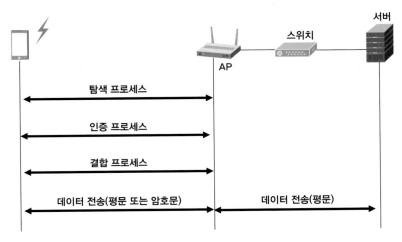

[그림 20-1] 무선 LAN의 통신 준비 과정

● IPv4의 DHCP 트랜잭션

DHCP는 네 가지 트랜잭션, 즉 디스커버(Discover), 오퍼(Offer), 리퀘스트(Request), ACK 메시지로 구성됩니다. DHCP 디스커버(Discover) 메시지는 "DHCP 서버라면 IP 파라미터를 할당해 주십시오."에 해당합니다. DHCP 디스커버를 받은 DHCP 서버는 DHCP 오퍼(Offer) 메시지를 보냅니다. DHCP 오퍼 메시지는 "다음 IP 파라미터(IP 주소, 디폴트 게이트웨이, 서브넷 마스크, DNS 서버 주소)를 사용할래요?"에 해당합니다. 그런데 DHCP 오퍼를 받으면 DHCP 클라이언트는 GARP 패킷을 통해 할당받은 IP 주소를 누군가 이미 사용 중인지 확인합니다. 아무도 GARP 리플라이를 보내지 않으면 DHCP 리퀘스트(Request) 메시지를 보냅니다. DHCP 리퀘스트는 DHCP 서버가 보내준 IP 파라미터를 사용할게요.'에 해당합니다. 마지막으로 DHCP 서버는 DHCP ACK를 클라이언트에게 보내고 IP 파라미터 할당 절차를 종료합니다.

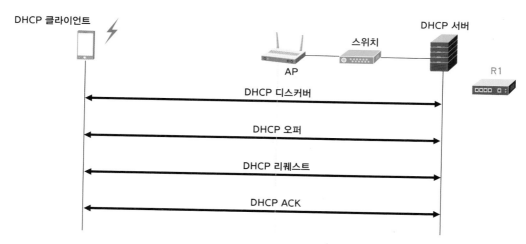

[그림 20-2] DHCP에 의한 IP 파라미터 할당을 위한 트랜잭션

● IPv6의 DHCPv6/NDP 트랜잭션

DHCPv6 환경에서 발생하는 트랜잭션의 경우 IPv6 파라미터를 할당하는 방식은 스테이트풀과 스테이트리스 방식, 이렇게 두 가지 방식으로 나뉩니다.

● **스테이트풀 방식:** [그림 20-3]과 같이 DHCPv6 외에 NDP 트랜잭션이 필요합니다. DHCPv6는 IPv6 주소, 서브넷 마스크와 DNS 서버 주소만 제공하고, NDP가 디폴트 라우터 주소를 제공합니다. 이 방식은 DHCP 서버가 어떤 MAC 주소를 가진 호스트로 어떤 IPv6 주소를 사용 중인지 관리할 수 있기 때문에 스테이트풀(Stateful) 방식에 속합니다. DHCPv6의 솔리시트(Solicit), 어드버타이즈(Advertise), 리퀘스트(Request), 리플라이(Reply)는 각각 DHCPv4의 디스커버, 오퍼, 리퀘스트, ACK에 해당하는 메시지입니다.

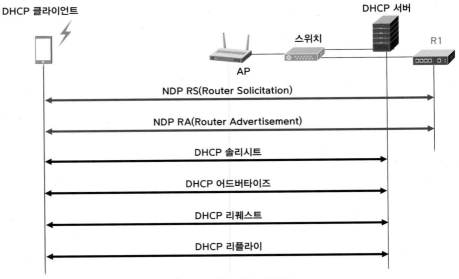

[그림 20-3] 스테이트풀 방식

● **스테이트리스 방식:** DHCPv6 외에 NDP 트랜잭션이 필요합니다. DHCPv6로 DNS 서버 주소를 설정하고, NDP RS와 RA로 IPv6의 프리픽스(네트워크 자리), 서브넷 마스크, 디폴트 라우터 주소를 설정하는 방식입니다. 한편 IPv6 주소의 호스트 자리는 랜덤하게 혹은 EUI-64 방식으로 자동 할당합니다. 랜덤하게 선택 하는 방식일 때 선택한 주소가 중복되는지 확인하기 위해 NDP NS와 NA 트랜잭 션이 추가로 필요합니다.

LESSON 103 : IP 주소 할당 후부터 패킷이 R1에 도착하기까지

무선 LAN 환경에서 DHCP 서버로부터 IP 주소를 받은 호스트는 통신을 할 수 있는 상태가 되었습니다. 이번에는 IP 주소를 받은 후 HTTP 메시지를 교환하는 단계까지 발생하는 트랜잭션에 대해 알아보겠습니다.

● DNS 트랜잭션

사용자가 요청한 웹 페이지가 사용자에게 보이려면 최종적으로 [그림 20-4]와 같 은, 즉 HTTP GET과 HTTP 200 OK 트랜잭션이 필요합니다. 웹 클라이언트는 웹 서 버에게 읽으려는 대상을 가리키는 URL이 포함된 HTTP GET 메시지를 보내고, 웹 서 버는 HTTP GET에 포함된 클라이언트의 요청 사항을 포함하는 200 OK 메시지를 웹 클라이언트에게 보냅니다. 그러면 HTTP GET과 HTTP 200 OK를 교환하기 전에는 어떤 트랜잭션이 일어날까요?

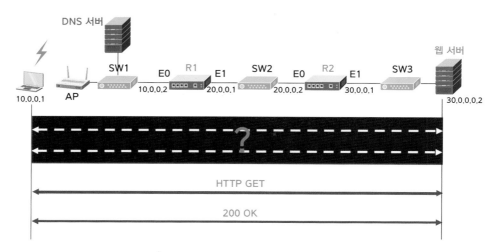

[그림 20-4] HTTP 트랜잭션

HTTP GET 메시지에 포함된 도메인 네임에 해당하는 IP 주소를 알게 하는 서비스가 DNS입니다. DNS 쿼리 메시지에는 도메인 네임이 들어있고, DNS 앤서 메시지에는 도메인 네임에 해당하는 IP 주소가 들어있습니다. 그런데 DNS 패킷도 2계층 헤더가 필요합니다. DNS 서버의 IP 주소에 해당하는 MAC 주소를 알아오게 하는 것이 ARP이므로 DNS 트랜잭션 이전에 ARP 트랜잭션이 일어납니다. ARP 리퀘스트는 브로드캐스트이고, ARP 리플라이는 유니캐스트입니다. ARP 리퀘스트에는 DNS 서버의 IP 주소가 들어있고, ARP 리플라이에는 DNS 서버의 MAC 주소가 들어있습니다. 반면 DHCP 트랜잭션 이전에는 ARP 트랜잭션이 필요하지 않습니다. 그 이유는 보통 DHCP 패킷들은 브로드캐스트 주소를 사용하기 때문입니다. 즉 IP 브로드캐스트 주소(255.255.255.255)는 MAC 브로드캐스트 주소(FFFF.FFFF.FFFF)로 맵핑되기 때문에 ARP 트랜잭션이 필요 없습니다.

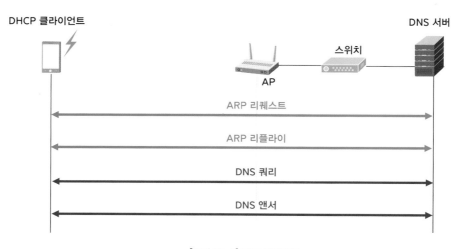

[그림 20-5] DNS 트랜잭션

HTTP는 TCP를 활용하기 때문에 HTTP GET과 200 OK를 교환하기 전에 TCP 쓰리 웨이 핸드셰이크가 발생합니다. TCP 패킷들도 네트워크를 통과할 때마다 2계층 옷을 갈아입어야 하는데, 2계층 목적지 주소를 찾게 하는 것이 ARP입니다. 즉 네트워크를 통과할 때마다 ARP 트랜잭션이 발생합니다. PC ⓐ가 웹 서버에게 제일 먼저 보내는 패킷은 TCP SYN입니다. PC ⓐ가 웹 서버에게 보내는 TCP SYN 패킷의 출발지 주소와 목적지 주소는 각각 10.0.0.1과 30.0.0.2입니다. IP 주소는 최초 출발지와 최종 목적지를 표시하기 때문이지만, MAC 주소는 네트워크를 통과할 때마다 변경됩니다.

출발지 주소는 PC ⓐ의 MAC 주소이지만, 목적지 MAC 주소는 다음과 같이 정해집니다. PC ⓐ는 최종 목적지 IP 주소가 30.0.0.2라는 것을 DNS 서버로부터 알게 되었습니다. PC ⓐ의 IP 주소는 10.0.0.1이고, 서브넷 마스크는 255.0.0.0이므로 PC ⓐ는 10 네트워크에 속합니다. 웹 서버는 30으로 시작하는 IP 주소를 가지므로 다른 네트워크에 속합니다. 이때 목적지 MAC 주소는 웹 서버의 것이 아닙니다. 왜냐하면 웹 서버는 PC ⓐ와 다른 네트워크에 속하기 때문입니다. 이 때, 목적지 MAC 주소는 PC ⓐ가 속한 네트워크에 속한 장치 중에서 다른 네트워크에 대한 정보를 가진 장치, 즉 라우터의 주소여야 합니다. PC ⓐ에는 라우터, 즉 디폴트 게이트웨이(DG)의 IP 주소(10.0.0.2)가 설정되어 있습니다. 이 IP 주소(10.0.0.2)에 해당하는 MAC 주소를 찾는 것이 ARP입니다. 즉 PC ⓐ는 ARP 트랜잭션을 통해 프레임의 목적지 MAC 주소(즉 라우터의 MAC 주소)를 알게 되고 2계층 옷을 입힐 수 있습니다. 2계층 옷을 입힌 PC ⓐ는 프레임을 전송합니다. 프레임은 SW1의 스위칭과 증폭 과정을 거친 후 R1에게 보냅니다.

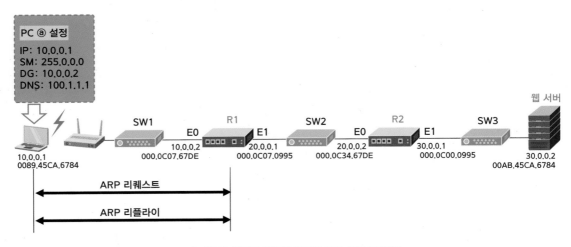

[그림 20-6] TCP 패킷을 위한 첫 번째 ARP 트랜잭션

이제 패킷은 R1에 도착했습니다. 이번에는 R1에서 웹 서버까지 최초의 패킷이 전달되는 과정과 더불어, PC ⓐ와 웹 서버 사이에서 발생하는 트랜잭션들을 종합적으로 살펴보겠습니다.

● 라우팅 테이블을 만드는 과정

라우팅 정보는 라우터에 직접 연결된 네트워크에 대한 정보와 직접 연결되지 않은 네트워크에 대한 정보로 나닙니다. 직접 연결된 네트워크에 대한 정보는 라우터 포트에 IP 주소를 설정하면 올라옵니다. 직접 연결되지 않은 네트워크에 대한 정보는 스태틱 루트를 설정하거나, 라우팅 프로토콜을 설정하면 [그림 20-7]과 같은 라우팅 업데이트를 교환하여 올라옵니다. OSPF, IS-IS, EIGRP와 같은 라우팅 프로토콜은 업데이트 메시지를 교환하기 전에 헬로 메시지를 교환하여 라우팅 정보를 교환하는 네이버 라우터가 될 수 있는지 확인합니다.

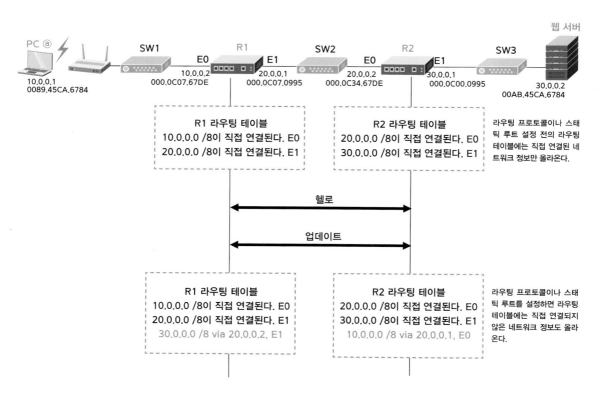

[그림 20-7] 라우팅 업데이트 트랜잭션

● TCP 쓰리웨이 핸드셰이크 & HTTP GET/200 OK ·········

라우팅 프로토콜 설정으로 모든 라우터의 라우팅 테이블이 완벽해지면, 웹 서버로 향하는 패킷은 네트워크를 통과할 수 있습니다. PC ⓐ가 웹 서버에게 제일 먼저 보내는 패킷은 [그림 20-8]과 같이 TCP SYN입니다. PC ⓐ가 보낸 TCP SYN 패킷은 R1에 도착하면, R1은 제일 먼저 FCS를 체크해서 프레임의 무결성을 점검합니다. R1은 입고 온 2계층 옷을 버리고 새로운 2계층 옷으로 갈아입혀야 합니다.

❶ **라우팅 테이블 참조:** R1의 라우팅 테이블에서 30.0.0.0 /8에 대한 정보를 볼 수 있고, 이 패킷은 E1 포트로 라우팅됩니다. 새로운 2계층 헤더에 입력될 출발지 MAC 주소는 E1 포트의 MAC 주소(0000.0C07.0995)이고, 목적지 MAC 주소는 다음 라우터의 MAC 주소여야 하지만, R1의 라우팅 테이블에는 다음 라우터의 IP 주소(20.0.0.2)가 올라와 있습니다.

❷ **ARP 리퀘스트/리플라이:** 이 문제를 해결하는 것이 ARP 리퀘스트와 ARP 리플라이 트랜잭션입니다. ARP 리퀘스트에는 다음 라우터의 IP 주소(20.0.0.2)가 들어있고, ARP 리플라이에는 다음 라우터의 MAC 주소(0000.0C34.67DE)가 들어있습니다. ARP 트랜잭션을 거친 후 알게 된 IP 주소와 MAC 주소의 맵핑 정보는 R1의 ARP 테이블에 올라옵니다.

❸ **라우팅 테이블 참조:** 새로운 2계층 옷을 입은 패킷은 R1을 떠나 SW2의 스위칭과 증폭을 거쳐 R2에 도착합니다. R2는 도착한 프레임에서 2계층 헤더의 FCS를 체크한 후 정상적인 프레임이면 2계층 헤더만 폐기하고, 비정상적인 프레임이면 프레임 전체를 폐기합니다. R2의 라우팅 테이블에 목적지 IP 주소를 포함하는 30.0.0.0 /8에 대한 정보를 볼 수 있습니다. 라우팅 테이블에 목적지 정보가 없는 경우 패킷은 폐기됩니다. 패킷이 목적지 네트워크에 도착했습니다. 새로운 2계층 헤더에 입력될 출발지 MAC 주소는 E1 포트의 MAC 주소(0000.0C00.0995)이고, 목적지 MAC 주소는 웹 서버의 MAC 주소여야 합니다.

❹ **ARP 리퀘스트/리플라이:** 웹 서버의 IP 주소는 IP 헤더의 목적지 주소 자리에 입력되었으므로 알 수 있지만, MAC 주소는 알 수 없는데, ARP 리퀘스트와 ARP 리플라이 트랜잭션을 이용하면 이 문제를 해결할 수 있습니다. R2가 보낸 ARP 리퀘스트에는 웹 서버의 IP 주소(30.0.0.2)가 들어있고, 웹 서버가 보낸 ARP 리플라이에는 웹 서버의 MAC 주소(00AB.45CA.6784)가 들어있습니다. ARP를 통해 알게 된 IP 주소와 MAC 주소의 맵핑 정보는 R2의 ARP 테이블에 올라옵니다.

❺ **TCP 쓰리웨이 핸드셰이크:** TCP SYN을 수신한 웹 서버의 수신 TCP 프로세스는 새로운 커넥션을 위한 메모리를 할당하고, TCP SYN/ACK를 보냅니다. TCP SYN이 '보내도 좋냐?'에 해당한다면, TCP SYN/ACK는 '보내도 좋다'에 해당합니다. 마

지막으로 TCP ACK를 보내는데, 이는 '보낼게'에 해당합니다.

⑥ **HTTP GET/200 OK:** TCP ACK가 '보낼게'에 해당하는 메시지이므로 HTTP GET 메시지를 보냅니다. HTTP GET에는 클라이언트가 요청하는 파일명이 들어있고, HTTP 200 OK에는 여기에 해당하는 파일이 들어있습니다.

⑦ **TCP 4웨이 핸드셰이크:** 데이터 전체를 전송한 후, FIN-FIN/ACK-FIN-FIN/ACK 메시지를 교환하여 TCP 커넥션을 종결합니다.

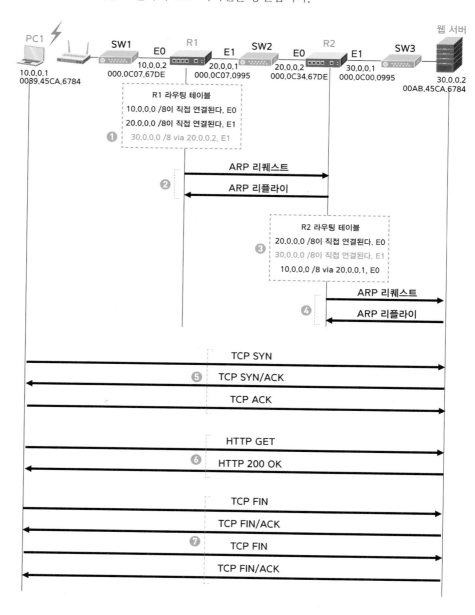

[그림 20-8] HTTP GET/200 OK 이전의 트랜잭션

LESSON 105 ⋮ WAN 구간에서 발생하는 트랜잭션

WAN 구간에서 발생하는 트랜잭션과 IPSec VPN 환경에서 발생하는 트랜잭션에 대해 살펴보겠습니다. TDM 방식의 전용 회선에서 가장 많이 적용하는 2계층 프로토콜은 PPP입니다.

● PPP

R1과 R2 간은 PPP를 적용한 전용 회선입니다. PC ⓐ에서 웹 서버로 향하는 패킷은 전용 회선을 통과하기 전에 ① LCP 링크 설정, CHAP/PAP 인증, IPCP 단계를 거칩니다. 패킷은 R2까지 무사히 도착했습니다. 그러나 [그림 20-9]에서는 웹 서버로부터 ② ARP 리플라이를 받지 못했기 때문에 PC ⓐ가 웹 서버에게 보낸 데이터는 R2에 의해 폐기됩니다. 패킷의 폐기는 ICMP 패킷을 발생시킵니다. ③ ICMP 데스티네이션 언리처블(Destination Unreachable) 메시지가 패킷을 보낸 장치, 즉 PC ⓐ에게 보내집니다.

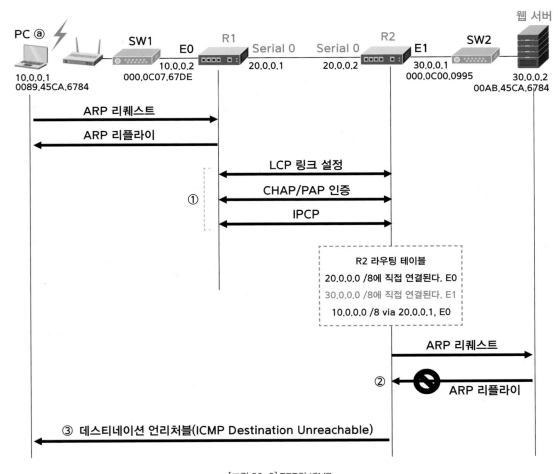

[그림 20-9] PPP와 ICMP

● IPSec VPN

WAN 구간이 IPSec VPN으로 연결된 경우 먼저 ① ISAKMP 단계를 거칩니다.
ISAKMP 단계에서는 SA(Security Associate) 협의, 디피–헬만 키 교환, 사용자 인증
과정을 거치고 ② IPSec 단계에서 다시 SA 협의를 거칩니다. TCP 쓰리웨이(3–way)
핸드셰이크 다음으로 HTTP 메시지를 교환할 수 있습니다. 데이터를 보낸 후에는 TCP
포웨이(4–way) 핸드셰이크에 의해 커넥션은 종결됩니다.

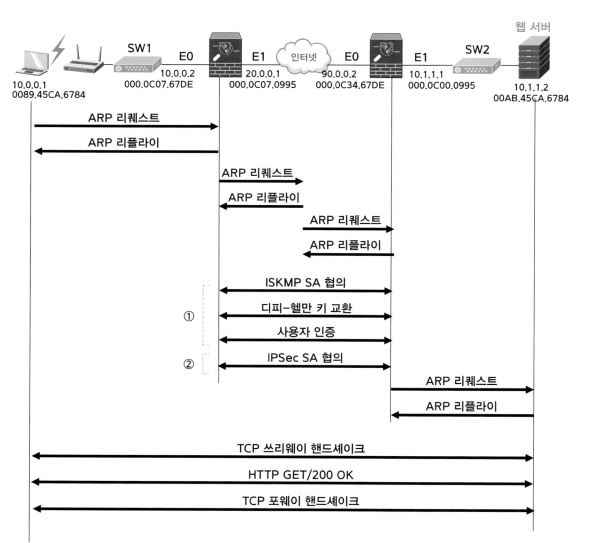

[그림 20-10] IPSec VPN

요·약·하·기

◆ **등장 인물:** 라우터, 스위치, 단말, IIPSec VPN 장치

◆ **IP 주소를 알기까지**

- **무선 LAN:** 탐색–인증–결합

- **DHCP:** 디스커버–오퍼–리퀘스트–ACK

- **IPv6:** NDP RS–NDP RA–솔리시트–어드버타이즈–리퀘스트–리플라이

◆ **IP 주소를 받은 후 웹 서버의 IP 주소를 알기까지**

- ARP 리퀘스트/리플라이

- DNS 쿼리/앤서

◆ **웹 서버의 IP 주소를 알고 난 후 HTTP 메시지의 교환까지**

- 라우팅 업데이트의 교환

- 네트워크마다 ARP 리퀘스트/리플라이

- TCP 3웨이 핸드셰이크

- HTTP GET/200 OK

- TCP 4웨이 핸드셰이크

◆ **WAN 구간에서 발생하는 트랜잭션**

- **PPP:** LCP 설정–인증(PAP/CHAP)–IPCP 설정

- **IPSec VPN:** ISAKMP 단계–IPSec 단계

Foreign Copyright:
Joonwon Lee
Address: 10, Simhaksan-ro, Seopae-dong, Paju-si, Kyunggi-do,
        Korea
Telephone: 82-2-3142-4151
E-mail: jwlee@cyber.co.kr

이중호의
TCP/IP 실무 특강

2019. 5. 20. 1판 1쇄 인쇄
2019. 5. 27. 1판 1쇄 발행

지은이 | 이중호
펴낸이 | 이종춘
펴낸곳 | **BM** (주)도서출판 **성안당**

주소 | 04032 서울시 마포구 양화로 127 첨단빌딩 3층(출판기획 R&D 센터)
     | 10881 경기도 파주시 문발로 112 출판문화정보산업단지(제작 및 물류)

전화 | 02) 3142-0036
     | 031) 950-6300
팩스 | 031) 955-0510
등록 | 1973. 2. 1. 제406-2005-000046호
출판사 홈페이지 | **www.cyber.co.kr**
ISBN | 978-89-315-5593-6 (93000)
정가 | 30,000원

이 책을 만든 사람들
책임 | 최옥현
진행 | 조혜란
교정·교열 | 안혜희북스
표지·본문 디자인 | 앤미디어
표지·본문 일러스트 | 문수민, 유선호(앤미디어)
홍보 | 김계향, 정가현
국제부 | 이선민, 조혜란, 김혜숙
마케팅 | 구본철, 차정욱, 나진호, 이동후, 강호묵
제작 | 김유석

이 책의 어느 부분도 저작권자나 **BM** (주)도서출판 **성안당** 발행인의 승인 문서 없이 일부 또는 전부를 사진 복사나 디스크 복사 및 기타 정보 재생 시스템을 비롯하여 현재 알려지거나 향후 발명될 어떤 전기적, 기계적 또는 다른 수단을 통해 복사하거나 재생하거나 이용할 수 없음.

■ **도서 A/S 안내**

성안당에서 발행하는 모든 도서는 저자와 출판사, 그리고 독자가 함께 만들어 나갑니다.
좋은 책을 펴내기 위해 많은 노력을 기울이고 있습니다. 혹시라도 내용상의 오류나 오탈자 등이 발견되면 **"좋은 책은 나라의 보배"**로서 우리 모두가 함께 만들어 간다는 마음으로 연락주시기 바랍니다. 수정 보완하여 더 나은 책이 되도록 최선을 다하겠습니다.
성안당은 늘 독자 여러분들의 소중한 의견을 기다리고 있습니다. 좋은 의견을 보내주시는 분께는 성안당 쇼핑몰의 포인트(3,000포인트)를 적립해 드립니다.
잘못 만들어진 책이나 부록 등이 파손된 경우에는 교환해 드립니다.